Immler

# Windows XP
# Home & Media Center Edition

FRANZIS
HOT STUFF

Christian Immler

# Windows XP
## Home & Media Center Edition

Mit 660 Abbildungen

FRANZIS

**Bibliografische Information der Deutschen Bibliothek**
Die Deutsche Bibliothek verzeichnet diese Publikation in der Deutschen Nationalbibliografie; detaillierte Daten sind im Internet über **http://dnb.ddb.de** abrufbar.

## Wichtiger Hinweis

Alle Angaben in diesem Buch wurden vom Autor mit größter Sorgfalt erarbeitet bzw. zusammengestellt und unter Einschaltung wirksamer Kontrollmaßnahmen reproduziert. Trotzdem sind Fehler nicht ganz auszuschließen. Der Verlag und der Autor sehen sich deshalb gezwungen, darauf hinzuweisen, dass sie weder eine Garantie noch die juristische Verantwortung oder irgendeine Haftung für Folgen, die auf fehlerhafte Angaben zurückgehen, übernehmen können. Für die Mitteilung etwaiger Fehler sind Verlag und Autor jederzeit dankbar.
Internetadressen oder Versionsnummern stellen den bei Redaktionsschluss verfügbaren Informationsstand dar. Verlag und Autor übernehmen keinerlei Verantwortung oder Haftung für Veränderungen, die sich aus nicht von ihnen zu vertretenden Umständen ergeben.
Evtl. beigefügte oder zum Download angebotene Dateien und Informationen dienen ausschließlich der nicht gewerblichen Nutzung. Eine gewerbliche Nutzung ist nur mit Zustimmung des Lizenzinhabers möglich.



**Satz:** G&U e. Publishing Services, Flensburg
**art & design:** www.ideehoch2.de
**Druck:** Legoprint S.p.A., Lavis (Italia)
Printed in Italy

**ISBN** 3-7723-**7536-7**

# Inhaltsverzeichnis


1 Einleitung ..... 11

1.1 Was ist ein Betriebssystem? ..... 12
1.2 Middleware – zwischen Betriebssystem und Software ..... 13

2 Windows XP installieren ..... 15

2.1 Hardware-Voraussetzungen ..... 17
2.2 Die Installation ..... 17
2.3 Aktivierung und Registrierung ..... 25
2.4 Service Pack 2 installieren ..... 28

3 Der Windows-Desktop ..... 35

3.1 Starten und Beenden ..... 36
3.2 Desktop ..... 37
3.3 Startmenü ..... 38
3.4 Taskleiste ..... 41
3.5 Programme starten ..... 44
3.6 Papierkorb ..... 45

4 Der Windows Explorer ..... 47

4.1 Laufwerke, Verzeichnisse und Dateien ..... 48
4.2 Ordneransichten anpassen ..... 51
4.3 Kopieren, verschieben und verknüpfen ..... 54
4.4 Verknüpfungen ..... 59
4.5 Dateien sortieren ..... 62
4.6 Besondere Verzeichnisse ..... 65
4.7 Dateiattribute und Eigenschaften ..... 67
4.8 Verlauf ..... 72
4.9 Dateien suchen ..... 73
4.10 Favoritenverzeichnisse ..... 77
4.11 Bildbetrachter ..... 79
4.12 Dateitypen zuordnen ..... 80

4.13 Komprimierung ... 83
4.14 Aktenkoffer zum Datenaustausch ... 88

5 Mitgelieferte und neue Programme ... 91

5.1 Editor ... 92
5.2 WordPad ... 96
5.3 Taschenrechner ... 103
5.4 Bildbetrachter ... 103
5.5 Programme installieren ... 112
5.6 Programme deinstallieren ... 116
5.7 Programme automatisch starten ... 119
5.8 Microsoft PowerToys ... 122
5.9 Überflüssige Windows-Komponenten deinstallieren ... 129

6 Hardware-Konfiguration ... 131

6.1 Systemsteuerung ... 133
6.2 Hardware-Assistent ... 137
6.3 Systeminformationen ... 140
6.4 Geräte-Manager ... 140
6.5 Prozessor und RAM ... 142
6.6 Zusätzliche Laufwerkstypen: CD, DVD, USB & Co. ... 143
6.7 Tastatur ... 154
6.8 Maus ... 157
6.9 Monitor und Grafikkarte ... 158
6.10 Soundkarte und Lautsprecher ... 161
6.11 Drucker ... 163
6.12 Scanner ... 175

7 Windows-Einstellungen ... 179

7.1 Land und Uhrzeit ... 180
7.2 Optik des Desktops ... 182
7.3 Visuelle Effekte ... 188
7.4 Windows XP mit der klassischen Oberfläche ... 189
7.5 Soundeffekte ... 193
7.6 Der Task-Manager ... 194
7.7 Schriftarten ... 196

**8 Multimedia .......... 201**

8.1 Der Windows Media Player .......... 202
8.2 Audio-CDs anhören .......... 208
8.3 Audio-Aufnahmen mit dem Windows Media Player .......... 211
8.4 Musik-CDs und DVDs brennen .......... 216
8.5 Die klassische Medienwiedergabe .......... 217

**9 Mehrbenutzersysteme .......... 219**

9.1 Die Benutzerverwaltung .......... 220
9.2 Gemeinsames Verwenden von Daten .......... 228

**10 Systemwerkzeuge .......... 231**

10.1 Auslagerungsdatei .......... 232
10.2 Festplattenüberprüfung .......... 234
10.3 Datenträgerbereinigung .......... 235
10.4 Defragmentierung .......... 237
10.5 Datensicherung – Backup .......... 240
10.6 Task-Planer .......... 251
10.7 Systemwiederherstellung .......... 254
10.8 Wiederherstellungskonsole .......... 257
10.9 Windows-Update .......... 260
10.10 Viren und Trojaner .......... 268
10.11 Dienste .......... 271
10.12 Windows mit einem Mausklick herunterfahren .......... 275

**11 Internet .......... 277**

11.1 DSL, ISDN, Modem-Konfiguration .......... 278
11.2 Internet-Zugang und Provider-Auswahl .......... 284
11.3 Router-Konfiguration zum Internet-Zugang im Netzwerk .......... 296
11.4 WLAN .......... 301
11.5 Der Internet Explorer .......... 305
11.6 Mozilla – alternativer Webbrowser .......... 314
11.7 E-Mail mit Outlook Express .......... 320
11.8 E-Mail mit Mozilla .......... 324
11.9 Programmzugriff und Standards .......... 328

11.10 Usenet und Newsgroups ... 329
11.11 Internet-Telefonie ... 333
11.12 Firewall ... 334
11.13 Das Dialer-Problem ... 339
11.14 Spyware – Risikofaktor Microsoft ... 343

12 Netzwerke ... 345

12.1 Netzwerktechnik ... 346
12.2 Windows-Konfiguration ... 350
12.3 Netzwerkumgebung und Freigaben ... 360
12.4 Netzwerkdrucker ... 363
12.5 Remote-Unterstützung – gegenseitige Hilfe im Netzwerk ... 365

13 Die Registry ... 375

13.1 Windows schlank und schnell ... 383
13.2 Optische Effekte in der Registry ... 393
13.3 Neue Funktionen in die Benutzeroberfläche integrieren ... 402
13.4 Sicherheitsfunktionen in der Registry ... 408

14 Windows XP Media Center Edition 2005 ... 413

14.1 Die Installation ... 414
14.2 Das Media Center ... 424
14.3 Der neue Windows Media Player 10 ... 460
14.4 Digital Rights Management ... 466
14.5 Windows-Digitalmedienerweiterungen ... 470
14.6 Nützliche Zusatz-Software für Windows XP Media Center Edition ... 477
14.7 Media Portal – kostenlose Alternative auf der Buch-CD ... 486
14.8 CyberLink PowerCinema ... 500
14.9 TVoon Media Center ... 506

15 Windows Mobile ... 509

15.1 Windows auf dem Pocket PC ... 511
15.2 Windows auf dem Handy ... 513

15.3 Datenaustausch mit dem PC ........ 515
15.4 Programme auf dem mobilen Gerät installieren ........ 518
15.5 Pocket PC als Fernbedienung für das Media Center ........ 520
15.6 Die wichtigsten Tools für den Pocket PC ........ 522

**A Tastenkombinationen ........ 525**

A.1 Daten retten mit Notfall-Linux von der CD ........ 526
A.2 Nützliche Software auf der CD ........ 534
A.3 Nützliche Tastenkombinationen für Windows XP ........ 541

**Stichwortverzeichnis ........ 551**

Kapitel 1

# Einleitung

1.1 Was ist ein Betriebssystem? ..................... 12
1.2 Middleware – zwischen Betriebssystem und Software ..................................... 13

»Computer können nur 1+1 zusammenzählen.«

Dieser weit verbreitete Spruch ist im Prinzip sogar technisch korrekt. Allerdings lassen sich durch geschickte Kombinationen von Millionen solcher 1+1-Rechnungen und Ja-Nein-Entscheidungen komplizierteste Aufgaben bewältigen. Erst Programme machen einen Computer wirklich nützlich. Ohne Programm weiß die Maschine nicht, was sie tun soll, und macht dementsprechend gar nichts.

Wurden Computer und ihre Software anfangs nur für wissenschaftliche Zwecke eingesetzt, begann mit der Einführung des ersten IBM-PCs der Einzug in die Büros als Arbeitsmaschine auch für alltägliche Aufgaben. In den letzten Jahren entwickelte sich der PC dann immer mehr zu einer Unterhaltungsmaschine für Heimanwender. Seit die Festplattengrößen gegenüber den Anfangszeiten der PCs um mehr als das Tausendfache gewachsen sind, lassen sich problemlos auch Musik und Videos darauf speichern und abspielen. Von alleine spielt aber kein PC einen Song oder einen Film ab. Selbst für Aktionen, die heute völlig selbstverständlich erscheinen, sind hochspezialisierte Programme notwendig.

## 1.1 Was ist ein Betriebssystem?

Prinzipiell ist ein Betriebssystem auch ein Programm. Es erfüllt allgemeine Funktionen, die von mehreren Programmen benötigt werden, wie zum Beispiel die Dateiverwaltung und den Zugriff auf die Laufwerke und Verzeichnisse. Hier muss nicht jede Software »das Rad neu erfinden«, sondern kann auf standardisierte Funktionen zurückgreifen.

Auch die Steuerung der Hardware-Komponenten ist inzwischen zur Aufgabe moderner Betriebssysteme geworden. Noch zu DOS-Zeiten benötigte jedes Programm eigene Druckertreiber. Unter Windows können alle Programme auf gemeinsame Treiber zugreifen. Windows liefert auch die Grundfunktionen für die Arbeit in Netzwerken sowie den Internet-Zugang.

In den meisten Fällen muss ein Hardware-Hersteller nur noch einen allgemeinen Treiber für Windows liefern und kann dann davon ausgehen, dass seine komplette Hardware mit allen Geräten läuft.

Umgekehrt greifen Software-Hersteller auf die standardisierte Geräteunterstützung von Windows zu, ohne sich mit speziellen Geräten befassen zu müssen.

Windows wird oftmals zusammen in einem Satz mit einem PC genannt. Tatsächlich werden die Grenzen immer fließender. PCs und Zusatzkomponenten werden speziell auf die Bedürfnisse von Windows entwickelt. Umgekehrt greift Windows stark in die Steuerung der Hardware ein.

## 1.2 Middleware – zwischen Betriebssystem und Software

Die tatsächlich für ein Betriebssystem notwendigen Funktionen sind begrenzt. Zudem sind viele davon für den Anwender nicht zu sehen und infolgedessen auch nur wenig erfolgreich vermarktbar.

Also beschlossen die meisten Betriebssystemhersteller – nicht nur Microsoft – zusätzliche Komponenten in das System zu integrieren, die prinzipiell auch als eigenständige Programme funktionieren könnten. Diese werden als Middleware bezeichnet.

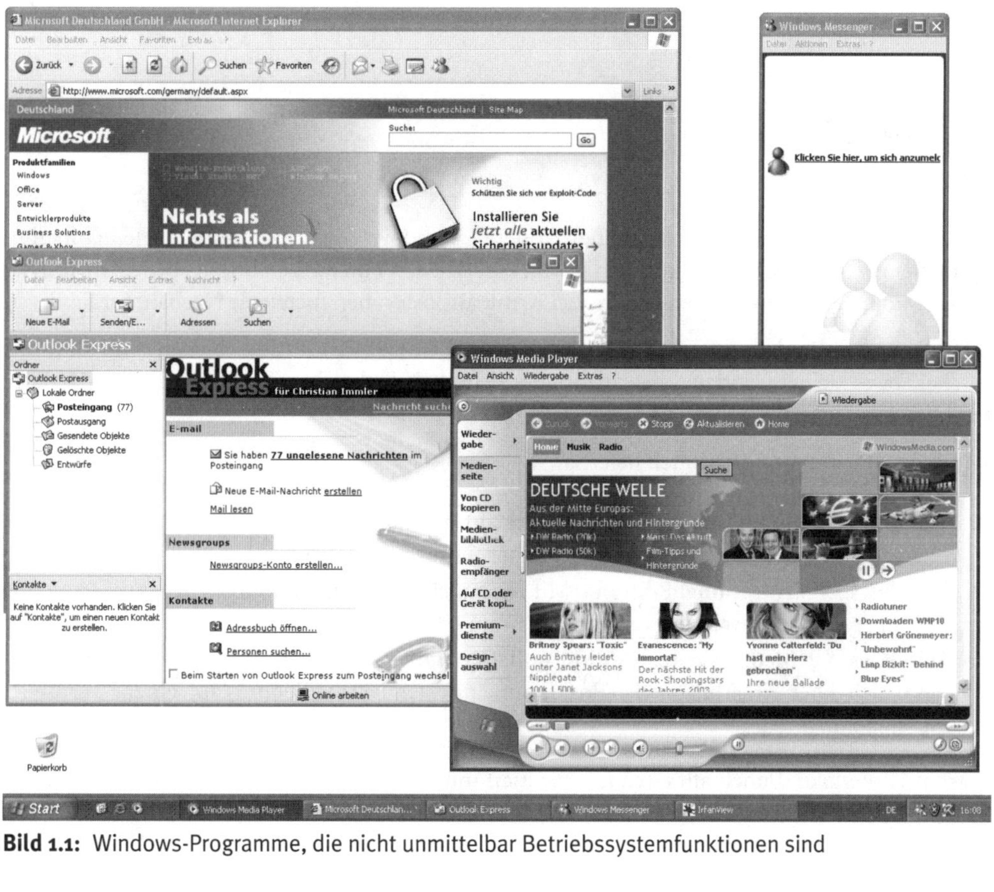


**Bild 1.1:** Windows-Programme, die nicht unmittelbar Betriebssystemfunktionen sind

So sind neben zahlreichen Spielen auch der Internet Explorer, Outlook Express, der Messenger, Media Player und Movie Maker nicht direkte Bestandteile des Betriebssystems. Andere Hersteller liefern Software, die die Funktionalität dieser Programme übertrifft und die damit verbundenen Aufgaben deutlich besser erfüllt. Jedoch sind viele dieser Programme bei weitem nicht so bekannt wie die vorinstallierten Microsoft-Produkte.

Microsofts Versuch, sich durch die Integration solcher Middleware eine Art Monopolstellung auf dem Software-Markt zu verschaffen, war auch bereits Auslöser für diverse juristische Auseinandersetzungen mit EU- und US-Behörden.

## Windows XP

Windows XP wurde im Herbst 2001 mit groß angelegten Show-Events auf der ganzen Welt vorgestellt. Windows XP bringt die beiden früher unabhängig voneinander entwickelten Produktlinien 95/98/ME und NT/2000 wieder zusammen zu einem Betriebssystem für alle.

Microsoft Windows XP Professional

Die auffälligsten Änderungen gegenüber früheren Windows-Versionen sind die neue, überaus bunte Benutzeroberfläche, die auch einiges an zusätzlichen Funktionen bietet, sowie der Aktivierungszwang, der in den Medien bereits viel Kritik auslöste, aber auch viele Nachahmer fand.

Seit dem ersten Windows XP sind mittlerweile zwei große Service Packs erschienen und zahlreiche Patches sowie kleinere Updates, die gefährliche Sicherheitslücken beseitigen und auch zusätzliche Funktionalität liefern.

Windows XP ist in drei Versionen lieferbar:

- **Windows XP Home Edition** – Version, die auf den meisten neuen PCs vorinstalliert ist; sie bietet alle Funktionen für Einzelplatzrechner und kleine Netzwerke.
- **Windows XP Professional Edition** – Mit zusätzlichen Funktionen für Mehrbenutzersysteme und in großen Netzwerken.
- **Windows XP Media Center Edition** – Basiert auf der Professional Edition und verfügt zusätzlich über ein Multimedia-Programm, das per Fernbedienung auf einem Fernseher laufen kann.

Was im Hintergrund noch alles neu ist, wie man mit Windows XP optimal arbeitet und was zu tun ist, wenn es einmal nicht so wie gewünscht läuft, erfahren Sie in diesem Buch.

Kapitel 2

# Windows XP installieren


2.1 Hardware-Voraussetzungen ..................... 17
2.2 Die Installation ..................... 17
2.3 Aktivierung und Registrierung ..................... 25
2.4 Service Pack 2 installieren ..................... 28

Wenn Sie nicht gerade einen neuen PC mit vorinstalliertem Windows XP haben, müssen Sie das neue Betriebssystem erst installieren. Falls Sie noch kein Service Pack 2 installiert haben, sollten Sie die letzten Abschnitte dieses Kapitels lesen.

Zur Windows XP-Installation gibt es drei Varianten:

- **Neuinstallation** – Auf dem PC war bisher kein Betriebssystem installiert. Windows XP wird nach der Installation als einziges Betriebssystem laufen.
- **Update** – Auf dem PC ist eine ältere Windows-Version installiert, die durch Windows XP ersetzt wird.
- **Parallelinstallation** – Auf dem PC ist bereits ein Betriebssystem installiert. Windows XP wird parallel auf einer zweiten Festplattenpartition installiert. Über einen Bootmanager kann der Benutzer auswählen, welches Betriebssystem gestartet werden soll.

Updates auf Windows XP können nur von bestimmten Betriebssystemen ausgeführt werden. Die Tabelle zeigt, welche Windows-Versionen sich auf Windows XP updaten lassen:

| Bisheriges Betriebssystem | Windows XP Home Edition | Windows XP Professional Edition |
|---|---|---|
| DOS, Windows 3.x | nein | nein |
| Windows 95 | * | * |
| Windows 98/SE/ME | ja | ja |
| Windows NT ab SP6 | nein | ja |
| Windows 2000 | nein | ja |
| Windows NT/2000 Server | nein | ja |
| Windows XP Home | nein | ja |

**Tab. 2.1:** Update-Möglichkeit älterer Windows-Versionen

**Tipp** Ein Update von Windows 95 ist technisch möglich, diese Betriebssystemversion ist aber von Microsoft nicht offiziell update-berechtigt.

## Vollversion oder Update-Version?

Die meisten Windows XP-CDs, die man kaufen kann, sind so genannte Update-Versionen. Das bedeutet aber nicht, dass sie nur über ein vorhandenes Betriebssystem installiert werden können, sondern lediglich, dass Sie eine ältere Windows-CD bereithalten müssen, die an einer bestimmten Stelle während der Installation eingelegt werden muss, um die Update-Berechtigung zu überprüfen. Dies funktioniert sogar selbst mit einer Windows 95-CD, obwohl diese Version offiziell nicht zum Update berechtigt ist.

## 2.1 Hardware-Voraussetzungen

Beachten Sie, dass zur Installation folgende von Microsoft vorgegebene Hardware-Voraussetzungen erfüllt sein müssen:

- Pentium/Celeron Prozessor mit 233 MHz oder höher bzw. vergleichbar: AMD K6/Athlon/Duron/Sempron (empfohlen mindestens 300 MHz).
- 128 MB RAM empfohlen (Minimum 64 MB RAM; Maximum 4 GB RAM).
- 1,5 GB freier Festplattenspeicher.
- Super VGA-Monitor und Grafikkarte mit mindestens 800 × 600 Pixel Auflösung.
- Tastatur.
- Maus oder kompatibles Zeigegerät.
- CD-ROM- oder DVD-Laufwerk (zur Installation).

Mit dem Service Pack 2 erhöhen sich die Hardware-Anforderungen:

- 256 MB RAM empfohlen (Minimum 128 MB RAM; Maximum 4 GB RAM).
- 2 GB freier Festplattenspeicher.

ISA-Netzwerkkarten werden nicht mehr unterstützt.

## 2.2 Die Installation

Um Windows XP zu installieren, müssen Sie nur die Windows XP CD in das CD-/DVD-Laufwerk des ausgeschalteten Computers zu legen und ihn direkt damit neu booten.

Damit dies funktioniert, muss im BIOS des Computers die Option *von CD-ROM booten* aktiv sein. In vielen BIOS-Versionen werden verschiedene Bootreihenfolgen zur Auswahl angeboten. Sorgen Sie hier dafür, dass das CD-ROM-Laufwerk in der Reihenfolge vor der ersten bootfähigen Festplatte steht.

```
A,CDROM,C
```

Diese Bootsequenz bedeutet, dass zuerst nach einer Bootdiskette im Laufwerk *A:* gesucht wird. Ist dort keine Diskette vorhanden, wird nach einer bootfähigen CD-ROM gesucht. Wenn diese auch nicht vorhanden ist, bootet der Computer von der Festplatte *C:*. Diese Reihenfolge ist für eine Betriebssysteminstallation gut geeignet, auch wenn bereits ein lauffähiges Betriebssystem auf der Festplatte *C:* installiert ist. Allerdings sollten Sie darauf achten, dass Sie im Normalbetrieb nie eine Windows XP CD beim Ausschalten im Laufwerk zurücklassen. Beim nächsten Einschalten würde sonst die Frage kommen, ob Sie Windows XP neu installieren möchten.

Die Installation von Windows XP ist gegenüber früheren Windows-Versionen wesentlich vereinfacht worden. Während der Installation sind kaum noch Neustarts und Benutzereingaben erforderlich. Letzteres hat allerdings den Nachteil, dass auch keine optionalen Komponenten ausgewählt werden können, sondern immer alles installiert wird. Nach der Installation ist man also erst einmal einige Zeit damit beschäftigt, überflüssige Zusatz-Tools und Spiele manuell wieder zu entfernen. Weitere Informationen zum Löschen von nicht benötigten Windows-Komponenten finden Sie im Kapitel 5.9 ab Seite 129, »Überflüssige Windows-Komponenten deinstallieren«.

**Windows XP Media Center Edition** Die Installation der Windows XP Media Center Edition unterscheidet sich etwas von der üblichen Windows XP-Installation. Ausführliche Informationen zur Windows XP Media Center Edition finden Sie im Kapitel »Windows XP Media Center Edition 2005«.

## Neuinstallation

Haben Sie einen Computer selbst zusammengebaut oder ohne Betriebssystem gekauft, müssen Sie eine Neuinstallation von Windows XP vornehmen. Diese gliedert sich in drei Schritte, zwischen denen der Computer jedes Mal neu bootet.

### ▲ Erster Schritt

Im ersten Schritt müssen Sie den Produkt-Key eingeben, den Sie auf der Verpackung Ihrer Windows XP-Version finden. Dieser besteht aus fünf Gruppen zu je fünf Ziffern oder Buchstaben.

**Info** Wenn auf Ihrem Computer noch kein Betriebssystem installiert ist, ist in den meisten Fällen die englische Tastaturbelegung aktiv. Achten Sie bei der Eingabe der Buchstaben darauf, dass die Tasten für [Y] und [Z] vertauscht sind.

Die Eingabe dieses Produkt-Keys ist auch bei Parallel- oder Updateinstallationen erforderlich.

### ▲ Zweiter Schritt

Der zweite Installationsschritt sieht aus wie früher bei Windows NT. Auf einem blauen Bildschirm wählen Sie die Partition und die Festplatte aus, auf der Windows XP installiert werden soll. Das Setup-Programm kann Partitionen auf leeren Bereichen anlegen oder vorhandene Partitionen formatieren. FAT16/FAT32-Partitionen können automatisch in NTFS konvertiert werden, was bei einer Neuinstallation immer zu empfehlen ist, damit die erweiterten Dateisystemfunktionen wie Komprimierung, Verschlüsselung und Benutzerrechte verwendet werden können.

**Tipp** Die Installation auf einer NTFS-Partition spart auch Speicherplatz. Windows XP komprimiert automatisch das etwa 370 MB große Verzeichnis `dllcache` sowie alle später angelegten Deinstallationsverzeichnisse von Service Packs und Sicherheits-Patches.

Haben Sie mehrere Festplatten, und installieren Sie Windows XP als erstes Betriebssystem auf dem neuen Rechner, achten Sie darauf, dass die Festplatte, auf der der Bootblock installiert werden soll, als erste Festplatte im System angemeldet ist.

Nach der Auswahl wird die ausgewählte Partition auf Fehler überprüft und diese wenn möglich auch behoben. Danach werden alle für die Installation notwendigen Dateien in ein temporäres Installationsverzeichnis auf der Festplatte kopiert.

### ▲ Dritter Schritt

Im dritten Schritt der Installation erscheint bereits die grafische Windows XP-Oberfläche und nicht mehr der blaue Textbildschirm. Hier werden die vorhandenen Geräte erkannt und die notwendigen Treiber installiert. Die meisten Treiber werden bei Windows XP bereits mitgeliefert. Sollte für ein Gerät kein Treiber gefunden werden, werden Sie zum Einlegen einer Treiber-CD oder Diskette aufgefordert. Geräte, die von Windows XP nicht automatisch erkannt werden, bleiben deaktiviert, bis Sie die notwendigen Treiber manuell nachinstallieren, was aber erst nach dem endgültigen Abschluss des Installationsvorganges möglich ist.

Wählen Sie im nächsten Schritt das Systemgebietsschema und das Tastaturlayout aus. Hier sollten Sie die für Deutschland vorgegebenen Standardeinstellungen akzeptieren.

Danach werden Sie nach Ihrem Namen, Organisation und Computernamen gefragt. Diese Eingaben werden gespeichert und erscheinen später immer wieder als Vorgabe bei Software-Installationen. Hier müssen Sie einen Namen angeben, aus dem dann auch der erste Benutzername gebildet wird. Eine Eingabe von *Administrator* oder *Gast* ist nicht möglich, da diese Benutzernamen standardmäßig vorbelegt sind.

Lassen Sie das Feld *Organisation* sicherheitshalber leer. Microsoft beteuert zwar immer wieder, dass bei der umstrittenen Produktaktivierung keine persönlichen Daten übermittelt werden. Dies gilt aber nur für den Namen und das Passwort. Der Inhalt des Feldes *Organisation* wird hingegen zusammen mit einer eindeutigen Computerkennung an Microsoft übertragen.

Windows XP installiert immer mindestens zwei Benutzer, einen mit dem angegebenen Namen und einen Administrator. Für diesen müssen Sie jetzt noch ein Passwort angeben.

Wird bei der Installation eine Netzwerkkarte im Computer gefunden, wird automatisch die Client-Software für Microsoft-Netzwerke, die Datei- und Druckerfreigabe sowie das TCP/IP-Protokoll mit automatischer Zuweisung von IP-Adressen installiert. Geben Sie dann noch den Namen der Arbeitsgruppe oder Domäne an, bei der dieser Computer angemeldet werden soll.

Zum Schluss werden die temporären Installationsdateien gelöscht und der Rechner ein letztes Mal neu gestartet.

## Parallelinstallation

Sie können Windows XP auch parallel zu einem vorhandenen Betriebssystem installieren. Verwenden Sie hierzu eine zweite Festplatte oder zumindest eine eigene Partition. Das Installationsprogramm bietet Möglichkeiten, auf freien Festplattenbereichen Partitionen anzulegen oder vorhandene Partitionen neu zu formatieren.

**Tipp** Windows XP enthält keine Funktionen, um Festplattenpartitionen, die bereits Daten enthalten zu verändern, ohne dass die Daten dabei verloren gehen. So lassen sich Partititionen zum Beispiel nicht verkleinern, um Platz für eine neue Partition zu schaffen. Hierzu sind externe Produkte wie *Partition Magic* oder *Paragon Festplatten Manager* notwendig.

In einer Parallelinstallation werden installierte Programme aus dem anderen Betriebssystem nicht übernommen. Sie müssen zur Verwendung in Windows XP neu installiert werden.

Windows XP liefert einen eigenen Bootmanager mit, der automatisch aktiviert wird, wenn Sie Windows XP parallel zu einem vorhandenen früheren Windows installieren. Der Windows XP Bootmanager installiert sich ebenfalls immer auf der ersten Festplatte, kann dann aber die Systemdateien von Windows XP auf einer zweiten Platte unabhängig vom vorhandenen Betriebssystem installieren. Windows 9x/ME kann im Gegensatz zu Windows XP immer nur auf der ersten Festplatte laufen.

Die Parallelinstallation zu einem bestehenden Windows kann auch ohne von der CD zu booten direkt aus Windows 9x/ME oder NT/2000 heraus gestartet werden. Legen Sie die Windows XP CD ein, und wählen Sie im automatisch startenden Menü die Option *Windows XP installieren.*

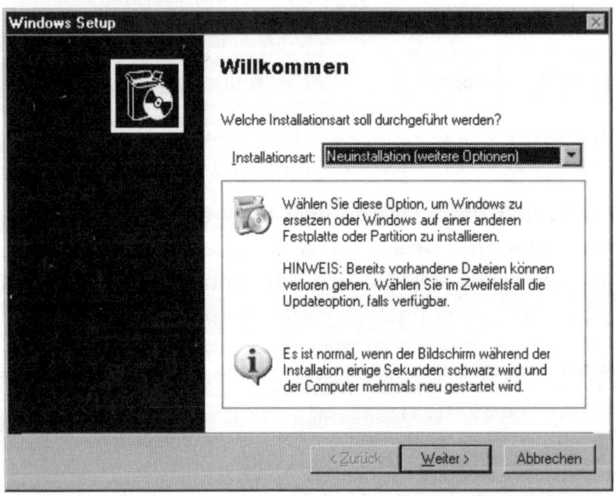


**Bild 2.1:** Auswahl der Installationsart

Bei dieser Installationsvariante erscheint ein weiterer Dialog, in dem Sie unbedingt den Button *Erweiterte Optionen* anklicken müssen, auch wenn dies nicht explizit angegeben wird.

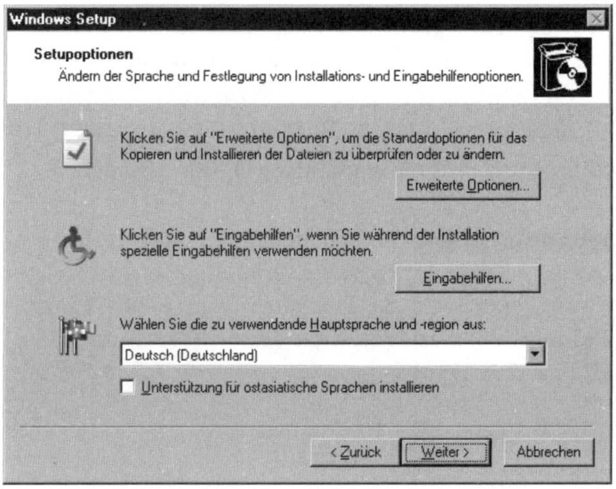


**Bild 2.2:** Hier unbedingt auf *Erweiterte Optionen* klicken

In den erweiterten Optionen müssen Sie ein Verzeichnis angeben, in das Windows XP die temporären Installationsdateien kopieren soll. Um Windows XP auf einer anderen Partition oder einer zweiten Festplatte zu installieren, müssen Sie unbedingt den Schalter *Installationslaufwerk und -partition während der Installation auswählen* einschalten, da sonst keine Möglichkeit besteht, die neue Windows XP-Partition auszuwählen. Dieser Schalter kann in jedem Fall eingeschaltet werden, um einen Überblick über die vorhandenen Laufwerke und Partitionen zu bekommen.

Der weitere Verlauf der Installation läuft weitgehend so ab wie bei einer Neuinstallation.

**Info** Beachten Sie beim Formatieren oder Konvertieren von Partitionen, dass Windows 9x/ME nicht auf NTFS-Partitionen zugreifen kann.

Wenn Sie den Computer nach erfolgreicher Installation neu starten, erscheint ein Bootmenü, in dem Sie mit den Pfeiltasten das Betriebssystem auswählen können, mit dem Sie booten wollen.

## Update-Installation

Möchten Sie ein vorhandenes älteres Windows auf Windows XP updaten, sichern Sie zuallererst Ihre persönlichen Dateien. Normalerweise bleiben alle Daten erhalten, außer der Verzeichnisstruktur unterhalb des Ordners `Eigene Dateien`, aber das Risiko eines Datenverlustes besteht immer. Der Windows-Papierkorb wird beim Update auf Windows XP immer gelöscht. Liegen hier noch Dateien, die Sie eventuell noch brauchen, holen Sie diese vorher aus dem Papierkorb heraus.

Starten Sie dann das Installationsprogramm unter dem alten Betriebssystem von der eingelegten Windows XP CD-ROM.

**Info** Im Verlauf des Setups wird vor dem eigentlichen Überschreiben des alten Betriebssystems eine Kompatibilitätsprüfung durchgeführt, die noch einmal die Komponenten auflistet, die Kompatibilitätsprobleme zu Windows XP verursachen können.

Wählen Sie nach dem Start des Installationsprogramms die empfohlene Option *Update.*

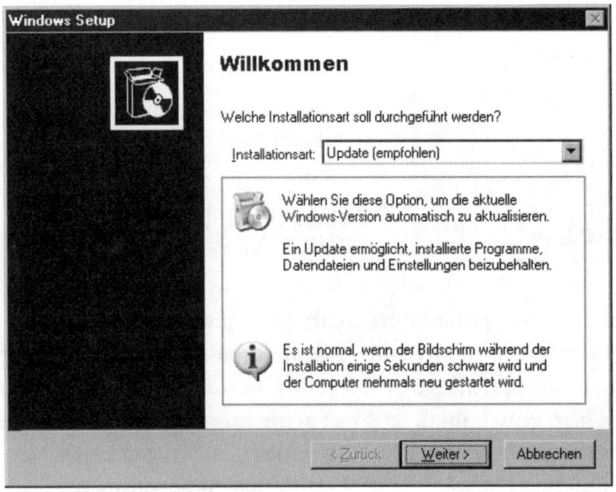


**Bild 2.3:** Start der Update-Installation

Jetzt wird die freie Festplattenkapazität ermittelt und eine Liste mit Dateien erstellt, die für den Fall der Deinstallation von Windows XP gesichert werden müssen, um das zuvor installierte Betriebssystem wiederherzustellen.

Danach werden Sie gefragt, ob Sie das vorhandene Dateisystem in NTFS konvertieren wollen. Wenn Sie keine ältere Windows-Version und auch kein Linux mehr verwenden, ist eine Konvertierung der Laufwerke immer sinnvoll.

Die weiteren Installationsschritte laufen wie bei einer Neuinstallation ab. Installierte Hardware-Komponenten werden alle neu erkannt, was auch bedeutet, dass Plug & Play-Geräte gegenüber der bisherigen Betriebssystemversion eventuell unterschiedliche Interrupts zugewiesen bekommen. Da Windows XP die Geräteverwaltung weitgehend selbstständig übernimmt, brauchen Sie sich um die Zuweisung der Interrupts normalerweise nicht zu kümmern. Allerdings müssen Geräte, für die Windows XP keine Treiber zur Verfügung stellt, neu installiert werden, auch wenn die bereits installierten Windows NT/2000-Treiber unter Windows XP problemlos laufen würden.

Im nächsten Installationsschritt werden vorhandene Programme ins Startmenü und in die Registry eingetragen, sodass sie auch unter Windows XP weiter funktionieren sollten. Bei Programmen, die nicht von Microsoft stammen, kann es hier zu Problemen mit DLL-Dateien kommen, die vom Programmhersteller unter dem alten Betriebssystem durch eine eigene Version mit speziellen Zusatzfunktionen ersetzt wurden. Windows XP überschreibt solche DLL-Dateien mit seiner eigenen Version. So kann es passieren, dass Programme nicht mehr laufen und Sie sie neu installieren müssen. Außerdem werden die Dateitypen auf die Microsoft-Vorgaben zurückgesetzt, auch wenn ein unter dem alten Betriebssystem installiertes Programm hier Änderungen vorgenommen hatte.

Im Gegensatz zur Parallelinstallation erstellt die Update-Installation kein Bootmenü. Das alte Betriebssystem steht beim nächsten Neustart nicht mehr zur Verfügung, der Rechner bootet jetzt mit Windows XP.

## Installation ohne bootfähiges CD-ROM

Die Standardinstallation von Windows XP setzt voraus, dass von der Windows XP-CD gebootet wird. Nicht nur ältere Computer, sondern auch SCSI-Laufwerke erkennen die Original-Windows XP-CD, deren Bootcode keinem gängigen Standard entspricht, nicht immer als bootfähig an. In großen Firmen besitzen untergeordnete Arbeitsstationen aus Sicherheitsgründen manchmal gar kein CD-ROM-Laufwerk, so dass man auf andere Installationsvarianten zurückgreifen muss.

Die offiziell von Microsoft empfohlene Methode zur Windows XP-Installation ohne bootfähiges CD-ROM ist ein 4 MB großes Installations-Tool, das sechs Disketten erstellt, mit denen ein rudimentäres Betriebssystem geladen wird, das die notwendigen Treiber und die Setup-Routine enthält, sodass Windows XP von der Original-CD installiert werden kann, auch wenn nicht von dieser CD gebootet wurde. Dieses Installationsprogramm, `makeboot.exe`, finden Sie im Internet bei: `http://support.microsoft.com/default.aspx?scid=kb;DE;310994`.

**Info** Beachten Sie, dass es auf der Microsoft Download-Webseite verschiedene Programme für Windows XP Professional und für die Home-Edition sowie für verschiedene Sprachen gibt.

Dieses Installationsprogramm kann unter allen früheren Windows-Versionen in einem Eingabeaufforderungs-Fenster aufgerufen werden.

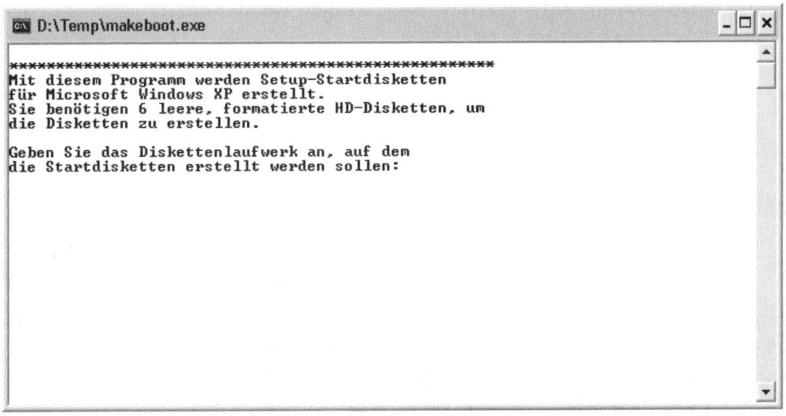


**Bild 2.4:** Das Microsoft-Disketteninstallationsprogramm für Windows XP

Sie benötigen in jedem Fall sechs mit 1,44 MB formatierte, leere 3,5"-Disketten. Windows XP unterstützt keine anderen Diskettenformate mehr.

Nachdem Sie die Disketten erstellt haben, starten Sie den Computer mit der ersten Diskette. Legen Sie gemäß der Bildschirmanfragen nacheinander die anderen Disketten und zum Schluss die Windows XP-CD ein. Danach läuft die Installation wie weiter oben beschrieben ab.

### ▲ Die Alternative

Wie Sie wahrscheinlich längst erwartet haben, sind natürlich keine sechs Disketten notwendig. Es geht auch mit einer einzigen. Legen Sie sich auf einem DOS- oder Windows 9x-Computer eine Bootdiskette an, die einen CD-ROM-Treiber und das Programm `smartdrv.exe` enthält. Sie können auch eine Original-Bootdiskette verwenden, wie sie bis Windows 95 noch mit geliefert wurde. In der Datei `config.sys` auf der Diskette muss der CD-ROM-Treiber eingetragen werden:

```
device=himem.sys
buffers=20
files=60
lastdrive=Z
device=A:\MTMIDE.SYS /D:OEMCD001
```

In der letzten Zeile müssen Sie bei Bedarf einen eigenen CD-ROM-Treiber eintragen. Bei Verwendung eines SCSI CD-ROM-Laufwerkes ersetzen Sie die letzte Zeile durch folgende Zeilen:

```
device=A:\aspi2dos.sys
device=A:\aspi4dos.sys
device=A:\aspi7dos.sys
device=A:\aspi8dos.sys
device=A:\aspicd.sys /D:OEMCD001
```

Die hier erwähnten Dateien kopieren Sie von einer DOS- oder Windows 9x-Installation auf die Diskette. In der Datei autoexec.bat auf der Diskette muss der deutsche Tastaturtreiber, die DOS-CD-ROM-Unterstützung und smartdrv aufgerufen werden. Tragen Sie hier dazu folgende Zeilen ein:

```
keyb gr
mscdex.exe /D:OEMCD001
smartdrv
```

Starten Sie den Computer jetzt mit dieser Diskette, und legen Sie die Windows XP-CD ein. Das CD-ROM-Laufwerk wird automatisch als erster Laufwerksbuchstabe nach den Festplatten angemeldet.

Auf dem Computer muss eine formatierte Partition mit etwa 500 MB freiem Speicherplatz existieren, die von Windows XP benutzt werden kann, um temporäre Dateien zu kopieren. Das Setup-Programm kann diese Partition nicht selbstständig anlegen. Es besteht für den Anwender auch keine Auswahlmöglichkeit, auf welche Partition die Temporärdateien kopiert werden. Ist auf Ihrer Festplatte noch keine Partition angelegt, erstellen Sie mit FDISK unter DOS eine Partition und formatieren diese danach mit dem Befehl FORMAT.

Wechseln Sie am DOS-Prompt auf das CD-ROM Laufwerk und dort ins Verzeichnis \i386 der CD. Hier finden Sie zwei Programme zur Windows XP-Installation, abhängig vom Betriebssystem der Bootdiskette. Haben Sie eine DOS-Bootdiskette, starten Sie WINNT.EXE; bei einer Windows 9x/ME Bootdiskette, wie sie auch unter Windows XP erstellt werden kann, starten Sie WINNT32.EXE.

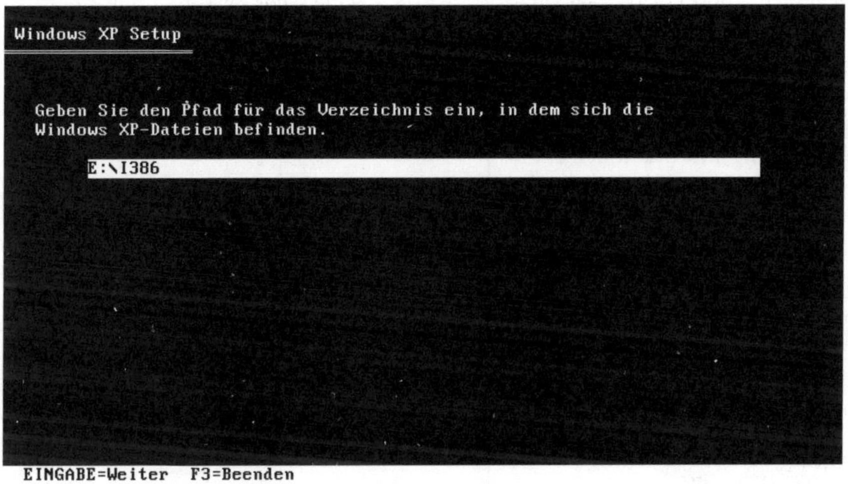


**Bild 2.5:** Windows XP-Installation mit einer Bootdiskette

Im ersten Schritt werden Sie aufgefordert, das Verzeichnis der Windows XP-Quelldateien anzugeben. Hier ist standardmäßig bereits das Verzeichnis auf der CD vorgewählt. Danach beginnt ein langwieriger Kopiervorgang, bei dem alle notwendigen Installationsdateien in ein temporäres Verzeichnis auf der lokalen Festplatte kopiert werden. Wundern Sie sich nicht, wenn sich auf dem Bildschirm mehrere Minuten nichts bewegt. Der Fortschrittsbalken erscheint erst, nachdem zahlreiche Dateien bereits kopiert sind.

Nach einem Neustart läuft das Setup wie eine normale Windows XP-Installation weiter, mit dem Unterschied, dass später noch der Produkt-Key eingegeben werden muss, da dies nicht wie bei den anderen Installationsvarianten am Anfang erfolgt ist.

## 2.3 Aktivierung und Registrierung

Beim ersten Start des neuen Windows XP erscheint eine Aufforderung zu dessen Aktivierung.

Windows XP ist die erste Windows-Version, die mit einer Zwangsaktivierung ausgestattet ist. Nach einer Zeit von 30 Tagen muss das Betriebssystem bei Microsoft aktiviert werden – ein Versuch, möglichen Raubkopierern das Handwerk zu legen.

Für die Aktivierung wird auf dem eigenen Computer anhand verschiedener Daten, über die Microsoft nur wenig Auskunft gibt, eine Installations-ID, eine Zahlenkombination aus 50 Ziffern in Sechser- und Zweiergruppen zusammengestellt. Diese kann entweder über das Internet oder sehr langwierig per Telefon an Microsoft übermittelt werden.

Die Aktivierung über das Internet geht deutlich schneller, da hier die Übernahme des Aktivierungsschlüssels, der von Microsoft zurückgesendet wird, automatisch passiert. Allerdings wird der Benutzer absolut im Dunkeln darüber gelassen, welche Daten tatsächlich übertragen werden. Allerdings weiß man bei der telefonischen Aktivierung auch nicht, woraus sich die Zahlenkombination zusammensetzt, die man per Tastentelefon in den Microsoft-Sprachcomputer eingeben muss.

Bei der Aktivierung wird eine Datei `wpa.dbl` im Verzeichnis `\windows\system32` erzeugt, die die Aktivierungsinformationen enthält. Sichern Sie diese Datei auf eine Diskette oder in einem anderen Verzeichnis auf dem PC. Bei einer späteren Neuinstallation wird die Datei gelöscht, und Windows XP muss neu aktiviert werden. Stattdessen können Sie dann einfach Ihre Sicherung zurückspielen. Dies funktioniert nur auf demselben PC, da die Aktivierung Hardwareabhängig ist.

Seit dem 28. Februar 2005 können OEM-Versionen von Windows, die bereits auf einem PC vorinstalliert sind, nur noch telefonisch aktiviert werden. In diesen Fällen ist eine Aktivierung aber nur nötig, wenn man Änderungen an der Hardware vorgenommen hat. Solche OEM-Versionen sind auf der mitgelieferten CD-ROM deutlich gekennzeichnet. Außerdem ist unter *Systemsteuerung/System* ein Logo des Hardware-Herstellers zu sehen.

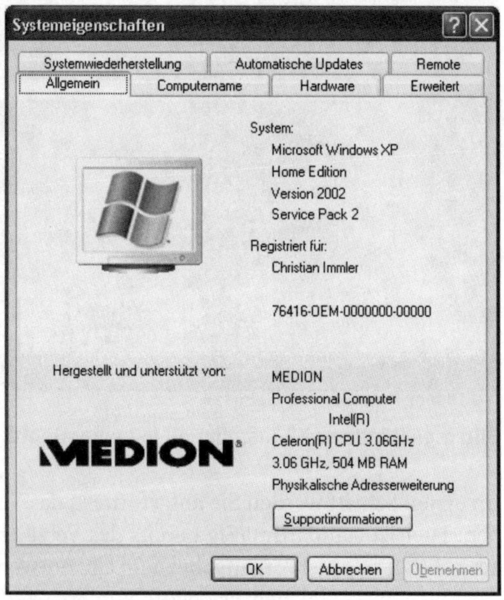


**Bild 2.6:** Windows XP-OEM-Version

**Tipp** Dasselbe Dialogfeld kann auch viel schneller als über die Systemsteuerung mit der Tastenkombination [⊞]+[Pause] aufgerufen werden.

## Sofort oder später aktivieren?

Sie haben 30 Tage Zeit, Windows XP zu aktivieren, Sie können also ruhig den Aktivierungsbildschirm beim ersten Neustart übergehen und die Aktivierung später manuell vornehmen.

**Tipp** Mit der Aktivierung etwas zu warten hat den Vorteil, dass man eventuell noch inkompatible Hardware umbauen oder austauschen kann. Der Aktivierungscode ist von der Hardware abhängig. Bei mehr als drei ausgetauschten Komponenten muss neu aktiviert werden.

Allerdings werden bei der Aktivierung auch Daten installierter Software übertragen. Wer nicht möchte, dass Microsoft erfährt, welche Programme auf seinem eigenen PC installiert sind, aktiviert sein jungfräuliches Windows direkt nach der Installation.

Windows XP zeigt mit einem Schlüssel-Symbol in der Taskleiste an, wie viele Tage es noch bis zur Zwangsaktivierung verwendet werden kann. Ein Doppelklick auf dieses Symbol startet den Aktivierungsprozess manuell.

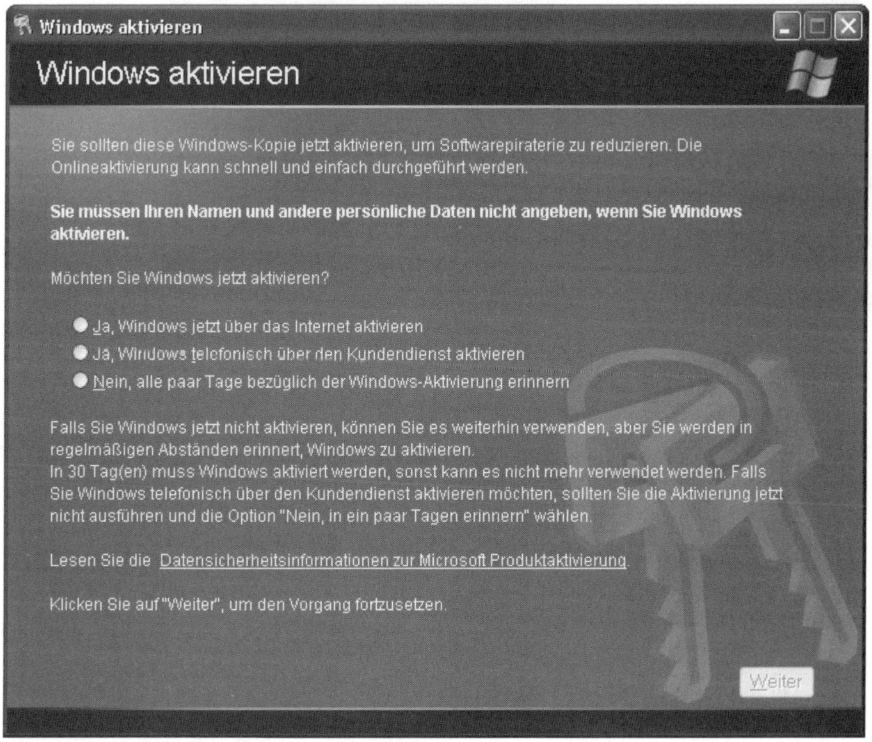


**Bild 2.7:** Auswahl der Aktivierungsmethode

Diese Aktivierung hat nichts mit der freiwilligen persönlichen Registrierung zu tun. Diese beiden Vorgänge werden von vielen Benutzern leicht verwechselt. Nach der Aktivierung wird zwar ein Formular zur Registrierung gezeigt, das aber problemlos übersprungen werden kann. Nur einige wenige Funktionen im Microsoft Online-Support funktionieren nur mit einer registrierten Windows XP-Installation.

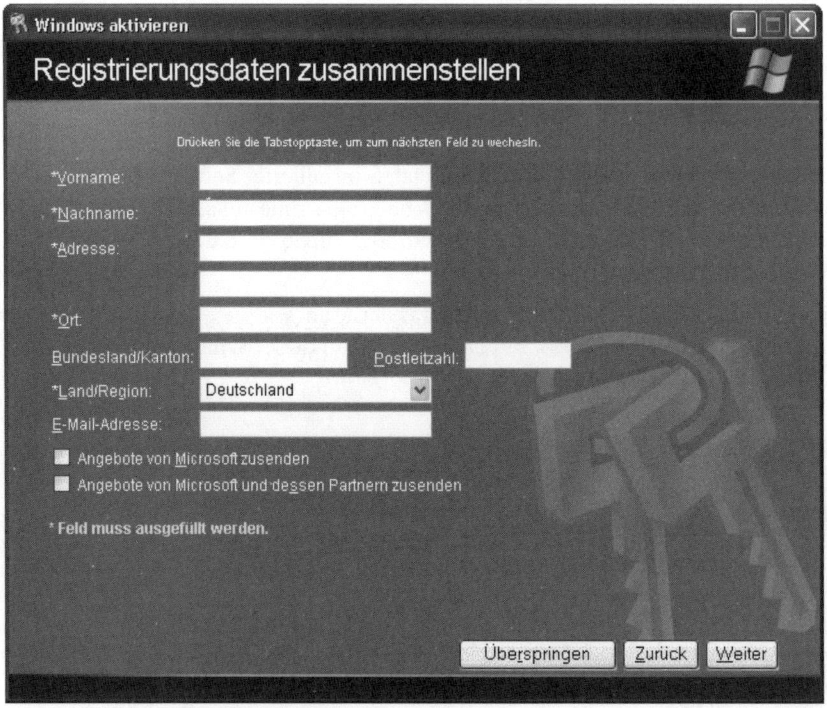


**Bild 2.8:** Die freiwillige Registrierung nach der Aktivierung

## 2.4 Service Pack 2 installieren

Keine Software ist perfekt. Das gilt auch für Betriebssysteme. Immer wieder tauchen neue Fehler und Sicherheitslücken auf, die von Software-Herstellern durch Updates oder Patches behoben werden müssen.

Hacker konzentrieren sich primär auf weit verbreitete Systeme, da dort die Wahrscheinlichkeit, einen ungeschützten Computer zu finden, besonders hoch ist. Dementsprechend sind Windows-Computer weitaus gefährdeter gegenüber Viren, Trojanern und Angriffen als zum Beispiel Linux- oder Macintosh-Systeme. Leider laden die wenigsten Anwender regelmäßig Sicherheits-Updates herunter. Die Windows Update-Funktion erledigt dies zwar automatisch, ist aber datenschutztechnisch relativ bedenklich, da diverse Daten des eigenen Computers an Microsoft übertragen werden.

Die Service Packs zu Windows fassen alle Patches, die bis zum Veröffentlichungstag des Service Packs erschienen sind, zu einem Installationspaket zusammen.

Im Gegensatz zu den früheren NT-Service Packs, die fast nur aus Fehlerkorrekturen bestanden, bieten die Service Packs zu Windows XP auch einige neue Funktionen. Die wichtigste Neuerung des ersten Service Packs zu Windows XP war die Funktion *Programmzugriff und Standards fest-*

*legen* in der *Systemsteuerung/Software*. Damit kann man den Standardbrowser, das E-Mail-Programm und den Media Player verändern und gegen komfortablere oder sicherere Programme anderer Hersteller austauschen.

Eine Funktion, mit der sich die sicherheitstechnisch bedenklichen Anwendungen Internet Explorer und Windows Media Player rückstandsfrei aus dem System entfernen lassen, sucht man allerdings auch im zweiten Service Pack vergeblich.

## Die wichtigsten Neuerungen im Überblick

Im Frühsommer 2004 erschienen zahlreiche Testversionen des Service Packs 2 mit unterschiedlichen neuen Funktionen. Erst die endgültige Version, die Anfang August 2004 erschienen ist, zeigt alle Neuerungen:

- Neues Sicherheitscenter mit verbesserter Firewall.
- Popup-Blocker für den Internet Explorer.
- Windows Media Player 9.
- Blockierfunktion für Anhänge in Outlook Express.
- DirectX 9.
- Assistent zur WLAN-Konfiguration.
- Systemeigene Bluetooth-Unterstützung.
- Schutz vor Pufferüberläufen (prozessorabhängig).
- Windows XP Tablet PC Edition 2005.

**Hinweis** In diesem Buch gehen wir bei den Beschreibungen der Windows Funktionen davon aus, dass das Service Packs 2 bereits installiert ist.

## Service Pack 2 vorinstalliert?

Auf neuen PCs ist seit Ende des Jahres 2004 das Service Pack 2 bereits vorinstalliert. In diesem Fall müssen Sie es natürlich nicht noch einmal installieren.

Um festzustellen, ob das Service Pack 2 auf Ihrem Computer bereits installiert ist, klicken Sie im Startmenü auf die *Systemsteuerung*. Klicken Sie dort auf das Symbol *System*.

Hier wird die aktuelle Windows-Version und auch das Service Pack angezeigt, sofern es installiert ist.

**Windows XP Media Center Edition** In der Windows XP Media Center Edition ist das Service Pack 2 immer automatisch integriert.

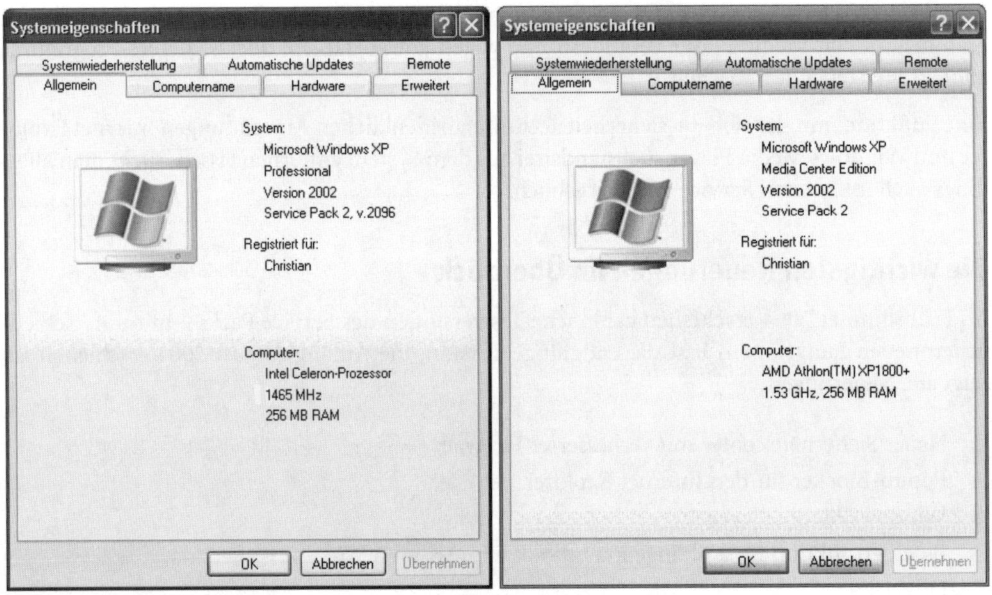


**Bild 2.9:** Anzeige der installierten Betriebssystemversion

## Service Pack 2 installieren

Das Service Pack 2 bekommen Sie direkt von Microsoft. Dort können Sie es auf CD bestellen oder von der Microsoft-Web-Seite herunterladen. Bestellen Sie das Service Pack auf CD, befindet sich diese meist nach wenigen Tagen im Briefkasten.

Die Sicherheits-CD, die von der Initiative *Deutschland sicher im Netz* verteilt wird, enthält ebenfalls das Service Pack 2.

Nähere Informationen zum Bezug des Service Packs finden Sie bei: `www.microsoft.com/germany/windowsxp/sp2/anwender`.

Das Service Pack 2 für Windows XP ist mit über 260 MB das größte Service Pack, das es je gab. Die Service Pack 2-CD-ROM funktioniert gleichermaßen mit Windows XP Home und Windows XP Professional.

Die Installation erfolgt mit Hilfe eines Assistenten. Die Installation des Service Packs ersetzt fast alle Windows XP-Systemdateien. Dementsprechend groß ist auch das Backup, das für den Fall einer Deinstallation angelegt wird. Insgesamt dauert die Installation etwa eine halbe bis eine ganze Stunde.

**Achtung** Eine fehlerhafte oder abgebrochene Service Pack-Installation, verursacht durch eine fehlerhafte Installationsdatei oder Stromausfall, macht Ihr gesamtes Windows unbrauchbar. Sichern Sie also in jedem Fall Ihre persönlichen Daten und E-Mails vor der Installation.

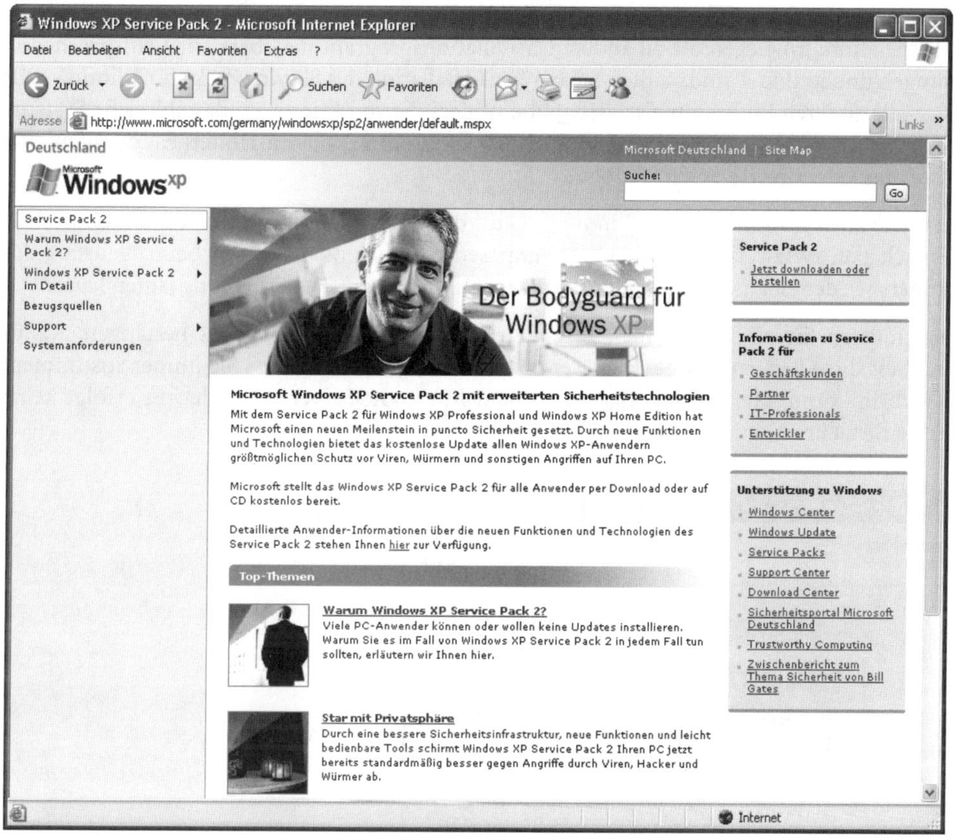


**Bild 2.10:** Microsoft-Informationsseite zum Service Pack 2

Nach dem Start der Installationsdatei wird zunächst das Installationsarchiv überprüft, was besonders bei aus dem Internet heruntergeladenen Versionen wichtig ist.

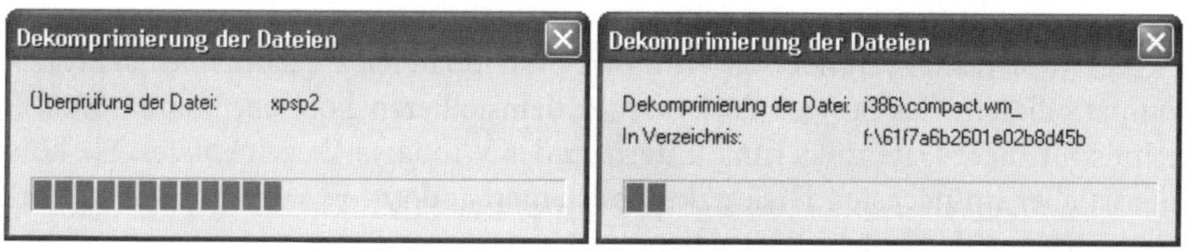


**Bild 2.11:** Überprüfung der Service Pack-Installationsdatei und Entpacken der Dateien

Danach werden alle Dateien, die zur Installation des Service Packs erforderlich sind, in ein temporäres Verzeichnis auf der Systemfestplatte entpackt. Sorgen Sie dafür, dass hier mindestens 350 MB freier Speicherplatz zur Verfügung stehen.

Das Entpacken der Dateien kann einige Minuten dauern. Danach startet der Assistent die eigentliche Installation. Im Gegensatz zu anderen Installationsprogrammen, bei denen entsprechende Meldungen unbegründet sind, sollten Sie bei der Installation des Service Packs für Windows XP wirklich alle anderen Programme schließen, besonders die von Microsoft, da zahlreiche Systemdateien ersetzt werden müssen. Dies gilt auch für Programme, die im Hintergrund laufen, wie Virenscanner oder diverse System-Tools.

Trennen Sie auch Ihre Internet-Verbindung. Läuft diese automatisch über einen Router, ziehen Sie einfach den Netzwerkstecker heraus. Vergessen Sie aber nicht, diesen beim Neustart des Computers wieder einzustecken, damit die automatische Update-Überprüfung laufen kann.

Danach müssen Sie als Erstes einen Lizenzvertrag für das Service Pack 2 bestätigen. Kaum jemand liest diese Lizenzverträge. In diesem hier steht explizit drin, dass Sie immer zustimmen, wenn sich Ihr Computer automatisch mit einem Microsoft-Server verbindet. Es erfolgt keine vorherige Benachrichtigung bei diesem Vorgang!

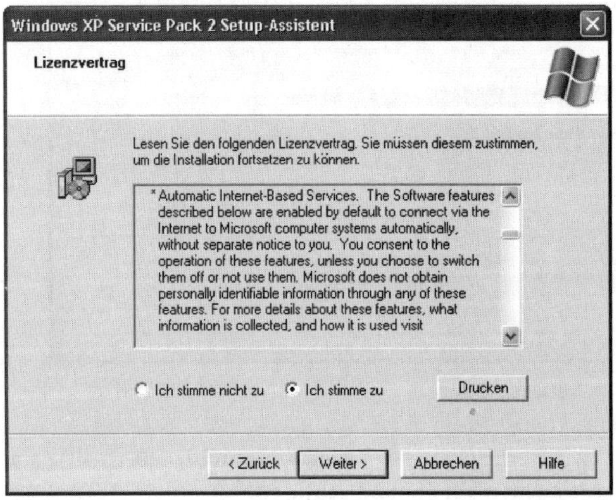


**Bild 2.12:** Ohne Zustimmung zum Lizenzvertrag kann das Service Pack 2 nicht installiert werden

Das Service Pack legt Kopien aller veränderten Windows-Systemdateien an, damit Sie bei Problemen oder Inkompatibilitäten das Service Pack wieder deinstallieren können. Standardmäßig liegt das Verzeichnis für diese Datensicherung unterhalb des Windows-Verzeichnisses. Sie können den Speicherort aber im nächsten Dialog des Assistenten ändern. Es werden etwa 450 MB Speicherplatz zur Sicherung der Systemdateien benötigt.

Der Assistent überprüft, ob tatsächlich genügend Speicherplatz zur Verfügung steht, bevor die eigentliche Installation beginnt.

Zwischendurch möchte Microsoft noch ein paar Informationen zu Ihrem Computer wissen. Unter dem Vorwand *Please help us improve...* sollen Daten Ihres Computers per Internet versendet werden. Möchten Sie nicht, dass Microsoft erfährt, welche Programme Sie installiert haben, klicken Sie hier auf *Nicht senden – Don't send.*

Nach Abschluss der langwierigen Installation, bei der aber keine weiteren Nachfragen seitens Microsoft gestellt werden, muss der Computer neu gestartet werden. Sie haben ja im Prinzip ein neues Betriebssystem installiert.

## Der erste Start des neuen Systems

Beim ersten Start des neuen Systems sehen Sie eine großflächige Aufforderung, die *Automatischen Updates* zu aktivieren, um damit Ihr System besser zu schützen.

Viele Anwender hatten die *Automatische Update*-Funktion, die es in Windows XP ja schon lange gibt, deaktiviert und installierten ihre Updates lieber manuell.

Im Service Pack 2 wurde die *Windows Update*-Funktion verbessert. Sie erledigt nun den Download der Updates intelligenter, nämlich bei bestehender Internet-Verbindung nur in der beim Surfen, Mails-Abrufen oder Herunterladen von Dateien nicht verwendeten Bandbreite. Das ist praktisch, denn gerade während Sie einen Text auf einer Web-Seite lesen, benötigen Sie keine Übertragungskapazität – da kann das Update problemlos nebenher laufen.

Obwohl Microsoft in der Meldung *Schützen Sie den Computer* ausdrücklich bestätigt, dass beim Update keine Informationen gesammelt werden, die dazu verwendet werden können, den Benutzer persönlich zu identifizieren, bleiben natürlich Sicherheitsbedenken bestehen. Auch ist nicht auszuschließen, dass Updates inkompatibler Treiber oder DRM-relevanter Software-Komponenten Funktionseinschränkungen mit sich bringen. Besonders in dieser Hinsicht ist es sinnvoll, die Updates lieber manuell zu installieren.

Entscheiden Sie sich, ob Sie an dieser Stelle die *Automatischen Updates* aktivieren wollen. Erst danach können Sie unten rechts auf *Weiter* klicken.

Auch bei der Deaktivierung von *Automatische Update*-Funktion stellt Windows XP nach der Installation des Service Packs 2 fest, dass noch weitere Updates installiert werden müssen, die Sie jetzt direkt aus dem Internet herunterladen können. Das liegt daran, dass Microsoft um die Sicherheitsprobleme weiß – und natürlich auch darum, dass zwischen der Veröffentlichung des Service Packs 2 und der Installation schon einiges passiert sein kann. Dafür gibt es dann weitere Updates. Dem in Hinsicht auf Datenschutz kritischen Benutzer fällt nur unangenehm auf, dass diese Verbindung zum Microsoft-Server auch dann stattfindet, wenn man die automatische *Update*-Funktion bewusst abgeschaltet hat.

Kapitel 3

# Der Windows-Desktop


3.1 Starten und Beenden ..... 36
3.2 Desktop ..... 37
3.3 Startmenü ..... 38
3.4 Taskleiste ..... 41
3.5 Programme starten ..... 44
3.6 Papierkorb ..... 45

Der Windows-Desktop ist Ihr Schreibtisch. Dort liegen Ihre Werkzeuge und Schreibgeräte – das sind im wesentlichen Programme, auf die häufig zugegriffen von Ihnen wird. Auf den Desktop können Sie aber auch Ihre Ordner und Dokumente ablegen. Näheres dazu erfahren Sie im Abschnitt 3.2, »Desktop«.

## 3.1 Starten und Beenden

Beim Einschalten Ihres PCs startet das Betriebssystem Windows XP automatisch. Sie müssen nur den Einschaltknopf drücken, der sich normalerweise auf der Vorderseite Ihrs PCs befindet. Bereits nach wenigen Sekunden sehen Sie den Startbildschirm von Windows XP. Danach erscheint der so genannte Desktop. Bei einer Neuinstallation präsentiert sich der Desktop mit dem obligatorischen Hintergrundbild *Grüne Idylle* etwa wie folgt:

**Bild 3.1:** Der fast leere Desktop

Die Bestandteile hier werden unter Abschnitt 3.2, »Desktop«, erläutert.

Nach dem Start soll auch gleich noch das Beenden von Windows erklärt werden. Schalten Sie auf keinen Fall den PC einfach aus! Da Windows XP viele Aktivitäten im Hintergrund ausführt, könnten diese Programme und die zugehörigen Dateien beschädigt werden. Als Folge würde der PC nicht mehr richtig oder gar nicht mehr starten. Gehen Sie bitte immer wie folgt vor:

Klicken Sie mit der linken Maustaste auf den Start-Knopf in der linken unteren Ecke, und wählen Sie dann den roten Knopf *Ausschalten* mit einem Linksklick aus. Alternativ können Sie auch die Tasten [Alt]+[F4] drücken. Es erscheint ein weiteres Fenster mit den Möglichkeiten *Standby*, *Ausschalten* und *Neu starten*. Wählen Sie hier *Ausschalten*. Damit beendet sich Windows XP selbst, und Sie können nach Aufforderung den PC und gegebenenfalls den Monitor vom Stromnetz trennen. Notebooks und moderne PCs schalten sich selbstständig aus.

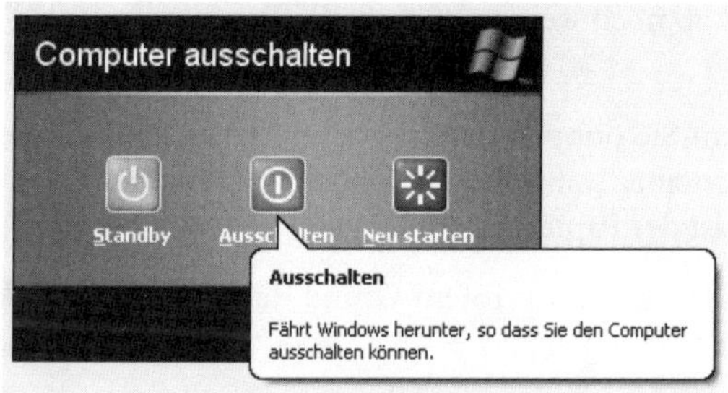


**Bild 3.2:** Der »Ausschalter«

In dem oben gezeigten Fenster gibt es noch einen Knopf *Abbrechen*. Damit können Sie das Ausschalten noch verhindern. Wenn Sie darauf klicken, kommen Sie wieder in den normalen Betriebszustand zurück.

**Info** Moderne PCs mit ACPI-Technik haben zwei Ausschalter, einen auf der Rückseite, der das System wirklich stromlos schaltet und einen auf der Vorderseite (oder sogar auf der Tastatur). Dieser fährt Windows herunter und schaltet dann den Computer scheinbar aus. In Wirklichkeit laufen einige Komponenten in einem Sparmodus weiter, sodass der Computer über denselben Schalter auch wieder gebootet werden kann.

## 3.2 Desktop

Direkt nach der Installation sieht der Windows XP Desktop noch auf jedem Computer gleich aus. Im Laufe Ihrer Arbeit werden Sie hier Symbole für Programme und Dateien anlegen und bestimmt auch das Aussehen des Desktops verändern.

### Hintergrund

Zunächst sehen Sie über den ganzen Bildschirm das bereits erwähnte Hintergrundbild *Grüne Idylle,* das von Windows standardmäßig eingestellt ist. Es werden eine ganze Reihe von Bildern mitgeliefert, die Sie als Hintergrund einstellen können. Mit einem Eingriff in die Registry lässt sich das Intervall der Zeitsynchronisation auch verändern. Informationen dazu finden Sie im Abschnitt Intervall der automatischen Zeitsynchronisation.

### Icons

Der Desktop ist Ihr Schreibtisch, auf dem Sie alle wichtigen Arbeitsunterlagen finden. Zu Anfang sehen Sie wahrscheinlich nur ein Bildchen, ein so genanntes Icon, das mit *Papierkorb* beschriftet ist. Im Laufe Ihrer Arbeit werden auf dem Desktop noch weitere Werkzeuge (Programme), Ordner und Dokumente auftauchen.

Probieren Sie den Papierkorb einmal aus, indem Sie doppelt darauf klicken. Es öffnet sich ein Fenster. Der Papierkorb zeigt seinen Inhalt an, ist aber wahrscheinlich noch leer. Wenn auf dem Icon oben noch ein Stück Papier herausschaut, ist der Papierkorb nicht leer.

In jedem Fenster sehen Sie oben rechts ein weißes Kreuz auf rotem Grund. Ein einfacher Klick darauf schließt das entsprechende Fenster wieder.

## 3.3 Startmenü

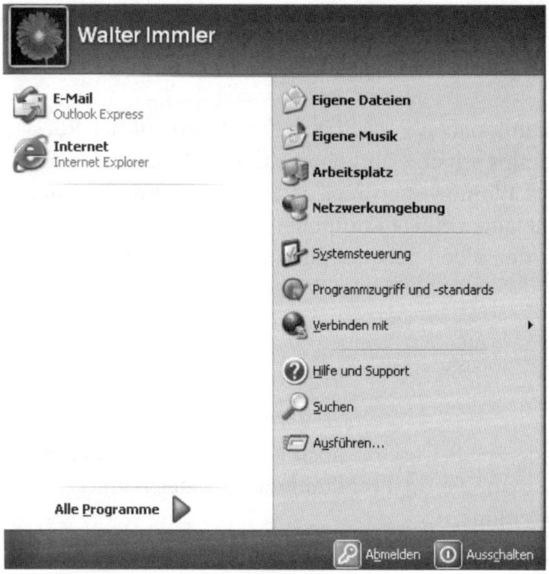


**Bild 3.3:** Das Startmenü im Urzustand

Das Startmenü öffnet sich, wenn Sie auf die grüne Schaltfläche links unten klicken. Noch schneller geht es mit einem Druck auf die Windows-Taste [⊞]. Ganz oben sehen Sie Ihren Benutzernamen. Darunter finden Sie das Menü in eine linke und eine rechte Hälfte geteilt.

## Linke Hälfte des Startmenüs

Oberhalb der waagerechten Linie sind standardmäßig der Internet-Zugriff mit dem Internet Explorer und das E-Mail-Programm Outlook Express eingetragen. Durch einen einfachen Linksklick auf diese Icons starten Sie die Programme. Mit einem einfachen Rechtsklick öffnet sich ein kleines Untermenü. Dort könnten Sie diesen Schnellstart aus der Liste entfernen. Das ist sicher nicht sinnvoll, aber vielleicht möchten Sie einen anderen Internet-Browser und ein anderes E-Mail-Programm verwenden. Wenn Sie Windows-Programme verwenden wollen, dann gehen Sie folgenden Weg:

Rechtsklick auf die *Start-Schaltfläche/Eigenschaften*. Es öffnet sich das Dialogfeld *Eigenschaften von Taskleiste und Startmenü*. Im Register *Startmenü* wählen Sie *Anpassen....* In der unteren Hälfte des Registers können Sie durch ein Häkchen die Programme ein- oder ausblenden und über die Drop-Down-Listen rechts die Windows-Programme auswählen.

**Bild 3.4:** Internet-Programme auswählen

Eventuell wollen Sie aber hier andere Programme, z. B. Mozilla-Browser oder Word fest verankern. Klicken Sie mit der rechten Maustaste auf ein Programm im Startmenü, im Windows-Explorer oder auf dem Desktop. Im Kontextmenü wählen Sie *An Startmenü anheften*. Schon ist es im oberen Teil fixiert.

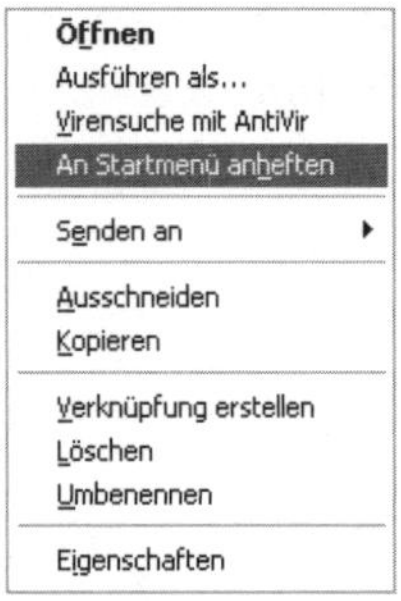


**Bild 3.5:** Programme an Startmenü anheften

Unterhalb der waagerechten Linie werden die zuletzt verwendeten Programme angezeigt. Durch einen Linksklick werden sie schnell gestartet. Die Anzahl der angezeigten Programme können Sie festlegen:

1. Rechtsklick auf die *Start-Schaltfläche/Eigenschaften/Startmenü/Anpassen/Allgemein.*
2. Unter *Programme* können Sie die Anzahl festlegen und die Liste gegebenenfalls auch wieder löschen.

Ein wichtiger Punkt ist der grüne Pfeil ganz unten. Er ist mit *Alle Programme* beschriftet. Wenn Sie mit der Maus darauf zeigen, öffnet sich ein Menü mit allen installierten Programmen. Ein kleines, schwarzes Dreieck am rechten Rand zeigt an, dass noch weitere Untermenüs vorhanden sind. Ein einfacher Linksklick startet das angezeigte Programm.

## Rechte Hälfte des Startmenüs

Auf der rechten Hälfte sind standardmäßig die Zugriffe auf *Eigene Dateien*, *Arbeitsplatz*, *Hilfe und Support* und die Suchfunktion eingetragen. Ein Klick auf *Hilfe und Support* bringt Sie beispielsweise direkt in die umfangreiche Windows-Hilfe. Auch die Anzeige auf der rechten Seite können Sie in Grenzen nach eigenem Belieben gestalten: Rechtsklick auf die *Start-Schaltfläche/Eigenschaften/Startmenü/Anpassen/Allgemein.* Unter *Startmenüelemente* können Sie die Anzeige einzelner Komponenten ein- oder ausschalten.

**Tipp** Für den Fall, dass Sie eines der zuletzt verwendeten Dokumente schnell noch einmal öffnen wollen, gibt es folgende Vorgehensweise: Klicken Sie auf die *Start-Schaltfläche/Eigenschaften/Startmenü/Anpassen.../Erweitert.* Aktivieren Sie unter *Startmenüeinstellungen* den Schalter *Zuletzt verwendete Dokumente auflisten.* Beim nächsten Aufruf des Startmenüs sehen Sie die 10 zuletzt verwendeten Dateien. Ein Klick auf den Dateinamen, und das entsprechende Dokument wird mit dem richtigen Programm geöffnet.

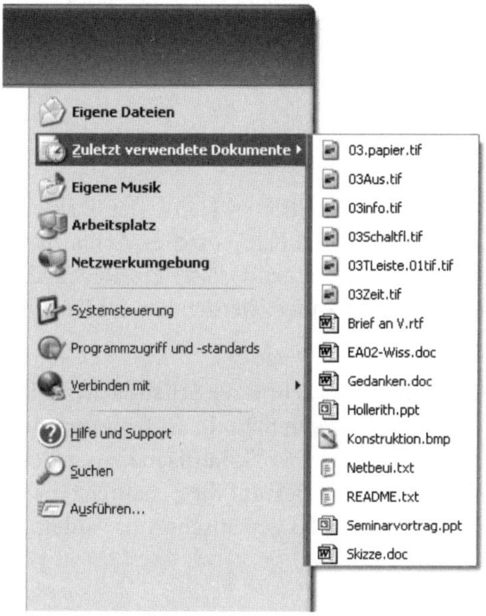


**Bild 3.6:** Zuletzt verwendete Dateien

# 3.4 Taskleiste

Die Taskleiste ist ein Informationszentrum und befindet sich normalerweise am unteren Bildschirmrand. Sie besteht aus der schon bekannten *Start*-Schaltfläche und drei weiteren Bereichen.

**Bild 3.7:** Die Taskleiste mit geöffneten Ordnern und Dokumenten

## Schnellstartleiste

Ganz links in der Taskleiste befindet sich die Schnellstartleiste für häufig genutzte Anwendungen. Bei einem Klick auf eines dieser Symbole wird das Programm ausgeführt. So haben Sie noch schnelleren Zugriff als über das *Startmenü*.

**Bild 3.8:** Schnellstartleiste

Natürlich können Sie jedes beliebige Programm in der Schnellstartleiste ablegen. Ziehen Sie es einfach per Drag&Drop aus dem Desktop oder aus dem Explorer in diesen Bereich. Durch einen Rechtsklick kann es im Kontextmenü jederzeit wieder gelöscht werden.

Das erste Symbol auf der Schnellstartleiste *Desktop anzeigen* schafft Platz auf dem Desktop. Es minimiert gleichzeitig alle Fenster auf dem Desktop. Ein erneuter Klick auf das Symbol darauf stellt den vorherigen Zustand wieder her.

## Schaltflächen in der Taskleiste

Für jedes geöffnete Programm oder Dokument erscheint in der mittleren Hälfte der Taskleiste eine Schaltfläche mit dem Programm- oder Dokumentennamen. Ein Klick auf diese Schaltfläche minimiert das jeweilige Fenster oder aktiviert es in der ursprünglichen Größe. Ein Rechtsklick öffnet ein Kontextmenü, in dem die Größe oder Anordnung verändert werden kann. Hier können Sie das Fenster auch ganz schließen.

Bei vielen geöffneten Fenstern wird es in der Taskleiste schnell eng. Damit die Schaltflächen nicht zu klein werden, fasst Windows gleichartige Fenster zusammen. Wenn Sie z. B. im Explorer mehrere Fenster gleichzeitig geöffnet haben, fasst Windows diese zu einer Schaltfläche zusammen, erkennbar an einem kleinen Dreieck auf der rechten Seite. Beim Klick auf die Schaltfläche werden die Namen der geöffneten Fenster angezeigt, und Sie können das gewünschte auswählen.

**Bild 3.9:** Schaltflächen in der Taskleiste

Wann und wie gleichartige Programmfenster in der Taskleiste gruppiert werden, lässt sich in der *Registry* einstellen. Wie das funktioniert, erfahren Sie im Abschnitt »Gruppierung der Buttons in der Taskleiste optimieren« auf Seite 396.

## Infobereich oder System Tray

Auf der rechten Seite der Taskleiste befindet sich der *Infobereich*. Diese Symbole werden meistens von den installierten Programmen automatisch angelegt. Sie zeigen bestimmte Ereignisse an, wie z. B. den E-Mail-Eingang.

**Bild 3.10:** Der Infobereich der Taskleiste

Um die Übersicht zu bewahren, blendet Windows XP alle Symbole, die längere Zeit nicht verwendet wurden, automatisch aus. Ein Klick auf das runde Symbol mit dem <-Zeichen zeigt wieder alle Symbole an.

**Bild 3.11:** Der Infobereich der Taskleiste mit ausgeblendeten Symbolen

Ein Rechtsklick auf den runden <-Button öffnet ein Kontextmenü. Wählen Sie hier *Infobereich anpassen*, dann können Sie für jedes Symbol wählen, ob es bei längerer Inaktivität ausgeblendet werden soll oder ständig angezeigt wird.

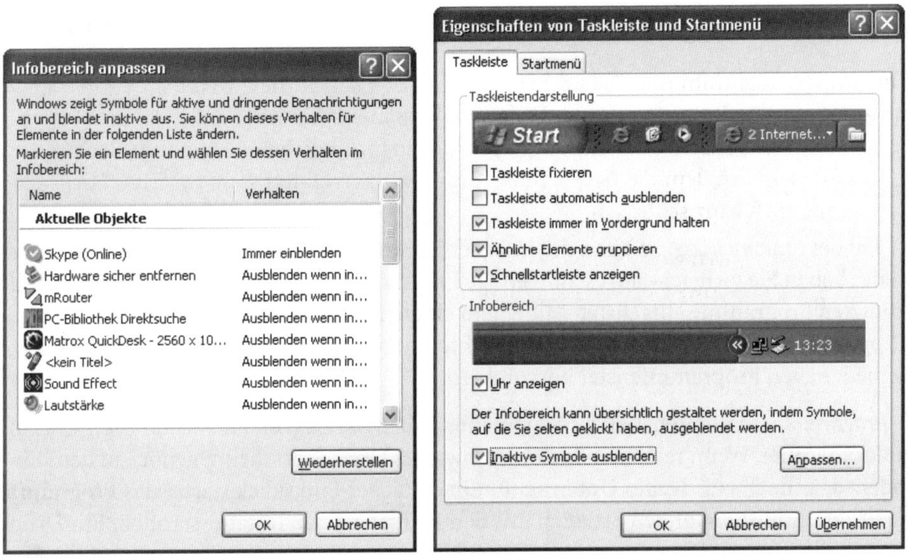


**Bild 3.12:** Einstellungen für den Infobereich

Nachdem Sie diesen Dialog mit *OK* verlassen haben, haben Sie noch die Möglichkeit, das Ausblenden inaktiver Symbole ganz abzuschalten. Der *Infobereich* zeigt dann wie in früheren Windows-Versionen immer alle Symbole an. An dieser Stelle können Sie auch die Uhrenanzeige ein- oder ausblenden.

Ein Doppelklick auf die Uhrenanzeige öffnet das Dialogfeld *Eigenschaften von Datum und Uhrzeit* für die Uhrzeit. Hier können Sie die Uhrzeit, das Datum und die Zeitzone einstellen. Interessant ist hier das Register die Karteikarte *Internetzeit*. Wenn Sie das obere Feld mit einem Häkchen markieren, dann wird die Systemuhr bei jedem Internet-Zugang mit einem *Zeit-Server* synchronisiert. Der PC hat dann immer die genaue Uhrzeit. `ptbtime1.pdb.de` ist der Zeit-Server der Physikalischen Bundesanstalt in Braunschweig, von dem aus alle Funkuhren in Deutschland gesteuert werden.

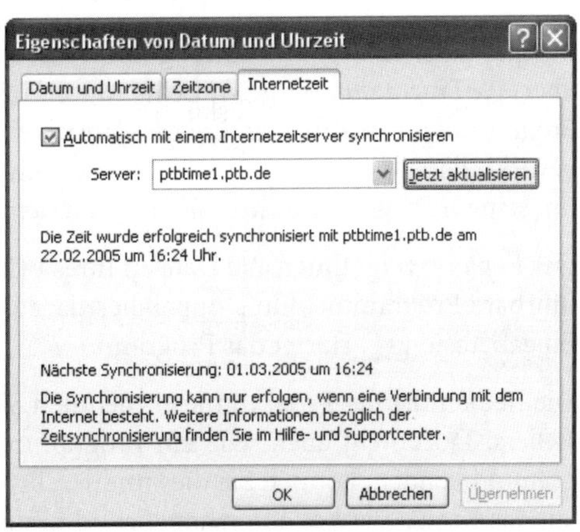


**Bild 3.13:** Zeit synchronisieren

## 3.5 Programme starten

Jetzt soll es aber endlich mit der Arbeit losgehen. Dazu müssen Sie ein Programm starten. Windows bietet dazu verschiedene Möglichkeiten, die alle zum selben Ziel führen. Hierbei werden Sie sehr schnell herausfinden, welche Vorgehensweise am besten zu Ihrem Arbeitsstil passt.

- Startmenü
- Alle Programme
- Desktop
- Explorer

Im linken Teil des *Startmenüs* sind oben der Internet Explorer und das E-Mail-Programm eingetragen, weiter haben Sie vielleicht dort schon einige Programme fest verankert. Darunter sind die häufig benutzten Programme aufgelistet. Mit einem einfachen kurzen Klick der linken Maustaste auf den Programmnamen starten Sie das gewünschte Programm. Es wird dann anschließend in einem eigenen, neuen Programmfenster ausgeführt.

Über *Alle Programme* im unteren Teil des Startmenüs haben Sie Zugriff auf alle auf Ihrem PC installierten Programme. Wenn rechts ein kleines, schwarzes Dreieck erscheint, gehört zu dem Eintrag ein oder sogar noch ein zweites Untermenü. Ein einfacher Linksklick startet das Programm. Durch die Programmlisten können Sie auch mit den Pfeiltasten der Tastatur scrollen. Ein Druck auf die [⊞]-Taste öffnet das Startmenü. Mit den Pfeiltasten gelangt man zum gewünschten Programm, das mit der Eingabetaste [↵] gestartet wird.

Befinden sich auf dem *Desktop* verschiedene Symbole, verbirgt sich hinter jedem Symbol ein Programm, das mit Doppelklick der linken Maustaste gestartet werden kann. Eventuell ist der Desktop durch andere geöffnete Fenster verdeckt: Dann schafft ein Klick auf das Symbol *Desktop anzeigen* in der Schnellstartleiste Abhilfe. So werden alle aktiven Programmfenster in der Taskleiste abgelegt, ohne die Programme zu schließen. Dieses Minimieren schafft Platz, ohne die Fenster zu schließen.

Möchten Sie ein bestimmtes Programm mit dem Desktop verknüpfen, suchen Sie im Startmenü über *Alle Programme* die gewünschte Anwendung, halten die [Strg]-Taste gedrückt und ziehen das Programm mit gedrückter linker Maustaste auf den Desktop. Das Drücken der [Strg]-Taste bewirkt, dass das Programm nicht aus seinem Programmordner gelöscht wird. Es ist nun sowohl mit seinem Programmordner als auch mit dem Dektop verknüpft.

Der *Explorer* zeigt Ihnen alle Dateien Ihres PCs. Alle Dateien mit der Erweiterung `.exe` sind ausführbare Programme. Ein Doppelklick darauf oder Markieren und anschließendes Drücken der Eingabetaste [↵] startet das Programm.

Die Bedienung der Programme entnehmen Sie bitte den jeweiligen Dokumentationen des Herstellers. Dort steht auch, wie ein Programm zu beenden ist. Möchten Sie ein Windows-Programm beenden, können Sie dies mit der Tastenkombination [Alt]+[F4] oder mit einem Klick auf das Kreuz-Symbol auf rotem Grund in der rechten oberen Fensterecke in der Titelleiste des Programms durchführen.

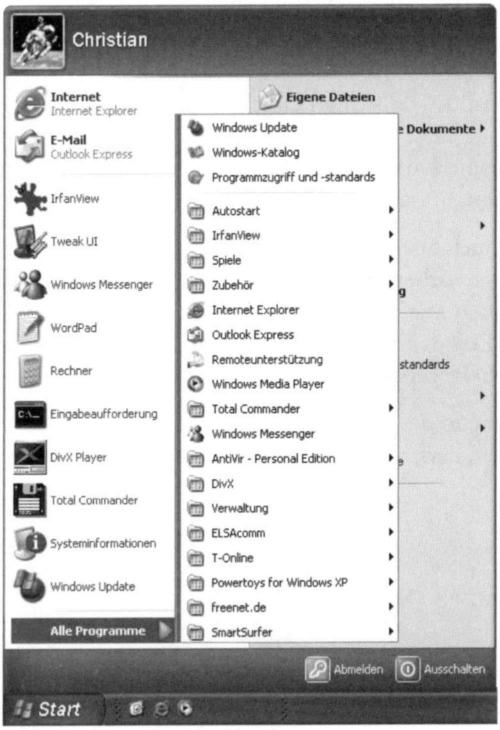


**Bild 3.14:** Das Startmenü *Alle Programme*

# 3.6 Papierkorb

Bei jeder Aufräumaktion ist der Papierkorb eine wichtige Einrichtung, so auch auf Ihrem PC. Bei Ihrer täglichen Arbeit fallen sicher auch Dokumente, Dateien, Ordner oder Programme an, die Sie nicht mehr benötigen und deshalb löschen wollen. Hier hat Windows eine doppelte Sicherheit eingebaut, um Sie vor unbeabsichtigtem Datenverlust zu schützen.

Wenn Sie ein Objekt löschen wollen, müssen Sie es zunächst markieren. Dann erst können Sie es durch einen weiteren Klick im Kontextmenü der rechten Maustaste mit dem Befehl *Löschen* entfernen. Jede Datei lässt sich auch mit einem Klick auf die Lösch-Schaltfläche in der Funktionsleiste des Explorers löschen. Die Taste `Entf` hat dieselbe Funktion. Diese Aktion muss bestätigt werden. Dann landet das Objekt im Papierkorb.

**Achtung** Nicht mehr benötigte Programme sollten Sie nie in den Papierkorb werfen. Dabei bleiben mit Sicherheit Dateileichen auf Ihrem PC bestehen, und in der *Registry* (siehe Kapitel 13, »Die Registry« ab Seite 375) verbleiben ebenfalls Karteileichen. Löschen Sie Programme immer über die *Systemsteuerung*.

Wie im realen Leben können Sie aus dem Papierkorb auch wieder etwas herausholen. Ein Doppelklick auf das Icon *Papierkorb* leitet die Aktion ein. Es öffnet sich dann das Explorer-Fenster *Papierkorb*, in dem der Inhalt des Papierkorbs angezeigt wird. In der Papierkorbanzeige sehen Sie den Namen, die Art und Größe und die Herkunft des gelöschten Objekts. Ein Doppelklick auf ein Element im Papierkorb stellt dieses nach einer Sicherheitsabfrage wieder her und legt es an seinen ursprünglichen Ort zurück. Was Sie im Papierkorb löschen, ist allerdings unwiderruflich verschwunden und kann nicht mehr wiederhergestellt werden.

Solange Daten im Papierkorb sind, belegen sie auch Speicherplatz auf der Festplatte. Wenn Sie sich also sicher sind, dass Sie den Inhalt des Papierkorbes nicht mehr benötigen, sollten Sie den Papierkorb leeren. Klicken Sie dazu mit der rechten Maustaste auf das Papierkorb-Symbol, und wählen Sie im Kontextmenü *Papierkorb leeren*. Erst dann werden die Daten endgültig gelöscht und der belegte Speicherplatz auf der Festplatte freigegeben.

Mit dem Menüpunkt *Einstellungen* im Kontextmenü des Papierkorbs können Sie festlegen, wie viel Platz der Papierkorb auf der Festplatte belegen darf, und zwar prozentual zur Gesamtgröße.

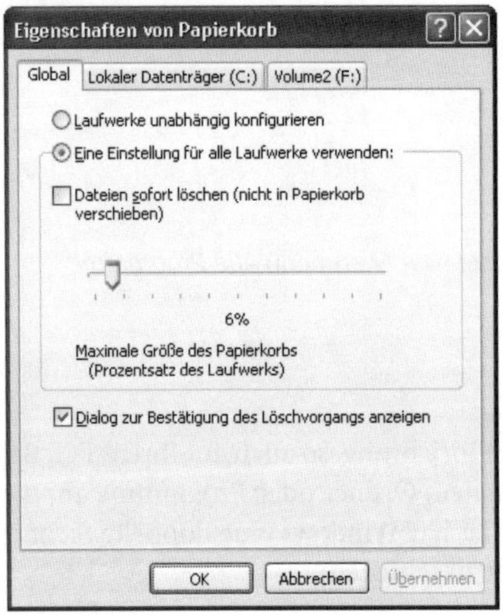


**Bild 3.15:** Eigenschaften des Papierkorbs

Wird die angegebene Größe überschritten, werden die ältesten Dateien im Papierkorb automatisch gelöscht. Diese Maximalgröße kann entweder global oder für jede Festplatte einzeln angegeben werden. Bei Wechselmedien und Disketten gibt es keinen Papierkorb. Hier werden gelöschte Daten sofort endgültig gelöscht.

**Tipp** Möchten Sie eine Datei löschen, ohne sie erst in den Papierkorb zu werfen, löschen Sie sie nicht mit der Taste `Entf`, sondern mit der Tastenkombination `⇧`+`Entf`.

Kapitel 4

# Der Windows Explorer


| | | |
|---|---|---|
| 4.1 | Laufwerke, Verzeichnisse und Dateien | 48 |
| 4.2 | Ordneransichten anpassen | 51 |
| 4.3 | Kopieren, verschieben und verknüpfen | 54 |
| 4.4 | Verknüpfungen | 59 |
| 4.5 | Dateien sortieren | 62 |
| 4.6 | Besondere Verzeichnisse | 65 |
| 4.7 | Dateiattribute und Eigenschaften | 67 |
| 4.8 | Verlauf | 72 |
| 4.9 | Dateien suchen | 73 |
| 4.10 | Favoritenverzeichnisse | 77 |
| 4.11 | Bildbetrachter | 79 |
| 4.12 | Dateitypen zuordnen | 80 |
| 4.13 | Komprimierung | 83 |
| 4.14 | Aktenkoffer zum Datenaustausch | 88 |

Der Explorer ist das Fenster zu Ihrer Festplatte und allen anderen angeschlossenen Laufwerken. Mit diesem Programm verwalten Sie die bestimmt immer größer werdende Datenmenge auf Ihrem PC.

Sie starten den Explorer, indem Sie im Startmenü auf den Punkt *Arbeitsplatz* klicken. Zweckmäßig ist es, auf dem Desktop ein Icon für den Explorer anzulegen. Sie finden ihn unter *Alle Programme, Zubehör, Windows-Explorer.*

**Tipp** Schneller rufen Sie den Explorer mit der Tastenkombination [⊞]+[E] auf.

## 4.1 Laufwerke, Verzeichnisse und Dateien

Moderne PCs besitzen mindestens eine Festplatte, oft noch ein Diskettenlaufwerk und ein CD-ROM-/DVD-Laufwerk. Eventuell sind noch eine weitere Festplatte und ein CD/DVD-Brenner eingebaut. Dazu kommen noch so genannte Wechseldatenträger wie USB-Stick und externe Kartenlesegeräte, sofern diese via USB-Port mit dem PC verbunden sind.

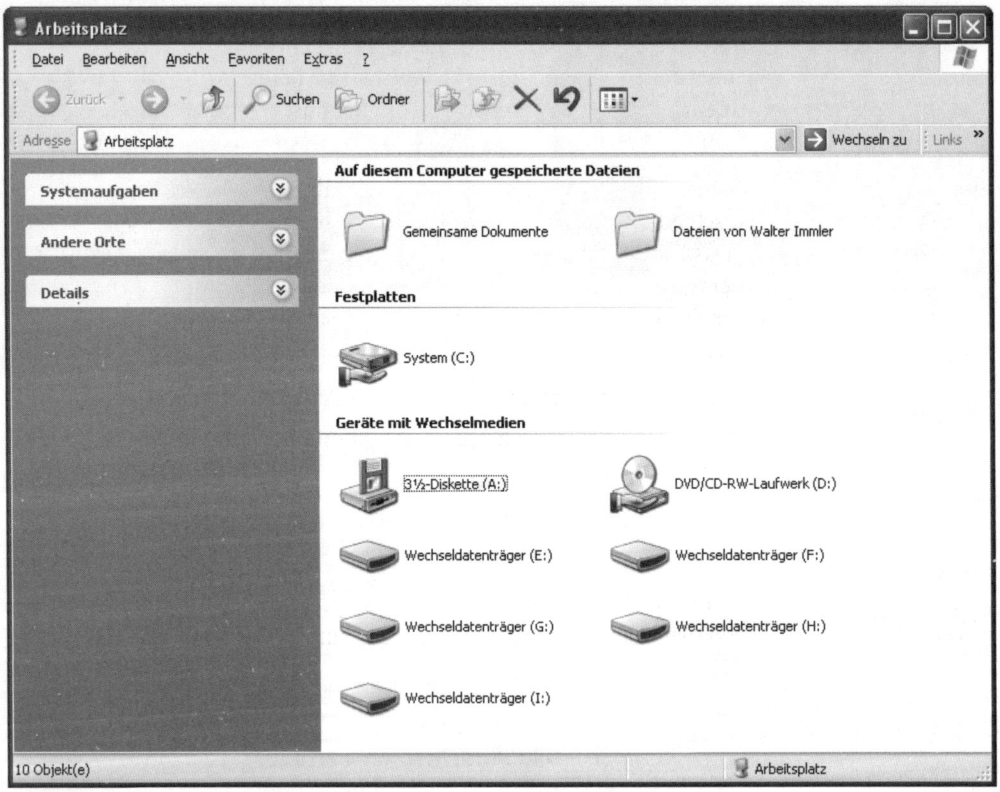


**Bild 4.1:** Darstellung verfügbarer Laufwerke

## Laufwerke

Alle diese vorgenannten Geräte werden als Laufwerke bezeichnet und mit einem Buchstaben, gefolgt von einem Doppelpunkt, benannt. Eine typische Grundausstattung ist:

- A: Diskettenlaufwerk, 3,5"
- C: Festplatte
- D: CD-ROM-Laufwerk

Der Laufwerksbuchstabe kann mit Klein- oder Großbuchstaben geschrieben werden. In der Grundeinstellung enthält der rechte Fensterteil die Festplatte(n) und die Geräte mit Wechselmedien. Die Laufwerksbuchstaben dafür werden alphabetisch aufsteigend vergeben. Das Diskettenlaufwerk erhält jedoch immer den Laufwerksbuchstaben *A:*.

Im Bild 4.1 sind als Wechseldatenträger ein USB-Stick und ein Kartenleser mit 4 Steckplätzen dargestellt. Ein Doppelklick auf eines der angezeigten Symbole zeigt den Inhalt des Laufwerks an.

## Verzeichnisse

Im beruflichen und privaten Leben fallen meist große Mengen Informationen in gedruckter Form an. Wenn Sie diese archivieren wollen, werden Sie verschiedene Ordner anlegen und diese selbst auch noch weiter unterteilen wollen. Mit einer sinnvollen Beschriftung und guter Ordnung können Sie jederzeit ein Schriftstück wiederfinden. Dazu muss es natürlich im »richtigen« Ordner abgelegt worden sein.

Windows hat auch ein solches Archivierungssystem eingebaut. Ihre Festplatte und alle anderen Datenträger enthalten verschiedene Ordner – auch Verzeichnisse genannt – mit weiteren Ordnern oder Dokumenten. Das Dateisystem ist hierarchisch in Form eines Baums aufgebaut. Jedes Verzeichnis kann Dokumente oder auch weitere Unterverzeichnisse enthalten. Klicken Sie in der Symbolleiste des Explorers auf das Icon für Ordner. Dann sehen Sie im linken Teilfenster die Baumstruktur des Dateisystems (Abbildung 4.2).

Das jeweils dargestellte Verzeichnis wird durch eine offene Ablagemappe symbolisiert. Der Name steht auch in der Adresszeile. Einige Zweige der Baumstruktur sind mit einem kleinen Quadrat versehen. Diese Markierung bedeutet, dass weitere Unterverzeichnisse bestehen. Bei einem +-Zeichen im quadratischen Kästchen werden die Unterverzeichnisse nicht angezeigt. Bei einem –-Zeichen werden sie angezeigt.

Der Weg vom Laufwerk bis zum Verzeichnis oder zur Datei wird in fast allen Betriebssystemen als *Pfad* bezeichnet. Als Trennung zwischen den Verzeichnissen verwendet Windows den umgekehrten Schrägstrich (Backslash \). Im Bild 4.2 heißt der Pfad zum Verzeichnis Nero55 also `C:\AddOn\Nero55`.

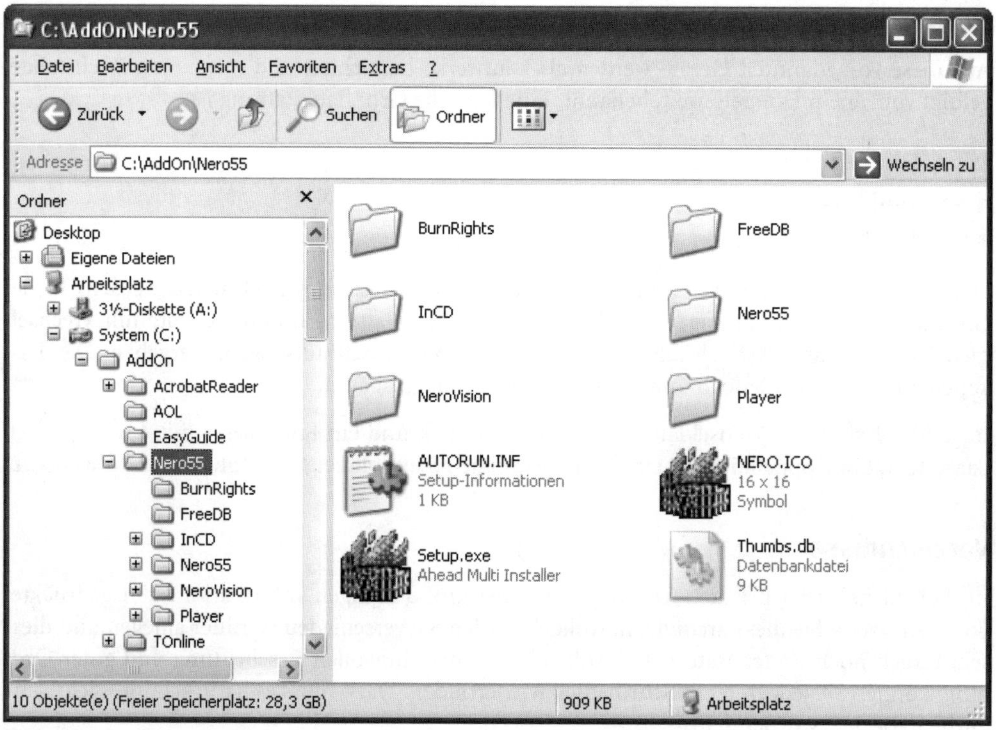


**Bild 4.2:** Die Baumstruktur im linken Teilfenster des Windows Explorers

## Dateien

Das Ziel einer Ordnung ist natürlich, die Dokumente zu archivieren und wiederzufinden. Allgemein bezeichnen wir die in den Ordnern gespeicherten Informationen als Dateien, sofern sie nicht selbst wieder Ordner sind. Dateien sind aber nicht nur Dokumente, sondern jede Art von Informationseinheit. Als Beispiele seien hier genannt: Briefe, Bilder, Programme, Datenbanken, Verknüpfungen usw. Im Abschnitt 4.12, »Dateitypen zuordnen«, wird in die Dateien Ordnung gebracht.

Im rechten Explorer-Fenster wird der Inhalt des aktuellen Ordners angezeigt. Jedes Element, das nicht durch die gelbe Ablagemappe dargestellt wird, ist eine Datei.

## 4.2 Ordneransichten anpassen

Die Ansicht des Explorers und der Ordner lässt sich auf vielfältige Weise anpassen. Zunächst sollen aber einige Details des Explorer-Fensters beschrieben werden.

### Symbole und Leisten

Die Symbolleiste enthält in der Standardeinstellung folgende Symbole:

**Bild 4.3:** Explorer-Symbolleiste

Die beiden grünen Pfeile führen zur vorhergehenden bzw. folgenden Fensteransicht. Mit den beiden kleinen schwarzen Dreiecken klappt man eine Dropdown-Liste auf, mit der man gleich mehrere Ansichten überspringen kann.

Der Pfeil nach oben führt in der Dateihierarchie um eine Stufe nach oben. Sie können aber auch einfach die [←]-Taste verwenden.

Mit der Lupe können Sie nach Dateien und Ordnern suchen. Näheres wird im Abschnitt 4.9, »Dateien suchen«, erläutert.

Mit dem Ordner-Symbol können Sie den Verzeichnisbaum im linken Teilfenster ein- oder ausblenden.

Mit dem letzten Symbol können Sie die Anzeige der Ordner und Dateien verändern.

**Bild 4.4:** Adressleiste

In der *Adressleiste* wird der aktuelle Pfad angezeigt. Mit dem kleinen, nach unten zeigenden Pfeil können Sie schnell zu früheren Pfaden zurückkehren. Nach einem Klick in die Adressleiste können Sie diese editieren und mit dem rechten grünen Pfeil dorthin wechseln.

**Bild 4.5:** Statusleiste

In der *Statusleiste* schließlich finden Sie die Anzahl der ausgewählten Objekte und den von diesen benötigten Speicherplatz. Die Statusleiste ist standardmäßig ausgeschaltet.

Jetzt können wir uns dem eigentlichen Anpassen widmen. Bisher haben wir nur vom linken Teilfenster mit der Dateihierarchie gesprochen. Im Menü *Ansicht/Explorer-Leiste* können dem linken Teilfenster verschiedene Funktionen zugewiesen werden:

## Linkes Teilfenster

- *Suchen*. Das Suchmenü wird eingeblendet, Tastenkombination Strg + E.
- *Favoriten*. Bevorzugte Ordner, Dateien oder Internet-Adressen werden hier verwaltet. Ein Klick darauf führt Sie direkt dorthin. Gleichzeitig wird die Symbolleiste um wichtige Kurzbefehle erweitert, Tastenkombination Strg + I.
- *Verlauf*. Hier können Sie genau zurückverfolgen, woran Sie in der letzten Zeit gearbeitet haben. Diese Historie können Sie nach Ihrer eigenen Vorliebe (Datum, Adresse, Anzahl der Zugriffe oder Reihenfolge von heute) konfigurieren, Tastenkombination Strg + H.
- *Ordner*. Diese Anzeige ist gleichbedeutend mit dem Ordnersymbol in der Symbolleiste.
- *Tipps & Tricks*. Im rechten Teilfenster werden jetzt hilfreiche Tipps eingeblendet. Die Tipps wechseln mit jedem Aufruf.

Das linke Teilfenster können Sie aber noch besser an Ihre Bedürfnisse anpassen. Das ist besonders sinnvoll, wenn der Ordner Bilder, Videos oder Musik enthält. Wählen Sie *Ansicht/Ordner anpassen…* und dann die Karteikarte *Anpassen*.

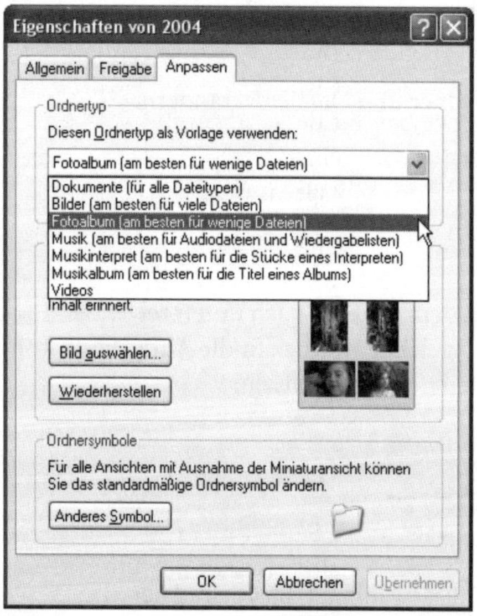


**Bild 4.6:** Ordneransicht anpassen

Bei dem Ordnertyp *Fotoalbum* werden jetzt links noch spezielle Bildaufgaben eingeblendet, und das Ansicht-Menü hat zusätzlich den Auswahlpunkt *Filmstreifen*.

**Bild 4.7:** *Ansicht/Filmstreifen*

## Rechtes Teilfenster

Im Anzeigefenster (rechts) für die Ordner und Dateien können Sie wählen zwischen *Miniaturansicht*, *Kacheln*, *Symbolen*, und *Liste* und *Details*. Für jedes Objekt werden immer ein typisches Symbol und der Name angezeigt. Wenn Sie einen Augenblick mit dem Cursor auf dem Objekt verharren, werden in einem Rechteck zusätzliche Informationen eingeblendet. Bei den Kacheln sehen Sie zusätzlich eine kurze Klassifikation und die Größe des entsprechenden Objekts.

Bei der Detailansicht können Sie unter *Ansicht/Details auswählen* genau angeben, was in der Liste in welcher Reihenfolge angezeigt werden soll. Die Spaltenbreite können Sie beliebig anpassen. Führen Sie den Cursor auf die Trennlinie zwischen den Spalten im Kopf. Der Cursor ändert sich zu einem waagerechten Doppelpfeil. Mit gedrückter linker Maustaste kann jetzt die Spaltenbreite variiert werden.

## Ansichtseinstellungen für Ordner festlegen

Richten Sie das Aussehen nach Ihren Vorstellungen aus. Wählen Sie dann bei *Extras/Ordneroptionen...* die Karteikarte *Ansicht* aus. Hier drücken Sie die Schaltfläche *Für alle übernehmen.* Jetzt haben Sie für alle Ordner dasselbe Aussehen.

Die erweiterten Einstellungen im unteren Fensterteil können Sie im Prinzip übernehmen. Bitte beherzigen Sie aber folgende Empfehlungen:

- Erweiterungen bei bekannten Dateitypen *nicht* ausblenden.
- Inhalte von Systemordnern nur anzeigen lassen, wenn Sie schon Erfahrung mit dem Dateisystem und Windows haben.
- Versteckte Dateien und Ordner *alle anzeigen*.
- Vollständigen Pfad in der *Titelleiste* anzeigen. Das erleichtert die Übersicht, wenn mehrere Fenster geöffnet sind.

## 4.3 Kopieren, verschieben und verknüpfen

Ordner und Dateien sind Behälter, in denen Informationen aufbewahrt werden. Wie im realen Leben müssen die Informationen gelegentlich dupliziert oder verschoben werden. Wie das Kopieren und Verschieben geht, soll hier gezeigt werden. Windows bietet hier verschiedene Verfahren an. Welches Sie für Ihre Arbeit am besten finden, müssen Sie selbst entscheiden. Zunächst eine kurze Übersicht über die Transportarten:

| Transportart | Was geschieht? |
|---|---|
| Verschieben | Eine Datei zieht um. Sie ist anschließend am alten Ort nicht mehr vorhanden, sondern nur noch am neuen Ort. Sie wollen z. B. Ihren Brief an das Finanzamt nicht in der privaten Korrespondenz haben, sondern im Ordner Steuer2004. |
| Kopieren | Von der Datei wird eine exakte Kopie am selben oder am einen anderen Ort angefertigt. Beispiele: Von wichtigen Dokumenten wollen Sie eine Sicherungskopie anlegen, oder Sie wollen ein Bild über Diskette an einen Freund weitergeben.<br>Achtung: Wenn sich mehrere Kopien auf Ihrem PC befinden, müssen Sie sich darüber im Klaren sein, dass unter Umständen nicht alle dieselbe Aktualität haben. |
| Verknüpfen | Die Datei existiert nur einmal, aber Sie setzen einen Wegweiser zu der Datei. So können Sie die Datei schnell von mehreren Orten aus erreichen, z. B. vom Desktop aus. |

**Tab. 4.1:** Drei Transportarten stehen zur Auswahl

Wenn jetzt von Dateien die Rede ist, dann gilt das sinngemäß auch für Ordner. Auf Ausnahmen wird ausdrücklich hingewiesen. Hier nun die verschiedenen Verfahren.

### Drag&Drop

Drag&Drop ist die in der Computersprache bekannte Abkürzung für *Ziehen und Ablegen*. Sie »fassen« eine Datei mit der Maus »an« (links klicken und festhalten). Wenn Sie den Mauszeiger jetzt bewegen, »hängt« das Dateisymbol sozusagen am Zeiger. Am Zielort angekommen, lassen Sie die linke Maustaste wieder los. Die Datei befindet sich jetzt an ihrem neuen Ort.

Hier ergibt sich gleich eine Schwierigkeit. Der neue Ort ist meistens nicht sofort sichtbar. Wenn Sie die Datei nicht auf den Desktop verschieben wollen, sollten Sie im linken Explorer-Fenster immer die Ordneransicht einstellen. Wenn der Zielordner außerhalb der Fensteranzeige liegt, dann bewegen Sie den Mauszeiger mit der anhängenden Datei an den Fensterrand. Damit scrollen Sie durch die Anzeige bis zum richtigen Ziel. Bewegen Sie den Mauszeiger samt Datei auf ein Pluszeichen, klappt der Ordner auf. Jetzt können Sie die Datei auch in einen Unterordner befördern.

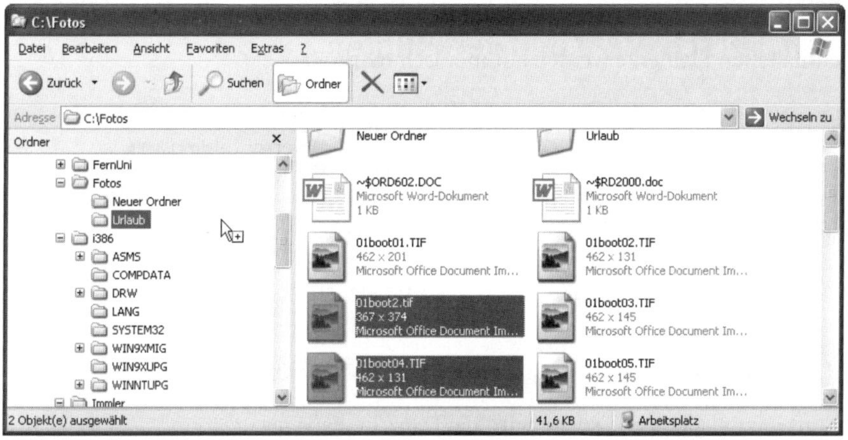


**Bild 4.8:** Dateien kopieren

Wenn das Ziel weit entfernt ist, sollten Sie ein zweites Explorer-Fenster öffnen, in dem das Ziel sichtbar ist. Selbstverständlich können Sie eine Datei auch von einem in ein anderes Fenster ziehen.

**Explorer-Fenster anordnen** Beim Kopieren von Dateien von einem Verzeichnis ins andere empfiehlt es sich, zwei Explorer-Fenster zu öffnen und diese übersichtlich nebeneinander anzuordnen. Anstatt die Fenster mühsam in der Größe zu ändern und in Position zu schieben, können Sie mit der rechten Maustaste auf einen leeren Bereich der Taskleiste klicken und im Kontextmenü *Nebeneinander* wählen. Die Fenster erscheinen dann nebeneinander in optimaler Größe auf dem Bildschirm. Sind die Fenster in der Taskleiste gruppiert, klicken Sie auf das Taskleistensymbol dieser Gruppe und wählen im Kontextmenü *Nebeneinander*.

Dieser Trick funktioniert nicht, wenn außer den nicht gruppierten Explorer-Fenstern noch weitere Fenster geöffnet sind. *Nebeneinander* würde dann die Fenster aller Programme nebeneinander anordnen, was nicht besonders zur Übersichtlichkeit beiträgt.

Wie unterscheidet nun Windows zwischen Kopieren und Verschieben? Beim Ziehen innerhalb desselben Laufwerks wird verschoben. Beim Ziehen auf ein anderes Laufwerk wird kopiert. Beim Kopieren »hängt« am Mauszeiger zusätzlich ein kleines +-Zeichen. Es ist also Vorsicht geboten. Sie können das Kopieren aber immer erzwingen, wenn Sie während des Ziehens die `Strg`-Taste festhalten.

**Tipp** Möchten Sie gleichzeitig mehrere Dateien verschieben, markieren Sie vorher alle gewünschten Dateien. Halten Sie die [Strg]-Taste fest, und markieren Sie die Dateien nacheinander. Sie können auch mit [Strg]+[A] alle Dateien des Ordners markieren und mit gedrückter [Strg]-Taste einzelne Markierungen wieder aufheben. Wenn mehrere aufeinander folgende Dateien zu markieren sind, geht es noch schneller: Markieren Sie die erste Datei, halten Sie die [⇧]-Taste fest, und markieren Sie dann die letzte Datei. Sie können den Mauszeiger auch in die Nähe des ersten Elements bringen und dann mit gedrückter linker Taste ein Rechteck aufziehen. Alle darin enthaltenen Elemente werden automatisch markiert.

Wenn Sie immer den sicheren Weg gehen wollen, verwenden Sie beim Drag&Drop die rechte Maustaste. Am Ziel angekommen wird immer ein kleines Kontextmenü eingeblendet. Jetzt können Sie die beabsichtigte Aktion (Kopieren, Verschieben, Verknüpfen oder Abbrechen) auswählen.

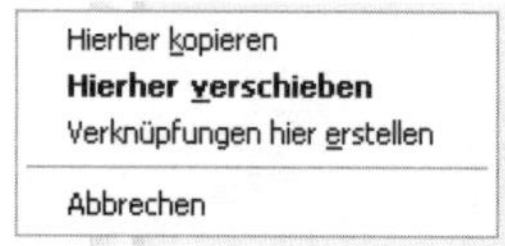


**Bild 4.9:** Mit rechter Maustaste das Gewünschte auswählen

## Zwischenablage nutzen

Dieser Weg verläuft in zwei Etappen. Zuerst wird die Datei in die Windows-Zwischenablage verschoben oder kopiert. Im zweiten Schritt wird sie dann am Zielort eingefügt. Das klingt zwar etwas umständlich, ist aber eine einfache und sichere Methode.

Klicken Sie die Quelle mit der rechten Maustaste an, und wählen Sie aus dem Kontextmenü *Ausschneiden* (für Verschieben), *Kopieren* oder *Verknüpfung erstellen*. Jetzt suchen Sie sich in aller Ruhe das Ziel aus. Ein Klick mit der rechten Maustaste zeigt die möglichen Aktionen.

Für flinke Finger drei schnelle Tastencodes:

| | |
|---|---|
| [Strg]+[C] | Kopiert das markierte Element in die Zwischenablage. |
| [Strg]+[X] | Verschiebt das markierte Element in die Zwischenablage. |
| [Strg]+[V] | Fügt das Element aus der Zwischenlage an dieser Stelle ein. |

**Tab. 4.2:** Zwischenablage hin und zurück

**Bild 4.10:** Aus der Zwischenablage...

**Hinweis** Die Zwischenablage ist übrigens keineswegs auf den Explorer beschränkt. Sie ist eine allgemeine Windows-Funktion. Sie können damit auch Texte, Textteile oder einzelne Zeichen kopieren bzw. verschieben. Die Zwischenablage funktioniert auch programmüberreifend zwischen allen Windows-Programmen. So können Sie z. B. Ergebnisse aus dem Taschenrechner oder markierte Bildteile aus Ihrem Paint-Bild in Ihr WordPad-Dokument übernehmen usw.

## Aufgabenliste verwenden

Mit Windows XP wurde die Aufgabenliste für den Explorer entwickelt. Sie erleichtert das Transportieren von Ordnern und Dateien. Sie wird in das linke Teilfenster eingeblendet. Für unsere Zwecke ist der obere Teil *Datei- und Ordneraufgaben* interessant.

Für jedes markierte Element, egal ob Datei oder Ordner, werden in diesem Teil die möglichen Aktionen angezeigt. Wählen Sie die entsprechende Aktion – z. B. Kopieren – aus.

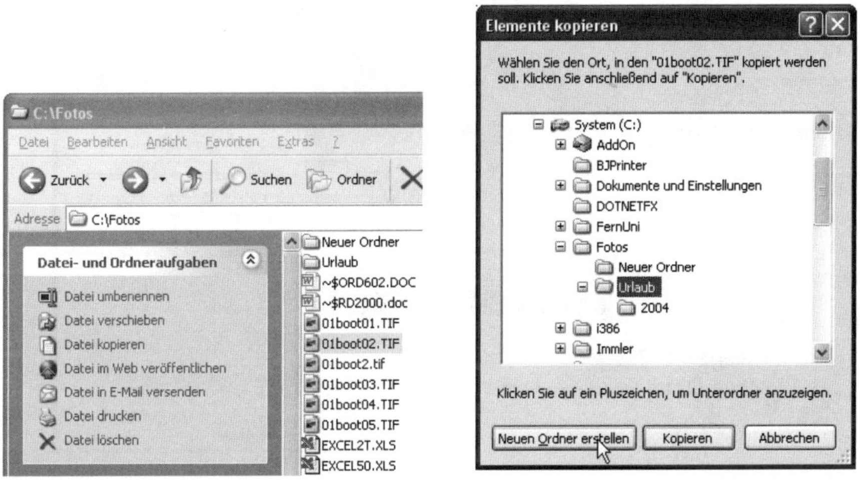


**Bild 4.11:** Kopieren mit der Aufgabenliste

Es öffnet sich ein Fenster mit dem gesamten Verzeichnisbaum Ihres PCs. Dort markieren Sie das Ziel und wählen die Aktion aus. Falls erforderlich, können Sie erst noch einen neuen Ordner erstellen. Falls Sie es sich anders überlegt haben, können Sie den Vorgang auch wieder abbrechen.

## Dateien versenden

Zu guter Letzt können Sie Ordner und Dateien auch versenden. Dabei bleibt das Original selbstverständlich auf Ihrem PC erhalten. Im Kontextmenü werden die wichtigsten Ziele aufgeführt.

Klicken Sie auf ein Ziel, und schon ist eine Kopie dort abgelegt. Als Ziele werden alle angeschlossenen Disketten- und ZIP-Laufwerke, Wechselplattenlaufwerke, USB-Sticks und CD/DVD-Brenner angezeigt. So können Sie z. B. einen Ordner mit Bilddateien schnell auf einer Diskette zum Weitergeben speichern.

Als Ziel können Sie auch *E-Mail-Empfänger* auswählen. In diesem Fall startet Windows XP Ihr E-Mail-Programm. Im Mail-Fenster ist der Dateianhang bereits eingetragen. Sie müssen nur noch den Empfänger, den Betreff und den Text ergänzen.

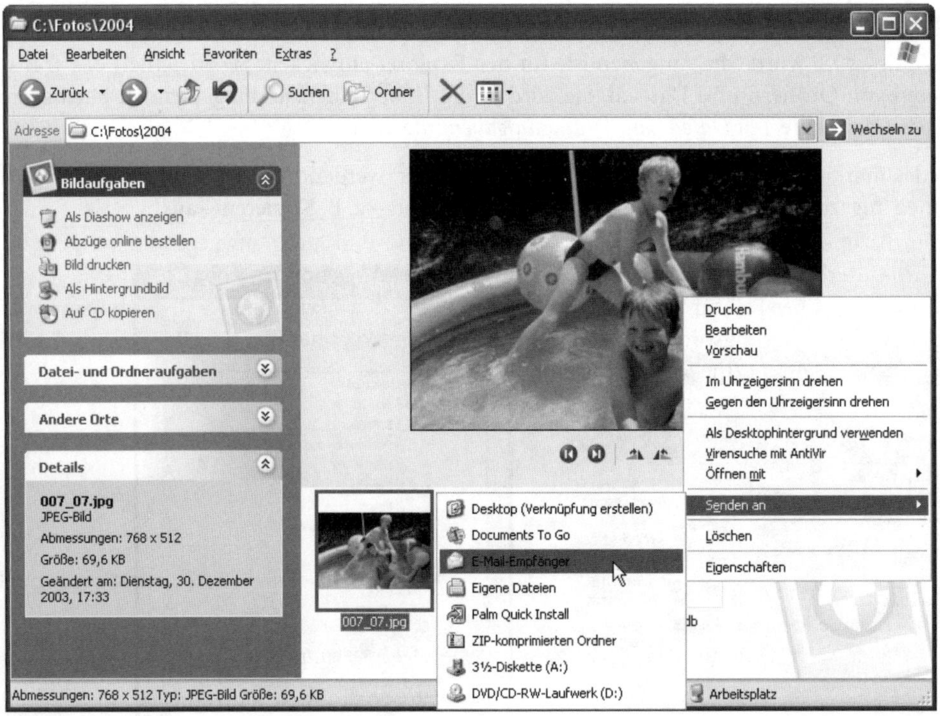


**Bild 4.12:** Dateien versenden

**Achtung** Falls Sie Bilddaten versenden wollen, können Sie in einem Zwischendialog auf die Bildgröße Einfluss nehmen.

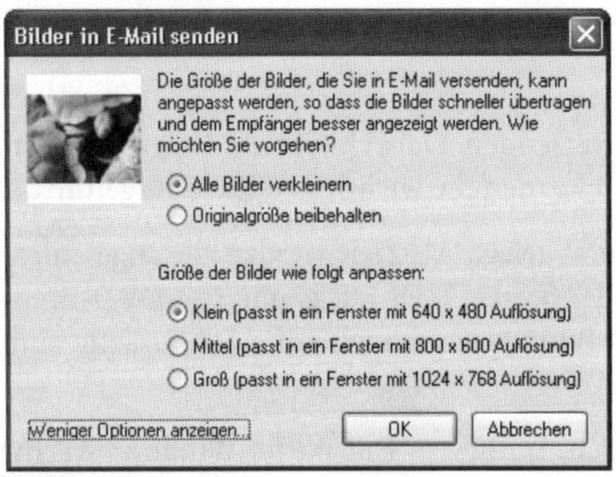


**Bild 4.13:** Bildgröße für E-Mail-Versand optimieren

# 4.4 Verknüpfungen

Verknüpfungen sind ein hervorragendes Instrument, um Übersicht und Ordnung zu erhalten. Sie funktionieren wie Wegweiser.

## Ordner und Dateien

Dazu ein Beispiel: Sie haben zwei Ordner `Versicherung` und `Auto` angelegt und archivieren darin Ihre Unterlagen und die zugehörige Korrespondenz. Wo gehört nun ein Unfallbericht hin? Das ist ein klassischer Fall für eine Verknüpfung. Sie legen den Bericht im `Auto`-Ordner ab und fügen in den Versicherungsordner eine Verknüpfung zum Unfallbericht ein. Wenn Sie nun den Bericht nachträglich um eine Skizze ergänzen, so sehen Sie im Versicherungs- wie im Autoordner ein aktuelles Dokument. Es existiert aber nur *einmal* auf Ihrem PC.

Im Abschnitt 4.3, »Kopieren, verschieben und verknüpfen«, haben Sie in den Menüs und Kontextmenüs den Befehl *Verknüpfung erstellen* gesehen. Dieser Befehl erstellt eine Verknüpfung zum markierten Objekt. Diese Verknüpfung können Sie nun dorthin verschieben, wo Sie sie haben wollen.

**Tipp** Schneller geht es so: Verwenden Sie Drag&Drop mit der rechten Maustaste. Am Zielort wählen Sie aus dem Kontextmenü den Befehl *Verknüpfung hier erstellen.*

Unter den *Eigenschaften* einer Verknüpfung sehen Sie wichtige Details. Dort können Sie auch das Ziel und die Fenstergröße ändern und der Anzeige im Explorer ein anderes Symbol zuweisen.

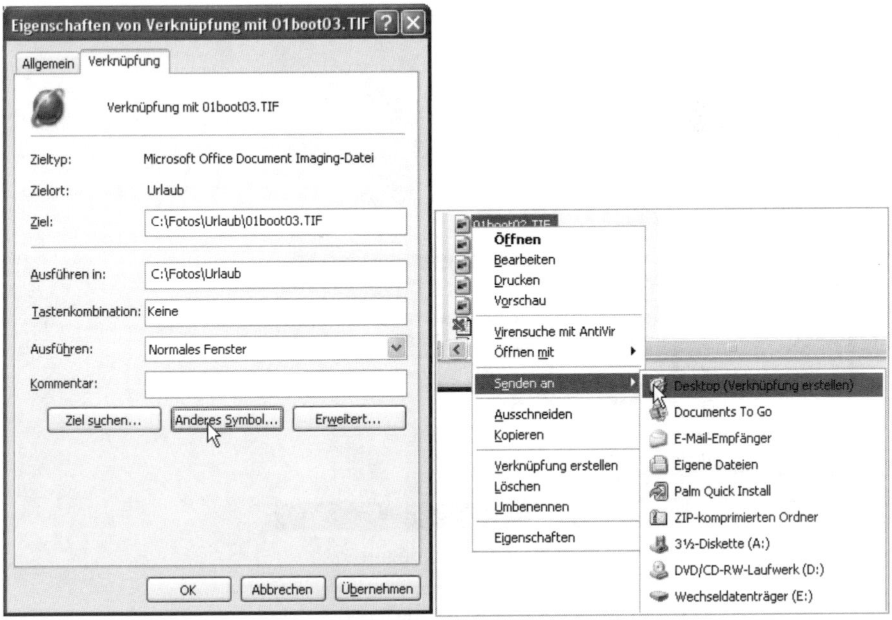


**Bild 4.14:** Eigenschaften einer Verknüpfung – Verknüpfung auf den Desktop bringen

Auf manche Ordner oder Dateien möchten Sie vielleicht schnell vom Desktop aus zugreifen. Kein Problem! Im Kontextmenü des Ordners oder der Datei wählen Sie *Senden an/Desktop*. Schon liegt eine Verknüpfung auf Ihrem Desktop. Aus dem Explorer heraus können Sie nun Dateien in diesen Ordner verschieben oder kopieren, indem Sie sie mit der Maus dorthin ziehen.

Auf dem Desktop wird die Verknüpfung mit dem Original-Symbol der Datei oder des Ordners angezeigt. Links unten wird ein kleiner, abgeknickter Pfeil als Hinweis auf die Verknüpfung eingefügt.

## Geräte und besondere Ordner

Einen besonderen Ordner haben Sie bereits kennen gelernt, den *Papierkorb*. Er wird von Windows XP automatisch angelegt. Eine nicht mehr benötigte Datei ziehen Sie einfach auf das Papierkorb-Symbol und lassen sie dort »hineinfallen«.

Das Diskettenlaufwerk oder ein USB-Stick eignen sich besonders gut als Verknüpfung auf dem Desktop. Öffnen Sie den Arbeitsplatz, und ziehen Sie das Gerät mit der rechten Maustaste auf den Desktop. Nach dem Loslassen wählen Sie im Kontextmenü den Befehl *Verknüpfungen hier erstellen*. Nun können Dateien oder ganze Ordner einfach durch Ziehen auf die Diskette oder den USB-Stick kopiert werden.

## Programme

**Bild 4.15:** Eine Programmverknüpfung auf dem Desktop anlegen

Manche Programme werden häufig benötigt. Diese aus dem *Startmenü* heraus auszurufen ist zu aufwändig. Die Schnellstartleiste sollte aber auch nicht überfrachtet werden. Hier bietet sich eine Verknüpfung auf dem Desktop an.

Sie wollen z. B. immer einen Taschenrechner zur Verfügung haben. Unter *Alle Programme/Zubehör/Rechner* stellt Windows XP einen Taschenrechner mit einfacher oder wissenschaftlicher Arbeitsweise zur Verfügung. Senden Sie dieses Programm einfach aus dem Kontextmenü der rechten Maustaste an den Desktop. Dort steht er Ihnen dann immer zur Entlastung des Kopfrechnens zur Verfügung.

Nach dieser Vorgehensweise kann jedes Programm aus dem Startmenü als Verknüpfung auf den Desktop gelegt werden.

## Explorer in einem bestimmten Verzeichnis öffnen

Der Menüpunkt *Windows Explorer* im Startmenü oder die Tastenkombination [Win] + [E] rufen den Explorer in der *Arbeitsplatz*-Ansicht auf. Mit eigenen Desktop-Verknüpfungen können Sie sehr einfach Explorer-Fenster in anderen Verzeichnissen öffnen.

Klicken Sie mit der rechten Maustaste auf den Desktop, und wählen Sie im Kontextmenü *Neu/Verknüpfung*.

Tragen Sie hier die folgende Zeile ein:

```
explorer.exe /e,c:\
```

**Bild 4.16:** Anlegen einer Desktop-Verknüpfung zum schnellen Aufruf des Explorers in einem bestimmten Verzeichnis

Geben Sie der Verknüpfung im nächsten Dialog einen sinnvollen Namen, wie zum Beispiel *Festplatte C*. Ein Doppelklick auf dieses neue Symbol auf dem Desktop öffnet ein Explorer-Fenster im Hauptverzeichnis der Festplatte C:.

In den *Eigenschaften* dieser Verknüpfung können Sie auch noch eine Tastenkombination festlegen, mit der Sie dasselbe Explorer-Fenster noch schneller öffnen können, ohne die Verknüpfung auf dem Desktop suchen zu müssen, wenn sie zum Beispiel durch andere Fenster verdeckt ist.

Anstatt `c:\` können Sie natürlich auch jedes beliebige andere Laufwerk oder Verzeichnis angeben.

Der Parameter `/e` legt fest, dass das neue Explorer-Fenster mit dem Verzeichnisbaum im linken Teilfenster geöffnet wird. Lassen Sie diesen Parameter weg, wird die blaue Aufgabenleiste eingeblendet.

## 4.5 Dateien sortieren

Der Explorer zeigt Ordner und Dateien in der Ansicht an, wie Sie es eingestellt haben (siehe Abschnitt 4.2, »Ordneransichten anpassen«). Wenn die Anzahl der Dateien aber größer wird, geht leicht die Übersicht verloren. Deshalb muss eine Ordnung her, und zwar eine selbst gewählte.

Lassen Sie den Explorer sortieren und anordnen.

### Sortieren

Mit dem Befehl *Ansicht/Symbole anordnen nach/* legen Sie das Ordnungsmerkmal fest. Zur Auswahl steht *Name, Größe, Typ* und *Änderungsdatum*. Dabei stehen Ordner immer am Anfang.

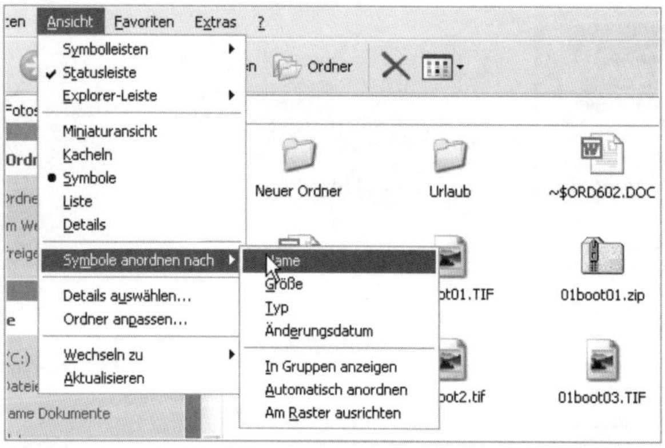


**Bild 4.17:** Sortierauswahl festlegen

Für jeden Verwendungszweck gibt es eine passende Auswahl. Innerhalb jeder Auswahl werden die Objekte alphabetisch oder numerisch aufsteigend dargestellt.

Für das Sortieren ist die Ansicht nach Details besonders gut geeignet. Hier werden die Dateieigenschaften in Form einer Tabelle angezeigt. Ein Klick auf den Spaltenkopf sortiert genau nach diesem Merkmal. Ein kleines Dreieck neben dem Spaltentitel zeigt die Sortierrichtung. Spitze nach oben heißt *aufsteigend* sortiert. Ein erneuter Klick auf den Spaltenkopf kehrt die Sortierrichtung um, und entsprechend ändert sich das Dreieck. Bei absteigender Sortierung nach Änderungsdatum haben Sie so sehr schnell die jüngsten Dateien ganz oben. Zur Sortierung wird nicht nur das Datum, sondern auch die volle Uhrzeit verwendet.

Eine Datei hat aber sehr viel mehr Eigenschaften als der Explorer standardmäßig anzeigt. Unter *Ansicht/Details auswählen* öffnet sich ein Fenster, in dem Sie unter insgesamt 37 Attributen auswählen, welche angezeigt werden sollen. Ein gesetztes Häkchen vor dem gewählten Attribut nimmt dieses in die Tabelle auf. Mit den rechten Schaltflächen *Nach oben* und *Nach unten* können Sie das Attribut in der Tabelle verschieben. *Nach oben* im Fenster bedeutet in der endgültigen Anzeige nach links.

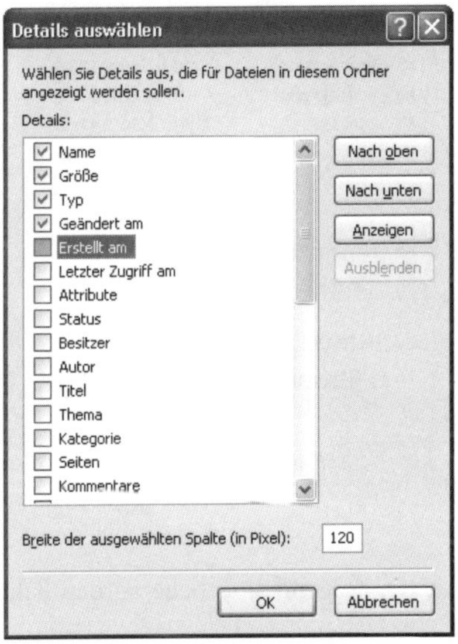


**Bild 4.18:** Attribute auswählen

Um die Spaltenanordnung zu verändern, müssen Sie nicht erst in das Menü gehen. Fassen Sie den Spaltenkopf mit dem Mauszeiger an, und ziehen Sie ihn waagerecht an eine andere Position. Unter Umständen ist eine Spalte zu schmal, um alle Inhalte anzuzeigen. Das Attribut zeigt dann am Ende drei Punkte an.

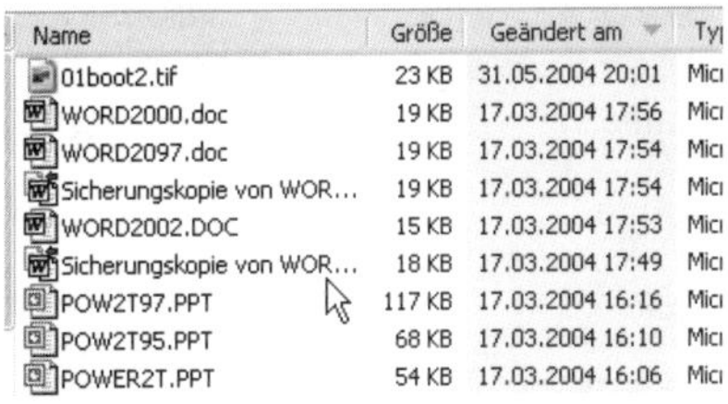


**Bild 4.19:** Die Spalte ist zu schmal

Führen Sie den Cursor auf die Trennlinie zwischen zwei Spaltenüberschriften. Der Cursor ändert sich zu einem waagerechten Doppelpfeil. Mit festgehaltener linken Maustaste können Sie nun die Spaltenbreite beliebig variieren. Ein Doppelklick auf die Trennlinie vergrößert oder verkleinert die Spalte auf die passende Größe.

## Anordnen

Mit dem Befehl *Ansicht/Symbole anordnen nach/In Gruppen anzeigen* kommt eine Struktur in die Anzeige. Je nach ausgewähltem Sortiertyp wird die Anzeige in Gruppen gegliedert und innerhalb der Gruppen sortiert.

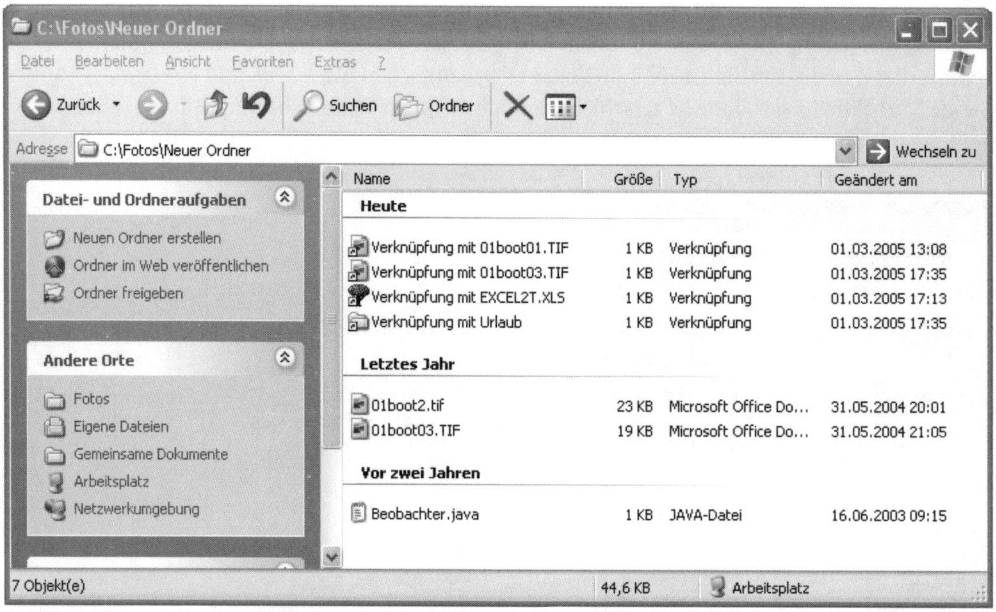


**Bild 4.20:** Anordnung nach Gruppen

Die Kombination von Sortierung und Gruppierung soll an der folgenden Tabelle verdeutlicht werden.

| Sortierung | Gruppen |
|---|---|
| Name | Alphabetisch, je Buchstabe eine Gruppe. |
| Größe | Sehr klein, klein, mittel, groß, sehr groß. |
| Typ | Dateityp, abhängig von der Dateiendung. |
| Datum | Heute, gestern, letzter Monat, vor zwei Monaten, letztes Jahr, vor zwei Jahren, vor langer Zeit. |

**Tab. 4.3:** Gruppierungsmerkmale

Für die Sortierung von Fotos sind noch weitere Gruppierungsmerkmale möglich. Nähere Informationen finden Sie im Abschnitt »Bessere Übersicht über Bilder im Explorer« auf Seite 109.

# 4.6 Besondere Verzeichnisse

Hier sollen einige besondere Verzeichnisse auf Ihrem PC beschrieben und kommentiert werden. Einige davon sind sehr sinnvoll, während andere nur mit spitzen Fingern angefasst werden sollten.

## Papierkorb

Der *Papierkorb* ist ein so genannter Systemordner und dient zum Entsorgen aller nicht mehr benötigten Ordner und Dateien. Er wird von Windows XP automatisch eingerichtet und besitzt ein Icon auf dem Desktop. Wenn Sie im Explorer ein Objekt löschen, dann landet es nach einer Sicherheitsabfrage in dem Ordner *Papierkorb*.

Auch im Explorer können Sie den Inhalt des Papierkorbs ansehen. In der Detailansicht werden zusätzlich noch der Ursprung des Elements und das Löschdatum mit Uhrzeit angezeigt.

In der Aufgabenliste führt man den Mauszeiger auf den Ordner *Papierkorb*. Drückt man dabei die rechte Maustaste, öffnet sich das Kontextmenü des Papierkorbs. Hier sehen Sie zwei wichtige Aufgaben. Sie können mit einem einzigen Mausklick den *Papierkorb leeren*. Damit sind alle Inhalte des Papierkorbs endgültig verschwunden. Natürlich können Sie auch mit einem Mausklick *Alle Elemente wiederherstellen*. Damit werden die Elemente auch wieder an ihren ursprünglichen Ort zurückgebracht.

Mit einem Doppelklick auf ein Element öffnen Sie das *Eigenschaften*-Fenster. Mit einem weiteren Klick auf die Schaltfläche *Wiederherstellen* wird das Element wieder an den ursprünglichen Ort gebracht.

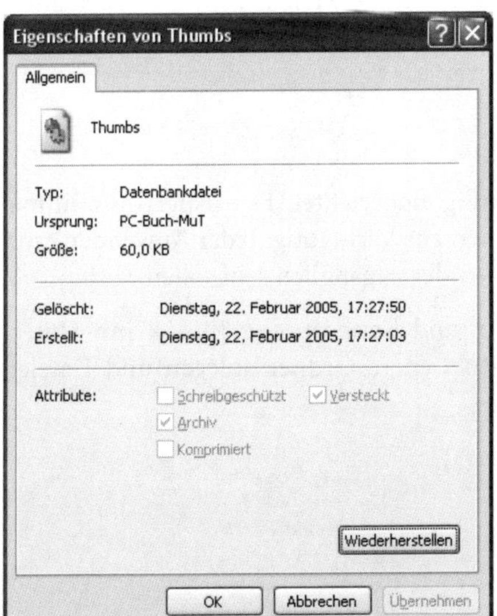


**Bild 4.21:** Gelöschte Elemente wiederherstellen

Markierte Elemente können Sie auch einzeln aus dem Papierkorb löschen. Sie sind dann endgültig und unwiderruflich verschwunden.

## Eigene Dateien

Außer für den Gast-Zugang (s. Kapitel 9, »Mehrbenutzersysteme«) wird dieses Verzeichnis für jeden Benutzer von Windows XP eingerichtet. Es besitzt standardmäßig die beiden Unterordner `Eigene Bilder`, `Eigene Musik` und `My eBooks` (auch `Eigene eBooks`). Unter `Eigene Dateien` können Sie nach Belieben weitere Ordner einrichten.

Das gesamte Verzeichnis `Eigene Dateien` ist vor dem Zugriff anderer Anwender geschützt. Nur Sie und der Administrator haben vollen Zugriff auf alle Ordnern und Dateien dort. In der Ordner-Ansicht finden Sie das Verzeichnis `Eigene Dateien` nochmals mit derselben Struktur und identischem Inhalt unter `Dateien von `. Das steht für den Anmeldenamen.

**Vorsicht** Ein Sicherheitsaspekt sollte allerdings auch nicht verschwiegen werden: Wenn es Hackern oder Trojanern gelingen sollte, einen Zugang zu Ihrem PC zu erhalten, dann sind die `Eigenen Dateien` sicher das erste Ziel. Da sie auf jedem PC mit derselben Struktur und demselben Namen angelegt werden, können sie auch leichter ausspioniert werden.

Ein weiteres Problem ergibt sich bei der Reparatur einer defekten Windows-Installation. Bei einer Neuinstallation werden die Verzeichnisse `Eigene Dateien` und `Gemeinsame Dokumente` ohne Nachfrage gelöscht.

Wesentlich sinnvoller ist es, projektorientierte Verzeichnisse anzulegen, am besten auf einer zweiten Partition oder Festplatte.

## Gemeinsame Dokumente

Dieses Verzeichnis wird von Windows XP standardmäßig eingerichtet. Es existiert nur einmal auf dem PC und steht allen Anwendern mit allen Rechten zur Verfügung. Jeder Anwender kann dort Informationen ablegen, die für jeden anderen Anwender zugänglich sein sollen.

Von Haus aus sind die Ordner `Gemeinsame Bilder` und `Gemeinsame Musik` mit Unterordnern angelegt. Jeder Anwender kann nach Belieben weitere Ordner anlegen und Dateien darin ablegen.

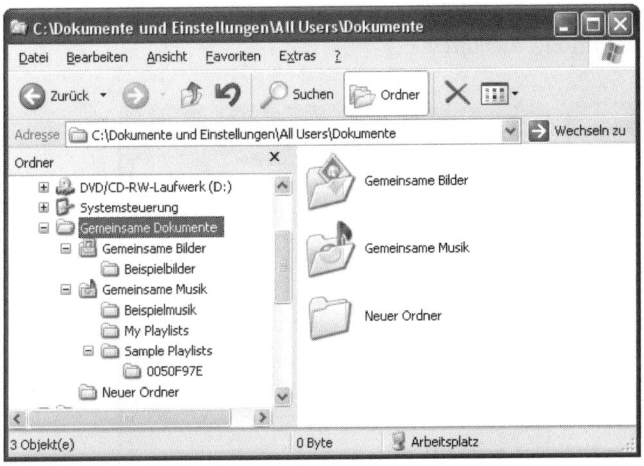


**Bild 4.22:** *Gemeinsame Dokumente*

### Geschützte Verzeichnisse

In Windows XP Professional und der Windows XP Media Center Edition kann der Administrator den Zugriff auf bestimmte Verzeichnisse und Dateien für andere Benutzer begrenzen, sodass diese sie diese nur noch lesen oder auch gar nicht mehr sehen können.

In der Home-Edition von Windows XP ist es nicht möglich, die Zugriffsrechte individuell zu vergeben. Deshalb gibt es hier keine `Geschützten Verzeichnisse`. Allerdings sind dem Nicht-Administrator nicht alle Verzeichnisse zugänglich.

Gehen Sie mit folgenden Verzeichnissen sehr verantwortungsvoll um, am besten heißt es hier: »Finger weg«!

- *Dokumente und Einstellungen:* Hier werden Einstellungen für alle Anwender und für jeden einzelnen Anwender verwaltet.
- *Programme:* Hier sind für jedes installierte Programm Ordner mit jeweils unterschiedlich vielen Unterordnern enthalten. Sie werden bei der Programminstallation eingerichtet. Die Programme verwalten dort auch interne Einstellungen.
- *Windows:* Wie der Name sagt, liegt hier das Windows-Betriebssystem und viele weitere Windows-Komponenten.

## 4.7 Dateiattribute und Eigenschaften

Dateiattribute sind zusätzliche Beifügungen zu einer Datei, die sie näher beschreiben sollen. Die wichtigsten Attribute sehen Sie im *Eigenschaften*-Fenster einer Datei. In der *Detail*-Ansicht können Sie alle Attribute anzeigen lassen. Wie bereits erwähnt, kennt Windows 37 verschiedene Dateiattribute. Die wichtigsten sollen an dieser Stelle nochmals vorgestellt werden. Um die

*Eigenschaften* einer Datei zu sehen oder zu ändern, klicken Sie mit der rechten Maustaste auf die Datei und wählen dann im Kontextmenü *Eigenschaften.*

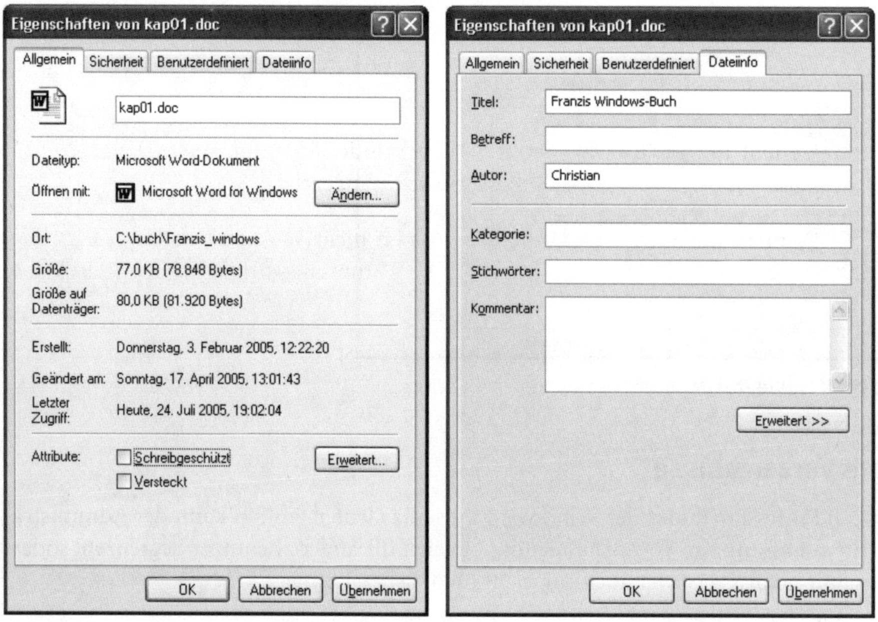


**Bild 4.23:** Die Eigenschaften einer Datei

Auf mehreren Registerkarten werden unterschiedliche Eigenschaften angezeigt. Auf der Registerkarte *Dateiinfo* lassen sich einige Daten manuell ändern. Welche Daten angezeigt werden, hängt vom Dateiformat ab. Die Registerkarte *Benutzerdefiniert* ist ebenfalls nur bei bestimmten Dateiformaten vorhanden.

## Dateiname

Dieses Attribut kennen Sie bereits. Wählen Sie immer einen aussagekräftigenden Dateinamen. Er darf bis zu 256 Zeichen lang sein und fast alle Zeichen enthalten. Wenn Sie für den Namen ein nicht zugelassenes Zeichen verwenden, z. B. das Fragezeichen, dann meldet sich Windows mit einer Sprechblase, die angibt, welche Zeichen nicht verwendet werden dürfen. Nach dem Dateinamen folgen ein Punkt und die Dateierweiterung mit üblicherweise drei oder vier Stellen. Näheres dazu siehe im Abschnitt 4.12, »Dateitypen zuordnen«.

## Größe

Die Dateigröße wird in KB (Kilobyte) und in Byte angegeben. Technisch bedingt ist die Größe auf dem Datenträger meistens etwas größer.

**Hinweis** Beim Verschicken von Dateien als E-Mail-Anhang sollten Sie die Dateigröße beachten. Mehrere Megabyte große Dateien verursachen beim Empfänger lange Ladezeiten. Unter Umständen verweigert der Provider des Empfängers die Annahme.

## Datum

- Das Datum besteht immer aus Tag, Monat, Jahr, Stunde und Minute. Im *Eigenschaften*-Fenster wird zusätzlich noch der Wochentag bzw. *heute* angezeigt.

Datumsangaben können mit normalen Systemfunktionen nicht verändert werden. Allerdings gibt es diverse Freeware-Programme, mit denen Sie alle Datumsangaben beliebig manipulieren können.

Mit jeder Datei werden drei verschiedene Datumsangaben gespeichert, bei Fotos sogar vier. Bei früheren Windows-Versionen kannte die Explorer-Anzeige immer nur ein Datum.

| Datum | Bedeutung | Besonderheiten |
|---|---|---|
| Geändert | Dieses Datum entspricht dem letzten Speichern der Datei, wie schon aus früheren Windows-Versionen bekannt. | |
| Erstellt am | Erstellungsdatum der Datei in diesem Verzeichnis, wird beim Kopieren oder Verschieben aktualisiert. | |
| Letzter Zugriff | Letzter Zugriff, auch Anzeigen, Verschieben, Kopieren oder Eigenschaften-Anzeige. | Nur bei NTFS |
| Bild aufgenommen | Dieses Datum speichert die Kamera bei der Aufnahme mit dem Bild. Verliert die Kamera beim Batteriewechsel die Uhrzeit, kann hier ein völlig falscher Wert stehen. | Nur bei Fotos |

**Tab. 4.4:** Datumsangaben zu einer Datei

Die Angabe *Erstellt am* bezieht sich immer auf die physikalische Datei. Kopiert oder verschiebt man also eine Datei in ein anderes Verzeichnis, wird dort das *Erstellt am*-Datum neu geschrieben. Das *Geändert am*-Datum der Datei bleibt aber bestehen. So lässt sich erklären, dass das Erstellungsdatum einer Datei aktueller sein kann als das letzte Änderungsdatum, was nach deutschem Sprachverständnis unlogisch erscheint.

Nur NTFS protokolliert die Zugriffe, sodass nur hier das Datum des letzten Zugriffes interessant ist. Dabei macht es keine Unterschiede, welcher Art der Dateizugriff war, ob die Datei angezeigt, kopiert, geändert oder auch nur die *Eigenschaften* angezeigt wurden. Auf FAT16/32-Dateisystemen wird das Feld *Letzter Zugriff* der Vollständigkeit halber zwar dargestellt, enthält aber immer das aktuelle Tagesdatum mit einer Zeitangabe `00:00`, unabhängig vom tatsächlichen letzten Zugriff.

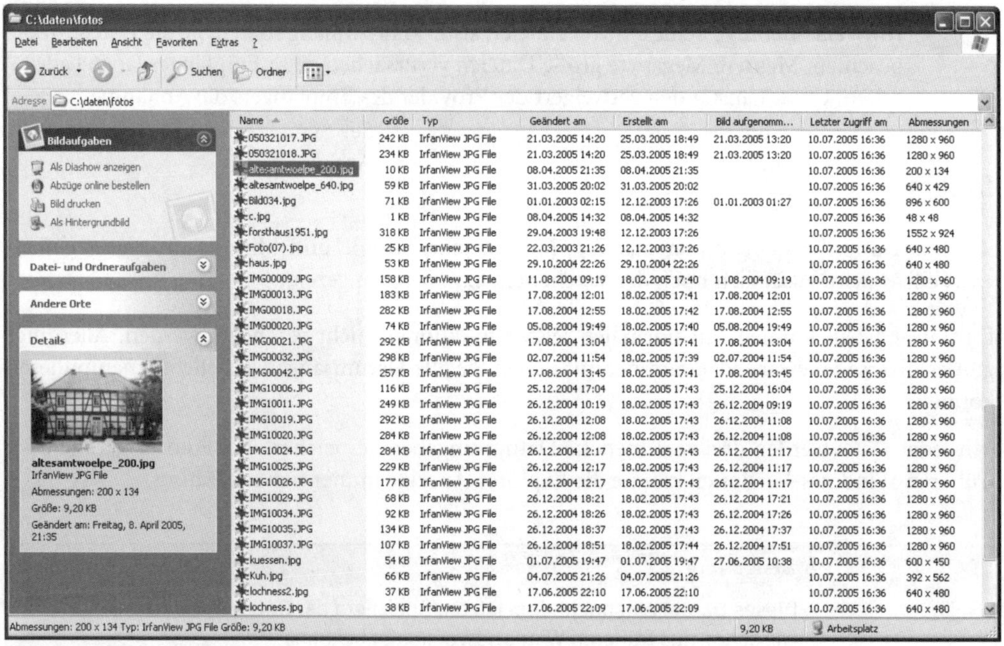


**Bild 4.24:** Verschiedene Datumsangaben bei Fotos

## Typ

Windows XP versucht aus der Dateierweiterung den Typ zu erkennen. So wird aus der Endung `txt` eine Textdatei. Wenn Windows eine Endung nicht interpretieren kann, dann wird aus `xyz` einfach eine *XYZ-Datei.*

## Schreibgeschützt

Dieses Attribut kennt nur die Zustände *Ja* und *Nein.* Im Ja-Fall kann die Datei nicht verändert, nicht gelöscht und nicht verschoben werden. Wenn Sie das doch versuchen, fragt Windows zur Sicherheit nochmals zurück.

## Versteckt

Auch dieses Attribut kennt nur die Zustände *Ja* und *Nein.* Im Ja-Fall wird die Datei im Explorer nicht angezeigt. Damit soll vermieden werden, dass bestimmte Dateien nicht aus Versehen manipuliert werden. Unter *Extras/Ordner-Optionen/Ansicht* können Sie die Anzeige dennoch erzwingen. Im Explorer-Fenster wird aber das Dateisymbol abgeblendet dargestellt.

## Archiv

Die mit diesem Attribut gekennzeichneten Dateien sollen bei der nächsten Datensicherung archiviert werden. Manche Archivierungsprogramme verwenden dieses Dateiattribut zur Auswahl der Dateien für die Archivierung und setzen es nach der Sicherung automatisch zurück. Wird eine Datei verändert, setzt Windows XP wieder das Archiv-Attribut, damit diese Datei beim nächsten Backup wieder gesichert wird.

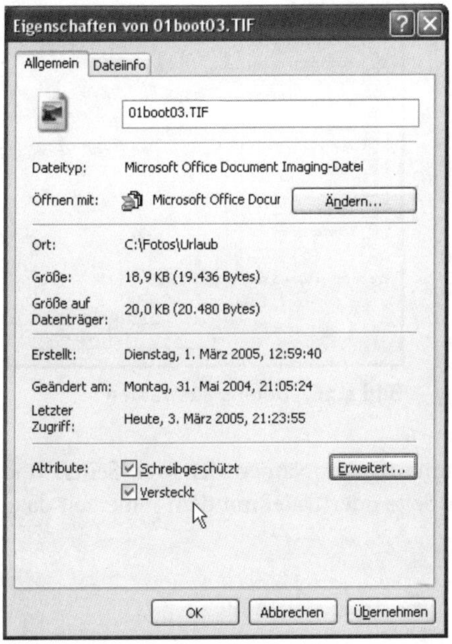


**Bild 4.25:** Attribute im *Eigenschaften*-Fenster

## System

Mit dem Attribut *System* werden einige vom Betriebssystem notwendige Dateien bezeichnet. Von diesen Dateien sollten Sie unbedingt die Finger lassen. Ihre Windows-Installation kann sonst unwiderruflich zerstört werden.

## Eigenschaften

Alle bisher beschriebenen Attribute können Sie im Fenster *Eigenschaften* ansehen und zum Teil auch ändern. Für die letzten vier Attribute wird im entsprechenden Kästchen im *Ja*-Fall ein Häkchen angezeigt, das Sie auch selbst setzen oder löschen können. Bei einer Änderung für einen Ordner werden Sie gefragt, ob die Änderung nur für diesen Ordner oder auch für alle Dateien und Unterordner gelten soll.

## Weitere Attribute

Alle weiteren Attribute können Sie im Explorer nicht beeinflussen. Sie werden von den jeweiligen Erstellungsprogrammen gesetzt.

In der Detailansicht des Explorers können Sie alle Attribute anzeigen lassen. *Im Fenster Ansicht/ Details auswählen* müssen Sie nur beim entsprechenden Attribut ein Häkchen setzen.

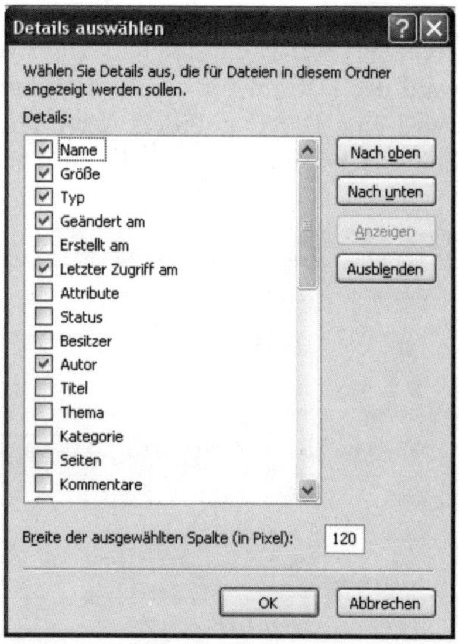


**Bild 4.26:** Details auswählen

# 4.8 Verlauf

Der Verlauf ist das Gedächtnis des PCs. Hier wird nachgehalten, welche Web-Seiten Sie besucht und welche Dateien Sie geöffnet haben. Der Verlauf enthält also nicht nur Ergebnisse des Windows Explorers, sondern auch die des Internet Explorers.

Blenden Sie die Verlaufsleiste mit *Ansicht/Explorer-Leiste/Verlauf* ein. Schneller geht es mit der Tastenkombination [Strg]+[H]. Hier sehen Sie zunächst die Tages- und Wochenangaben. Beim Klick darauf werden baumartig die Namen der Web-Seiten und Dateien angezeigt. Ein Klick auf ein Element öffnet die Seite oder Datei mit dem seinerzeit dazu verwendeten Programm.

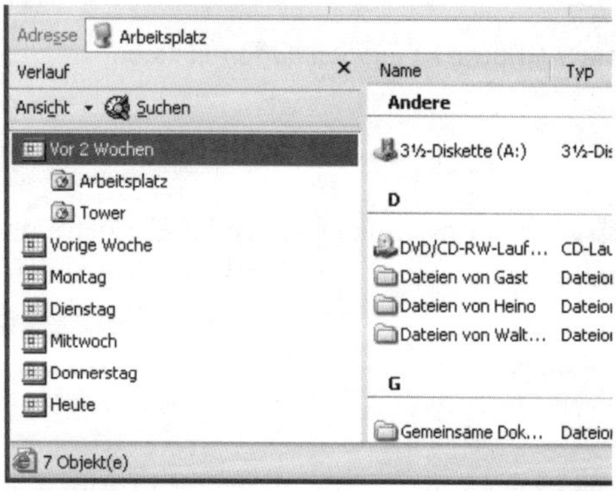


**Bild 4.27:** Verlauf einsehen

Wenn Sie eine Datei an verschiedenen Tagen bearbeitet haben, erscheint sie im Verlauf natürlich auch mehrmals. Die Datei selbst existiert aber nur einmal. Wenn Sie also einen zurückliegenden Eintrag anklicken, dann wird nicht der damalige Stand, sondern der aktuelle Stand angezeigt oder geöffnet.

Die Anzeige kann nach Ihren persönlichen Wünschen gestaltet werden. Es stehen zur Verfügung:

- *Nach Datum:* Ältester Eintrag oben.
- *Nach Site:* Alphabetisch aufsteigend nach Dateinamen bzw. Web-Site.
- *Nach der Anzahl der Zugriffe:* Die meisten Zugriffe stehen oben. Mit der Reihenfolge scheint Windows XP reichlich großzügig umzugehen.
- *In der Zugriffsreihenfolge von heute:* Der letzte Zugriff steht oben.

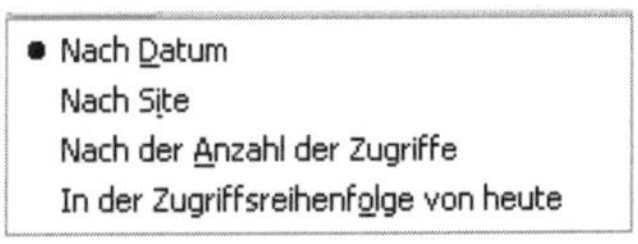


**Bild 4.28:** Reihenfolge des Verlaufs

Mit der *Suchfunktion* können Sie nach besuchten Web-Seiten oder Dateien fahnden. Bitte beachten Sie, es wird **nur** im Verlauf gesucht und nicht im Dateiverzeichnis.

## 4.9 Dateien suchen

»Wer suchet, der findet«. Diese biblische Redensart hat auch bei Windows XP noch ihre Berechtigung. Vor allem wird hier eine effiziente Hilfe angeboten. Die Auswahl von *Startmenü/Suchen* oder *Explorer/Ansicht/Explorer-Leiste/Suchen* oder einfach im Explorer die Tastenkombination Strg+F führen zum *Suchassistenten*. Noch schneller geht es mit der Funktionstaste F3.

### Was soll gesucht werden?

Diese Frage steht natürlich am Anfang. Hier bietet Windows XP schon eine grobe Vorauswahl an.

Nach dieser groben Auswahl können Sie die Suche noch weiter eingrenzen oder den gesamten Dokumentennamen oder einen Teil davon angeben. Je nach gewählter Auswahl trifft der Assistent hier sehr brauchbare Eingrenzungsmöglichkeiten.

Bei der Angabe des Dateinamens können so genannte Jokerzeichen verwendet werden. Das Sternchen (*) ersetzt kein oder mehrere Zeichen. Das Fragezeichen (?) ersetzt genau ein Zeichen. Beispiele sollen das illustrieren:

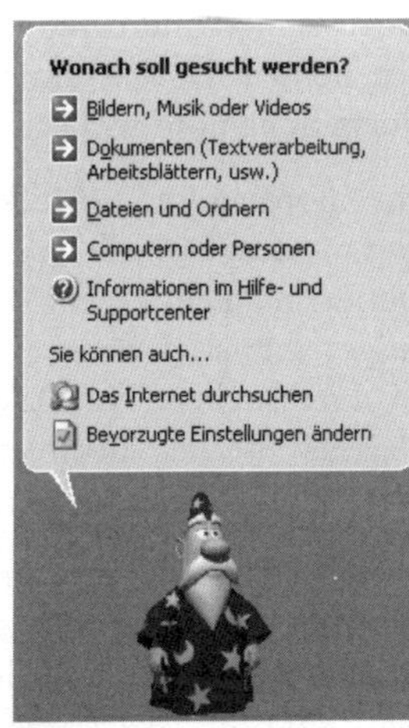


**Bild 4.29:** Such-Vorauswahl

| Eingabe | Suchergebnis |
|---|---|
| kont | Konto, konten, Autokont, diskontieren |
| kont* | kont, Konto, konten |
| kon?o | Konto, konfokus, Autokonron |
| .txt | alle Dateien mit der Dateiendung txt |

**Tab. 4.5:** Jokerzeichen und ihre Treffer

Die Suchergebnisse werden im rechten Explorer-Fenster angezeigt. Schon während des Suchens können Sie auf die Suchergebnisse zugreifen. Der Suchassistent zeigt indessen, wo er gerade sucht. Die Suche können Sie jederzeit abbrechen und zum vorherigen Dialog zurückkehren oder aber die Suche anpassen.

## Wo soll gesucht werden?

Als Standard startet Windows XP in dem Ordner, von dem aus Sie die Suche gestartet haben. Unter Umständen werden Sie dort nicht fündig, oder Sie wissen schon, wo ungefähr gesucht werden soll. In diesem Fall können Sie unter *Erweiterte Suchoptionen/Suchen in* einen Ordner oder ein Laufwerk auswählen. Wenn Sie das Suchergebnis immer noch nicht befriedigt, dann sollten Sie die weiteren Suchoptionen verwenden.

## Weitere Suchoptionen

Im Ergebnis werden möglicherweise Dateien angezeigt, die Sie nicht kennen und deren Orte Ihnen unbekannt sind. Wahrscheinlich handelt es sich um versteckte Dateien oder Dateien, die in einem Systemordner liegen.

Systemordner und versteckte Dateien sollten möglichst nicht verändert werden. Deshalb ist es sinnvoll, die Häkchen vor diesen beiden Optionen zu entfernen. Wenn schon für die Suche ein Startordner ausgewählt ist, dann ist es meistens sinnvoll, auch die Unterordner zu durchsuchen. Ein Häkchen bei dieser Option veranlasst das. Dagegen ist das Beachten der Groß-/Kleinschreibung meistens nicht sinnvoll. Es schränkt das Ergebnis nur unnötig ein.

Sie wissen genau, dass Sie am Dienstag letzter Woche eine Datei geändert haben, aber wo ist sie? Für diesen Zweck können Sie zwischen Bearbeitung, Erstellung und Zugriff wählen und einen groben Zeitraum (*letzter Monat*) oder einen genauen Zeitraum (*von… bis*) angeben. Als Hilfestellung wird bei Datum gleich noch ein Kalender eingeblendet.

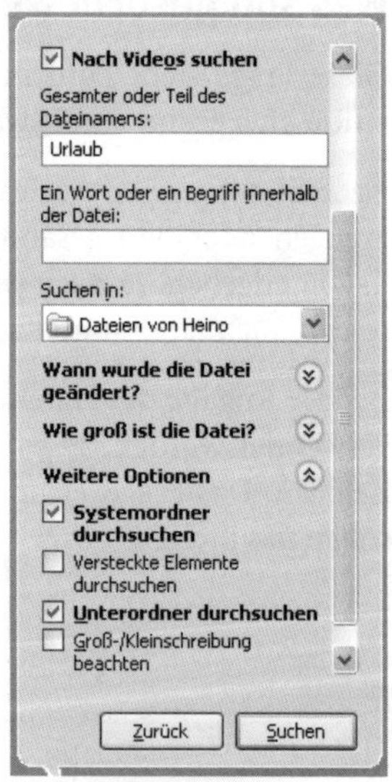


**Bild 4.30:** Erweiterte Suchoptionen

**Bild 4.31:** Suchen mit Datum

Gerade bei der Suche nach Bildern lohnt es sich, die Dateigröße zu berücksichtigen. *Unbekannt* ist die Voreinstellung. Dann gibt es noch drei Größenklassen. Schließlich können Sie noch einen exakten Wert in KByte als höchstens oder mindestens einstellen.

Sie haben sich nun mit den Optionen eine genau passende Suchfrage zusammengestellt und werden sie wahrscheinlich noch häufiger benötigen. In diesem Fall sollten Sie die Suchfrage abspeichern. Dazu muss aber mindestens einmal ein Ergebnis gefunden worden sein. Öffnen Sie im Suchfenster *Datei/Suche speichern,* und legen Sie Speicherort und Namen fest. Später genügt ein Doppelklick auf dieses Dokument, und Windows XP startet die Suche mit den festgelegten Kriterien.

## Suche optimieren

Die vorgegebenen Einstellungen des Suchassistenten sind nicht unbedingt optimal. Mit der Option *Bevorzugte Einstellungen ändern* können Sie noch einige feinere Einstellungen treffen:

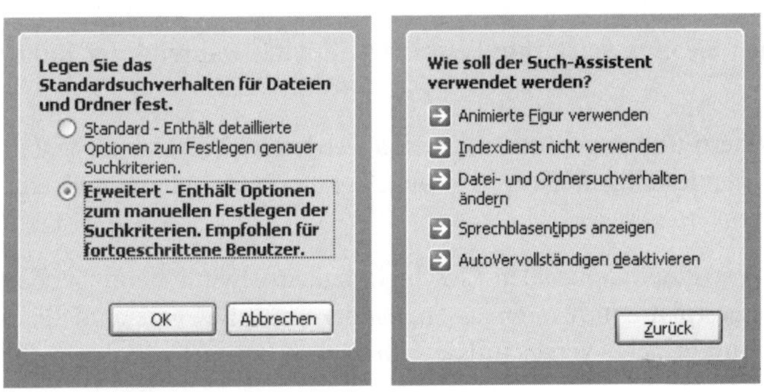


**Bild 4.32:** Suche optimieren

Wenn Sie hier das Standardsuchverhalten auf *Erweitert* stellen, ersparen Sie sich den ersten Dialog *Wonach soll gesucht werden?* Die Suche springt dann sofort auf die Eingabemaske für Dateinamen oder Suchbegriffe.

Schalten Sie an dieser Stelle auch gleich die *Sprechblasentipps* und die wirklich überflüssige *Animierte Figur* aus.

## Der Indexdienst

Der Indexdienst bietet eine Methode, die sonst sehr langwierige Suche nach Stichwörtern in Dateien und erweiterten Dokumenteigenschaften zu beschleunigen. Hier wird im Hintergrund während der Ruhezeiten des Rechners ein Katalog angelegt, mit dessen Hilfe Stichwörter in HTML-, Text- und Office-Dokumenten schneller gefunden werden können.

Der Indexdienst kann im Suchdialog des Explorers unter *Bevorzugte Einstellungen ändern* aktiviert werden.

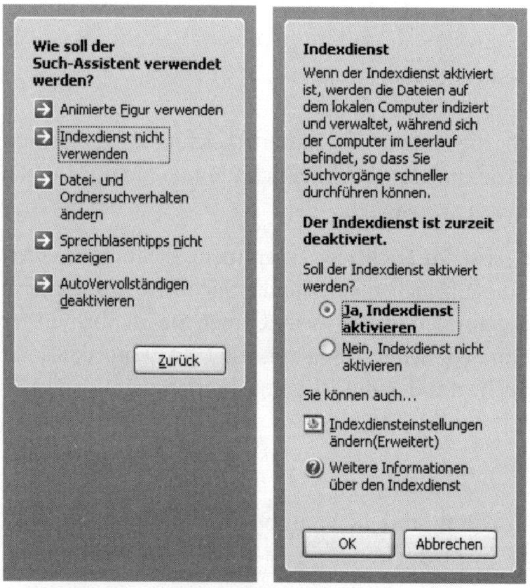


**Bild 4.33:** Den Indexdienst aktivieren

Bei aktiviertem Indexdienst werden Sie eine verstärkte Festplattenaktivität während der Ruhephasen des Rechners bemerken.

Die Indexdateien mit den Stichwörtern und zugehörigen Dateien werden im Verzeichnis `\System Volume Information` auf der jeweiligen Festplatte angelegt und können schnell eine Größe von etlichen MB annehmen.

Möchten Sie durch den Indexdienst einen optimalen Geschwindigkeitsgewinn beim Suchen erzielen, sollten Sie nicht die ganze Festplatte indizieren lassen, sondern nur die Verzeichnisse, in denen Sie auch suchen. Temporär- und Cache-Verzeichnisse sollten zum Beispiel von der Suche ausgenommen werden.

In den erweiterten Eigenschaften (*Erweiterte Attribute*) jedes Verzeichnisses können Sie mit dem Schalter *Inhalt für schnelle Dateisuche indizieren* die Indizierung eines Verzeichnisses ein- und ausschalten.

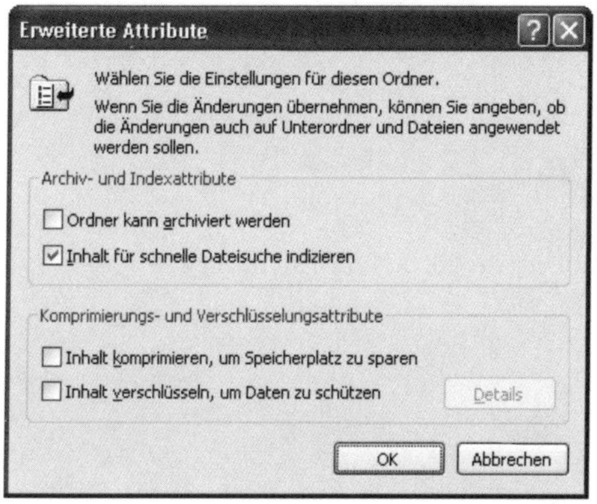


**Bild 4.34:** Ein Verzeichnis indizieren

Dabei kann automatisch die Indizierung für alle Unterverzeichnisse übernommen werden.

## 4.10 Favoritenverzeichnisse

*Favoriten* sind gewissermaßen Lesezeichen, mit denen Sie schnell an eine interessante Stelle zurückfinden. Sie spielen eine wichtige Rolle beim Surfen im Internet. Aber auch im Windows Explorer tun sie gute Dienste. Für beide Programme werden dieselben Verzeichnisse verwendet.

Windows XP hat von Haus aus schon einige Favoriten eingerichtet. Dabei handelt es sich um Internet-Adressen. Für Ihre Zwecke sollten Sie aber eigene Ordnung einführen. Mit Klick auf das *Favoriten*-Symbol oder mit `Strg`+`I` wird die *Favoriten*-Symbolleiste angezeigt.

### Hinzufügen

Markieren Sie im rechten Explorer-Fenster einen Ordner oder eine Datei, und klicken Sie links auf *Hinzufügen*, dann erscheint ein Auswahlfenster, in dem Sie den richtigen Speicherort auswählen. Der Name für die Einfügung wird vorgeschlagen. Sie können ihn aber auch anpassen. Wenn auf diese Weise eine Datei hinzugefügt werden soll, dann wird in Wirklichkeit der Ordner hinzugefügt. Das ist aber gar nicht immer erwünscht. *Kopieren* Sie dann einfach die Datei an den entsprechenden Ort.

**Achtung** Ganz schnell geht es so: Ziehen Sie die Datei oder den Ordner mit gedrückter `Strg`-Taste auf den *Favoriten*-Ordner.

Im Fenster aus Bild 4.35 können Sie festlegen, in welchen Ordner der Verweis eingefügt werden soll, oder Sie erstellen einfach einen neuen Ordner.

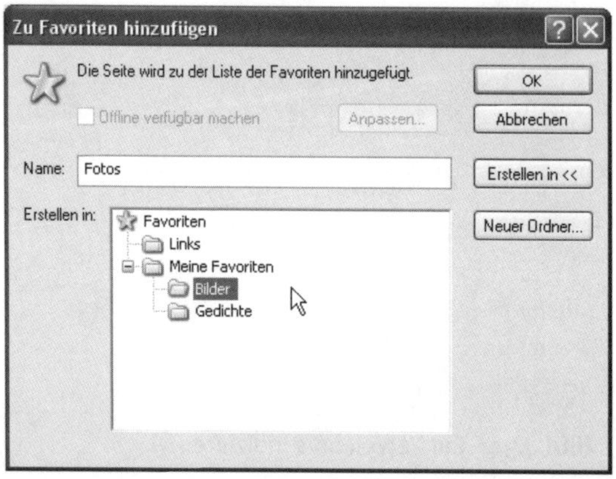


**Bild 4.35:** Zu Favoriten hinzufügen

## Verwalten...

Sinn der Favoriten ist es, einen schnellen Zugriff auf Dateien oder Internet-Adressen zu ermöglichen. Deshalb ist eine gewisse Ordnung unumgänglich. Gliedern Sie Ihre Favoriten nach Ihren persönlichen Anforderungen. Mit der Schaltfläche *Verwalten...* öffnet sich ein Fenster zur Verwaltung der Favoriten.

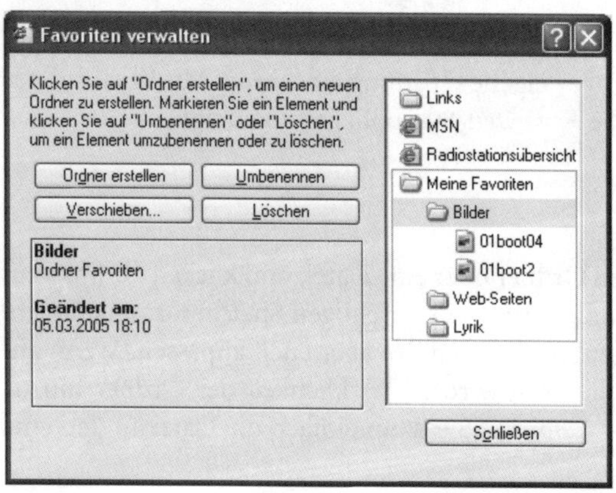


**Bild 4.36:** Favoriten verwalten

Im rechten Fenster können Sie zu Ihrem Element navigieren. Links werden Eigenschaften des Ordners oder der Datei angezeigt. Sie können das Element jetzt hier umbenennen, verschieben oder löschen. Beim Löschen wird nicht die Datei oder der Ordner gelöscht, sondern nur der Favoriten-Eintrag. Sie können auch einen neuen Ordner in der *Favoriten-Leiste* erstellen.

**Hinweis** In der *Favoriten-Leiste* können Sie schnell einen Ordner oder eine Datei an einen anderen Ort verschieben, wenn Sie das Element einfach mit der Maus an die neue Stelle bringen. Dabei wird nur der Verweis, nicht aber das Objekt selbst verschoben.

# 4.11 Bildbetrachter

Windows XP liefert einen Bildbetrachter mit, der mehr kann als nur Bilder anzeigen. Er nennt sich *Microsoft Bild- und Faxanzeige.* Hier soll nur der Anzeigemodus beschrieben werden. Die weiteren Funktionen finden Sie im Abschnitt 5.4, »Bildbetrachter« ab Seite 103.

Stellen Sie im linken Explorer-Fenster die *Aufgabenliste* ein. Jetzt wird das markierte Bild unter *Details* mit einer kleinen Ansicht angezeigt. Zusätzlich sehen Sie weitere Bildinformationen wie *Abmessungen, Größe, Datum* usw. In der Statuszeile wird sogar die Aufnahmezeit und der Kameratyp angezeigt.

**Bild 4.37:** Die Schnellansicht

Die Schnellansicht soll nur einen Eindruck des Bildes verschaffen. Mit der Fax- und Bildanzeige können Sie das Bild richtig betrachten. Klicken Sie im Kontextmenü auf *Öffnen mit/Windows Bild- und Faxanzeige.*

**Bild 4.38:** Betrachter öffnen

Wenn Sie mehrere Bilder im Ordner haben, können Sie mit der Funktionstaste F11 eine Dia-Schau starten. Jeder Mausklick zeigt das nächste Bild. Mit Esc bricht die Dia-Schau wieder ab.

Im Modus *Miniaturansicht* zeigt der Explorer zu jedem Foto im Verzeichnis ein kleines Vorschaubild. Auf diese Weise kann man sich schnell einen Überblick über umfangreiche Fotosammlungen verschaffen.

Dateien, die keine Bilder sind, werden in diesem Modus mit ihrem Symbol angezeigt.

**Tipp** Im Abschnitt »Miniaturansichten im Explorer optimieren« auf Seite 398 finden Sie einen Tipp, wie Sie durch einen Eingriff in die Registry die Größe der Miniaturansichten beeinflussen können.

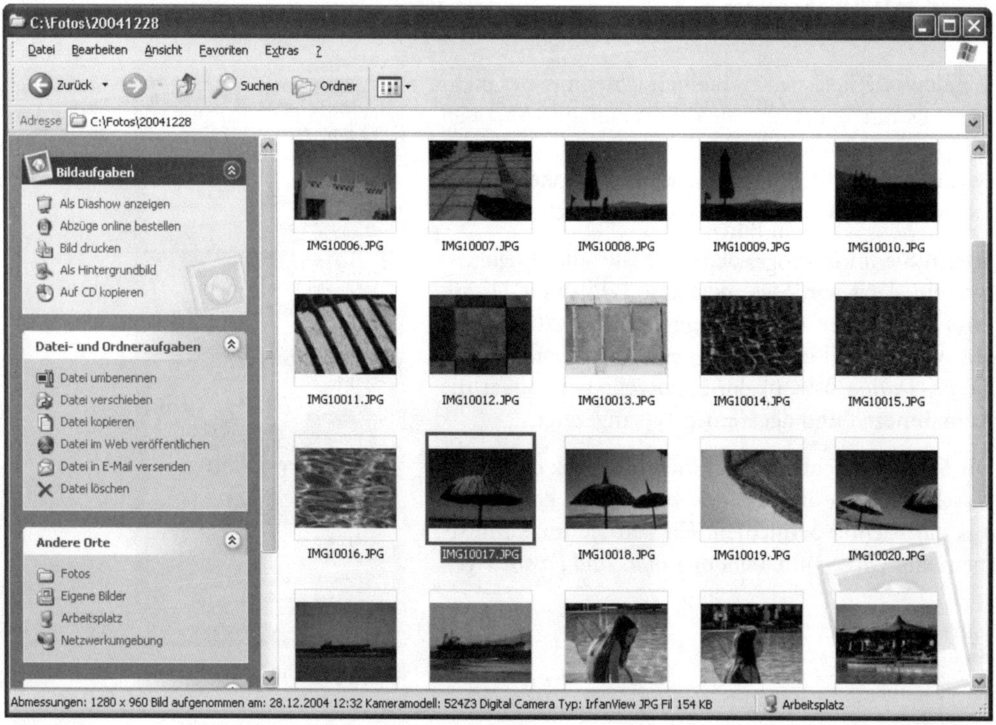


**Bild 4.39:** Explorer im Modus *Miniaturansicht*

In manchen Fällen kann es nach der Installation externer Bildbetrachter vorkommen, dass die Miniaturansicht im Explorer nicht mehr funktioniert. Geben Sie in solchen Fällen unter `Start/Ausführen` folgende Befehlsfolge ein:

```
regsvr32 /i shdocvw.dll
```

Starten Sie danach den Computer neu. Jetzt stehen die Miniaturansichten wieder zur Verfügung.

## 4.12 Dateitypen zuordnen

Sie haben sicher schon einmal eine Datei aus dem Explorer heraus zum Bearbeiten geöffnet. Ein Doppelklick auf das Dateisymbol, und die Datei wird mit dem richtigen Programm zur Ansicht oder Bearbeitung geöffnet. Aber woher kennt Windows das Programm?

Dazu muss etwas weiter ausgeholt werden. Im Abschnitt 4.7, »Dateiattribute und Eigenschaften«, ist im Zusammenhang mit dem Dateinamen auch von Dateierweiterungen die Rede. Ein Dateiname besteht immer auch dem eigentlichen Namen und der Dateierweiterung. Dabei handelt es sich um die (meistens) drei Buchstaben nach dem letzten Punkt.

Windows XP verwaltet intern eine Liste mit Dateierweiterungen und den zugehörigen Programmen. Dort ist z. B. verzeichnet, dass Dateien mit der Endung `.txt` immer mit dem Programm *Editor* geöffnet werden sollen. Wenn Sie ein neues Programm installieren, dann wird diese Liste meistens von dem neuen Programm aktualisiert, wenn neue Dateiendungen erzeugt werden. So weit so gut. Was ist aber, wenn die Dateiendung nicht in der Liste enthalten ist?

Hier meldet sich Windows zu Wort und fragt, welches Programm es verwenden soll.

In dem Fenster wie in Bild 4.40 zu sehen empfiehlt Windows einige Programme, die es für geeignet hält. Unter *Andere Programme* werden weitere Programme aufgelistet, die Windows kennt. Wählen Sie das nach Ihrer Meinung geeignetste Programm aus. Wenn eine Datei keine Dateiendung hat, meldet sich Windows in jedem Fall mit diesem Fenster.

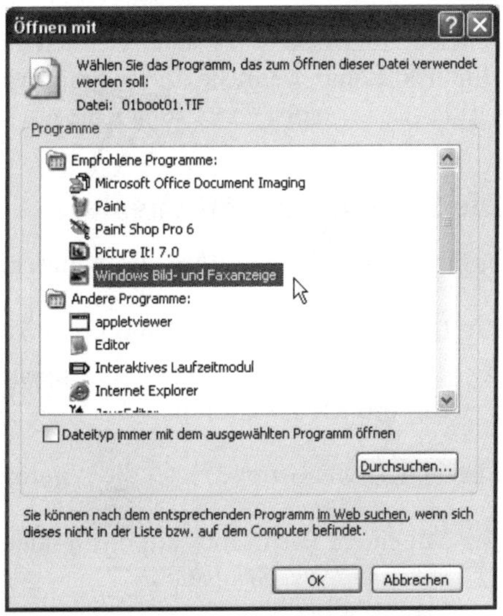


**Bild 4.40:** Mit welchem Programm soll geöffnet werden?

Das Kontrollkästchen *Dateityp immer mit dem ausgewählten Programm öffnen* können Sie aktivieren, wenn der unbekannte Dateityp häufiger verwendet wird. Ein solcher Dateityp wird dann immer mit dem ausgewählten Programm ausgeführt. Für einzelne Aktionen sollten Sie das Kästchen nicht aktivieren.

Es gibt noch eine weitere Möglichkeit, eine Datei mit einem ganz bestimmten Programm zu öffnen. Ein Rechtsklick auf eine Datei im Explorer öffnet ein Kontextmenü, in dem Sie *Öffnen mit* auswählen. Dann zeigt Windows in einem weiteren Menü die von ihm empfohlenen Programme an. Wenn Sie keines für das richtige halten, klicken Sie auf *Programme auswählen*. Dann kommen Sie wieder zu einem Fenster wie im Bild 4.40 zu sehen.

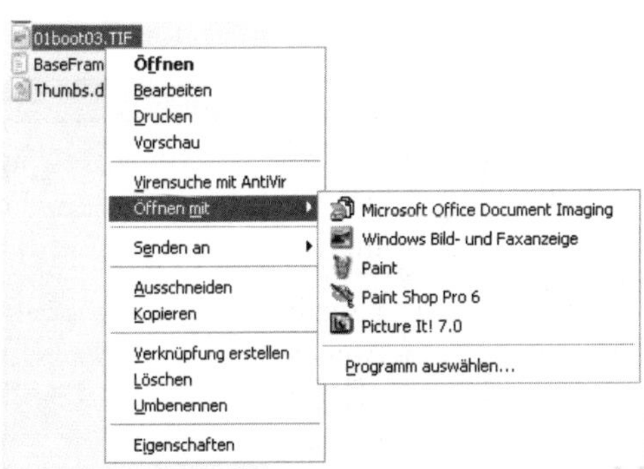


**Bild 4.41:** Programm gezielt auswählen

**Sicherheitstipp** Lassen Sie die Dateierweiterung immer anzeigen! Sie haben per E-Mail eine Datei mit dem Namen `info.txt` erhalten. Sie haben die Datei gespeichert und öffnen Sie jetzt ohne Argwohn. Aber plötzlich haben Sie einen böswilligen Virus installiert. Wie kommt das? Sie haben die Anzeige der Dateiendungen ausgeschaltet. Die Datei war eine ausführbare Datei und hieß in Wirklichkeit `info.txt.exe`. Irgend ein Fiesling hat Sie Ihnen untergejubelt.

Dateiendungen wie `.exe` kennzeichnen ausführbare Programme. Öffnen Sie solche Dateien mit Doppelklick nur, wenn Sie das Programm kennen. Auch Dateien mit den Endungen `.bat`, `. com`, `.dll`, `.ini`, `.scr`, `.sys` sollten Sie nur öffnen, wenn Sie wissen, was diese Dateien bewirken.

## Die Symbolleiste Arbeitsplatz

Es gibt zwei Typen von Windows-Nutzern:

- Die einen starten ein Programm und öffnen damit eine Datei,
- die anderen öffnen lieber per Doppelklick eine Datei und starten damit das diesem Dateityp zugeordnete Programm.

Für diese zweite Gruppe bietet die Windows XP-Taskleiste eine interessante Zusatzfunktion:

1. Mit einem Rechtsklick auf die Taskleiste erscheint ein Kontextmenü. Wählen Sie hier *Symbolleisten/Neue Symbolleiste.*

**Bild 4.42:** Einfügen einer neuen Symbolleiste

2. Wählen Sie dann in der Dialogbox *Arbeitsplatz*, und bestätigen Sie mit *OK.*

3. Es erscheint eine kleine Symbolleiste mit einem Button >>, der ein kaskadiertes Menü aufklappt, in dem Sie zu jeder Datei navigieren und diese direkt öffnen können.

**Bild 4.43:** Symbolleiste *Arbeitsplatz* erstellen

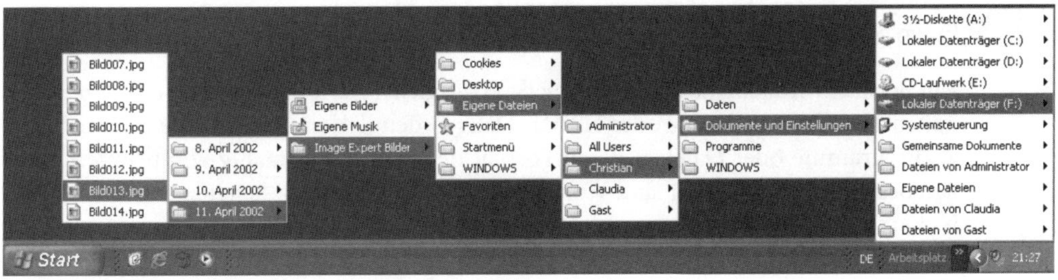


**Bild 4.44:** Das Menü der Symbolleiste *Arbeitsplatz*

# 4.13 Komprimierung

Die neuen PCs enthalten ja mittlerweile Festplatten mit riesigem Speichervolumen. Aber irgendwann wird auch da der Platz knapp. Hier bietet Windows XP mit den *ZIP-Archiven* eine Möglichkeit an, erheblich Platz zu sparen. ZIP-Archive sind spezielle Ordner, die Sie als Daten-Container betrachten können. Darin werden Dateien ohne Datenverlust komprimiert. Sie können daraus wieder in ihrer Originalgröße extrahiert werden.

**Hinweis** Das ZIP-Format war schon lange vor Windows XP ein weit verbreitetes Datenformat, um Dateien zu komprimieren. In früheren Windows-Versionen musste man aber immer noch externe Software einsetzen, um ZIP-Dateien zu verarbeiten.

Die Komprimierung hat noch einen anderen Vorteil. Eine einfache Zeichnung kann leicht ein halbes Megabyte groß werden. Wenn Sie diese als Anhang zu einer E-Mail über ein Modem versenden wollen, können Sie in der Sendezeit erst einmal Kaffee trinken gehen.

**Info** Das grundlegende Prinzip der Komprimierung ist einfach. Die meisten Dateien enthalten mehr oder weniger lange Passagen aus denselben Zeichen, die bei der Komprimierung zusammengefasst werden. Die Zeile:

```
Xy00000000000000000000000000AAAAAAAAAAAAAAAAAACZ
```

ließe sich mit einem simplen Kompressionsverfahren so verkürzen:

```
Xy26018ACZ
```

Das Original hat 48 Zeichen, die komprimierte Version nur noch 10. Im Beispiel werden Folgen gleicher Zeichen durch eine Zahl ersetzt, die die Anzahl der folgenden Zeichen angibt. Ausgereifte Kompressionsverfahren arbeiten ähnlich, aber auf Bit-Ebene anstatt auf Zeichenebene und erreichen so deutlich bessere Kompressionsraten. Eine weitere Verfeinerung bieten die Dictionary-based-Algorithmen, die während der Komprimierung eine Art Wörterbuch häufig vorkommender Zeichenfolgen anlegen, auf das in der komprimierten Datei bei jedem Auftreten der Zeichenfolge nur noch verwiesen wird.

Einen solchen Algorithmus verwendet zum Beispiel das bekannte ZIP-Format.

Am Beispiel wird klar, dass sich nicht jede Datei gleich gut komprimieren lässt. So enthalten zum Beispiel BMP- oder HTML-Dateien deutlich mehr unnötige Füllzeichen als Programme oder Dateien, deren Format bereits standardmäßig komprimiert ist. Am besten komprimierbar sind Word-Dokumente, denn sie bestehen zu fast 90% aus Nullen.

Wie funktioniert nun die Komprimierung in Windows XP? Wie immer bei Windows gibt es mehrere Wege. Sie müssen den günstigsten für Ihren Arbeitsstil und die jeweilige Situation auswählen.

- Im Kontextmenü der Datei wählen Sie *Senden an/ZIP-komprimierter Ordner*. Es wird ein neuer Ordner mit dem Namen der komprimierten Datei und der Dateiendung ZIP erstellt. Er befindet sich im selben Verzeichnis.
- Erstellen Sie im Explorer oder auf dem Desktop mit dem Kontextmenü *Neu/ZIP-komprimierter* Ordner einen neuen Ordner. Geben Sie ihm einen aussagekräftigen Namen. In diesen Ordner können Sie nun Ihre Bilder, Dokumente, Videos usw. kopieren oder einfach mit der Maus hineinziehen und »fallen lassen«.

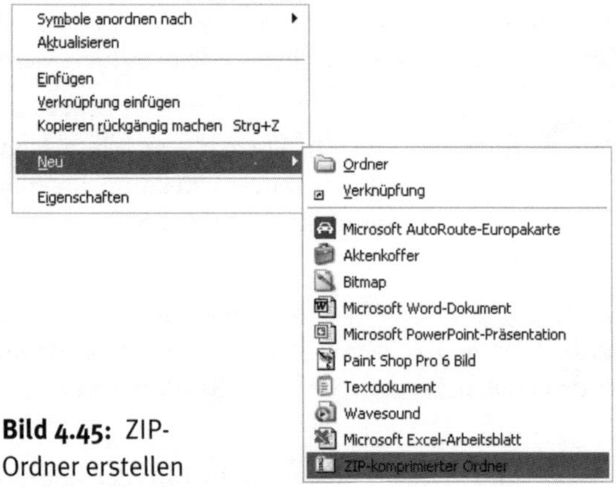


**Bild 4.45:** ZIP-Ordner erstellen

Eine einfache Kritzeldatei, etwa eine mit Paint erstellte Bilddatei, schrumpft durch die Komprimierung von mehr als einem halben Megabyte auf nur 5 Kilobyte zusammen.

Die Platzersparnis ist offensichtlich. Der ZIP-Ordner wird als Ordner-Symbol mit einem Reißverschluss (englisch: *Zip*) angezeigt. Natürlich können Sie die Dateien aus dem Ordner wieder entpacken. Öffnen Sie den ZIP-Ordner mit einem Doppelklick. Sie sehen alle darin verpackten Dateien. Jetzt können Sie einzelne oder auch gleichzeitig mehrere Dateien auf den Desktop oder in einen normalen Ordner ziehen. Der ZIP-Ordner bleibt unverändert erhalten.

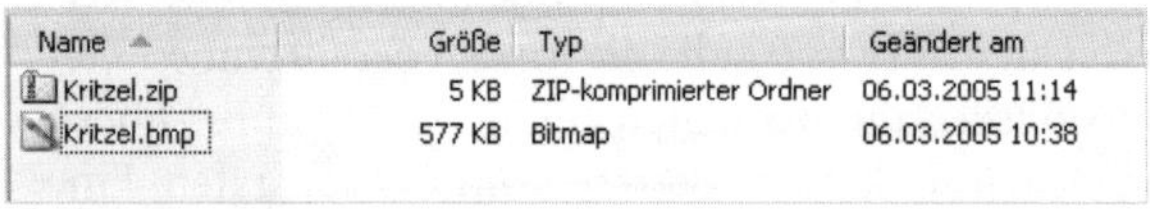


**Bild 4.46:** Größenvergleich

Obwohl die Platzersparnis unbestritten ist und das Komprimieren sehr einfach gelöst ist, sollten doch einige Punkte beachtet werden:

- Bilddateien mit der Dateiendung `.bmp` (so genannte Bitmap-Dateien) oder Textdateien mit den Dateiendungen `.txt`, `.doc`, `.rtf`, `.xls` lassen sich sehr gut komprimieren. Bilddateien, die von Haus aus schon komprimiert sind, wie `.jpg`, `.tif`, `.gif`, werden bei der Komprimierung im ZIP-Ordner nur ganz unwesentlich kleiner. Hier lohnt der Aufwand nicht.
- Wenn Sie mehrere Dateien transportieren wollen, z. B. per E-Mail, dann lohnt sich ein ZIP-Ordner immer, da Sie dann nur eine Datei transportieren müssen.
- Dateien, die regelmäßig benötigt und verändert werden, sollten nicht in einen ZIP-Ordner gepackt werden. Sie können zwar die Dateien schnell entpacken und sogar per Doppelklick direkt aus dem ZIP-Ordner heraus öffnen; Sie können sie aber nach einer Änderung aus dem Anwendungsprogramm heraus nicht wieder in den ZIP-Ordner speichern. Sie müssten die Datei zunächst auf dem Desktop oder in einem anderen Ordner speichern und von dort in den ZIP-Ordner ziehen. Es entsteht sehr schnell die Gefahr, dass Sie Dateien mit unterschiedlichen Aktualisierungsständen erhalten.

**Auf der CD zum Buch** Auf der CD im Buch finden Sie im Bereich Open Source-CD das Komprimierungsprogramm *7-Zip*, das neben dem bekannten ZIP-Format auch einige andere Komprimierungsformate beherrscht, unter anderem `bzip2`, ein Format mit extrem hoher Kompressionsrate. Zusätzlich beinhaltet 7-Zip einen Dateimanager mit übersichtlicher 2-Fenster-Technik.

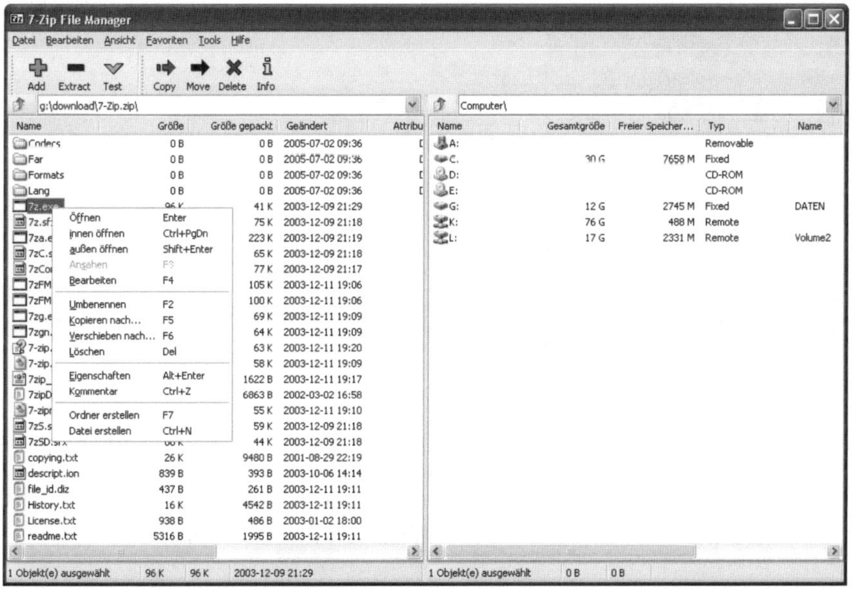


**Bild 4.47:** Der Dateimanager von *7-Zip*

## Komprimierte Verzeichnisse

Windows XP bietet zusätzlich zur ZIP-Komprimierung noch eine Möglichkeit, Dateien und Verzeichnisse in Echtzeit zu komprimieren und danach mit jedem Programm normal auf diese Dateien zuzugreifen.

Eine solche Echtzeit-Kompression von ganzen Verzeichnissen oder Datenträgern ist nur auf NTFS-Partitionen möglich. Die erstmalige Komprimierung eines Verzeichnisses oder einer Partition kann je nach Menge der enthaltenen Daten mehrere Stunden dauern. Danach sind die Zugriffe relativ schnell. Allerdings ist die Kompressionsrate bei weitem nicht so gut wie bei speziellen Packprogrammen oder ZIP-Ordnern.

**Info** Das erste Komprimieren eines Laufwerkes ist nur möglich, wenn man als Benutzer Administratorrechte hat. Der Zugriff auf ein komprimiertes Verzeichnis ist später wieder für alle Benutzer möglich.

1. Um ein Verzeichnis in Echtzeit zu komprimieren, klicken Sie mit der rechten Maustaste darauf und wählen im Kontextmenü die Option *Eigenschaften*.
2. Klicken Sie dort auf *Erweitert*, und schalten Sie im nächsten Dialogfeld den Schalter *Inhalt komprimieren, um Speicherplatz zu sparen* ein.

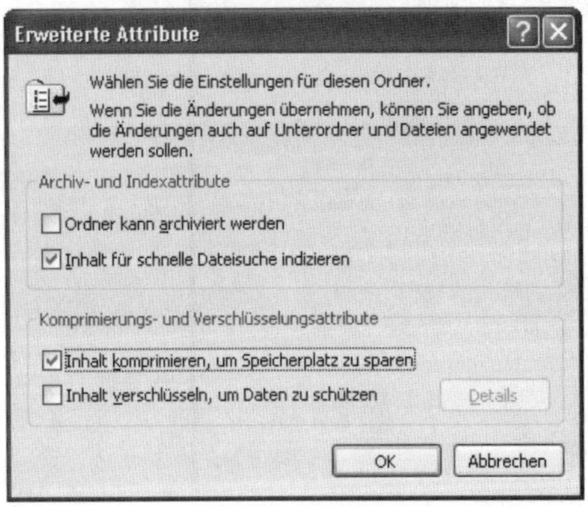


**Bild 4.48:** Echtzeit-Komprimierung für ein Verzeichnis aktivieren

3. Verlassen Sie beide Dialogfelder mit *OK*. Jetzt können Sie noch auswählen, ob die Komprimierung auch für alle Unterverzeichnisse des gewählten Verzeichnisses gelten soll.

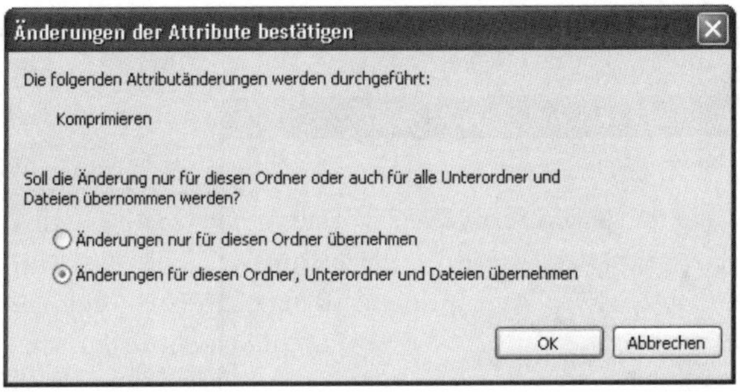


**Bild 4.49:** Echtzeit-Komprimierung auch für Unterverzeichnisse aktivieren

4 Danach wird die erstmalige Komprimierung durchgeführt.

NTFS-komprimierte Verzeichnisse werden zur besseren Unterscheidung im Windows Explorer Blau dargestellt. Sollte dies auf Ihrem Rechner nicht der Fall sein, wählen Sie im Explorer *Extras/Ordneroptionen,* und schalten Sie auf der Registerkarte *Ansicht* den Schalter *Verschlüsselte oder komprimierte NTFS-Dateien in anderer Farbe anzeigen* ein.

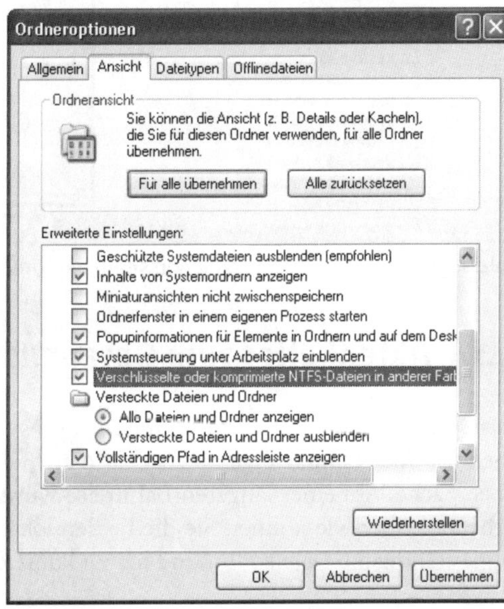


**Bild 4.50:** Komprimierte Verzeichnisse in Blau anzeigen

Möchten Sie wissen, wie viel die Kompression eines Verzeichnisses wirklich gebracht hat, lassen Sie sich die *Eigenschaften* des komprimierten Verzeichnisses oder Laufwerkes anzeigen.

Der Wert *Größe* gibt die Summe aller Bytes in den Originaldateien an, der Wert *Größe auf Datenträger* das tatsächlich belegte Volumen. Bei unkomprimierten Verzeichnissen ist dieser zweite Wert etwas höher als der erste, da die Verluste durch unvollständige Auslastung der Cluster mitgerechnet werden.

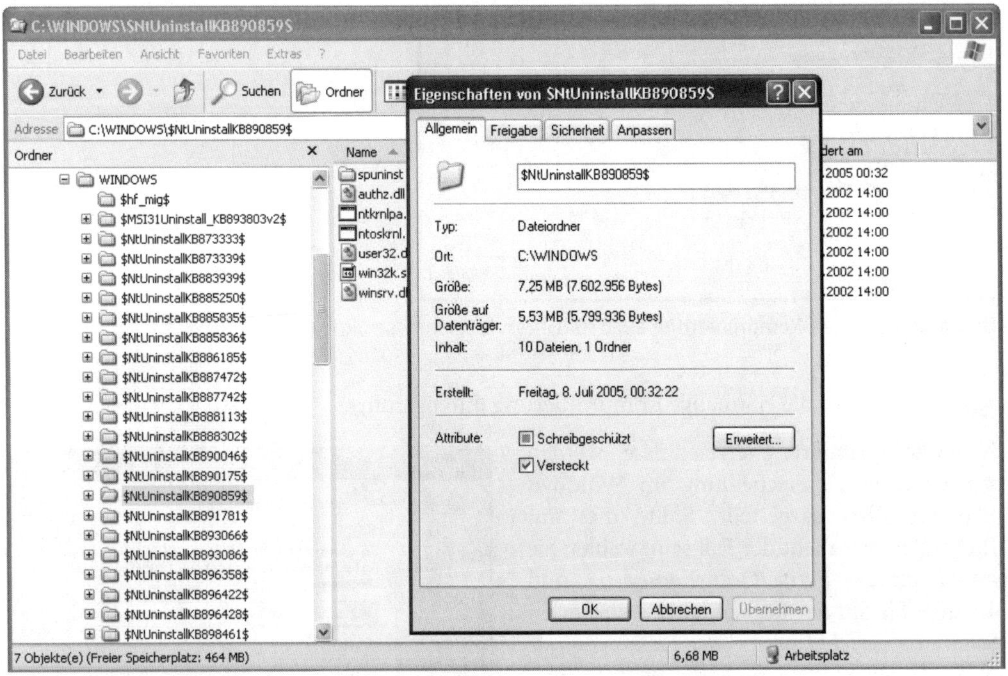


**Bild 4.51:** Komprimierte Verzeichnisse im Explorer

## 4.14 Aktenkoffer zum Datenaustausch

Der Name klingt schon nach Verreisen. Und genau dafür ist der *Aktenkoffer* auch gedacht. Nehmen wir doch einmal folgendes Szenario an: Sie arbeiten am heimischen PC an einer umfangreichen Sache. Auf einer längeren Bahnreise würden Sie gerne auf Ihrem Notebook daran weiterarbeiten. Aber wie können Sie die beiden jetzt entstehenden Dateiversionen konsistent halten, ohne ständig die Dateien hin und her zu kopieren? Genau hier hilft der Aktenkoffer.

- 1. Möglichkeit: Sie haben ein kleines Heimnetzwerk, in dem der heimische PC mit dem Notebook verbunden ist.
- 2. Möglichkeit: Sie haben kein Heimnetzwerk, aber der heimische PC und das Notebook haben ein Disketten-Laufwerk, einen Kartenleser oder einen USB-Stick.

Ganz egal, welche Möglichkeit Sie nutzen wollen, beginnen Sie mit der Arbeit dort, wo die Datei dauerhaft stehen soll. Im Allgemeinen wird das derjenige PC sein, mit dem Sie regelmäßig arbeiten. Speichern Sie die Datei. Jetzt erzeugen Sie einen Aktenkoffer auf jenem Medium, mit dem Sie auf Reisen gehen. Wenn Sie ein Netzwerk besitzen, dann wählen Sie das Notebook, im anderen Fall die Diskette, die Speicherkarte oder den USB-Stick.

- 1. Möglichkeit: Auf einer freien Stelle im Desktop des Notebooks klicken Sie mit der rechten Maustaste. Im Kontextmenü wählen Sie *Neu/Aktenkoffer.*
- 2. Möglichkeit: Wählen Sie das Laufwerksymbol für das Diskettenlaufwerk, den Kartenleser oder den USB-Stick. Im Explorer wählen Sie jetzt *Datei/Neu/Aktenkoffer.*

**Bild 4.52:** Einen *Aktenkoffer* erstellen

Nun haben Sie einen *Aktenkoffer* eingerichtet, erkennbar an dem braunen Koffer-Symbol. Er heißt immer *Neu Aktenkoffer.* Geben Sie ihm gleich einen sprechenden Namen. Nach diesen Vorbereitungen können Sie auf die Reise gehen. Ziehen Sie einfach Ihre Datei, die Sie mitnehmen wollen, auf das *Koffer*-Symbol, und lassen Sie sie dort hineinfallen.

Unterwegs öffnen Sie auf Ihrem Notebook den *Aktenkoffer.* Er lässt sich im Explorer wie ein normaler Ordner öffnen. Natürlich können Sie den *Aktenkoffer* auch auf einem fremden PC auf der Diskette, der Speicherkarte oder dem USB-Stick öffnen. Beim ersten Mal öffnet sich ein Fenster, das die Vorgehensweise noch kurz erläutert. Bestätigen Sie das mit Klick auf die Schaltfläche *Fertig stellen.*

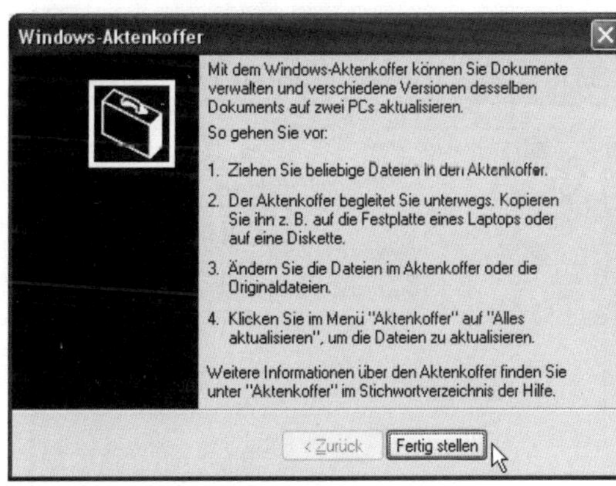


**Bild 4.53:** Der Koffer kann gepackt werden

Im Explorer können Sie nun den Inhalt Ihres *Aktenkoffers* ansehen. Wie üblich wird die Datei durch einen Doppelklick mit dem richtigen Programm zur Bearbeitung geöffnet. Nach Abschluss der Arbeiten sichern Sie die Datei. Dabei muss kein Speicherort angegeben werden. Das Programm weiß, dass es im *Aktenkoffer* speichern muss. Meistens genügt die Auswahl der Tastenkombination `Strg`+`S`.

In der Detailansicht des Explorers sehen Sie nun den Zustand des Aktenkoffers. Im Beispiel nach Bild 4.54 sehen Sie, dass die Datei `Formular.doc` noch aktuell ist und die beiden Dateien

`Gedanken.doc` und `Zeit.doc` aktualisiert werden müssen. Die Sicherungskopie ist verwaist, für sie existiert keine Synchronkopie.

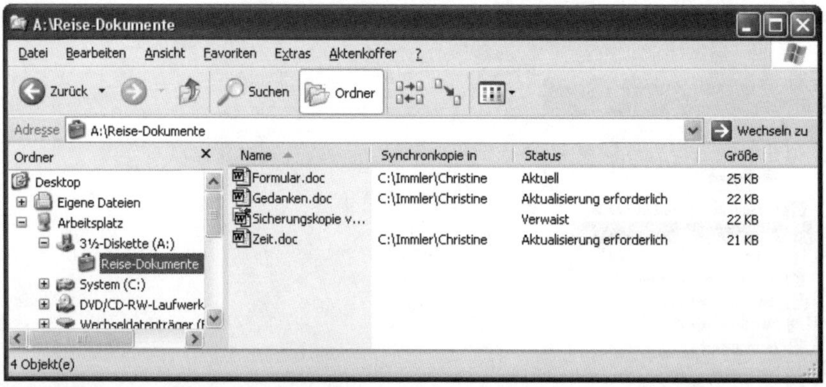


**Bild 4.54:** Der Inhalt des *Aktenkoffers*

Um die Dateien nun zu aktualisieren, wählen Sie *Aktenkoffer/alles aktualisieren*. In einem neuen Fenster wird nun angezeigt, in welcher Richtung aktualisiert wird. Die Datei `Gedanken.doc` wurde im Aktenkoffer geändert, während die Datei `Zeit.doc` auf der Festplatte verändert wurde (siehe Bild 4.55).

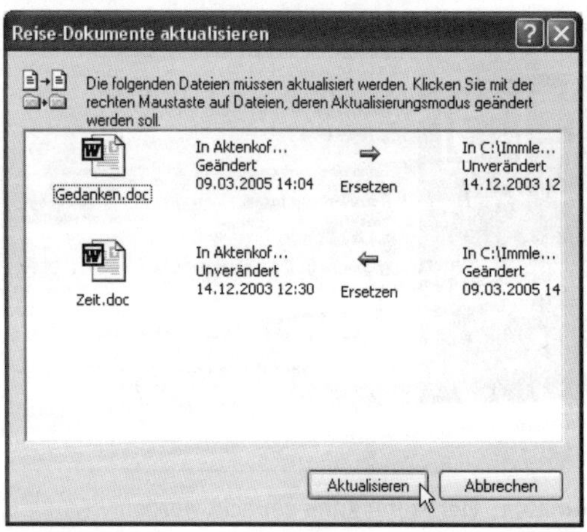


**Bild 4.55:** Den *Aktenkoffer* aktualisieren

In einer Datenbank, die Sie nicht einsehen können, merkt sich Windows XP für jede Datei im Aktenkoffer und deren Synchronkopie das Datum und die genaue Uhrzeit der Änderungen. Nach diesen Attributen wird ausgewählt, ob und in welcher Richtung eine Aktualisierung notwendig ist. Achten Sie deshalb darauf, dass die beteiligten PC immer das aktuelle Datum und die aktuelle Uhrzeit haben. Beachten Sie auch die Sommer- und Winterzeit. Wie Sie diese Angaben immer aktuell halten, ist im Abschnitt 3.4, »Taskleiste«, unter *Infobereich* beschrieben.

Kapitel 5

# Mitgelieferte und neue Programme


5.1 Editor ........ 92
5.2 WordPad ........ 96
5.3 Taschenrechner ........ 103
5.4 Bildbetrachter ........ 103
5.5 Programme installieren ........ 112
5.6 Programme deinstallieren ........ 116
5.7 Programme automatisch starten ........ 119
5.8 Microsoft PowerToys ........ 122
5.9 Überflüssige Windows-Komponenten deinstallieren ........ 129

Windows XP ist ein Betriebssystem. Es ist für den Betrieb des PCs und die Kommunikation mit allen Hardware- und Software-Komponenten verantwortlich. Nach dieser Definition müsste Ihr System nur aus so genannten Systemprogrammen bestehen. Diese werden entweder selbsttätig oder nur indirekt von Ihnen gestartet. Dazu gehören z. B. das automatisch konfigurierte Startmenü und der schon beschriebene Windows Explorer.

Microsoft liefert aber zusammen mit dem Betriebssystem einige Anwendungsprogramme aus, die Ihnen das Arbeiten mit Ihrem PC erst ermöglichen. Es soll aber nicht verschwiegen werden, dass es sich dabei keineswegs um so genannte High-End-Produkte handelt. Je nach Anforderungen und Ansprüchen und aber auch nach Ihrer finanziellen Bereitschaft werden Sie im Laufe der Zeit noch weitere Programme installieren.

Die wichtigsten Programme sind in diesem Kapitel beschrieben. Im Zusammenhang mit der Internet-Nutzung sind weitere Programme erforderlich. Sie werden in den Abschnitten »Der Internet Explorer« ff beschrieben.

## 5.1 Editor

Bei dem Editor handelt es sich um ein sehr einfaches Programm zum Anzeigen, zur Erstellung und Bearbeitung von Textdateien. Sie finden den Editor im Startmenü unter *Zubehör*. Mit dem Editor können Sie theoretisch jede Datei öffnen und ansehen. Ein sinnvolles Ergebnis sehen Sie allerdings nur bei so genannten Textdateien. Sie sind an der Dateinamen-Endung `.txt` zu erkennen. Diese Dateien enthalten keine Formatierungen wie Überschriften, Schriftarten, Textverweise und vor allem keine Bilder.

Nach dem Start erhalten Sie einen leeren Bildschirm mit einer Menüzeile und den folgenden Menüs:

### Datei

Hier können Sie eine neue Datei anlegen oder eine bestehende Datei öffnen, speichern oder drucken. Weiterhin kann für das Drucken das Aussehen der Druckseite eingerichtet werden.

Zum *Öffnen* einer Datei (auch mit [Strg]+[O]) können Sie sich im *Öffnen*-Fenster wie im Explorer durch den Verzeichnisbaum hangeln und die gesuchte Datei finden. Im unteren Teil ist als Dateityp die Endung `.txt` eingestellt. Den Typ können Sie auf *Alle Dateien* ändern, sodass auch Nicht-Textdateien angezeigt werden.

Beim *Speichern* (auch mit [Strg]+[S]) einer neuen Datei werden Sie immer gefragt, wohin gespeichert werden soll. Sie müssen auch einen Namen angeben. Eine geöffnete Datei wird immer an die alte Stelle mit demselben Namen gespeichert. Mit *Speichern unter* können Sie allerdings die Stelle genau angeben und auch den Namen ändern. Dabei wird standardmäßig immer die Endung `.txt` angehängt.

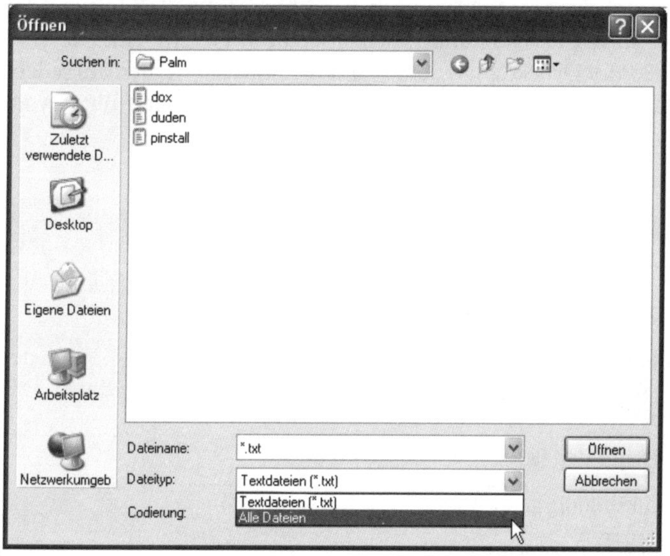


**Bild 5.1:** Eine Datei öffnen

Beim *Drucken* (auch mit `Strg`+`P`) müssen Sie zuerst einen Drucker auswählen. Wenn Sie Ihre Ergebnisse Schwarz auf Weiß nach Hause tragen wollen, stellen Sie natürlich einen realen Drucker ein. Alternativ können Sie den Druck auch in eine Datei umleiten.

Vor dem Drucken können Sie noch die *Seite einrichten*. Diese Einstellungen bestimmen das Aussehen des Ausdrucks auf dem Papier.

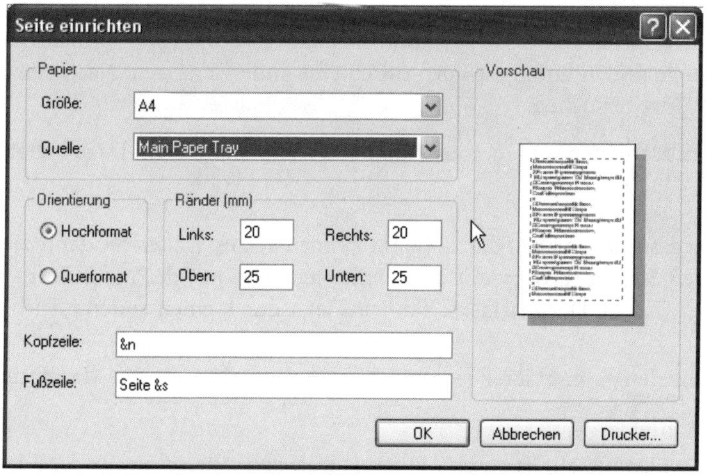


**Bild 5.2:** Eine *Seite einrichten*

Bei der Papiergröße können Sie unter einer Vielzahl von Einstellungen wählen. Die Quelle (des Druckerpapiers) ist vom Drucker abhängig. Die Ränder stellen Sie in Millimeter ein. Die Vorschau zeigt das ungefähre Aussehen des Druckes. Die Kopf- und die Fußzeile werden auf jedem Blatt gedruckt. Hier können Sie beliebigen Text eintragen. Für einige Informationen gibt es vordefinierte Abkürzungen:

| Abkürzung | Beschreibung |
|---|---|
| &n | Dateiname. |
| &d | Aktuelles Datum. |
| &u | Aktuelle Uhrzeit (Systemzeit). |
| &s | Seitenzahl, auf das jeweilige Blatt bezogen. |
| && | Kaufmännisches und (&). |
| &l | Kopfzeile linksbündig ausrichten. |
| &c | Kopfzeile zentriert ausrichten. |
| &r | Kopfzeile rechtsbündig ausrichten. |

**Tab. 5.1:** Formatierung von Kopf- und Fußzeile

## Bearbeiten

Hier gibt es die bei Windows üblichen Bearbeitungsfunktionen *Rückgängig* (Strg+Z), *Ausschneiden* (Strg+X), *Kopieren* (Strg+C), *Einfügen* (Strg+V) und *Löschen* (Entf). Mit den wichtigen Funktionen *Suchen* (Strg+F) und *Ersetzen* (Strg+H) können Sie schnell eine bestimmte Textstelle finden und diese auch durch eine andere ersetzen. Nach einer Fundstelle können Sie mit F3 weitersuchen.

Wenn Sie einen Teil des Textes bearbeiten wollen, müssen Sie ihn zuerst markieren. Dazu haben Sie zwei Möglichkeiten:

- Sie setzen den Cursor vor das erste Zeichen des zu markierenden Textes. Halten Sie dann die ⇧-Taste fest, und führen Sie den Cursor mit den Pfeiltasten oder mit der Maus an das Ende des zu markierenden Textes. Der markierte Teil wird jetzt durch einen anderen Farbhintergrund dargestellt.
- Schneller geht es, wenn Sie den zu markierenden Text mit der gedrückten linken Maustaste überstreichen.

Die Navigation in einem großen Dokument ist etwas schwierig. Dagegen sollen einige in der Editor-Hilfe nicht dokumentierte Befehle helfen:

| Tastenkombination | Wirkung |
|---|---|
| ← oder → | Ein Zeichen links oder rechts. |
| Strg + ← oder Strg + → | Ein Wort links oder rechts. |
| Pos1 oder Ende | An den Anfang oder das Ende der Zeile. |
| ↑ oder ↓ | Eine Zeile nach oben oder unten. |
| Bild ↑ oder Bild ↓ | Ein Bildschirm nach oben oder unten. |
| Strg + Pos1 oder Strg + Ende | An den Anfang oder das Ende des Dokuments. |

**Tab. 5.2:** Navigationsbefehle

Wenn Sie dieselbe Datei häufig ändern müssen, dann können Sie eine Art Log-Buch führen lassen. Geben Sie dazu am linken Rand der ersten Zeile eines Editor-Dokuments Folgendes ein (mit einem Punkt davor): `.LOG` Anschließend speichern Sie die Datei. Bei jedem Öffnen des Dokuments übernimmt der Editor die Systemzeit und das Systemdatum von der PC-Uhr und fügt es am Ende des Dokuments an.

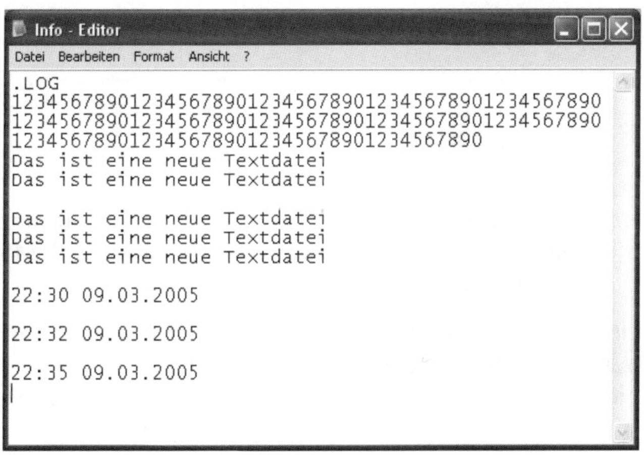


**Bild 5.3:** Log-Funktion

## Format

Die Formatierungsmöglichkeiten beim Editor sind sehr begrenzt. Dafür ist die Länge einer Zeile fast unbegrenzt. Bei 1.024 Zeichen in einer Zeile ist allerdings Schluss. Dann wird zwangsweise eine neue Zeile begonnen. Sie können mit der Eingabe-Taste ↵ eine neue Zeile beginnen. Wenn Sie *Format/Zeilenumbruch* einschalten, dann erfolgt der Zeilenumbruch genau auf die Fensterbreite. Es wird aber kein Zeilenendezeichen in die Datei eingefügt.

Mit *Format/Schriftart…* können Sie die Schriftart, den Schriftschnitt, (fett oder kursiv,) und die Größe beeinflussen. Die ausgewählte Schriftart wird in einem Vorschau-Fenster angezeigt.

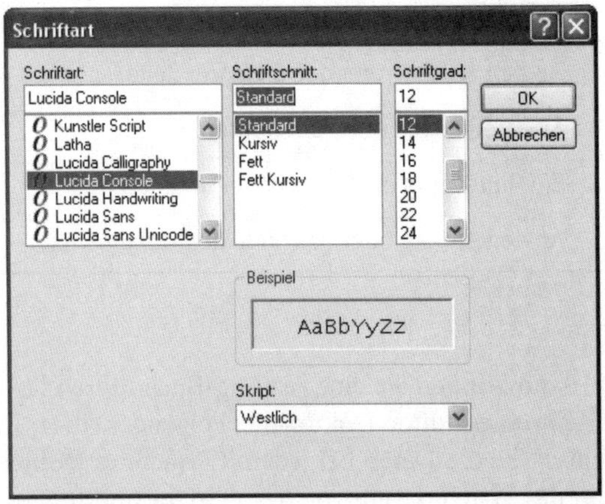


**Bild 5.4:** Schriftarten einstellen

**Achtung** Die eingestellte Schriftart gilt nicht für die Markierung, sondern immer für das ganze Dokument. Sie wird auch nicht im Dokument, sondern in den Editor-Einstellungen gespeichert.

## 5.2 WordPad

*WordPad* ist ein Textverarbeitungsprogramm, das weit über die Möglichkeiten des Editors hinausgeht, aber nicht die Komplexität kommerzieller Textverarbeitungsprogramme wie z. B. MS Word hat. Sie finden WordPad unter *Alle Programme/Zubehör/WordPad.*

Nach dem Start erhalten Sie einen leeren Bildschirm mit einer Menüzeile, einer Symbolleiste, einer Formatierungsleiste und einem Lineal. Zusätzlich liegt am unteren Rand noch eine Statusleiste. Falls diese Leisten bei Ihnen nicht angezeigt werden, können Sie sie im Menü *Ansicht* einzeln ein- oder ausschalten.

### Text erstellen

Auf dem leeren Bildschirm können Sie sofort Ihren Text oder Brief beginnen. Der dünne, senkrechte Strich ist die Schreibmarke (siehe Bild 5.5, zweite Zeile). Sie zeigt an, wo ein getippter Buchstabe erscheinen würde. Mit jedem Tastendruck wandert sie um eine Stelle weiter. Schreiben Sie wie auf einer Schreibmaschine, aber benutzen Sie am Zeilenende nicht den Wagenrücklauf [↵]. Wenn ein Wort nicht mehr ganz auf die Zeile passt, bringt es WordPad automatisch an den Anfang der nächsten Zeile. Die [↵]-Taste erzeugt einen neuen Absatz. [⇧]+[↵] erzeugt eine neue Zeile ohne neuen Absatz.

Wenn Sie die Schreibmarke mit dem Cursor an eine andere Stelle im Text verschieben, wird dort weitergeschrieben. Normalerweise ist der *Einfügemodus* aktiv. Sie können aber mit der [Einfg]-Taste zwischen *Einfügen* und *Überschreiben* hin- und herschalten.

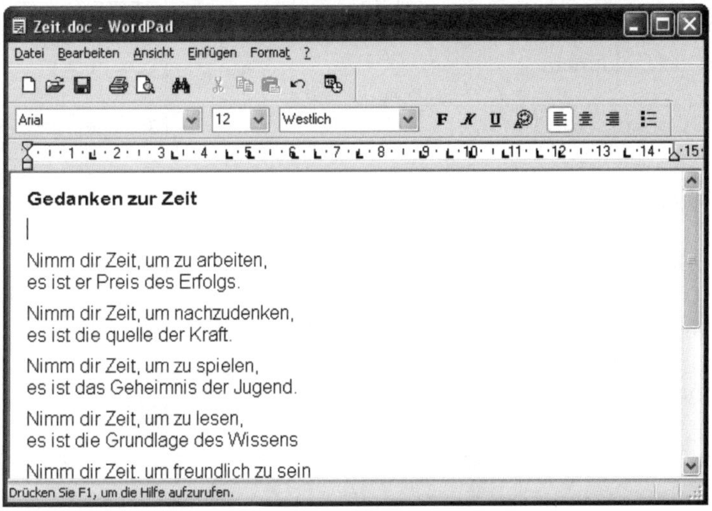


**Bild 5.5:** Text in WordPad

## ▲ Lineal

Das *Lineal* zeigt mit der hellen Fläche den beschreibbaren Bereich Ihres Dokuments an. Es ist standardmäßig in cm eingeteilt. Die Ränder können Sie nur im Menü *Datei/Seite einrichten* verändern. Die kleinen, dachförmigen Symbole auf dem Lineal markieren den für den aktuellen Absatz gültigen Zeilenanfang und das Zeilenende. Sie können mit der Maus verschoben werden. Das ungekehrte Dach am oberen Rand des Lineals markiert den Beginn der ersten Zeile eines Absatzes. So können Sie die erste Zeile eines Absatzes ein- oder ausgerückt beginnen lassen. Der Zeilenumbruch beginnt immer an dem rechten Symbol.

Tabulatoren werden durch kleine, schwarze Haken im Lineal angezeigt. Sie gelten immer nur für *einen* Absatz und werden durch Betätigen der [⇆]-Taste erreicht. Sie werden schnell durch einen Klick in das Lineal gesetzt und können mit der Maus verschoben werden. Eine gestrichelte, senkrechte Linie zeigt die Position relativ zum Text an. Wird ein Tabulator nicht benötigt, ziehen Sie ihn mit der Maus aus dem Lineal in das Textfenster. Wenn Sie in einem Absatz Tabulatoren gesetzt haben, dann werden sie durch Betätigen der Eingabetaste [↵] in den nächsten Absatz übernommen.

## ▲ Symbolleiste

Hier finden Sie Symbole, mit denen Sie schnell Befehle ausführen können. Die Befehle selbst sind im Abschnitt *Menüs* beschrieben. Wenn Sie mit dem Cursor einen Augenblick auf dem Symbol verweilen, wird ein kurzer Text dazu angezeigt.

| Symbol | Wirkung | Tasten |
|---|---|---|
|  | Erstellt ein neues Dokument. | [Strg]+[N] |
|  | Öffnet ein Dokument. | [Strg]+[O] |

| Symbol | Wirkung | Tasten |
|---|---|---|
|  | Speichert ein Dokument. | Strg + S |
|  | Druckt ein Dokument. | Strg + P |
|  | Stellt das Dokument in der Seitenansicht dar. | |
|  | Sucht im Dokument. | Strg + F |
|  | Markierten Text ausschneiden. | Strg + X |
|  | Kopiert markierten Text. | Strg + C |
|  | Fügt Text aus der Zwischenablage ein. | Strg + V |
|  | Macht den jeweilig letzten Befehl rückgängig. | Strg + Z |
|  | Fügt Datum und/oder Uhrzeit in das Dokument ein. | |

### ▲ Formatierungsleiste

Hier können Sie den Text nach Ihren Wünschen formatieren: Schriftart, Schriftgröße, fett, kursiv, unterstrichen, Satzformat und Aufzählung. Die ausführliche Beschreibung finden Sie weiter unten im Abschnitt »Format« auf Seite 101.

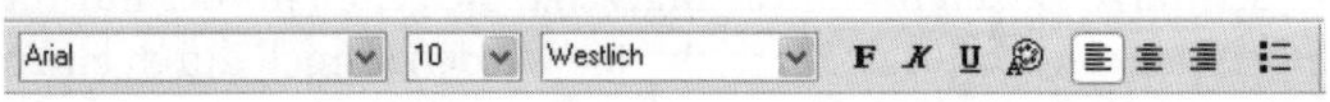


**Bild 5.6:** Die Formatierungsleiste

### ▲ Statusleiste

Die *Statusleiste* informiert Sie über den gerade ausgewählten Befehl.

**Bild 5.7:** Die Statusleiste

## Menüs

Die in der Menüzeile angezeigten Befehle sollen nun im Einzelnen erläutert werden. Viele Befehle können Sie auch direkt aus der Symbolleiste aufrufen.

## ▲ Datei

Die Befehle in diesem Menü haben Sie schon beim Editor kennen gelernt. Einige sind auch als Abkürzung im der Symbolleiste enthalten: *Neu*, *Öffnen*, *Speichern*, *Drucken* und *Seitenansicht*. Beim *Öffnen* und *Speichern* können Sie unter mehreren Dateitypen auswählen. WordPad kann die Dateiformate von Word (`.doc`), Write (`.wri`) und Editor (`.txt`) lesen. Geschrieben bzw. abgespeichert wird mit dem Format `RTF` oder `TXT`.

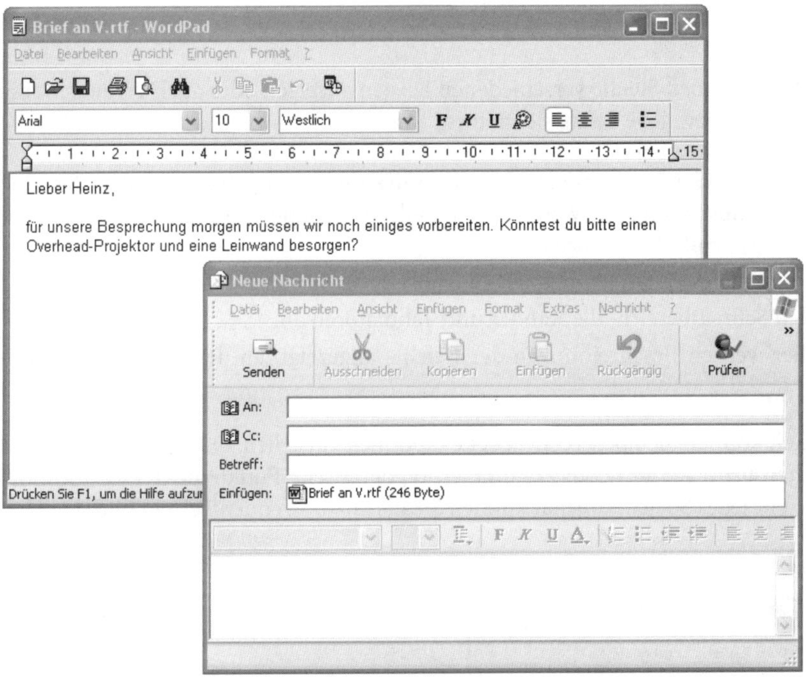


**Bild 5.8:** Senden aus WordPad heraus

Im Menü werden immer die letzten vier geöffneten Dateien angezeigt. Ein Klick auf eine der Dateien öffnet diese sofort.

Neu in der aktuellen WordPad-Version ist auch der Befehl *Senden...* (s. Bild 5.8). Es öffnet sich ein Fenster Ihres E-Mail-Programms. Sie müssen nur noch den Empfänger, den Betreff und einen Begleittext eintragen, und ab geht die Post.

## ▲ Bearbeiten

Diese Befehle kennen Sie schon vom Editor. Sie haben hier dieselben Funktionen. Für das *Suchen* können Sie schnell das Fernglas aus der Symbolleiste verwenden. Das Markieren ist im Abschnitt 5.1, »Editor«, unter »Bearbeiten« (Seite 94) beschrieben.

Neu ist aber der Befehl *Inhalte einfügen* Hier können Sie Elemente aus der *Zwischenablage* einfügen. Diese Elemente können Texte, Tabellen oder auch Bilder sein. Sie müssen sie allerdings in einem anderen Windows-Programm erst kopieren, z. B. mit [Strg]+[C]. Dadurch werden sie in einen internen Zwischenspeicher, die *Zwischenablage*, eingefügt, aus dem heraus sie wieder in WordPad eingefügt werden können.

Ein hilfreicher Befehl ist *Rückgängig* [Strg]+[Z]. Damit können Sie mit jedem Aufruf eine Aktion rückgängig machen. In der Symbolleiste ist es der nach unten abgeknickte Pfeil.

### ▲ Ansicht

Mit dem *Ansicht*-Menü können Sie die verschiedenen Leisten anzeigen oder auch verbergen. Ein Häkchen zeigt an, dass die jeweilige Leiste sichtbar ist.

- *Symbolleiste*: Mit den kleinen Symbolen können Kurzbefehle ausgeführt werden. Sie sind auch alle in den Menüs verfügbar. Wenn in der jeweiligen Situation ein Befehl nicht zur Verfügung steht, ist das Symbol abgedunkelt.
- *Formatierungsleiste*: Diese Leiste enthält alle Befehle aus dem *Format*-Menü.
- *Lineal*: Zeigt den Schreibbereich, die Ränder und Tabulatoren an.
- *Statusleiste*: Hier werden Beschreibungen der Befehle angezeigt, an denen der Mauszeiger gerade steht.

Als letzte Möglichkeit können Sie noch verschiedene Optionen einstellen. Dabei geht es zunächst um die Maßeinheiten beim *Lineal* (Zoll, Zentimeter, typografische Punkte oder Pica [Schreibmaschinentypen]). Für jedes Speicherformat können Sie die anzuzeigenden Leisten und den Umbruch einstellen.

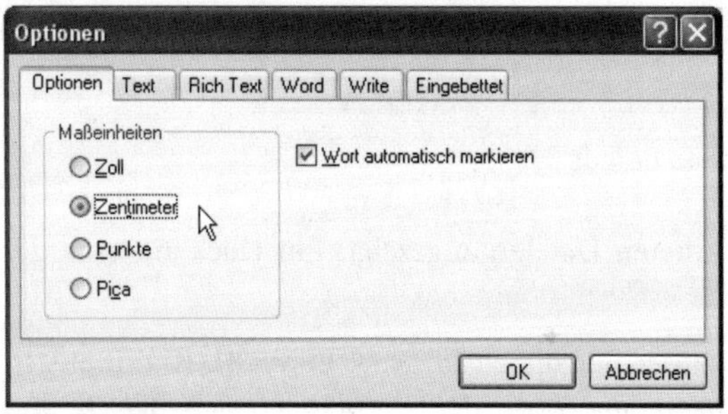


**Bild 5.9:** WordPad-*Optionen*

### ▲ Einfügen

Hier können Sie zunächst das Datum oder die Uhrzeit einfügen. Schneller geht es mit dem rechten Symbol auf der Symbolleiste. Es öffnet sich ein kleines Fenster zum Auswählen des Formates.

Interessant ist der Befehl *Objekt einfügen*. Hier können Sie zwei Alternativen auswählen:

- *Neu erstellen*: Wählen Sie zuerst den Objekttyp aus. Das Programm schlägt Ihnen alle Typen vor, zu denen auf Ihrem PC die entsprechenden Programme installiert sind. Wählen Sie den Typ aus, und das Programm wird direkt gestartet. Erstellen Sie das Bild, die Tabelle usw. Beim Klick außerhalb des Rahmens wird das Objekt sofort eingefügt.
- *Aus Datei erstellen*: Wählen Sie die einzufügende Datei aus. Mit dem Schaltfeld *Durchsuchen* können Sie die Datei auch erst suchen. Nach *OK* wird diese Datei mit dem Dokument verknüpft.

**Achtung** Bei Bildern vergrößert *Einfügen* das Dokument um die Bildgröße. Beim *Verknüpfen* wird in das Dokument nur ein Verweis auf die Bilddatei eingefügt. Die Größe ändert sich nicht. Änderungen an der Bilddatei werden auch im Dokument sichtbar.

### ▲ Format

Das *Format*-Menü beeinflusst das Aussehen des Schriftbildes.

- *Schriftart* enthält die Auswahl der Schriftart, die Schriftgröße und den Schriftschnitt. Diese Angaben können Sie auch aus der Formatierungsleiste auswählen. Zusätzlich können Sie den markierten Text unterstreichen, durchstreichen oder ihm eine andere Farbe geben.
- *Aufzählungszeichen* ist identisch mit dem *Aufzählungs*-Symbol und rückt Absätze ein bzw. versieht sie mit einem dicken Punkt am Zeilenanfang.

**Tipp** Schnelle Tastenkombination für markierten Text: [Strg]+[⇧]+[F] = *Fett*, [Strg]+[⇧]+[U] = *Unterstreichen*, [Strg]+[⇧]+[K] = *Kursiv*.

- *Absatz* legt den Einzug von links und rechts und separat für die erste Zeile fest. Das macht sich einfacher durch Ziehen der *Dreieck*-Symbole auf dem *Lineal*, weil Sie dann sofort das Ergebnis sehen. Sie können einen Absatz auch links, rechts oder zentriert ausrichten. Auch das geht schneller mit einem Klick auf ein Symbol in der Formatierungsleiste.
- *Tabstopps* legen Sie in der oberen Zeile des Fensters in der eingestellten Maßeinheit und mit *Festlegen* fest. Hier können Sie genauer arbeiten als im *Lineal*.

## Zeichentabelle

Beim Schreiben Ihres Textes benötigen Sie oftmals Sonderzeichen, die Sie nicht auf der PC-Tastatur finden. Sie können zwar die *Schriftart* auswählen, aber dort finden Sie das gesuchte Zeichen nur durch Zufall. Hier bietet sich ein kleines Hilfsprogramm an, das Windows XP kostenlos mitliefert. Öffnen Sie parallel zu WordPad *Alle Programme/Zubehör/Systemprogramme/Zeichentabelle.*

Für die unter *Schriftart* angezeigt Schrift wird der gesamte verfügbare Zeichensatz angezeigt. Suchen Sie hier oder in einer anderen Schrift das benötigte Zeichen aus. Ein Klick auf das Zeichen vergrößert es, ein weiterer Klick auf *Kopieren* befördert es in die *Zwischenablage*. Vor dort aus können Sie es in Ihr Dokument einfügen.

Die *Zeichentabelle* hat bietet noch zwei andere weitere Annehmlichkeiten:

Häufig gebrauchte Zeichen können Sie mit *Auswählen* in die *Zeichenauswahl* aufnehmen. Sie stehen Ihnen dort unabhängig von der gewählten Schriftart zur Verfügung. In der *Zeichenauswahl* können Sie dann ein Zeichen markieren und mit *Kopieren* in die *Zwischenablage* legen.

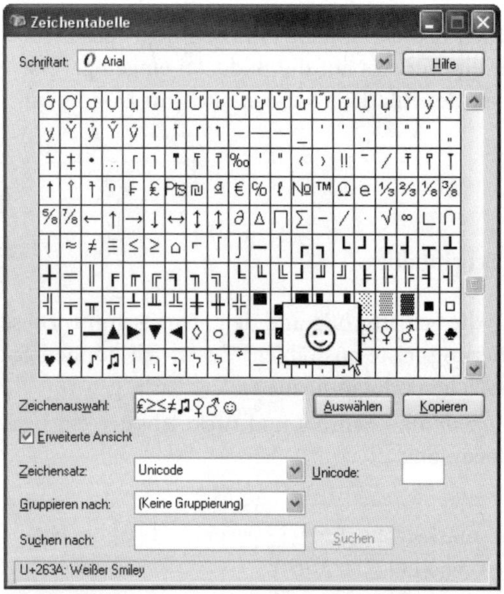


**Bild 5.10:** *Zeichentabelle*

Je nach Schriftart ist die *Zeichentabelle* unter Umständen sehr groß und damit unübersichtlich. Hierzu eine Hilfe: Wählen Sie bei *Gruppieren nach* den *Unicode-Unterbereich* aus. Es öffnet sich ein kleines Fenster, in dem Sie diejenige Gruppe auswählen können, in der Sie Ihr Zeichen vermuten. In der *Zeichentabelle* werden jetzt nur die Zeichen der ausgewählten Gruppe dargestellt, und zwar übersichtlich geordnet. Das bringt auch bei der reinen Buchstabenliste (*Latin*) Vorteile.

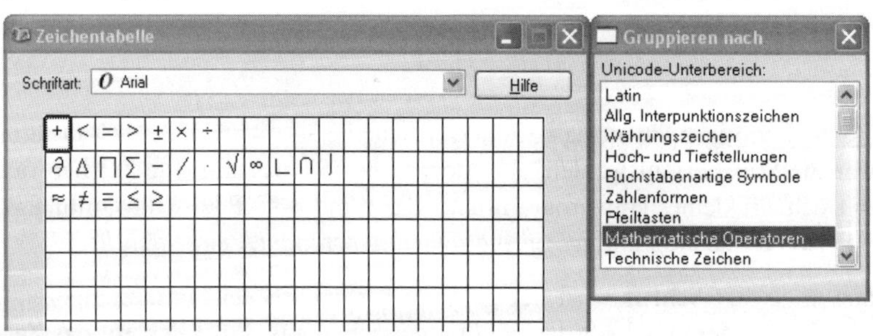


**Bild 5.11:** Gruppierung der *Zeichentabelle*

## 5.3 Taschenrechner

Ein Taschenrechner liegt doch auf jedem Schreibtisch herum. Warum soll ich auf meinem PC auch noch einen benutzen? Dafür gibt es einige gute Gründe.

Aktivieren Sie den Rechner über *Alle Programme/Zubehör/ Rechner Rechner*. Auf den ersten Blick sieht der *Rechner* aus wie ein billiger Taschenrechner.

**Bild 5.12:** Einfacher Taschenrechner

Sie können die Tasten mit der Maus bedienen oder aber für die Ziffern und die Grundrechen-Symbole die Tastatur benutzen. Die [↵]-Taste ist die Ergebnistaste. Der *Rechner* hat auch eine Rücktaste, mit der Sie die zuletzt eingegebene Ziffer wieder löschen können. Über die *Zwischenablage* können Sie die Eingaben aus einem anderen Programm, z. B. aus WordPad, in das Eingabefeld des *Rechners* bringen oder die Ergebnisse des *Rechners* ebenfalls über die *Zwischenablage* in ein anderes Programm einfügen. Verwenden Sie dazu die Tastenkombination [Strg]+[C] bzw. [Strg]+[V].

Seine Stärken spielt der *Rechner* aber erst aus, wenn Sie im Menü *Ansicht* von *Standard* auf *Wissenschaftlich* umschalten. Was Sie beim Standard-*Rechner* vielleicht nicht beachtet haben, ist, dass der *Rechner* eine 32-stellige Anzeige besitzt. Auf den Tasten liegen jetzt alle gängigen mathematischen, trigonometrischen, statistischen und logischen Funktionen. Trigonometrisch kann in Deg, Rad oder Grad gerechnet werden. Außer im Dezimalbereich rechnet der *Rechner* auch hexadezimal, oktal oder binär mit den entsprechenden Anzeigeformaten.

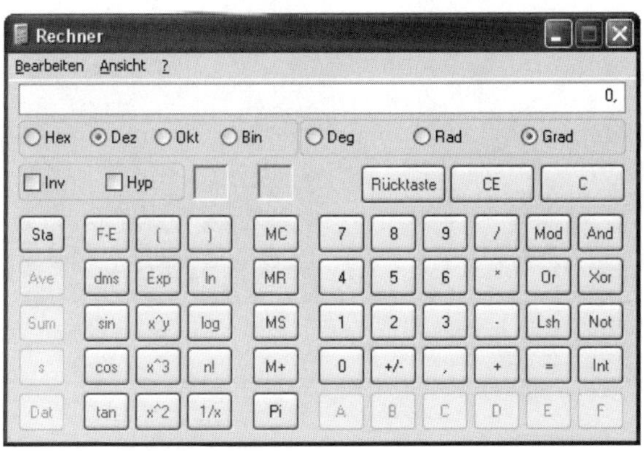


**Bild 5.13:** Wissenschaftlicher Taschenrechner

## 5.4 Bildbetrachter

Der Ansichtmodus des *Windows Fax- und Bildbetrachters* wurde bereits im Abschnitt 4.11, »Bildbetrachter«, kurz vorgestellt. Hier sollen nun die Bearbeitungsmöglichkeiten dieses Werkzeugs näher beleuchtet werden.

Sie können mit diesem Bildbetrachter keine neuen Bilder erstellen, aber Sie können Ihre Bilder betrachten, bearbeiten und mit Anmerkungen versehen. Wählen Sie dazu im Kontextmenü des Explorers *Öffnen mit/Windows Bild- und Faxanzeige.* Bei allen Bildformaten außer `.tif` erscheint am unteren Rand eine Werkzeugleiste wie im Bild 5.14 bzw. Bild 5.15 dargestellt.

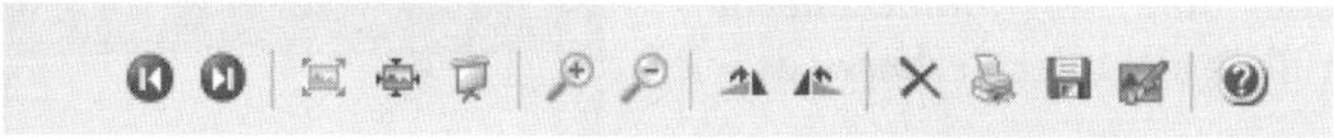

**Bild 5.14:** Standard-Symbolleiste

Wenn Sie mit dem Mauszeiger einen Augenblick auf dem Symbol verweilen, wird in einem kleinen Feld dessen Bedeutung angezeigt.

**Bild 5.15:** Anzeige eines Fotos im jpg-Format

Die Anzeige- und Bearbeitungsmöglichkeiten zeigt die folgende Tabelle.

| Symbol | Wirkung | Tasten |
|---|---|---|
|  | Wechselt zum vorherigen oder nächsten Bild im Ordner. | [←] bzw. [→] |
|  | Passt das Bild an die aktuelle Fenstergröße an. | [Strg]+[B] |
|  | Zeigt das Bild in der tatsächlichen Größe | [Strg]+[A] |
|  | Startet eine Dia-Schau. | [F11] |
|  | Vergrößert oder verkleinert das Bild. | [+] bzw. [-] auf der Zehnertastatur |
|  | Dreht das Bild um 90° mit oder gegen den Uhrzeigersinn. | [Strg]+[K] bzw. [Strg]+[L] |
|  | Löscht das Bild. | [Entf] |
|  | Druckt das Bild. | [Strg]+[P] |
|  | Speichert in einem anderen Ordner. | [Strg]+[S] |
|  | Öffnet das Bild zum Bearbeiten. | [Strg]+[E] |
|  | Zeigt die Hilfe. | [F1] |

**Tab. 5.3:** Beschreibung der Schaltflächen

## Anmerkungen bei TIFF-Bildern und Faxen

Sie können Ihr Bild nur mit Anmerkungen versehen, wenn es im TIFF-Format gespeichert ist oder direkt aus dem Windows XP-Faxprogramm heraus geöffnet wird. Wenn es in einem anderen Format vorliegt, haben Sie folgende Möglichkeit:

1. Bild mit *öffnen mit/Windows Bild- und Faxanzeige* ansehen.
2. Speichern mit [Strg]+[S] oder per Klick auf das Diskettensymbol.

3. Unter *Dateityp* wählen Sie TIFF aus.
4. Klicken Sie auf *Speichern.*
5. Vorgang beenden und das TIFF-Bild wie unter 1. wieder öffnen.

Sie sehen jetzt die erweiterte Symbolleiste

**Bild 5.16:** Erweiterte Symbolleiste

Neben den in Tab. 5.3 aufgeführten Symbolen sind einige weitere angezeigt.

| Symbol | Wirkung | Tasten |
|---|---|---|
| 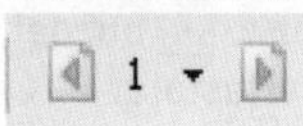 | Wählt eine schon eingefügte Anmerkung aus. | |
|  | Blättert zum vorhergehenden oder nächsten Bild. Alternativ können Sie eine Bildnummer auswählen. | Bild ↑ oder Bild ↓ |
|  | Zeichnen Sie mit der Maus eine Freihandlinie als Anmerkung. | |
|  | Hebt mit einem Textmarker einen Bereich hervor. | |
|  | Zeichnet eine gerade Linie als Anmerkung. | |
|  | Zeichnet einen Rechteckrahmen als Anmerkung. | |
|  | Zeichnet ein ausgefülltes Rechteck als Anmerkung. | |
|  | Zeichnet ein Feld, in dem Sie einen Kommentar eingeben können. Mit einem Rechtsklick können Sie Hintergrundfarbe und Schriftattribute anpassen. | |
|  | Wenn keine Anmerkung ausgewählt ist, werden die Dateieigenschaften angezeigt. | |
|  | Wenn eine Anmerkung ausgewählt ist, können Sie die Eigenschaften der Anmerkung ändern: Linienstärke und -farbe, Vordergrund- und Hintergrundfarbe, Schriftattribute. | |

**Tab. 5.4:** Erweiterte Symbolleiste

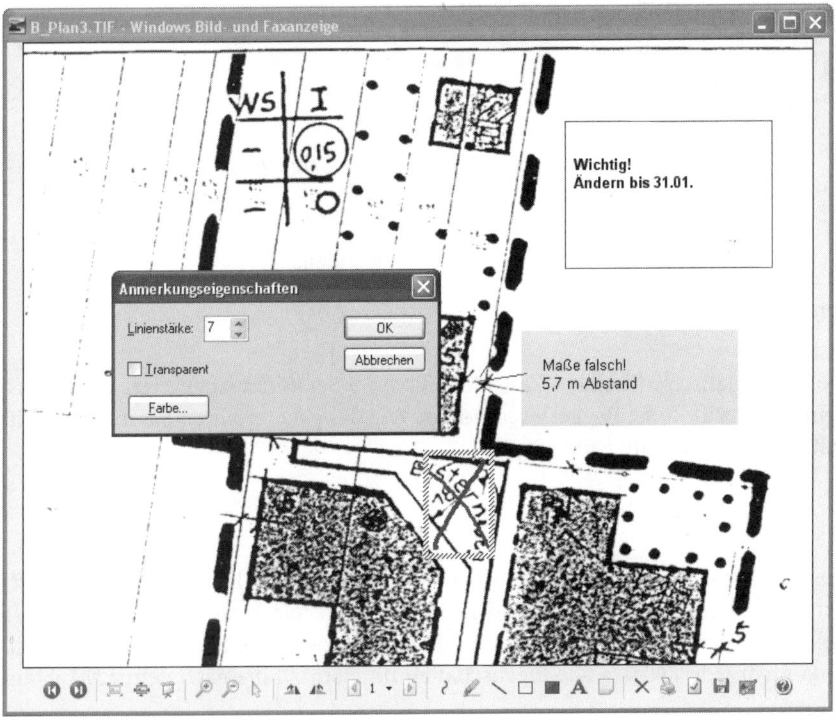


**Bild 5.17:** Anmerkungen in einem Fax im TIF-Format

Die hier gezeigten Werkzeuge sind in erster Linie als Bemerkungen für ein Bild oder Fax gedacht, Sie können damit aber auch eingeschränkt das Bild bearbeiten. Die ausgewählten Bemerkungen können mit der Maus oder den Cursor-Tasten im Bild verschoben werden. Sie können auch nachträglich bearbeitet und in der Größe verändert werden.

## Die Diaschau im Bildbetrachter

Mit der Taste [F11] können Sie direkt aus der *Windows Bild- und Faxanzeige* heraus eine automatische Diaschau starten. Alle Bilder im aktuellen Verzeichnis werden nacheinander angezeigt. Um den Bildeindruck nicht zu stören, werden alle weiteren Bildschirmelemente und auch der Mauszeiger ausgeblendet.

Bewegt man die Maus, erscheint der Mauszeiger wieder, und in der oberen rechten Bildschirmecke wird eine Symbolleiste zur Steuerung der Diaschau eingeblendet.

Hier können Sie die Diaschau anhalten, ein Bild vor- oder zurückblättern oder die Diaschau ganz beenden.

Während der Diaschau stehen außerdem noch Tasten zur Steuerung zur Verfügung:

| Tasten | Wirkung |
|---|---|
| ← oder Bild ↑ | Ein Bild zurück. |
| → oder Bild ↓ | Ein Bild vor. |
| Strg + K | Bild um 90° im Uhrzeigersinn drehen, |
| Strg + L | Bild um 90° gegen den Uhrzeigersinn drehen, |
| Esc | Diaschau beenden, |

**Tab. 5.5:** Tastatursteuerung in der Diaschau

Die Bilder werden automatisch mit einem Zeitintervall von 5 Sekunden angezeigt. Dieses lässt sich nur durch einen Eingriff in die Registry verändern. Wie das geht, erfahren Sie im Abschnitt »Geschwindigkeit der Diaschau« auf Seite 399.

## EXIF-Daten

Fotos können zusätzlich zu Daten über Größe und Farbtiefe auch noch Informationen zur verwendeten Kamera enthalten. Diese Daten werden im Exchangeable Image File Format *EXIF* innerhalb der Bilddatei gespeichert. Dabei legen die Kameras bzw. deren Software unterschiedliche Felder an, da nicht jede Kamera alle Eigenschaften unterstützt, die nach dem EXIF-Standard möglich wären.

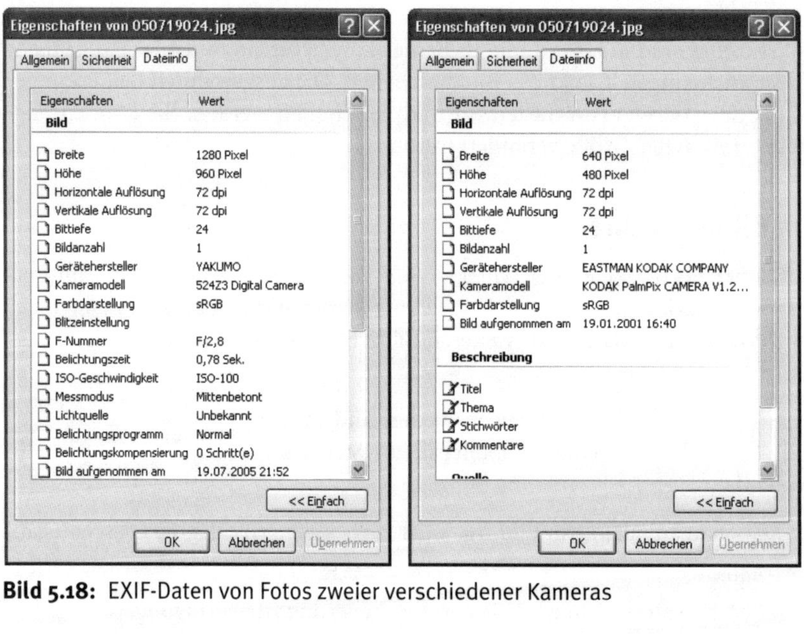


**Bild 5.18:** EXIF-Daten von Fotos zweier verschiedener Kameras

Windows XP zeigt diese EXIF-Daten an, wenn man mit der rechten Maustaste auf eine Bilddatei klickt, im Kontextmenü *Eigenschaften* wählt und dann auf die Registerkarte *Dateiinfo/Erweitert...* schaltet.

Diese Kameradaten wurden auch schon vor Windows XP von den Kameras in den Bilddateien abgelegt, nur konnten frühere Windows-Versionen sie nicht anzeigen.

Bearbeitet man ein Foto mit einem Bildbearbeitungsprogramm, gehen die EXIF-Daten bei manchen Programmen verloren. Solange das Bild nur angezeigt wird, passiert nichts. Dreht man ein Bild mit der *Windows Bild- und Faxanzeige*, wird es zwar gedreht gespeichert, die EXIF-Daten bleiben aber erhalten; auch das Datum ändert sich nicht.

## Bessere Übersicht über Bilder im Explorer

Eine wenig beachtete Funktion des Explorers von Windows XP ist die *Gruppenansicht*, die Sie im Menü unter *Ansicht/Symbole anordnen nach/In Gruppen anzeigen* finden, und die gerade zur Verwaltung von Bildersammlungen nützlich ist.

Die angezeigten Dateien werden zu Gruppen zusammengefasst, die sich nach dem jeweils aktuellen Sortierkriterium richten. Bei Sortierung nach Namen wird für jeden Anfangsbuchstaben eine Gruppe angelegt, bei Sortierung nach Datum bezeichnen die Gruppen bestimmte Zeiträume (s. Bild 5.19).

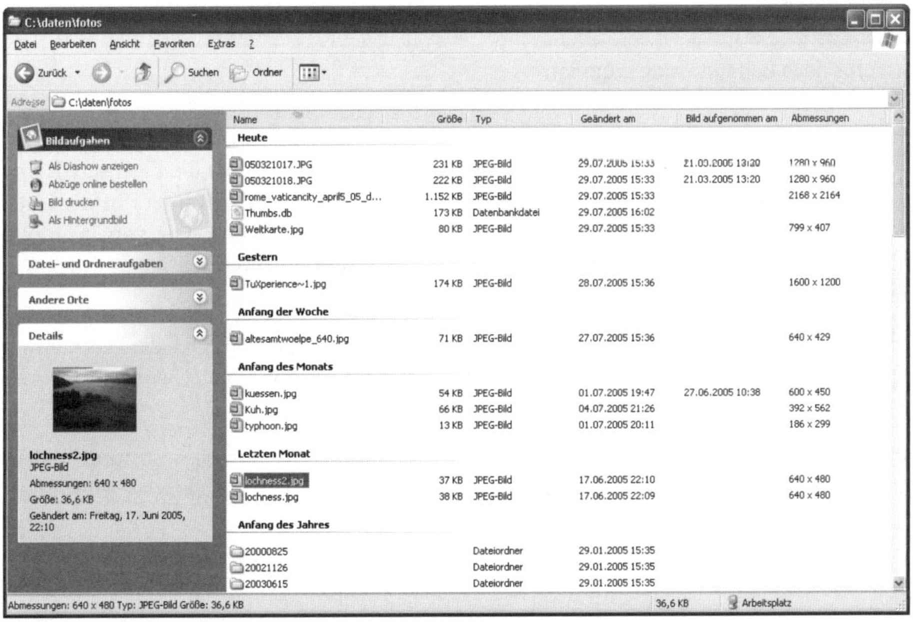

**Bild 5.19:** Fotos nach Datum gruppiert

Auch hier kann man durch Anklicken eines Spaltentitels das Sortierkriterium ändern. Dabei werden die Gruppen automatisch neu aufgeteilt. Leider zeigt der Explorer in der *Gruppenansicht* den gewohnten Pfeil für das Sortierkriterium in den Spaltentiteln nicht mehr an.

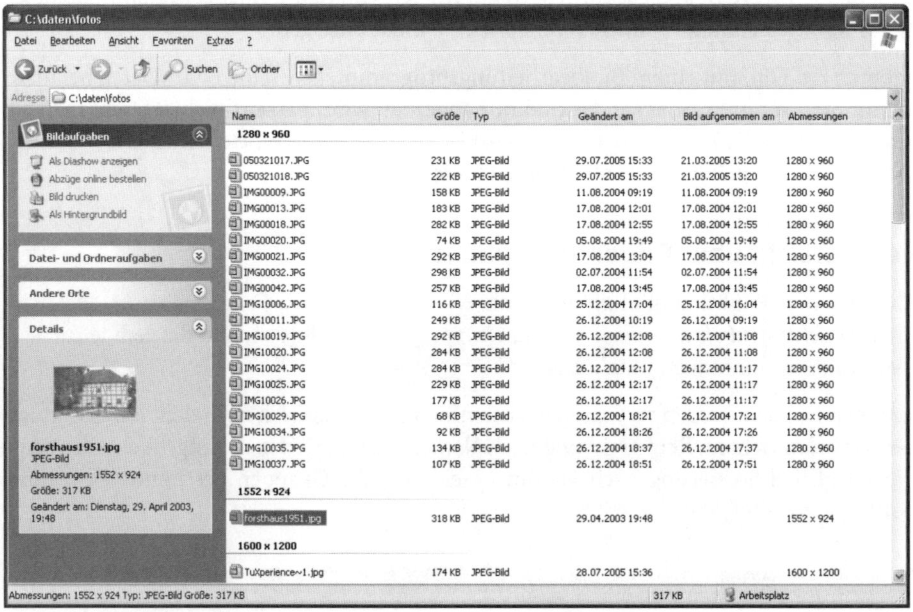

**Bild 5.20:** Fotos nach Bildauflösung gruppiert

Versucht man, ein Verzeichnis mit Fotos nach dem Bildaufnahmedatum zu gruppieren, ergibt sich eine nicht chronologische Aufteilung der Gruppen. Das liegt daran, dass die Eigenschaft *Bild aufgenommen am* nicht als Datumszahl, sondern als Zeichenkette von der Kamera in die Datei geschrieben wird. Demnach erfolgt hier eine alphanumerische Sortierung. Die von Windows erstellten Datumsangaben sind Datumszahlen, die vom Explorer automatisch anhand des Datumsformates aus den Regions- und Sprachoptionen interpretiert werden.

Dateien, bei denen ein Eigenschaftsfeld nicht ausgefüllt ist, wie zum Beispiel das Aufnahmedatum bei Bildern, die mit einem Bildbearbeitungsprogramm nachbearbeitet wurden, erscheinen in einer namenlosen Gruppe am Anfang der Liste.

Enthält das Verzeichnis auch Dateien anderer Dateiformate, bei denen eine bestimmte Eigenschaft nicht definiert ist, wird dafür eine eigene Gruppe mit dem Namen *Nicht angegeben* angelegt.

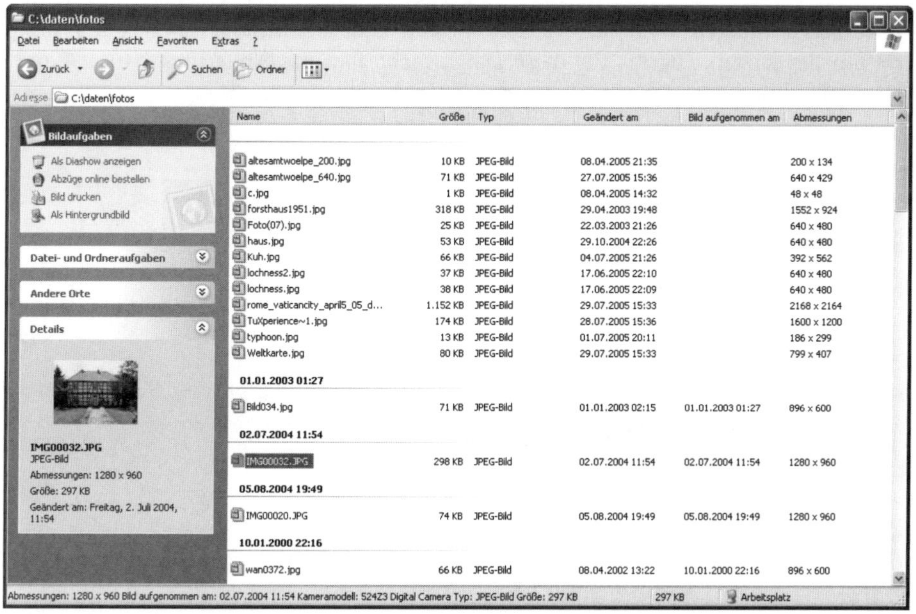


**Bild 5.21:** Fotos nach Aufnahmedatum gruppiert

## Stichwörter als Suchhilfe für Bilder

Die erweiterten Dokumenteigenschaften können auch dazu verwendet werden, Dateien mit dem Windows-Suchassistenten zu finden. Textdateien und Office-Dokumente ließen sich schon in früheren Windows-Versionen nach Stichworten durchsuchen. In Windows XP können Sie auch Bilder und Multimedia-Dateien nach Stichwortsuche finden. Voraussetzung dafür ist, dass Sie diese Stichwörter in die *Dateieigenschaften* auf der Registerkarte *Dateiinfo* eingetragen haben.

Geben Sie im Suchassistenten im Feld *Ein Wort oder ein Begriff innerhalb der Datei* das Stichwort ein. Das Feld *Gesamter oder Teil des Dateinamens* können Sie dann leer lassen.

Um die Suche auf einen bestimmten Dateityp einzugrenzen, können Sie anstatt diesen Dateityp unter *Weitere Optionen* auswählen zu müssen auch einfach `*.Dateiendung` in das Dateinamensfeld eingeben, was deutlich schneller geht.

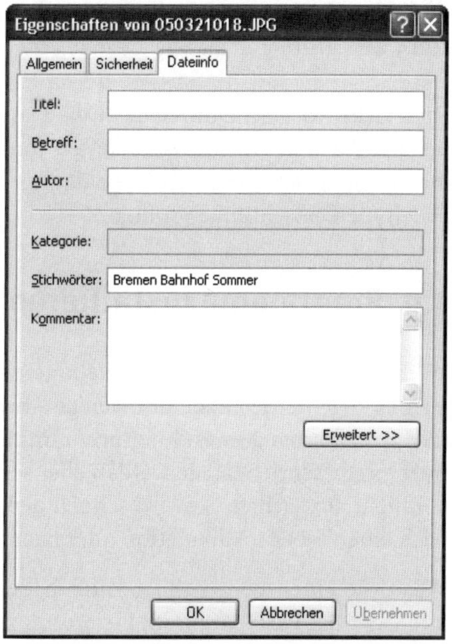


**Bild 5.22:** Stichwörter als Suchbegriffe in den *Eigenschaften* eines Fotos

**Info** Das Eintragen von Suchbegriffen in den *Dateieigenschaften* ändert nur das Datum des letzten Zugriffs für diese Datei, nicht aber das Änderungsdatum. Eine Dateiverwaltung nach Datum wird dadurch also nicht gestört.

**Bild 5.23:** Stichwörter als Suchbegriffe verwenden

Diese Stichwortsuche durchsucht die Dateinamen und die erweiterten Dokumenteigenschaften. Bei Textdateien, Office-Dokumenten und HTML-Seiten wird auch der gesamte Dokumenteninhalt durchsucht, was sehr lange dauern kann, weshalb Sie so eine Suche immer auf bestimmte Dateitypen einschränken sollten.

## 5.5 Programme installieren

Wie wir schon in früheren Kapiteln gesehen haben, ist Windows XP ein reines Betriebssystem. Demzufolge werden auch nur wenige Anwendungsprogramme mitgeliefert. Die wichtigsten, bereits installierten Anwendungsprogramme haben wir in den Abschnitten »Editor« bis »Bildbetrachter« beschrieben. Sie werden aber sehr schnell feststellen, dass diese für die üblichen Arbeiten nicht ausreichen. So wird schnell der Wunsch nach einer komfortableren Textverarbeitung, nach einer Tabellenkalkulation oder nach anderen Programmen auftreten.

Wenn Sie einen neuen PC gekauft haben, werden wahrscheinlich die Textverarbeitung *Word* und/oder das Paket *Works* im Lieferumfang enthalten sein. Im Handel und im Internet finden Sie viele Programme, die Ihnen die Arbeit am PC erleichtern oder sogar erst ermöglichen. Allen Programmen gemeinsam ist aber, dass Sie diese erst installieren müssen. In den alten DOS-Zeiten genügte es, die Programme auf die Festplatte zu kopieren, und schon konnte es losgehen. Bei Windows ist es nicht mehr so einfach.

Programme für Windows XP bestehen immer aus einer Vielzahl von einzelnen Dateien, die gemeinsam verfügbar sein müssen, um einen geordneten Betrieb zu ermöglichen. Ohne intime Programmkenntnisse ist es unmöglich, durch Kopieren auf die Festplatte ein solches Programm zum Laufen zu bringen. Aber keine Angst! Die Programmierer haben vorgesorgt, sodass die Installation auch für einen ungeübten Anwender kinderleicht ist.

Ein neues Programm erhalten Sie üblicherweise in einer der folgenden Formen:

- *Exe-Datei.* Alle notwendigen Programmteile sind in eine Datei mit der Dateiendung `.exe` eingepackt.
- *Zip-Datei.* Alle notwendigen Programmteile sind in die Zip-Datei mit der Dateiendung `.zip` eingepackt.
- *CD/DVD.* Alle notwendigen Programmteile sind gepackt oder ungepackt in verschiedenen Verzeichnissen der CD/DVD enthalten. Manchmal enthält die CD/DVD auch mehrere, einzeln installierbare Programme.

## EXE-Datei

Hier handelt es sich um eine ausführbare Installationsdatei, nicht um das eigentliche Programm. Bei dem Programm in Bild 5.24 handelt es sich um den bekannten *Adobe Reader.* Sie starten die Datei durch einen Doppelklick. Dann folgen Sie dem Installationsassistenten wie ab Punkt 3 der Aufstellung weiter unten.

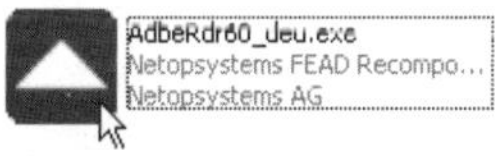


**Bild 5.24:** Eine Installationsdatei

## MSI-Datei

MSI steht für »Microsoft Installer«, ein System, das Microsoft Entwicklern für die Installation ihrere Software zur Verfügung stellt. Auch MSI-Dateien können per Doppelklick installiert werden. Ähnlich wie bei EXE-Dateien erscheint ein Assistent, der die Installation Schritt für Schritt durchführt.

## ZIP-Datei

Die Zip-Datei müssen Sie zuerst entpacken. Klicken Sie dazu doppelt auf den Zip-Ordner. Im folgenden Menü legen Sie fest, wohin die Dateien entpackt werden sollen. Hier wählen Sie ein beliebiges, temporäres Verzeichnis, z. B. `\temp`. Wenn es noch nicht vorhanden ist, können Sie es vor dem Extrahieren erstellen. Nach der Installation können Sie alle entpackten Dateien wieder löschen. Lediglich die Zip-Datei sollten Sie aufbewahren.

## CD/DVD

Die CD/DVD läuft normalerweise sofort selbst an, wenn Sie diese ins Laufwerk einlegen und startet dann das Installationsprogramm. Wenn das nicht erfolgt, haben Sie möglicherweise den automatischen Start ausgeschaltet (lesen Sie dazu im Abschnitt 5.7, »Programme automatisch starten«, nach). Beim automatischen Start können Sie gleich in der nachfolgenden Aufstellung bei Punkt 3 fortfahren. Ansonsten öffnen Sie das CD-ROM Laufwerk im Windows Explorer durch einen Doppelklick. Dann geht es mit dem Punkt 1 der nachfolgenden Aufstellung weiter.

## Installationsverlauf

1. Suchen Sie nach einer Datei mit dem Namen `readme.txt` oder `liesmich.txt`. Diese Datei enthält wichtige Informationen zur Installation und auch zum Programm. Sie lässt sich einfach mit dem Editor öffnen und lesen. Hier sind auch meistens Änderungen beschrieben, die erst nach dem Druck der Handbücher in das Programm eingearbeitet wurden.
2. Suchen Sie jetzt nach der Datei `setup.exe`. Wenn Sie diese Datei mit einem Doppelklick öffnen, wird die Installation gestartet. Ein Assistent führt Sie durch die Installation.
3. Nach einigen Vorbereitungen des Assistenten wird Ihnen zuerst der Lizenzvertrag präsentiert (s. Bild 5.25). Lesen Sie ihn bitte durch. Nur wenn Sie ihn vollständig akzeptieren, wird die Installation fortgeführt. Andernfalls bricht die Installation ab.

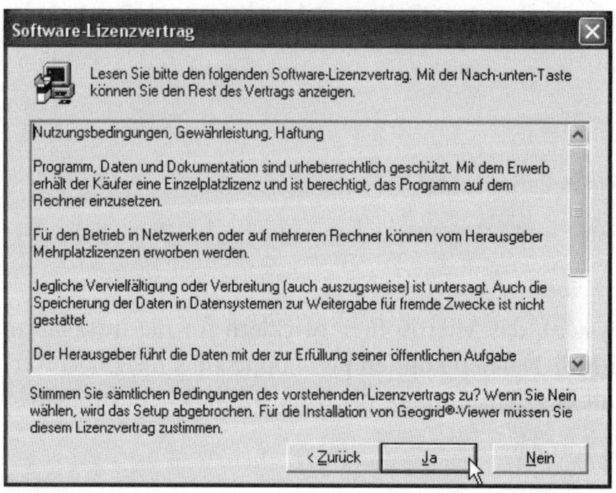


**Bild 5.25:** Der Lizenzvertrag

4. Je nach Programm wird ein Lizenzschlüssel verlangt. Sie finden ihn meistens auf der CD-Verpackung oder haben ihn im Internet erhalten. Wenn ein Lizenzschlüssel verlangt wird, dann *muss* er richtig sein, sonst bricht die Installation sofort ab.

5. Es folgt der Hinweis, alle Windows-Programme zu beenden. Beherzigen Sie diesen Hinweis. Windows-Programme nutzen verschiedentlich dieselben Geräte-, Treiber- oder andere Dateien. Wenn eine solche Datei von einem laufenden Programm belegt ist, bricht die Installation ab oder wird fehlerhaft beendet. Den Windows-Explorer müssen Sie nicht beenden.

6. Der Assistent schlägt Ihnen ein Installationsverzeichnis vor. Meistens wird es `C:\Programme\`... sein. Dabei ist `C:` Ihre erste Festplatte, und ... bezeichnet das Programm. Den Vorschlag sollten Sie übernehmen.

7. Unter Umständen werden Sie gefragt, ob ein Icon auf dem Desktop eingerichtet werden soll. Wenn Sie das neue Programm häufiger verwenden, sollten Sie zustimmen. Sie können das Programm natürlich anschließend auch über das Startmenü starten.

8. Die folgenden Vorschläge sollten Sie übernehmen. Eventuell werden Sie nach dem Buchstaben Ihres CD-Laufwerks gefragt. Sie kennen ihn sicher vom Explorer her.

**Bild 5.26:** Ausgewählter Programmordner

9. Jetzt werden Dateien auf Ihren PC kopiert. Am Fortschrittsbalken können Sie den Verlauf verfolgen.

10. Im letzten Fenster können Sie mit einer Schaltfläche *Beenden*, *Fertig* oder ähnlich die Installation abschließen.

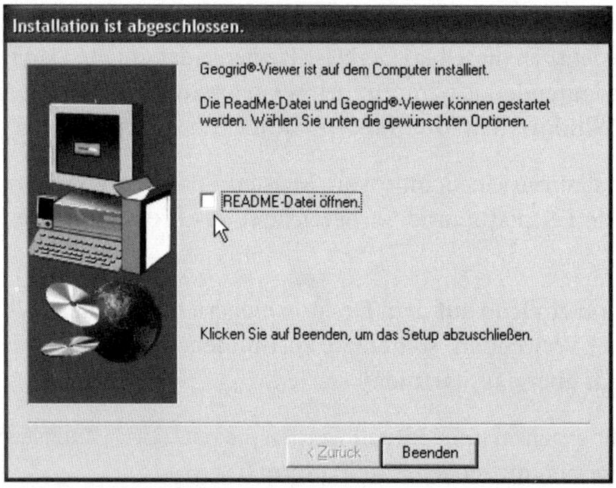


**Bild 5.27:** Die Installation ist fertig

⑪ Bei manchen Programmen werden Sie nun noch aufgefordert, den PC neu zu starten. In diesem Fall lässt sich das neue Programm erst nach einem Neustart verwenden, weil erst dann einige Programmfestlegungen endgültig getroffen werden oder weil das Programm Treiber benötigt, die beim Systemstart neu geladen werden.

Nun können Sie das neue Programm verwenden. Jetzt bleibt nur noch die Frage, wo Sie das neue Programme finden. Wenn das Installationsprogramm ein neues Icon auf dem Desktop eingerichtet hat, ist es einfach. Ein Doppelklick auf dieses Icon startet das neue Programm. In jedem Fall ist das neue Programm aber in das Startmenü eingefügt worden.

**Bild 5.28:** Neues Programm

Bei dem grünen Dreieck für *Alle Programme* erhalten Sie einen Hinweis, dass neue Programme installiert worden sind. Das neue Programm – in Bild 5.28 ist es Top50 V4 – wird farbig hervorgehoben. So finden Sie es schnell.

## 5.6 Programme deinstallieren

Im Laufe der Zeit werden sich verschiedene Programme auf Ihrem PC ansammeln. Da heißt es, Ordnung zu halten. Sie wollen ein Programm entfernen, weil Sie es nicht mehr benötigen, oder Sie haben es nur probeweise installiert. Vielleicht handelt es sich auch nur um eine zeitlich begrenzte Demoversion. Das Ziel ist in jedem Fall, ein Programm vollständig von Ihrem PC zu entfernen.

**Achtung** Löschen Sie auf keinen Fall im Windows-Explorer ein Programm. In den meisten Fällen kennen Sie nicht alle zugehörigen Programmkomponenten. Weiterhin trägt sich jedes Windows-Programm an verschiedenen Stellen mit mehreren Schlüsseln in die *Registry* ein. Das ist eine zentrale Verwaltungsdatenbank auf Ihrem PC.

Zur Deinstallation bieten sich zwei Wege an:

- Mit dem neuen Programm haben Sie seinerzeit bereits ein Deinstallationsprogramm erhalten.
- Das Programm wird über die *Systemsteuerung/Software* deinstalliert.

## Deinstallationsprogramm

Mit dem neuen Programm haben Sie seinerzeit bereits ein Deinstallationsprogramm erhalten. Sie finden es im Startmenü als Untermenü zu dem gesuchten Programm. Im Bild 5.29 soll das Programm *Top50 V4* wieder entfernt werden.

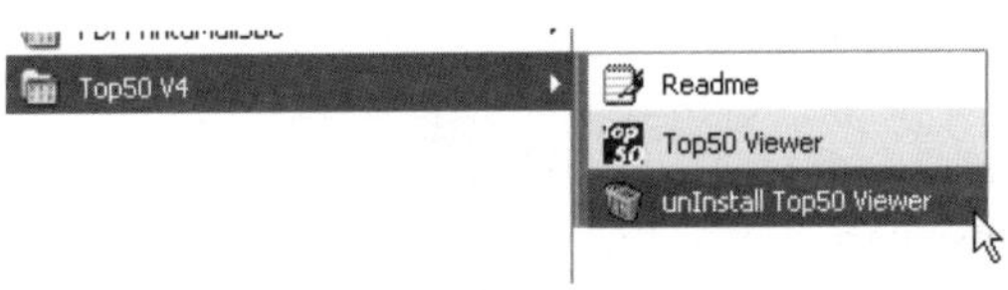


**Bild 5.29:** Programm zur Deinstallation

Ein Klick auf den meistens mit `unistall` bezeichneten Befehl startet das Programm zum Entfernen des nicht mehr gewünschten Programms. Der weitere Ablauf ist von Programm zu Programm unterschiedlich. Er folgt aber ungefähr dieser Reihenfolge:

In einem Fenster werden Sie gefragt, ob Sie das ausgewählte Programm tatsächlich entfernen möchten. Hier können Sie Ihre Entscheidung nochmals überdenken.

- Im folgenden Fenster wird angezeigt, welche Programmkomponenten gerade gelöscht werden. Ein Balken zeigt den Fortschritt an.
- Unter Umständen sehen Sie eine Schaltfläche *Details...* Hier werden meistens Dateien angezeigt, die nicht automatisch gelöscht werden konnten. Diese Dateien müssen Sie manuell löschen.
- Mit der Schaltfläche *OK* schließen Sie den Vorgang ab.

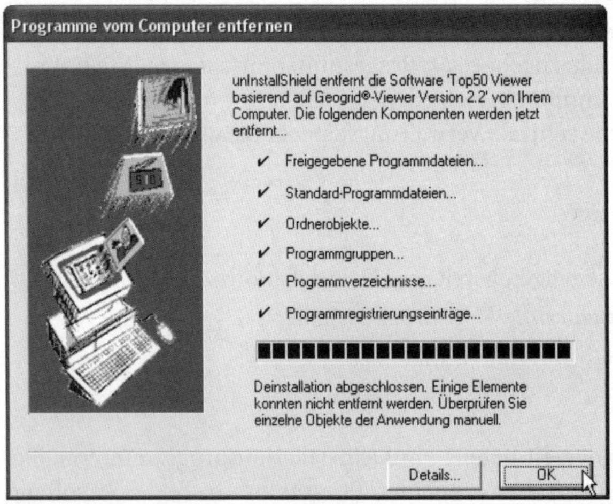


**Bild 5.30:** Alle Programmteile sind gelöscht

## Systemsteuerung

Wenn der Hersteller des zu löschenden Programms kein Löschprogramm mitgeliefert hat, dann können Sie ein Programm auch über die Systemsteuerung von Ihrem PC entfernen. Dabei sollten Sie folgendermaßen vorgehen:

1. Öffnen Sie über *Start* die *Systemsteuerung.*
2. Wählen Sie *Software.*
3. Unter *Programme ändern oder entfernen* finden Sie eine Liste der zurzeit installierten Programme.
4. Wählen Sie das Programm aus, das Sie löschen möchten. Es werden dann noch Zusatzangaben angezeigt.
5. Klicken Sie auf *Ändern/Entfernen.* Nach einer Sicherheitsabfrage beginnt der *Uninstall-Assistent* seine Arbeit.

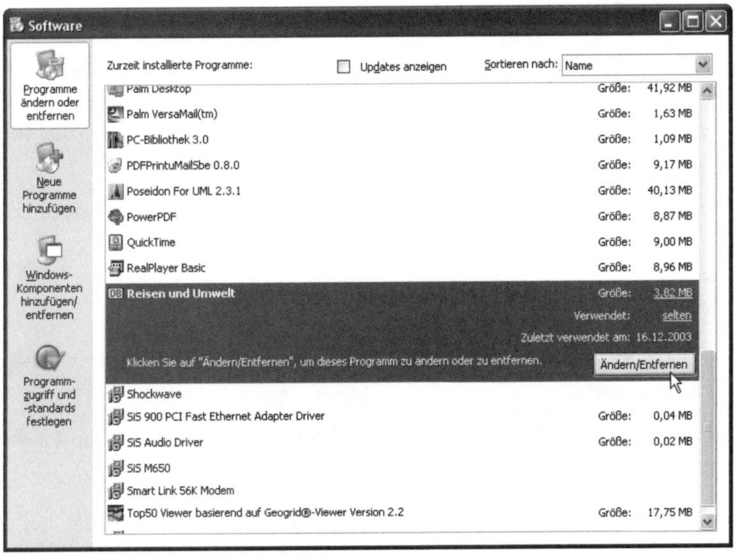


**Bild 5.31:** Ein Programm entfernen

6 Während der Löschaktion kann der *Assistent* Systemdateien finden, die sich nicht im eigentlichen Programmordner befinden, aber von keinem anderen Programm verwendet werden. Im Allgemeinen können Sie diesem Hinweis vertrauen und die Datei zur Löschung freigeben.

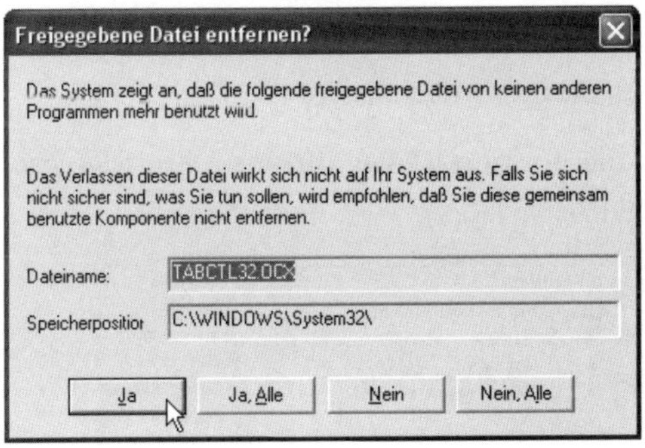


**Bild 5.32:** Ansonsten nicht verwendete Dateien löschen?

7 Zum Abschluss müssen Sie die Löschung noch bestätigen, wie schon im Bild 5.30 gezeigt.

## 5.7 Programme automatisch starten

Einen automatischen Start gibt es bei Windows XP gleich an mehreren Stellen. Zum Teil ist er erwünscht, zum Teil auch nicht. Hier soll etwas Lichts ins Dunkel gebracht werden.

## Programme beim Windows-Start starten

Sie haben den Wunsch, dass bei dem Start Ihres PCs ein bestimmtes Programm automatisch gleich starten soll. Das kann z. B. Ihr persönlicher Kalender sein, weil Sie sofort Ihre aktuellen Termine sehen wollen. Dafür bietet Windows XP den so genannten *Autostart* an. Damit wird Ihr Lieblingsprogramm sofort nach dem Hochfahren des PCs ausgeführt und angezeigt.

Für diese Funktion müssen Sie Ihr *Startmenü* auf die klassische Anzeige umstellen. Gehen Sie in folgenden Schritten vor:

1. Klicken Sie mit der rechten Maustaste auf *Start* und dann auf *Eigenschaften.*
2. Auf der Registerkarte *Startmenü* klicken Sie auf *Klassisches Startmenü* und dann auf *Anpassen…*
3. Jetzt bitte noch auf *Erweitert* klicken. Sie befinden sich jetzt im Windows-Explorer, und zwar im Startmenü.
4. Suchen Sie im Ordner `Startmenü` nach der Verknüpfung zu dem Programm, das beim Starten von Windows gestartet werden soll, und ziehen Sie es in den Ordner `Autostart`, der sich im Ordner `Programme` befindet.

Beim nächsten Start Ihres PCs werden Sie dieses Programm sofort arbeitsbereit vorfinden.

Wenn Sie das Startmenü im Standard-Windows-Stil bevorzugen, müssen Sie es jetzt natürlich wieder zurückstellen. Es gibt aber auch einen einfacheren Weg zum automatischen Start von Programmen:

1. Öffnen Sie den Windows-Explorer, und schalten Sie die *Ordneranzeige* ein.
2. In der *Ordneranzeige* navigieren Sie zur Ordnerposition *Dokumente und Einstellungen/<Benutzername>/Startmenü/Programme/Autostart.*
3. Jetzt können Sie wie oben im Punkt 4 beschrieben das Programm, das beim Starten von Windows automatisch gestartet werden soll, in den Ordner *Autostart* ziehen.

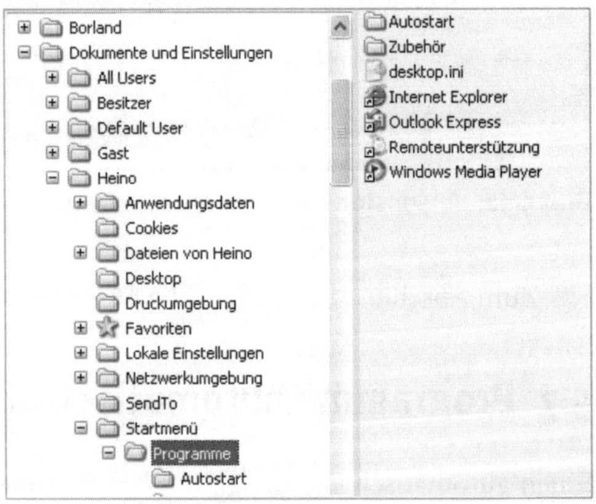


**Bild 5.33:** Navigation zum *Autostart*

## Daten-CD/-DVD

Sie haben eine CD erhalten und wollen wissen, was diese alles enthält? Sie legen sie in Ihr CD-Laufwerk ein und wundern sich, dass sofort ein Installationsprogramm anläuft?

**Bild 5.34:** Ein automatischer Installer

Wenn Sie das Programm installieren wollen, dann hat ja alles seine Ordnung. Das ist im vorhergehenden Abschnitt schon beschrieben. Aber wie kommt es, dass manche CDs sofort starten und andere wieder nicht? Was ist hier der Hintergrund?

**Hinweis** Wenn Sie einen Autostart der CD auf jeden Fall verhindern wollen, dann halten Sie die [⇧]-Taste fest, wenn Sie die CD einlegen und das Laufwerk schließen, und zwar so lange, bis die Laufwerks-LED nicht mehr blinkt.

Im *Arbeitsplatz* hat eine solche selbst anlaufende CD ein ganz eigenes CD-Symbol. Wenn Sie doppelt darauf klicken, um den Inhalt zu sehen, startet erneut der *Installer.* Klicken Sie allerdings das CD-Symbol mit der rechten Maustaste an, dann sehen Sie im Kontextmenü den Befehl *AutoPlay* fett gedruckt. Wenn Sie das Laufwerk mit einem Doppelklick öffnen, wird dieser Befehl automatisch ausgeführt.

Mit dem Befehl *Öffnen* aus dem Kontextmenü können Sie ganz normal den CD-Inhalt betrachten. Dort finden Sie auch gleich das Geheimnis mit den beiden Dateien `autorun.exe` und `autorun.inf`. Beim Start des Laufwerks sucht Windows XP nach einer Datei mit dem Namen `autorun.inf`, öffnet sie und führt aus, was darin verzeichnet ist. Sie können diese Datei ganz einfach mit dem Editor (siehe Abschnitt »Editor« auf Seite 92) öffnen und betrachten.

Unter OPEN steht die auszuführenden Datei (Im Bild 5.36 ist das `Autorun.exe`), und unter ICON das für die CD anzuzeigende Icon.

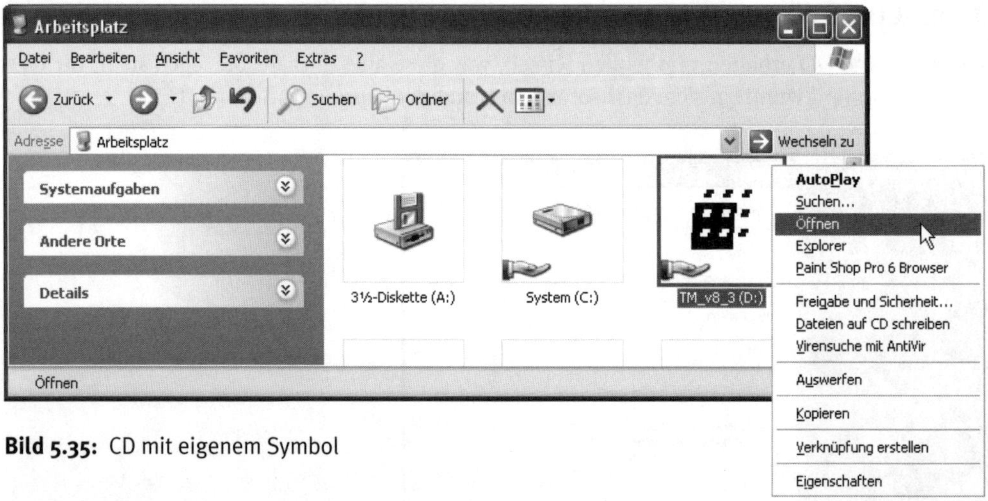


**Bild 5.35:** CD mit eigenem Symbol

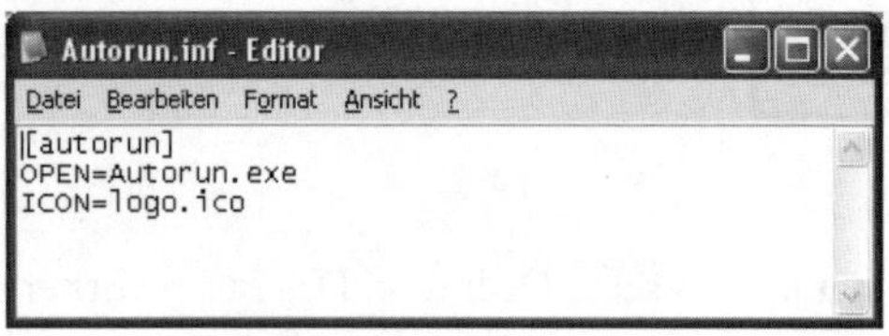


**Bild 5.36:** Die Datei *autorun.inf*

Das *AutoPlay* können Sie nur dauerhaft ausschalten, wenn Sie in die Registrierungs-Datenbank (*Registry*) eingreifen. Das sollten Sie aber unbedingt erfahrenen Anwendern überlassen. Dabei können schwerwiegende Schäden am System angerichtet werden.

## 5.8 Microsoft PowerToys

Die PowerToys sind Zusatz-Tools zu Windows XP, die Microsoft unter `www.microsoft.com/windowsxp/downloads/powertoys/xppowertoys.mspx` im Internet kostenlos zur Verfügung stellt. Einige dieser Tools sind im Alltag recht nützlich, sodass man kaum versteht, warum sie nicht fest in Windows XP integriert wurden. Die Standard Windows-Installation enthält deutlich sinnlosere Komponenten, auf die man gut hätte verzichten können.

### Taskbar-Magnifier

Manche Webseiten und andere Dokumente enthalten Schriften, die so klein sind, dass man sie kaum noch erkennt. Auch bei der Arbeit mit Grafikprogrammen fällt es unter manchen Lichtverhältnissen schwer, Punkte exakt mit der Maus zu treffen. CAD-Programme bieten schon seit Generationen Bildschirmlupen an. Der *Taskbar-Magnifier* aus den PowerToys erfüllt genau diese Funktion.

**Bild 5.37:** Bildschirmlupe in der Taskleiste

Das Programm finden Sie nach der Installation im Kontextmenü der Taskleiste unter *Symbolleisten/Taskbar Magnifier.* Damit in dem neuen Lupenfenster auch wirklich etwas zu sehen ist, sollten Sie die Taskleiste auf die doppelte oder gar dreifache Höhe ziehen. Dies kostet natürlich etwas Platz auf dem Desktop, der aber bei den hohen Auflösungen aktueller Monitore nicht mehr so stark ins Gewicht fällt. Das Verändern der Taskleiste funktioniert nur, wenn die Option *Taskleiste fixieren* im Kontextmenü der Taskleiste ausgeschaltet ist.

Mit einem Rechtsklick in das Lupenfenster des Taskbar-Magnifiers können Sie den Zoomfaktor verändern.

Ein vergleichbares Tool ist die *Bildschirmlupe* unter *Zubehör/Eingabehilfen*, die ein Lupenfenster am oberen Bildschirmrand über die ganze Breite etwa in Höhe der dreifachen Taskleiste öffnet. Dieses Programm ist standardmäßig in Windows XP enthalten. Zwischen beiden Varianten gibt es keine nennenswerten technischen Vor- oder Nachteile. Es bleibt der persönlichen Arbeitsweise jedes Benutzers überlassen, welche Lupe er bevorzugt.

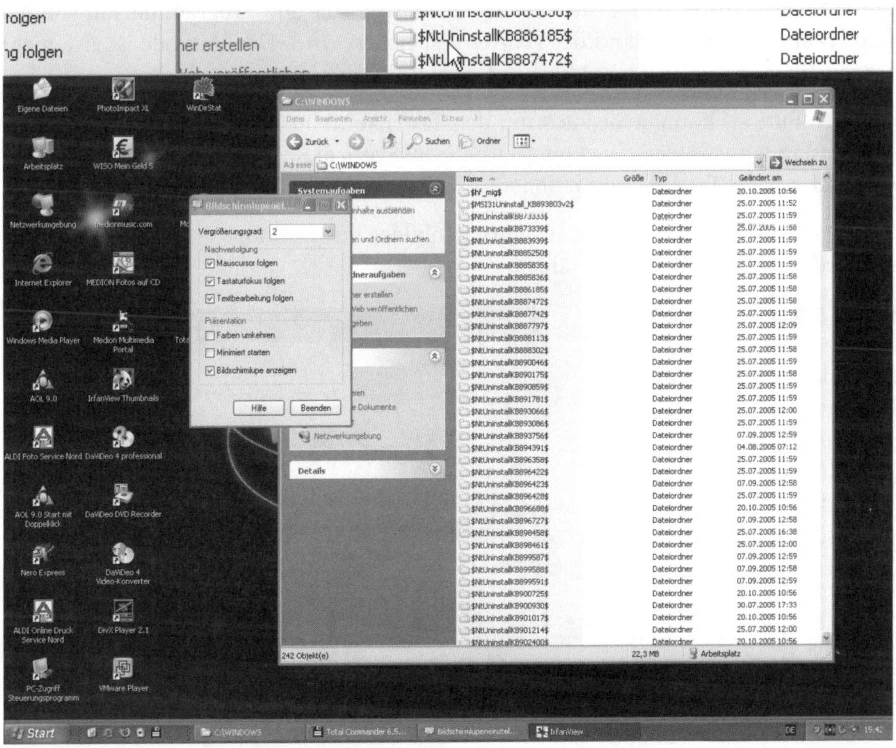


**Bild 5.38:** Die Bildschirmlupe aus den Eingabehilfen

Hier wird ein kleines Einstellungsfenster ständig im Vordergrund eingeblendet, in dem Sie Nachverfolgung und Vergrößerungsgrad einstellen können.

## Virtual Desktop-Manager

Windows-Bildschirme werden schnell durch viele Fenster unübersichtlich und wirken überladen. Linux bietet zur Lösung dieses Problems seit längerem virtuelle Desktops an, mit denen man sich auf dem Bildschirm Übersicht verschaffen kann. Spezielle Tools von Drittanbietern boten diese Möglichkeit auch schon unter früheren Windows-Versionen, was nur oft zu Kompatibilitätsproblemen mit bestimmten Programmen führte, die eigene Oberflächen und nicht das Standard-Windows-Fensterdesign verwendeten. Der *Virtual Desktop-Manager* aus den PowerToys bietet jetzt auch unter Windows XP mehrere virtuelle Desktops.

Aktivieren Sie den Virtual Desktop-Manager *MSVDM* nach der Installation mit dem Menüpunkt *Symbolleisten/Desktop-Manager* im Kontextmenü der Taskleiste.

**Bild 5.39:** Die Symbolleiste des Virtual Desktop-Managers

Mit den vier blauen Buttons können Sie zwischen vier virtuellen Desktops hin- und her schalten. Der Desktop-Manager kostet kaum zusätzliche Ressourcen, da alle Programme nur einmal gestartet werden und nur der Zustand der Fenster gespeichert wird. Die Methode ist also nicht vergleichbar mit einer parallelen Anmeldung unter verschiedenen Benutzernamen.

Zusätzlich zu den Buttons können Sie auch mit den Tastenkombinationen [Win] + [1] ... [Win] + [4] einen der Desktops auswählen. Die Option *Configure Shortcut Keys* im Kontextmenü ermöglicht ein Verändern dieser Tastenkombinationen.

Ein Klick auf den grünen Button zeigt vier Vorschaubilder der Desktops an. Hier können Sie direkt einen durch Anklicken einen auswählen.

Zur besseren Unterscheidung können Sie den vier Desktops unterschiedliche Hintergrundbilder geben. Wählen Sie dazu im Kontextmenü den Menüpunkt *Configure Desktop Images* aus. Beachten Sie dabei, dass durch den erhöhten Speicherverbrauch durch die Hintergrundbilder die Umschaltung zwischen den Desktops deutlich langsamer erfolgt.

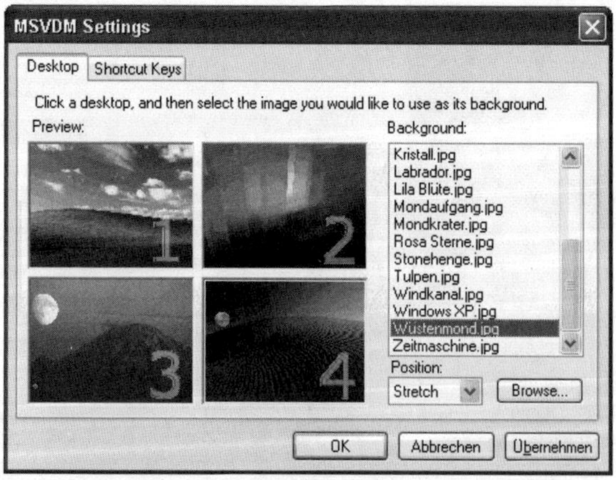


**Bild 5.40:** Verschiedene Hintergrundbilder für vier virtuelle Desktops

## Image Resizer

Wer Bilder im Internet oder auf CDs veröffentlicht, stehtr immer wieder vor dem Problem, Fotos auf einheitliche Größen zu bringen. Zwar bietet jedes Bildbearbeitungsprogramm diese Funktion, es erfordert aber jedes Mal viel Aufwand in der Umsetzung.

Das Programm *Image Resizer* aus den PowerToys klinkt sich in das Explorer Kontextmenü von Bilddateien ein. Über einen neuen Menüpunkt können Sie dann mehrere selektierte Bilder auf einmal in der Größe verändern. Dabei werden Kopien in der neuen Größe mit einem Namenszusatz (`Small`, `Medium`, `Large`,...) angelegt.

Bei Verwendung der Windows Bild- und Faxanzeige kann der Image Resizer auch über einen Rechtsklick direkt im Bild aufgerufen werden.

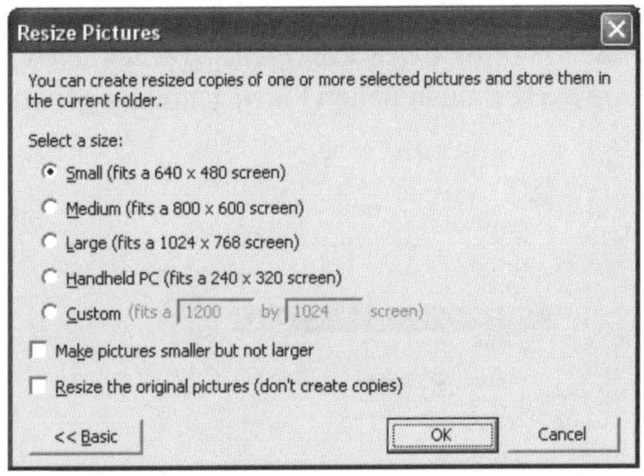


**Bild 5.41:** Der Image Resizer aus den PowerToys

**Bild 5.42:** Der Image Resizer in der Windows Bild- und Faxanzeige

## Open Command Window Here

Für viele Systemaufgaben braucht man trotz grafischer Windows-Oberfläche ein Eingabeaufforderungs-Fenster. Hier muss man dann aber mühsam per cd-Befehl in das gewünschte Verzeichnis wechseln. Einfacher wäre es, direkt aus dem Explorer ein Eingabeaufforderungs-Fenster in einem beliebigen Verzeichnis öffnen zu können.

Das PowerToy *Open Command Window Here* trägt im Kontextmenü von Verzeichnissen und Laufwerken einen neuen Eintrag ein, der genau das macht.

**Bild 5.43:** Open Command Window Here aus den PowerToys

Mit zwei kleinen Veränderungen in der Registry können Sie sich diesen Menüpunkt auch auf Deutsch anzeigen lassen. Ersetzen Sie dazu die Einträge `Open Command Window Here` im Registry-Zweig `HKEY_CLASSES_ROOT\Directory\shell\cmd` sowie `HKEY_CLASSES_ROOT\Drive\shell\cmd` durch das Wort `Eingabeaufforderung`.

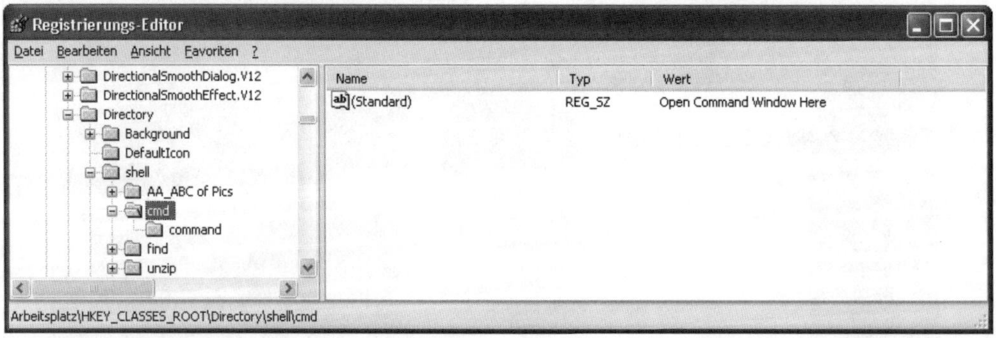


**Bild 5.44:** Der Eintrag von Open Command Window Here in der Registry

Im Kontextmenü Explorer ändern sich die Einträge nach der Änderung in der Registry automatisch.

**Bild 5.45:** Open Command Window Here als selbstgebaute deutschsprachige Version

## Power Calculator

Der *Power Calculator* aus den PowerToys ist ein erweiterter wissenschaftlicher Taschenrechner mit Einheitenumrechnung und trigonometrischen Funktionen. Der Rechner rechnet wahlweise auch im Hexadezimal- oder Binärsystem und ist auch auf umgekehrte polnische Notation umschaltbar.

Besonders interessant ist die Möglichkeit, Funktionsgrafen darzustellen. Dabei kann der Wertebereich frei eingestellt werden. Die Darstellung kann zwischen rechtwinkligen Koordinaten und Polarkoordinaten umgeschaltet werden.

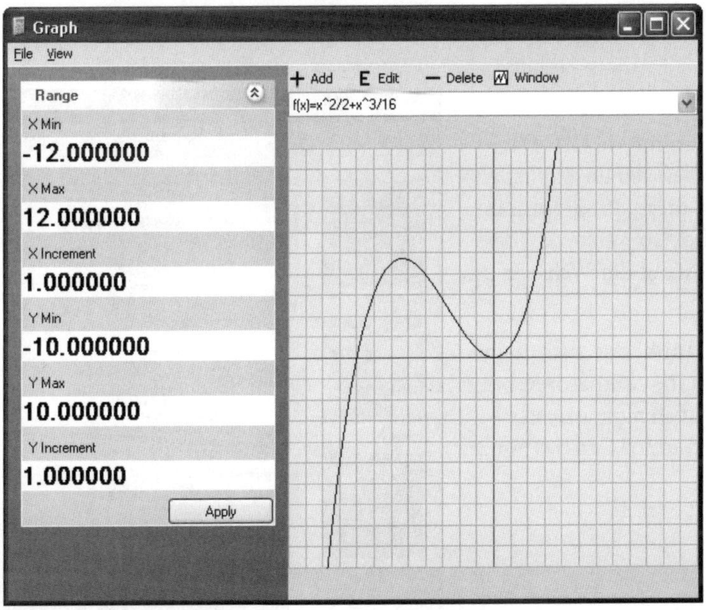


**Bild 5.46:** Grafikdarstellung im Power Calculator

## Alt-Tab Replacement

Schaltet man in Windows XP mit der Tastenkombiantion [Alt] + [↹] von einem Fenster in ein anderes um, erscheinen nur die Symbole und die Fenstertitel, was nicht besonders übersichtlich ist.

Das PowerToy *Alt-Tab Replacement* erweitert diese Anzeige um ein kleines Vorschaufenster, so dass man sofort erkennt, welches Fenster gemeint ist.

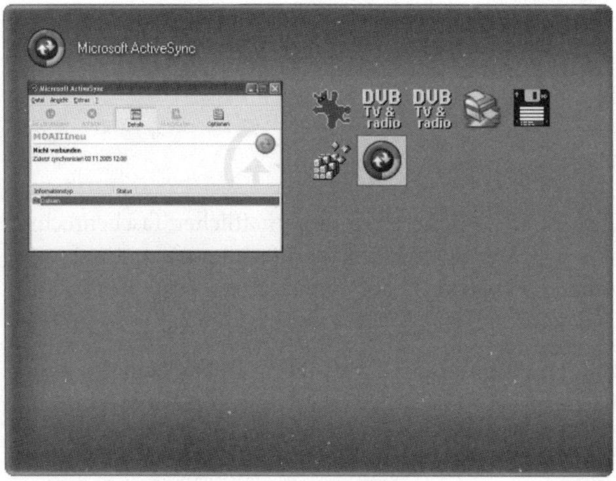


**Bild 5.47:** Erweiterte Alt-Tab Umschaltung

## Microsoft GIF-Animator

Microsoft liefert für alle, die animierte GIF-Dateien für Webseiten bauen wollen, einen einfachen GIF-Animator. Allerdings ist dieses Programm im Microsoft Download-Angebot so versteckt, dass nicht einmal die Suchfunktion auf der Webseite es findet.

Dieser Link liefert ein Programm, das zwar nicht den Komfort kommerzieller GIF-Animatoren bietet, aber doch zumindest kostenlos ist: `msdl.microsoft.com/msdownload/gifanimator/gifsetup.exe`.

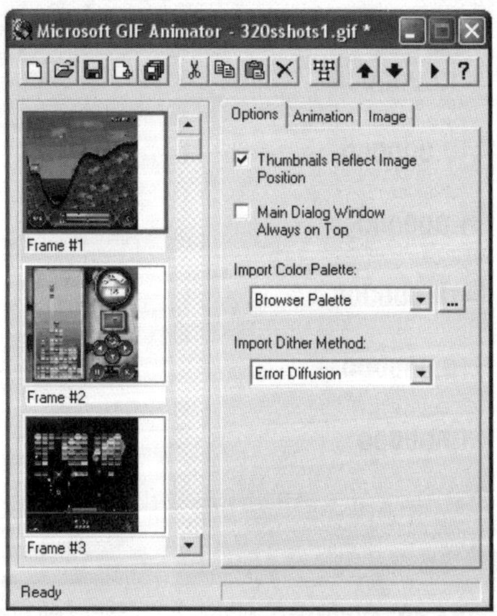


**Bild 5.48:** Der GIF-Animator

# 5.9 Überflüssige Windows-Komponenten deinstallieren

Windows XP bietet beim Setup nicht mehr wie frühere Windows-Versionen eine Auswahlmöglichkeit für Komponenten, die installiert werden sollen. Es wird grundsätzlich immer alles installiert. Sie können aber nachträglich einige Komponenten deinstallieren und damit Platz gewinnen.

Die Deinstallation von Windows-Komponenten finden Sie in der *Systemsteuerung/Software/Windows-Komponenten hinzufügen und entfernen.*

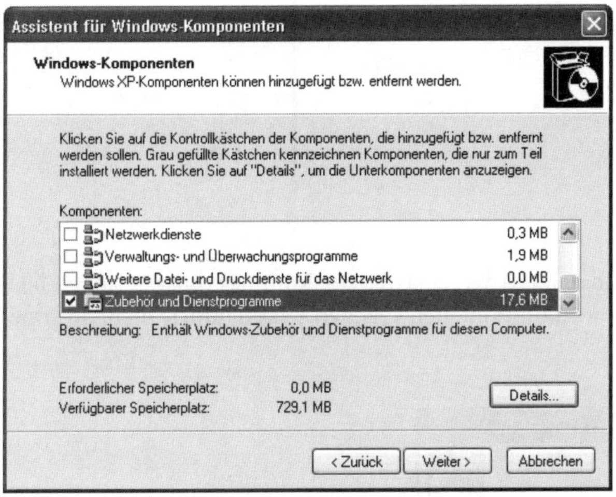


**Bild 5.49:** Liste der installierten Windows-Komponenten

Hier kann man z. B. den MSN-Explorer und die Spiele löschen. Überlegen Sie gut, welche Programme Sie aus dem Bereich *Zubehör* wirklich benötigen. In der Liste werden die wichtigen System- und Kommunikationsprogramme ohnehin nicht angezeigt. Viele Anwender verwenden von den optionalen Komponenten wenn überhaupt nur den *Rechner* und die *Zeichentabelle.*

Für die meisten Anwender sind auch *Netmeeting* und das Verzeichnis `\Programme\Online Dienste` überflüssig, in dem auf vielen PCs als Werbung die Zugangs-Software für AOL oder CompuServe zur Installation bereitliegt. Es handelt sich hierbei nur um Setup-Dateien, die Sie einfach problemlos löschen können und nicht deinstallieren müssen.

Einige Systemkomponenten sollen nach der Microsoft-Produktpolitik vom Anwender nicht deinstalliert werden und werden deshalb hier nicht angeboten. Dabei handelt es sich vor allem um solche Programme, die Daten sammeln und an Microsoft zurücksenden, wie zum Beispiel der *Windows Messenger.* In der Windows XP Media Center Edition kann der Messenger auch ohne diesen Trick deinstalliert werden. Hier wird er in der *Systemsteuerung/Software* standardmäßig angezeigt.

Mit einem kleinen Trick können diese Programme aber trotzdem deinstalliert werden. Editieren Sie die Datei `SYSOC.INF` im Verzeichnis `\WINDOWS\INF`. Auf manchen Systemen ist das `INF`-Verzeichnis versteckt. Dann müssen Sie es im Explorer mit *Extras/Ordneroptionen* einblenden.

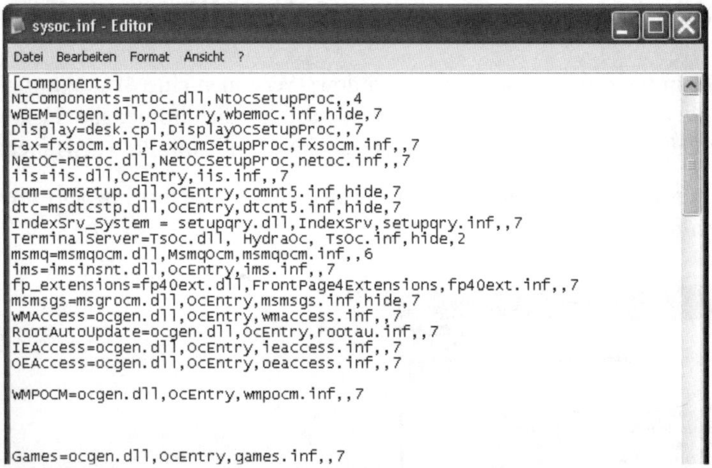


**Bild 5.50:** Die Datei `SYSOC.INF` im Editor

Löschen Sie in der Datei `SYSOC.INF` überall das Wort `HIDE`. Die Kommas müssen stehen bleiben. Bei der Deinstallation von Windows-Komponenten tauchen jetzt deutlich mehr Komponenten auf.

**Bild 5.51:** Jetzt stehen auch versteckte Komponenten in der Liste

Typische Kandidaten zum Deinstallieren sind neben Spielen der *Eingabehilfen-Assistent, Hyperterminal, Telefon, Wählhilfe*, Desktop-Hintergründe und animierte Mauszeiger.

Die Komponenten *COM+* und *WMI* sollten nicht verändert oder gelöscht werden. Verschiedene Programme, die OLE-Funktionen nutzen, aber auch einige ActiveX-Controls setzen diese Komponenten für ein einwandfreies Funktionieren voraus.

Kapitel 6

# Hardware-Konfiguration


| | | |
|---|---|---|
| 6.1 | Systemsteuerung | 133 |
| 6.2 | Hardware-Assistent | 137 |
| 6.3 | Systeminformationen | 140 |
| 6.4 | Geräte-Manager | 140 |
| 6.5 | Prozessor und RAM | 142 |
| 6.6 | Zusätzliche Laufwerkstypen: CD, DVD, USB & Co. | 143 |
| 6.7 | Tastatur | 154 |
| 6.8 | Maus | 157 |
| 6.9 | Monitor und Grafikkarte | 158 |
| 6.10 | Soundkarte und Lautsprecher | 161 |
| 6.11 | Drucker | 163 |
| 6.12 | Scanner | 175 |

Jedes Gerät, ob im Computer eingebaut oder extern angeschlossen, kommuniziert mit Windows über so genannte Gerätetreiber. Windows XP liefert für alle gängigen Hardware-Komponenten Treiber mit, sodass in vielen Fällen außer der automatischen Geräteerkennung nichts zu tun ist. Diese funktioniert mit fast allen aktuellen Plug&Play-fähigen Geräten.

Alle Geräte, die über Plug&Play erkannt werden, haben eine Gerätekennung, mit der das Gerät eindeutig identifiziert wird. Dazu besitzen sie meistens noch kompatible Kennungen, für den Fall, dass kein passender Treiber vorhanden ist. Hier kann der *Windows-Hardware-Assistent* anhand der kompatiblen Kennungen einen anderen Treiber vorschlagen. Eine ebenfalls auf dem Gerät vorhandene Vendor-ID identifiziert eindeutig den Gerätehersteller. Diese Vendor-IDs sind Hex-Ziffernkombinationen und werden von Microsoft an die Hersteller vergeben.

Bei der automatischen Treiberinstallation muss nicht einmal, wie in früheren Windows-Versionen, die Original-CD eingelegt werden. Windows XP kopiert bei der Installation alle mitgelieferten Treiber in das Verzeichnis `Windows\Driver Cache\i386`. Etwa 12.000 verschiedene Geräte werden nach Microsoft-Angaben von Windows XP unterstützt, sodass theoretisch viele der Probleme früherer Windows-Versionen, die auf Schwierigkeiten mit einzelnen Hardware-Komponenten zurückzuführen waren, behoben sein sollten.

Im Normalfall läuft die Installation eines neuen Gerätes in folgenden Schritten ab:

1. Gerät bei ausgeschaltetem Computer einbauen und danach den Computer neu starten.
2. Windows XP erkennt das neue Gerät und versucht, einen Treiber zu finden.
3. Wenn möglich, wird der Treiber automatisch installiert, andernfalls erscheint eine Aufforderung, die mit der Hardware gelieferte Treiber-CD einzulegen.
4. Zum Abschluss erscheint eine Meldung, dass das Gerät installiert wurde. In einigen Fällen muss der Computer neu gestartet werden.

Bei nicht Plug&Play-fähiger Hardware müssen die Treiber weiterhin manuell installiert werden. Windows XP unterstützt zum Anschluss von Geräten alle gängigen Bustypen, die in PCs verwendet werden, bis zum 16-bit ISA-Bus. Der alte Micro-Channel Bus älterer IBM PS/2 Systeme wird allerdings nicht mehr unterstützt.

**Achtung** Nur Geräte, die per USB, Infrarot oder Bluetooth mit dem PC verbunden sind, dürfen im laufenden Betrieb getrennt werden. Kommen Sie bitte niemals auf die Idee, eine Steckkarte bei eingeschaltetem Computer herauszuziehen. Auch bei Geräten mit SCSI-Anschlüssen kommt es dabei zu Problemen.

# 6.1 Systemsteuerung

Die *Systemsteuerung* ist die zentrale Schaltstelle für alle Geräteeinstellungen und Windows-Systemeinstellungen. Sie finden sie ganz einfach direkt im Startmenü.

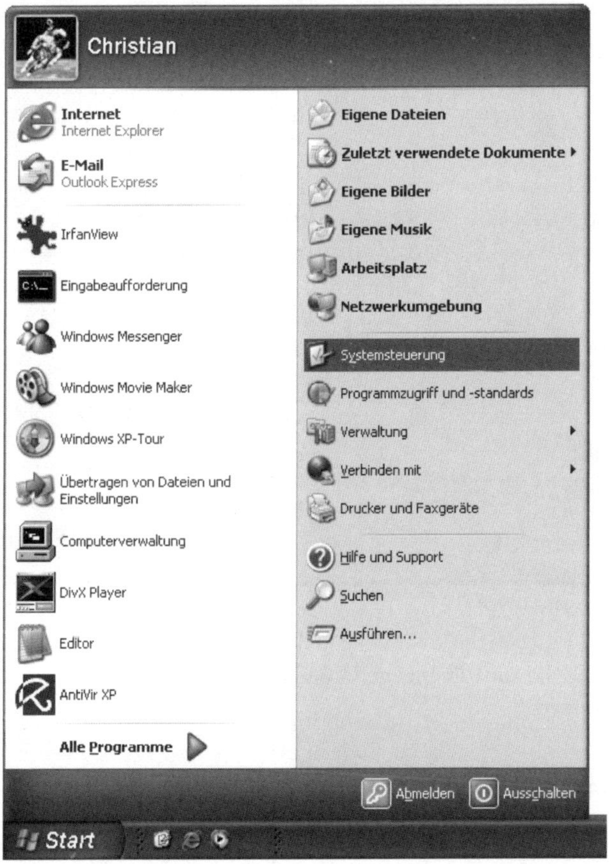


**Bild 6.1:** Die Systemsteuerung ist über die rechte Spalte des Startmenüs schnell erreichbar

In Windows XP sieht die *Systemsteuerung* etwas anders aus als in früheren Windows-Versionen. Die einzelnen Komponenten wurden aufgabenorientiert zu Gruppen zusammengefasst.

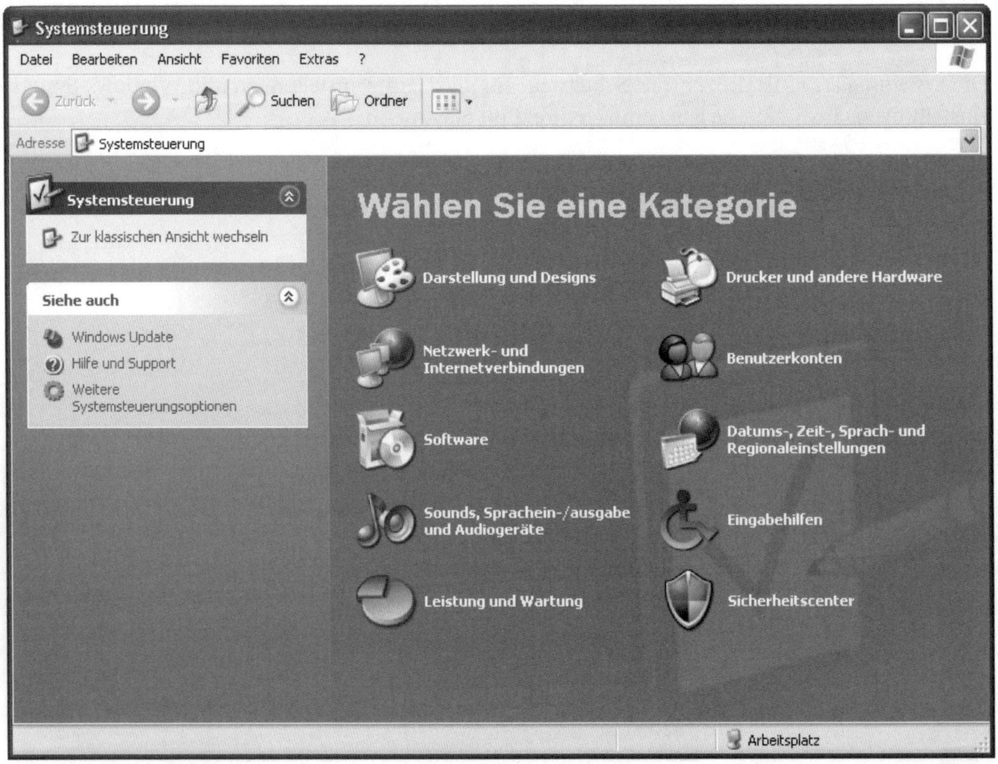


**Bild 6.2:** Die neue Systemsteuerung in Windows XP

Wählen Sie hier eine Kategorie, sehen Sie die zum Thema gehörenden Systemsteuerungsmodule sowie Links auf weitere Systemeinstellungen.

## Klassische Ansicht der Systemsteuerung

Wer aus früheren Windows-Versionen die klassische Ansicht der Systemsteuerung gewohnt ist, kann diese auch in Windows XP verwenden. Den Schalter zum Umschalten zwischen Kategorieansicht und klassischer Ansicht finden Sie links in der Aufgabenliste. Diese Ansicht spart den Profis einige Klicks, wenn es darum geht, zu einer bestimmten Einstellung zu kommen.

Hier sind alle Systemsteuerungsmodule in alphabetischer Reihenfolge aufgelistet.

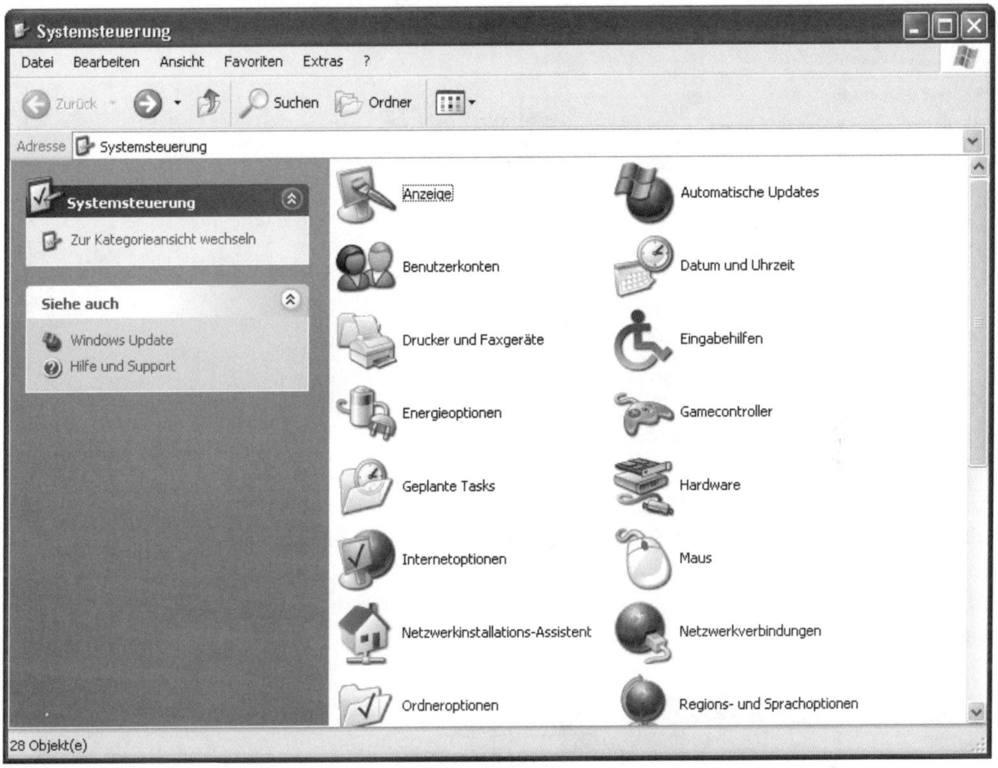


**Bild 6.3:** Die klassische Ansicht der Systemsteuerung

## Systemsteuerung im Startmenü

Mit der klassischen Ansicht lässt sich die Übersicht in der Systemsteuerung schon deutlich verbessern; noch einfacher wird der Zugriff, wenn Sie die Systemsteuerung direkt ins Startmenü einbinden.

1. Klicken Sie mit der rechten Maustaste auf den *Start*-Button, und wählen Sie im Kontextmenü die Option *Eigenschaften.*

2. Klicken Sie im nächsten Dialog auf den oberen der beiden *Anpassen*-Buttons.

3. Schalten Sie in der Dialogbox *Startmenü anpassen* auf die Registerkarte *Erweitert,* und wählen Sie dort in der Liste die Option *Systemsteuerung/Als Menü anzeigen.* Verlassen Sie dann beide Dialoge mit *OK.*

**Bild 6.4:** Die Einstellung, um die Systemsteuerung ins Startmenü einzubauen

Alle Module der Systemsteuerung und deren Untermenüs sind dann direkt im Startmenü erreichbar.

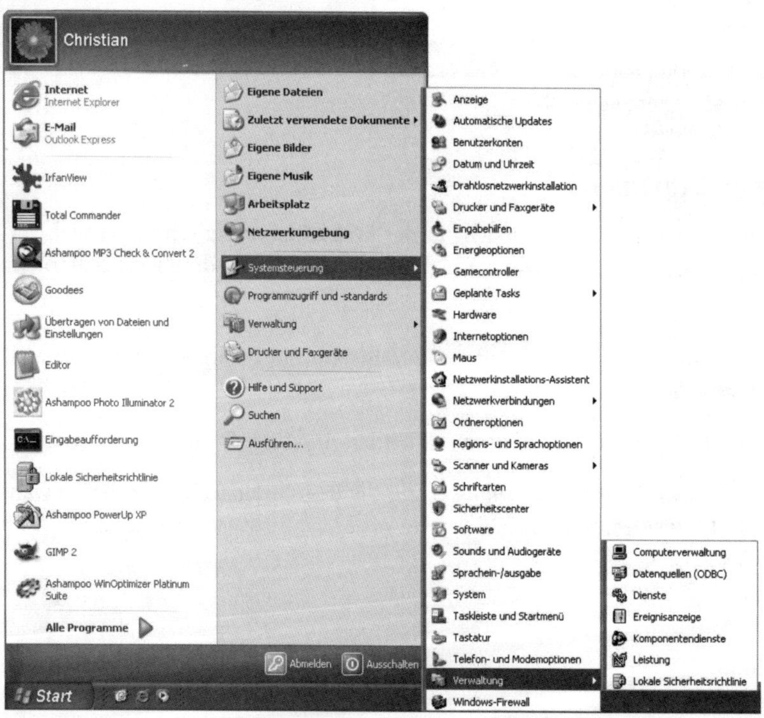


**Bild 6.5:** Die Systemsteuerung im Startmenü

## 6.2 Hardware-Assistent

Das wichtigste Hilfsmittel zur automatischen Erkennung oder zur manuellen Installation neuer Hardware ist das Systemsteuerungsmodul *Hardware*. In der Kategorieansicht finden Sie dieses Modul unter *Drucker und andere Hardware* und dann im linken Fenster *Siehe auch*.

**Achtung** Bei manchen Zusatzkomponenten müssen Treiber installiert werden, bevor das Gerät erstmals angeschlossen oder eingebaut wird. Beachten Sie hierzu die Hinweise im jeweiligen Gerätehandbuch.

Wenn Sie mit einer neuen Hardware-Komponente eine CD mit einem Installationsprogramm erhalten haben, sollten Sie den *Hardware-Assistenten* nicht verwenden. Beim Start erscheint ein entsprechender Hinweis.

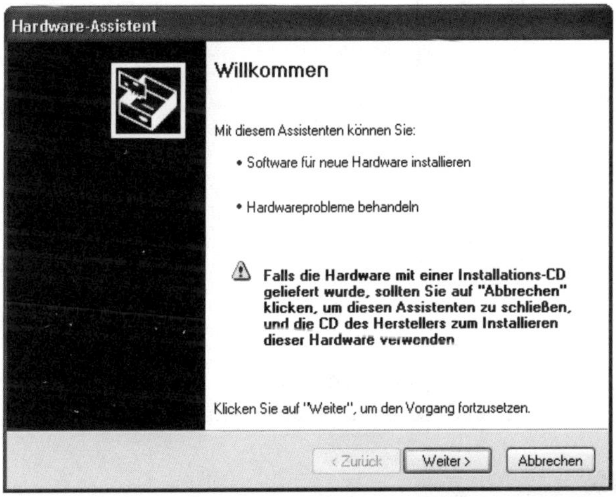


**Bild 6.6:** Start des *Hardware-Assistenten*

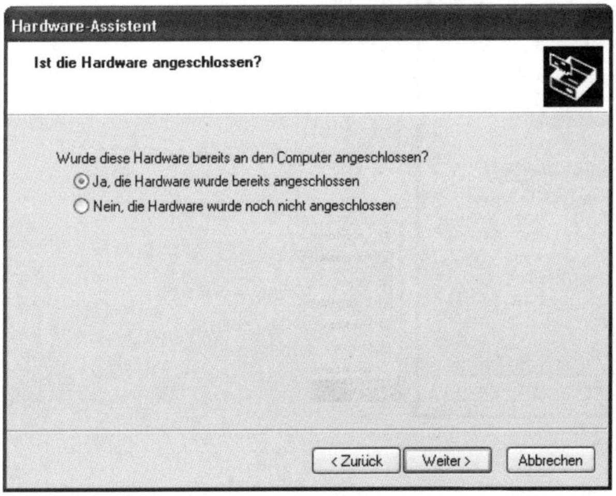


**Bild 6.7:** Wurde die Hardware bereits angeschlossen?

Der nächste Schritt des *Hardware-Assistenten* fragt, ob das neu zu installierende Gerät bereits eingebaut wurde oder nicht (s. Bild 6.7).

Wenn die Hardware bereits angeschlossen ist, wird eine Liste aller im System installierten Geräte angezeigt. Komponenten, die nicht funktionieren, sind mit einem gelben Ausrufezeichen versehen und stehen am Anfang der Liste.

Wird ein Gerät nicht aufgeführt, wurde es bis jetzt noch nicht erkannt. Wählen Sie in diesem Fall die Option *Neue Hardware hinzufügen* ganz am Ende der Liste.

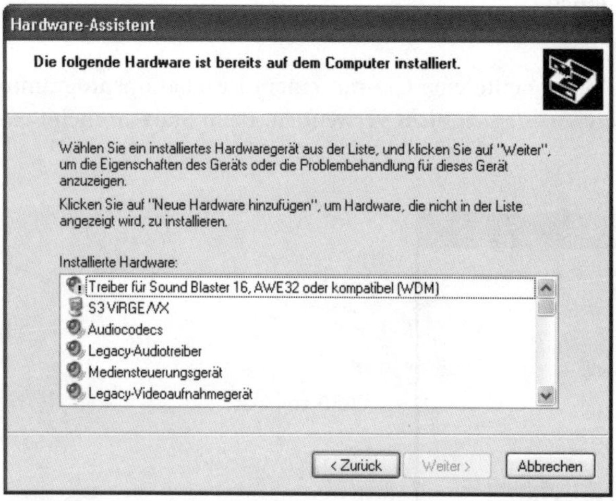


**Bild 6.8:** Liste der installierten Hardware

Im nächsten Schritt versucht Windows XP mit einem genaueren Hardware-Erkennungsverfahren Geräte zu finden, die angeschlossen sind, aber bis jetzt nicht erkannt wurden.

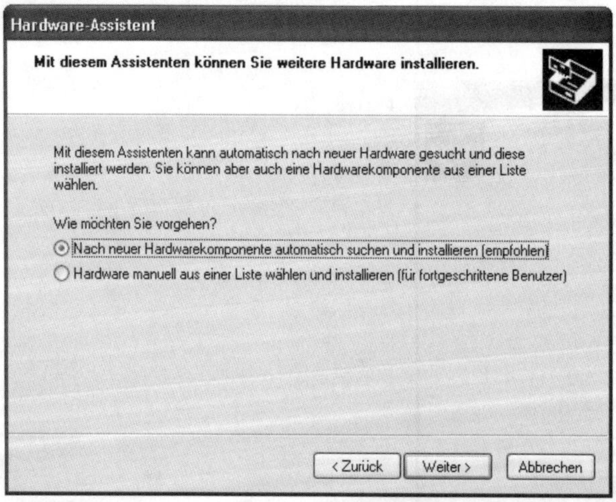


**Bild 6.9:** Hardware suchen oder auswählen

Wenn Sie genau wissen, welches Gerät Sie installieren wollen, können Sie die automatische Erkennung auch übergehen und das Gerät aus einer Liste auswählen.

Wenn die automatische Erkennung nichts gefunden hat oder Sie sich für die manuelle Geräteauswahl entschieden haben, wird eine Liste mit Geräteklassen angezeigt. Wählen Sie hier aus, was für ein Gerät Sie installieren wollen.

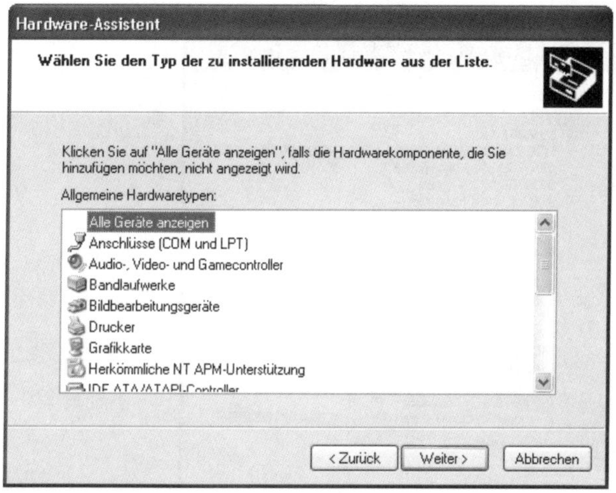


**Bild 6.10:** Liste der Geräteklassen

Im nächsten Schritt erscheint eine Liste von Geräten, die Windows XP standardmäßig unterstützt. Suchen Sie im linken Teilfenster den Hersteller; rechts sehen Sie dann alle Geräte, zu denen Windows XP Treiber mitliefert. Ist das Gerät, das Sie installieren wollen, nicht dabei, können Sie mit der Schaltfläche *Datenträger…* Treiber manuell wählen, die auf einer CD geliefert oder von der Herstellerseite im Internet heruntergeladen wurden.

Der gewählte Treiber wird installiert. Danach zeigt der letzte Schritt des *Assistenten*, ob das neu installierte Gerät funktionsfähig ist.

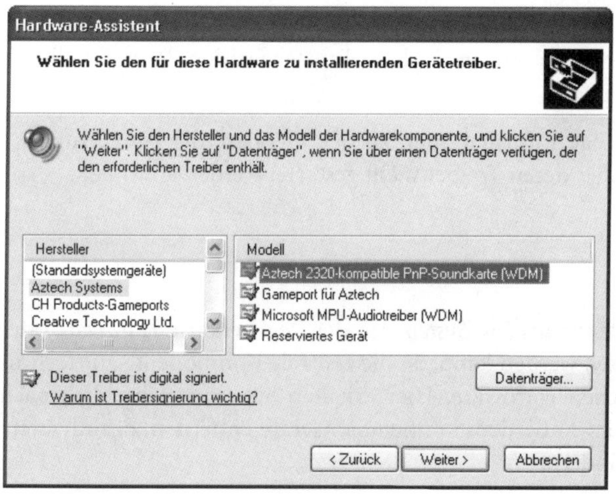


**Bild 6.11:** Auswahl einer Hardware-Komponente

**Hinweis** Ist ein Gerät einmal erkannt, und wird es dann vom PC getrennt, muss später beim erneuten Anschließen die Erkennung nicht noch einmal laufen. Die Treiber und Geräteeinstellungen bleiben gespeichert.

## 6.3 Systeminformationen

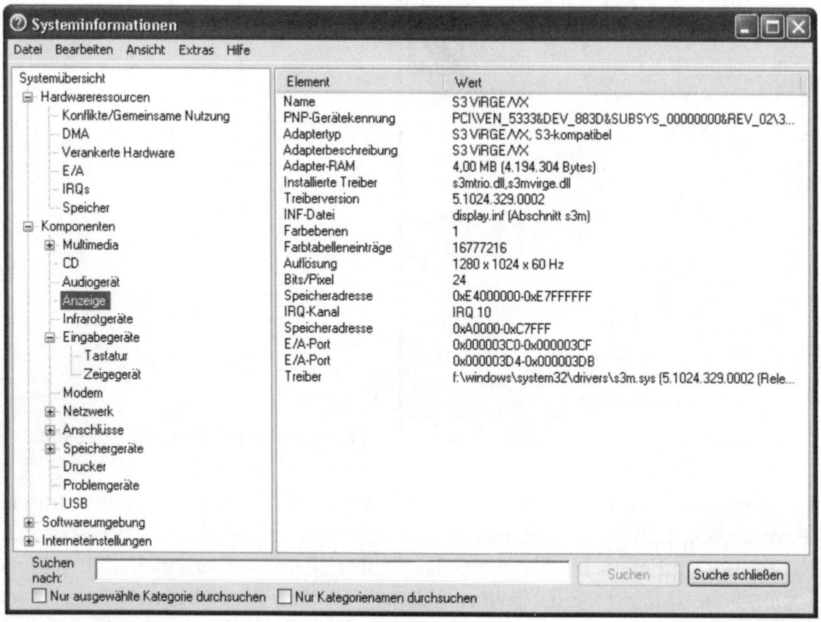


**Bild 6.12:** Anzeige von *Systeminformationen*

Wer detaillierte Informationen zu installierten Hardware-Komponenten haben möchte, kann dies mit dem Programm *Systeminformationen* erhalten. Sie finden dieses im Startmenü unter *Alle Programme/Zubehör/Systemprogramme/Systeminformationen*.

Wählen Sie im linken Fenster den Gerätetyp aus; im rechten Fenster werden dann detaillierte Informationen zu diesem Gerät angezeigt.

In der Kategorie *Problemgeräte* finden Sie Informationen zu den Geräten, die zwar installiert wurden, die aber nicht funktionieren oder deren Treiber nicht gestartet werden konnten.

## 6.4 Geräte-Manager

Der *Geräte-Manager*, der über die *Systemsteuerung/System* auf der Registerkarte *Hardware* oder über die *Computerverwaltung* aufgerufen werden kann, ist die zentrale Komponente zur technischen Konfiguration der angeschlossenen Hardware. Hier erhalten Sie einen Überblick nach Geräteklassen oder belegten Ressourcen. Außerdem können Sie Geräte entfernen, deaktivieren, Treiber aktualisieren und Ressourcen ändern.

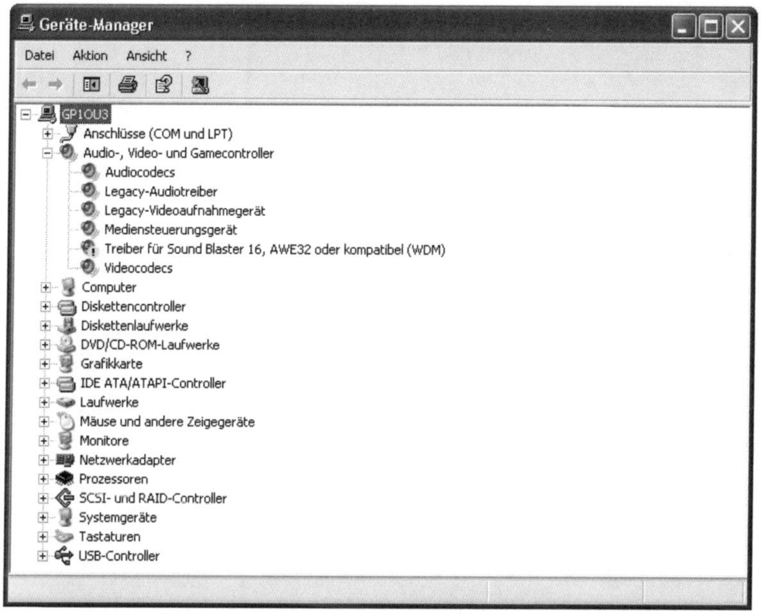


**Bild 6.13:** Der *Geräte-Manager* mit einem nicht funktionierenden Gerät

Funktioniert ein angeschlossenes Gerät nicht, erscheint es im *Geräte-Manager* mit einem gelben Ausrufezeichen.

Ein Doppelklick auf ein Gerät im *Geräte-Manager* blendet den Konfigurationsdialog ein, in dem Hardware-spezifische Einstellungen vorgenommen werden können.

Funktioniert ein Gerät nicht, liegt das häufig an den so genannten Interrupt-Konflikten. Schaltet man die Ansicht des *Geräte-Managers* im Menü *Ansicht* auf *Ressourcen nach Typ* um, zeigt eine Liste sehr übersichtlich, welcher Interrupt von welchem Gerät belegt wird (s. Bild 6.14).

**Info** Interrupts, als IRQ abgekürzt, sind so genannte Systemunterbrechungen, über die einzelne Geräte in den laufenden Betrieb von Windows eingreifen können. Ursprünglich waren 15 Interrupts vorgesehen, da man in den Anfangszeiten des PC davon ausging, es würden nie mehr als 15 Geräte angeschlossen. Da sich diese Zahl aus Kompatibilitätsgründen nicht einfach erhöhen lässt, geht man heute einen anderen Weg. Moderne Motherboards wie auch Windows XP unterstützen das IRQ-Sharing, wobei ein Interrupt von mehreren Geräten genutzt werden kann. Allerdings können nicht alle Hardware-Komponenten mit IRQ-Sharing umgehen. Manche Geräte benötigen zwingend einen eigenen Interrupt.

Geräte, die nicht Plug&Play-fähig sind, und Geräte, die zurzeit nicht angeschlossen sind, zu denen aber Treiber installiert wurden, werden standardmäßig im *Geräte-Manager* nicht angezeigt. Diese sehen Sie nur, wenn Sie im Menü *Ansicht/Ausgeblendete Geräte anzeigen* aktivieren.

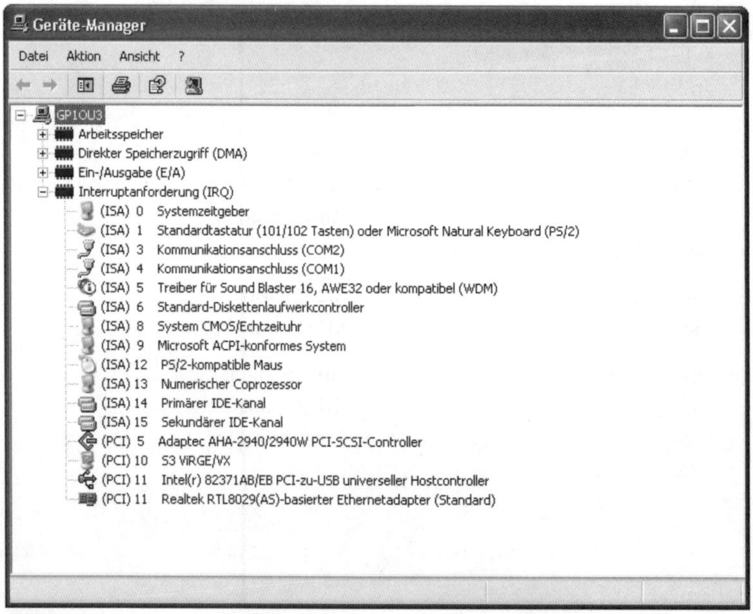


**Bild 6.14:** Liste im *Geräte-Manager* nach Interrupts sortiert

In einigen Fällen können solche nicht angeschlossenen Geräte Probleme verursachen. Haben Sie ein Gerät durch ein anderes ersetzt, und planen Sie nicht, das alte wieder anzuschließen, sollten Sie das nicht mehr vorhandene Gerät mit der Schaltfläche *Deinstallieren* aus dem *Geräte-Manager* entfernen, um Ressourcenkonflikte zu vermeiden.

# 6.5 Prozessor und RAM

Prozessor und RAM werden von Windows automatisch erkannt. Hier ist keine manuelle Konfiguration möglich. Beim Austausch des Prozessors müssen Sie eventuell auf dem Motherboard Jumper zur Konfiguration umsetzen. Informationen dazu finden Sie im Handbuch des Motherboards.

Der Prozessortyp und der installierte Arbeitsspeicher werden auf der Registerkarte *Allgemein* in der *Systemsteuerung/System* angezeigt.

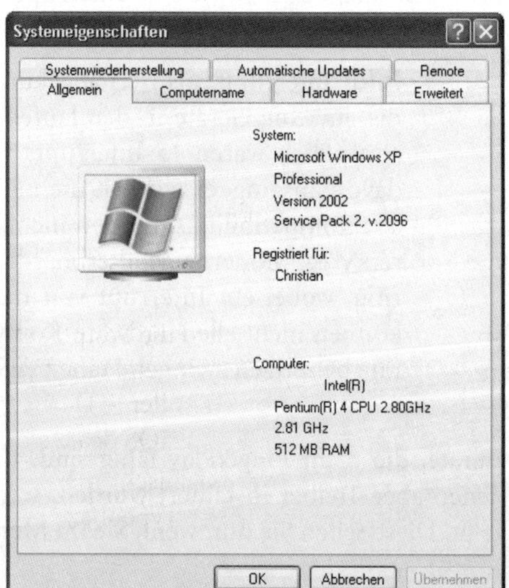


**Bild 6.15:** Anzeige von Prozessortyp und Arbeitsspeichergröße

# 6.6 Zusätzliche Laufwerkstypen: CD, DVD, USB & Co.

Festplatten werden von Windows XP automatisch erkannt. Jedes moderne Motherboard hat einen Festplattencontroller mit zwei IDE-Kanälen, *Primary* und *Secondary*, an die je zwei Laufwerke angeschlossen werden können. Diese Laufwerke werden als Master und Slave bezeichnet und müssen über einen Jumper direkt auf dem Laufwerk entsprechend eingestellt werden. An jedem der beiden Kanäle darf es nur je ein Master- und Slave-Laufwerk geben. Dabei kann es sich um Festplatten, CD-ROM- oder DVD-Laufwerke handeln.

Wenn im BIOS nicht manuell spezielle Laufwerkstypen eingetragen sind, werden die Laufwerke beim Booten automatisch erkannt und können von Windows XP verwendet werden.

Verfügt Ihr Computer über einen SCSI-Controller, können Sie dort je nach Controllertyp 7 oder 14 Laufwerke anschließen. SCSI-Controller haben ein eigenes BIOS, das vor dem tatsächlichen Bootvorgang die Laufwerke konfiguriert. Die angeschlossenen Laufwerke bekommen über Jumper jeweils eindeutige SCSI-IDs zur Unterscheidung.

Die *Arbeitsplatz*-Anzeige von Windows XP liefert eine Übersicht aller angeschlossenen Laufwerke. Bei lokalen Festplatten und CD-ROMs werden auch die Gesamtgröße und der freie Speicher angezeigt.

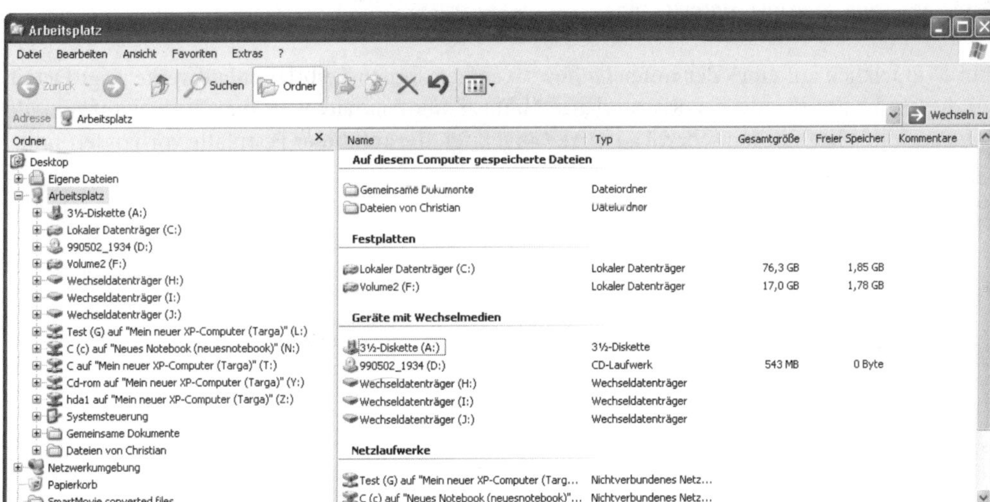


**Bild 6.16:** Anzeige der Laufwerke im *Arbeitsplatz*

Im *Geräte-Manager* tauchen die Festplatten an verschiedenen Stellen auf:

- **IDE ATA/ATAPI-Controller** – Der Controller mit ein oder zwei IDE-Kanälen. Hier sehen Sie, wenn ein Kanal im BIOS deaktiviert oder defekt ist.
- **Laufwerke** – Die physikalisch vorhandenen Festplatten oder Wechselmedienlaufwerke. Jedes Laufwerk ist mit seiner Typenbezeichnung angegeben und kann ein oder mehrere logische Laufwerke enthalten.

- **SCSI- und RAID-Controller** – Ein eventuell vorhandener SCSI-Controller hat einen eigenen Eintrag im *Geräte-Manager*. Hier können Ressourcen für diesen Controller eingestellt werden.

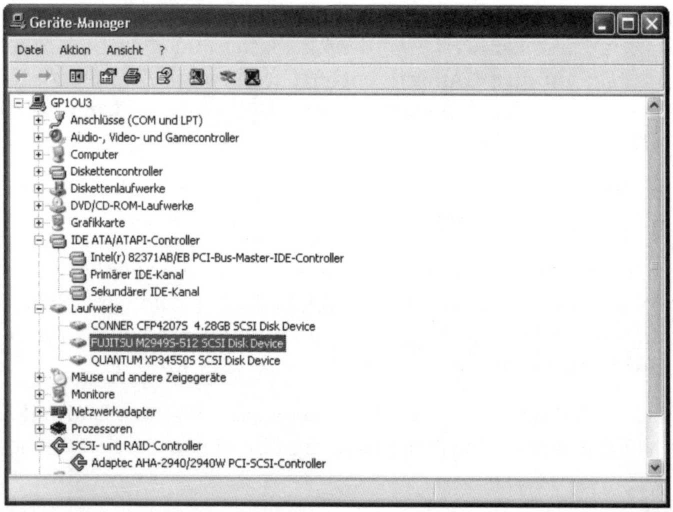


**Bild 6.17:** Laufwerke im *Geräte-Manager*

Ein Doppelklick auf eines der unter *Laufwerke* eingetragenen Festplattenlaufwerke zeigt Details zu diesem Laufwerk. Auf der Registerkarte *Volumes* werden, nachdem man einmal auf *Aktualisieren* geklickt hat, alle logischen Laufwerke angezeigt, die auf dieser Festplatte vorhanden sind.

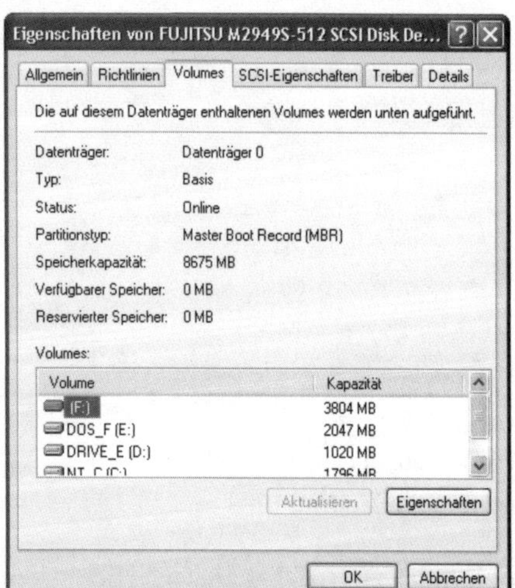


**Bild 6.18:** Anzeige der logischen Laufwerke auf einer Festplatte

Eine noch wesentlich genauere Anzeige aller logischen Laufwerke auf den einzelnen Festplatten finden Sie in der *Datenträgerverwaltung*. Diese kann über die *Systemsteuerung/Verwaltung/Computerverwaltung* aufgerufen werden.

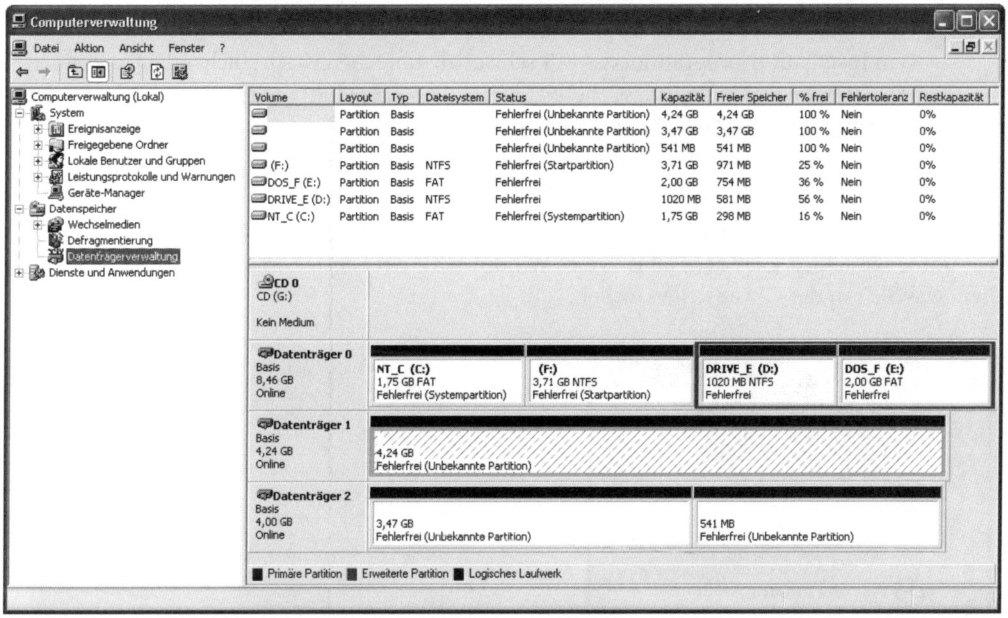

**Bild 6.19:** Die *Datenträgerverwaltung*

**Achtung** In der Datenträgerverwaltung kann man auch sehr einfach Partitionen oder logische Laufwerke löschen. Die Daten sind dann unwiderbringlich verloren. Verzichten Sie auch darauf, hier ohne wirklich triftigen Grund die Laufwerksbuchstaben zu verändern. Die Verknüpfungen und *Registry*-Einträge innerhalb von Windows werden dabei nicht geändert, sodass viele Programme ihre Daten nach der Änderung nicht mehr finden.

## CD-ROM- und DVD-Laufwerke

CD-ROM- und DVD-Laufwerke sind wie Festplatten in zwei Anschlussvarianten erhältlich, IDE/ATAPI und SCSI. In Standard-PCs ist das CD-ROM-Laufwerk meistens als Master am *Secondary* IDE-Controller angeschlossen. CD-ROM- und DVD-Laufwerke werden von Windows prinzipiell gleich behandelt, sie unterscheiden sich nur in der Speicherkapazität. DVD-Laufwerke können CD-ROMs genauso lesen.

Ältere Laufwerke, die über eine eigene Controllerkarte oder an der Soundkarte angeschlossen werden, werden in den meisten Fällen von Windows XP nicht mehr erkannt.

### ▲ AutoPlay

Legt man eine Programm-CD oder eine CD-ROM etwa aus einer Computerzeitschrift in das Laufwerk, wird in den meisten Fällen ein Browserfenster mit einer Informationsseite über die CD oder ein eigenes Setup-Programm gestartet. Die Ursache hierfür ist eine einfache Textdatei namens `autorun.inf` im Hauptverzeichnis der CD-ROM. Hier steht, was beim Einlegen der CD passieren soll.

**Hinweis** Manche schlecht programmierte CD-ROMs starten direkt beim Einlegen ein Installationsprogramm, das nur schwer abzubrechen ist. In solchen Fällen können Sie, um zu vermeiden, dass die `autorun.inf` ausgeführt wird, beim Einlegen der CD-ROM und Schließen des Laufwerks die linke ⇧-Taste so lange gedrückt halten, bis die LED am Laufwerk aufhört zu blinken.

Legt man eine CD ins Laufwerk, die keine `autorun.inf` Datei enthält, was bei den meisten selbst zusammengestellten CDs der Fall ist, zeigt Windows XP ein Fenster, in dem Sie auswählen können, was Sie mit der CD anstellen wollen.

**Bild 6.20:** Abfrage beim Einlegen einer CD-ROM

Die in diesem Fenster angebotenen Optionen hängen vom Inhalt der CD-ROM ab. Dabei muss nicht unbedingt dieses Fenster angezeigt werden, Sie können es auch unterdrücken oder für bestimmte CD-Typen automatisch eine Aktion auswählen. Auf diese Weise kann zum Beispiel eine Musik-CD automatisch abgespielt werden und trotzdem bei CDs mit Daten diese Abfrage erscheinen.

Um diese Einstellung zu ändern, klicken Sie mit der rechten Maustaste im Windows-Explorer auf das CD-Laufwerk und wählen im Kontextmenü *Eigenschaften*.

Auf der Registerkarte *AutoPlay* stehen im oberen Listenfeld verschiedene Arten von CD-Inhalten zur Auswahl. Für jeden Typ werden unterschiedliche mögliche Aktionen angezeigt, von denen man eine auswählen kann. Zusätzlich installierte Software, wie alternative Medien-Player oder Brenner-Programme, können in diesen Listen noch weitere Aktionen einblenden.

Wenn bei einem Typ keine Aktion ausgewählt ist, ist automatisch die Option *Eingabeaufforderung, um Aktion auszuwählen* aktiv. Bei jedem Einlegen der CD erscheint die Auswahlabfrage. Möchten Sie eine CD einfach einlegen können, ohne dass irgendetwas automatisch passiert, wählen Sie für den jeweiligen CD-Typ die Aktion *Keine Aktion durchführen*.

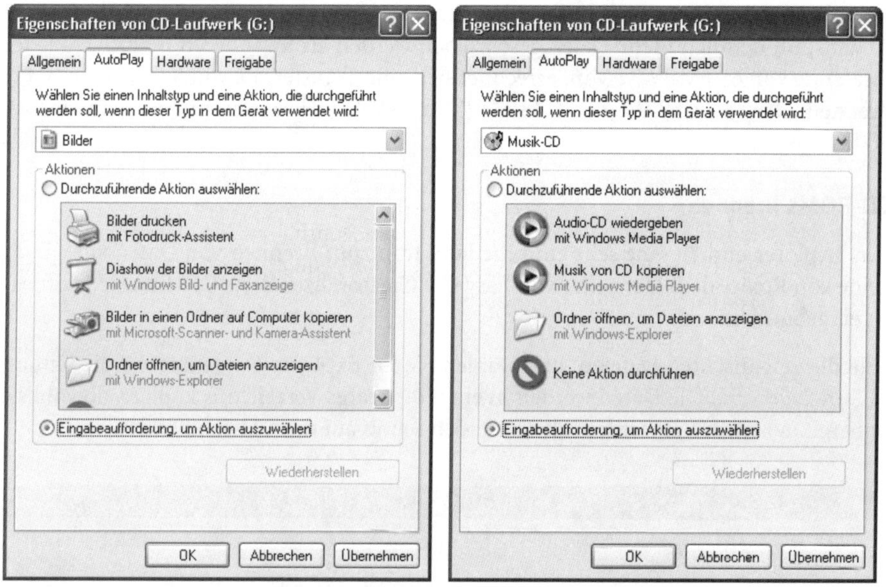


**Bild 6.21:** Auswählbare *AutoPlay*-Aktionen für verschiedene CD-Inhalte

## CD- und DVD-Brenner

Brenner werden von Windows XP prinzipiell wie CD- oder DVD-Laufwerke behandelt, wenn es darum geht, Daten zu lesen. Windows XP enthält als erste Windows-Version eine eigene Software zum Brennen von CD-R und CD-RW, sodass für einfache Aufgaben keine externe Brenn-Software notwendig ist.

**Die Brennfunktion in Windows XP** Die Brennfunktion von Windows XP enthält standardmäßig nur sehr rudimentäre Funktionen, kein Brennen bootfähiger CDs, keine ISO-Images und keine DVDs. Patches, spezielle Brennertreiber und zusätzlich installierte Software ermöglichen unter bestimmten Voraussetzungen erweiterte Brennfunktionen im Windows Explorer. Wir empfehlen, wenn Sie mehr machen wollen als einfach nur Dateien auf eine CD zu kopieren, den Einsatz eines externen Brennprogramms, zum Beispiel *Burning Studio 2005* von unserer Buch-CD.

### ▲ Brennergeschwindigkeit

Die Geschwindigkeit von Brennern wird wie bei CD-ROM-Laufwerken als Multiplikator zur normalen Lesegeschwindigkeit einer Audio-CD angegeben. Bei der Berechnung geht man vom Basiswert aus, bei dem für 650 MB die vollen 74 Minuten Spielzeit benötigt werden. Hersteller bezeichnen ihre Brenner heute werbewirksam mit '16-fach', '32-fach' oder noch schneller. Allerdings schafft kein 32-fach-Brenner die 650 MB einer vollen CD in 2,31 Minuten, einem Zweiunddreißigstel der normalen Spielzeit, zu brennen.

In den äußeren Bereichen einer CD-R können bei einer Umdrehung, bedingt durch die größere Länge der Datenspur, deutlich mehr Daten geschrieben werden als im inneren Bereich. Aus der Datendurchsatzrate von 650 MB / 74 Min. errechnet sich eine Transferrate von 8,65 MB/Min. für einfaches Brennen. Der 16-fache Wert, 138,38 MB/Min., ist also das Maximum, was ein 16-fach Brenner auf der äußersten Spur einer CD-R erreicht.

### ▲ Daten-CD-ROMs brennen

Der Windows Explorer enthält eine sehr einfache Funktion zum Brennen von Daten auf CD-R. Dazu wird eine von Roxio, dem Hersteller von Easy CD Creator, lizensierte CD-Brenner-Software als Plugin eingebunden.

Markieren Sie die gewünschten Dateien, und wählen Sie im Explorer-Kontextmenü die Option *Senden an/CD-R-Laufwerk*. Die Daten werden in ein temporäres Verzeichnis kopiert, obwohl sie im Explorer bereits so angezeigt werden, als ob sie sich schon auf der CD-R befänden.

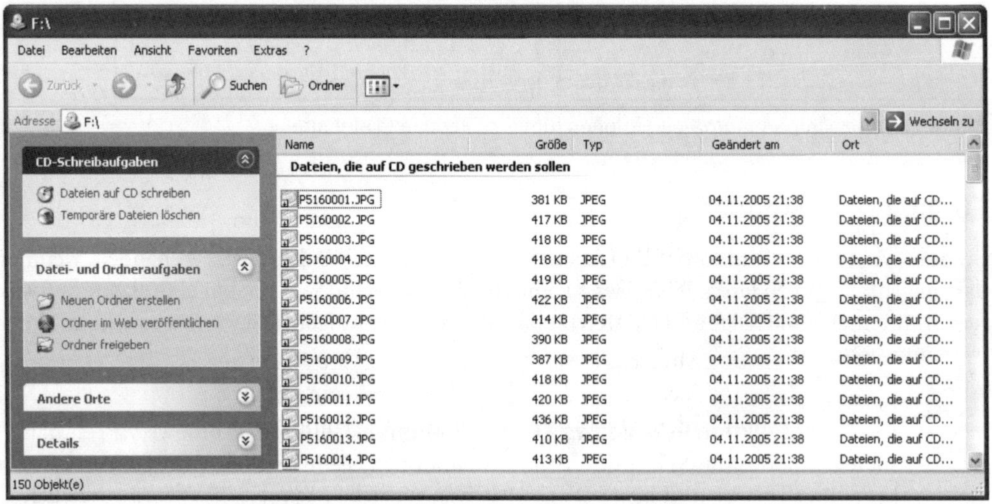


**Bild 6.22:** Die zu brennenden Daten im Explorer

Erst ein Klick auf *Dateien auf CD schreiben* oder *Datei/Dateien auf CD schreiben* im Menü startet den eigentlichen Brennvorgang. In den *Eigenschaften* des CD-R-Laufwerks im Explorer können Sie auf der Registerkarte *Aufnahme* einstellen, auf welchem Festplattenlaufwerk die Daten zwischengespeichert werden sollen.

Wählen Sie hier ein Laufwerk, das über mindestens 700 MB freien Speicherplatz beim Brennen normaler CD-Rs verfügt.

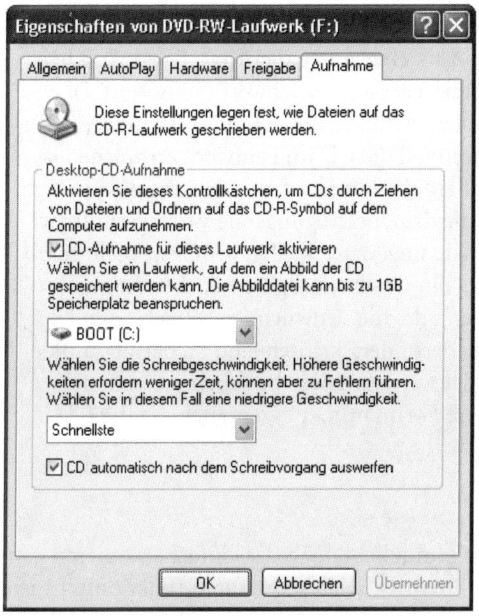


**Bild 6.23:** Die *Eigenschaften* des Laufwerks

Dieses Laufwerk sollte möglichst unfragmentiert sein, da es sonst beim Brennen mit höheren Geschwindigkeiten zu Abrissen im Datenstrom und somit zum gefürchteten Buffer Underrun kommen kann und die gebrannte CD später nicht lesbar ist.

**Buffer Underrun** Moderne Brenner enthalten größere Pufferspeicher und verwenden spezielle Techniken zum Schutz vor Buffer Underrun, die als *BurnProof* oder *Just-Link* bezeichnet werden. Durch dynamische Herabsetzung der Brenngeschwindigkeit wird der Buffer Underrun vermieden. Allerdings kommt es immer wieder zu Lesefehlern bei CDs, die mit dieser Technik gebrannt wurden. Versuchen Sie also trotzdem, Buffer Underruns zu vermeiden, indem Sie während des Brennens nicht anderweitig auf die Festplatte mit den zu brennenden Daten zugreifen.

Schalten Sie auch immer den Schalter *CD automatisch nach dem Schreibvorgang auswerfen* ein. Das Wort »Brennen« kommt nicht von ungefähr. Beim Schreibvorgang auf eine CD-R entsteht erhebliche Wärme. Durch das Herausfahren wird die CD-R sowie das Laufwerk gekühlt.

**Achtung – Keine Aufkleber auf CDs** Verwenden Sie nie Aufkleber auf CDs und DVDs, auch nicht die speziellen runden Aufkleber aus Label-Kits. Diese Aufkleber verursachen eine minimale exzentrische Verlagerung des Schwerpunkts der CD, was bei den hohen Umdrehungsgeschwindigkeiten moderner CD-ROM-Laufwerke zu erheblichen Fliehkräften führt, die im Extremfall die CD im Laufwerk zerbrechen lassen und dieses erheblich beschädigen. Außerdem kann es durch das ungleichmäßige Laufverhalten zu Datenfehlern kommen, die die Übertragungsrate verringern. Inzwischen warnen auch schon einige CD-ROM-Laufwerkshersteller, soweit sie nicht selbst Etiketten herstellen, vor der Verwendung. Ein Geschwindigkeits-Richtwert zur Problemvermeidung lässt sich nicht angeben, da die Unwucht erheblich von Lage, Gewicht und Form des Etikettes abhängt. Besonders kritisch sind Sicherungsaufkleber, wie sie häufig in Büchereien verwendet werden. Diese bestehen aus sehr schwerem Material und liegen, bedingt durch ihre Form, immer exzentrisch auf der CD.

## Daten-CDs kopieren

Eine von Microsoft nicht dokumentierte Funktion ermöglicht auch das einfache Kopieren ganzer CDs von einem CD-ROM-Laufwerk auf einen Brenner. Dieses Verfahren funktioniert nicht mit CDs in speziellen Formaten, wie bootfähigen CDs, Video-CDs oder kopiergeschützten Medien.

1. Klicken Sie mit der rechten Maustaste im Windows Explorer auf das CD-ROM-Laufwerk, und wählen Sie im Kontextmenü *Kopieren*.
2. Klicken Sie jetzt mit der rechten Maustaste auf den Brenner, und wählen Sie im Kontextmenü *Einfügen*.
3. Die Daten werden von der CD in das temporäre Verzeichnis kopiert und können von dort aus gebrannt werden.

**Musik- und Video-CDs** Die Standard-Brennfunktion aus dem Windows Explorer brennt nur Daten-CDs. Musik- oder Video-CDs, die in CD- oder DVD-Playern abgespielt werden sollen, können hiermit nicht gebrannt werden. Zum Brennen von Audio-CDs können Sie den Windows Media Player verwenden, für Video-CDs benötigen Sie ein eigenes Brennprogramm.

## USB-Sticks, Kartenleser, Digitalkameras

Seit die Datenmengen im Alltag ständig größer werden, werden die Speichermedien immer kleiner und preiswerter. Wenige Gramm schwere Speicherkarten sind heute schon mit einer Kapazität von 1 GB erhältlich, USB-Sticks als Schlüsselanhänger aber auch Digitalkameras und PDAs werden als tragbare Speichermedien genutzt, die Diskette hat so gut wie ausgedient.

Alle diese modernen tragbaren Speichermedien haben trotz unterschiedlichstem Aussehen eines gemeinsam: Sie werden am USB-Port angeschlossen, was einige Vorteile mit sich bringt:

- Die Geräte werden vom Computer mit Strom versorgt.
- Notwendige Treiber werden bei Bedarf automatisch vom Gerät auf den PC übertragen.
- HotPlug, also ein An- und Abstecken im laufenden Betrieb ist möglich (solange nicht gerade Daten übertragen werden).

Beim Anschluss eines USB-Sticks, eines Kartenlesers oder einer Digitalkamera wird das Gerät automatisch als Laufwerk erkannt und im Explorer mit einem neuen Laufwerksbuchstaben eingetragen. Beim Abstecken des Laufwerks verschindet dieser Laufwerksbuchstabe automatisch wieder.

Es sind keine speziellen Datentransferprogramme notwendig, das externe Gerät kann wie ein normales Laufwerk verwendet werden.

Ähnlich wie bei CD-ROMs erscheint auch hier beim Anschließen eine Abfrage, wie mit den Daten verfahren werden soll.

### ▲ Speicherkarten

Speicherkarten, wie sie in Digitalkameras und PDAs eingesetzt werden, sind die kleinsten und leichtesten Medien zum Transport großer Datenmengen. Hier sind zurzeit mehrere unterschiedliche Kartenformate gebräuchlich.

- **SD** (Secure Digital) – Das am weitesten verbreitete Format, es wird in fast allen modernen PDAs und Digitalkameras eingesetzt. SD-Karten sind zurzeit bis zu einer Größe von 2 GB erhältlich. Sie verfügen seitlich über einen mechanischen Schreibschutzschieber, der ähnlich wie bei Disketten das Beschreiben und Löschen von Daten verhindert.
- **MMC** (MultiMedia Card) – Weitgehend baugleich mit den SD-Karten, jedoch nur etwa halb so dick, dafür ohne Schreibschutz. Dieser Kartentyp wird vor allem in Handys eingesetzt. MMC-Karten passen in PDAs und Kartenlesern in denselben Steckplatz wie SD-Karten.
- **Mini-SD** – Relativ neues Kartenformat für Handys. Die Karten sind nur etwa halb so groß wie normale SD-Karten, werden aber mit einem Adapter geliefert, sodass sie in Kartenlesern wie SD-Karten verwendet werden können.
- **microSD** – Ähnlich wie Mini SD, nur noch kleiner. Auch hier werden Adapter im normalen SD-Format verwendet. Vor der Standardisierung des microSD-Formates wurden diese Speicherkarten als TransFlash bezeichnet.
- **MemoryStick** – Ein spezieller Kartentyp von Sony, der in PDAs, Notebooks und Kameras dieses Herstellers eingesetzt wird. Diese Bauform wurde weiterentwickelt zum MemoryStick Pro und Duo.
- **SmartMedia** – Heute schon so gut wie veraltetes Kartenformat für Digitalkameras. Die Karten sind sehr flach, aber fast doppelt so groß wie eine SD-Karte, werden aber mit höchstens 128 MB Speicherkapazität angeboten.

- **CompactFlash** – Relativ dicke und große Speicherkarten, sie werden in teuren Digitalkameras verwendet und sind bis zu einer Kapazität von 8 GB erhältlich. IBM liefert in der CompactFlash-Bauform auch winzige Festplatten.
- **xD** – Neues, noch wenig verbreitetes Kartenformat für Digitalkameras.

**Bild 6.24:** Kartenleser für verschiedene Speicherkartentypen (Foto: Conrad Electronic, *www.conrad.de*)

Kleine handliche Kartenleser zum Anschluss an den USB-Port können heute üblicherweise gleich mehrere dieser Formate lesen. Jedem Steckplatz im Kartenleser wird ein eigener Laufwerksbuchstabe zugewiesen.

### ▲ Digitalkameras

Die meisten modernen Digitalkameras verfügen über einen eingebauten Speicher und eine zusätzliche Speicherkarte. Dabei gibt es je nach Kamera unterschiedliche Methoden, wie diese beiden Speichermedien angesprochen werden.

- Die Kamera wird als zwei neue Laufwerke erkannt, der Kameraspeicher und die Speicherkarte.
- Die Kamera wird als ein Laufwerk mit zwei Verzeichnissen erkannt.
- Solange eine Speicherkarte in der Kamera steckt, wird diese als Laufwerk erkannt; nimmt man die Karte heraus, findet man unter demselben Laufwerksbuchstaben den Kameraspeicher.

Auf diese Weise können Digitalkameras auch zum Transport von anderen Dateien als nur Bildern verwendet werden. Legen Sie dafür aber immer eigene Verzeichnisse an, und speichern Sie die Daten nie im Hauptverzeichnis der Kamera oder einer Speicherkarte. Sonst gibt es häufig Probleme, wenn die Kamera selbst versucht, auf den Speicher zuzugreifen.

## Diskettenlaufwerke

Diskettenlaufwerke und besonders ihre Hardware- und Software-seitige Systemintegration muten heute schon bereits exotisch an und sind in einigen vielen neuen PCs gar nicht mehr standardmäßig eingebaut.

Seit den ersten PCs gibt es einen eigenen Controller für Diskettenlaufwerke, dessen Anschlusstechnik sich bis heute fast nicht geändert hat. Das Diskettenlaufwerk hat immer den Laufwerksbuchstaben *A:*. Der Buchstabe *B:* wird für das früher übliche zweite Diskettenlaufwerk reserviert, weshalb die erste Festplatte standardmäßig den Laufwerksbuchstaben *C:* verwendet.

Sogar im *Geräte-Manager* von Windows XP werden Diskettenlaufwerke und ihr Controller als eigene Gruppen eingetragen. Spezielle Treiber oder Einstellungen sind hier nicht nötig.

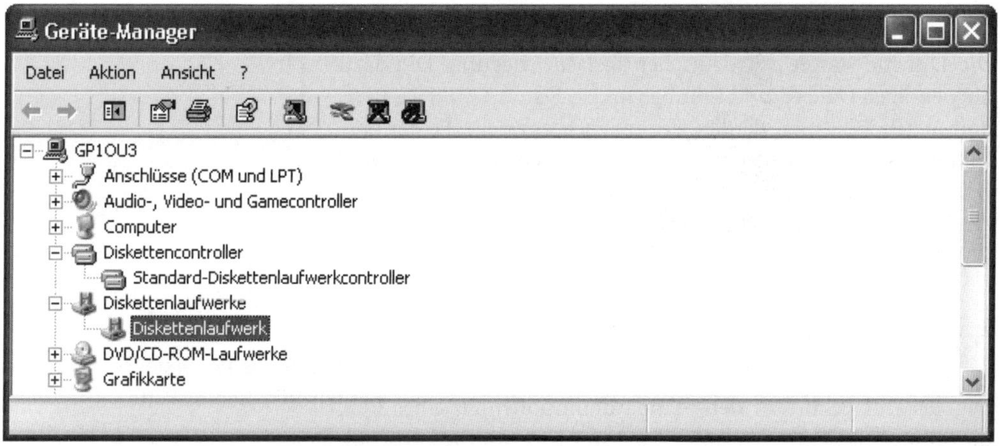


**Bild 6.25:** Diskettenlaufwerk im *Geräte-Manager*

**Hinweis** Die alten 5,25-Zoll-Disketten und 3,5-Zoll-Disketten mit 720 KB-Speicherkapazität werden von Windows XP nicht mehr unterstützt. Allerdings würden Sie auch Mühe haben, solche Disketten heute noch im Handel zu finden.

### ▲ DOS-Bootdiskette unter Windows XP erstellen

Die einzige Daseinberechtigung für ein Diskettenlaufwerk ist, wenn man das PC-System in besonderen Fällen via Bootdiskette starten muss. Denn auch in Zeiten von Windows XP bemötigt man immer wieder eine einfache DOS-Bootdiskette, zum Beispiel um BIOS-Updates aufzuspielen, zur Schlüsselverwaltung älterer, kopiergeschützter Software, zur Konfiguration von Flash-ROMs auf Netzwerkkarten oder zum Zugriff auf ein System, das selbst im abgesicherten Modus nicht mehr läuft.

Windows XP bietet die folgende Optionskette zum Erstellen einer Bootdiskette mit der DOS-Version von Windows ME:

1. Legen Sie eine leere Diskette in das Diskettenlaufwerk, und klicken Sie mit der rechten Maustaste auf das Laufwerkssymbol im Explorer. Die Diskette muss dazu bereits formatiert sein.
2. Wählen Sie im Kontextmenü die Option Formatieren.

3 Wählen Sie hier die Option MS-DOS-Startdiskette erstellen. Alle anderen Optionen werden dann automatisch deaktiviert.

4 Klicken Sie auf *Starten*, und bestätigen Sie die folgende Warnung, dass alle Dateien auf der Diskette gelöscht werden.

**Bild 6.26:** Erstellen einer DOS-Bootdiskette

Das nachträgliche Schreiben eines MS-DOS-Bootblocks auf eine Diskette mit Daten ist nicht mehr möglich. Windows XP kennt keinen SYS-Befehl mehr.

Die Diskette startet mit deutscher Tastaturbelegung. Die dazu notwendigen Dateien und Einträge in den Dateien `CONFIG.SYS` und `AUTOEXEC.BAT` werden automatisch angelegt. Leider enthalten die automatisch erstellten Bootdisketten keine CD-ROM-Unterstützung mehr, wie dies in früheren Windows-Versionen der Fall war. Die entsprechenden Treiber müssten Sie von einem Windows 9x/ME-Computer auf die Diskette kopieren.

## 6.7 Tastatur

Die Tastatur gehört zu den Standardkomponenten eines PCs, die ohne spezielle Treiber unterstützt werden. Nur die Umschaltung auf landessprachliche Tastaturlayouts muss vom Betriebssystem geregelt werden.

Bei der ersten Einrichtung wurde Ihre Tastatur Software-mäßig mit einem deutschen Tastenlayout versehen, das heißt die Tastenbeschriftung stimmt mit den auf dem Bildschirm dargestellten Zeichen überein. Wenn Sie häufig englischsprachige Texte verfassen, dann möchten Sie vielleicht eine englische Tastatur verwenden ([Z] und [Y] sind hier vertauscht).

Windows XP zeigt in der Taskleiste die aktuell eingestellte Tastatur-Sprache an. Bei der Installation des deutschen Windows XP wird Deutsch als Standardsprache und Englisch (USA) als zweite Sprache installiert. Ein Klick auf das *DE*-Symbol in der Taskleiste blendet eine Liste der installierten Sprachen ein, hier kann man die Tastatur auch leicht umschalten.

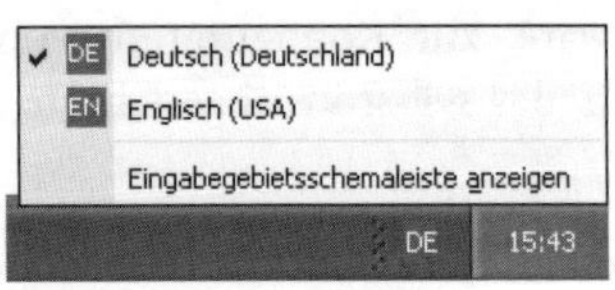


**Bild 6.27:** Auswahl der Tastatursprache

Wenn das *DE*-Symbol nicht angezeigt wird, ist die *Eingabegebietsschemaleiste* ausgeschaltet. Klicken Sie mit der rechten Maustaste auf die Taskleiste, und wählen Sie im Kontextmenü *Symbolleisten*. Schalten Sie dort die *Eingabegebietsschemaleiste* ein.

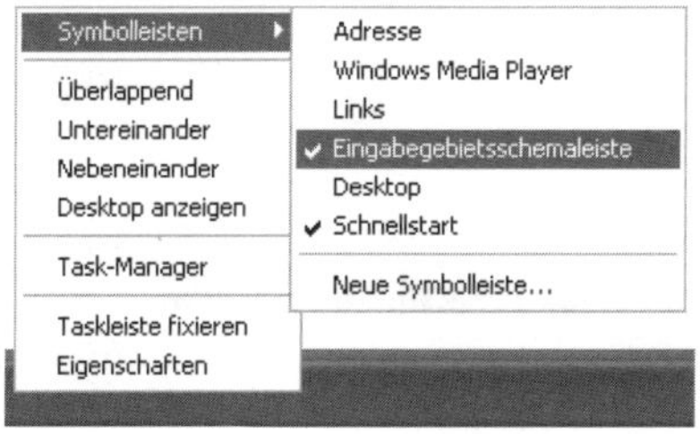


**Bild 6.28:** *Eingabegebietsschemaleiste* einschalten

Wer häufig mit fremdsprachigen Texten arbeitet, kann zusätzliche Tastaturlayouts, in Windows XP als *Eingabegebietsschema* bezeichnet, installieren.

1. Klicken Sie mit der rechten Maustaste auf das *DE*-Symbol, und wählen Sie im Kontextmenü *Einstellungen*.

2. Das Fenster *Textdienste und Eingabesprachen* zeigt die installierten Sprachen. Klicken Sie hier auf *Hinzufügen*.

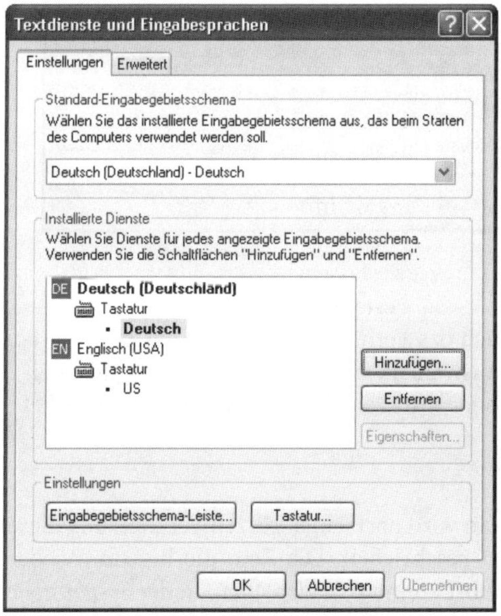


**Bild 6.29:** Alle installierten *Eingabegebietsschemas*

3. Wählen Sie in der Liste unter *Eingabegebietsschema* die gewünschte Sprache aus. Die dafür optimale Tastaturbelegung erscheint im unteren Feld. Beachten Sie, dass für einige Sprachen unterschiedliche Tastaturen verwendet werden, zum Beispiel bietet die Schweizer Tastatur eine einfachere Methode, französische diakritische Zeichen einzugeben.

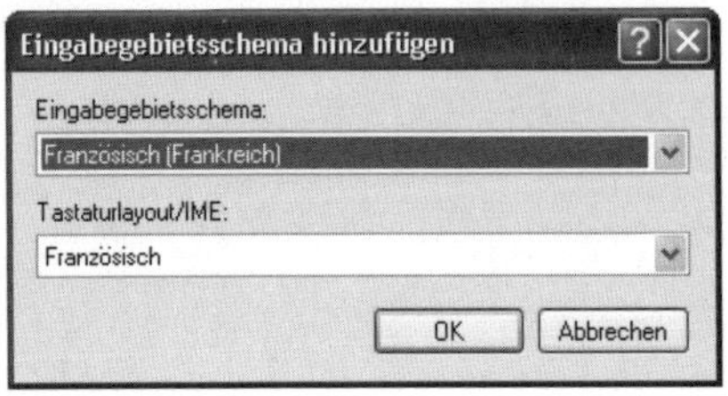


**Bild 6.30:** Auswahl eines zusätzlichen *Eingabegebietsschemas*

4 Mit der Schaltfläche *Tastatur* können Sie Tastenkombinationen definieren, mit denen auf eine andere Sprache umgeschaltet werden kann, ohne den Umweg über die Maus und die *Eingabegebietsschemaleiste* machen zu müssen. Standardmäßig blättert die Tastenkombination `Alt`+`⇧` nacheinander durch alle installierten Sprachen (s. Bild 6.31).

**Bild 6.31:** Tastenkombination festlegen

**Hinweis** In diesem Dialog können Sie auch das Verhalten der Feststelltaste `⇩` festlegen. In Windows XP können Sie jetzt auswählen, ob die permanente Großschreibung durch erneutes Drücken von `⇩` oder mit der `⇧`-Taste wieder abgeschaltet wird.

Wenn Sie eine Buchstabentaste gedrückt halten, dann wird nach einer kurzen Verzögerung dieser Buchstabe laufend wiederholt auf den Bildschirm geschrieben. Die Zeit, die bis zur Wiederholung verstreichen muss und die Wiederholrate selbst können Sie einstellen. In der *Systemsteuerung* klicken Sie auf *Eingabehilfen*. Auf der Registerkarte *Tastatur* können Sie die *Anschlagverzögerung* einstellen.

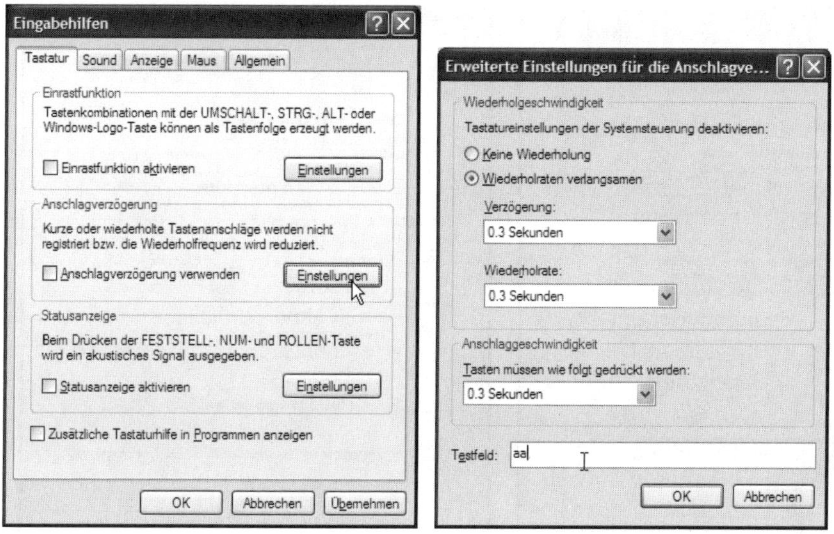


**Bild 6.32:** Anschlagverzögerung einstellen

## 6.8 Maus

Seit es Windows gibt, gehört eine Maus neben der Tastatur als zweites Eingabegerät zu jedem PC. Mäuse, die am PS/2-Anschluss angeschlossen sind, werden von Windows automatisch erkannt. USB-Mäuse müssen vom BIOS unterstützt werden. Dazu ist es in den meisten Fällen nötig, dort eine entsprechende Einstellung zu aktivieren.

Windows XP bietet in der *Systemsteuerung/Maus* verschiedene Einstellungen für das Verhalten der Maus und das Aussehen des Mauszeigers.

**Hinweis** Wir haben bisher immer von linker und rechter Maustaste gesprochen. Dabei haben wir stillschweigend vorausgesetzt, dass Sie Rechtshänder sind. Für Linkshänder wären vertauschte Tasten gerade richtig. Auf der Registerkarte *Tasten* können Sie die linke und die rechte Taste in ihren Funktionen vertauschen und auch die Geschwindigkeit des Doppelklicks Ihrem eigenen Arbeitstempo anpassen.

Besonders wichtig sind die Einstellungen auf der Registerkarte *Zeigeroptionen*, mit denen sich das Verhalten der Maus deutlich komfortabler gestalten lässt.

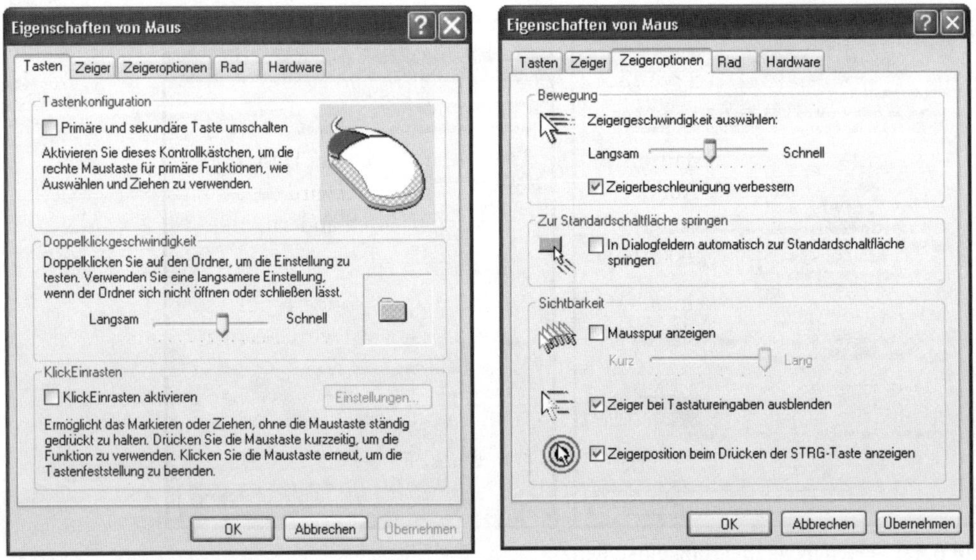


**Bild 6.33:** Einstellungen für die Maustasten und Mauszeiger

- Die *Zeigergeschwindigkeit* legt fest, wie schnell sich der Mauspfeil im Verhältnis zur tatsächlichen Bewegung der Maus verschiebt.
- Mit der *Zeigerbeschleunigung* lassen sich durch schnellere Bewegungen größere Strecken auf dem Bildschirm zurücklegen.
- *Zur Standardschaltfläche springen* setzt den Mauspfeil automatisch auf die *OK*-Schaltfläche, wenn ein neues Dialogfeld auf dem Bildschirm eingeblendet wird.
- Bei *Mausspur anzeigen* hinterlässt die Maus bei der Bewegung eine Spur auf dem Bildschirm und ist dadurch leichter zu finden.
- Beim Schreiben von Texten ist der Mauszeiger ein störendes Element auf dem Bildschirm, das den Blick ablenkt. Der Schalter *Zeiger bei Tastatureingaben ausblenden* schaltet den Mauspfeil ab, nachdem einige Tasten gedrückt wurden. Eine kleine Bewegung der Maus schaltet den Mauspfeil wieder ein.
- Auf großen Bildschirmen ist der Mauspfeil oft schwer zu erkennen, besonders wenn er sehr kontrastschwach eingestellt ist. Ist der Schalter *Zeigerposition beim Drücken der STRG-Taste anzeigen* eingeschaltet, kann man mit der `Strg`-Taste einen animierten Kreis am Mauszeiger aufblinken lassen, um diesen leichter zu finden.

## 6.9 Monitor und Grafikkarte

Windows XP läuft ab einer Bildschirmauflösung von 800 × 600 Pixel. Jede moderne Grafikkarte bietet eine höhere Auflösung, wenn die richtigen Treiber installiert sind.

Normalerweise wird die Grafikkarte automatisch erkannt, was aber nicht bedeutet, dass sie auch auf die optimale Auflösung eingestellt wird. Flachbildschirme haben zum Beispiel nur eine Auflösung, die optimal angezeigt wird. Das ist nicht immer die höchstmögliche Auflösung, die die Grafikkarte darstellen kann.

Klicken Sie mit der rechten Maustaste auf einen leeren Bereich des Desktops, und wählen Sie im Kontextmenü *Eigenschaften*. Auf der Registerkarte *Einstellungen* wird die aktuelle Bildschirmauflösung und Farbqualität angezeigt. Hier können Sie diese auch ändern, nur natürlich immer im Rahmen dessen, was die Grafikkarte hergibt.

Wenn in der Zeile *Anzeige* keine Grafikkarte eingetragen ist, sondern nur *VGA* oder *Super VGA* steht, wurde nicht der passende Grafiktreiber installiert oder es wird ein alter Treiber verwendet.

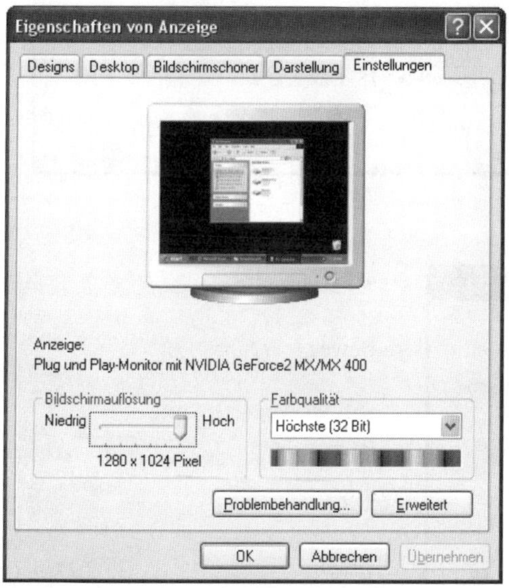


**Bild 6.34:** Einstellungen der Grafikkarte

Klicken Sie auf die Schaltfläche *Erweitert*. Auf der Registerkarte *Grafikkarte* werden Detailinformationen zur Grafikkarte angezeigt. Klicken Sie dort auf *Eigenschaften*, wird ein weiteres Dialogfeld angezeigt, in dem auf der Registerkarte *Treiber* die Versionsnummer und das Datum des installierten Treibers angezeigt wird.

Die Schaltfläche *Aktualisieren* versucht, einen aktuelleren Grafiktreiber zu finden. Wenn Sie eine CD von Ihrer Grafikkarte haben, legen Sie diese jetzt ein, falls sie nicht älter als der zurzeit installierte Treiber ist.

Nach einem Update des Grafiktreibers muss der Computer neu gestartet werden.

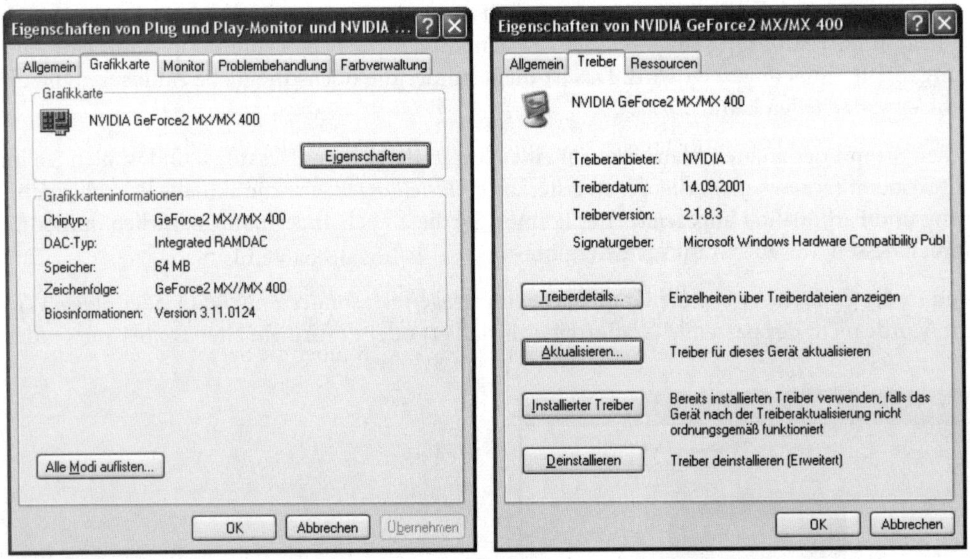


**Bild 6.35:** Informationen zum Grafiktreiber

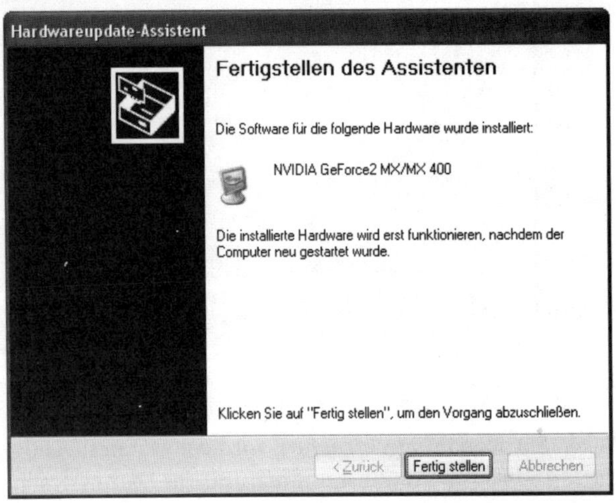


**Bild 6.36:** Erfolgreiches Update des Grafiktreibers

Sollte eine falsche Grafikkarte angezeigt werden, deinstallieren Sie die Treiber über die Schaltfläche *Deinstallieren*. Danach müsste die *automatische Hardware-Erkennung* sofort anspringen und die Grafikkarte neu erkennen. Ist dies nicht der Fall, installieren Sie die Treiber von der CD, die mit Ihrer Grafikkarte geliefert wurde.

# 6.10 Soundkarte und Lautsprecher

Jeder Computer wird heute mit einer Soundkarte ausgestattet, meistens ist sie sogar schon direkt auf dem Motherboard integriert. Die Soundkarte wird im Wesentlichen zum Abspielen von Multimedia-Dateien und für Spiele verwendet. In letzter Zeit wird auch die Internet-Telefonie (VoIP) immer beliebter. Auch hierfür ist eine Soundkarte erforderlich.

**Info** Seit den Zeiten der ersten PCs gibt es einen eingebauten Lautsprecher, der aber nur Pieptöne zur Benachrichtigung bei wichtigen Systemereignissen von sich gibt. Dieser Lautsprecher lässt sich für die Soundausgaben von Windows XP nur mit einem speziellen Zusatztreiber verwenden und wird auch nicht über die Systemsteuerung konfiguriert.

Die Einstellungen der Soundkarte finden Sie in der *Systemsteuerung/Sounds und Audiogeräte.* Hier können Sie auch die generelle Lautstärke einstellen.

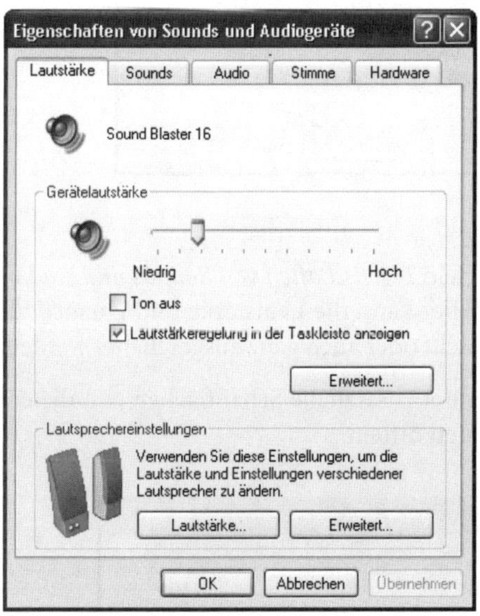


**Bild 6.37:** Lautstärkeeinstellungen für die Soundkarte

Anwender früherer Windows-Versionen werden das Lautsprechersymbol in der Taskleiste vermissen, hinter dem sich ein einfacher Lautstärkeregler verbirgt. Dieses wird von Windows XP standardmäßig nicht angezeigt, ist aber weiterhin vorhanden. Mit der Option *Lautstärkeregelung in der Taskleiste anzeigen* wird dieses Symbol eingeblendet und steht dann als Lautstärkeregler jederzeit zur Verfügung.

**Bild 6.38:** Der Lautstärkeregler in der Taskleiste

Der Schalter *Ton aus* schaltet die Soundkarte ganz aus. Beim nächsten Einschalten gilt wieder die zuvor verwendete Lautstärke.

Die untere der beiden *Erweitert*-Schaltflächen im Dialogfeld *Eigenschaften von Sounds und Audiogeräte* zeigt verschiedene Lautsprecherkonfigurationen. Wählen Sie hier die aus, die Ihren tatsächlich verwendeten Lautsprechern am besten entspricht.

**Bild 6.39:** Verschiedene Lautsprecherkonfigurationen

Die obere der beiden *Erweitert*-Schaltflächen im Dialogfeld *Eigenschaften von Sounds und Audiogeräte* blendet eine detaillierte Lautstärkeregelung ein. Hier kann die Lautstärke und Balance für verschiedene Funktionen der Soundkarte einzeln eingestellt oder auch ganz ausgeschaltet werden.

Der Menüpunkt *Optionen/Erweiterte Einstellungen* blendet zusätzliche Schaltflächen ein, die ein weiteres Dialogfeld zur Einstellung von Höhen und Tiefen öffnen.

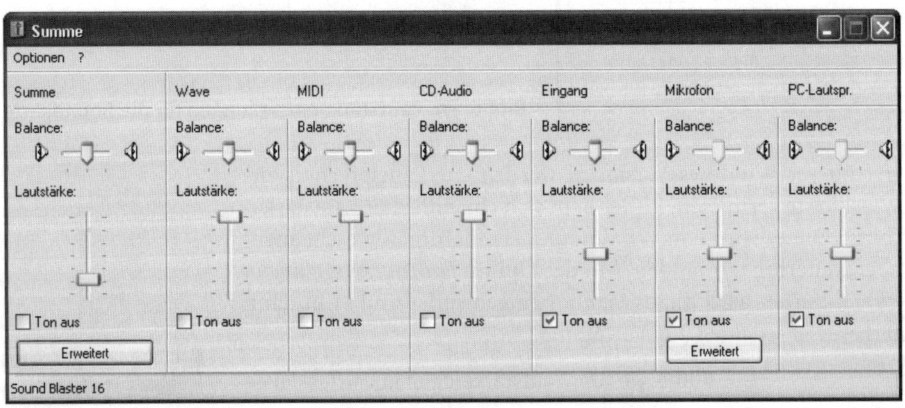


**Bild 6.40:** Soundmischpult zur Lautstärkeregelung einzelner Kanäle

**Tipp** Dasselbe Soundmischpult erreichen Sie auch mit einem Doppelklick auf das Lautsprechersymbol in der Taskleiste.

Standardmäßig werden in diesem Soundmischpult nur die wichtigsten Kanäle dargestellt. Der Menüpunkt *Optionen/Eigenschaften* zeigt eine Liste aller Lautstärkeregler. Diese kann je nach Soundkarte unterschiedlich aussehen. Schalten Sie hier alle Kanäle ein, die Sie in der Lautstärkeregelung zur Verfügung haben wollen.

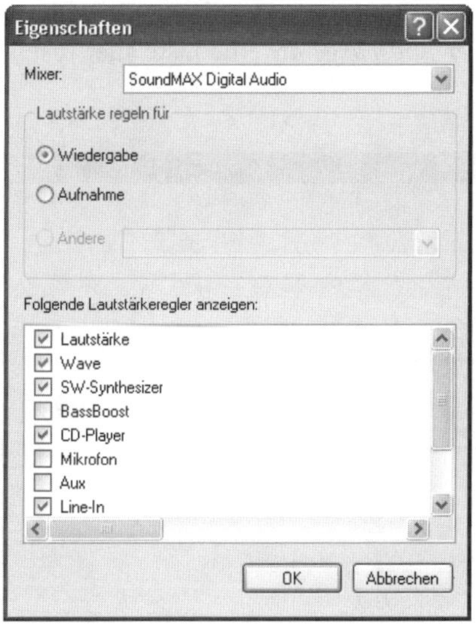


**Bild 6.41:** Welche Lautstärkeregler sollen im Soundmischpult angezeigt werden?

### Shutdown-Probleme durch PC-Lautsprecher

In einigen Fällen verursacht der Windows-Treiber für den eingebauten PC-Lautsprecher Probleme beim Herunterfahren. Da auf heutigen PCs die meisten Klänge über die Soundkarte ausgegeben werden, kann bei Problemen der PC-Lautsprecher-Treiber deaktiviert werden.

Löschen Sie in solchen Fällen die Zeile

```
Wave=Speaker.drv
```

in der Datei `SYSTEM.INI` im `Windows`-Verzeichnis, falls diese Zeile dort vorhanden ist.

## 6.11 Drucker

Trotz des angeblich »papierlosen« Büros kommt es immer wieder vor, dass man ein Dokument ausdrucken möchte. Windows XP unterstützt dazu alle gängigen Drucker und erkennt diese in den meisten Fällen sogar automatisch.

**Hinweis** Plug&Play-fähige Drucker können an Parallelports, USB-, IEEE 1394/FireWire- oder Infrarot-Anschlüssen automatisch erkannt werden, sodass keine manuelle Treiberinstallation mehr erforderlich ist. Voraussetzung für die automatische Erkennung eines Druckers an einer Parallelschnittstelle ist eine bidirektionale Datenübertragung zum Drucker. Dazu muss die Schnittstelle im BIOS als bidirektional oder ECP/EPP konfiguriert sein und ein Kabel verwendet werden, das eine bidirektionale Datenübertragung zulässt.

Auch freigegebene Drucker im Netzwerk werden automatisch erkannt. Windows XP zeigt im Startmenü und auch in der *Systemsteuerung* unter *Drucker und Faxgeräte* eine Liste aller installierten Drucker an.

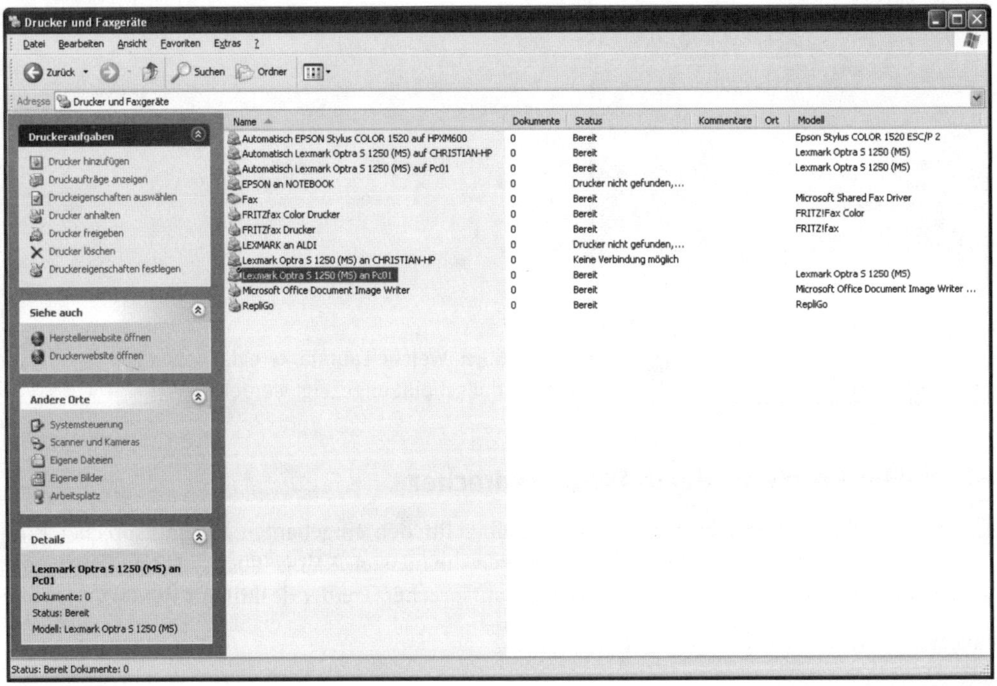


**Bild 6.42:** Liste aller installierten Drucker

Das linke Teilfenster bietet einfachen Zugriff auf alle wichtigen Aufgaben in der Druckersteuerung.

Ein Doppelklick auf einen Drucker zeigt alle zurzeit anstehenden Druckaufträge. Sollte ein Drucker nicht aktiv sein, können Sie in diesem Fenster die Druckaufträge abbrechen.

## Drucken

Windows XP bietet drei Methoden, ein Dokument zu drucken:

- Die am Häufigsten verwendete Methode ist der Menüpunkt *Datei/Drucken* oder die *Drucken*-Schaltfläche, die in fast jedem Programm vorhanden ist.
- Dateien, die als Standarddateityp einem Programm zugeordnet sind, haben im Explorer-Kontextmenü eine Option *Drucken*. Damit wird das jeweilige Programm gestartet und die Datei gedruckt.
- Man kann auch eine Datei aus einem Explorer-Fenster direkt auf ein Druckersymbol im Verzeichnis `Drucker und Faxgeräte` ziehen.

Die meisten Programme bieten beim Klick auf das *Drucker*-Symbol ein Dialogfeld, in dem im oberen Bereich der gewünschte Drucker ausgewählt werden kann. Dazu sind je nach Programm noch weitere Einstellungen möglich. So kann zum Beispiel bei mehrseitigen Dokumenten festgelegt werden, welche Seiten gedruckt werden sollen.

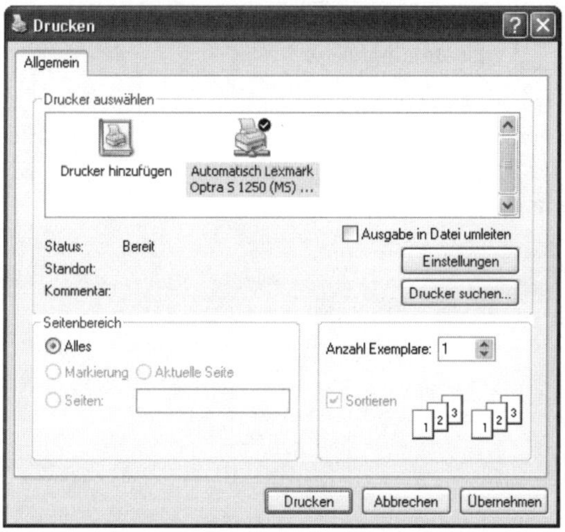


**Bild 6.43:** Standarddialog zum Drucken

Wollen Sie von einem Dokument gleich mehrere Exemplare ausdrucken, geben Sie dies bei *Anzahl Exemplare* an. Mit der Option *Sortieren* können Sie festlegen, ob nacheinander jedes Dokument von Anfang bis Ende gedruckt werden soll oder zuerst alle ersten Seiten, dann alle zweiten und so weiter.

Klicken Sie auf die Schaltfläche *Einstellungen*, um das Papierformat und die Druckreihenfolge der Seiten auszuwählen. Diese ist wichtig, da manche Drucker die zweite Seite im Stapel auf die Rückseite der ersten legen, andere auf die Vorderseite und damit den Stapel in unterschiedlicher Reihenfolge sortieren.

Besonders Readme-Dateien und textlastige Web-Seiten erscheinen beim Ausdruck viel zu groß. Hier kann man Übersichtlichkeit gewinnen und Papier sparen, wenn man die Seiten kleiner und dafür 2, 4 oder noch mehr auf ein Blatt druckt.

**Bild 6.44:** Druckerunabhängige Einstellungen

Ein Klick auf die Schaltfläche *Erweitert* zeigt einen weiteren Einstellungsdialog, der von Drucker zu Drucker unterschiedlich aussehen kann. Hier finden Sie gerätespezifische Einstellungen, wie zum Beispiel Papiergrößen und Druckauflösung.

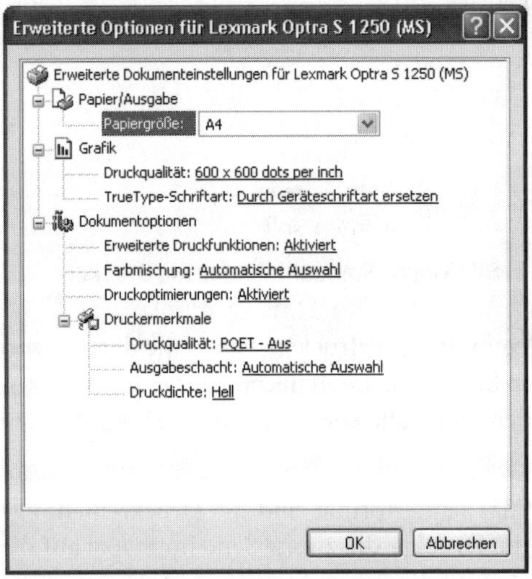


**Bild 6.45:** Gerätespezifische Druckereinstellungen

## Druckeigenschaften und Druckereigenschaften

Sie können für jeden Drucker diese Druckeinstellungen auch standardmäßig vorgeben, sodass Sie häufig verwendete Einstellungen nicht mehr bei jedem Druck festlegen müssen. Das Feld *Druckeraufgaben* im Verzeichnis `Drucker und Faxgeräte` enthält hierzu zwei sehr ähnlich klingende Optionen: *Druckeigenschaften auswählen* und *Druckereigenschaften festlegen.* Beide sind auch im Kontextmenü eines Druckers vorhanden, wurden dort aber unsinnigerweise wieder anders bezeichnet.

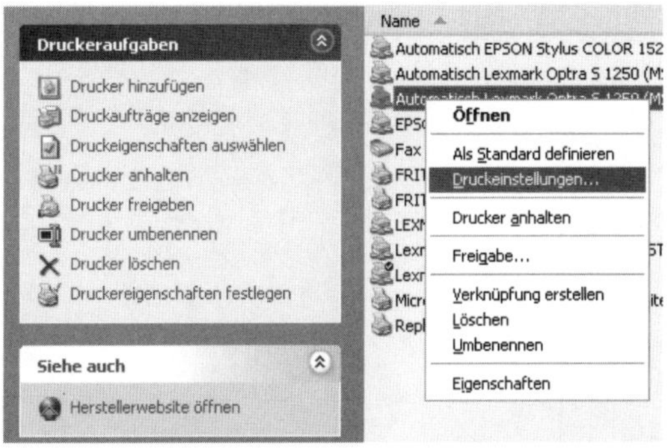


**Bild 6.46:** Einstellungen eines Druckers in den *Druckeraufgaben* und im Kontextmenü

- **Druckeigenschaften auswählen** (*Druckeinstellungen* im Kontextmenü) bewirkt dasselbe wie *Einstellungen* im Druckdialog. Hier lassen sich Vorgaben zur Sortierreihenfolge, zum Papierformat und zur Anzahl der Seiten pro Blatt vornehmen.
- **Druckereigenschaften festlegen** (*Eigenschaften* im Kontextmenü) bietet Zugriff auf verschiedene technische Einstellungen des Druckers. Diese werden üblicherweise automatisch richtig festgelegt, müssen aber bei Netzwerkdruckern oft noch angepasst werden. Dieselben Einstellungen findet man auch bei der manuellen Konfiguration eines Druckers.

## Standarddrucker

Die meisten Programme bieten beim Klick auf die *Drucker*-Schaltfläche eine Auswahlmöglichkeit, auf welchem Drucker das Dokument gedruckt werden soll. Einige Programme, wie zum Beispiel Microsoft Word, bieten diese Auswahl nicht. Hier wird immer auf dem Drucker gedruckt, der als Standarddrucker in Windows XP definiert ist.

Dieser Standarddrucker ist mit einem schwarzen Häckchen in der Liste der Drucker gekennzeichnet. Möchten Sie einen anderen Drucker als Standarddrucker festlegen, klicken Sie mit der rechten Maustaste auf diesen Drucker und wählen im Kontextmenü den Menüpunkt *Als Standard definieren.*

## Drucker manuell installieren

Sollte ein Drucker nicht erkannt werden, was bei älteren Druckern, bei seriellen Anschlüssen und bei unidirektionalen Kabeln vorkommt, kann der Drucker auch manuell konfiguriert werden.

**Tipp** Manche Drucker bieten mehrere Druckmodi, zum Beispiel PCL und PostScript. Der Drucker wird trotzdem nur einmal erkannt. Sie können aber manuell einen zweiten logischen Drucker für den anderen Betriebsmodus installieren.

1. Wählen Sie im Verzeichnis `Drucker und Faxgeräte` den Menüpunkt *Datei/Drucker hinzufügen.*

2. Der *Druckerinstallations-Assistent* von Windows XP startet. Den ersten belanglosen Dialog können Sie einfach mit *Weiter* bestätigen.

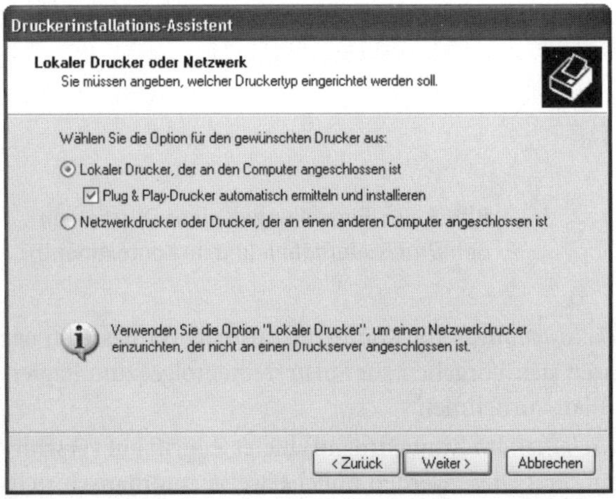


**Bild 6.47:** Ist der Drucker lokal angeschlossen oder im Netz?

3. Wählen Sie im nächsten Schritt aus, ob der Drucker lokal an diesen Computer angeschlossen ist oder über ein Netzwerk an einem anderen Computer hängt. Da der Drucker bis jetzt noch nicht automatisch erkannt wurde, handelt es sich nicht um einen Plug&Play-Drucker. Sie können den Schalter Plug & Play Drucker automatisch ermitteln und installieren ausschalten und so die langwierige Hardware-Erkennung überspringen.

4. Danach geben Sie an, an welchem Anschluss der Drucker angeschlossen ist. Die Liste zeigt alle lokalen Schnittstellen des Computers sowie bereits von anderen Druckern belegte Netzwerkschnittstellen an. Letztere brauchen Sie nur, wenn an dem betreffenden Computer im Netzwerk inzwischen ein anderer Drucker angeschlossen und dieser nicht richtig erkannt wurde. Wählen Sie den Anschluss aus, an dem der Drucker angeschlossen ist. Sollte eine Schnittstelle nicht erkannt worden sein, was dann vorkommen kann, wenn ein Programm virtuelle Schnittstellen anlegt, müssen Sie mit der Option *Einen neuen Anschluss erstellen* diesen Anschluss definieren.

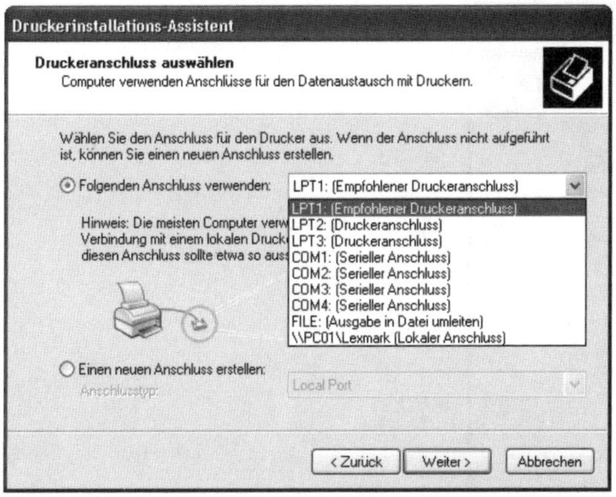


**Bild 6.48:** Auswahl des Druckeranschlusses

5 Wählen Sie im nächsten Schritt das Druckermodell aus. Ist der gewünschte Drucker in der Liste nicht vorhanden, können Sie über die Schaltfläche *Datenträger* Druckertreiber von einer CD des Herstellers installieren.

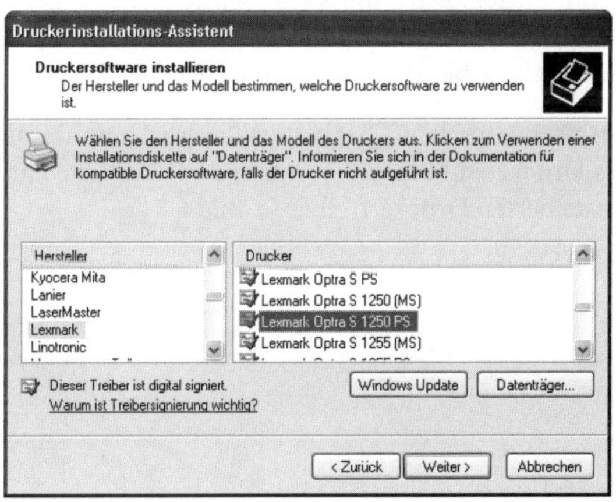


**Bild 6.49:** Auswahl des Druckertyps

6 Danach müssen Sie dem neu installierten Drucker einen Namen geben, unter dem Windows XP ihn ansprechen soll. Dieser Name muss eindeutig sein und sollte nicht mehr als 31 Zeichen lang sein. Im selben Schritt des *Assistenten* legen Sie fest, ob der neu installierte Drucker als Standarddrucker eingerichtet werden soll.

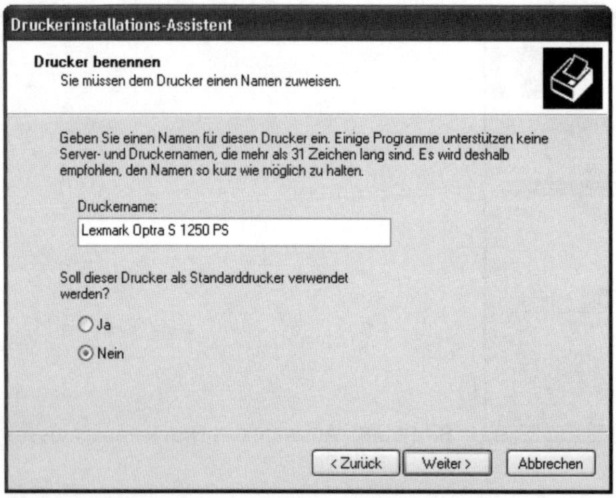


**Bild 6.50:** Der Drucker muss einen Namen haben

7. Wenn Sie in einem Netzwerk arbeiten, können Sie diesen Drucker für andere Personen freigeben, die über das Netzwerk darauf drucken dürfen. Dazu muss ein Freigabename angegeben werden. Arbeiten Sie nur lokal, geben Sie den Drucker nicht frei. Auch im Netzwerk können Sie später noch jederzeit einen nicht freigegebenen Drucker freigeben.

8. Danach werden Sie aufgefordert, eine Testseite zu drucken. Dies sollten Sie erledigen. Damit wird nicht nur die Funktionsfähigkeit des Druckers überprüft, sondern diese Testseite enthält auch nützliche Informationen zum installierten Druckertreiber (s. Bild 6.51).

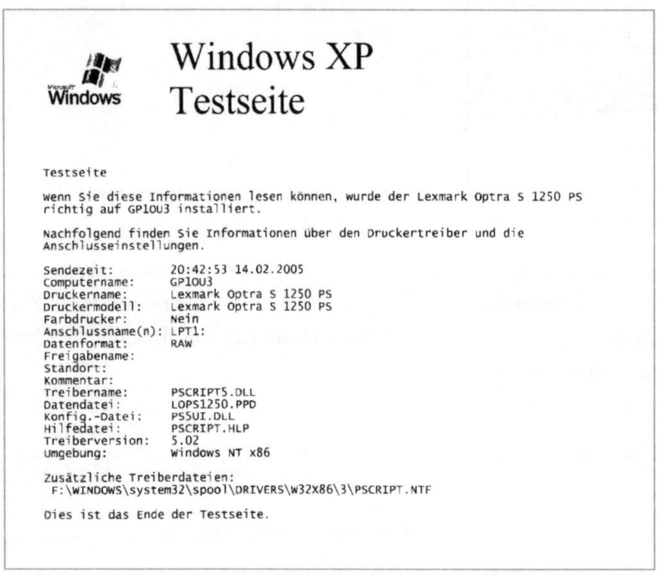
Windows XP
Testseite

Testseite

Wenn Sie diese Informationen lesen können, wurde der Lexmark Optra S 1250 PS richtig auf GP1OU3 installiert.

Nachfolgend finden Sie Informationen über den Druckertreiber und die Anschlusseinstellungen.

| | |
|---|---|
| Sendezeit: | 20:42:53 14.02.2005 |
| Computername: | GP1OU3 |
| Druckername: | Lexmark Optra S 1250 PS |
| Druckermodell: | Lexmark Optra S 1250 PS |
| Farbdrucker: | Nein |
| Anschlussname(n): | LPT1: |
| Datenformat: | RAW |
| Freigabename: | |
| Standort: | |
| Kommentar: | |
| Treibername: | PSCRIPT5.DLL |
| Datendatei: | LOPS1250.PPD |
| Konfig.-Datei: | PS5UI.DLL |
| Hilfedatei: | PSCRIPT.HLP |
| Treiberversion: | 5.02 |
| Umgebung: | Windows NT x86 |

Zusätzliche Treiberdateien:
F:\WINDOWS\system32\spool\DRIVERS\W32X86\3\PSCRIPT.NTF

Dies ist das Ende der Testseite.

**Bild 6.51:** Die Druckertestseite

9 Zum Schluss werden die Treiber kopiert; danach steht der neue Drucker im System für alle Programme zur Verfügung.

## Fax

Jedes Modem und jede ISDN-Karte liefert heute ein Faxprogramm mit, das wie ein Druckertreiber funktioniert. Um eine Datei zu faxen, klicken Sie in der jeweiligen Anwendung auf das *Drucker*-Symbol und wählen den Faxdrucker aus. Dort müssen Sie meistens nur noch die Faxnummer des Empfängers angeben.

Aber auch Windows XP enthält ein eigenes Faxprogramm, das automatisch installiert wird, wenn ein Plug&Play-fähiges Faxmodem erkannt wird.

**Achtung** Da Windows XP aus den USA stammt und dort niemand ISDN kennt, fehlt leider eine Unterstützung für ISDN-Karten.

Das Faxprogramm kann entweder wie ein Druckertreiber aus einer beliebigen Anwendung heraus verwendet werden oder direkt über das Symbol *Fax* im Verzeichnis `Drucker und Faxgeräte` gestartet werden.

Das Fenster *Faxclientkonsole* öffnet sich. Dieses ist am Anfang leer. Später werden Sie hier die ein- und ausgegangenen Faxe finden.

**Bild 6.52:** Die *Faxclientkonsole*

Mit der Schaltfläche *Neues Fax* können Sie eine einfache Faxnotiz erstellen.

1 Bestätigen Sie den ersten, belanglosen Dialog einfach mit *Weiter.*

2 Geben Sie im nächsten Schritt den Namen des Empfängers und dessen Faxnummer ein. Mit der Liste im unteren Bereich der Dialogbox können Sie ein Serienfax gleichzeitig an mehrere Empfänger senden.

**Bild 6.53:** Name und Faxnummer des Empfängers

3. Wählen Sie im nächsten Schritt eine Deckblattvorlage aus und geben Sie eine Betreffzeile und den Kurztext ein, der auf dem Deckblatt erscheinen soll.

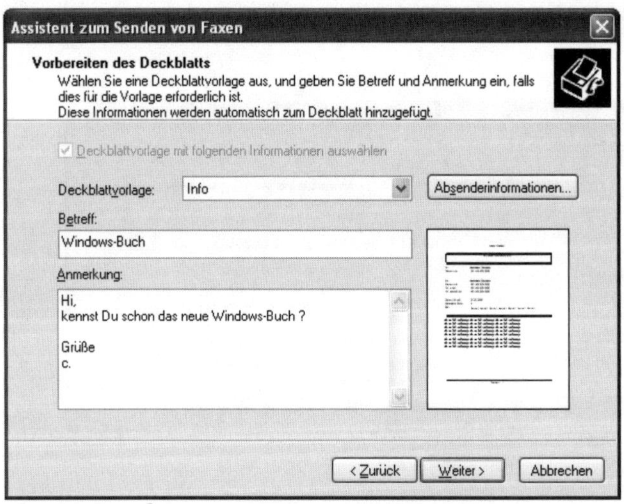


**Bild 6.54:** Vorlage und Text

4. Mit der Schaltfläche *Absenderinformationen* können Sie Ihre eigene Adresse als Absender angeben. Diese lässt sich speichern, sodass Sie sie für weitere Faxe nicht mehr neu eingeben müssen.

5. Den Versand umfangreicher Serienfaxe verlegt man lieber auf Zeiten günstiger Telefontarife, also Nachts oder Sonntags. Im Dialogfeld *Zeitplan* können Sie einstellen, wann das Fax verschickt werden soll.

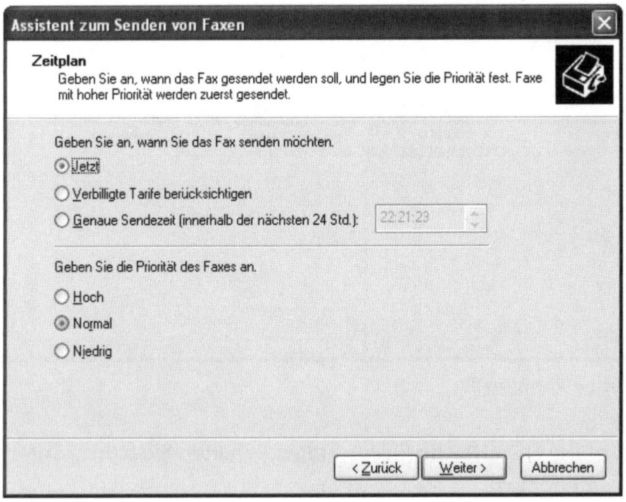


**Bild 6.55:** Faxe können zu tarifgünstigen Zeiten versendet werden

6 Das letzte Dialogfeld des *Assistenten* zeigt an, dass das Fax erfolgreich erstellt wurde.

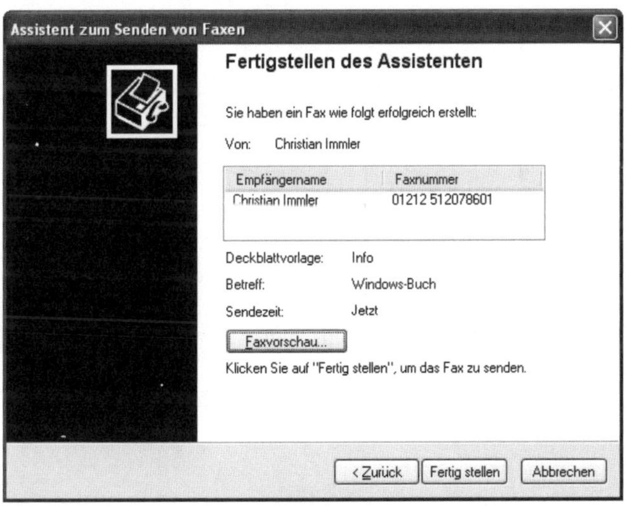


**Bild 6.56:** Erst nach dieser Meldung wird das Fax wirklich gesendet

Dies heißt aber noch nicht, dass es auch erfolgreich versendet wurde. Erst, wenn das Fax im Fenster *Faxclientkonsole* im Ordner *Gesendete Faxe* steht, wurde es wirklich gesendet. Trat ein Fehler auf, bleibt das Fax im Ordner *Ausgangsfach* liegen.

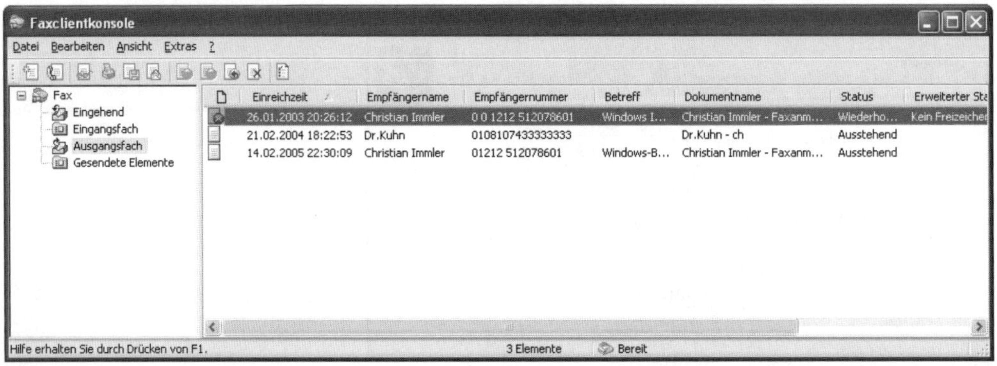


**Bild 6.57:** Faxe, die nicht gesendet werden konnten

Klicken Sie auf ein Fax und danach auf die Schaltfläche *Eigenschaften*, erhalten Sie nähere Informationen, die Hinweise zur Fehlerursache geben.

**Bild 6.58:** Eigenschaften zu einem ausgehenden Fax

## Drucken in Datei, PDF etc.

Ein Ausdruck muss nicht unbedingt auf Papier erfolgen. Druckertreiber werden auch zum Export von Daten in Fremdformate verwendet. So kann man zum Beispiel mit speziellen Druckertreibern PDF-Dokumente zur Darstellung im Adobe Reader erstellen.

Gegenüber einer speziellen Exportfunktion für solche Formate bietet der Druckertreiber den Vorteil, dass nur ein Programm installiert werden muss, das dann aus jeder Windows-Anwendung heraus funktioniert.

Ein PDF-Druckertreiber erscheint wie ein normaler Drucker in der Systemsteuerung unter *Drucker und Faxgeräte.* Wählt man diesen Drucker beim Drucken aus, erscheint ein weitere Dialog, in dem noch zusätzliche Einstellungen vorgenommen werden können. Hier muss auch ein Name für die neu erstellte Datei angegeben werden. Diese lässt sich danach mit einem geeigneten Betrachter anzeigen.

## 6.12 Scanner

Windows XP bietet einen eigenen Assistenten zum Scannen von Bildern und eine automatische Erkennung für angeschlossene Scanner. Dabei wird die Standard-TWAIN-Schnittstelle verwendet, die jeder Scanner unterstützt.

Wie in früheren Windows-Versionen können die meisten Bildbearbeitungsprogramme zum Scannen verwendet werden. Allerdings ist keine manuelle Installation von Scanner-Software mehr nötig. Die Windows XP Treiber integrieren sich über die TWAIN-Schnittstelle automatisch als Scan-Funktion in die Programme.

In Windows XP können Sie jetzt auch ohne ein externes Bildbearbeitungsprogramm scannen:

1. Legen Sie das Bild auf den Scanner, und klicken Sie doppelt auf das Symbol des Scanners im Verzeichnis `Scanner und Kameras` unterhalb der Systemsteuerung.
2. Der *Scanner- und Kamera-Assistent* erscheint. Bestätigen Sie den ersten, belanglosen Dialog mit *Weiter.*
3. Wählen Sie im nächsten Dialog den Bildtyp aus, und klicken Sie dann auf *Vorschau.* Der Scanner startet und zeigt ein kleines Vorschaubild. Dabei werden automatisch überflüssige Ränder unterdrückt, der Scan-Bereich umfasst nur das tatsächliche Bild.

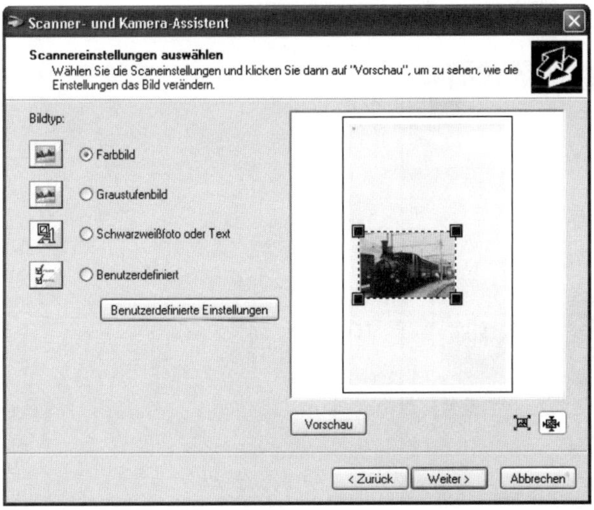


**Bild 6.59:** Auswahl des Bildtyps und Ausschnittes

4. Sollte der Bildbereich nicht stimmen, können Sie ihn mit den roten Griffen in den Bildecken verändern.

5. Klicken Sie anschließend auf *Weiter*. Im nächsten Schritt geben Sie dem Bild einen Namen und wählen ein Dateiformat aus. Außerdem müssen Sie noch einen Speicherort für das Bild wählen. Der Pfeil ganz rechts im Feld für den Namen bietet die zuletzt verwendeten Namen an, der Pfeil im Feld für den Speicherort bietet einige Vorschläge für Verzeichnisse, die automatisch aus dem Bildnamen generiert werden. Mit der Schaltfläche *Durchsuchen* können Sie ein beliebiges Verzeichnis wählen.

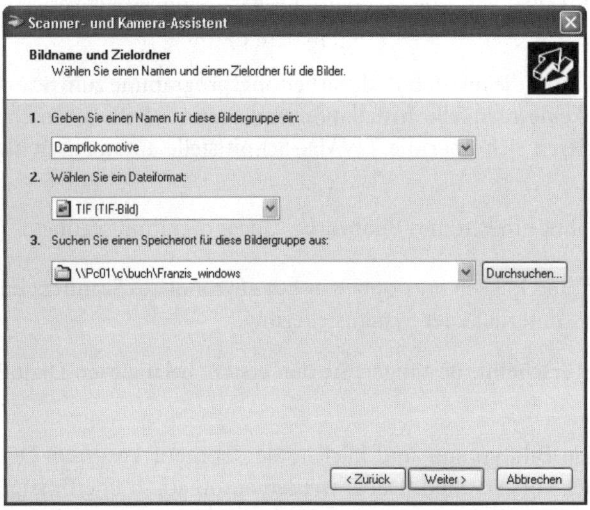


**Bild 6.60:** Bildname, Dateiformat und Verzeichnis einstellen

6. Klicken Sie wieder auf *Weiter*, startet der eigentliche Scan-Prozess.

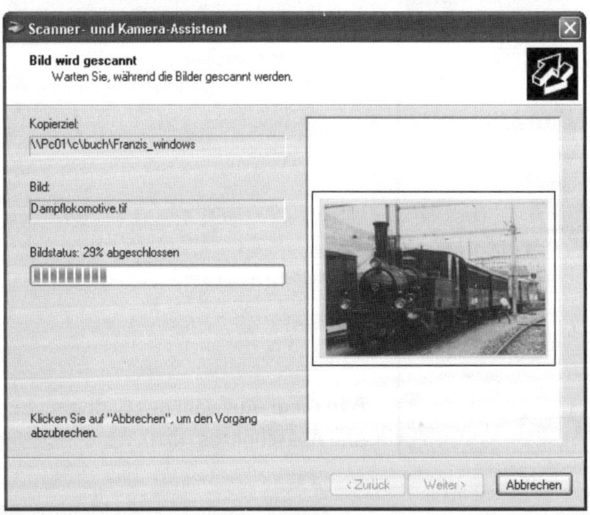


**Bild 6.61:** Das Bild wird gescannt

7 Der nächste Schritt des Assistenten bietet Möglichkeiten, das gescannte Bild direkt online zu veröffentlichen oder zu einem Bilderservice zu schicken. Da Sie dies wahrscheinlich nicht machen wollen, ohne das Bild vorher zu sehen oder nachzubearbeiten, wählen Sie hier *Nichts* und klicken auf *Weiter*.

**Achtung** Die in Windows XP voreingestellten Bilderdienste und Online-Fotoalben sind alles andere als optimal. Es gibt bessere und kostengünstigere.

8 Wenn Sie den letzten Dialog des Assistenten mit *Fertig stellen* bestätigen, wird automatisch ein Fenster geöffnet, das den Inhalt des Verzeichnisses zeigt, in dem das Bild abgelegt wurde. Ein Doppelklick auf das Bild zeigt dieses in voller Größe.

Beim Scannen aus einem Bildbearbeitungsprogramm heraus benötigen Sie natürlich nicht so viele Schritte wie hier mit dem Assistenten. Hier erscheint nur der Dialog *Scannereinstellungen auswählen*. Nach dem Scannen steht das Bild im Hauptfenster des jeweiligen Programms zur Verfügung und kann dort weiterbearbeitet und gespeichert werden.

Kapitel 7

# Windows-Einstellungen


7.1 Land und Uhrzeit ..... 180
7.2 Optik des Desktops ..... 182
7.3 Visuelle Effekte ..... 188
7.4 Windows XP mit der klassischen Oberfläche ..... 189
7.5 Soundeffekte ..... 193
7.6 Der Task-Manager ..... 194
7.7 Schriftarten ..... 196

Ihren privaten Arbeitsplatz richten Sie sich genau nach Ihren Wünschen ein. Auf Ihrem Schreibtisch liegen die passenden Bleistifte und Kugelschreiber, an der Wand hängt ein schönes Bild, das Handy klingelt mit dem richtigen Ton, und der Papierkorb steht in greifbarer Nähe.

Was für Ihren privaten Arbeitsplatz gilt, soll natürlich auch für Ihren PC gelten. Windows XP bietet hierfür eine Fülle von Einstellungsmöglichkeiten an.

## 7.1 Land und Uhrzeit

Für jeden Benutzer wird in der Taskleiste rechts unten die Uhrzeit angezeigt. Dabei handelt es sich um die im PC verwaltete Uhrzeit. Diese können Sie nur verändern, wenn Sie Administratorrechte besitzen. Zum Ändern klicken Sie doppelt auf die Uhrzeit. Das Fenster Dialogfeld *Eigenschaften von Datum und Uhrzeit* stellt drei Registerkarten für individuelle Einstelllungen zur Verfügung:

### Datum und Uhrzeit

Bei der Installation haben Sie sicher schon das richtige Datum eingestellt. In dem linken *Datum*-Bereich des Fensters kann im Kalender der Tag und damit der Wochentag, der Monat und das Jahr eingestellt werden.

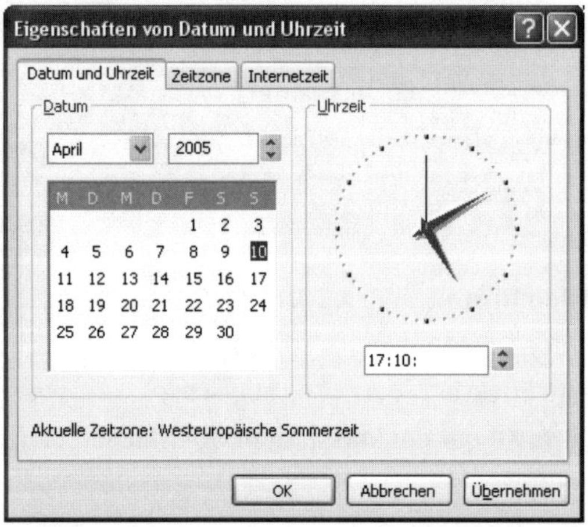


**Bild 7.1:** Datum und Uhrzeit einstellen

Rechts wird mit einer Analog-Uhr die aktuelle Systemzeit angezeigt. Nach einem Klick in die Minutenanzeige können Sie mit den kleinen Pfeilen die Minuten verstellen. So funktioniert es ebenfalls mit den Stunden und den Sekunden.

Erst ein Klick auf die Schaltfläche *Übernehmen* stellt die Uhr tatsächlich ein.

## Zeitzone

Damit Ihr PC weiß, in welcher Zeitzone Sie sich befinden, müssen Sie diese auswählen. Die Dropdown-Liste zeigt so ziemlich alle Zeitzonen rund um den Globus an. Für Deutschland gilt GMT+ 01.00, d. h. 1 Stunde nach der Greenwich-Mean-Time. Die Angabe ist wichtig, damit Sie die Zeit auch über einen Zeit-Server aktualisieren können.

Vergessen Sie nicht, das Kästchen in der letzten Zeile zu aktivieren. Damit erfolgt eine automatische Umschaltung zwischen Sommer- und Winterzeit.

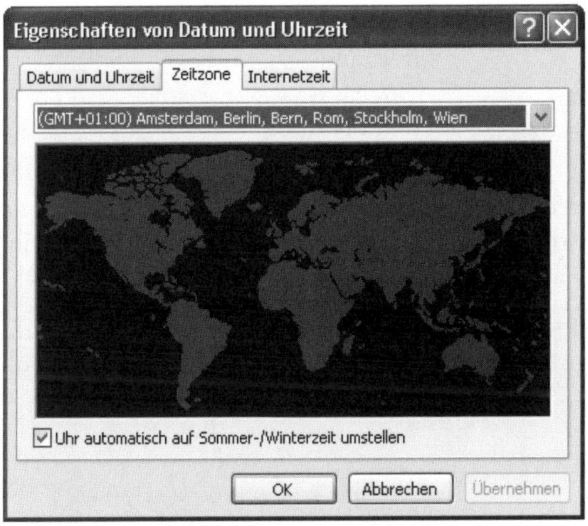


**Bild 7.2:** Auswahl einer Zeitzone

## Internet-Zeit

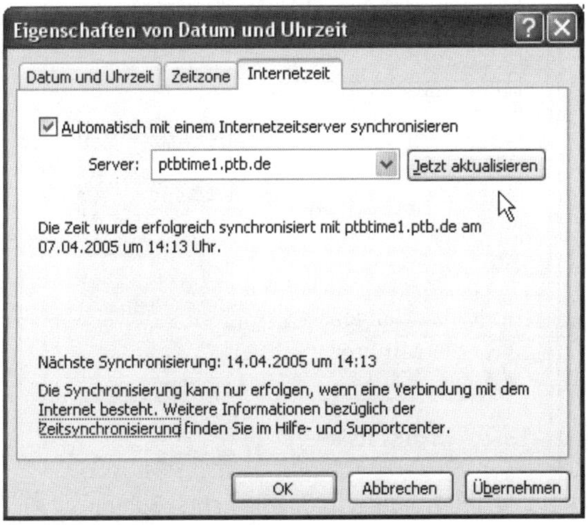


**Bild 7.3:** Internet-Zeit

Mit einer Funkuhr, die Sie vielleicht am Handgelenk tragen, können Sie natürlich die Systemzeit immer stellen. Es geht aber viel einfacher. Lassen Sie einen so genannten Zeit-Server aus dem Internet für sich arbeiten: In der Server-Liste sind schon einige Server eingetragen. Verwenden Sie in Deutschland am besten den Server der Physikalisch-Technischen Bundesanstalt Braunschweig, `ptbtime1.pdb.de`. Von dort aus werden alle Funkuhren in Deutschland gesteuert.

Wenn Sie in das Kästchen in der ersten Zeile noch ein Häkchen eintragen, dann wird die Systemzeit einmal pro Woche mit dem ausgewählten Zeit-Server synchronisiert. Mit *Jetzt aktualisieren* können Sie jederzeit auch einen aktuellen Zeitpunkt wählen.

Mit einem Eingriff in die Registry lässt sich das Intervall der Zeitsynchronisation auch verändern. Informationen dazu finden Sie im Abschnitt Intervall der automatischen Zeitsynchronisation.

## 7.2 Optik des Desktops

Bei der Optik Ihres Desktops können Sie Ihrer Phantasie freien Lauf lassen. Das Aussehen kann je nach Einstellung Ihrer Arbeit sehr förderlich sein, es kann Sie aber auch ablenken und beeinträchtigen. Hier gilt der Spruch: *Weniger ist manchmal mehr.*

Klicken Sie mit der rechten Maustaste auf eine leere Stelle des Desktops, und wählen Sie *Eigenschaften.* Das Dialogfeld *Eigenschaften von Anzeige*-Fenster zeigt fünf Registerkarten, die im Folgenden näher erläutert werden.

### Designs

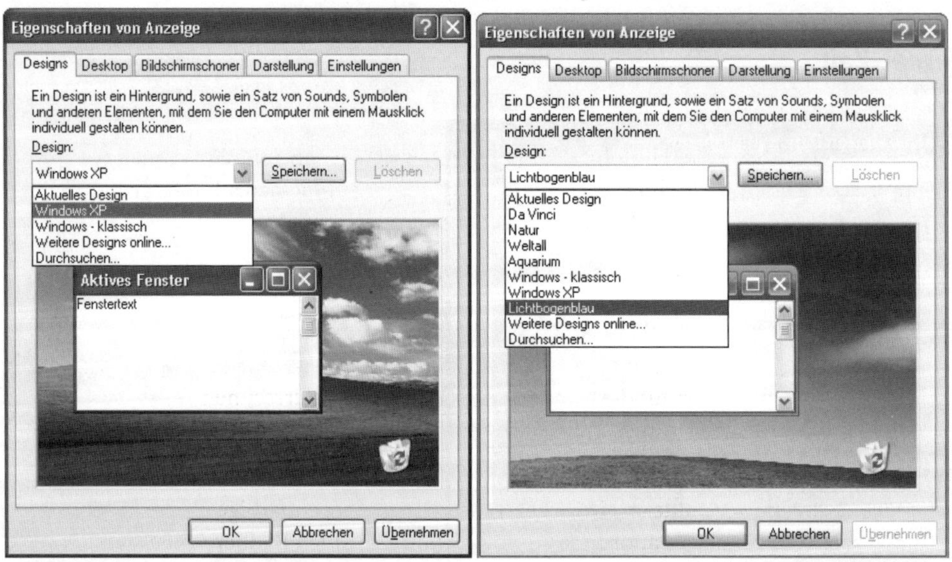


**Bild 7.4:** Desktop-Eigenschaften in Windows XP Home und Windows XP Media Center Edition

Bei den Designs haben Sie standardmäßig nur die Wahl zwischen dem XP-Design (wie im Bild 7.4) und dem klassischen Windows-Design. Das Design ist aber nicht nur das Hintergrundbild, sondern dazu gehören auch noch die Einstellungen, die Sie in dem Eigenschaften-Fenster verändern können, also auch der Bildschirmschoner und die Darstellung.

**Windows XP Media Center Edition** Die Windows XP Media Center Edition enthält noch mehr Designs, die im normalen Windows XP nicht verfügbar sind. Ausführliche Informationen zur Windows XP Media Center Edition finden Sie im Kapitel 14, »Windows XP Media Center Edition 2005« ab Seite 413.

**Tipp** Wenn Sie sich auf diese Weise Ihr persönliches Design zusammengestellt haben, können Sie es (vorher auf *Übernehmen* klicken) dauerhaft speichern. Geben Sie dem Design einen unverwechselbaren Namen. Es wird dann unter `Eigene Dateien` mit der Dateiendung `.theme` abgespeichert. In der Design-Liste können Sie es jederzeit wieder zurückholen.

## Desktop

Die Einstellungen dieser Registerkarte sind für die Hintergrundgestaltung des Desktops zuständig. Windows liefert hier eine Vielzahl von Motiven mit. Wenn Sie als Bild eine der kleinen mitgelieferten Bitmap-Dateien auswählen, erkennbar am Icon, das einem Pinsel ähnelt, sollten Sie als Ausrichtung *Nebeneinander* wählen. Diese Bitmaps sind geometrische Muster, die wie Kacheln aneinandergereiht werden können. So kommt das Bild besser zur Geltung. Sie können aber auch ein eigenes Bild verwenden. Mit der Schaltfläche *Durchsuchen...* navigieren Sie zu Ihrem Wunschbild und öffnen es. `JPG`-Bilder werden mit der Ausrichtung *Gestreckt* besser angezeigt, dann füllen sie den ganzen Bildschirm.

**Tipp** Im Abschnitt »Hintergrundbilder positionieren« ab Seite 393 finden Sie einen Tipp, wie Sie durch einen Eingriff in die Registry ein kleineres Hintergrundbild an einer beliebigen Stelle auf dem Bildschirm anordnen können.

Um Speicherplatz und Rechenleistung zu sparen, sollten Sie das Bild, das Sie als Hintergrund verwenden wollen, mit einem Bildbearbeitungsprogramm genau auf die Maße des Bildschirms skalieren und so speichern. Es ergibt keinen Sinn, ein 4 Mega-Pixel-Foto von einer Digitalkamera jedes Mal vom System wieder auf die Bildschirmauflösung herunterrechnen zu lassen. Legen Sie die Hintergrundbilder auch immer auf der Festplatte ab, und verwenden Sie keine Bilder von CD-ROMs oder Netzwerklaufwerken.

Ein gutes Hintergrundbild sollte an einem Bildrand eine größere einfarbige Fläche haben, auf der man dann die Desktopsymbole anordnen kann. Symbole in bunten Bildbereichen sind schwer zu erkennen und stören auch die Optik des Bildes.

**Achtung** Bedenken Sie, dass jedes Hintergrundbild Arbeitsspeicher in voller Größe der unkomprimierten BMP-Datei frisst, der dann dem System verloren geht. Wer Wert auf ein schlankes, schnelles Windows legt, sollte also grundsätzlich auf Hintergrundbilder verzichten. Die genaue Größe in Bit können Sie aus der Formel: Breite × Höhe × Farbtiefe ausrechnen. Das gilt auch für JPG-Bilder, da diese zur Anzeige dekomprimiert werden.

**Bild 7.5:** Desktop mit eigenem Hintergrund und Symbolen

**Tipp** Wer während der Arbeit mal zwischendurch sein schönes Hintergrundbild sehen möchte, braucht nicht alle Fenster einzeln zu minimieren. Die Tastenkombination [Win]+[D] gibt jederzeit den Blick auf das Hintergrundbild frei. Mit denselben Tasten lassen sich dann alle Fenster wieder auf ihre ursprüngliche Größe und Position bringen.

Möchten Sie auch die Symbole für eine Weile verschwinden lassen, klicken Sie mit der rechten Maustaste auf den Desktop, und schalten Sie im Kontextmenü den Schalter *Symbole anordnen nach/Desktopsymbole anzeigen* aus. Dabei werden die Symbole nicht gelöscht, sondern nur versteckt. Sie können auf dieselbe Weise wieder eingeschaltet werden.

Um die Anordnung der Desktopsymbole in übersichtlichen Reihen zu erleichtern, sollten Sie einmal mit der rechten Maustaste auf den Desktop klicken und im Kontextmenü den Schalter *Symbole anordnen nach/Am Raster ausrichten* einschalten. Damit verhindern Sie ein planloses Chaos auf dem Desktop.

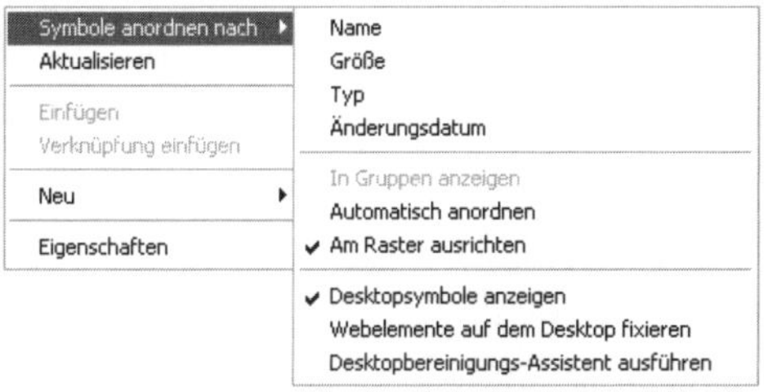


**Bild 7.6:** Kontextmenü für die Anordnung der Desktopsymbole

Der Schalter *Symbole anordnen nach/Automatisch anordnen* sollte immer ausgeschaltet bleiben, andernfalls wird Ihre schöne persönliche Ordnung zerstört und die Symbole von oben links beginnend untereinander angeordnet.

### ▲ Hintergrundfarbe

Aus dem Listenfeld *Farbe* können Sie die Hintergrundfarbe auswählen, wenn kein Hintergrundbild angezeigt wird oder Sie für die Ausrichtung *Zentriert* gewählt haben.

## Bildschirmschoner

Wie der Name sagt, soll der Bildschirm geschont werden. Das stammt noch aus der Zeit der alten Röhrenmonitore. Wenn sehr lange dasselbe Bild auf dem Monitor zu sehen war, dann haben sich Fragmente des Bildes in die Lochmaske eingebrannt. Es war dann ständig als leicht durchsichti ges Bild zu sehen. Die modernen Flachbildschirme sind dagegen weitestgehend immun, und auf den neueren Röhrenmonitoren muss das Bild schon tagelang stehen.

Der Bildschirmschoner ist heute fast immer eher eine nette Spielerei. Er schaltet sich ein, wenn innerhalb einer einstellbaren Zeit die Maus nicht bewegt oder keine Taste betätigt wird. In der Dropdown-Liste *Bildschirmschoner* werden bereits über 10 Schoner-Varianten aufgeführt. Wer mehr möchte, kann im Internet unter einer nahezu unbegrenzten Auswahl an Bildschirmschonern wählen und diese herunterladen.

Bildschirmschonerdateien erkennen Sie an der Dateiendung `.SCR`. Sie werden im Verzeichnis `\WINDOWS\system32` abgelegt.

Jeder Bildschirmschoner besitzt ein eigenes Einstellungsmenü. Darin können Sie ihn vielfältig konfigurieren. Wählen Sie einmal den Bildschirmschoner *Diaschau eigener Bilder* und die Einstellungen.

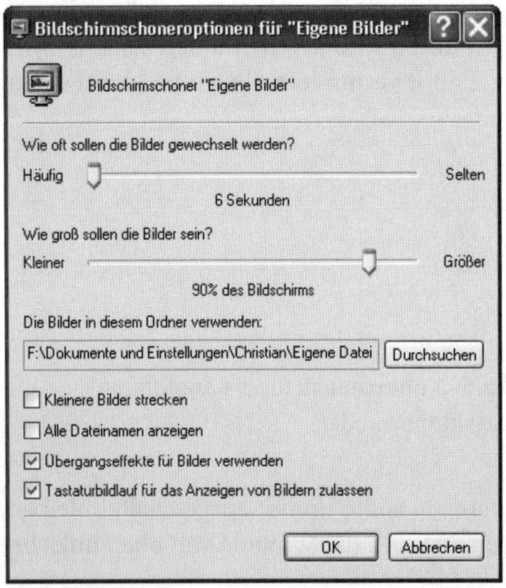


**Bild 7.7:** Eigene Diaschau

Mit *Durchsuchen* navigieren Sie zu dem Verzeichnis, in dem Ihre Bilder liegen. Diese können Sie als eigene Diaschau anzeigen lassen. Wie bei allen Bildschirmschonern haben Sie auch hier noch verschiedene Möglichkeiten, die Anzeige zu variieren.

**Tipp** Es gibt aber auch einen durchaus ernsten Grund für den Einsatz eines Bildschirmschoners. Setzen Sie ihn sozusagen als Zerberus vor Ihren PC. Wenn Sie für einen Augenblick Ihren Arbeitsplatz verlassen, verbirgt der Bildschirmschoner den Monitorinhalt vor neugierigen Blicken. Aktivieren Sie dazu die Funktion *Willkommensseite…* Bei einer Maus- oder Tastenbetätigung erscheint jetzt nicht der ursprüngliche Bildschirminhalt, sondern die Willkommensseite wird angezeigt. Wenn Sie dort ein Passwort hinterlegt haben, hat kein Fremder Einblick in Ihren PC.

Der Bildschirmschoner schont in Wirklichkeit nicht, sondern beschäftigt nur den Prozessor, wenn dieser sonst nichts zu tun hat. Unter *Energieverwaltung* wird aber tatsächlich geschont. Hier stellen Sie ein, nach welcher Zeit der Monitor oder die Festplatte ausgeschaltet werden und wann in den Standby oder Ruhezustand umgeschaltet werden soll. Diese Einstellungen sind besonders für tragbare PCs mit immer zu schwachen Akkus wichtig. Hier stellen Sie auch den Alarm für niedrigen oder kritischen Batteriestand ein.

Bei Desktop-PCs ohne Batterie fehlen hier die Einstellungen für den Batteriebetrieb.

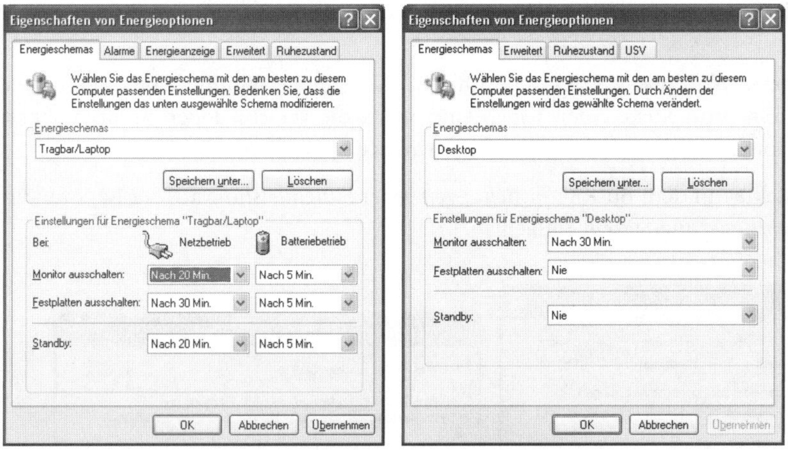


**Bild 7.8:** Energie-Einstellungen auf Notebook und Desktop-PC

**Auf der Buch-CD** Auf der CD zum Buch finden Sie im Bereich *Opensource-CD* das Programm *Vital Desktop*. Damit lassen sich Bildschirmschoner als normale Desktop-Hintergründe einbinden. Damit es nicht zu hektisch wird, kann der Bildschirmschoner zu diesem Zweck automatisch gebremst werden. *Vital Desktop* fügt zur Konfiguration eine neue Registerkarte in die *Systemsteuerung/Anzeige* ein.

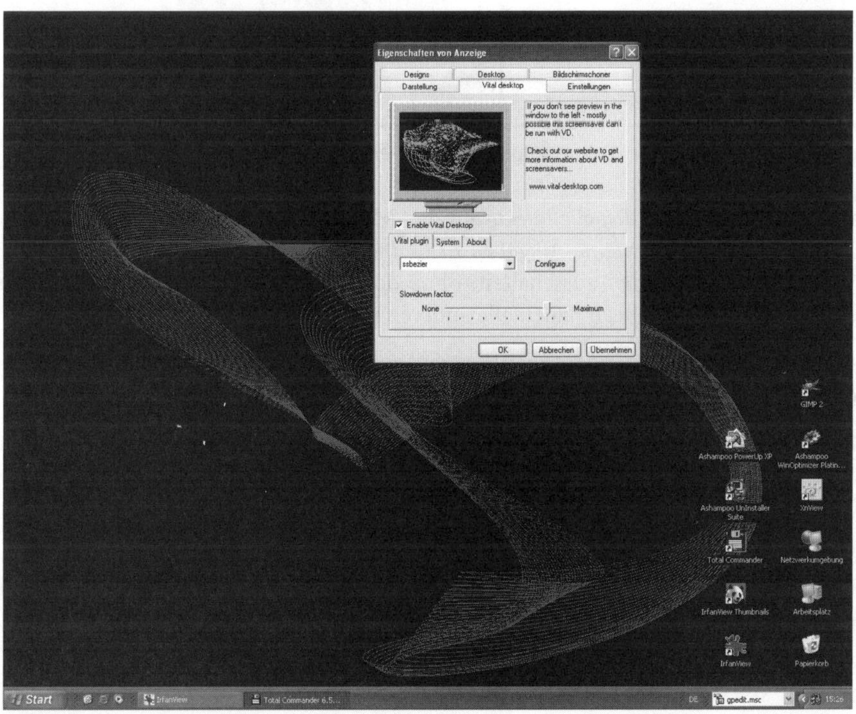


**Bild 7.9:** Bildschirmschoner als Desktop-Hintergrund

## 7.3 Visuelle Effekte

An vielen Stellen bietet Windows XP optische Effekte, die frühere Windows-Versionen noch nicht kannten. Das Ein- und Ausblenden von Menüs sowie die verschiedenen Schatteneffekte und kleinen Animationen kosten aber erheblich Performance ohne erkennbare Vorteile.

Schalten Sie diese Effekte mit dem Button *Einstellungen* unter *Systemleistung* auf der Registerkarte *Erweitert* der *Systemsteuerung/System* einfach ab.

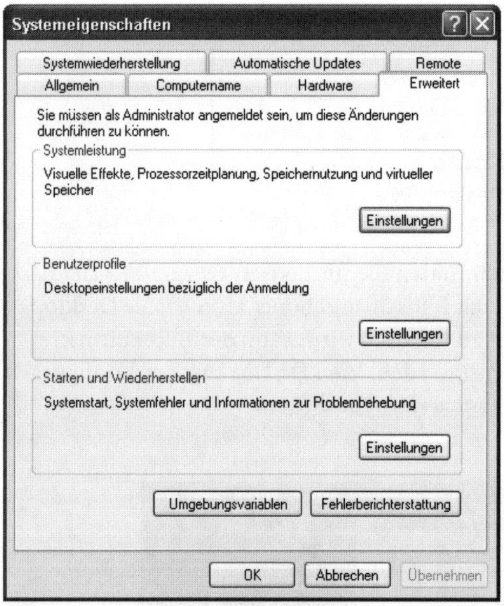


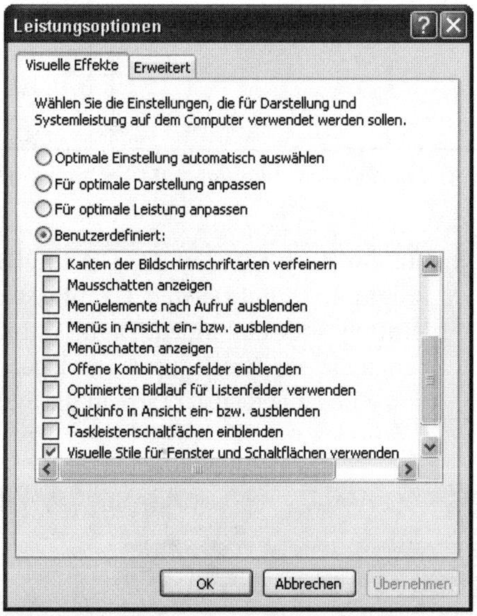


**Bild 7.10:** Visuelle Effekte über *Systemsteuerung/System/Erweitert* deaktivieren

Schalten Sie auf der Registerkarte *Visuelle Effekte* auf den Modus *Benutzerdefiniert*. Hier können Sie dann alle Schalter außer *Allgemeine Aufgaben in Ordnern verwenden* und *Visuelle Stile für Fenster und Schaltflächen verwenden* ausschalten, ohne dass es zu Funktionseinschränkungen kommt. Außer diesen beiden Schaltern haben alle anderen nur optische Wirkung.

Auf der Registerkarte *Darstellung* der *Systemsteuerung/Anzeige* finden Sie auch noch einen Button *Effekte*. Schalten Sie hier ebenfalls alle Schalter aus.

Durch Ausschalten des untersten Schalters in der Dialogbox *Effekte* blenden Sie die bekannten Unterstreichungen von Buchstaben in Menüs wieder ein, die für die Tastaturnavigation gebraucht werden. Windows XP zeigt sie andernfalls nicht an.

Auf diese Art prägen Sie sich diese Buchstaben unterbewusst ein. Die Tastaturnavigation bewirkt eine wesentlich schnellere und flüssigere Programmbedienung als die Mausnavigation – auch dies ist eine Art von Tuning.

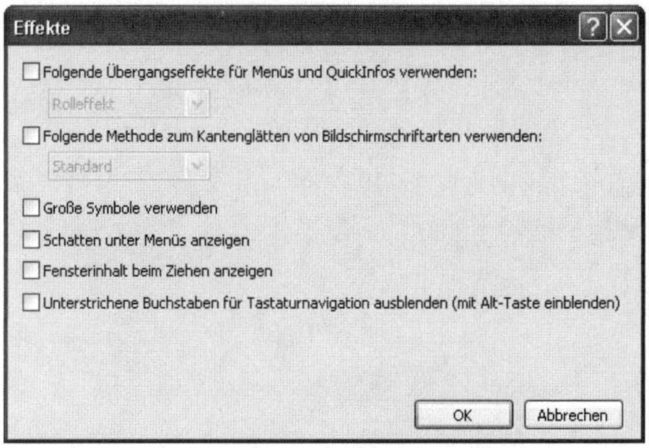


**Bild 7.11:** Überflüssige Effekte deaktivieren

# 7.4 Windows XP mit der klassischen Oberfläche

Obwohl die neue Benutzeroberfläche von Windows XP diverse Vorteile im Bezug auf Anwenderfreundlichkeit hat, hat sie auch Nachteile. Die vielen Animationen und grafischen Effekte fressen einen erheblichen Teil der Performance des Rechners. Außerdem gibt es Kompatibilitätsprobleme zu Programmen, die eigene grafische Oberflächen oder Skins bieten, die über den alten Windows-Standard hinausgehen.

Die neue Oberfläche unterscheidet sich von älteren Windows-Versionen vor allem durch die neue Optik der Fenster und Bedienelemente sowie durch das neue Startmenü. Diese beiden Elemente lassen sich unabhängig voneinander auf das klassische Windows-Design zurücksetzen.

## Klassisches Startmenü

Mit einem Rechtsklick auf den *Start*-Button und Auswahl des Kontextmenüpunktes *Eigenschaften* erreichen Sie die Dialogbox *Eigenschaften von Startmenü und Taskleiste.*

Hier können Sie sich zwischen dem neuen Windows XP-Startmenü und dem klassischen einspaltigen Startmenü entscheiden.

**Bild 7.12:** Auswahl des Startmenütyps

**Bild 7.13:** Das klassische Startmenü im Windows XP-Design

Beim Umschalten auf das klassische Startmenü erscheinen automatisch wie aus älteren Windows-Versionen gewohnt auch vier Desktop-Symbole für *Eigene Dateien*, *Arbeitsplatz*, *Netzwerkumgebung* und *Internet Explorer*. Diese verschwinden genauso automatisch beim Zurückschalten auf das neue Windows XP-Startmenü, solange sie nicht über die Funktion *Desktop anpassen* auf der Registerkarte *Desktop* in der *Systemsteuerung/Anzeige* gesondert aktiviert wurden.

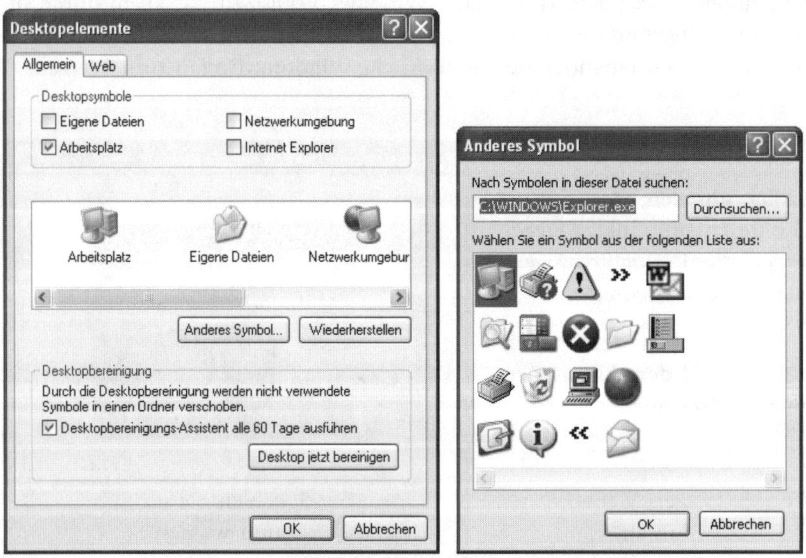


**Bild 7.14:** Desktop-Symbole ein- und ausschalten oder andere wählen

An dieser Stelle können Sie nicht nur Desktop-Symbole einzeln ein- und ausschalten, sondern für die vier Standardsymbole auch andere Bildchen auswählen.

Mit dem Button *Anpassen* in der Dialogbox *Eigenschaften von Startmenü und Taskleiste* können Sie festlegen, welche Menüpunkte im klassischen Startmenü zu sehen sein sollen und welche nicht (s. Bild 7.15).

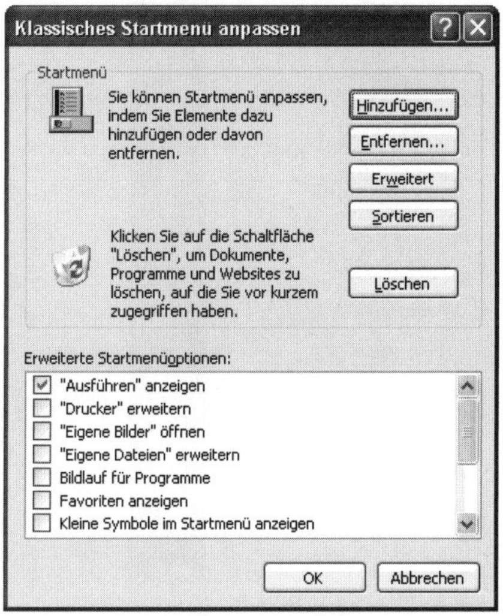


**Bild 7.15:** Auswahl der angezeigten Menüpunkte im klassischen Startmenü

Hier finden Sie auch den wichtigen seit Windows 95 bekannten Button *Erweitert*, mit dem Sie selbst Startmenüeinträge anlegen und verschieben können – eine Funktion, die im neuen Windows XP-Startmenü leider fehlt. Die hier vorgenommenen Änderungen wirken sich aber auch auf das Startmenü *Alle Programme* im neuen Startmenü aus.

## Klassisches Windows-Design

Aus Kompatibilitäts- und Performancegründen bietet Windows XP alternativ auch noch die klassische Windows-Oberfläche an.

Zum Umschalten auf die klassische Windows-Oberfläche gibt es drei Möglichkeiten, die alle genau dasselbe bewirken:

- Klicken Sie mit der rechten Maustaste auf den Desktop, und wählen Sie im Kontextmenü *Eigenschaften*. Schalten Sie auf die Registerkarte *Design*, und wählen Sie dort unter *Design* die Option *Windows – klassisch*.
- Klicken Sie mit der rechten Maustaste auf den Desktop, und wählen Sie im Kontextmenü *Eigenschaften*. Schalten Sie auf die Registerkarte *Darstellung*, und wählen Sie dort unter *Fenster und Schaltflächen* die Option *Windows – klassisch*.
- Klicken Sie auf der Registerkarte *Erweitert* in der *Systemsteuerung/System* auf den oberen der drei *Einstellungen*-Buttons. Wählen Sie dann im nächsten Dialog auf der Registerkarte *Visuelle Effekte* die Option *Für optimale Leistung anpassen* (siehe Bild 7.17).

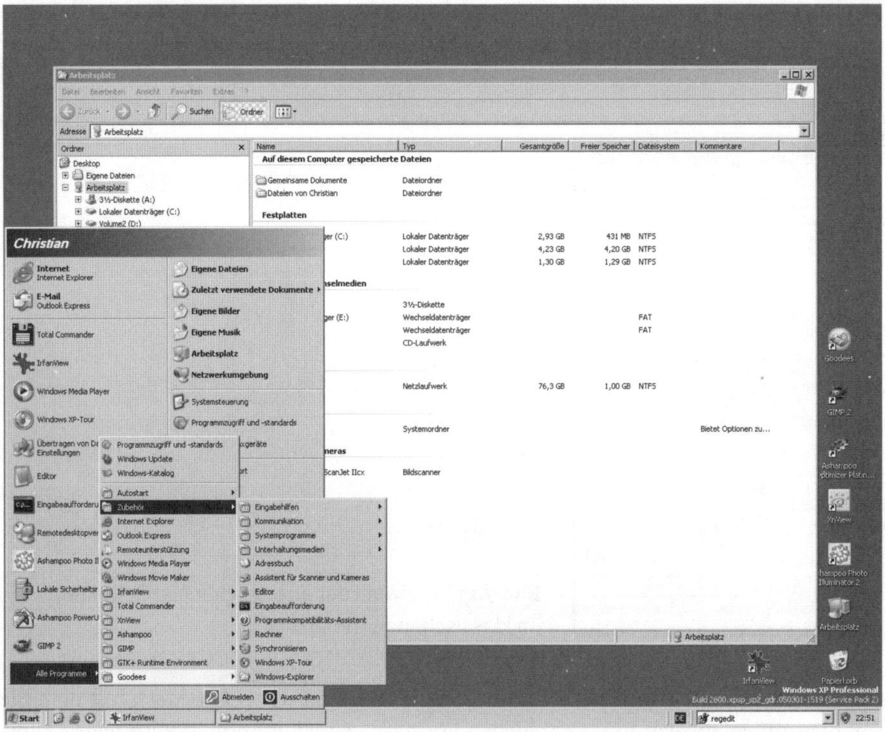


Bild 7.16: Windows XP im klassischen Design älterer Windows-Versionen

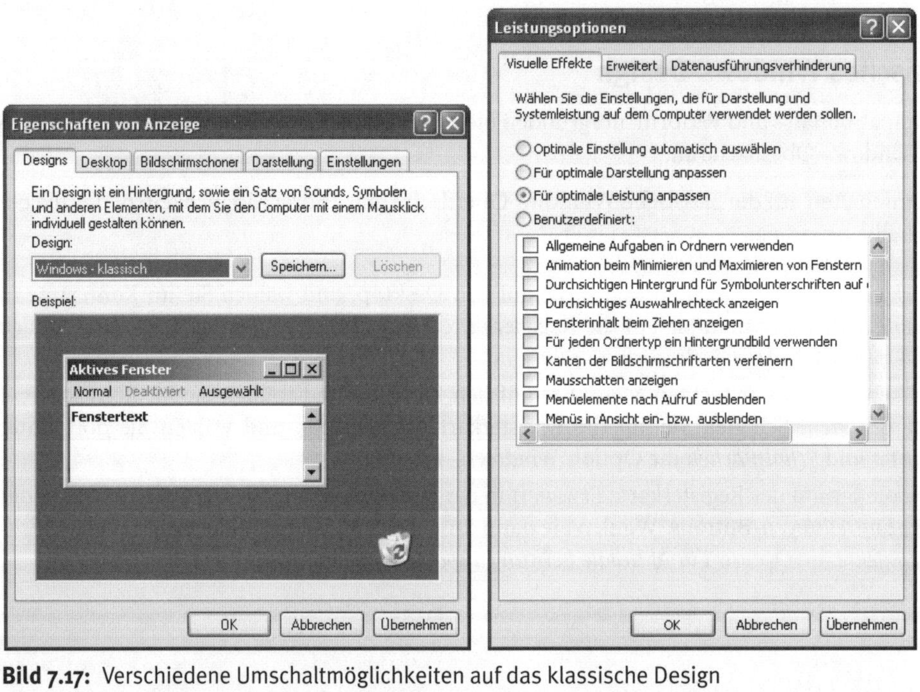


Bild 7.17: Verschiedene Umschaltmöglichkeiten auf das klassische Design

Zurück auf die moderne Windows XP-Oberfläche kommen Sie entsprechend wieder mit den folgenden alternativen Schritten:

- Klicken Sie mit der rechten Maustaste auf den Desktop, und wählen Sie im Kontextmenü *Eigenschaften*. Schalten Sie auf die Registerkarte *Design*, und wählen Sie dort unter *Design* die Option *Windows XP*.
- Klicken Sie mit der rechten Maustaste auf den Desktop, und wählen Sie im Kontextmenü *Eigenschaften*. Schalten Sie auf die Registerkarte *Darstellung*, und wählen Sie dort unter *Fenster und Schaltflächen* die Option *Windows XP-Stil*.
- Klicken Sie auf der Registerkarte *Erweitert* in der *Systemsteuerung/System* auf den oberen der drei *Einstellungen*-Buttons. Wählen Sie dann im nächsten Dialog auf der Registerkarte *Visuelle Effekte* die Option *Benutzerdefiniert*. Schalten Sie dann den Schalter *Visuelle Stile für Fenster und Schaltflächen verwenden* ein. Je nach persönlichem Geschmack und je nachdem, wie viel Performanceverluste Sie bereit sind einzubüßen, können Sie weitere Effekte in dieser Liste einschalten.

Durch eine Kombination von klassischer Oberfläche und klassischem Startmenü sieht Windows XP (fast) wie Windows 2000 aus.

## 7.5 Soundeffekte

Bei verschiedenen Aktionen am PC sind Ihnen sicher schon die akustischen Meldungen aufgefallen. Eindrücklich ist die Musik beim Hochfahren und beim Herunterfahren des PCs. Manche Töne sind störend, aber für bestimmte Aktionen hätten Sie gerne eine akustische Meldung. Nichts leichter als das.

**Bild 7.18:** Sounds zuweisen

Öffnen Sie in der Systemsteuerung die Kategorie *Sounds...* und dort *Soundschema ändern*. In dem großen Listenfeld finden Sie alle Programmereignisse, denen Sie ein akustisches Signal zuweisen können. Wenn links vom Namen ein stilisierter Lautsprecher abgebildet ist, dann ist diesem Ereignis bereits ein Signal zugewiesen. In der letzten Zeile steht dann der Name. Durch einen Klick auf den kleinen schwarzen Pfeil daneben wird das Signal abgespielt.

Wenn noch kein Sound zugeordnet ist, dann können Sie ihn aus der Liste auswählen und mit *Übernehmen* zuordnen. Vielleicht genügt Ihnen die Auswahl nicht. Dann suchen Sie sich für ein bestimmtes Ereignis eine eigene Tonfolge. Sie erkennen eine solche geeignete Datei an der Dateiendung `.WAV`.

Nachdem Sie mit all den Klängen ein tolles Orchester zusammengestellt haben, können Sie die Einstellung unter einem Namen abspeichern und bei Bedarf jederzeit wieder laden.

## 7.6 Der Task-Manager

Der *Task-Manager* stellt Informationen zur Computerleistung bereit und zeigt Einzelheiten zu den ausgeführten Programmen und Prozessen an. Sie öffnen den *Windows Task-Manager* mit einem Rechtsklick auf eine leere Stelle der Taskleiste und wählen *Task-Manager.* Es öffnet sich ein Fenster mit vier oder fünf (bei Netzwerken) Karteikarten. Mit der aus früheren Windows-Versionen her bekannten Tastenkombination `Strg`+`Alt`+`Entf` können Sie den *Task-Manager* ebenfalls starten.

### Anwendungen

Auf dieser Registerkarte werden alle unter dem aktuellen Benutzer auf dem PC laufenden Programme angezeigt. Die Spalte *Status* informiert über den Programmzustand. Hier sollte immer *Wird ausgeführt* angezeigt werden. Aus dieser Karteikarte heraus können Sie auch Anwendungen beenden oder dorthin verzweigen. Die Schaltfläche *Neuer Task…* öffnet dasselbe Eingabefenster wie auch unter *Start/Ausführen*

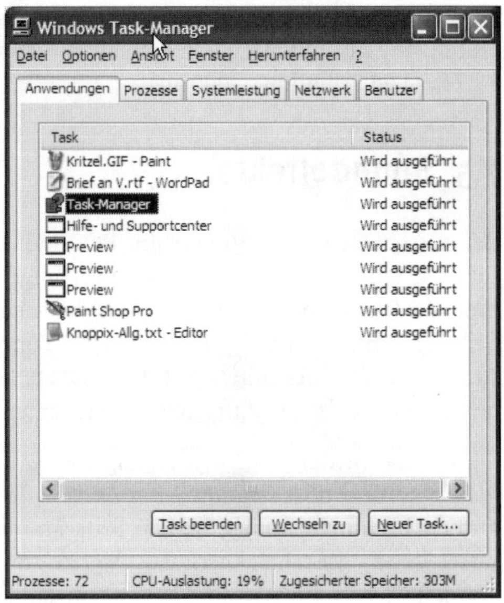


**Bild 7.19:** Anwendungen im *Task-Manager*

### Prozesse

Auf der Registerkarte *Prozesse* werden alle gestarteten Prozesse des Anwenders oder aller Anwender mit Name und Benutzername aufgeführt. Für jeden Prozess sehen Sie die prozentuale CPU-Auslastung, die bisher aufgelaufene CPU-Zeit und die Speicherauslastung. Wenn Sie das Gefühl haben, auf Ihrem PC geht gar nichts mehr voran, dann suchen Sie hier am besten nach einem Prozess, der allen anderen die Zeit stiehlt. Der Prozess mit dem Namen *Leerlaufprozess* vereinigt in sich die Auslastung bis zu 100 % und die Zeit all der Prozesse, die gerade nicht tätig sind.

**Achtung** Sie können auch Prozesse beenden. Aber seien Sie mit Systemprozessen vorsichtig. Sie könnten damit den laufenden Betrieb des PCs stören.

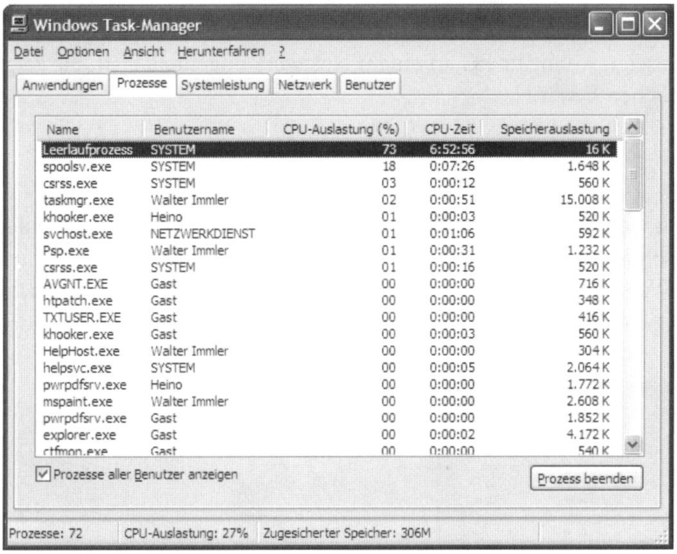


**Bild 7.20:** Alle laufenden Prozesse

## Systemleistung

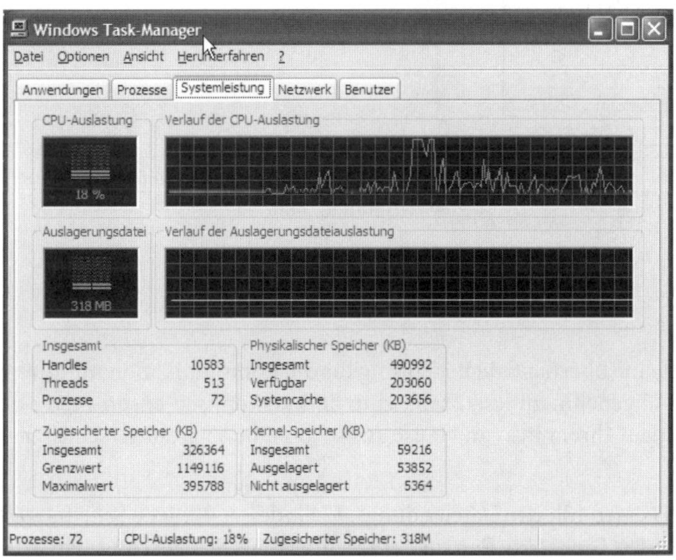


**Bild 7.21:** Systemleistung im *Task-Manager*

Neben statistischen Werten zur Prozess- und Speicherverwaltung werden zwei wichtige Diagramme gezeigt: die aktuelle CPU-Auslastung und die Größe der Auslagerungsdatei werden links angezeigt. Rechts sehen Sie den jeweiligen Verlauf über die Zeit. Die Anzeige wandert von rechts nach links. Der rechte Rand entspricht also immer dem aktuellen Zustand.

### Netzwerk

Diese Karteikarte wird nur angezeigt, wenn Ihr PC an einem Netzwerk angemeldet ist. Sie zeigt die Netzwerkauslastung im zeitlichen Verlauf.

### Benutzer

Wenn Sie Administratorrechte haben, können Sie auf dieser Karteikarte alle zurzeit angemeldeten Benutzer und deren Status sehen. Als Administrator haben Sie auch die Rechte, einen Benutzer zwangsweise abzumelden. Wie im Bild gezeigt, können Sie einem Benutzer eine Nachricht senden. Er sieht sie dann auf seinem Anmeldebildschirm.

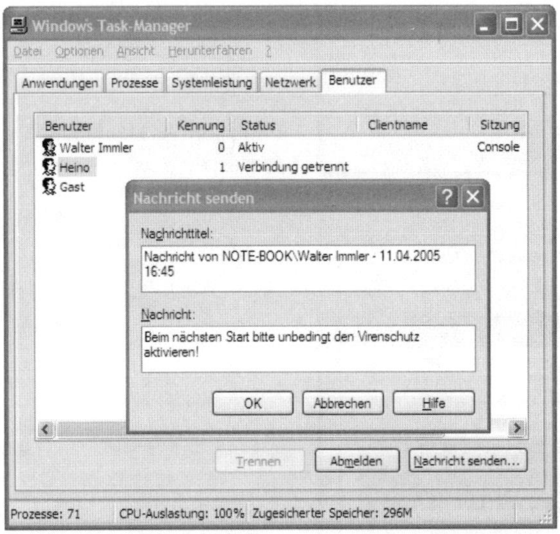


**Bild 7.22:** Nachricht an einen Benutzer senden

## 7.7 Schriftarten

Neben der Grafik hat die Schrift eine überragende Bedeutung für die Kommunikation mit Ihrem PC. Zum einen soll die Schrift angenehm zu lesen sein, zum anderen optisch ansprechen und auch zum Text passen. Dafür ist auf Ihrem PC von Hause aus schon eine Vielzahl verschiedener Schriftarten installiert.

Schriftarten sind relativ kleine Dateien mit der Dateiendung `.TTF` oder `.FON`. Jede Schriftart ist durch ihren Namen, z. B. *Arial* oder *Times New Roman*, repräsentiert. Als Schriftschnitt wird die Darstellung **fett** oder *kursiv* bezeichnet. Für *kursiv* finden Sie oft auch die entsprechend englische Bezeichnung *italic*. Die Schriftgröße wird in typografischen Punkten angegeben und als Schriftgrad bezeichnet. Für normalen, gedruckten Text sollte der Schriftgrad zwischen 9 und 12 Punkten liegen. Die meisten Schriftarten sind so genannte TrueType- oder OpenType-Schriften. Bei ihnen ist die Druckausgabe mit der Anzeige auf dem Bildschirm identisch. Außerdem lassen sich die Zeichen auf eine beliebige Größe skalieren. OpenType ist eine Erweiterung von TrueType.

## Schriftarten anzeigen

Möchten Sie sich einen ersten Eindruck von der Wirkung, dem Aussehen einer Schriftart verschaffen, können Sie diese mit einem kleinen Hilfsprogramm so betrachten:

Öffnen Sie die Systemsteuerung, und klicken Sie auf *Schriftarten*. In dem Explorer-Fenster werden jetzt alle installierten Schriftarten mit Namen und Dateinamen angezeigt. Ein Doppelklick auf den Schriftnamen öffnet ein eigenständiges Fenster, in dem alle Zeichen der Schrift angezeigt werden. Zusätzlich sehen Sie die gängigsten Schriftgrößen. Die Zahlen am linken Rand bedeuten die Größe in typografischen Punkten. Damit stellen Sie im Textverarbeitungsprogramm auch die Schriftgröße ein.

**Info** Wundern Sie sich nicht über den scheinbar sinnlosen Satz »Franz jagt im komplett verwahrlosten Taxi quer durch Bayern«. Dieser Satz enthält (außer den Umlauten) alle Buchstaben des Alphabets und gilt daher als repräsentativ für die jeweilige Schrift.

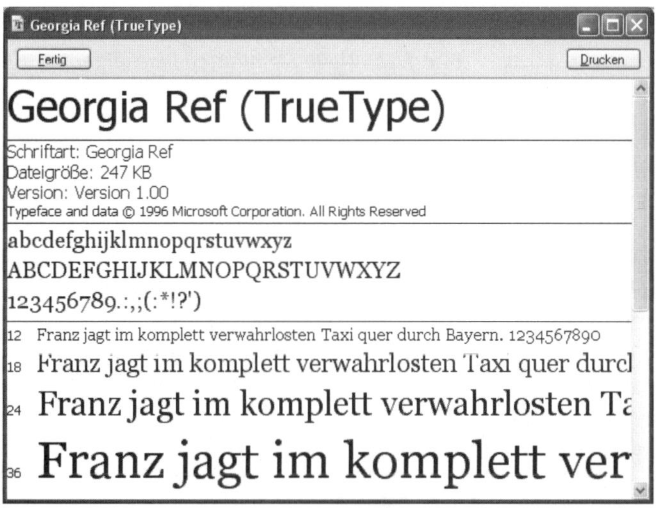


**Bild 7.23:** Einige Schriftarten im Überblick

## Schriftarten installieren

Wenn Ihnen die vorhandenen Schriftarten nicht reichen, können Sie jederzeit neue hinzufügen. Klicken Sie in dem Explorer-Fenster mit den angezeigten Schriftarten auf *Datei/Neue Schriftart installieren…* Es öffnet sich ein Fenster wie im Bild 7.24. Wählen Sie dort den Ordner aus, in dem sich die neue Schriftart befindet. Quellen sind gekaufte Software, das Internet oder ein anderer Computer im Netz. Auf einem PC sind die Schriftarten normalerweise im Ordner `\Windows\Fonts` untergebracht. Sie wählen die Schriftart aus der Liste aus, und mit *OK* ist sie auf Ihrem PC installiert.

**Achtung** Wenn die Quelle ein fremder Computer oder ein Wechselmedium ist, sollten Sie unbedingt die Option *Schriftarten in den Ordner »Fonts« kopieren* auswählen. Sonst wird nur eine Verknüpfung hergestellt, und bei fehlender Quelle ist die Schriftart nicht verfügbar.

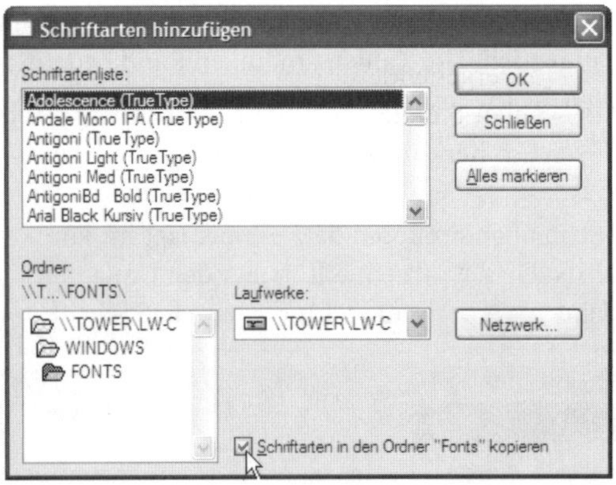


**Bild 7.24:** Neue *Schriftarten hinzufügen*

## Schriftarten verwenden

Die Schriftarten sollen natürlich auch verwendet werden. Dazu gibt es viele Möglichkeiten und Stellen:

- *Anwenderprogramme*: Je nach Programm finden Sie eine Formatierungsleiste oder ein Menü mit dem Namen *Format* oder ähnlichem.
- *Eingabeaufforderung*: Dieses Fenster hat keine Menüleiste. Klicken Sie deshalb in die linke, obere Ecke und wählen Sie dort *Eigenschaften*. Hier können Sie aus einer begrenzten Anzahl von Schriftarten auswählen und die Größe festlegen. Mit der Größe der Schriftart ändert sich auch die Fenstergröße. Im *Eigenschaften*-Fenster werden die Schriftart und die Fenstergröße relativ zum Bildschirm angezeigt.

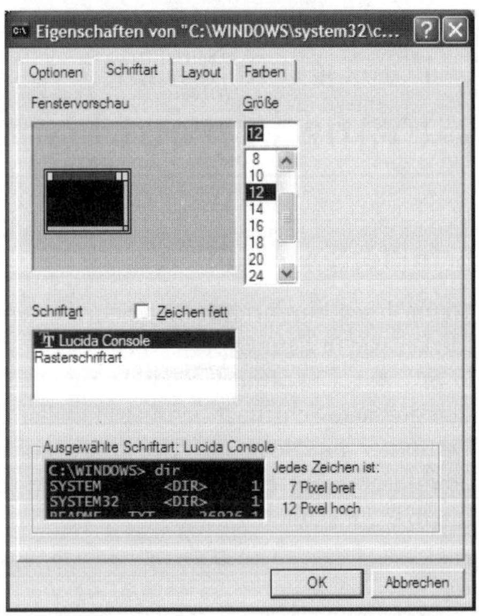


**Bild 7.25:** Schrift bei der Eingabeaufforderung

- *Fenster und Befehle*: In jedem Fenster finden Sie Textanzeigen in der Titelzeile, in den Menüs und Befehlen und in den Tool-Tipps. Allen diesen Texten können Sie andere Schriftarten zuweisen. Öffnen Sie dazu im Kontextmenü des Desktops das *Eigenschaften*-Fenster *Eigenschaften von Anzeige*. Auf der Registerkarte *Darstellung* können Sie unter *Erweitert* bestimmte Fensterelemente auswählen. Soweit sie Texte enthalten, kann jedem Element eine andere Schriftart, Größe, Farbe und Auszeichnung zugewiesen werden.
- *Flachbildschirme*: Auf diesen Bildschirmen wird eine Schrift unter Umständen etwas verzerrt dargestellt. Zur Verbesserung öffnen Sie das im vorhergehenden Absatz beschriebene *Eigenschaften*-Fenster und klicken auf *Effekte*. Dort wählen Sie die Methode zum Kantenglätten von Bildschirmschriftarten *ClearType* aus. Bei einem herkömmlichen Röhrenmonitor müssen Sie eventuell auf *Standard* zurückstellen.

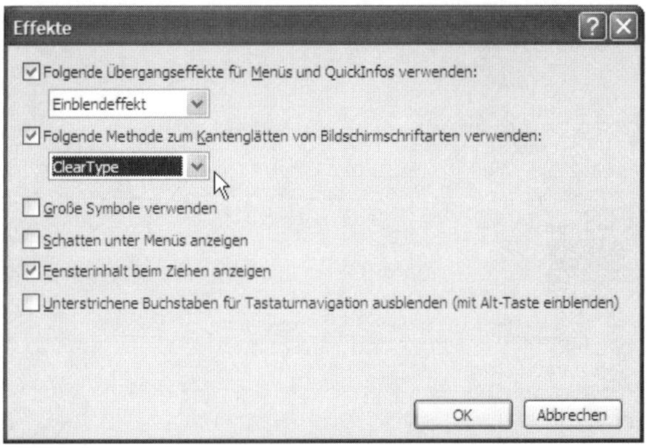


**Bild 7.26:** *ClearType* bei Flachbildschirmen

- *Web-Seiten*: In Ihrem Webbrowser können Sie ebenfalls die Schriftarten nach Ihren Wünschen anpassen. Beim Internet Explorer finden Sie die Einstellung unter *Extras/Internetoptionen/Allgemein/Schriftarten…* Beim Netscape-Navigator lautet der Pfad *Bearbeiten/Einstellungen…/ Gesamtbild/Schriftarten*. Wenn Sie einen anderen Webbrowser verwenden, wird der Pfad ähnlich lauten.

**Bild 7.27:** Schrift beim Internet Explorer

Kapitel 8

# Multimedia


8.1 Der Windows Media Player ..................... 202
8.2 Audio-CDs anhören ........................... 208
8.3 Audio-Aufnahmen mit dem Windows Media Player . 211
8.4 Musik-CDs und DVDs brennen .................. 216
8.5 Die klassische Medienwiedergabe .............. 217

Eine besondere Funktion, die in der Werbung für Windows XP groß herausgestellt wurde, ist die Integration neuer Multimedia-Technologien. Der Computer wird so immer mehr zur Unterhaltungsmaschine verwendet, und ganz nebenbei werden neue Zielgruppen erschlossen. Diesem Trend gerecht werdend, und um die Profi-Anwender, ehemalige Windows NT/2000-Nutzer, nicht auszugrenzen, wurden die Multimedia-Funktionen, die bisher dem Consumer-Betriebssystem Windows 98/ME vorbehalten waren, in beide Varianten von Windows XP, Home- und Professional-Edition übernommen und noch erweitert.

**Windows XP Media Center Edition** Die Windows XP Media Center Edition von Windows XP verwendet eigene Software zum Abspielen von digitalen Medien. Ausführliche Informationen dazu finden Sie im Kapitel 14 ab Seite 413, »Windows XP Media Center Edition 2005«.

## 8.1 Der Windows Media Player

Der *Windows Media Player* ist das zentrale Programm zum Abspielen von Sound und Video in Windows XP. Er vereinigt Abspielprogramme für verschiedene Multimedia-Technologien unter einer gemeinsamen Oberfläche:

- Audiodateien
- Video- und Animationsdateien
- Audio-CDs
- Streaming-Daten, Internet-Radio, WebTV

Der Windows Media Player 8 ist seit der ersten Version von Windows XP so im Betriebssystem integriert, dass er nicht deinstalliert werden kann. Da Microsoft damit versucht, im Multimedia-Markt eine Monopolstellung zu erlangen, wurde von einem US-Kartellgericht die Auflage verhängt, Windows XP auch ohne den Media Player betreiben zu können. Mit der Installation des Service Packs 1 für Windows XP lässt sich der Windows Media Player durch Player alternativer Anbieter ersetzen. Allerdings wird er dabei nicht deinstalliert. Insofern bietet das Service Pack nichts Neues, da auch jetzt schon alternative Player als Standardapplikation für Multimedia-Formate eingerichtet werden können.

**Info** Seit kurzem ist unter dem Namen *Windows XP 'N'* eine Windows XP-Version lieferbar, in der der Windows Media Player auf Drängen von EU- und US-Behörden wirklich komplett entfernt wurde.

Neben den kartellrechtlichen Problemen gibt es auch immer mehr Sicherheitsbedenken gegen den Windows Media Player, da dieser im Hintergrund einiges an persönlichen Daten und Dateninformationen über die abgespielten Medien an Microsoft übermittelt. Mit dem Service Pack 2 kam dann der Windows Media Player 9, der dieses Problem noch verstärkt. Hier muss der Nutzer einen Lizenzvertrag bestätigen, in dem explizit steht, dass Microsoft das Recht hat, ohne weitere

Nachfragen Software-Komponenten auf dem Computer zu installieren **oder zu entfernen.** Leider lässt sich das Service Pack 2 nicht ohne das Windows Media Player-Update installieren.

**Bild 8.1:** Der Media Player 9 im Service Pack 2

Der Windows Media Player wird von Windows XP als Standardprogramm zum Abspielen für Audio- und Video-Dateien eingerichtet. Bei einem Doppelklick auf eine Multimedia-Datei im Windows Explorer öffnet sich automatisch dieses Programm.

Startet der Windows Media Player bei einem bestimmten Medienformat nicht, ist dieser Dateityp nicht zugewiesen. Wählen Sie im Menü *Extras/Optionen*, und schalten Sie den betreffenden Dateityp auf der Registerkarte *Dateiformate* ein (s. Bild 8.2).

Die Bedienung des Windows Media Players erklärt sich weitgehend von selbst, in einigen Punkten entspricht das Programm aber leider nicht den gängigen Windows-Standards.

Sollte dem Media Player der übliche Windows-Fensterrand und die Menüleiste fehlen, drücken Sie die Tastenkombination [Strg]+[M].

Abspielen, Anhalten und Pause funktioniert mit den runden Schaltflächen im unteren Bereich. Daneben finden Sie auch einen Lautstärkeregler, der allerdings unabhängig vom normalen Windows-Lautstärkeregler läuft. Die hier eingestellte Lautstärke ist also zusätzlich abhängig von der Systemlautstärke. Dasselbe gilt für die Schaltfläche zur Stummschaltung. Auch diese schaltet nur den Windows Media Player stumm und nicht das gesamte System.

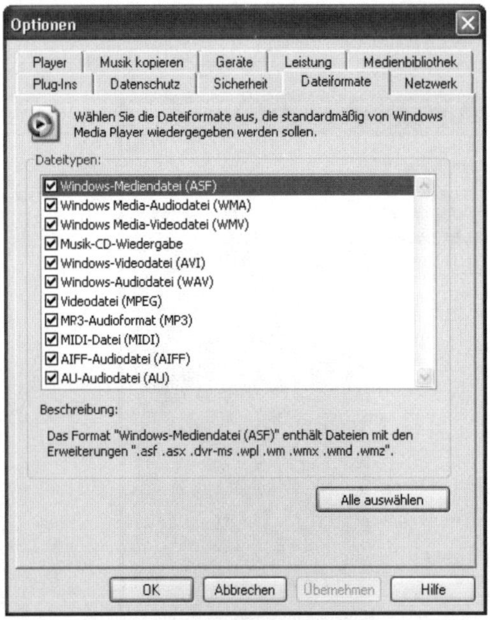


**Bild 8.2:** Auswahl der Dateitypen

**Hinweis** Der Windows Media Player hat verschiedene Darstellungsmodi, die über die Schaltflächen am linken Fensterrand umgeschaltet werden. Einige dieser Modi sind besonderen Funktionen vorbehalten.

## Steuerung per Tastatur

Moderne Multimedia-Tastaturen bieten spezielle Tasten zur Regelung der Lautstärke und für die wichtigsten Funktionen bei der Musik- und Video-Wiedergabe. Der Windows Media Player bietet aber auch die Möglichkeit, fast alle Funktionen über eine normale Tastatur zu steuern, was besonders bei drahtlosen Tastaturen interessant ist, wenn man sich in großer Entfernung zum Monitor befindet und so eine Maussteuerung sehr schwierig ist. Die Tabelle zeigt die Tastenkombinationen.

| Tastenkombination | Beschreibung |
|---|---|
| Strg + P | Play/Pause. |
| Strg + S | Stopp. |
| Strg + B | Wiedergabe des vorigen Eintrags. |
| Strg + F | Wiedergabe des nächsten Eintrags. |
| Strg + ⇧ + B | Rücklauf bei Videos und DVD. |

**Tab. 8.1:** Tastenkombinationen zur Steuerung des Windows Media Players

| Tastenkombination | Beschreibung |
|---|---|
| Strg + ⇧ + F | Vorlauf bei Videos und DVD. |
| F8 | Ton aus (Mute). |
| F9 | Lautstärke leiser. |
| F10 | Lautstärke lauter. |

**Tab. 8.1:** Tastenkombinationen zur Steuerung des Windows Media Players (Forts.)

## Designmodus

Bei Multimedia-Abspielprogrammen aller Art ist es seit einiger Zeit große Mode, das Aussehen der Programmoberfläche möglichst weit vom Windows Standard weg zu verfremden.

Auch der Windows Media Player bietet solche Skins an, die sich hier *Designmodus* nennen. Andere Designs machen den Media Player nicht unbedingt übersichtlicher, aber zumindest individueller. Allerdings unterstützen die meisten Designs bei Weitem nicht alle Funktionen.

Mit der Tastenkombination Strg + 2 kommt man in den *Designmodus*, mit Strg + 1 wieder zurück in den normalen Vollmodus.

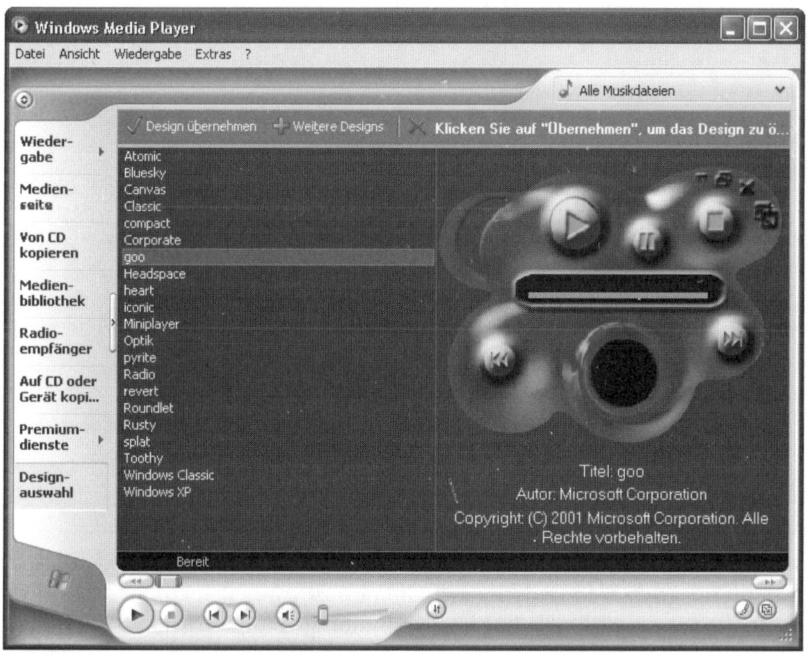


**Bild 8.3:** Auswahl eines Designs

Windows XP liefert einige Designs mit. Um eines davon auszuwählen, müssen Sie im Vollmodus des Media Players sein. Klicken Sie dort auf die Schaltfläche *Designauswahl* links unten. Hier können Sie das gewünschte Design auswählen und dann mit [Strg]+[2] in den *Designmodus* wechseln.

Die Schaltfläche *Weitere Designs* öffnet eine Web-Seite bei Microsoft, auf der weitere Designs zum Download angeboten werden.

## Sicherheit

Der Windows Media Player ist ein sehr kommunikationsfreudiges Programm, das bei jeder Gelegenheit Verbindung mit Microsoft aufnimmt und Playlisten oder Daten der abgespielten Musik-CD versendet.

Schalten Sie im Menüpunkt *Extras/Optionen* auf der Registerkarte *Player* alle Schalter aus, um diese »Phone-Home«-Anrufe soweit möglich zu minimieren. Das automatische Update lässt sich leider nicht ganz verhindern, auch wenn der Dienst für automatische Updates in der Dienste-Konsole deaktiviert ist, da der Media Player nicht den Standard-Windows-Update-Dienst verwendet.

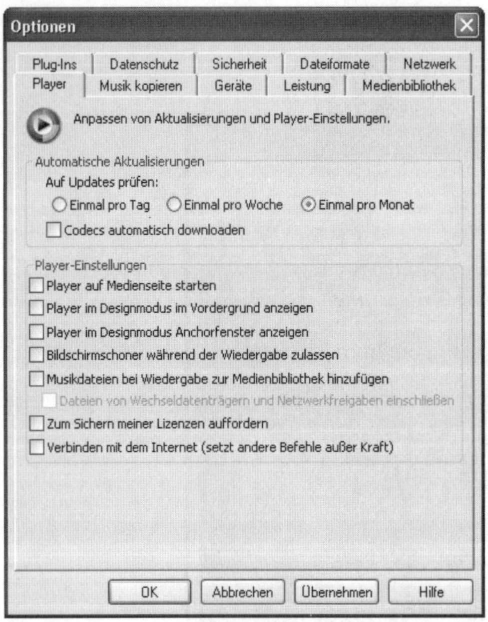


**Bild 8.4:** Um so wenig Daten wie möglich ungewollt an Microsoft zu übermitteln, schalten Sie hier alle Schalter aus

Sicherheitshalber sollten über den Media Player so lange keine Streaming-Daten aus dem Internet abgespielt werden, bis über den Menüpunkt *Datei/Offline arbeiten* in den Offline-Modus geschaltet wurde, was allerdings auch nicht alle Internet-Verbindungen unterdrückt.

## Screenschots im Windows Media Player

Wenn man im Windows Media Player ein Video abspielt und versucht, von diesem Fenster einen Screenshot bzw. eine Bildschirmabbildung anzufertigen, erscheint immer nur ein schwarzes

Fenster. Dies liegt an der Overlay-Technik, mit der der Windows Media Player das Videobild über das Bild der Grafikkarte legt und dabei den relativ langsamen Bildspeicher umgeht.

Mit einem kleinen Trick sind aber auch Screenshots von Videos im Windows Media Player möglich.

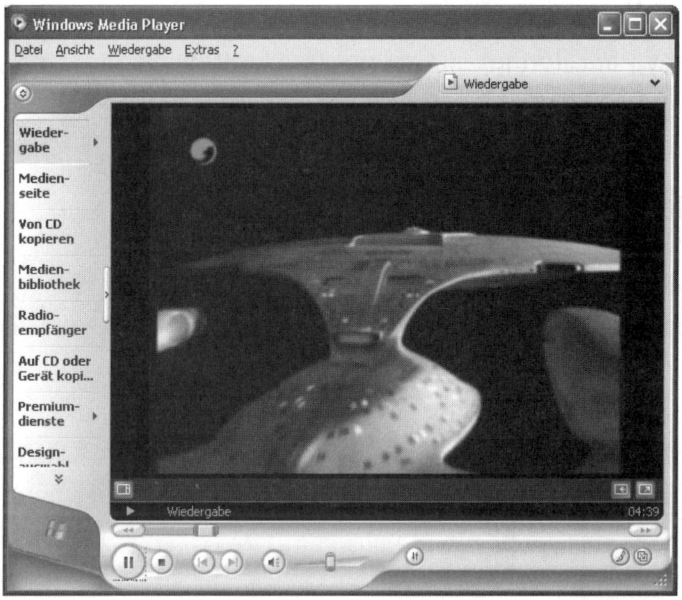


**Bild 8.5:** Screenshot eines Videos im Windows Media Player

1. Aktivieren Sie über den Menüpunkt *Extras/Optionen* den Einstellungsdialog des Media Players, und schalten Sie dort auf die Registerkarte *Leistung*.
2. Klicken Sie auf den Button *Erweitert*, und schalten Sie im nächsten Dialog dann die Schalter *Videomixingrenderer verwenden* und *YUV-Flipping verwenden* aus.

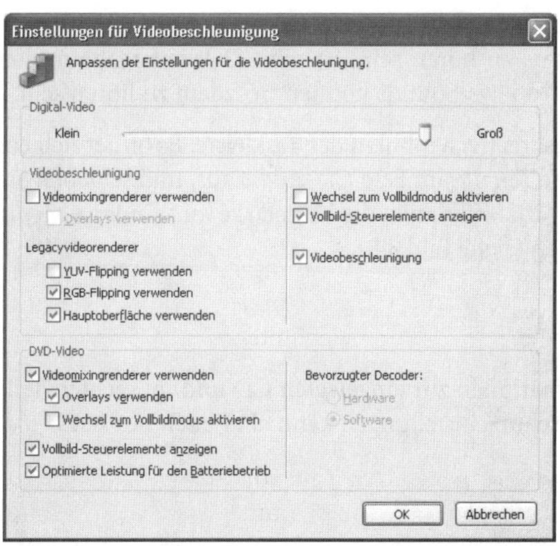


**Bild 8.6:** Beschleunigungseinstellungen für Screenshots

3. Verlassen Sie alle Dialoge mit *OK*, und bestätigen Sie die letzte Warnung mit *Ja*. Danach lassen sich Screenshots im Windows Media Player wie in jedem anderen Fenster erstellen.

## 8.2 Audio-CDs anhören

Solange kein anderer Media Player installiert ist, wird der Windows Media Player automatisch auch zum Abspielen von Audio-CDs verwendet. Legt man eine Audio-CD in das CD-ROM-Laufwerk ein, erscheint ein Dialogfeld zur Auswahl einer Aktion.

**Bild 8.7:** Auswahl einer Aktion

Bestätigen Sie hier die Standardaktion *Audio-CD wiedergeben mit Windows Media Player*. Wenn Sie den Schalter *Immer die ausgewählte Aktion durchführen* einschalten, erscheint dieser Dialog in Zukunft nicht mehr. Die Audio-CD wird sofort abgespielt.

### Wenn nichts zu hören ist

Sollte sich der Media Player öffnen, aber nichts zu hören sein, ist die CD-Wiedergabe in den Soundeinstellungen ausgeschaltet. Normale Windows-Sounds können trotzdem zu hören sein.

Klicken Sie in diesem Fall doppelt auf das Lautsprechersymbol in der Taskleiste. Es öffnet sich ein Soundmischpult. Schalten Sie hier den Schalter *Ton aus* im Feld *CD-Audio* aus, und schieben Sie den zugehörigen Lautstärkeregler ganz nach oben. Sie können die Lautstärke im Windows Media Player dann immer noch bei Bedarf herabsetzen (siehe Bild 8.8).

### Albumdetails

Der Windows Media Player kann Detailinformationen zur eingelegten CD und im rechten Teilfenster eine Titelliste anzeigen. Je nach Datenschutzeinstellungen kann aber auch nur ein *Unbekanntes Album* erscheinen.

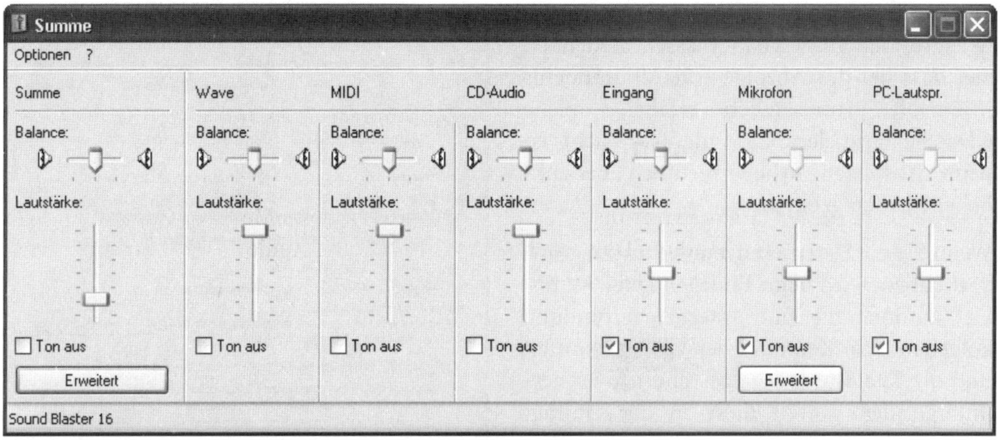


**Bild 8.8:** Soundmischpult zur Lautstärkeregelung einzelner Kanäle

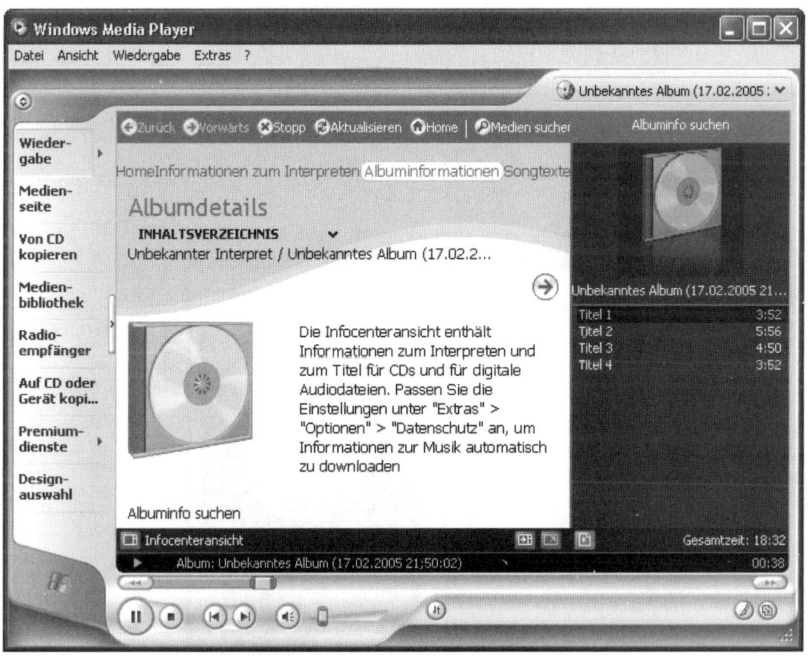


**Bild 8.9:** Unbekanntes Album, wenn keine Daten vorliegen

Möchten Sie Albumdetails angezeigt sehen, wählen Sie *Extras/Option* und schalten dort auf der Registerkarte *Datenschutz* den Schalter *Medieninformationen für CDs und DVDs aus dem Internet abrufen* ein (s. Bild 8.10).

Die übrigen Schalter sollten Sie aus Sicherheitsgründen ausgeschaltet lassen. Bedenken Sie, dass bei der Anzeige von Albumdetails Microsoft grundsätzlich erfährt, welche CDs Sie abspielen. Besondere Vorsicht ist beim Abspielen urheberrechtlich bedenklicher Medien geboten.

Wenn Sie die Datenschutzeinstellungen geändert haben, wird beim Einlegen einer Audio-CD automatisch eine Internet-Verbindung aufgebaut, die Kennung der CD übermittelt und die Titelliste sowie das Albumcover heruntergeladen, soweit diese in der Online-Datenbank verfügbar sind.

Jetzt können Sie auch ganz einfach einen bestimmten Titel abspielen, indem Sie doppelt auf diesen Titel im rechten Teilfenster klicken.

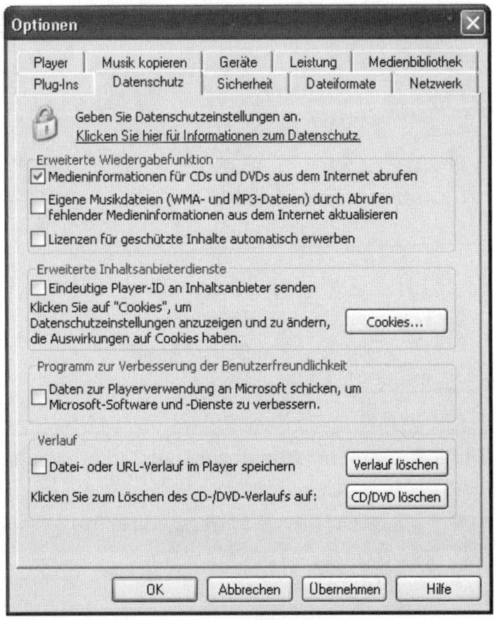


**Bild 8.10:** Datenschutzeinstellungen, um Albumdetails anzuzeigen

**Bild 8.11:** Anzeige von Albumcover und Titelliste

## 8.3 Audio-Aufnahmen mit dem Windows Media Player

Der Windows Media Player enthält mit der Schaltfläche *Von CD kopieren* eine Funktion zum Extrahieren von Musikdaten von Audio-CDs in das Windows Media-Format.

**Achtung** Microsoft bewirbt mit dem Windows Media Player ein eigenes Datenformat, WMA für Audio- und WMV für Video-Dateien. Dieses Windows Media-Format soll nach den Vorstellungen von Microsoft das beliebte MP3-Format ersetzen. Hier stößt Microsoft bei der Musikindustrie auf offene Ohren, die in MP3 erhebliche Umsatzeinbußen sieht. Das Windows Media-Format bietet Möglichkeiten, Dateien so zu sperren, dass sie nur auf einem bestimmten PC abgespielt werden können. Auch lässt sich eine Zeitsperre einbauen, mit der ein Video nach dem ersten Ansehen unbrauchbar gemacht wird. Dieses Verfahren wird als DRM (*Digital Rights Management*) bezeichnet. Sie können es bei der Aufnahme von Windows Media-Dateien von Audio-CDs zurzeit noch deaktivieren, indem Sie den Schalter *Kopierschutz für Musik* auf der Registerkarte *Musik kopieren* in den Optionen des Windows Media Players ausschalten. Microsoft behält sich vor, in zukünftigen Versionen des Windows Media Players einen Zwangskopierschutz einzuführen.

Beim Kopieren werden die Daten vorgabemäßig im Verzeichnis `Eigene Musik` abgelegt. Dieses Verzeichnis kann aber in den Optionen des Windows Media Players auf der Registerkarte *Musik kopieren* auch geändert werden.

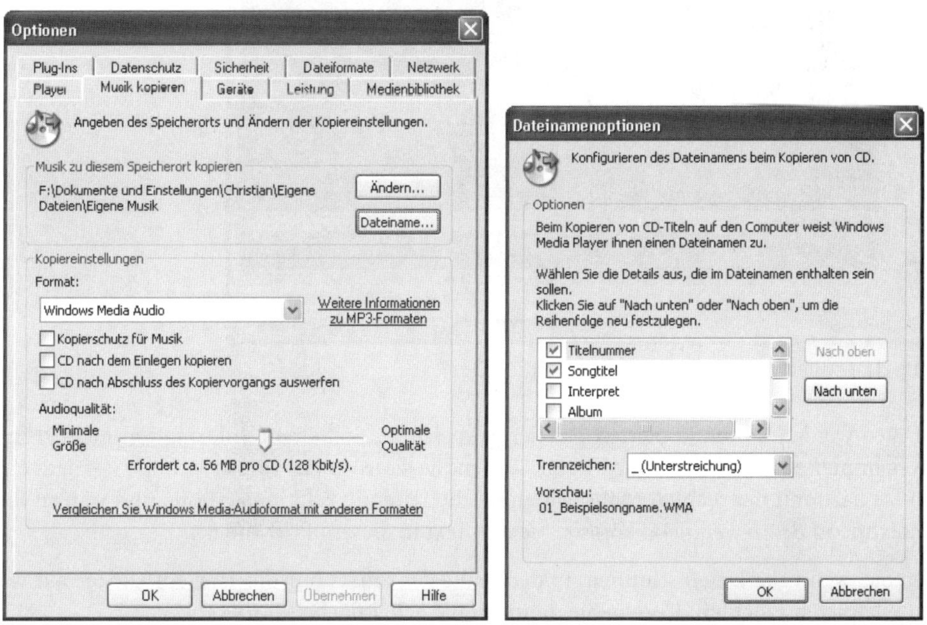


**Bild 8.12:** Auswahl der Optionen zum Erstellen der Dateinamen von Musikstücken

An dieser Stelle entspricht der Windows Media Player absolut nicht den gängigen Windows-Standards. Man kann beim Kopieren der Musik von der CD weder Verzeichnis noch Dateinamen über den üblichen Windows-Dateidialog wählen. Die Dateinamen der Audio-Dateien werden automatisch aus den Track-Informationen der CD gebildet. Welche Elemente dabei verwendet werden sollen, können Sie mit der Schaltfläche *Dateiname* festlegen.

Mit dem Schieberegler *Audioqualität* legen Sie die Qualität der aufgenommenen Dateien fest. Bessere Qualität hat auch hier ihren Preis, die Dateien werden deutlich größer. Der Speicherbedarf für eine komplette Audio-CD liegt je nach eingestellter Qualitätsstufe zwischen 22 und 86 MB.

Nachdem alle Einstellungen vorgenommen sind, schalten Sie im Hauptfenster des Windows Media Players auf den Modus *Von CD kopieren.*

Eine Liste zeigt alle Titel der eingelegten CD mit Informationen zur Länge, dem Interpreten, Komponisten sowie dem Genre an. Natürlich können Sie auch in dieser Ansicht einzelne Titel oder die ganze CD anhören.

**Bild 8.13:** Liste aller Musikstücke auf einer Audio-CD

Diese Daten werden in den kopierten Dateien gespeichert. Sollte eine Information nicht stimmen, was immer einmal vorkommen kann, sollten Sie sie vor dem Kopieren noch korrigieren. Klicken Sie dazu mit der rechten Maustaste in das betreffende Feld in der Liste, und wählen Sie im Kontextmenü *Bearbeiten.* Jetzt können Sie den Text in diesem Feld ändern.

Schalten Sie, wenn alle Daten stimmen, in der Spalte ganz links nur die Titel ein, die Sie auf die Festplatte kopieren möchten. Klicken Sie dann auf die Schaltfläche *Musik kopieren.*

Unabhängig vom ein- oder ausgeschalteten Kopierschutz erscheint eine weitere Abfrage, in der Microsoft nochmals versucht, Sie vom Kopierschutz zu überzeugen.

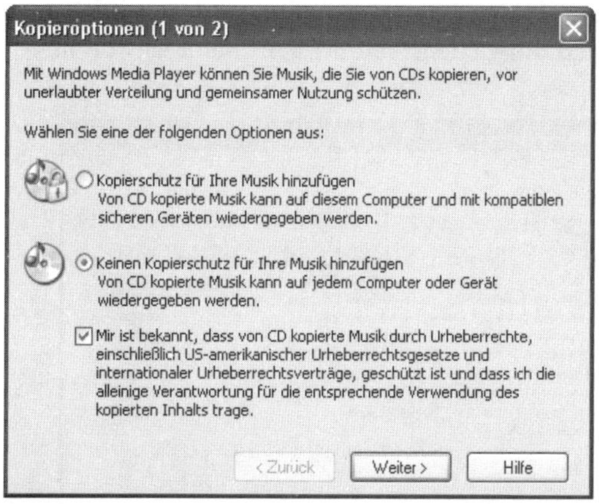


**Bild 8.14:** Falls Sie doch einen Kopierschutz wollen, können Sie diesen hier aktivieren

In den meisten Fällen werden Sie hier wohl die Option *Keinen Kopierschutz* wählen. Der untere Schalter zur Urheberrechtserklärung muss immer eingeschaltet werden, andernfalls kommt man hier nicht weiter.

Im nächsten Schritt können Sie noch einmal in das Dialogfeld zur Änderung der Kopiereinstellungen gehen oder die Musiktitel mit den zuvor eingestellten Optionen auf die Festplatte kopieren. Dies dauert einige Minuten, geht aber deutlich schneller als das Abspielen der Titel dauern würde.

Während des Kopiervorgangs zeigt eine Statusanzeige den Kopierfortschritt an.

**Bild 8.15:** Kopieren der Musiktitel

Kopierte Dateien werden im angezeigten Verzeichnis angelegt und können von dort aus jederzeit mit dem Windows Media Player abgespielt werden. Eine CD ist dafür nicht mehr erforderlich.

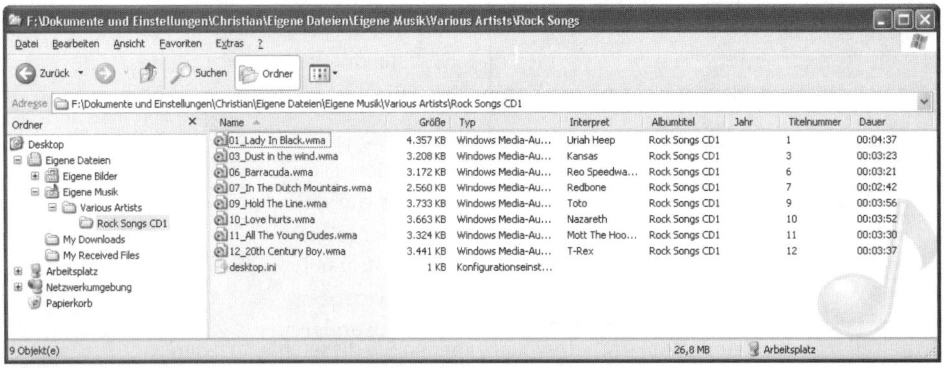


**Bild 8.16:** Anzeige der kopierten Musikdateien

Diese Musikverzeichnisse werden in der *Detailanzeige* im Windows Explorer anders dargestellt als übliche Verzeichnisse. Anstelle von Datum und Dateigröße sehen Sie hier die aus dem Windows Media Player übernommenen Detailinformationen zu den Musikstücken.

## Medienbibliothek

Der Windows Media Player bietet noch eine eigene Verwaltung der Musikdateien auf dem Computer. Schalten Sie hier auf den Modus *Medienbibliothek*, finden Sie in einer Explorer-ähnlichen Baumstruktur alle Musikstücke.

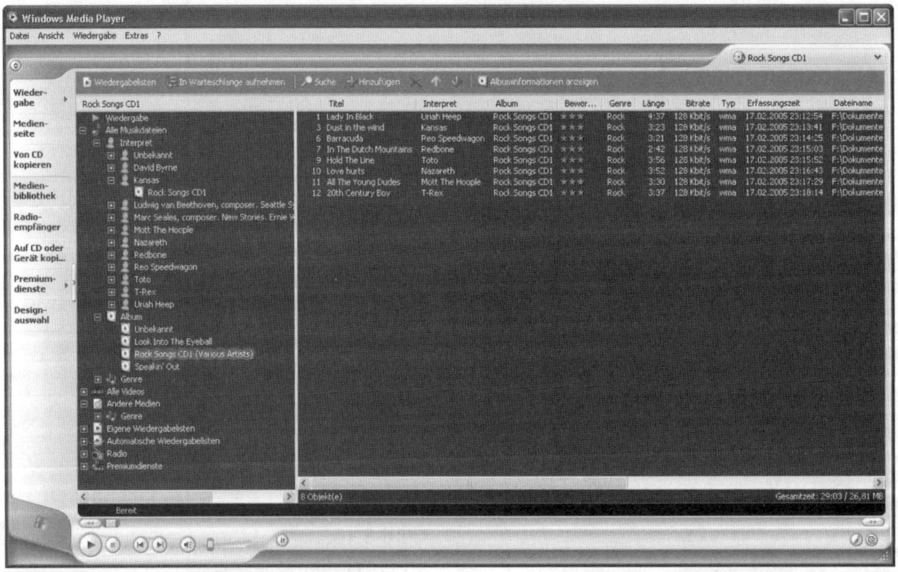


**Bild 8.17:** Die *Medienbibliothek*

Ziehen Sie das Fenster des Windows Media Players etwas in die Breite, um alle Informationen sehen zu können.

In der *Medienbibliothek* haben Sie einen Überblick über alle Musiktitel, die Sie von unterschiedlichen CDs kopiert haben und können die Titel auch direkt abspielen. Die Musikstücke werden automatisch nach Interpreten und Alben sortiert. Jeder Titel taucht also mehrfach auf, obwohl er nur einmal auf der Festplatte gespeichert wurde.

**Info** Diese Art der Dateiverwaltung, die ganz anders als die üblichen Windows-Verzeichnisstrukturen ist, ist ein erster Vorgeschmack auf das neue Dateisystem WinFS, das ursprünglich bereits mit dem Windows XP-Nachfolger »Vista« eingeführt werden sollte. Hier sollen alle Dateien nicht mehr nach Verzeichnissen, sondern nach verschiedenen Eigenschaften sortiert werden. Wegen Verzögerungen bei der Entwicklung wird WinFS voraussichtlich noch nicht in »Vista«, sondern erst in dessen Nachfolgeversion enthalten sein.

## MP3

MP3, ein vom Fraunhofer-Institut definiertes Kompressionsformat, ist unter Musikliebhabern deutlich bekannter als das Windows Media Audioformat WMA.

Der Windows Media Player kann MP3-Dateien problemlos abspielen, aber standardmäßig nicht selbst aus einer Audio-CD erstellen. Der bei Windows XP mitgelieferte Fraunhofer MP3-Codec ermöglicht nur das Abspielen von MP3-Dateien, da das Fraunhofer-Institut als Entwickler des MP3-Formates hier Lizenzgebühren verlangt.

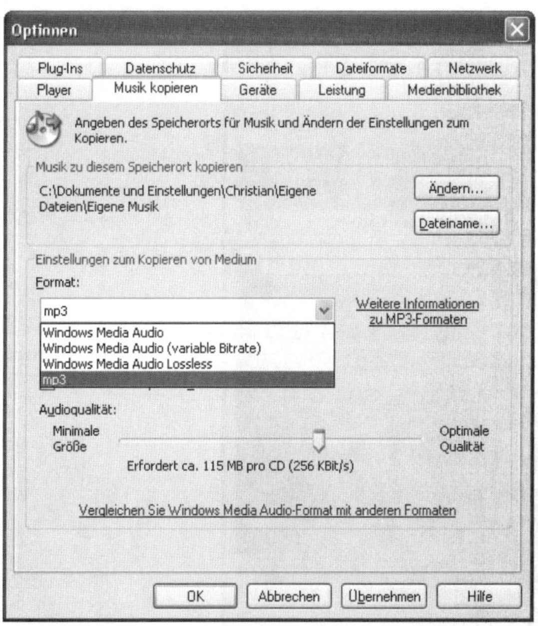


**Bild 8.18:** Option zum Erstellen von mp3-Dateien

Um MP3-Dateien aus dem Windows Media Player heraus zu erstellen, benötigen Sie einen erweiterten Codec. Die bekanntesten und am meisten verbreitetsten Codecs sind die Freeware Encoder *LAME* und *Radium*.

Ist ein solcher Codec installiert, erscheint in den Optionen des Windows Media Players auf der Registerkarte *Musik kopieren* unter *Format* zusätzlich die Option *MP3* zur Auswahl.

**Hinweis** Mit dem neuen Windows Media Player 10, der auch in der Windows XP Media Center Edition enthalten ist, wird wieder ein vollwertiger MP3-Codec ausgeliefert, der MP3-Musik nicht nur abspielen, sondern auch erstellen kann.

## 8.4 Musik-CDs und DVDs brennen

Der Windows Media Player enthält eine eigene Funktion zum Brennen von Musik auf CDs sowie zum Kopieren auf Wechselmedien wie zum Beispiel Media-Player in Form von USB-Sticks oder Speicherkarten, um die Musik auf einem PDA abzuspielen.

**Hinweis** Beim Brennen auf eine CD werden die Daten im normalen Audio-CD-Format abgelegt, sodass die fertige CD nicht nur im Computer, sondern in jedem Audio-CD-Player abgespielt werden kann.

Stecken Sie die Speicherkarte in den Kartenleser, und schließen Sie den tragbaren Medien-Player an, oder legen Sie einen Rohling in den Brenner. Schalten Sie dann im Windows Media Player auf den Modus *Auf CD oder Gerät kopieren*.

**Bild 8.19:** Musik auf CD oder Wechselmedium kopieren

In der zweigeteilten Ansicht sehen Sie links einen Ausschnitt Ihrer Medienbibliothek, rechts das Medium, auf das die Daten kopiert werden sollen.

Wählen Sie in der Pulldown-Liste oberhalb des linken Fensters eine Playliste oder Kategorie aus, aus der Sie Musikstücke zum Kopieren aussuchen wollen. In der Liste oberhalb des rechten Feldes wählen Sie das Laufwerk oder Medium, wohin die Daten kopiert werden sollen.

Jetzt müssen Sie nur noch bei allen Musikstücken, die kopiert werden sollen, vorne das Häckchen setzen. Der Schalter in der Titelzeile oberhalb der Liste schaltet alle Titel auf einmal aus oder ein.

Klicken Sie anschließend oben rechts auf *Kopieren*, um den Kopier- oder Brennvorgang zu starten.

## 8.5 Die klassische Medienwiedergabe

Wenn Sie auf Skins und Playlisten verzichten können, und auch nicht wollen, dass beim Musikhören ständig Daten mit Microsoft ausgetauscht werden, können Sie auch unter Windows XP die klassische Medienwiedergabe älterer Windows-Versionen verwenden.

Dieser einfache Player ist als `MPLAY32.EXE` weiterhin im `\windows\system32`-Verzeichnis vorhanden. Sie können ihn entweder direkt starten oder auch die Musik-Dateiformate mit diesem Programm verknüpfen. Beim Doppelklick auf eine Musikdatei wird dann nicht mehr der Windows Media Player gestartet, sondern die klassische Medienwiedergabe.

**Bild 8.20:** Musik mit der klassischen Medienwiedergabe abspielen

Auch das Abspielen von Videosequenzen und Animationen ist mit der Medienwiedergabe möglich. Diese Methode hat außerdem den Vorteil, dass sie deutlich weniger Ressourcen verbraucht als der Windows Media Player, also auch auf stark ausgelasteten Computern kaum Aussetzer beim Abspielen entstehen.

**Info** Die klassische Medienwiedergabe wird unter dem Namen *Media Player Classic* von einer freien Entwicklergruppe weiterentwickelt.

Informationen und Download: `sourceforge.net/projects/guliverkli`

**Bild 8.21:** Video mit der klassischen Medienwiedergabe abspielen

Kapitel 9

# Mehrbenutzersysteme


9.1 Die Benutzerverwaltung ........................ 220
9.2 Gemeinsames Verwenden von Daten ............ 228

Windows XP bietet verschiedene Sicherheitsfunktionen, die Daten und das System selbst vor den entsprechenden Benutzern schützen. Auf Computern, auf die mehrere Benutzer Zugriff haben, können die Daten eines Benutzers vor neugierigen Blicken oder Veränderungen der anderen Benutzer gesichert werden. Aber auch bei Computern, die man nur alleine benutzt, kann eine Benutzerverwaltung zum eigenen Schutz sinnvoll sein. Solange man während der alltäglichen Arbeit nur mit eingeschränkten Rechten angemeldet ist, kann man verhindern, dass das System durch fehlerhafte Konfigurationseinstellungen versehentlich beschädigt wird. So können zum Beispiel auch Viren und Trojaner nur auf die Dateien und Systemeinstellungen zugreifen, auf die der angemeldete Benutzer Zugriff hat.

Windows XP wurde für den durchschnittlichen, unkritischen US-amerikanischen User entwickelt. Um diesen nicht zu überfordern, werden zahlreiche wichtige Einstellmöglichkeiten und Sicherheitsoptionen standardmäßig nicht angezeigt, obwohl sie vorhanden sind und gegenüber früheren Windows-Versionen auch noch verbessert wurden. In der Grundeinstellung ist die Sicherheit eines Windows XP-Systems sehr niedrig gehalten. Man kann aber als Systemadministrator mit einer gut geplanten Benutzerverwaltung zahlreiche Sicherheitssysteme aktivieren.

**Achtung** Unter Windows 9x/ME konnten nur Netzwerkressourcen, Dateien und Drucker benutzerabhängig freigegeben werden. Unter Windows XP Professional können für jede Datei, jedes Verzeichnis, jeden Drucker und auch für jeden *Registry*-Schlüssel benutzerabhängige Zugriffsrechte vergeben werden. In der Home Edition von Windows XP sind die Möglichkeiten zur Rechtevergabe deutlich eingeschränkt.

## 9.1 Die Benutzerverwaltung

In den allermeisten Netzwerken gibt es verschiedene Benutzer mit verschiedenen Rechten. Die Benutzer haben Zugriff auf verschiedene unterschiedliche Anwendungen auf dem Server und einen Pool gemeinsam genutzter Daten. Benutzer haben ihre eigenen Home- und Mail-Verzeichnisse und Zugriff auf bestimmte Drucker und sonstige externe Geräte.

Windows XP ermöglicht eine differenzierte Benutzerverwaltung nicht nur für Netzwerkressourcen, sondern auch für den lokalen Rechner. So hat jeder Benutzer hier eigene Verzeichnisse, eigene Desktop-Einstellungen und Zugriffsberechtigungen für lokale Ressourcen.

**Tipp** Bei rein persönlichen Arbeiten am Netzwerk sollte man sich auch nicht immer als Administrator anmelden, um Fehlkonfigurationen aus Versehen zu vermeiden. Mit weniger Rechten kann man auch weniger verkehrt machen.

Bei der Installation von Windows XP werden ein Administrator, ein inaktiver Gast und ein Standardbenutzer angelegt. Dieser erhält seinen Namen aus dem angegebenen Namen des Computerbesitzers. Dieser Benutzername darf allerdings nicht gleich dem Computernamen oder Domänennamen sein. Der Benutzer hat automatisch Administratorenrechte. Bei der Installation können auch gleich noch bis zu vier weitere Benutzer angelegt werden.

Windows XP bietet nach der Installation zwei verschiedene Möglichkeiten, einen neuen Benutzer anzulegen. Um einen Benutzer anlegen zu können, muss man mit Administratorenrechten angemeldet sein, aber nicht unbedingt als Benutzer *Administrator*.

## Neue Benutzerkonten in der Systemsteuerung anlegen

Die einfachste Methode, Benutzer anzulegen und zu verwalten, ist das Modul *Benutzerkonten* in der *Systemsteuerung* (s. Bild 9.1).

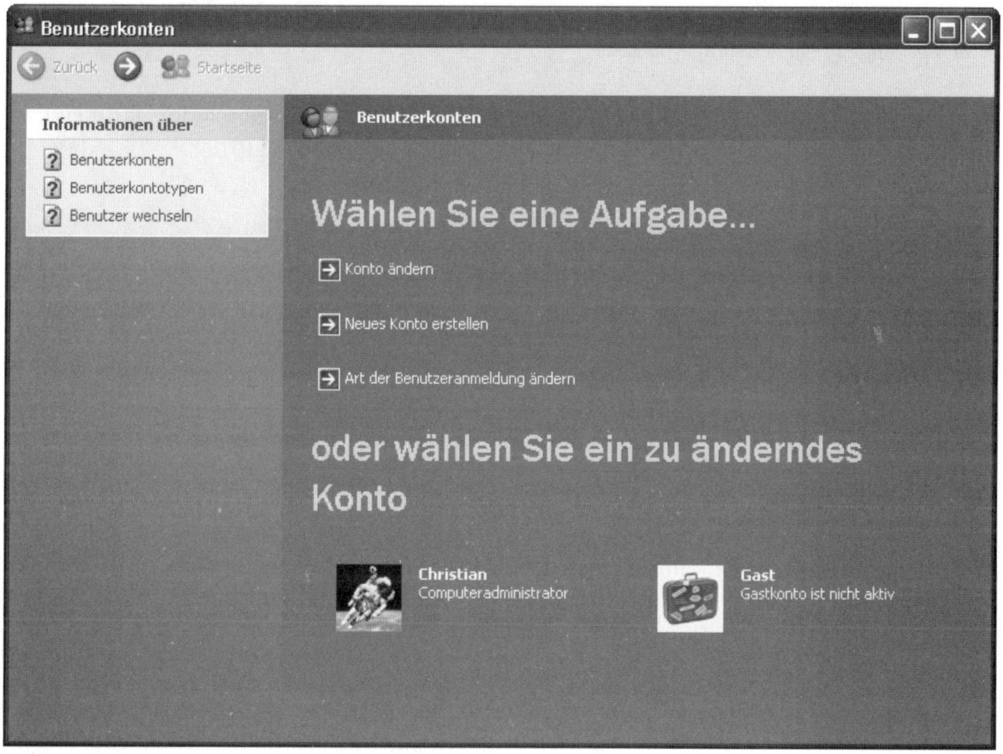


**Bild 9.1:** Benutzerkonten in der *Systemsteuerung*

Diese vereinfachte Form der Benutzerverwaltung unterscheidet nur zwischen Administratoren und eingeschränkten Benutzern. Eine detaillierte Vergabe von Benutzerrechten für einzelne Dateien oder Verzeichnisse ist nicht möglich, was im einfachen Fall eines Computers, der von einer Familie oder WG genutzt wird, auch nicht nötig ist.

Mit der Schaltfläche *Neues Konto erstellen* können Sie in der *Systemsteuerung/Benutzerkonten* einen neuen Benutzer anlegen. Dabei geben Sie im ersten Schritt einen Namen ein.

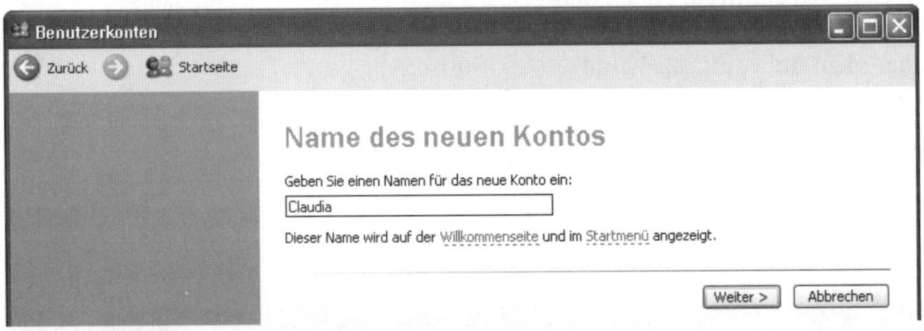


**Bild 9.2:** Angabe eines Benutzernamens

Der gewählte Benutzername erscheint auf dem Willkommensbildschirm und im Startmenü, sodass man sofort sieht, unter welchem Benutzernamen man angemeldet ist.

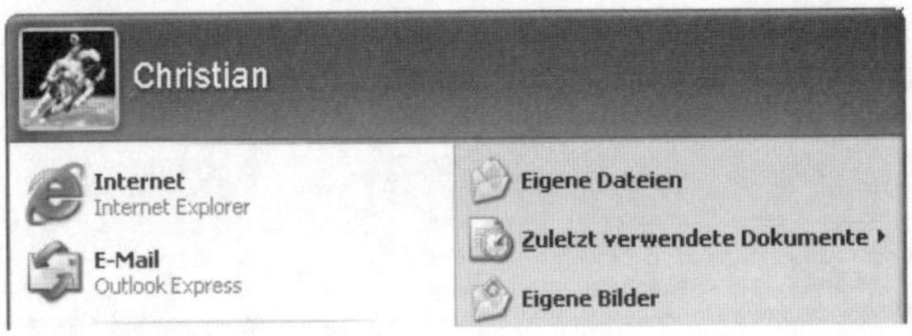


**Bild 9.3:** Benutzername im Startmenü

Wählen Sie im nächsten Schritt zwischen zwei verschiedenen Benutzertypen: *Computeradministrator* oder *Eingeschränkt* (s. Bild 9.4).

Für alle normalen Arbeiten am Computer reicht der Kontotyp *Eingeschränkt.* Eingeschränkte Benutzer können nicht alle Systemeinstellungen vornehmen und deshalb auch nicht alle Programme installieren. Weiterhin haben sie nur Zugriff auf ihre eigenen Dateien im Verzeichnis `\Dokumente und Einstellungen\Benutzername\Dokumente` und Dateien im Verzeichnis `\Dokumente und Einstellungen\All Users\Dokumente`.

Beim Klick auf *Konto erstellen* wird der neue Benutzer angelegt. Diesem wird standardmäßig das Bild *Gitarre* zugewiesen, sofern dies nicht von einem anderen Benutzer verwendet wird. In diesem Fall wird zufällig ein noch nicht verwendetes Bild ausgewählt.

Die persönliche Verzeichnisstruktur unterhalb von `\Dokumente und Einstellungen` wird erst bei der ersten Anmeldung des Benutzers angelegt.

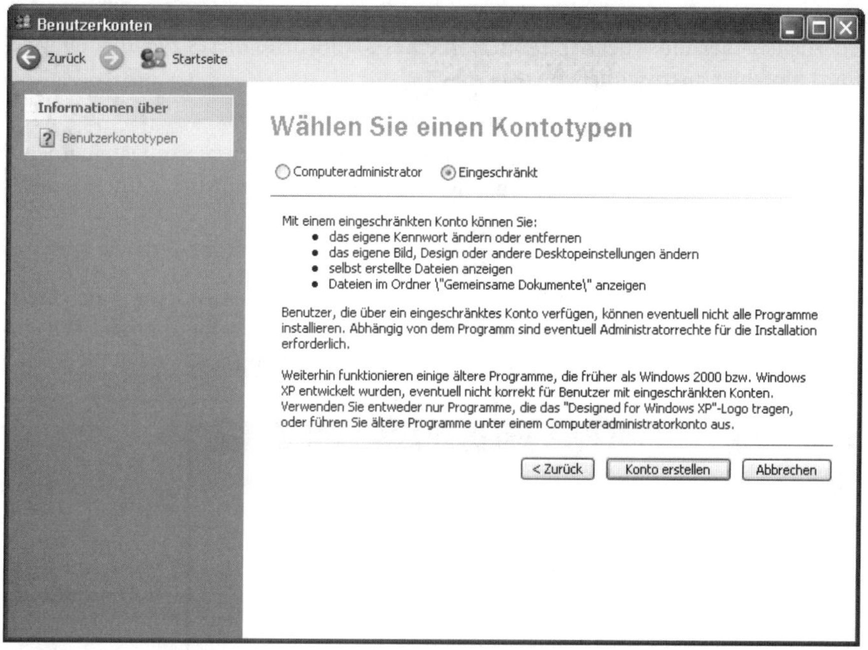


**Bild 9.4:** Auswahl des Benutzertyps

### ▲ Benutzereigenschaften ändern

Die Eigenschaften eines Benutzers, sein Name, Bild und Kontotyp, können nachträglich verändert werden. Klicken Sie dazu auf den *Benutzernamen* in der *Systemsteuerung/Benutzerkonten*.

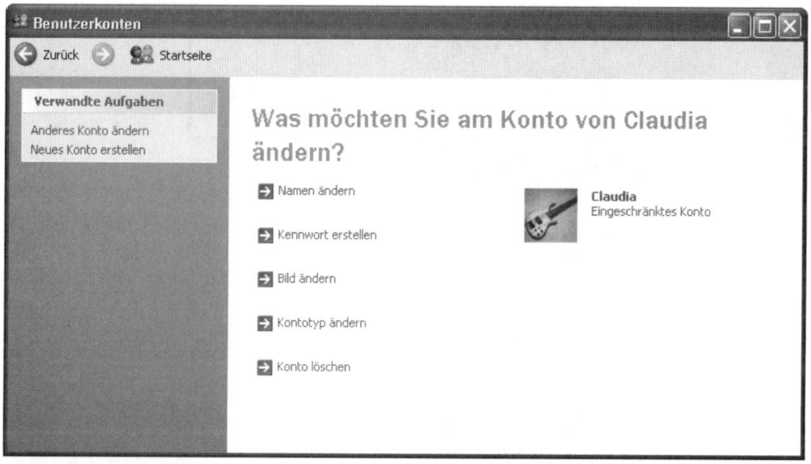


**Bild 9.5:** Verändern von *Benutzereigenschaften*

Für jeden Benutzer kann ein Kennwort festgelegt werden, das bei der Benutzeranmeldung erforderlich ist. Sicherheitshalber muss bei der Definition eines Kennwortes dieses zweimal eingegeben werden, um Tippfehler auszuschließen.

**Hinweis** Bei Kennwörtern unterscheidet Windows XP im Gegensatz zu Dateinamen zwischen Groß- und Kleinschreibung. Heißt das gültige Kennwort zum Beispiel `Geheim`, wäre `gEhEiM` ungültig.

Zusätzlich zum Kennwort kann auf der Willkommen-Seite noch ein Kennworthinweis gezeigt werden, um den Benutzer an sein Kennwort zu erinnern. Dieser Hinweis sollte aber nicht zu eindeutig sein, damit andere Benutzer das Kennwort nicht herausfinden können.

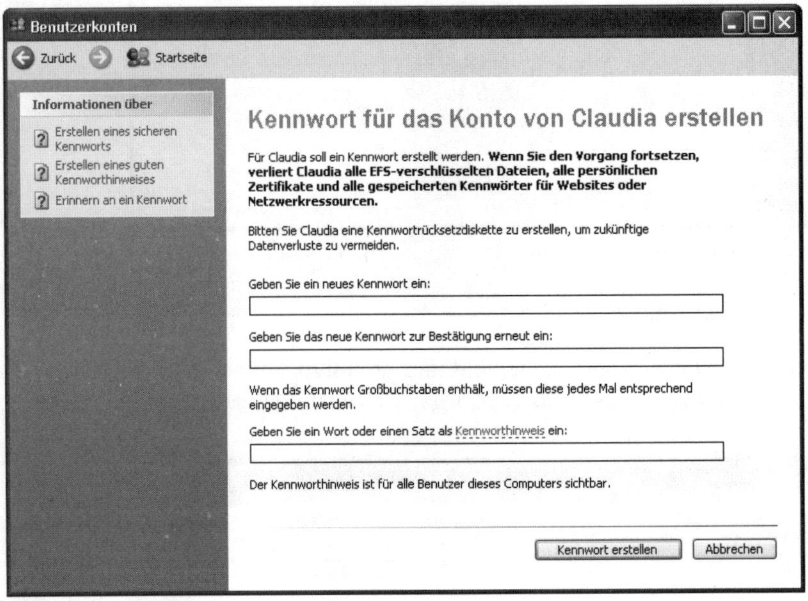


**Bild 9.6:** Festlegen eines Kennwortes für einen Benutzer

### ▲ Benutzer löschen

Beim Löschen eines Benutzers in *Systemsteuerung/Benutzerkonten* haben Sie noch die Möglichkeit, den Desktop und das Verzeichnis `Eigene Dateien` des Benutzers zu sichern. Internet Explorer-Favoriten, persönliche Einstellungen und in Outlook Express eingegangene E-Mails gehen in jedem Fall verloren.

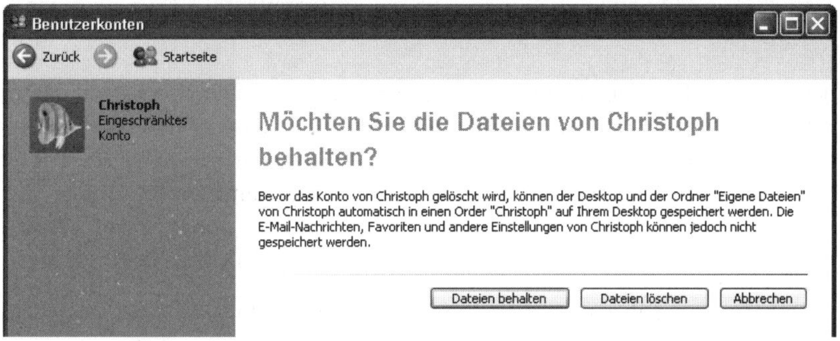


**Bild 9.7:** Abfrage vor dem Löschen eines Benutzers

An dieser Stelle sollten Sie in jedem Fall auf *Dateien behalten* klicken, da die Daten andernfalls unwiderruflich verloren sind. Sie werden nicht im Papierkorb abgelegt.

### ▲ Benutzerbilder

Auf der Willkommen-Seite und im Startmenü wird für jeden Benutzer ein Bild angezeigt.

**Info** Diese Bilder sind Teil einer Microsoft-Initiative, Windows für Kinder und Personen mit Leseschwächen leichter bedienbar zu machen.

Beim Anlegen eines neuen Benutzers in der *Systemsteuerung/Benutzerkonten* wird zufällig ein Bild aus der mitgelieferten Bildersammlung ausgewählt. Über die Option *Bild ändern* können Sie hier auch ein anderes Bild aus der vorgegebenen Liste auswählen.

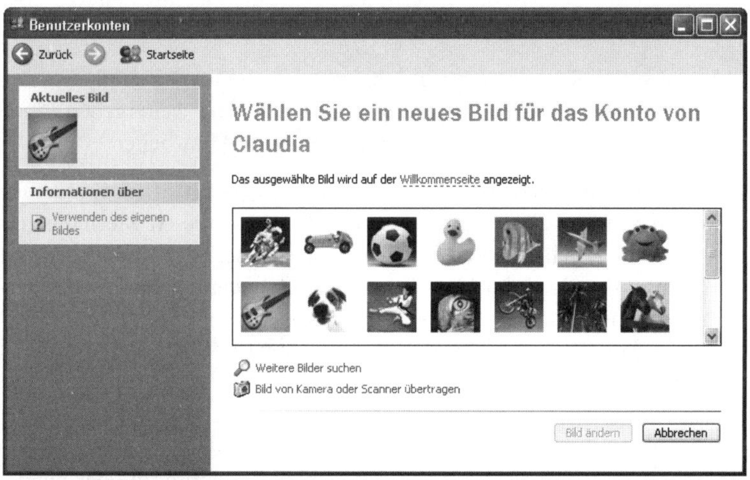


**Bild 9.8:** Auswahl eines Benutzerbildes

Zusätzlich zu den vorhandenen Bildern kann man mit dem Link *Weitere Bilder suchen* auch beliebige andere Bilder verwenden.

Sie können aber auch in dieser Liste eigene Bilder zur Auswahl anbieten. Erstellen Sie dazu Bilddateien mit der Größe 48 × 48 Pixel im BMP-Format, und kopieren Sie diese in das Verzeichnis `\Dokumente und Einstellungen\All Users\Anwendungsdaten\Microsoft\User Account Pictures\Default Pictures`. Die Bilder werden dann automatisch in der Liste angezeigt.

## Passwörter

Legen Sie vor Ihr Haus auf die Straße einen Hausschlüssel! Das macht vieles deutlich einfacher. Wenn man nach Hause kommt, braucht man keine Taschen zu durchsuchen und muss sich auch keine Sorgen machen, den Schlüssel einmal zu vergessen. Gegen Sturm und Unwetter können Sie diesen Schlüssel mit einer Schnur an der Tür befestigen. Diese sollte nur lang genug sein, sodass man den Schlüssel noch ohne ihn loszuknoten im Schloss umdrehen kann. Würde das nicht das Leben deutlich vereinfachen, im modernen EDV-Slang »die Benutzerfreundlichkeit erhöhen«? – Sie finden diese Idee völlig abwegig? Warum gehen Sie dann mit Ihren Benutzerdaten und Zugangspasswörtern genau so wie hier beschrieben um?

Nicht wenige Anwender schreiben sich ihre Passwörter auf Zettel am Bildschirm oder auf der Tastatur oder schreiben sie auf die in Büros beliebten Schreibtischunterlagen. Die meisten sind sich dabei der daraus entstehenden Gefahren nicht bewusst.

Einerseits kann jemand, der das Passwort eines anderen Anwenders kennt, dieses verändern und so den eigentlichen Inhaber von der Benutzung des Systems ausschließen, andererseits kann er auch, was manchmal noch gefährlicher ist, unbemerkt Dokumente und E-Mails des anderen mitlesen und manipulieren. Ändert jemand zum Beispiel im letzten Moment wichtige Wörter in Vertragsdokumenten oder Zahlen in Kalkulationsblättern, fällt dies dem eigentlichen Verfasser des Dokumentes oft gar nicht oder erst dann auf, wenn es zu spät ist.

Passwörter sind nur solange sinnvoll, wie sorgsam mit ihnen umgegangen wird. Benutzernamen sind meistens öffentlich bekannt, allerdings sollte niemand sein Passwort weitergeben, auch nicht an den Administrator oder andere mit der Systemwartung betraute Mitarbeiter.

Administratoren können die Passwörter nicht einsehen, aber löschen, wenn es zu Problemen kommt, zum Beispiel, wenn jemand sein Passwort vergessen hat. Durch diesen Mechanismus kann jeder Anwender, der sein Passwort geheimhält, überprüfen, ob sich der Systemadministrator zwischenzeitlich auf seinen Namen eingeloggt hat. Das Passwort müsste dann gelöscht oder verändert sein.

### ▲ Tipps zum Umgang mit Passwörtern

- Schreiben Sie Ihr Passwort nirgendwo auf, es kann immer jemand Unbefugtes dieses finden.
- Verwenden Sie keine offensichtlichen Passwörter wie den Namen der Freundin oder die der Kinder. Das sind die ersten, die ein unberechtigter Angreifer ausprobieren würde. Genauso

wenig sollten Sie Ihren eigenen Namen oder Ihren Benutzernamen verwenden. Am sichersten sind zufällige Buchstaben- oder Zahlenkombinationen, die niemand errät, sich aber auch niemand merken kann. Es bringt schon einiges an Sicherheit, wenn man in ein gut zu merkendes Passwort an irgendeiner Stelle eine Ziffer einfügt.

- Schwer zu erratende Passwörter lassen sich aus den Anfangsbuchstaben eines gut zu merkenden Satzes bilden. Zum Beispiel ergibt »Ich fahre morgens mit der U-Bahn Linie 3 ins Büro« das Passwort `IfmmdUBL3iB`. Hier müssen Sie nur dafür sorgen, dass Ihnen niemand bei der Passworteingabe über die Schulter schaut. Dasselbe gilt für Passwörter, deren Eingabe auf der Tastatur leicht zu erkennen ist, wie etwa qwertz oder 1234.
- Ändern Sie Ihr Passwort in regelmäßigen Zeitabständen, falls jemand es zufällig herausgefunden haben sollte.

## Die Methoden der Passwort-Cracker

In den meisten Firmen geht die Gefahr nicht von anonymen Hackern irgendwo in den Tiefen des Internets aus, sondern von Kollegen, Chefs, unzufriedenen Mitarbeitern oder Mitbewerbern. Das neudeutsche Wort »Social Engineering« steht für gezieltes Aufspüren persönlicher Informationen durch Ausfragen und Ausspionieren, also durch geschicktes Ausnutzen menschlicher Schwächen. Das reicht von der beiläufigen Frage »Sag mir mal eben dein Passwort«, die im richtigen Moment auch zum richtigen Ergebnis führen kann, bis zum Sammeln von Informationen über Namen der Kinder, Freundin, Geburtsort, beliebte Film- und Musikstars, Automarken, Witzfiguren und ähnliches. Auf diese Weise kann man sich Listen möglicher Passwörter zusammenstellen.

Immer wieder werden Fälle bekannt, wo Firmen Jugendliche als Praktikanten zu Konkurrenzfirmen schicken, diese sich dort »dumm stellen«, in Wirklichkeit aber versuchen, möglichst viele Informationen zu bekommen.

Zum Schutz gegen die Gefahren des Social Engineerings muss sich ein Administrator ein möglichst gutes Bild davon machen, wer ein potentieller Angreifer sein könnte: Sind es die eigenen Mitarbeiter, eventuell freiberuflich im Unternehmen Tätige, Mitbewerber oder wirkliche Hacker aus der Untergrundszene. Hat es überhaupt schon Angriffe gegeben, und welche Daten könnten wirklich missbräuchlich verwendet werden?

Ein besonderes Problem gibt es an Schulen und Hochschulen, wo die Hemmschwelle zu illegalem Verhalten im Netz deutlich geringer ist als in Firmen. In Schulnetzen gilt es oft als Sport, dem Administrator zusätzliche Arbeit zu machen, im Gegensatz zum Datenklau in Unternehmen, wo der Täter einen persönlichen Vorteil in seiner Tat sieht.

Durch Social Engineering kann man sich relativ einfach Listen zusammenstellen, die ein paar hundert wahrscheinlich mögliche Passwörter einer bestimmten Person enthalten. Diese Passwörter alle manuell auszuprobieren würde ewig dauern. Brute Force-Programme (»brute force« = »rohe Gewalt«) probieren in sehr kurzer Zeit ein Passwort nach dem anderen aus einer vorgegebenen Liste aus.

Im Internet finden Sie unter `ftp://ftp.ox.ac.uk/pub/wordlists` lange Listen allgemein beliebter Passwörter in verschiedenen Landessprachen, die nur noch mit den entsprechenden Brute Force-Programmen abgearbeitet werden müssen. Nach einer Statistik kommen 80% aller Passwörter aus einer Menge von etwa 3000 bekannten Wörtern. Sind keine Passwörter bekannt, können einige der Programme auch alle möglichen Kombinationen aus einer bestimmten Anzahl von Zeichen ausprobieren, was allerdings bei längeren Passwörtern sehr lange dauert.

Bekannte Beispiele für Brute Force-Programme sind die Knacker für passwortgeschützte ZIP-Archive *AZPR (Advanced ZIP Passwort Recovery)* und *FZC (Fast ZIP Cracker)*. *Brutus* greift nach der Brute Force-Methode wahlweise http-, FTP-, POP3-, Telnet- und einige andere Internet-Server an.

## 9.2 Gemeinsames Verwenden von Daten

Windows XP legt für jeden neuen Benutzer ein eigenes Profil an. Dieses enthält neben Desktop-Einstellungen und persönlichem Startmenü auch ein Verzeichnis für persönliche Dateien. Dieses erscheint im Windows Explorer ganz oben unter dem Namen `Eigene Dateien`.

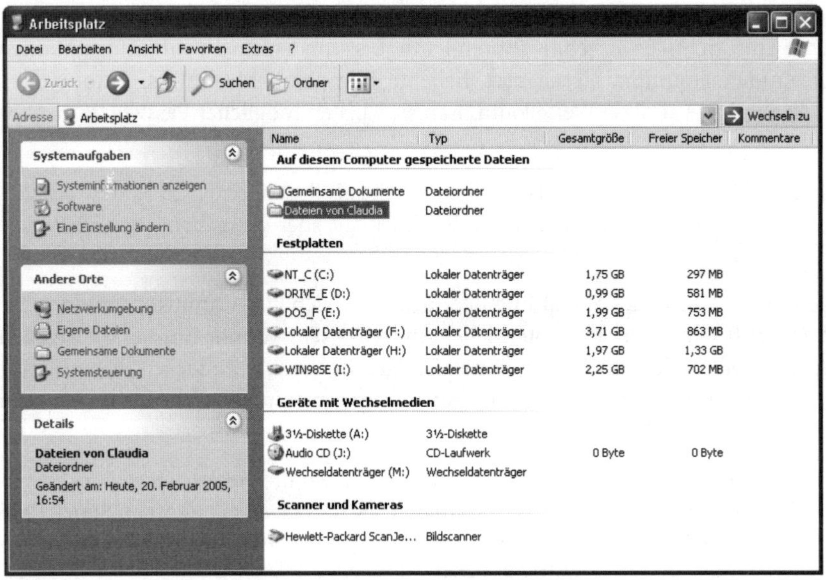


**Bild 9.9:** Das Verzeichnis der persönlichen Dateien

In Wirklichkeit befindet sich dieses Verzeichnis unter `\Dokumente und Einstellungen\Benutzername\Eigene Dateien` in der Verzeichnisstruktur. An dieser Stelle gibt es auch Verzeichnisse, die die persönlichen Startmenü- und Desktop-Verknüpfungen sowie die Favoriten aus dem Internet Explorer enthalten.

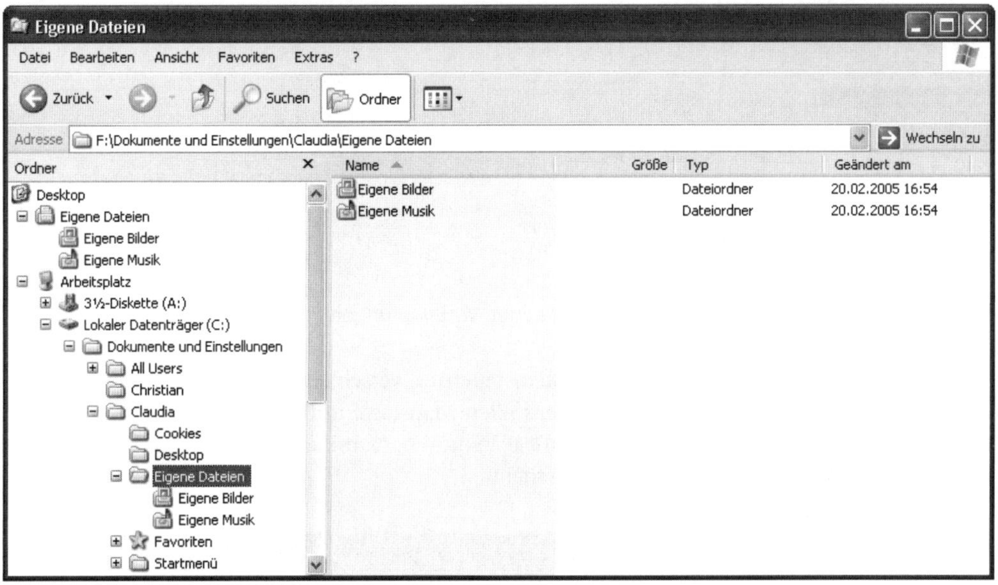


**Bild 9.10:** Das Verzeichnis `Eigene Dateien` in der Verzeichnisstruktur

**Achtung** Benutzerrechte auf Dateien funktionieren nur auf Festplatten, die mit dem NTFS-Dateisystem formatiert wurden. Auf Laufwerken mit FAT16/FAT32-Dateisystem kann jeder Benutzer jede Datei beliebig verändern.

Die standardmäßige Rechtevergabe für Benutzer, die in der *Systemsteuerung/Benutzerkonten* angelegt wurden, ist sehr simpel:

- Jeder Benutzer kann in seinem Verzeichnis `Eigene Dateien` beliebige Dateien lesen und schreiben.
- Im Verzeichnis `Gemeinsame Dokumente`, das sich in der Windows-Verzeichnisstruktur unter `\Dokumente und Einstellungen\All Users\Dokumente` befindet, können alle Benutzer Dateien ablegen und lesen. Dieses Verzeichnis eignet sich also zum einfachen Datenaustausch.

In anderen Verzeichnissen haben eingeschränkte Benutzer nur Schreibrechte auf Dateien, die sie selbst anlegen. Dateien anderer Benutzer können nicht verändert oder gelöscht werden.

Über einen neuen Eintrag im Kontextmenü können sich die Benutzer sehr einfach gegenseitig Dateien zuschicken, vorausgesetzt, die Benutzerrechte erlauben den Zugriff.

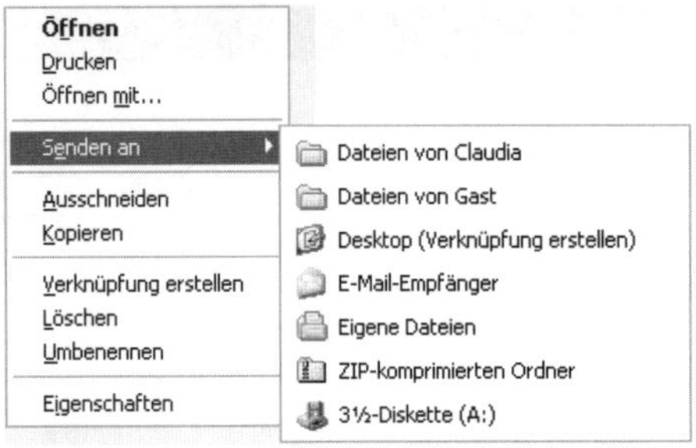


**Bild 9.11:** Das Kontextmenü *Senden An...* mit neuen Verknüpfungen

Im Explorer finden Sie unterhalb der Systemsteuerung verschiedene `Ordner Dateien von...` Ziehen Sie die gewünschten Ordner mit der linken Maustaste in Ihren eigenen Ordner `\Dokumente und Einstellungen\Benutzername\SendTo`. Damit erstellen Sie eine Verknüpfung, die später in Ihrem Menü `Senden an...` erscheint.

**Bild 9.12:** Die Verknüpfungen im *SendTo*-Verzeichnis

Um einem anderen Benutzer später eine Datei zuzuschicken, brauchen Sie diese im Explorer nur noch zu markieren und mit der rechten Maustaste darauf zu klicken. Wählen Sie anschließend den entsprechenden Menüpunkt im Kontextmenü aus.

Kapitel 10

# Systemwerkzeuge


10.1 Auslagerungsdatei .......................... 232
10.2 Festplattenüberprüfung ...................... 234
10.3 Datenträgerbereinigung ...................... 235
10.4 Defragmentierung .......................... 237
10.5 Datensicherung – Backup ...................... 240
10.6 Task-Planer ................................ 251
10.7 Systemwiederherstellung .................... 254
10.8 Wiederherstellungskonsole ................... 257
10.9 Windows-Update ............................ 260
10.10 Viren und Trojaner ........................ 268
10.11 Dienste .................................. 271
10.12 Windows mit einem Mausklick herunterfahren ..... 275

Windows XP enthält zahlreiche nützliche Werkzeuge, die dazu beitragen sollen, das Betriebssystem zu überwachen und stabiler oder komfortabler zu machen.

Die wichtigsten davon werden in diesem Kapitel vorgestellt.

# 10.1 Auslagerungsdatei

Wenn Windows nicht mehr genug Arbeitsspeicher für alle laufenden Anwendungen hat, werden gerade nicht verwendete Speicherbereiche in den so genannten virtuellen Speicher auf der Festplatte ausgelagert.

**Achtung** Diese Auslagerungsdatei erscheint als versteckte Datei `pagefile.sys` im Hauptverzeichnis der Festplatte und hat nichts mit den Temporärdateien zu tun, die einige Programme zusätzlich anlegen.

Windows XP verwaltet standardmäßig die Auslagerungsdatei dynamisch. Das bedeutet, dass theoretisch immer nur so viel Speicher ausgelagert wird, wie wirklich notwendig ist. In der Praxis verwendet Windows XP diese Auslagerungsdatei aber ständig, egal ob genug Arbeitsspeicher vorhanden ist oder nicht.

Das ständige Vergrößern und Verkleinern der Auslagerungsdatei kostet Zeit und führt zunehmend zu einer Fragmentierung, die den Zugriff auf diese Datei zusätzlich verlangsamt.

## Optimieren der Auslagerungsdatei

Um die Verwendung der Auslagerungsdatei zu optimieren, können Sie diese auf eine Größe festlegen, die dann vom System nicht verändert werden kann:

1. Stellen Sie als Erstes fest, wie viel Speicher Ihr System im laufenden Betrieb benötigt, wenn alle Programme laufen, die Sie üblicherweise gleichzeitig verwenden. Diese Zahlen können Sie im *Task-Manager* auf der Registerkarte *Systemleistung* unter *Zugesicherter Speicher* verfolgen. Der Wert bei *Insgesamt* zeigt den aktuellen Speicherbedarf an. Unter *Maximalwert* finden Sie das Maximum, das seit dem letzten Booten verwendet wurde. Der *Grenzwert* zeigt die Summe des tatsächlich vorhandenen RAMs und aller Auslagerungsdateien an. Solange zwischen dem *Maximalwert* und dem *Grenzwert* mindestens 30 MB liegen, sind Sie auf der sicheren Seite.

2. Rufen Sie in der *Systemsteuerung* das Modul *System* auf, und schalten Sie auf die Registerkarte Erweitert. Klicken Sie dort auf den obersten der drei Einstellungen-Schaltflächen.

3. Auf der Registerkarte *Erweitert* im Dialogfeld *Leistungsoptionen* wird die Gesamtgröße aller Auslagerungsdateien angezeigt.

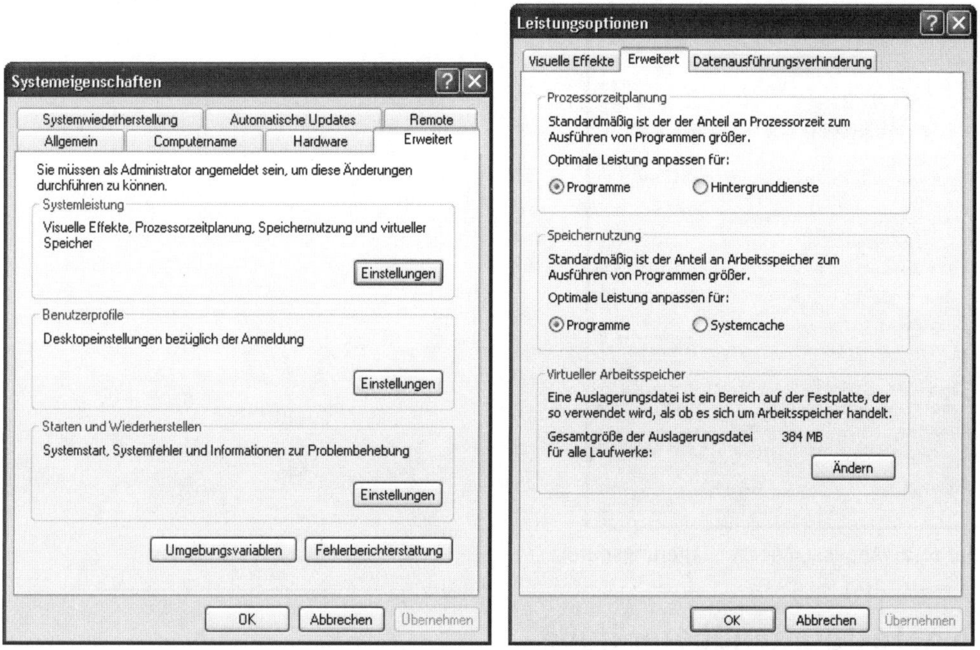


**Bild 10.1:** Die Auslagerungsdatei in der *Systemsteuerung*

4. Klicken Sie hier auf *Ändern*, erhalten Sie eine detaillierte Übersicht. Windows XP kann auf jeder Partition eine eigene Auslagerungsdatei `pagefile.sys` haben. Allerdings ergibt es keinen Sinn, auf mehrere Partitionen derselben Festplatte Auslagerungsdateien zu legen, da der Lesekopf dann ständig zwischen den Partitionen hin- und herspringen müsste und so den Zugriff bremst. Bei SCSI-Platten bringt es einen Geschwindigkeitsgewinn, wenn auf jeder Platte eine kleine Auslagerungsdatei liegt, da auf diese dann parallel zugegriffen werden kann.

5. Für jede Auslagerungsdatei können Sie eine Anfangs- und eine Maximalgröße angeben. Setzen Sie die Werte in den Feldern *Anfangsgröße* und *Maximale Größe* auf denselben Wert, um zu verhindern, dass die Größe permanent geändert wird.

6. Unterschreiten Sie mit der Gesamtgröße aller Auslagerungsdateien nie den bei *Empfohlen* angegebenen Wert.

**Achtung** Auch wenn Windows XP diese Option zulässt, sollten Sie eine Auslagerungsdatei nie auf ein Wechselmedium legen.

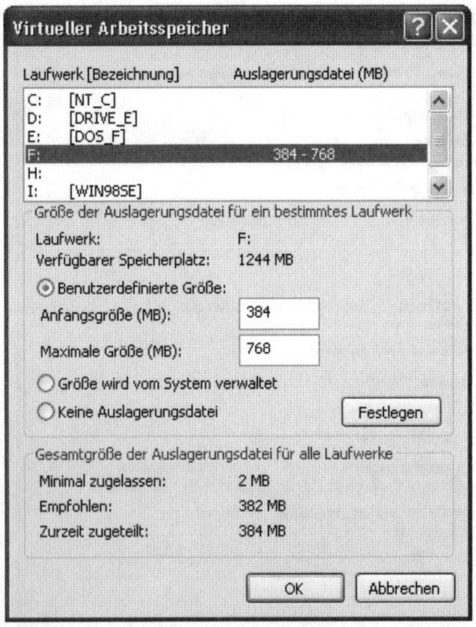


**Bild 10.2:** Anpassen der Auslagerungsdatei

## 10.2 Festplattenüberprüfung

Um Schäden und möglichen Datenverlusten vorzubeugen, sollten Sie regelmäßig die Festplatten überprüfen. Windows XP liefert dafür ein Testprogramm mit, sodass Sie in den meisten Fällen keine externen Programme mehr benötigen.

Im Gegensatz zu früheren Windows-Versionen finden Sie die Festplattenüberprüfung nicht mehr als eigenständiges Programm im Startmenü.

Klicken Sie im Windows-Explorer mit der rechten Maustaste auf ein Laufwerk, und wählen Sie im Kontextmenü *Eigenschaften*. Auf der Registerkarte *Extras* finden Sie das Tool zur *Fehlerüberprüfung*.

Die Datenträgerprüfung bietet auch zwei Optionen zur automatischen Fehlerkorrektur an:

- *Dateisystemfehler automatisch korrigieren* korrigiert logische Fehler wie fehlerhafte Verzeichnisstrukturen oder inkonsistente Daten im Inhaltsverzeichnis der Festplatte.
- *Fehlerhafte Sektoren suchen/wiederherstellen* versucht, Daten beschädigter Sektoren zu retten und in einwandfreie Sektoren zu verschieben. Der fehlerhafte Sektor wird, wenn er sich nicht reparieren lässt, als defekt markiert, sodass Windows keine Dateien mehr darin ablegt.

Wählt man eine oder beide Reparaturoptionen, verlängert sich die benötigte Zeit deutlich.

Bevor Sie die Überprüfung starten, müssen Sie alle Fenster schließen, in denen Dateien des betreffenden Laufwerks geöffnet sind. Das gilt auch für Explorer-Fenster, die den Inhalt des Laufwerks anzeigen.

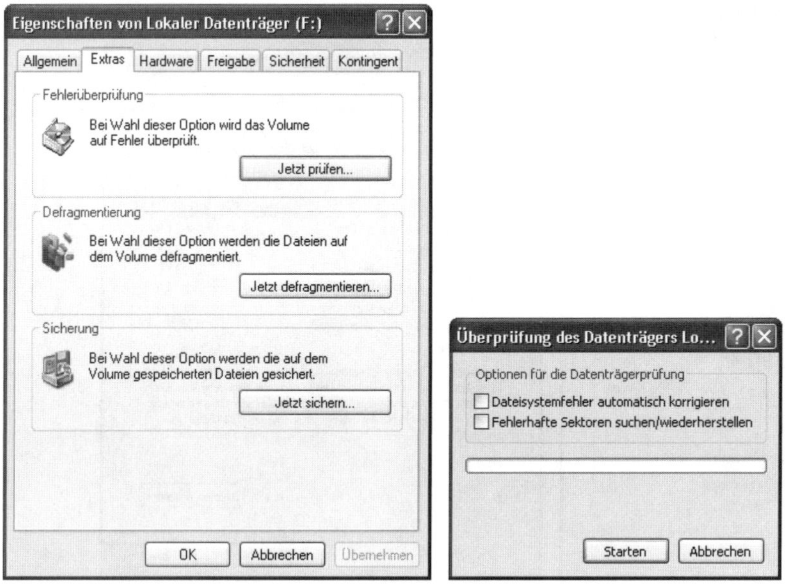


**Bild 10.3:** Fehlerüberprüfung in den *Eigenschaften* einer Festplatte

Je nach Größe der Festplatte dauert die Überprüfung einige Minuten bis Stunden.

## 10.3 Datenträgerbereinigung

Die *Datenträgerbereinigung*, eine neue Funktion in Windows XP, hat nichts mit Fehlern auf der Festplatte zu tun, sondern soll dafür sorgen, überflüssige Dateien zu beseitigen und damit freien Speicherplatz zu schaffen.

Die *Datenträgerbereinigung* wird über den Menüpunkt *Alle Programme/Zubehör/Systemprogramme/Datenträgerbereinigung* im Startmenü oder über die Schaltfläche *Bereinigen* in den *Eigenschaften* eines Laufwerks aufgerufen.

Wenn auf einer Festplatte nur noch weniger als 200 MB Speicherplatz frei ist, erscheint automatisch eine Warnung. Direkt aus dieser Warnung heraus können Sie die *Datenträgerbereinigung* aufrufen.

Das Programm *Datenträgerbereinigung* sucht überflüssige Dateien und bietet an, diese zu löschen. Dabei wird auch gleich angezeigt, wie viel Speicherplatz beim Löschen frei wird. Die Suche erfolgt in verschiedenen Verzeichnissen, die bei normaler Verwendung von Windows XP häufig überflüssige Dateien enthalten.

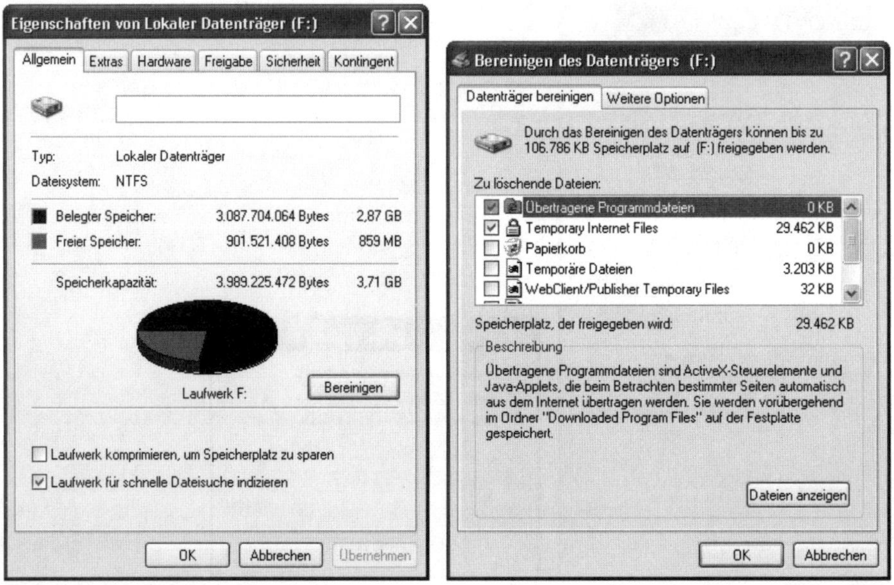


**Bild 10.4:** Die *Datenträgerbereinigung*

Darunter sind keine Dateien, die zum Betrieb des Systems nötig sind. Die *Datenträgerbereinigung* schlägt auch nur Verzeichnisse vor, in denen Benutzer keine eigenen Dateien ablegen sollten. Sicherheitshalber sollten Sie aber trotzdem vor dem Bereinigen überprüfen, was gelöscht wird und Windows XP hier nicht blind vertrauen. Markieren Sie dazu in der Liste die anzuzeigende Kategorie und klicken dann auf *Dateien anzeigen*.

Einige der Kategorien werden nur dann angezeigt, wenn in diesem Bereich auch Dateien vorliegen.

- *Übertragene Programmdateien* – ActiveX-Steuerelemente und Java-Applets, die von Web-Seiten heruntergeladen wurden. Diese Dateien befinden sich im Verzeichnis `\WINDOWS\Downloaded Program Files`. Werden diese Dateien gelöscht, und besucht man die entsprechende Seite später wieder, müssen die Dateien erneut heruntergeladen werden, was dann zu längeren Ladezeiten führen kann.
- *Temporary Internet Files* – Der Cache des Internet Explorers im Verzeichnis `\Dokumente und Einstellungen\Benutzername\Lokale Einstellungen\Temporary Internet Files`. Der Verlaufsordner und die als Offline-Web-Seiten gespeicherten Inhalte sind davon nicht betroffen. Die Datenträgerbereinigung berücksichtigt nur den Cache des Internet Explorers, nicht die Cache-Verzeichnisse anderer installierter Browser. Da der Cache aus sehr vielen sehr kleinen Dateien besteht, ist der effektiv frei werdende Speicherplatz meistens sehr groß.
- *OfflineWeb-Seiten* – Seiten, die im Internet Explorer zum Offline-Lesen zur Verfügung gestellt wurden.
- *Papierkorb* – Diese Option entspricht dem Leeren des Papierkorbs.

- *Temporäre Dateien* – Temporärdateien im Temporärverzeichnis des aktuellen Benutzers: `\Dokumente und Einstellungen\Benutzername\Lokale Einstellungen\Temp`. Das allgemeine Temporärverzeichnis von Windows wird dabei nicht berücksichtigt. Es werden auch nur Dateien gelöscht, die Windows XP selbst angelegt hat. Sie sollten diese Verzeichnisse also lieber regelmäßig manuell löschen.
- *WebClient/Publisher Temporary Files* – Cache-Dateien des WebClient/PublisherDienstes.
- *Temporäre Offline-Dateien* – Temporäre Kopien von Dateien, auf die über das Netzwerk zugegriffen wurde. Diese Kategorie ist nur dann vorhanden, wenn der Offline-Modus aktiviert ist. Dabei handelt es sich nur um Dateien, die automatisch offline gespeichert wurden.
- *Offline-Dateien* – Lokale Kopien von Dateien aus dem Netzwerk. Diese Kategorie ist ebenfalls nur dann vorhanden, wenn der Offline-Modus aktiviert ist. Falls Sie im Offline-Modus Dateien verändert haben oder daran weiterarbeiten wollen, dürfen Sie diese nicht löschen.
- *Alte Dateien komprimieren* – Diese Option löscht nichts, sondern komprimiert alle Dateien, auf die während eines bestimmten Zeitraums, standardmäßig 50 Tage, nicht zugegriffen wurde. Der Zeitraum kann über die Schaltfläche *Optionen* eingestellt werden. Die Dateien sind weiterhin verwendbar. Der frei werdende Speicherplatz wird hier nur geschätzt, da sich verschiedene Dateiformate unterschiedlich gut komprimieren lassen. Diese Option wird nur auf NTFS-Laufwerken angeboten, da nur diese in Echtzeit komprimierbar sind.
- *Katalogdateien für den Inhaltsindex* – Alte Katalogdateien des Index-Dienstes, die nicht mehr benötigt werden, aber nicht automatisch gelöscht wurden.

## 10.4 Defragmentierung

Die effektive Geschwindigkeit einer Festplatte hängt nicht nur von so werbewirksamen Daten wie Umdrehungszahl oder Datendurchsatzrate in KByte/Sekunde ab, sondern im Wesentlichen auch davon, wie die Dateien auf der Festplatte angeordnet sind. Im Idealfall liegen alle Dateien hintereinander, jede als ein geschlossener Block auf der Platte. Beim Lesen muss der Lesekopf der Festplatte also nur einmal über diesen Datenblock fahren und hat damit die komplette Datei gelesen. In der Praxis kommt dieser Idealfall jedoch nur kurz nach einer Neuinstallation vor.

Wird eine Datei nach dem Bearbeiten und erneutem Speichern größer, passt sie nicht mehr an die vorgesehene Stelle auf der Festplatte. Das Betriebssystem legt den übrigen Teil der Datei automatisch an eine andere freie Stelle. Die Datei wird dabei in keiner Weise beeinträchtigt, allerdings muss sie beim nächsten Öffnen aus zwei Stücken wieder zusammengesetzt werden, was zusätzliche Zeit kostet. Beim Löschen von Dateien entstehen Lücken auf der Festplatte, die später wieder von anderen Dateifragmenten gefüllt werden. So werden im Laufe der Zeit viele Dateien in mehreren Einzelteilen auf der Platte verteilt sein. Der Zugriff auf die Dateien funktioniert logisch weiterhin problemlos, dauert allerdings deutlich länger. Der Lesekopf fährt zwischendurch häufig über nicht relevante Bereiche der Festplatte, ohne dort Daten zu lesen.

Ein Defragmentierungsprogramm sucht alle Fragmente einer Datei zusammen und schreibt diese als zusammenhängenden Block auf die Festplatte. Dazu müssen die Inhalte der einzelnen Sektoren physikalisch gelesen werden. So ein Defragmentierungsvorgang kann bei großen Festplatten mehrere Stunden in Anspruch nehmen. Während dieser Zeit muss das Defragmentierungsprogramm sicher stellen, dass zum Beispiel bei einem Stromausfall maximal die gerade geöffnete Datei verloren geht, nicht aber die ganze Festplatte. Die *File Allocation Table* mit den Informationen über die Adressierung der einzelnen Dateien sowie die Verzeichnisse muss deshalb bei jeder Veränderung sofort wieder auf die Platte geschrieben werden, was den Prozess noch einmal deutlich verlangsamt. Voraussetzung für erfolgreiches Defragmentieren ist auch, dass genug freier Platz zum Zwischenspeichern der zu verschiebenden Daten auf der Platte vorhanden ist.

**Tipp** Bevor Sie eine Defragmentierung vornehmen, sollten Sie alle überflüssigen Dateien, Temporärdateien, Cache-Verzeichnisse und ähnliches auf dem Laufwerk löschen.

Windows XP liefert ein Defragmentierungsprogramm mit, das Sie im Startmenü unter *Alle Programme/Zubehör/Systemprogramme/Defragmentierung* finden. Auch in den *Eigenschaften* eines Laufwerks gibt es auf der Registerkarte *Extras* eine Schaltfläche *Jetzt defragmentieren*, die dasselbe Programm aufruft.

Das Defragmentierungsprogramm zeigt oben eine Liste aller Laufwerke und wie viel Speicherplatz auf jedem Laufwerk noch frei ist. Wählen Sie hier das gewünschte Laufwerk aus, und klicken Sie zunächst auf *Überprüfen*, um die Fragmentierung des Laufwerks zu testen.

Die Auslagerungsdatei `pagefile.sys` und die Datei für den Ruhezustand `hiberfil.sys` können nicht defragmentiert werden. Diese Dateien werden in der Grafik grün dargestellt.

Anhand der Datenstruktur liefert das Programm einen Vorschlag, ob defragmentiert werden sollte oder nicht. Klicken Sie, wenn eine Defragmentierung notwendig erscheint, auf die Schaltfläche *Defragmentieren* (s. Bild 10.6).

**Achtung** Wenn Sie jetzt die Defragmentierung starten, sollten Sie Zugriffe auf dieses Laufwerk vermeiden, da jede Veränderung des Dateisystems die Defragmentierung stört. Schließen Sie vorher auch alle offenen Dateien.

Während der Defragmentierung zeigt eine Grafik den aktuellen Zustand der Festplatte. Bedingt durch offene Dateien, unverschiebbare Bereiche und begrenzten Speicherplatz auf dem Laufwerk wird die Defragmentierung so gut wie nie eine hundertprozentig unfragmentierte Platte herstellen können. Ein Bericht zeigt am Ende das Ergebnis. Hier sollten nur noch wenige Dateien fragmentiert sein.

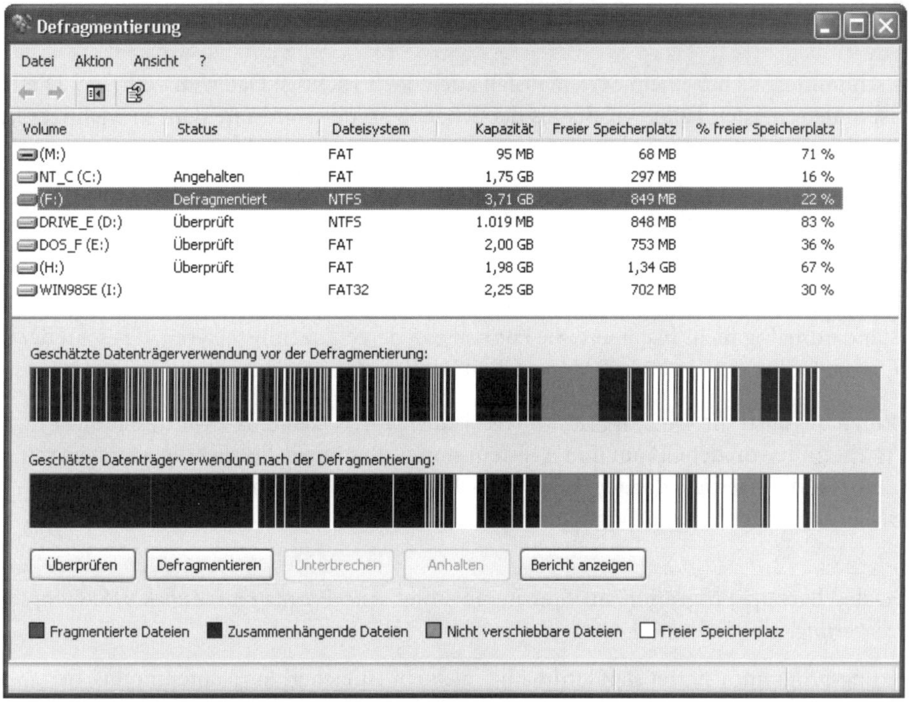


**Bild 10.5:** Die defragmentierte Festplatte

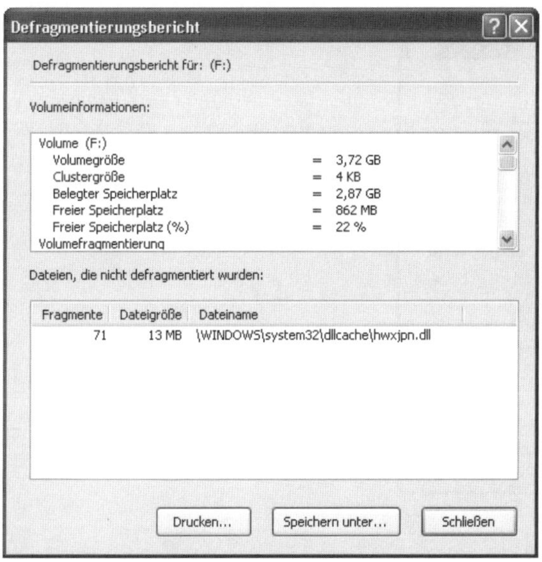


**Bild 10.6:** Der Defragmentierungsbericht

## 10.5 Datensicherung – Backup

Nichts ist schlimmer, als bei einem Systemausfall auch noch wichtige Daten zu verlieren. Dieser Schaden ist in den meisten Fällen größer als der Schaden an der Hardware. Um so wichtiger ist eine regelmäßige Datensicherung.

Windows XP Professional liefert zu diesem Zweck ein eigenes Datensicherungsprogramm mit, das für die meisten Fälle völlig ausreichend ist.

**Tipp** Auch in der Home-Edition gibt es das Datensicherungsprogramm, es ist nur standardmäßig nicht installiert. Sie können es jederzeit nachinstallieren, da es auf der Original-CD der Windows XP Home-Edition mitgeliefert wird.

Rufen Sie dazu die Datei `ntbackup.msi` aus dem Verzeichnis `\value-add\msft\ntbackup` von der CD auf. Ein Assistent startet. Bestätigen Sie hier die Anfragen mit den Standardwerten, danach steht auch Benutzern der Home-Edition das Datensicherungsprogramm zur Verfügung.

Sie finden das Backup-Programm im Startmenü unter *Alle Programme/Zubehör/Systemprogramme/Sicherung*.

Das Sicherungsprogramm startet standardmäßig in einem einfachen Assistentenmodus, der aber nur auf Computern sinnvoll ist, auf denen wenig gearbeitet wird, wo also kaum wirklich relevante Projektdaten liegen.

**Bild 10.7:** Start des Sicherungsprogramms

## Der Sicherungsassistent

Wenn Sie den ersten Dialog des Assistenten mit einem Klick auf *Weiter* bestätigen, startet das Sicherungsprogramm im Assistentenmodus. Um in den erweiterten Modus zu kommen, klicken Sie auf den entsprechenden Link im Text der *Willkommen*-Meldung.

Im ersten Schritt müssen Sie wählen, ob Sie Daten sichern oder früher gesicherte Daten wiederherstellen möchten. Bevor Sie Daten wiederherstellen können, müssen natürlich welche gesichert sein.

Im nächsten Schritt des Assistenten finden Sie zwei Optionen zum Sichern eigener Daten. Alternativ können Sie auch eine Komplettsicherung durchführen oder die zu sichernden Daten selbst auswählen, was in den meisten Fällen die beste Wahl sein wird.

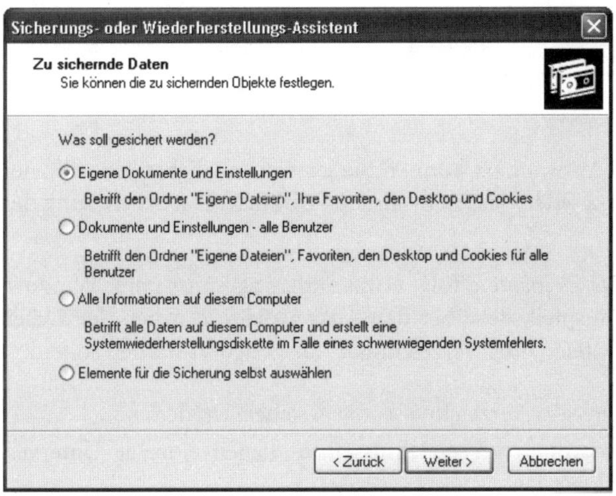


**Bild 10.8:** Auswahl einer Sicherungsart

Die ersten beiden Optionen sichern nur Benutzerverzeichnisse unterhalb von `\Dokumente und Einstellungen`. Hier liegen neben dem Verzeichnis `Eigene Dateien` auch die Einstellungen für das Startmenü und den Desktop sowie die benutzerspezifischen Teile der Windows Registry.

In regelmäßigen, wenn auch längeren Abständen sollte man auch eine Komplettsicherung durchführen.

Wer ernsthaft mit seinem Computer arbeitet, wird das Verzeichnis `Eigene Dateien` kaum verwenden, sondern projektbezogene Datenverzeichnisse haben, die regelmäßig gesichert werden müssen. Dazu wählen Sie die letzte Option *Elemente für die Sicherung selbst auswählen.*

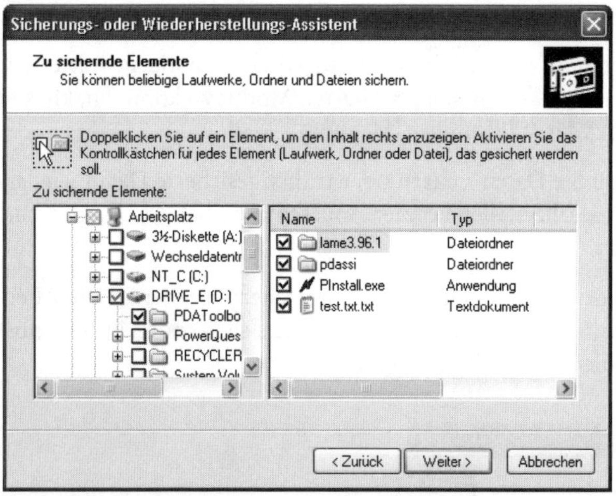


**Bild 10.9:** Auswahl der zu sichernden Dateien

In einer leider viel zu klein geratenen Auswahlbox können Sie jetzt die zu sichernden Dateien wählen. Spätestens an dieser Stelle merkt jeder, dass man für eine wirkliche Datensicherung den erweiterten Modus verwenden sollte.

Die Auswahl im Dialogfeld *Zu sichernde Elemente* erfolgt etwas anders als sonst unter Windows XP üblich. Markieren Sie mit dem Mauspfeil, der über den Ankreuzfeldern neben den Dateinamen zu einem Häckchen wird, die Dateien oder Verzeichnisse, die gesichert werden sollen.

- Blaue Häckchen bezeichnen Dateien oder Verzeichnisse, die gesichert werden.
- Graue Häckchen stehen in übergeordneten Verzeichnissen, in denen einzelne Unterverzeichnisse oder Laufwerke gesichert werden.

Nachdem Sie die Daten ausgewählt und auf *Weiter* geklickt haben, müssen Sie noch ein Laufwerk auswählen, wo die Daten gesichert werden sollen und einen Namen für diese Sicherung angeben (s. Bild 10.11).

In der Auswahlliste bietet das Sicherungsprogramm nur Laufwerke mit Wechselmedien an. Über den Button *Durchsuchen* können Sie aber auch auf ein anderes Laufwerk, zum Beispiel im Netzwerk sichern. Sorgen Sie in jedem Fall dafür, dass auf dem Sicherungslaufwerk genügend freier Speicherplatz vorhanden ist.

Die Sicherungsdaten werden in einem eigenen Dateiformat `*.bkf` abgelegt, das nur von diesem Sicherungsprogramm auch wieder gelesen werden kann.

Eine wesentliche Funktion jedes Datensicherungsprogramms ist in diesem Assistenten ganz am Ende versteckt. Klicken Sie im letzten Dialog auf den unscheinbaren Button *Erweitert*.

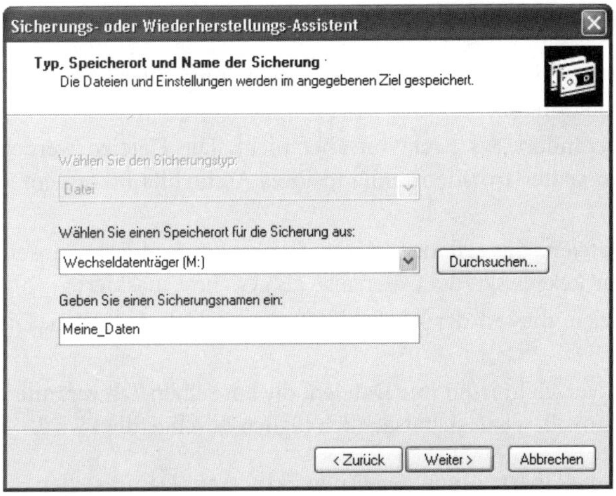


**Bild 10.10:** Auswahl des Laufwerks für die Sicherung

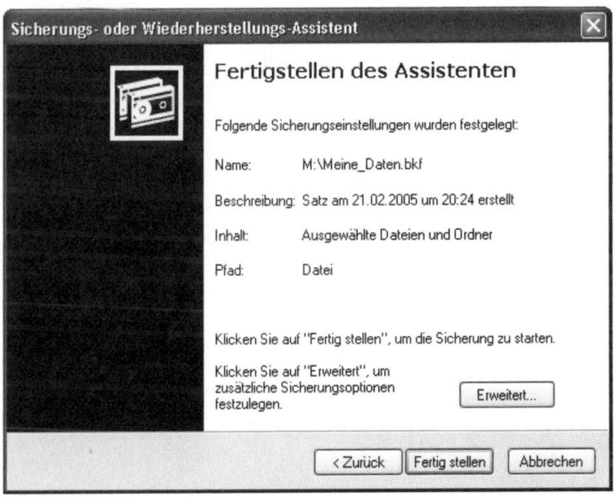


**Bild 10.11:** Der letzte Dialog des Assistenten

Der Button *Erweitert* öffnet ein Dialogfeld, in dem man auswählen kann, ob nur veränderte oder alle Daten gesichert werden sollen. In diesem Zusammenhang kann auch automatisch das Archivbit verändert werden.

**Info** Das Archivbit ist eines der Attribute, die mit jeder Datei gespeichert werden. Bei jeder Veränderung einer Datei wird dieses Attribut gesetzt. Sicherungsprogramme können die Dateien nach diesem Attribut filtern und nur die sichern, bei denen das Archivbit gesetzt ist. Nach der Sicherung werden alle Archivbits wieder zurückgesetzt.

Das Datensicherungsprogramm bietet verschiedene Sicherungstypen an:

- *Normal* – Sichert alle Dateien und setzt danach das Archivbit zurück, um später eine inkrementelle Sicherung durchführen zu können.
- *Kopieren* – sichert alle Dateien, verändert das Archivbit aber nicht. Die Dateien werden unverändert gesichert und können später trotzdem anhand ihres Archivbits inkrementell gesichert werden.
- *Inkrementell* – Sichert nur die Dateien, die seit der letzten Sicherung geändert wurden. Anschließend wird das Archivbit zurückgesetzt, die Daten also als gesichert markiert.
- *Differenziell* – Sichert nur die Dateien, die seit der letzten Sicherung geändert wurden. Die Archivbits werden nicht verändert.
- *Täglich* – Sichert in den gewählten Verzeichnissen nur Dateien, die am selben Tag verändert wurden. Diese Sicherung ist nur sinnvoll, wenn sie tatsächlich täglich durchgeführt wird.

Im nächsten Dialog können Sie noch eine Überprüfung der Daten aktivieren. Damit stellen Sie einigermaßen sicher, dass Sie sich auf die Datensicherung verlassen können. Allerdings dauert diese Überprüfung noch einmal fast genauso lange wie die eigentliche Sicherung, ist also nur bei größeren Datensicherungen sinnvoll, die archiviert werden sollen.

Wenn das Sicherungsgerät diese Funktion unterstützt, sollten Sie auch die Hardware-Komprimierung einschalten, um Speicherplatz zu sparen.

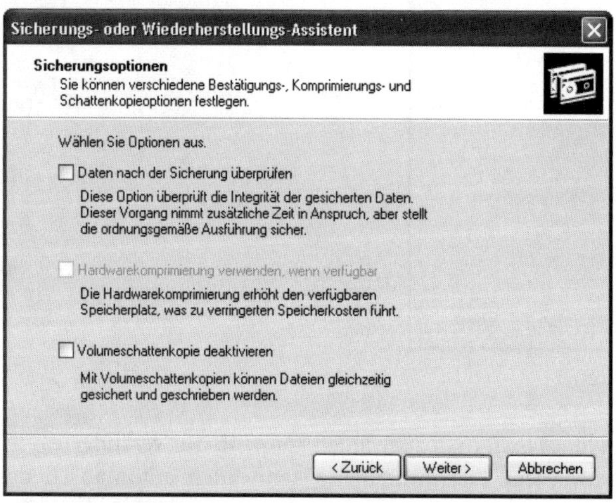


**Bild 10.12:** Zusätzliche Sicherungsoptionen

Im nächsten Schritt legen Sie fest, ob eventuell auf dem Sicherungsmedium vorhandene Datensicherungen durch die neue Sicherung überschrieben oder zusätzlich gespeichert werden sollen, was auf Dauer deutlich mehr Speicherplatz kostet.

**Tipp** Inkrementelle, tägliche Sicherungen braucht man üblicherweise nicht ewig aufzuheben. Hier können einige wenige Wechselmedien abwechselnd verwendet und immer wieder überschrieben werden.

Die Sicherung kann im letzten Schritt des Assistenten für einen späteren Zeitpunkt geplant oder sofort gestartet werden.

Während der Sicherung zeigt ein Statusdialog die verarbeitete Datenmenge und die noch zu erwartende Dauer der Datensicherung an.

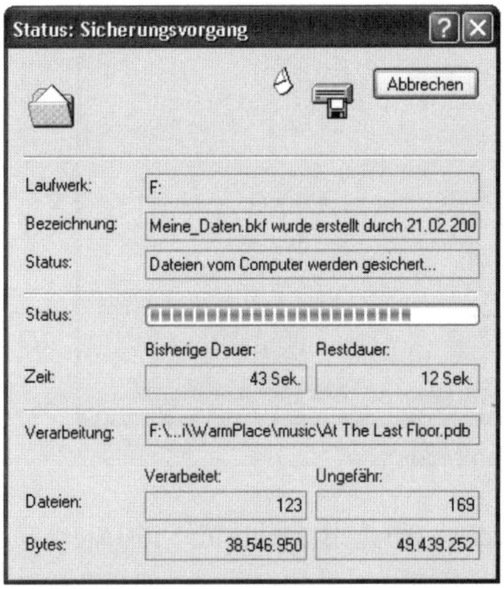


**Bild 10.13:** Statusanzeige während der Sicherung

## Sicherung im erweiterten Modus

Der erweiterte Modus des Sicherungsprogramms bietet deutlich mehr Möglichkeiten und ist übersichtlicher, da man alle Einstellungen jederzeit vornehmen kann und nicht an die Reihenfolge von Assistentendialogen gebunden ist.

Beim Start des Programms im erweiterten Modus werden zunächst auch einige Assistenten angeboten. Schalten Sie aber besser gleich um auf die Registerkarte *Sichern* (siehe Bild 10.14).

Hier können Sie in einem genügend großen Dialogfeld die Dateien auswählen, die gesichert werden sollen. Unterhalb der Laufwerke steht im linken Fenster das Objekt *System State*. Markiert man dieses, werden wichtige Systemdaten wie Bootblock und Registry mit gesichert.

Bevor Sie die Sicherung starten, rufen Sie einmal den Menüpunkt *Extras/Optionen* auf. Hier können Sie auf der Registerkarte *Sicherungsart* die Art der Datensicherung auswählen, wie bereits beim Assistentenmodus beschrieben.

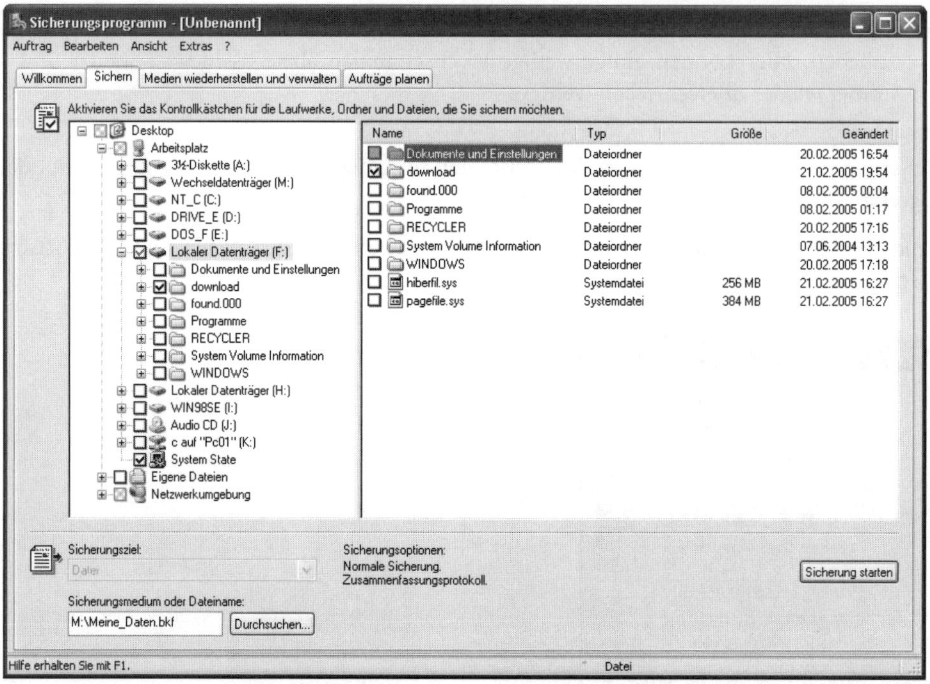


**Bild 10.14:** Auswahl der zu sichernden Dateien im erweiterten Modus

Möchten Sie genau wissen, welche Daten gesichert wurden, schalten Sie auf der Registerkarte *Sicherungsprotokoll* die Option *Details* ein.

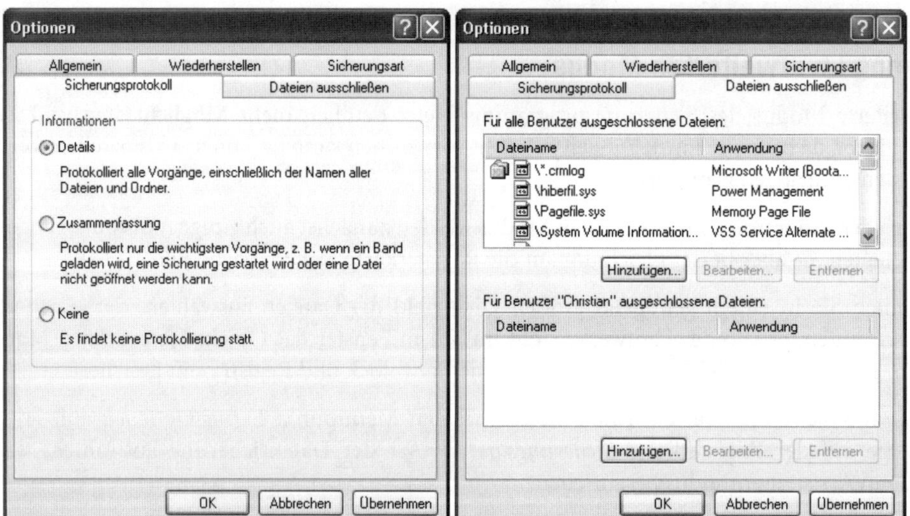


**Bild 10.15:** Einschalten der Detailanzeige im Sicherungsprotokoll und Auswahl von Sicherungsoptionen

Auf der Registerkarte *Dateien ausschließen* können Sie bestimmte Dateien oder Dateitypen von der Sicherung ausschließen. Windows XP nimmt hier bereits eine automatische Selektion vor. So werden die Auslagerungsdatei, der Internet Explorer Cache, Systemwiederherstellungspunkte und Temporärdateien nie gesichert.

Nachdem Sie alle Einstellungen vorgenommen haben, können Sie die Sicherung direkt starten. Der erweiterte Modus schreibt zusätzliche Beschreibungsdaten in den Sicherungssatz, um ihn später leichter wiederzuerkennen.

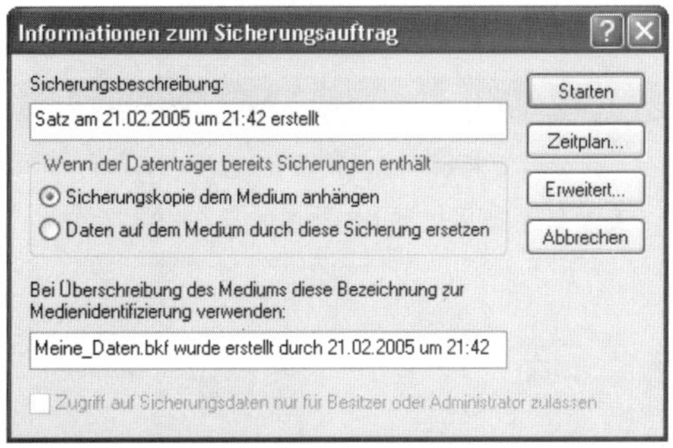


**Bild 10.16:** Beschreibungsdaten bei der Sicherung

Anstatt die Sicherung sofort zu starten, können Sie alternativ im erweiterten Modus des Daten-sicherungsprogramms auch einen Zeitplan für automatische Sicherungen festlegen. Auf der Registerkarte *Aufträge planen* zeigt ein Kalender die Sicherungstermine an. Verschiedene Farben und Symbole kennzeichnen die Sicherungsarten. So sehen Sie auf den ersten Blick, ob eine Komplettsicherung oder nur eine inkrementelle Sicherung für einen bestimmten Tag geplant ist.

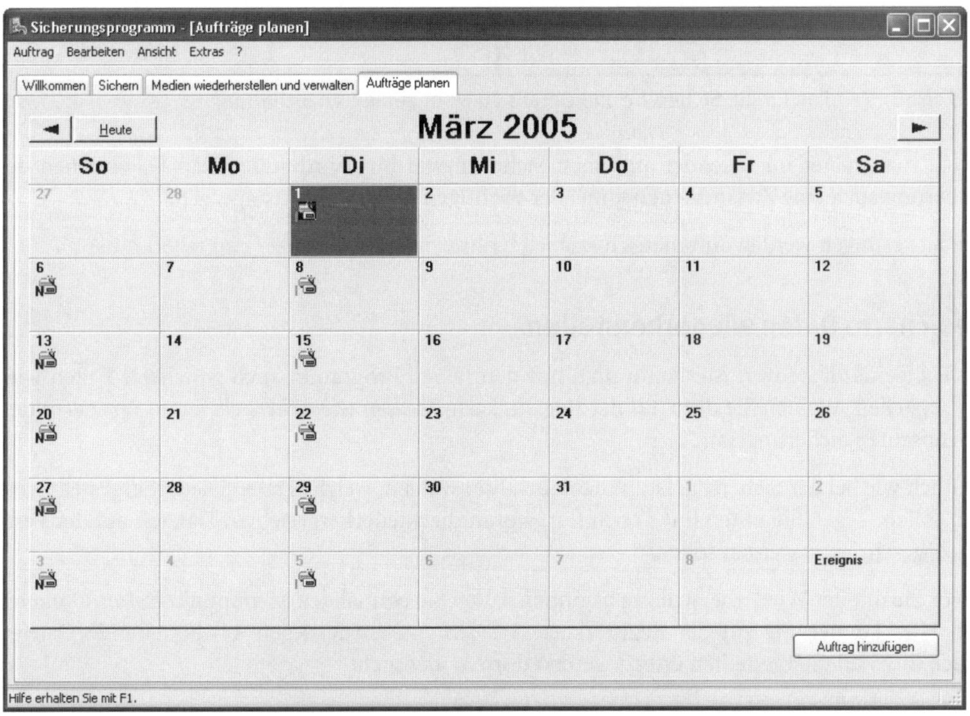


**Bild 10.17:** Kalender zur Planung von Sicherungen

Mit dem Button *Auftrag hinzufügen* (s. Bild 10.17) wird ein neuer Sicherungstermin festgelegt. Dazu startet der Assistent des Sicherungsprogramms. Geben Sie hier am Ende einen Zeitpunkt und eine Wiederholung an. Die Sicherungen sollten dann laufen, wenn der Computer nicht benutzt wird, damit möglichst wenige Dateien geöffnet sind. Natürlich muss er zu diesem Zeitpunkt trotzdem eingeschaltet sein.

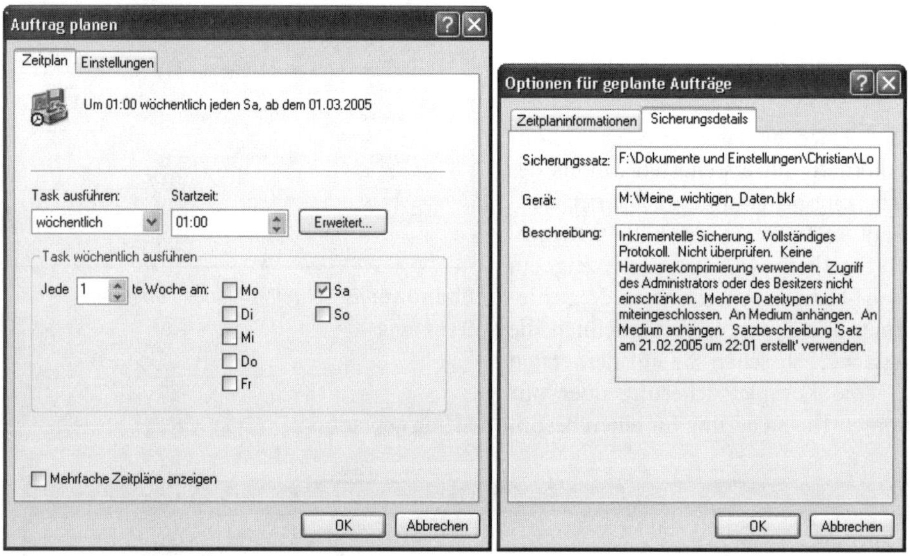


**Bild 10.18:** Zeitplan für die Sicherung und Details zu einer geplanten Sicherung

Klickt man später im Kalender auf einen Sicherungstermin, wird außer dem Dateinamen der Sicherung auch eine Zusammenfassung aller wichtigen Einstellungen angezeigt.

Die Sicherungen werden automatisch gestartet, ohne dass der Benutzer eingreifen muss.

## Gesicherte Daten wiederherstellen

Im Falle eines Datenverlustes kann man mit demselben Programm auch gesicherte Daten wiederherstellen. Wählen Sie dazu auf der Registerkarte *Medien wiederherstellen und verwalten* den gewünschten Sicherungssatz.

Ähnlich wie bei der Sicherung kann man auch hier wählen, welche Daten wiederhergestellt werden sollen. Legen Sie unten links noch fest, wohin die wiederhergestellten Dateien auf der Festplatte geschrieben werden sollen.

Bevor Sie mit der Wiederherstellung beginnen, rufen Sie einmal den Menüpunkt *Extras/Optionen* auf. Hier können Sie auf der Registerkarte *Wiederherstellen* festlegen, ob bestehende Dateien durch die wiederhergestellten ersetzt werden dürfen oder nicht.

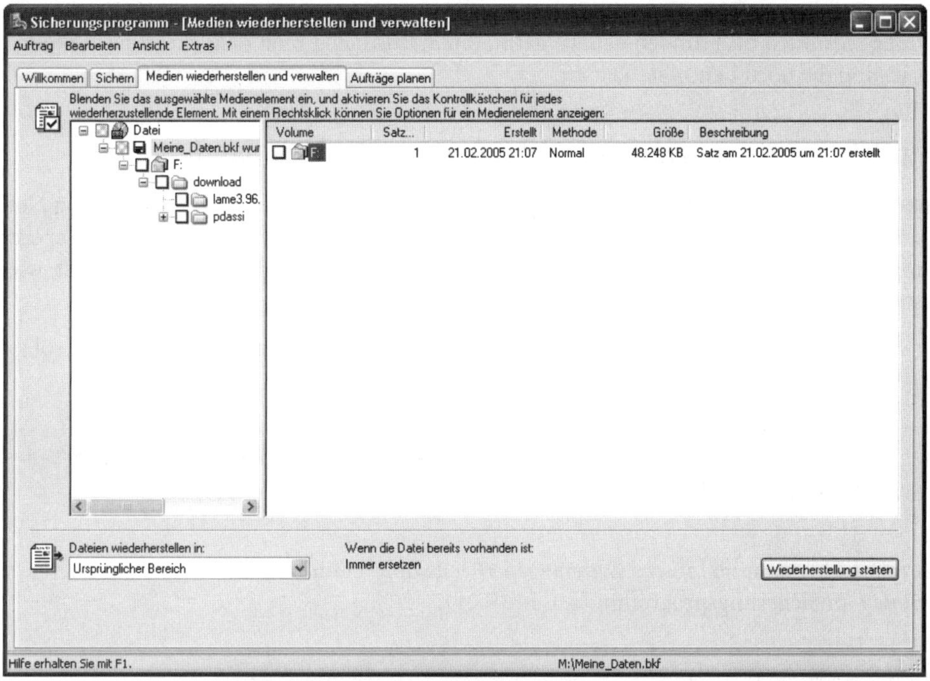


**Bild 10.19:** Auswahl der wiederherzustellenden Daten

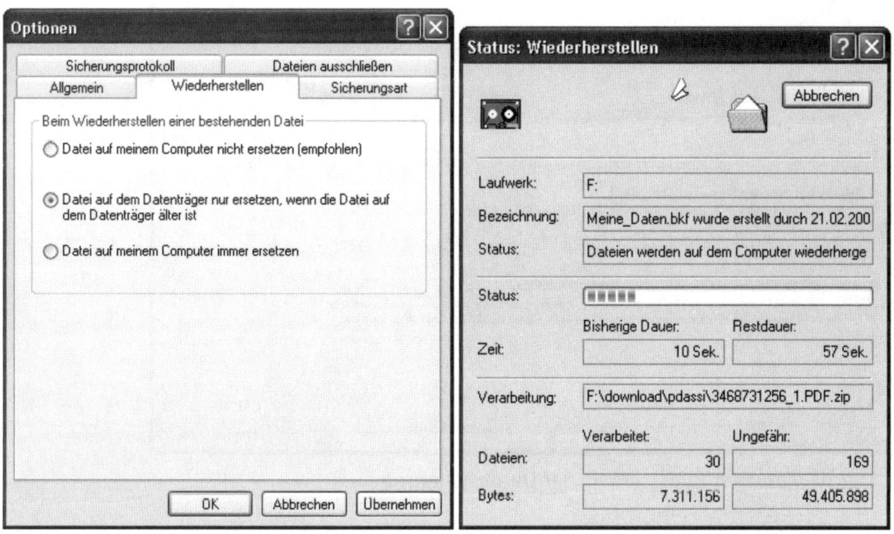


**Bild 10.20:** Optionen zum Überschreiben vorhandener Dateien und Statusanzeige bei der Wiederherstellung

Danach können Sie den eigentlichen Wiederherstellungsprozess starten, der je nach Umfang der Daten einige Minuten bis Stunden dauern kann. Ein Statusdialog zeigt den Wiederherstellungsfortschritt und die noch benötigte Zeit an.

## Notfalldiskette für eine automatische Systemwiederherstellung

In Windows XP gibt es das Programm aus früheren Windows-Versionen zur Erstellung von Notfalldisketten, `RDISK`, nicht mehr. Man kann aber mit dem Sicherungsprogramm eine Komplettsicherung erstellen, mit der sich ein Computer, selbst wenn Windows komplett zerstört ist, wiederherstellen lässt.

Für eine solche Sicherung brauchen Sie ein Sicherungsmedium mit ausreichend Speicherplatz, da der gesamte Inhalt der Festplatte gesichert wird.

**Tipp** Löschen Sie vorher alle nicht benötigten Dateien, Cache- und Temporär-Verzeichnisse, um Speicherplatz bei der Sicherung sowie Zeit zu sparen.

Der *Assistent für die automatische Systemwiederherstellung* befindet sich auf der Registerkarte *Willkommen* im Sicherungsprogramm (s. Bild 10.21).

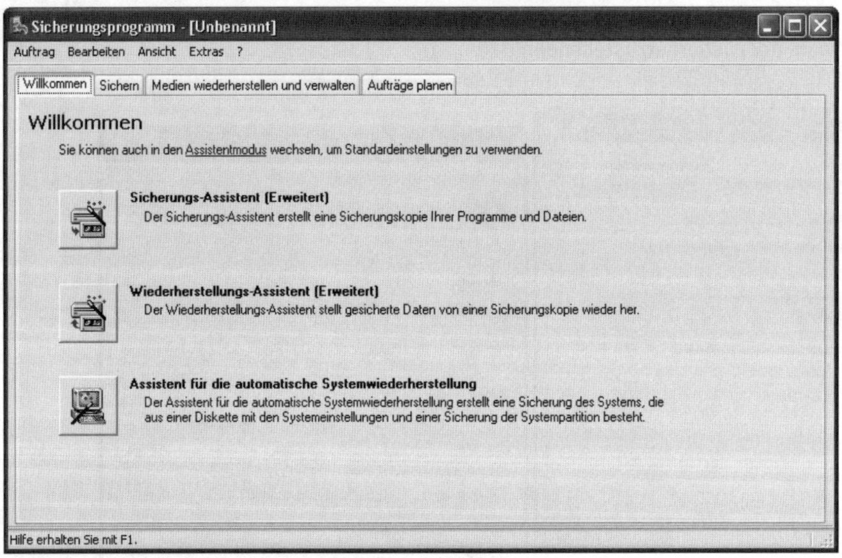


**Bild 10.21:** Der *Willkommen*-Bildschirm in der Datensicherung

Der Assistent läuft weitgehend automatisch ab, Sie brauchen nur das Laufwerk für die Sicherung auszuwählen. Zusätzlich wird eine Diskette erstellt, die Daten zur Laufwerkskonfiguration enthält. Diese Diskette wird als *ASR* (Automated System Recovery) bezeichnet.

Sollte später wirklich einmal der Notfall eintreten, dass Sie das System komplett wiederherstellen müssen, gehen Sie folgendermaßen vor:

1. Booten Sie den defekten Computer mit der Original-Windows XP-CD-ROM.
2. Während des Setups erscheint eine Abfrage, ob Sie ein defektes System wiederherstellen möchten. Diese Abfrage müssen Sie mit der Taste F2 beantworten.
3. Jetzt werden Sie aufgefordert, die ASR-Diskette und das Sicherungsmedium einzulegen. Windows XP liest die Daten von der Diskette und stellt anschließend die Daten aus der Komplettsicherung wieder her.

## 10.6 Task-Planer

Datensicherungen, Virensuche und einige andere Routineaufgaben lässt man den Computer am besten alleine erledigen, ohne dass man als Benutzer dauernd daran denken muss. Die meisten Virenscanner besitzen eine eigene Funktion für automatisch wiederkehrende Aufgaben. Das Datensicherungsprogramm von Windows XP verwendet einen Task-Planer, der auch für andere Aufgaben genutzt werden kann.

Die geplanten Aufgaben, in Windows XP als *Tasks* bezeichnet, liegen im Windows Explorer in einem eigenen Verzeichnis unterhalb der Systemsteuerung.

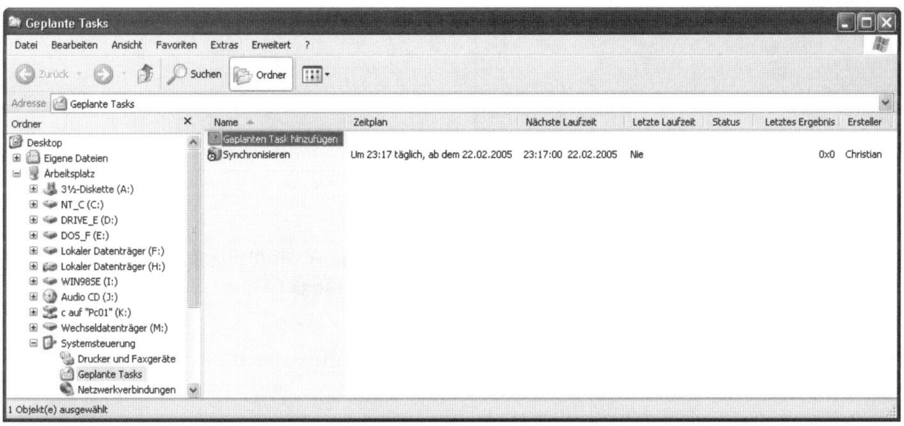


**Bild 10.22:** Geplante Tasks

Der Explorer zeigt in der Detailansicht zu jedem Task den Zeitplan und die nächste Laufzeit. Mit einem Doppelklick auf *Geplanten Task hinzufügen* legt man einen neuen Task an. Dabei startet automatisch ein Assistent. Wählen Sie hier das gewünschte Programm aus, das zum geplanten Zeitpunkt gestartet werden soll.

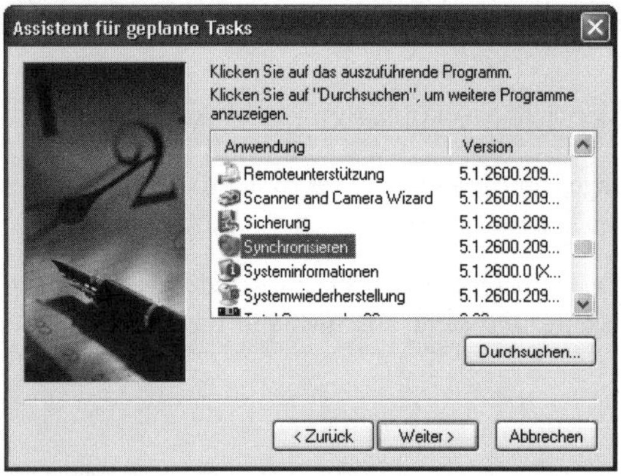


**Bild 10.23:** Auswahl eines Programms für einen geplanten Task

Programme, die in der Liste nicht angezeigt werden, können über den Button *Durchsuchen* gefunden werden.

Im nächsten Schritt geben Sie an, wie oft der Task ausgeführt werden soll. Diese Einstellung lässt sich in einem späteren Dialog noch jederzeit ändern.

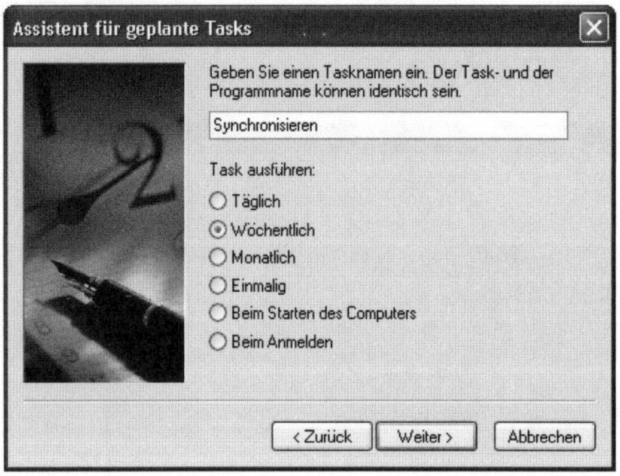


**Bild 10.24:** Ausführungsintervall für den neuen Task

Geben Sie an dieser Stelle dem neuen Task auch noch einen eindeutigen Namen, unter dem er später in der Liste auftaucht (Bild 10.24).

Im nächsten Schritt stellen Sie die Uhrzeit ein. Je nach Ausführungsrhythmus müssen nun noch der Wochentag oder bestimmte Tage im Monat gewählt werden. Dabei sind auch Wiederholungen nur an Werktagen oder immer am ersten Sonntag eines Monats möglich (Bild 10.25).

Danach müssen Sie noch einen Benutzernamen mit Passwort eingeben, unter dem der Task laufen soll. Auf diese Weise wird sicher gestellt, dass der Task läuft, auch wenn ein anderer Benutzer gerade angemeldet ist.

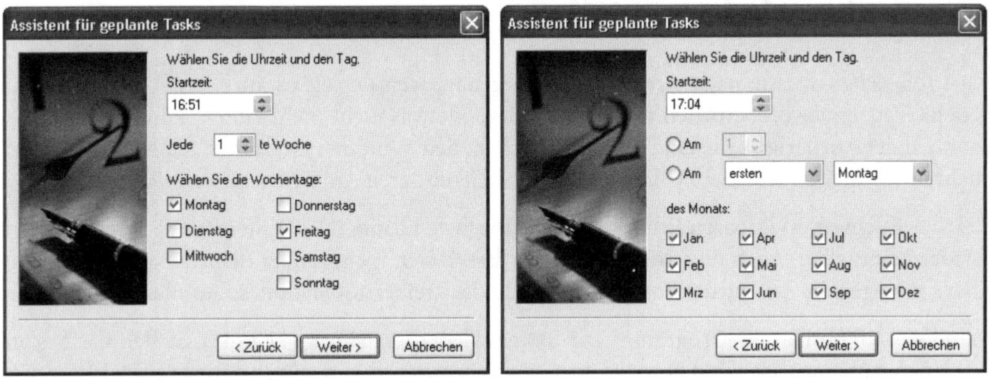


**Bild 10.25:** Wöchentliche oder monatliche Wiederholungen

Nachdem der Task fertig erstellt ist, kann man per Doppelklick in der Taskliste noch weiterführende Einstellungen vornehmen, die der Assistent nicht anbietet.

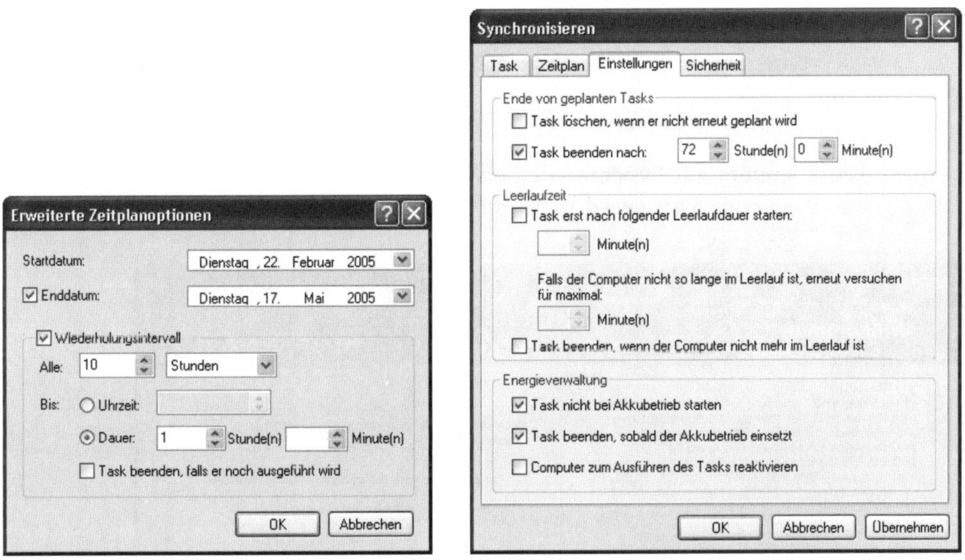


**Bild 10.26:** Erweiterte Task-Einstellungen

Hier ist unter anderem ein erweiterter Zeitplan möglich. Tasks können auf Notebooks auch ausgesetzt werden, etwa wenn das Gerät im Akkubetrieb läuft, um Strom zu sparen. Tasks, die viel Systemressourcen fressen, können automatisch in Leerlaufzeiten gelegt werden.

## 10.7 Systemwiederherstellung

Zu DOS-Zeiten wusste jeder Anwender noch genau, wenn er etwas am System verändert hat, welche Dateien davon betroffen waren. Sollte irgendetwas nicht mehr laufen, konnte man leicht manuell den vorherigen Zustand wiederherstellen. Seit Windows ist das vorbei. Niemand kennt mehr alle Dateien auf seinem Computer, noch weiß er deren Aufgaben auswendig aufzusagen.

Bei vielen schwer erklärbaren Fehlern ist die einfachste Lösung, den Systemstatus vom Tag zuvor wiederherzustellen. Auch diverse Gerätetreiber lassen sich nicht sauber deinstallieren. Stellt man aber sozusagen die Zeit zurück vor den Zeitpunkt der Treiberinstallation, sollte alles wieder laufen.

Windows XP enthält ein Programm zur Systemwiederherstellung. Damit lässt sich das System auf einen früheren Zeitpunkt zurücksetzen, vorausgesetzt, dieser wurde damals gespeichert.

Die Systemwiederherstellung betrifft nur Systemeinstellungen. Eigene Dateien, die in der Zwischenzeit angelegt oder gelöscht wurden, werden nicht berücksichtigt.

**Achtung** Verlassen Sie sich im Zweifelsfall nicht auf die Systemwiederherstellung. Fehlerhafte Patches, die automatisch über ein Windows-Update heruntergeladen und installiert werden, löschen unter bestimmten Umständen alle Wiederherstellungspunkte.

Sie finden das Programm zur Systemwiederherstellung im Startmenü unter *Alle Programme/Zubehör/Systemprogramme/Systemwiederherstellung*.

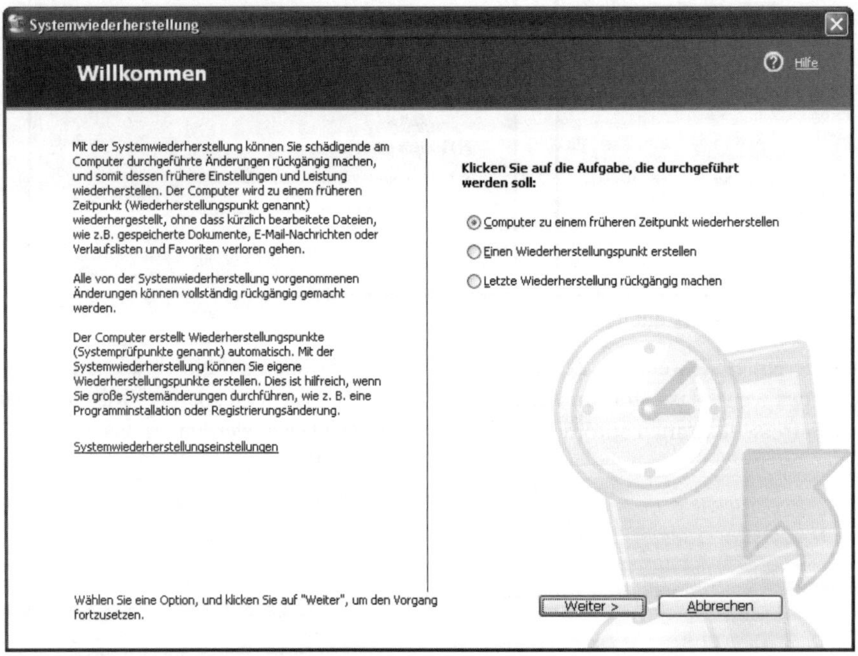


**Bild 10.27:** Start der *Systemwiederherstellung*

Um das System auf einen früheren Zeitpunkt zurückzusetzen, wählen Sie die entsprechende Option und klicken auf *Weiter*. Ein Kalender zeigt in Fettschrift die Tage, an denen es Wiederherstellungspunkte gibt, auf die der Computer zurückgesetzt werden kann. Dabei gibt es drei verschiedene Typen:

- *Systemprüfpunkte* werden von Windows XP automatisch in regelmäßigen Zeitabständen angelegt.
- *Installationswiederherstellungspunkte* werden unmittelbar vor der Installation von Software oder Treibern automatisch angelegt. Leider unterstützen nicht alle Programme diese Option.
- *Manuelle Wiederherstellungspunkte* kann der Benutzer zu einem beliebigen Zeitpunkt selbst anlegen.

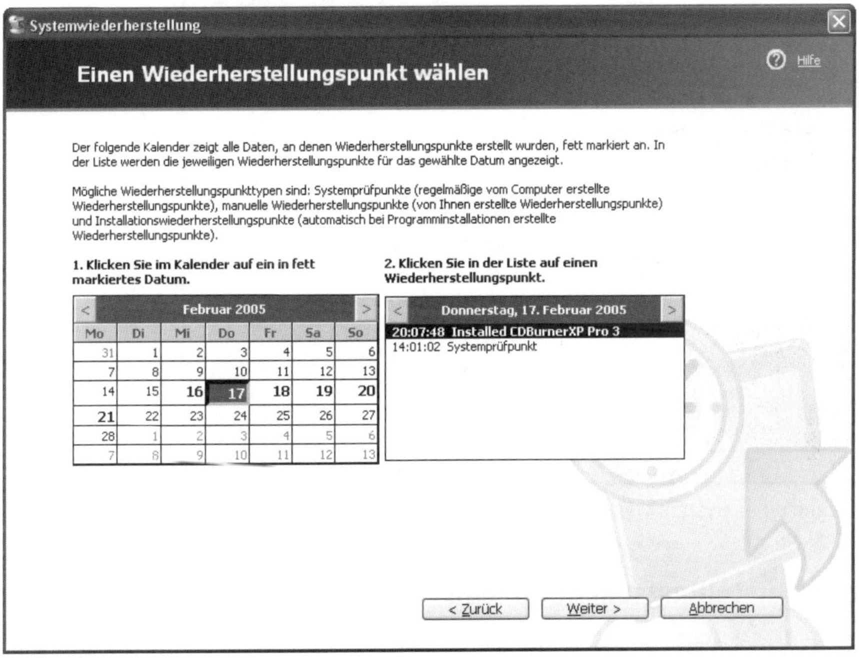


**Bild 10.28:** Auswahl eines *Wiederherstellungspunktes*

Wählen Sie den gewünschten Wiederherstellungspunkt aus, und klicken Sie auf *Weiter*. Spätestens jetzt sollten Sie alle anderen Programme beenden und offene Dateien speichern.

Nach einer Warnmeldung wird der Computer heruntergefahren und mit den alten wiederhergestellten Systemeinstellungen neu gestartet, was etwas länger als ein normaler Neustart dauert.

Sollte die *Systemwiederherstellung* nicht zum gewünschten Ergebnis führen, können Sie die letzte Wiederherstellung auch wieder zurücknehmen. Windows XP legt dazu einen speziellen Wiederherstellungspunkt an.

## Wiederherstellungspunkte anlegen

Bevor Sie größere Installationen oder Umbauten an Ihrem System vornehmen, sollten Sie, solange noch alles läuft, manuell einen Wiederherstellungspunkt anlegen.

Geben Sie dem neuen Wiederherstellungspunkt einen eindeutigen Namen. Er wird anschließend automatisch im Kalender eingetragen, sodass Sie später den Computer auf diesen Zustand zurücksetzen können.

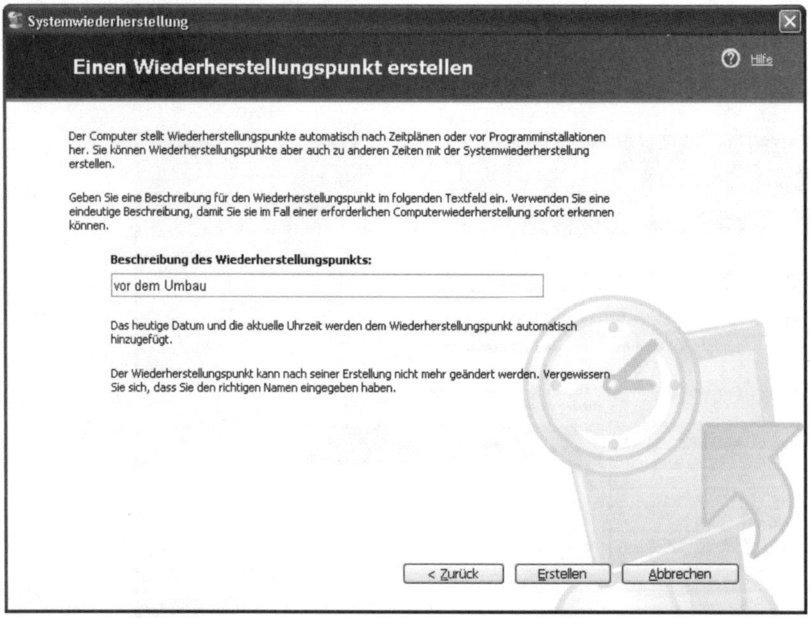


**Bild 10.29:** Anlegen eines Systemwiederherstellungspunktes

## Systemwiederherstellungseinstellungen

Für das Speichern der Wiederherstellungspunkte wird auf der Festplatte nicht unerheblich Speicherplatz verbraucht. Die Daten dafür liegen in Unterverzeichnissen des Verzeichnisses `\System Volume Information` auf der jeweiligen Festplatte. Um Platz zu sparen, können Sie den Speicherplatz, der für Prüfpunkte verwendet werden darf, begrenzen.

Wählen Sie dazu in der *Systemsteuerung/System* auf der Registerkarte *Systemwiederherstellung* ein Laufwerk aus, und klicken Sie auf *Einstellungen*. Dasselbe Dialogfeld erreichen Sie auch über den Link *Systemwiederherstellungseinstellungen* im Startfenster der *Systemwiederherstellung*.

Wird das hier eingestellte Speicherplatzlimit erreicht, werden ältere Wiederherstellungspunkte automatisch gelöscht. Für einzelne Laufwerke, zum Beispiel für ein Laufwerk, das nur Temporärdaten und die Auslagerungsdatei enthält, können Sie die *Systemwiederherstellung* auch ganz deaktivieren.

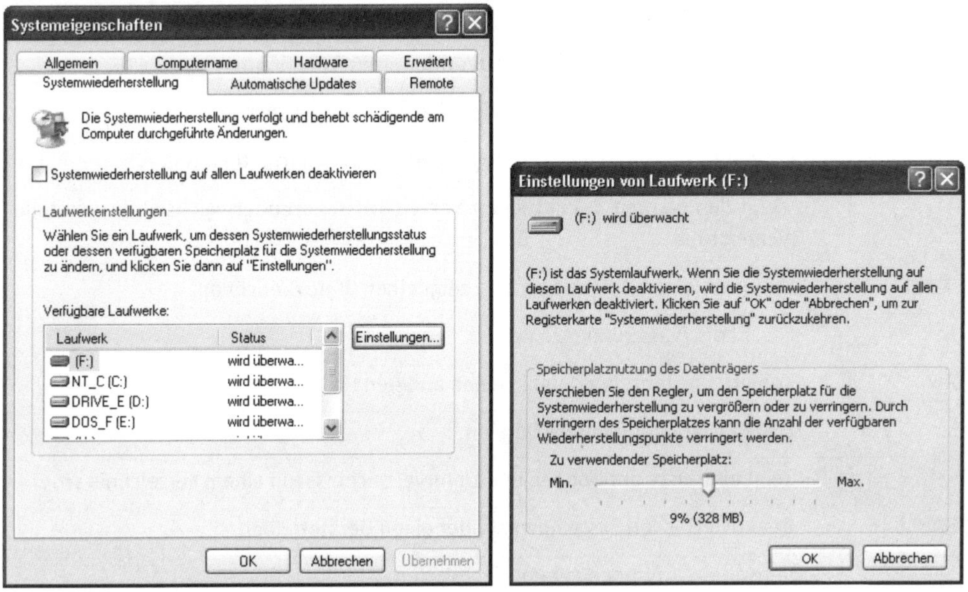


**Bild 10.30:** Speicherplatzbegrenzung für die *Systemwiederherstellung*

**Achtung** Beim Deaktivieren der *Systemwiederherstellung* auf dem Systemlaufwerk wird diese komplett für alle Laufwerke abgeschaltet.

# 10.8 Wiederherstellungskonsole

Wenn Windows nicht mehr startet, weil die *Registry* oder der Bootblock beschädigt sind, bietet die *Wiederherstellungskonsole* oft die einzige Lösung, noch Daten zu retten.

Die *Wiederherstellungskonsole* ist vergleichbar mit einem Eingabeaufforderungs-Fenster. Hier kann man mit Kommandozeilenbefehlen Dateien kopieren, Laufwerke partitionieren und formatieren oder auch die Datei `BOOT.INI` bearbeiten.

Wenn Windows XP irgendwann nicht mehr bootet, können Sie den Computer mit der Original-Windows-XP-CD starten. Bei der Abfrage, ob Sie eine bestehende Windows-Version reparieren wollen, drücken Sie die Taste [R].

Jetzt steht Ihnen eine Kommandozeile für Dateioperationen zur Verfügung, vergleichbar mit einer Eingabeaufforderung oder einem alten DOS-Prompt.

## Die Befehle in der Wiederherstellungskonsole

In der Wiederherstellungskonsole lässt sich nicht jedes beliebige Programm starten, hier stehen nur spezielle Befehle zur Datenrettung zur Verfügung:

| Befehl | Beschreibung |
|---|---|
| ATTRIB | Ändert die Attribute einer Datei oder eines Verzeichnisses. |
| BATCH | Führt die Befehle aus, die in der Textdatei aufgeführt sind. |
| BOOTCFG | Konfiguration und Wiederherstellung der Systemstartdatei (boot.ini). |
| CD | Zeigt den Namen des aktuellen Verzeichnisses an oder wechselt das aktuelle Verzeichnis. |
| CHKDSK | Überprüft einen Datenträger und zeigt einen Statusbericht an. |
| CLS | Löscht die Bildschirmanzeige. |
| COPY | Kopiert eine einzelne Datei in einen anderen Pfad. |
| DEL | Löscht eine oder mehrere Dateien. |
| DIR | Zeigt eine Liste der Dateien und Unterverzeichnisse in einem Verzeichnis an. |
| DISABLE | Deaktiviert einen Systemdienst oder einen Gerätetreiber. |
| DISKPART | Verwaltet Partitionen auf den Festplatten. |
| ENABLE | Startet oder aktiviert einen Systemdienst oder einen Gerätetreiber. |
| EXIT | Beendet die Wiederherstellungskonsole und startet den Computer neu. |
| EXPAND | Extrahiert eine Datei aus einer komprimierten Datei. |
| FIXBOOT | Schreibt einen neuen Partitionsbootsektor auf der angegebenen Partition. |
| FIXMBR | Repariert den MBR (Master Boot Record) des angegebenen Datenträgers. |
| FORMAT | Formatiert einen Datenträger. |
| HELP | Zeigt eine Liste der Befehle an, die in der Wiederherstellungskonsole zur Verfügung stehen. |
| LISTSVC | Zeigt eine Liste der auf dem Computer verfügbaren Dienste und Treiber an. |
| LOGON | Meldet sich bei einer Windows-Installation an. |
| MAP | Zeigt die Laufwerkzuordnung an. |
| MD | Erstellt ein Verzeichnis. |
| MORE | Zeigt eine Textdatei an. |
| NET USE | Verbindet eine Netzwerkfreigabe mit einem Laufwerkbuchstaben. |
| REN | Benennt eine einzelne Datei um. |
| RD | Löscht ein Verzeichnis. |
| SET | Zeigt Umgebungsvariablen an und legt diese fest. |

| Befehl | Beschreibung |
|---|---|
| SYSTEMROOT | Legt als aktuelles Verzeichnis das Verzeichnis `systemroot` des Systems fest, bei dem Sie aktuell angemeldet sind. |
| TYPE | Zeigt eine Textdatei an. |

Lässt sich Windows XP nicht normal starten, kann dies an einer Fehlkonfiguration von Diensten liegen. In solchen Fällen können Sie über die Wiederherstellungskonsole Dienste deaktivieren oder den Starttyp ändern.

Um einen Dienst oder Treiber auf einen bestimmten Starttyp zu setzen, geben Sie ein:

```
enable <Dienstname> <Starttyp>
```

Für den Starttyp können folgende Werte verwendet werden:

| Starttyp | Beschreibung |
|---|---|
| SERVICE_BOOT_START | Gerätetreiber wird beim Booten geladen. |
| SERVICE_SYSTEM_START | Gerätetreiber wird während der Kernelinitialisierung gestartet. |
| SERVICE_AUTO_START | Dienst wird automatisch gestartet. |
| SERVICE_DEMAND_START | Dienst wird manuell oder bei Bedarf gestartet. |

**Tab. 10.1:** Starttypen für Dienste in der Wiederherstellungskonsole

## Wiederherstellungskonsole in das Bootmenü integrieren

Wenn Sie die *Wiederherstellungskonsole* öfter verwenden, können Sie diese auch in das Bootmenü integrieren, um sie nicht jedes Mal von der Original-CD aufrufen zu müssen. Dazu muss die *Wiederherstellungskonsole* zunächst auf dem System installiert werden.

**Achtung** Die Installation der *Wiederherstellungskonsole* von der Windows XP-CD funktioniert nicht mehr, wenn das Service Pack 2 installiert wurde. Die Wiederherstellungskonsole kann aber immer noch von der Windows XP Original-CD aufgerufen werden, wenn der Computer mit dieser CD gebootet wurde,

1. Zuerst muss die *Wiederherstellungskonsole*, die nur auf der CD vorhanden ist, auf dem lokalen Rechner installiert werden. Wechseln Sie dazu in einem Eingabeaufforderungs-Fenster in das Verzeichnis `\I386` der Windows XP-CD und geben Sie dort ein:

   ```
   WINNT32 /cmdcons
   ```

2 Im folgenden Dialog müssen Sie nochmals bestätigen, dass Sie die *Wiederherstellungskonsole* wirklich installieren wollen.

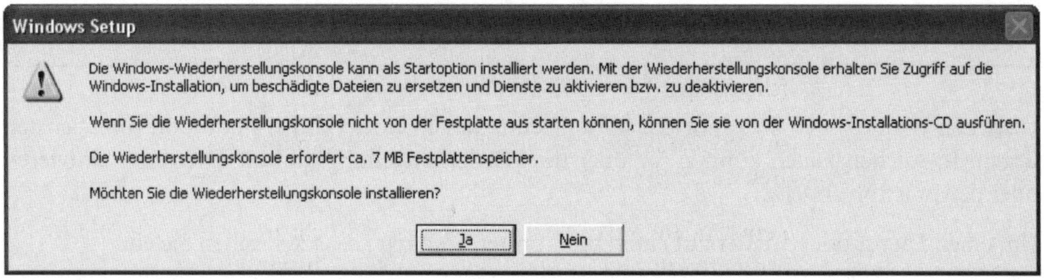


**Bild 10.31:** Abfrage bei der Installation der *Wiederherstellungskonsole*

3 Danach versucht das Setup-Programm einen Microsoft-Server zu kontaktieren, um Daten auszutauschen oder Updates herunterzuladen. Dieser Vorgang ist hier nicht notwendig und kann bedenkenlos übersprungen werden.

4 Das Installationsprogramm trägt nach erfolgreicher Installation automatisch einen Eintrag für die *Wiederherstellungskonsole* in die `BOOT.INI` ein. Die Daten der Wiederherstellungskonsole liegen im Verzeichnis `\cmdcons` auf dem Systemlaufwerk.

## 10.9 Windows-Update

Das Windows-Update ist ein Online-Dienst von Microsoft, über den Sie immer die neuesten Betriebssystem-Updates, Sicherheits-Patches, Updates für Microsoft Software-Komponenten wie Internet Explorer oder Windows Media Player bekommen können.

Diese Funktion ist seit Windows 98 vorhanden, aber erst seit Windows XP fest ins System integriert. Mit dem Service Pack 2 und dem neuen *Sicherheitscenter* warnt Windows XP sogar, wenn die Update-Funktion nicht auf *automatisch* gesetzt ist.

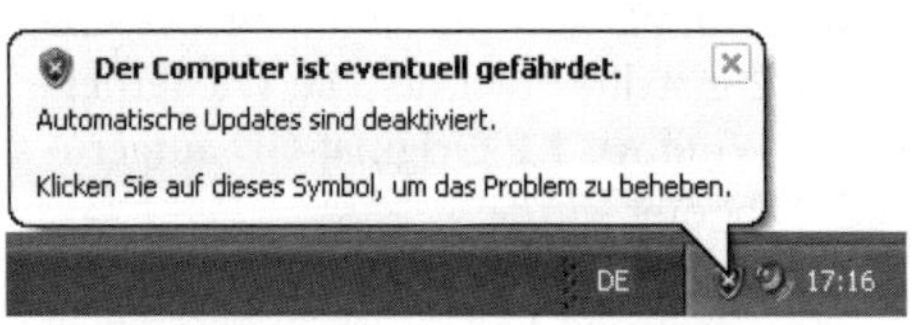


**Bild 10.32:** Sicherheitswarnung bei ausgeschalteten automatischen Updates

**Achtung Never touch a running system! Das gilt auch für Updates!**
Führen Sie vor den Updates immer eine Datensicherung durch. Es kommt immer wieder vor, dass Windows XP nach einem Update nicht mehr einwandfrei läuft. Um dieses Risiko zu verringern, setzt Windows XP automatisch einen Systemwiederherstellungspunkt, bevor ein Update installiert wird. Allerdings zerstören einige Updates sämtliche vorhandenen Wiederherstellungspunkte.

Beenden Sie vor der Installation von Updates alle Programme, die im Hintergrund laufen, auch Virenscanner.

Führen Sie nie ein Update durch, wenn Windows XP nicht mehr einwandfrei läuft. Die Updates korrigieren nur Sicherheitslücken und keine instabilen Systeme.

Einige Updates sind zu nicht zertifizierten Gerätetreibern nicht kompatibel. Eventuell müssen Sie diese Treiber nach einem Windows-Update neu installieren. Kopieren Sie also sicherheitshalber alle verwendeten Treiber in ein Verzeichnis auf der Festplatte, um sie für solche Fälle immer griffbereit zu haben.

Manche Updates zerstören die Aktivierungsdaten, sodass Windows XP neu aktiviert werden muss. Falls Sie eine vorinstallierte Windows XP-Version auf Ihrem Computer haben, die nicht aktiviert werden musste, kann es passieren, dass diese nach einem Update nicht mehr läuft.

## Windows-Update manuell aufrufen

Manuell starten Sie die Windows-Update-Funktion über den Menüpunkt *Alle Programme/Windows Update* im Startmenü, oder über den Menüpunkt *Extras/Windows Update* im Internet Explorer oder durch einen Besuch der Web-Seite *windowsupdate.microsoft.com.*

Diese Web-Seite funktioniert nur mit dem Internet Explorer, da sie über ActiveX-Controls direkt Daten von Ihrem lokalen Computer ausliest. Beim Versuch, die Seite mit einem anderen Browser aufzurufen, erscheint eine Meldung, dass das Windows-Update nur mit dem Internet Explorer verwendet werden kann.

**Achtung** Die Update-Software selbst wird von Microsoft häufig verändert und aktualisiert. Wenn Sie hier nicht die aktuellste Version der ActiveX-Controls verwenden, müssen Sie sich diese erst herunterladen, bevor Sie die Windows Update-Seite benutzen können. In den meisten Fällen muss danach sogar der Computer neu gebootet werden. Microsoft dokumentiert nirgends, wozu diese Software-Updates nötig sind und was sie auf dem Computer so schwerwiegend verändern, dass ein Neustart des Systems notwendig ist.

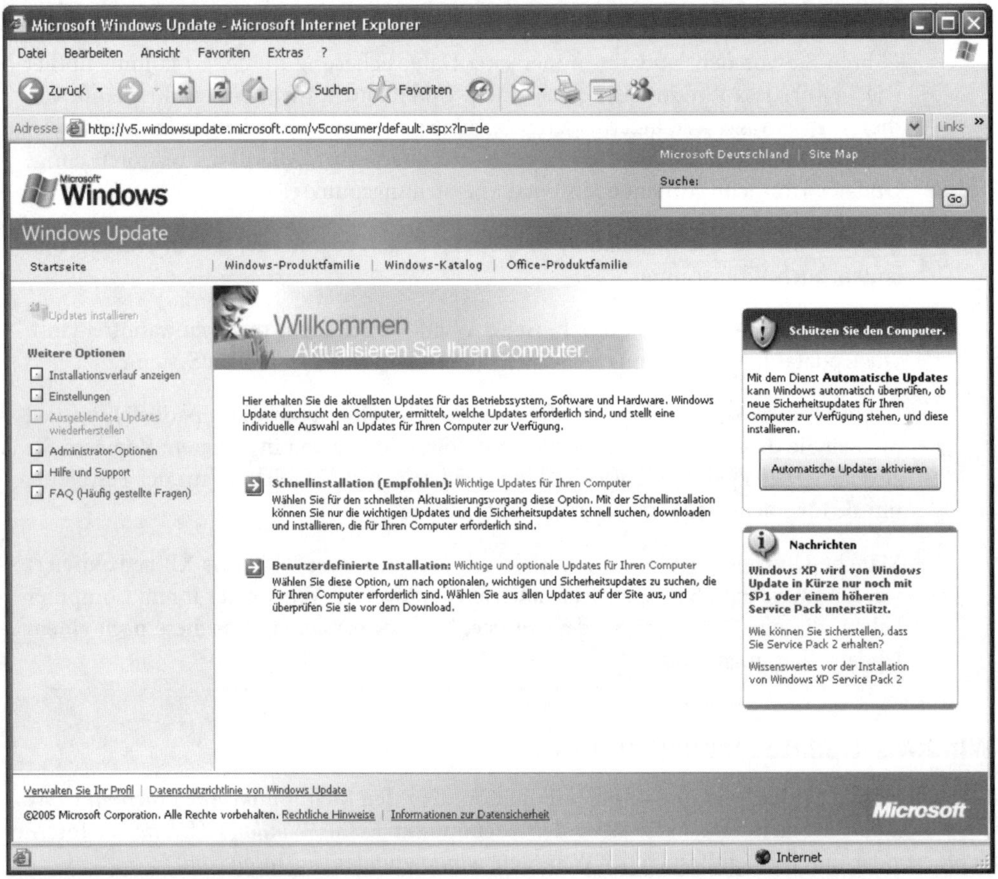


**Bild 10.33:** Die Microsoft Windows-Update-Web-Seite

Der Link *Schnellsuche* sucht alle wichtigen Updates, lädt sie herunter und installiert sie anschließend. Sollten Sie das Service Pack noch nicht installiert haben, werden Sie hier noch einmal darauf hingewiesen, dies jetzt nachzuholen.

Allerdings wird selbst ein installiertes Service Pack 2 von der Windows Update-Seite nicht immer korrekt erkannt. In diesem Fall sollten Sie die benutzerdefinierte Installation der Updates durchführen.

In der benutzerdefinierten Suche werden alle verfügbaren Updates, die noch nicht installiert sind, aufgelistet. Hier können Sie zu jedem Update eine detaillierte Beschreibung lesen und die Updates auch einzeln deaktivieren, wenn zum Beispiel bereits Probleme mit dem ein oder anderen Update bekannt geworden sind.

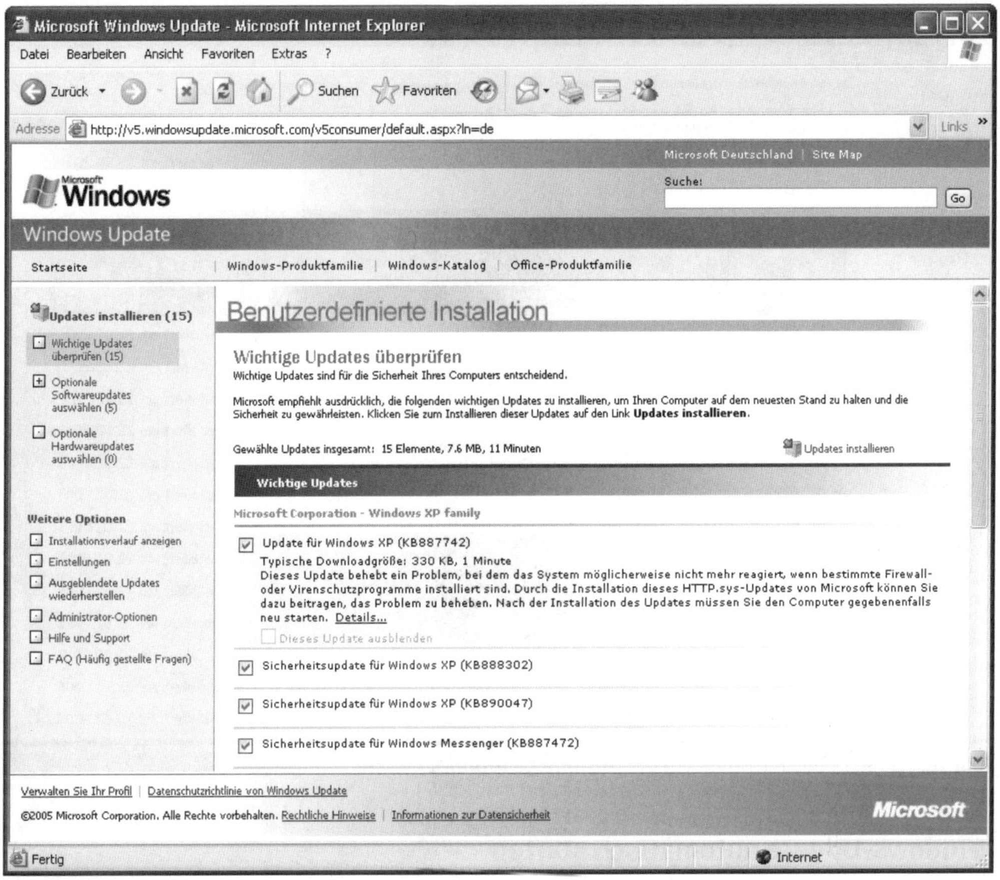


**Bild 10.34:** Die benutzerdefinierte Installation von Windows-Updates

Neben den Updates, die Microsoft als wichtig ansieht, gibt es unter dem Link *Optionale Softwareupdates auswählen* noch weitere Updates für einzelne Komponenten. Diese werden nicht automatisch zur Installation markiert, sondern müssen vom Benutzer explizit ausgewählt werden (s. Bild 10.35).

Wählen Sie alle Updates aus, die Sie installieren wollen, und klicken Sie dann auf *Updates installieren*. Die Updates werden jetzt heruntergeladen und anschließend automatisch installiert, was je nach Größe einige Minuten oder auch Stunden dauern kann. Verlegen Sie das Herunterladen dieser Updates also nach Möglichkeit in Zeiten schwacher Internet-Nutzung, auf Sonntage oder in spät in die Nacht.

Nach den meisten installierten Updates muss der Computer neu gestartet werden.

Die installierten Updates können in der *Systemsteuerung/Software* aufgelistet werden. Schalten Sie dazu im Bereich *Programme ändern oder entfernen* den Schalter *Updates anzeigen* ein.

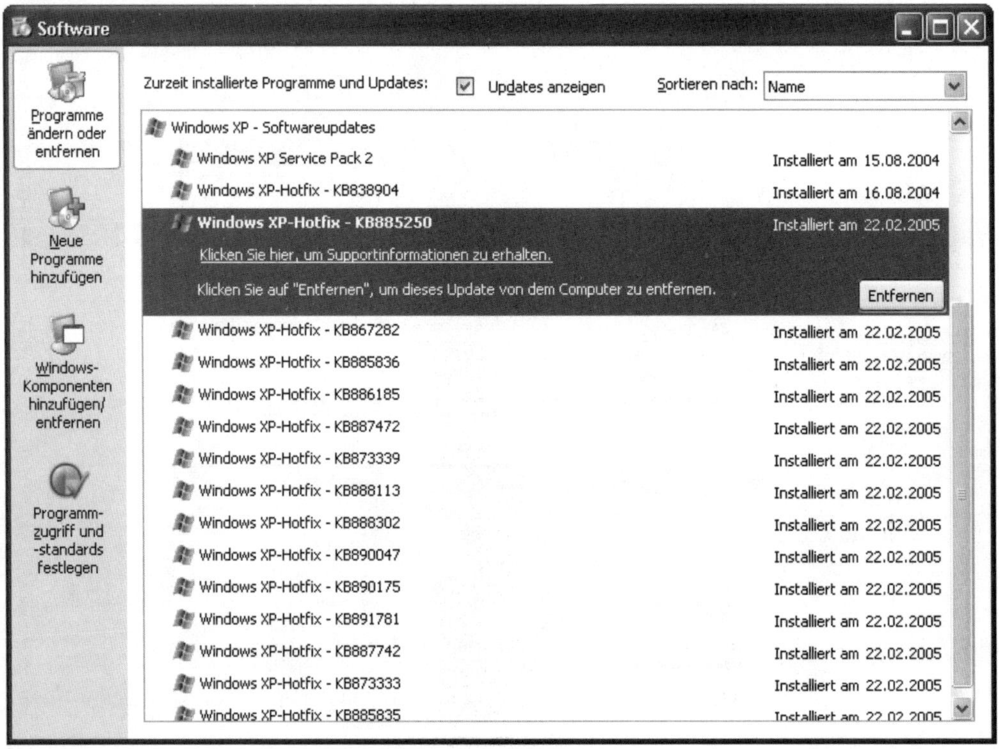


**Bild 10.35:** Installierte Updates in der *Systemsteuerung/Software*

## Windows-Update automatisch starten

Microsoft bemüht sich, für bekannt gewordene Sicherheitslücken so schnell wie möglich einen entsprechenden Patch zu entwickeln, der die Lücke schließt. Diese Patches werden über die Windows-Update-Web-Seite zum Download angeboten.

Demnach kann es also ein Sicherheitsrisiko darstellen, das System nicht regelmäßig zu aktualisieren.

Windows XP bietet aus diesem Grund eine Funktion an, die alle sicherheitsrelevanten Updates automatisch herunterlädt und installiert.

Das neue *Sicherheitscenter* aus dem Service Pack 2 warnt mit einem roten Symbol neben der Uhr, wenn ein Sicherheitsrisiko besteht. Eines der möglichen Risiken, die hier angezeigt werden, ist eine deaktivierte automatische Update-Funktion.

Sie können die automatische Update-Funktion entweder direkt im *Sicherheitscenter* aktivieren oder über *Systemsteuerung/System* auf der Registerkarte *Automatische Updates*.

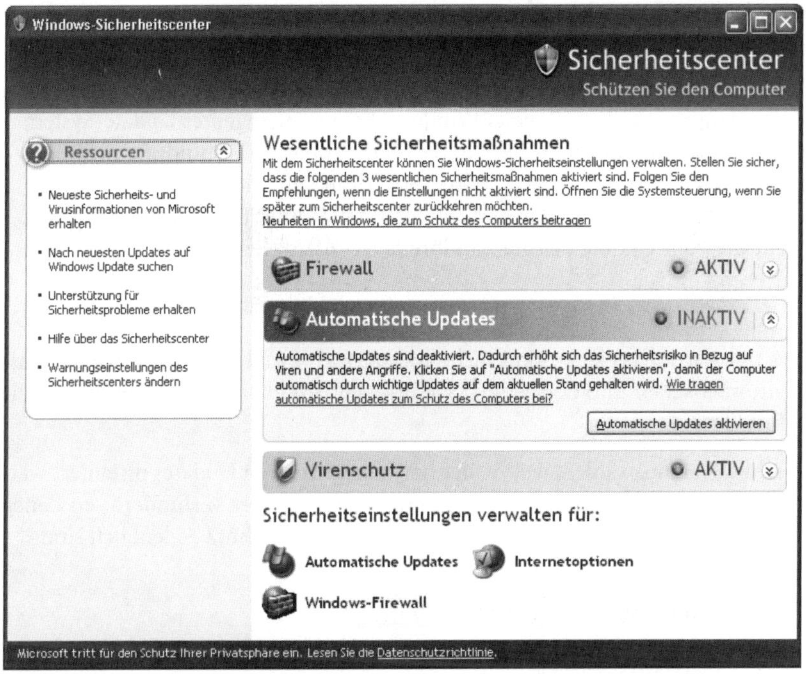


**Bild 10.36:** Warnung im Sicherheitscenter bei inaktiven automatischen Updates

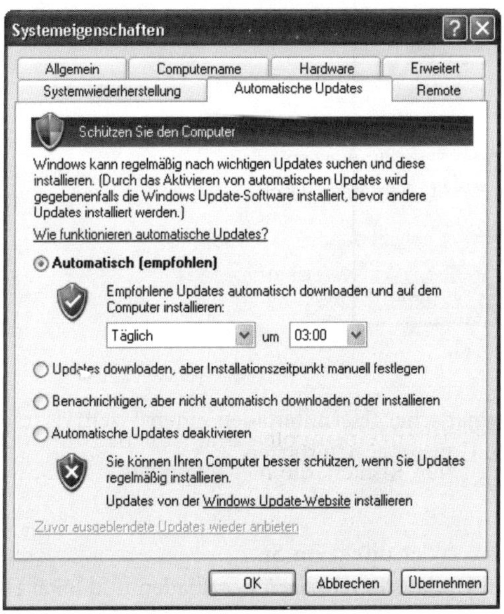


**Bild 10.37:** Automatische Updates in der *Systemsteuerung/System*

Hier finden Sie auch Optionen, um die Updates nur herunterzuladen, ohne sie gleich zu installieren oder einfach nur eine Benachrichtigung zu erhalten, wenn Updates vorliegen.

**Hinweis** Seit dem Service Pack 2 bietet Windows XP ein intelligentes Update-System an, das die Updates nur dann herunterlädt, wenn die Internet-Verbindung nicht von einer anderen Anwendung benötigt wird. So bemerken Sie also kaum Geschwindigkeitsverluste durch die Updates. Wenn Sie einen Router und ein Netzwerk verwenden, geht die vom Update belegte Bandbreite trotzdem den anderen Computern im Netz verloren.

Wurden die Updates nur heruntergeladen und nicht automatisch installiert, haben Sie die Auswahl zwischen der automatischen und der benutzerdefinierten Installation. Wählen Sie hier die benutzerdefinierte Installation.

Hier können Sie anschließend auswählen, welche der heruntergeladenen Updates installiert werden sollen und welche nicht (s. Bild 10.38). Damit können Sie Updates verhindern, zu denen Inkompatibilitäten bekannt wurden, oder die in Bezug auf den Datenschutz bedenklich sind.

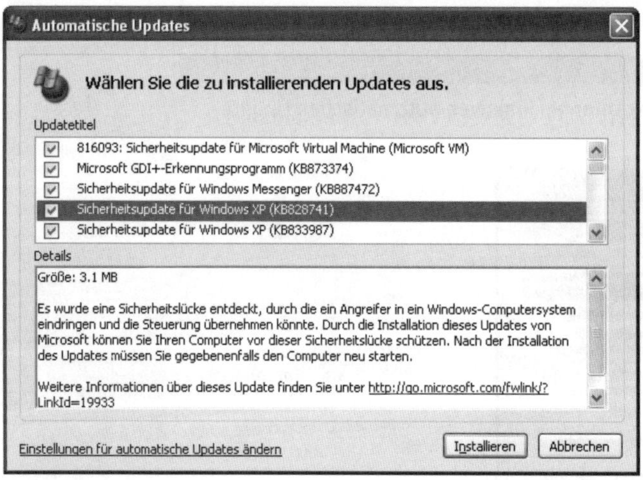


**Bild 10.38:** Auswahl der zu installierenden Updates

Bei einigen Updates müssen Sie auch beim automatischen Herunterladen einen Lizenzvertrag bestätigen und eventuell nach der Installation den Computer neu starten.

## Update-Pakete lokal sichern

Bis Mitte des Jahres 2004 gab es eine Möglichkeit, Update-Pakete herunterzuladen und lokal zu speichern, um sie später zu installieren. Dazu musste man über einen speziellen Link im Internet Explorer dem System vorgaukeln, man hätte eine Firmenversion von Windows XP.

Diese Funktion wurde von Microsoft mittlerweile abgeschaltet.

Es gibt aber trotzdem noch eine Möglichkeit, bei mehreren Computern im Netzwerk die Updates nicht alle mehrfach herunterladen zu müssen. Wählen Sie auf Ihrem Computer in der *Systemsteuerung/System/Automatische Updates* die Option *Updates downloaden aber Installationszeitpunkt manuell festlegen.* Die Updates werden dann automatisch heruntergeladen und in Verzeichnissen unterhalb von `\Windows\SoftwareDistribution\Download` abgelegt.

Wenn solche Updates vorliegen, erscheint ein Symbol in der Taskleiste mit einer Meldung.

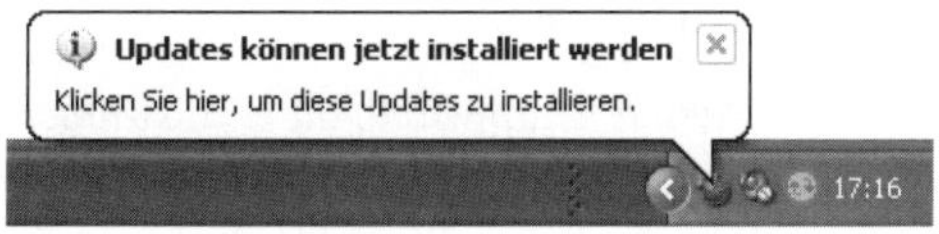


**Bild 10.39:** Meldung bei neuen Updates

Wenn Sie die Updates wie empfohlen durch Anklicken dieses Symbols installieren, werden die Download-Dateien danach normalerweise automatisch gelöscht.

Sichern Sie deshalb vor der Installation die Verzeichnisse mit den Updates an anderer Stelle. Die Verzeichnisnamen bestehen aus langen Zahlen- und Buchstabenkombinationen. Diese müssen komplett einschließlich aller Unterverzeichnisse kopiert werden. In jedem Update-Verzeichnis gibt es ein Unterverzeichnis `update`. Wenn Sie in diesem Verzeichnis die Datei `update.exe` starten, wird das Update installiert, ohne dass auf dem Computer die automatische Update-Funktion aktiviert ist.

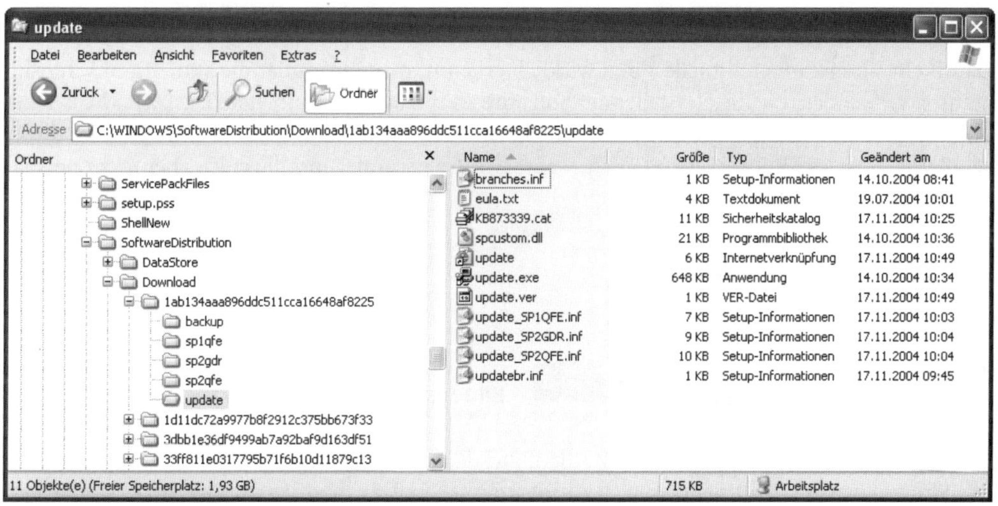


**Bild 10.40:** Heruntergeladene Update-Dateien

Installieren Sie die Updates dann als letztes auf dem Computer, auf dem sie heruntergeladen wurden. Danach sollten die Dateien automatisch gelöscht und das Installationsprotokoll aktualisiert werden. Leider funktioniert dies auch bei automatisch installierten Updates nicht immer zuverlässig.

### Treiber-Updates

Die Windows-Update-Seite bietet auch Gerätetreiber-Updates zum Download an. Diese sind allerdings oftmals nicht so aktuell wie die von den Herstellern angebotenen Treiber, da sie erst eine zeitraubende Qualitätskontrolle bei Microsoft durchlaufen müssen.

Klicken Sie auf der Windows-Update-Seite auf den Link *Optionale Hardwareupdates auswählen.* Das System durchsucht automatisch die Treiberdatenbank nach passenden Treibern für angeschlossene Hardware-Komponenten. Diese werden nicht automatisch installiert. Hier müssen Sie jeden Treiber manuell markieren und können den oder die dann herunterladen und installieren.

## 10.10 Viren und Trojaner

Viren und Trojaner werden über das Internet heute deutlich schneller verbreitet, als die noch zu Offline-Zeiten der Fall war, als man für jede Vireninfektion noch eine verseuchte Diskette brauchte. Per WLAN kann man sich heute einen Computervirus genauso leicht wie einen Grippevirus einfach durch die »Luft« einfangen.

Die Installation eines Virenscanners ist also unvermeidlich. Das Betriebssystem liefert zwar keinen Virenscanner mit, bei fast jedem neuen PC ist aber einer dabei. Außerdem gibt es diverse Virenscanner im Internet zum Download, einige sogar kostenlos.

Damit ein Virenscanner aktuelle Viren wirklich erkennt, muss er immer die aktuellsten Virensignaturen verwenden, die die Hersteller der Software zum Download anbieten. Das *Sicherheitscenter* im Service Pack 2 überprüft das System und warnt, wenn kein Virenscanner aktiv ist oder dieser veraltet ist. Die Meldung erscheint auch, wenn ein Virenscanner installiert ist, aber nicht permanent im Hintergrund läuft.

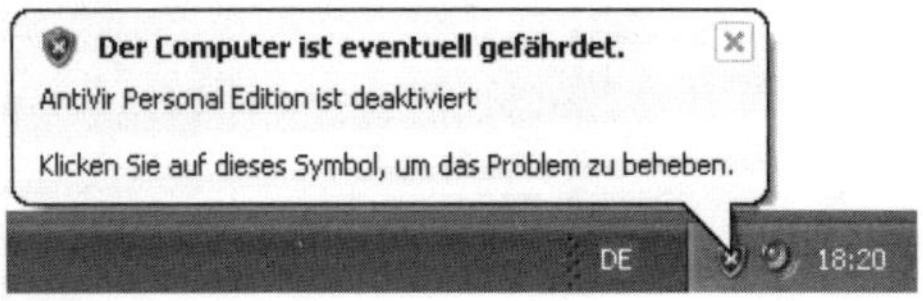


**Bild 10.41:** Warnung bei inaktivem Virenscanner

Klickt man, wie in der Warnung empfohlen, auf das Symbol in der Taskleiste, öffnet sich zwar das *Sicherheitscenter* und zeigt, dass der Virenscanner inaktiv oder veraltet ist. Im Gegensatz zu den anderen Meldungen im Sicherheitscenter haben Sie hier jedoch keine Möglichkeit, den Virenscanner zu aktivieren, da diese Funktion bei jedem Virenscanner unterschiedlich läuft.

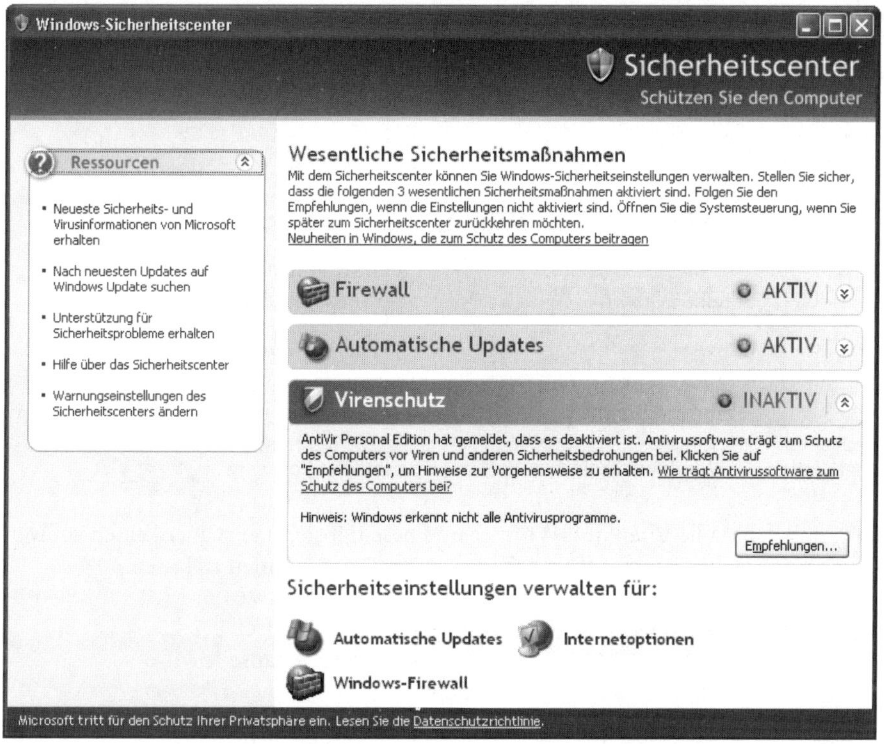


**Bild 10.42:** Warnung vor inaktivem Virenschutz im *Sicherheitscenter*

Starten Sie also den installierten Virenscanner, und aktivieren Sie dort den Hintergrundbetrieb. Die Warnung im *Sicherheitscenter* verschwindet, wenn der Virenscanner kompatibel zu dieser Funktion aus dem Service Pack 2 ist. Für ältere Virenscanner benötigen Sie hier nicht nur ein Update der Virensignaturen, sondern auch ein Software-Update.

## Windows-Tool zum Entfernen bösartiger Software

Microsoft machte bereits mehrfach Ankündigungen, in einem kommenden Service Pack oder einem zukünftigen Update von Windows XP einen eigenen Virenscanner mitzuliefern. Der erste Schritt dazu ist bereits getan: Einmal im Monat, immer am zweiten Dienstag, wird über das Windows-Update ein so genanntes *Windows Tool zum Entfernen bösartiger Software* heruntergeladen und automatisch ausgeführt.

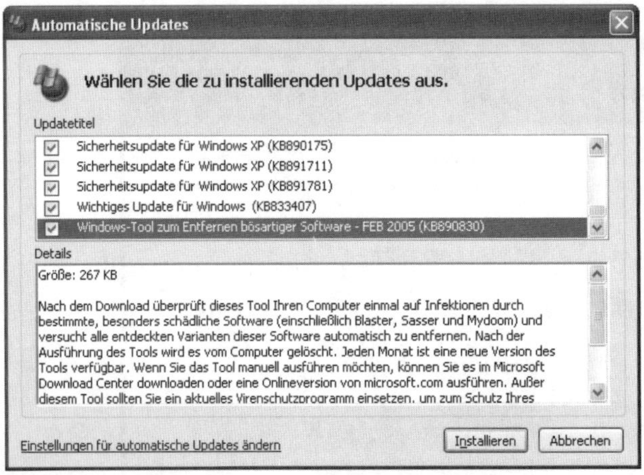


**Bild 10.43:** Installation des Windows-Tools zum Entfernen bösartiger Software

Das Programm findet aktuelle Viren und Würmer und beseitigt sie, ersetzt aber keinen vollwertigen Virenscanner. Trotzdem kann es nicht schaden, es regelmäßig laufen zu lassen.

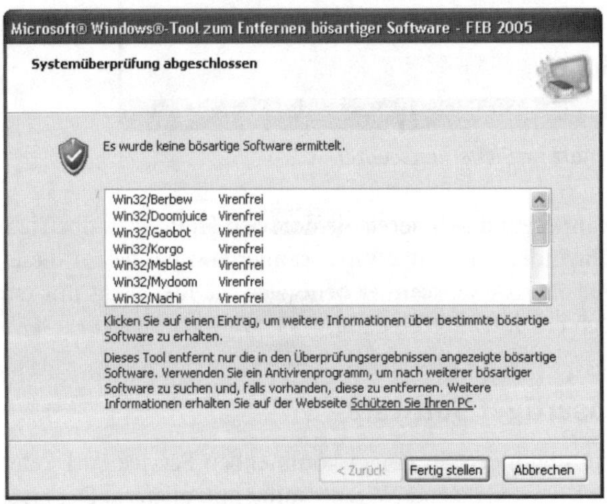


**Bild 10.44:** Das Ergebnis der Systemüberprüfung

Aktuelle Versionen dieses Tools laufen im Hintergrund und zeigen kein Ergebnis an, solange keine bösartige Software gefunden wurde. Allerdings wird im Verzeichnis `\windows\debug` eine Protokolldatei `mrt.log` angelegt, in der Sie jederzeit das Ergebnis der Überprüfung nachlesen können.

**Tipp** Auch ohne automatisches Windows-Update können Sie das *Windows-Tool zum Entfernen bösartiger Software* nutzen. Sie finden die aktuellste Version jederzeit unter `www.microsoft.com/malwareremove`.

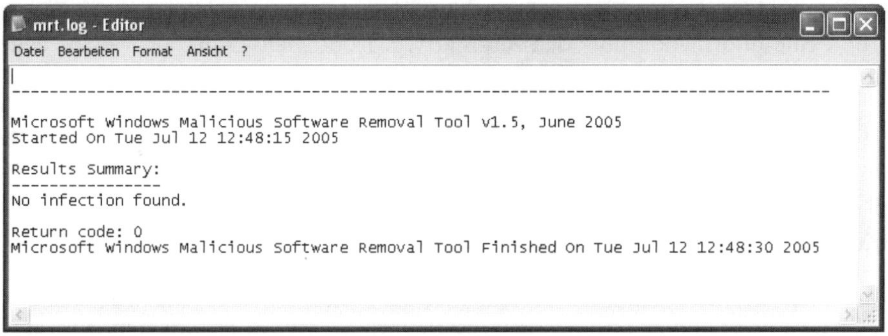


**Bild 10.45:** Die Protokolldatei des Windows-Tools zum Entfernen bösartiger Software

# 10.11 Dienste

Zahlreiche Funktionen von Windows XP, die wie Betriebssystemfunktionen aussehen, werden in Wirklichkeit von so genannten Diensten erledigt. Das sind Programme, die im Hintergrund laufen und beim Booten oder bei Bedarf automatisch gestartet werden. Diese Methode hat den Vorteil, dass sich das Betriebssystem um zusätzliche Funktionalitäten erweitern lässt und Dienste, die nicht gebraucht werden, auch keinen Speicherplatz belegen. Leider startet Windows XP in der Standardkonfiguration mehr Dienste als unbedingt nötig.

Die Konfiguration und Verwaltung der Dienste erfolgt zentral über das Systemsteuerungsmodul *Verwaltung/Dienste* oder direkt über den Aufruf von `SERVICES.MSC`.

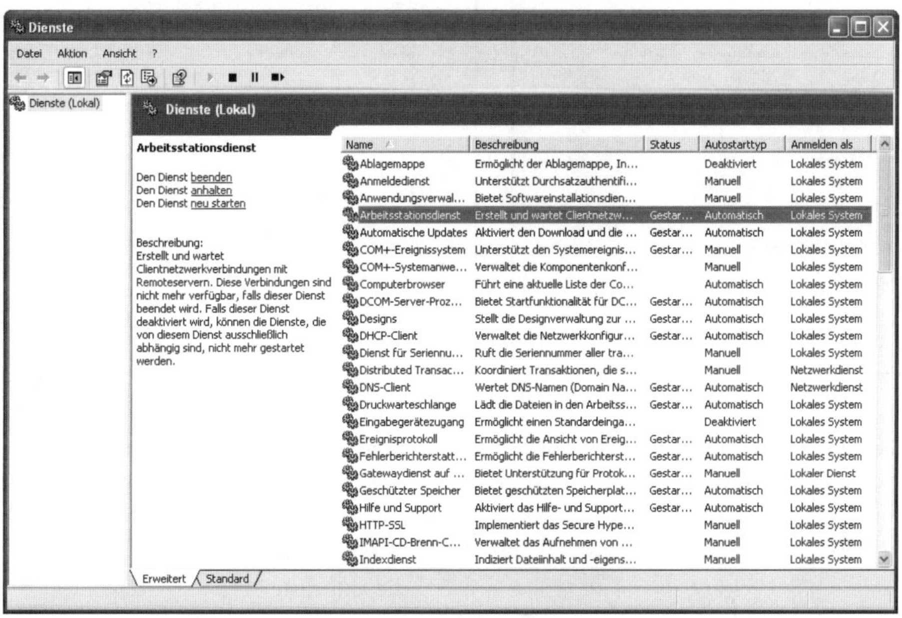


**Bild 10.46:** Dienstekonsole in der Systemsteuerung/Verwaltung

Zu jedem Dienst wird hier eine Kurzbeschreibung angezeigt, eine Statusmeldung, ob der Dienst gestartet ist und eine Information über den Autostarttyp. Jeder Dienst kann auf verschiedene Weisen gestartet werden:

- **Automatisch** – Automatischer Start des Dienstes vom Betriebssystem aus. Diese Dienste werden auch gestartet, wenn sich kein Benutzer am System anmeldet.
- **Manuell** – Start des Dienstes durch den Benutzer, ein Programm oder einen anderen Dienst.
- **Deaktiviert** – Dienst wird nicht gestartet.

Dienste, die man üblicherweise nicht braucht, setzt man am besten immer auf *Manuell*, damit sie bei Bedarf von einem anderen Programm gestartet werden können. Einige Dienste sollte man aber aus Sicherheitsgründen generell deaktivieren, damit sie nicht unbemerkt gestartet werden können.

Aus der Dienste-Konsole heraus können Sie einzelne Dienste beenden, anhalten oder neu starten. Lassen Sie beim Beenden eines Dienstes äußerste Vorsicht walten, da das Fehlen bestimmter Dienste zu Systeminstabilitäten führen kann.

Mit einem Doppelklick auf einen Dienst in der Liste können Sie detaillierte Eigenschaften dieses Dienstes bearbeiten und auch den Starttyp ändern.

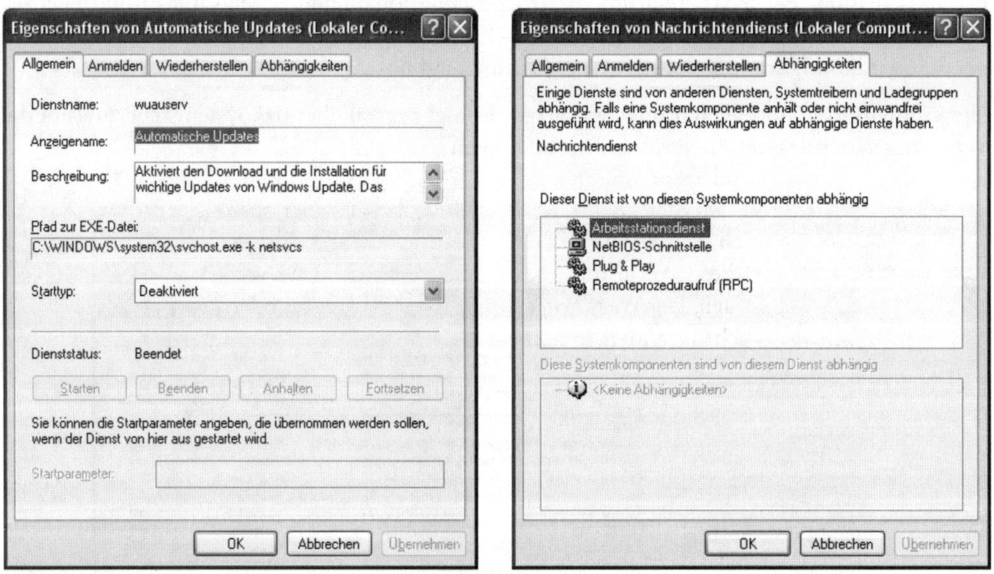


**Bild 10.47:** Detailanzeige und Abhängigkeiten zu einem Dienst

Ändern Sie den Starttyp nur, wenn Sie vorher getestet haben, dass das System auch ohne den Dienst zuverlässig funktioniert. Auf der Registerkarte *Abhängigkeiten* können Sie überprüfen, welche Dienste von diesem Dienst abhängig sind. Abhängige Dienste werden nicht mehr gestartet, wenn der Dienst, von dem sie abhängig sind, nicht gestartet ist.

Im Notfall haben Sie sonst nur noch die Möglichkeit, den fehlenden Dienst über die Wiederherstellungskonsole beim Booten zu aktivieren. Danach sollten Sie in jedem Fall die Dienstekonfiguration überprüfen und im Ereignisprotokoll nach Startfehlern suchen.

Alle Dienste sind in der Registry unter `HKEY_LOCAL_MACHINE\SYSTEM\CurrentControlSet\Services` als einzelne Unterschlüssel eingetragen. Bevor Sie an der Dienstekonfiguration etwas ändern, sollten Sie mit dem Registrierungs-Editor diesen Zweig der Registry sichern, um im Notfall die Originalkonfiguration wiederherstellen zu können. Sicherheitshalber sollten auch die Registry-Zweige `HKEY_LOCAL_MACHINE\SYSTEM\ControlSet001\Services` und `HKEY_LOCAL_MACHINE\SYSTEM\ControlSet002\Services` gesichert werden.

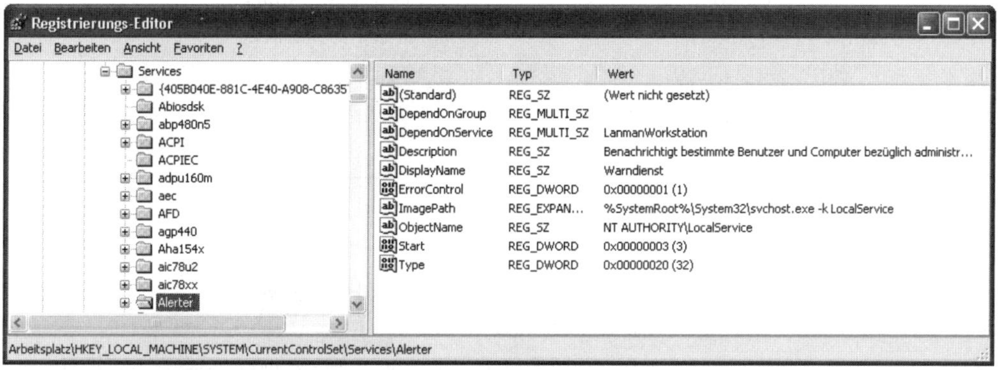


**Bild 10.48:** Ein Dienst in der Registry

Innerhalb dieser Schlüssel finden Sie sämtliche Konfigurationsoptionen für den Dienst. Der Parameter *Start* gibt an, wie der Dienst gestartet werden soll. Hier sehen Sie bei automatisch gestarteten Diensten noch detaillierter als in der Dienstekonsole selbst, wie der Dienst gestartet wurde. Verwenden Sie diese Werte nur als Information zur Suche von Startproblemen, und ändern Sie sie nicht manuell. Der Wert *Type* gibt die Art des Dienstes oder Treibers an. Auch dieser Wert darf manuell nicht verändert werden.

Dienste werden zu Gruppen zusammengefasst, um ein gemeinsames Starten zusammengehöriger Dienste zu ermöglichen und eine Startreihenfolge der Dienste festzulegen. Die Startreihenfolge steht im Registry-Wert `List` im Schlüssel `HKEY_LOCAL_MACHINE\SYSTEM\CurrentControlSet\Control\ServiceGroupOrder`.

Der Eintrag Group bei jedem Dienst unter `HKEY_LOCAL_MACHINE\SYSTEM\CurrentControlSet\Services` gibt an, zu welcher Gruppe der Dienst gehört. Ist ein Wert `DependOnGroup` vorhanden, gibt dieser an, dass mindestens ein Dienst der jeweiligen Gruppe gestartet sein muss, bevor dieser Dienst geladen wird. Im Parameter `DependOnService` werden die Dienste angegeben, die in jedem Fall vor dem betreffenden Dienst gestartet sein müssen.

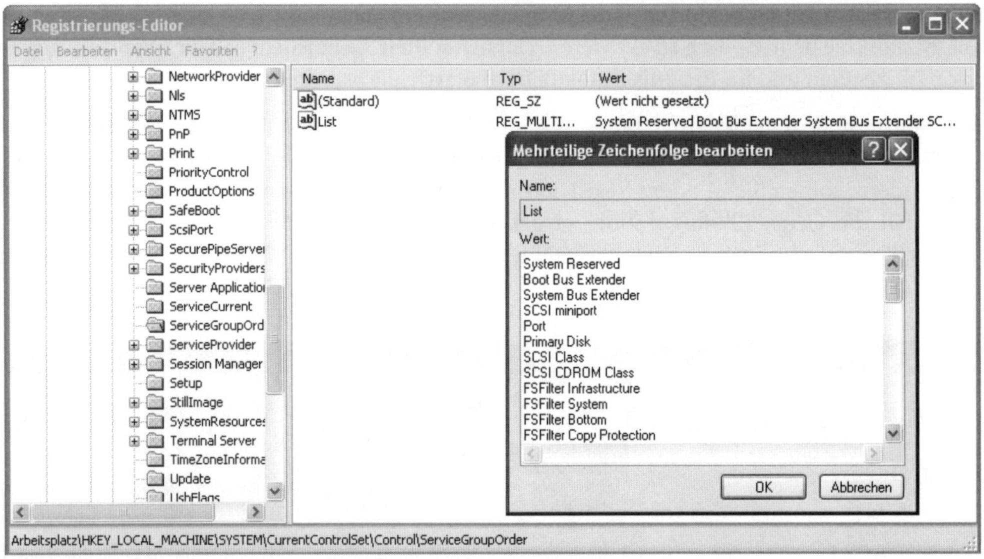


**Bild 10.49:** Reihenfolge der Dienste beim Start in der Registry

## Welche Dienste können deaktiviert werden?

Diese Frage lässt sich nur schwer allgemein beantworten, da auf jedem System durch installierte Software und Geräte andere Dienste laufen, die Abhängigkeiten mit sich bringen. Überflüssige Dienste sollten auf *Manuell* gesetzt werden, sodass sie bei Bedarf gestartet werden können.

Folgende Dienste dürfen AUF KEINEN FALL DEAKTIVIERT werden:

- Arbeitsstationsdienst
- COM+ Ereignissystem
- Druckerwarteschlange
- Geschützter Speicher
- Netzwerkverbindungen
- Plug & Play
- Sicherheitskontenverwaltung

## Dienste, die ein Sicherheitsrisiko darstellen

Einige Dienste stellen ein Sicherheitsrisiko dar und sollten deshalb deaktiviert und nicht nur auf *Manuell* gesetzt werden, damit kein bösartiges Programm diese Dienste starten kann.

- **Ablagemappe** – Über die Ablagemappe können Informationen gesammelt und anderen Computern zur Verfügung gestellt werden – beliebt bei einfacher Spionage-Software.

- **Automatische Updates** – Benachrichtigt Microsoft regelmäßig, welche Versionen welcher Programme Sie verwenden, um eventuell Updates zur Verfügung zu stellen. Wer die unbeabsichtigte Kommunikation mit dem Betriebssystemhersteller auf ein Minimum begrenzen will, sollte diesen Dienst deaktivieren. Die Funktion der Windows Update-Webseite wird dadurch nicht eingeschränkt, allerdings gibt es Schwierigkeiten mit dem Sicherheitscenter aus dem Service Pack 2.
- **Fehlerberichterstattung** – Die meisten Anwender werden die Fehlerberichterstattung in der *Systemsteuerung/System/Erweitert* bereits deaktiviert haben, um lästige Popups bei Abstürzen und den Transfer eines Speicherabbildes zu Microsoft zu verhindern. Dann sollte der zugehörige Dienst auch noch deaktiviert werden.
- **Nachrichtendienst** – Immer häufiger erscheinen Werbebotschaften für einschlägige Fotos oder zweifelhafte Medikamente nicht nur als E-Mails, sondern wie Systemmeldungen mitten auf dem Bildschirm. Schuld daran ist der Nachrichtendienst. Wer diesen nicht zur Kommunikation im eigenen Netzwerk verwendet, sollte diesen Dienst deaktivieren. Bei der Installation vom Service Pack 2 wird der Nachrichtendienst automatisch deaktiviert.
- **NetMeeting-Remotedesktop-Freigabe** – Ein beliebtes Einfallstor für Trojaner und Angreifer.
- **Remote-Registrierung** – Möchten Sie nicht, dass jemand von außen an Ihrer Registry herumbastelt? Dann deaktivieren Sie diesen Dienst.
- **Seriennummer der tragbaren Medien** – Damit weiß Microsoft jederzeit, auf welche mobilen MP3-Player Sie Musikdateien kopiert haben.
- **TCP/IP-NetBIOS-Hilfsprogramm** – Ein potentielles Sicherheitsrisiko. Probieren Sie vor dem Deaktivieren, ob alle Funktionen im lokalen Netzwerk auch mit beendetem Dienst laufen.
- **Telnet** – Ermöglicht anderen Benutzern, sich von außerhalb mit einem Telnet-Programm auf Ihrem Computer anzumelden.

## 10.12 Windows mit einem Mausklick herunterfahren

Windows XP über das Startmenü herunterzufahren kostet mindestens drei Mausklicks. Schneller geht es mit einem eigenen Button auf dem Desktop.

1. Klicken Sie mit der rechten Maustaste auf den Desktop, und wählen Sie im Kontextmenü `Neu/Verknüpfung`.

2. Tragen Sie hier die folgende Zeile ein:

```
c:\windows\system32\shutdown.exe -s -t 00
```

Falls Windows in einem anderen Verzeichnis installiert ist, ändern Sie den Pfad entsprechend.

**Bild 10.50:** Anlegen einer Desktop-Verknüpfung zum schnellen Herunterfahren

3. Geben Sie der Verknüpfung im nächsten Dialog einen sinnvollen Namen wie zum Beispiel *Shutdown* oder *Herunterfahren.*

4. Klicken Sie jetzt mit der rechten Maustaste auf die Verknüpfung, und wählen Sie im Kontextmenü *Eigenschaften.* Über den Button *Anderes Symbol* können Sie das Original-Symbol zum Herunterfahren auswählen.

**Bild 10.51:** Auswahl eines Symbols für die Desktop-Verknüpfung

Ein Doppelklick auf die neue Desktop-Verknüpfung fährt den Computer ohne weitere Nachfragen herunter.

Kapitel 11

# Internet


11.1 DSL, ISDN, Modem-Konfiguration ........ 278
11.2 Internet-Zugang und Provider-Auswahl ........ 284
11.3 Router-Konfiguration zum Internet-Zugang im Netzwerk ........ 296
11.4 WLAN ........ 301
11.5 Der Internet Explorer ........ 305
11.6 Mozilla – alternativer Webbrowser ........ 314
11.7 E-Mail mit Outlook Express ........ 320
11.8 E-Mail mit Mozilla ........ 324
11.9 Programmzugriff und Standards ........ 328
11.10 Usenet und Newsgroups ........ 329
11.11 Internet-Telefonie ........ 333
11.12 Firewall ........ 334
11.13 Das Dialer-Problem ........ 339
11.14 Spyware – Risikofaktor Microsoft ........ 343

Das Internet ist als weltweites Informationsmedium heute nicht mehr wegzudenken. In vielen Bereichen des täglichen Lebens kann man sich kaum noch vorstellen, wie es damals ohne Internet funktioniert haben soll.

Windows XP bietet sehr komfortable Funktionen zur Konfiguration eines Internet-Zuganges mit. Software zum Surfen und Mailen ist ebenfalls mit dabei.

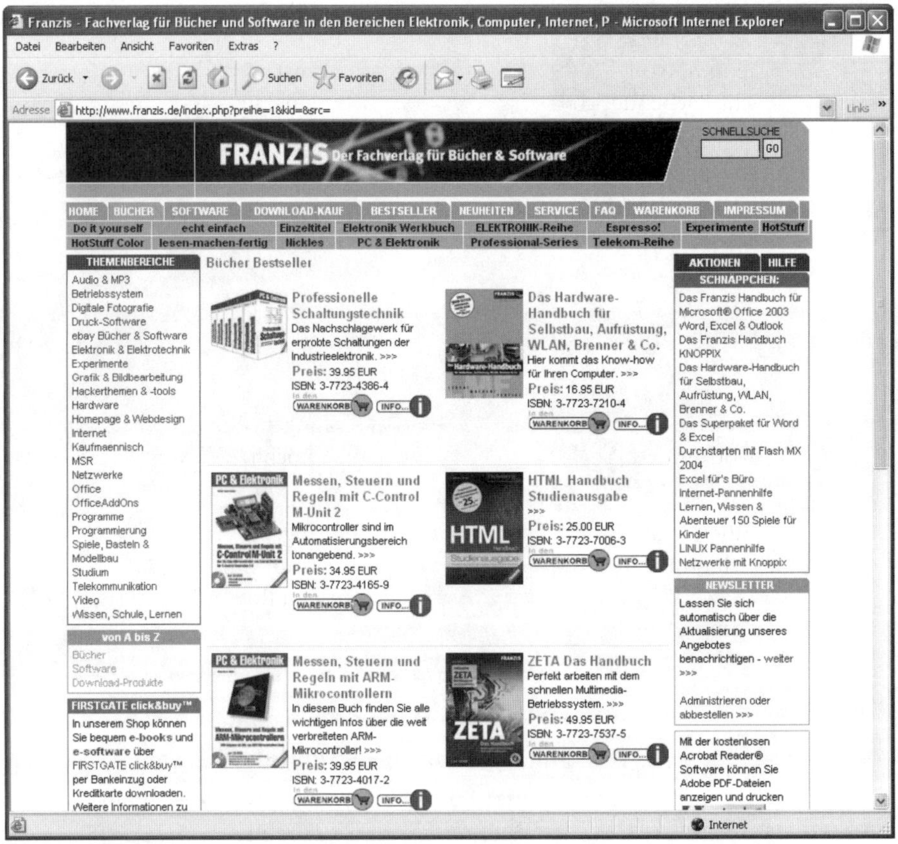


**Bild 11.1:** Die Franzis-Web-Seite im Internet Explorer von Windows XP

## 11.1 DSL, ISDN, Modem-Konfiguration

Bei der Konfiguration eines Internet-Zugangs sind zwei grundlegende Fälle zu unterscheiden:

- Der Computer verbindet sich direkt mit dem Internet. Dies ist bei allen Einzelplatz-PCs der Fall, aber auch bei Computern, die als Router dienen und einen Internet-Zugang für ein ganzes Netzwerk herstellen.

- Der Computer verbindet sich indirekt mit dem Internet. Hier baut ein anderer PC im Netzwerk oder ein spezieller Router die eigentliche Internet-Verbindung auf.

Im letzteren Fall ist auf dem lokalen PC nur eine Netzwerkverbindung erforderlich. Alles Weitere wird vom Router geregelt.

Soll sich der Computer selbst ohne Router mit dem Internet verbinden, ist zusätzliche Hardware erforderlich. Dabei unterscheidet man zwischen drei häufig verwendeten Zugangstechniken:

- **DSL** – Die schnellste und, dank Flatrate-Tarifen, meist auch kostengünstigste Lösung, aber bei weitem noch nicht flächendeckend verfügbar. Das DSL-Signal belegt keinen Telefonkanal, sodass Telefonieren unabhängig von der Internet-Nutzung jederzeit möglich ist.
- **ISDN** – Zuverlässige Digitaltechnik mit zwei Kanälen, sodass paralleles Telefonieren möglich ist. ISDN ist in Deutschland flächendeckend verfügbar.
- **Analog** – Die alte Modemtechnik, bei der die Daten in Tonfolgen umgewandelt über eine normale Telefonleitung übertragen werden. Dieses Verfahren ist langsam und fehlerträchtig. Die Telefonleitung wird vom Modem belegt und ist nicht parallel zum Telefonieren nutzbar. Diese Technik ist in allen Gebieten, in denen es Festnetztelefone gibt, auf der ganzen Welt möglich und wird international auch als POTS (*Plain Old Telephone System*) bezeichnet.

Weitere mögliche Übertragungstechniken sind Satellitenverbindungen, Kabelmodems für TV-Kabelanschlüsse und das Stromnetz. Diese Techniken sind zurzeit noch relativ wenig verbreitet.

**Hinweis** Das überall als moderner Internet-Zugang angepriesene WLAN bietet alleine keine Verbindung mit dem Internet, sondern ist nur eine besondere Form eines lokalen Netzwerks. Für die Internet-Verbindung ist ein Router erforderlich, mit dem auch kabelgebundene PCs ins Internet kommen.

## DSL-Anschluss

Schnelles Breitbandsurfen wird immer beliebter. Gerade für große Downloads sind schnelle zuverlässige Verbindungen unbedingt notwendig. In den meisten Fällen bietet DSL dazu einen kostengünstigeren Internet-Zugang als Einwahlverbindungen über ISDN oder Modem. Der Nachteil dabei ist, dass diese Technik noch bei weitem nicht flächendeckend verfügbar ist.

Für eine DSL-Verbindung ist eine einfache Netzwerkkarte mit RJ45-Anschluss notwendig. Dabei können Sie problemlos eine ältere 10 MBit/s-Karte verwenden, da T-DSL standardmäßig ohnehin nur mit 1 MBit/s läuft. Einige Anbieter, wie zum Beispiel T-DSL 3000, bringen es auf bis zu 3 MBit/s, was immer noch weit unter dem Maximum liegt, was diese Netzwerkkarten verarbeiten können.

**Info** T-DSL 3000 wird, wo die Leitungen die notwendige Bandbreite ermöglichen, im Laufe des Jahres 2005 auf T-DSL 6000 mit bis zu 6 MBit/s im Download erweitert.

In den meisten aktuellen PCs ist bereits eine Netzwerkkarte eingebaut.

Im Gegensatz zu ISDN und analogen Modems unterscheiden sich bei DSL Download- und Upload-Geschwindigkeit. Die meisten Anbieter bringen es im Upload auf nur 128 KBit/s, gerade mal die doppelte ISDN-Geschwindigkeit, weshalb diese Zahl in der Werbung auch nie zu sehen ist.

Bei einem Einzel-PC mit DSL-Zugang wird die Netzwerkkarte am DSL-Modem angeschlossen, das Sie üblicherweise von der Telekom oder Ihrem jeweiligen Netzbetreiber erhalten.

**Bild 11.2:** Aktuelles DSL-Modem (Foto: T-Com)

Dieses DSL-Modem wird wiederum mit einem zweiten Netzwerkkabel am Splitter angeschlossen, der am eigentlichen Telefonanschluss hängt. Bei ISDN hängt zwischen dem Splitter und der Telefonanlage oder anderen Endgeräten noch der NTBA.

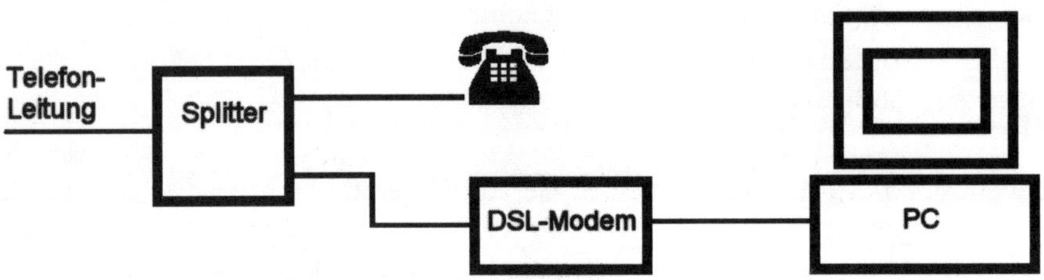


**Bild 11.3:** DSL-Anschluss-Konfiguration

**Info** Manche Anbieter, wie zum Beispiel Arcor, liefern den Splitter und den NTBA mittlerweile zusammen in einem Gerät aus, was die Verkabelung nochmals vereinfacht.

## ISDN-Anschluss

Da DSL bei weitem noch nicht flächendeckend verfügbar ist, ist ISDN immer noch eine sehr verbreitete Internet-Zugangsmethode.

ISDN steht für *Integrated Services Digital Network*. Hier haben Sie zwei B-Kanäle, über die unabhängig voneinander telefoniert oder Daten übertragen werden können, und das mit einer Geschwindigkeit von 64.000 Bit/s pro Kanal voll digital. Hierbei gibt es keine Modulation auf ein Tonsignal, sondern eine echte digitale Datenübertragung ohne Verluste durch Fehlerkorrektur bei schlechter Leitungsqualität. Mit Kanalbündelung kann die Datenübertragungsrate auf 128 KBit/s verdoppelt werden. Allerdings fallen dann auch die doppelten Gebühren an, da beide Kanäle verwendet werden. Ein dritter Kanal, der so genannte D-Kanal mit 16.000 Bit/s, ist als Steuerkanal ausgelegt. Er dient zur Übertragung aller Steuerinformationen bei der Verbindung zweier ISDN-Geräte. Beispielsweise wird die Teilnehmernummer oder die Dienstekennung wie Faxanruf oder Sprachverbindung über den D-Kanal übermittelt.

ISDN-Leitungen laufen bei der Telekom über eigene Vermittlungsstellen, benutzen aber zwischen Vermittlungsstelle und Hausanschluss dieselben Leitungen, sodass beim Umstieg auf ISDN keine größeren Bauarbeiten erforderlich sind. Am Tag der Umstellung bei der Telekom schließt man an die TAE-Dose des alten Telefonanschlusses einen so genannten NTBA (*Netz-Terminator Basisanschluss*) an. Dieses Gerät verfügt über zwei Anschlussbuchsen für den ISDN S0-Bus, an dem die ISDN-Geräte angeschlossen werden. Die beiden Buchsen sind unabhängig von den beiden logischen ISDN-Kanälen. Das ISDN-Signal ist in voller Bandbreite auf dem ganzen Bus verfügbar. Dieser S0-Bus kann auf bis zu acht Endgeräte verlängert werden. Dabei ist darauf zu achten, dass bei der Verkabelung ein durchgehender Bus bestehen bleibt, der an beiden Enden mit 100 Ohm terminiert ist, und nicht sternförmig an einem Punkt mehrere Geräte angeschlossen werden. Mittlerweile sind im Elektronikhandel und bei der Telekom vorkonfektionierte Verlängerungskabel und Verteilerdosen erhältlich, in denen bereits die notwendigen Busabschlusswiderstände eingebaut sind.

Am PC ist ein ISDN-Adapter erforderlich. Dabei gibt es drei Bauformen, extern, intern (PCI/ISA) und PCMCIA (PC-Card). Bei ISDN haben sich die externen Geräte noch nicht sehr weit durchgesetzt. Um die Datentransfer-Raten von ISDN ausnutzen zu können, sind schnelle Schnittstellen am PC erforderlich, deshalb verwenden die meisten externen ISDN-Geräte V.24-Schnittstellen oder den USB-Anschluss.

Einige Geräte bieten hier auch die Funktion einer einfachen Telefonanlage, an die zusätzlich alte analoge Telefone angeschlossen werden können.

Am häufigsten werden interne ISDN-Karten verwendet, die in einen PCI-Steckplatz (seltener auch ISA) gesteckt werden. Man unterscheidet dabei zwischen passiven, aktiven und semi-aktiven Karten. Bei einem PC, der nur hin und wieder auf ISDN-Dienste zurückgreift, ist sicher eine preiswerte passive Karte ausreichend. Bei passiven Karten wird die Rechenleistung des PC-Prozessors für die Erledigung der Datenübertragung in Anspruch genommen.

**Bild 11.4:** ISDN-Karte Fritz!Card PCI (Foto: AVM)

Deutlich teurere, aktive ISDN-Karten besitzen einen eigenen Prozessor, der die Kommunikation abwickelt, sodass die Datenaufbereitung und Übertragung weitgehend im Hintergrund unter Entlastung des Hauptprozessors durchgeführt wird. Derartige Lösungen kommen im Wesentlichen in Netzwerk-Servern zum Einsatz, oder wenn die jeweils eingesetzte Software automatischen Verbindungsaufbau verlangt, was bei privaten Internet-Zugängen nicht nötig ist.

Semi-aktive Karten verfügen zwar über einen eigenen Prozessor, haben jedoch keinen eigenen Speicher. Da semi-aktive ISDN-Karten die Vorzüge einer geringeren Hauptprozessor-Belastung mit höherer Datenübertragungssicherheit bei akzeptablen Anschaffungskosten kombinieren, sind diese Karten zu empfehlen, wenn viel ISDN-Datentransfer über den PC läuft.

**Bild 11.5:** ISDN-Karte Fritz!Card PCMCIA für Notebooks (Foto: AVM)

Manche ISDN-Karten verfügen zusätzlich über einen Modemchip, um Fax- oder alte Modemprotokolle über ISDN laufen zu lassen, ohne dass der Prozessor eine aufwändige Software-Lösung abarbeiten muss.

## Modem

Steht weder ISDN noch DSL zur Verfügung, ist ein analoges Modem manchmal die einzige Möglichkeit, ins Internet zu kommen. Die Telekom hat in den letzten Jahren die analogen Vermittlungsstellen aus der Nachkriegszeit durch moderne digitale Vermittlungsstellen ersetzt, was deutlich zur Qualität der Verbindungen beiträgt und damit die Datendurchsatzrate erhöht.

Analoge Anschlüsse werden heute standardmäßig als dreifach TAE-Dosen (*Telekommunikations-Anschluss-Einheit*) ausgeführt. Hier finden Sie drei Anschlussbuchsen nebeneinander in einer Dose. Am mittleren Anschluss steckt das Telefon, dieser ist mit F (=*Fernsprechgerät*) codiert, die beiden anderen mit N (=*Nebengerät*). Die Codierung unterscheidet sich in der Beschaltung der Steckdose. Um zu vermeiden, dass Geräte falsch eingesteckt werden, besitzen die Stecker an verschiedenen Stellen kleine Codiermarken aus Kunststoff.

**Tipp** Merkregel: F-Codierung – »Fuß« – Codiermarke unten. N-Codierung – »Nabel« – Codiermarke in der Mitte.

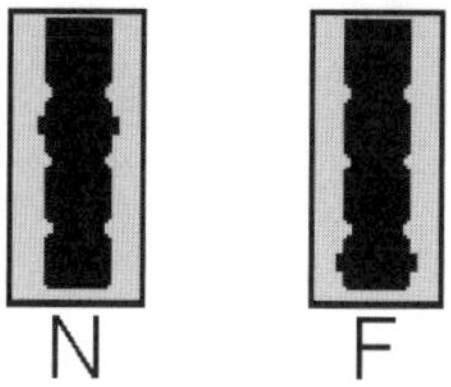


**Bild 11.6:** N- und F-Codierung bei TAE-Dosen

Die Verbindung zwischen einer analogen Telefonleitung und dem Computer wird durch ein Modem hergestellt. Das Kunstwort »Modem« bedeutet eine Kombination aus Modulator und Demodulator. Ein Modem bekommt vom Computer digitale Signale und moduliert diese als analoges Tonsignal auf eine Trägerfrequenz und schickt sie auf die analoge Telefonleitung. An der Gegenstelle wird dieses Signal wieder demoduliert und digital an den Computer übertragen.

Manche Modems verfügen über einen zweiten Anschluss, an dem das analoge Telefon angeschlossen werden kann. Hier ist dann nur eine Telefondose erforderlich und die Verwechslungsgefahr der TAE-Stecker entfällt.

Moderne Modems verwenden Übertragungsraten bis zu 56 KBit/s. Bei der analogen Datenübertragungstechnik kommt es aber immer zu Verlusten, die durch die automatische Fehlerkorrektur der Modems ausgeglichen werden müssen, was zu Lasten der tatsächlichen Datenübertragungsrate geht, sodass diese meistens deutlich unter den angegebenen 56 KBit/s liegt. Analoge Leitungen sind auch sehr empfindlich gegen elektromagnetische Störungen von außen, wie sie zum Beispiel durch Handys oder auch ältere schnurlose Telefone auftreten können.

Modems gibt es in verschiedenen Bauformen: extern, intern (PCI oder onboard) und PCMCIA (PC-Card). Externe Modems sind am meisten verbreitet, benötigen aber eine externe Stromversorgung. Über Leuchtdioden am Modem wird der aktuelle Verbindungsstatus angezeigt, was bei Fehlern sehr hilfreich sein kann. Außerdem sehen Sie hier immer zuverlässig, ob gerade eine Verbindung besteht oder nicht.

Die externen Modems werden an eine USB- oder eine serielle Schnittstelle angeschlossen. In diesem Fall ist ein schneller UART-Chip erforderlich, der aber auf den Onboard-Schnittstellen moderner Motherboards immer vorhanden ist. Nur ganz alte PCs müssen zum Betrieb moderner Modems mit neuen Schnittstellen nachgerüstet werden.

Für Notebooks sind PCMCIA-Modems ideal. Diese benötigen keine externe Stromversorgung, und man hat auch nicht so viele Kabel rund um den Rechner liegen. Allerdings ziehen diese Modems auch im Ruhezustand viel Strom aus den Akkus von Notebooks. Solange Sie das Modem nicht benötigen, sollten Sie es aus dem Rechner herausnehmen, um Strom zu sparen.

Einen ganz neuen Weg geht das Modem MicroLink 56k Fun LAN, das an einen normalen Netzwerk-Hub angeschlossen wird und einen analogen Internet-Zugang für das ganze Netzwerk zur Verfügung stellt. Wegen der geringen Bandbreite ist diese Technik zwar nicht für das gleichzeitige Surfen zahlreicher Benutzer geeignet, bietet aber zumindest jedem Rechner im Netzwerk die Gelegenheit, ins Internet zu kommen. Die Anwahl erfolgt wie bei einem DSL-Router automatisch, wenn eine Internet-Anfrage aus dem Netzwerk kommt.

**Bild 11.7:** Modem Microlink 56k Fun LAN zum direkten Anschluss an ein Netzwerk (Foto: devolo AG)

## 11.2 Internet-Zugang und Provider-Auswahl

Einen Internet-Zugang in Windows XP zu konfigurieren ist in den meisten Fällen sehr einfach. Das Betriebssystem stellt dazu einen Assistenten zur Verfügung, der für DSL, ISDN und Modems gleichermaßen funktioniert.

**Info** Spezielle Zugangs-Software, wie sie von vielen Providern geliefert wird, ist zur Konfiguration nicht nötig. Alle Anbieter außer AOL können die normalen Netzwerkverbindungen aus Windows XP verwenden. Die meisten der Provider-spezifischen Zugangs-Tools machen nichts anderes als eine solche Netzwerkverbindung zu konfigurieren. Nur AOL hält sich nicht an gängige Standards. Hier kommt man nur mit der AOL-Software ins Internet.

Wählen Sie als Erstes im Startmenü den Menüpunkt *Verbinden mit/Alle Verbindungen anzeigen*. Im Explorer-Fenster erscheint eine Auflistung aller Netzwerk- und Internet-Verbindungen, die auf dem Computer konfiguriert sind (s. Bild 11.8).

Wenn Sie noch keine Internet-Verbindung konfiguriert haben, ist dieses Fenster leer.

**Tipp** Wenn die einzelnen Verbindungen einfach hintereinander aufgelistet sind, und nicht wie abgebildet in Gruppen geordnet, schalten Sie im Menü *Ansicht/Symbole anordnen nach* die beiden Optionen *Typ* und *In Gruppen anzeigen* ein.

Klicken Sie links bei den Netzwerkaufgaben auf *Neue Verbindung erstellen,* oder wählen Sie im Menü *Datei/Neue Verbindung*.

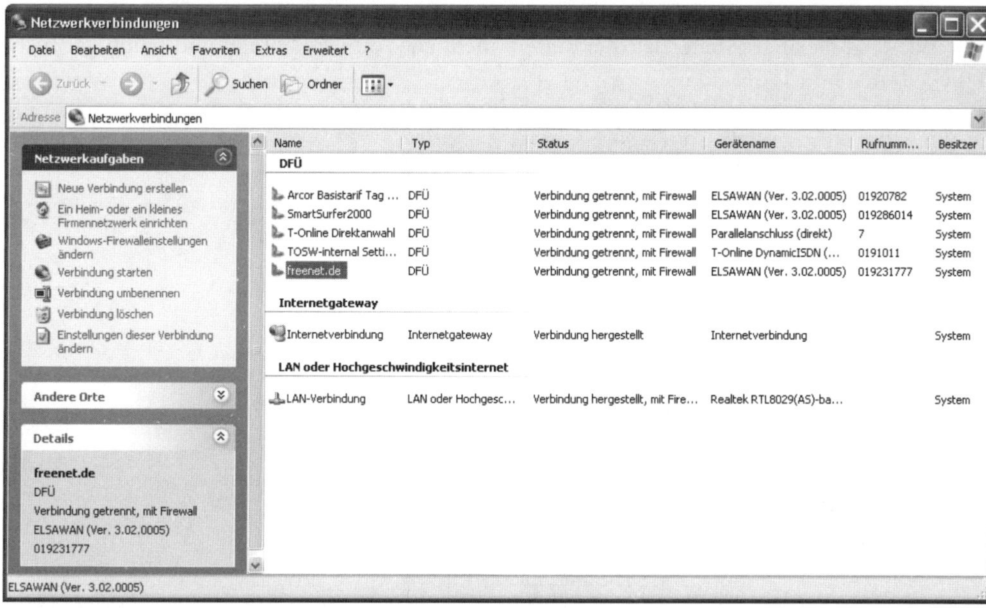


**Bild 11.8:** Liste der Netzwerkverbindungen

Automatisch startet ein *Assistent* für neue Netzwerkverbindungen. Bestätigen Sie hier den ersten, belanglosen Dialog mit *Weiter.*

Im nächsten Schritt wird gefragt, welche Art von Verbindung angelegt werden soll. Wählen Sie hier die Option *Verbindung mit dem Internet herstellen.*

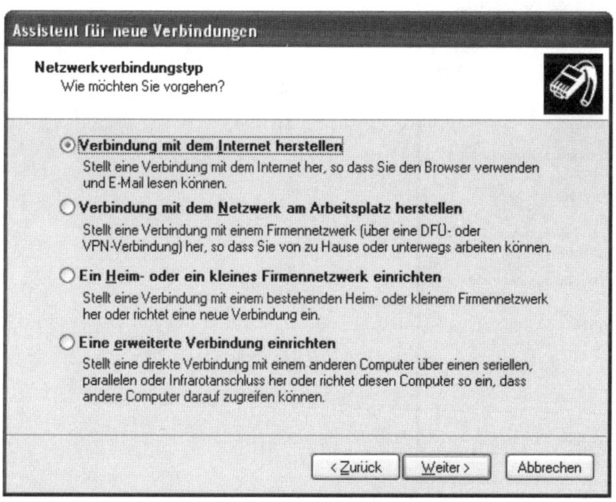


**Bild 11.9:** Auswahl eines Verbindungstyps

Im nächsten Dialog des *Assistenten* sollten Sie immer die Option *Verbindung manuell einrichten* verwenden, da die angebotene Liste bei weitem nicht alle Anbieter enthält und schon gar nicht aktuelle Daten und Tarife.

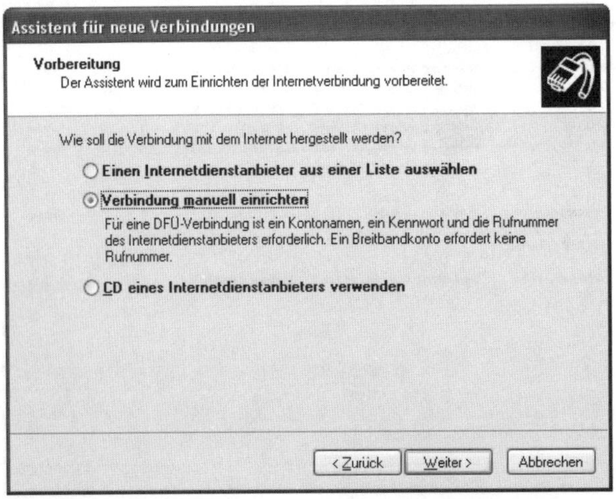


**Bild 11.10:** Verbindung manuell einrichten

Wenn Sie die Verbindung über eine ISDN-Leitung oder ein analoges Modem herstellen, wählen Sie im nächsten Dialog die Option *Verbindung mit einem DFÜ-Modem herstellen*. Wenn Sie DSL verwenden, wählen Sie die Option *Verbindung über eine Breitbandverbindung herstellen, die Benutzernamen und Kennwort erfordert.*

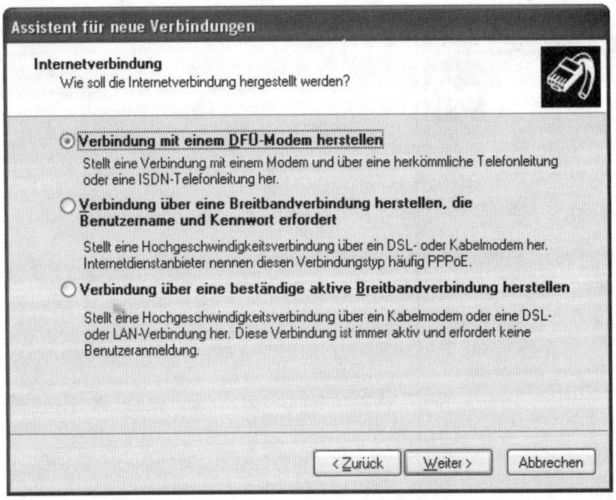


**Bild 11.11:** Auswahl der Verbindungsart

Wählen Sie im nächsten Dialog das Modem oder die ISDN-Karte, die für die Verbindung verwendet werden soll.

**Tipp** Bei ISDN sollten immer alle Kanäle eingeschaltet sein, damit jeder freie Kanal für eine Internet-Verbindung benutzt werden kann, auch wenn der andere zum Beispiel durch ein Telefongespräch belegt ist.

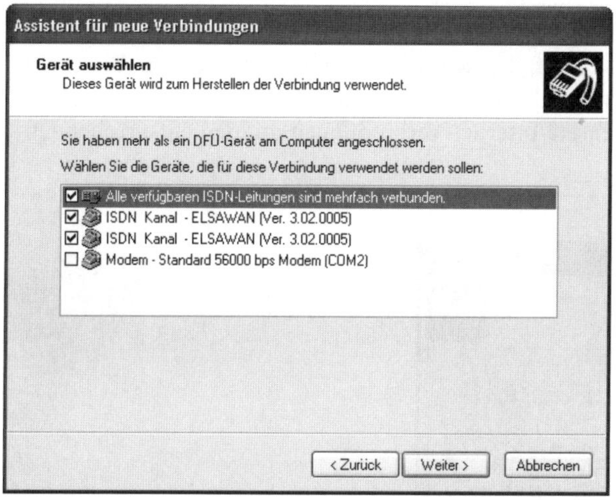


**Bild 11.12:** Auswahl der ISDN-Kanäle oder Modems

Geben Sie im nächsten Dialog einen Namen für die Verbindung ein. Sinnvollerweise verwenden Sie hier den Namen des Internet-Providers. Bei Verbindungen, die nur für bestimmte Zeiten gelten, wie zum Beispiel Wochenend- oder Nachttarife können Sie zusätzliche Informationen im Namen angeben. Dieser Name wird nur für die Anzeige in den Netzwerkverbindungen verwendet.

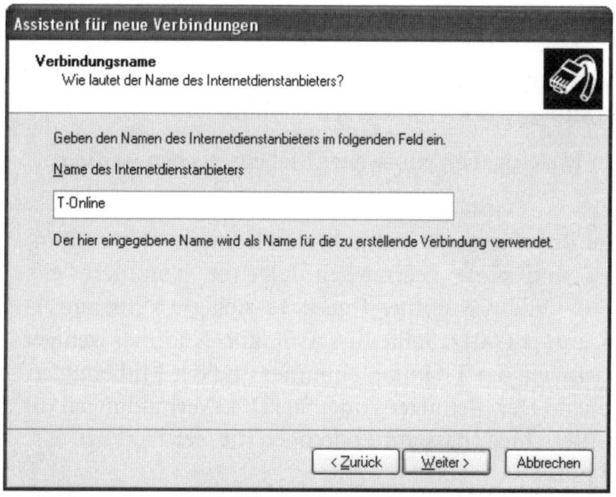


**Bild 11.13:** Name für die Internet-Verbindung

Tragen Sie im nächsten Schritt die Anwahlnummer Ihres Providers ein. Die Anwahlnummern bekommen Sie von Ihrem Provider. Falls Sie sich über eine Telefonanlage ins Internet einwählen, überprüfen Sie, ob die Telefonanlage als Amtskennziffer eine vorgewählte 0 oder eine andere Ziffer benötigt. Wenn ja, geben Sie diese in der Anwahlnummer zusätzlich an.

**Tipp** Einige Internet-Provider verwenden unterschiedliche Nummern für verschiedene Tarifmodelle. Achten Sie darauf, die richtige Nummer zu verwenden. Bietet ein Provider zum Beispiel unterschiedliche Tarife, die tagsüber oder nachts jeweils günstiger sind, legen Sie einfach mehrere Internet-Verbindungen mit den entsprechenden Anwahlnummern an.

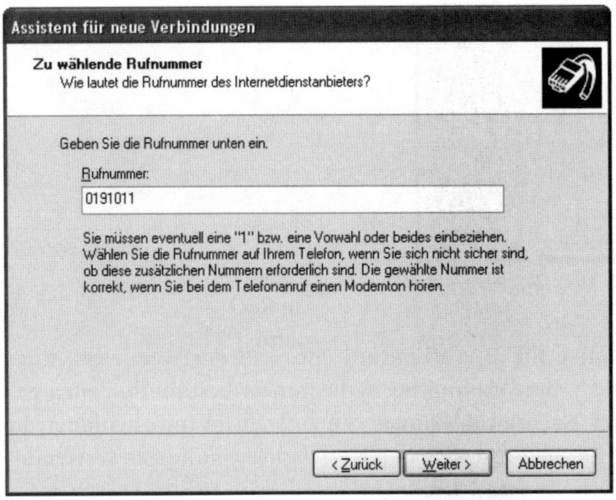


**Bild 11.14:** Die Anwahlnummer zum Provider

Im nächsten Schritt müssen Sie den Benutzernamen und das Kennwort für die Verbindung anlegen. Beide werden in den meisten Fällen vom Provider vorgegeben (s. Bild 11.15).

Das Kennwort muss zur Sicherheit gegen Fehleingaben ein zweites Mal eingegeben werden.

**Info** Bei T-Online setzt sich der Benutzername aus mehreren Komponenten zusammen. Geben Sie nacheinander und ohne Leerzeichen folgende Nummern ein: Anschlusskennung (12-stellig)+T-Online-Nummer (meist 12-stellig)+Mitbenutzernummer (für den Hauptnutzer immer 0001). Sollte Ihre T-Online-Nummer weniger als 12 Stellen enthalten, muss zwischen der T-Online-Nummer und der Mitbenutzernummer das Zeichen »#« stehen. Der Benutzername für DSL-Verbindungen ist genauso aufgebaut, mit dem Unterschied, dass am Ende noch die Zeichenfolge `@t-online.de` angehängt werden muss.

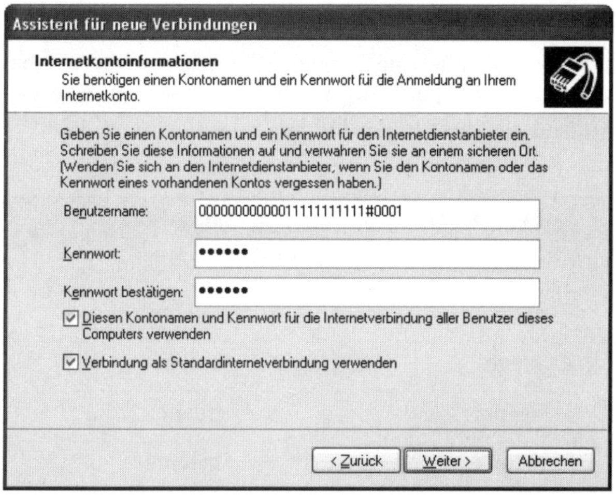


**Bild 11.15:** Benutzername und Kennwort für die Internet-Verbindung

Automatisch erscheint ein Dialogfenster zur Anwahl, in dem der Benutzername und das Passwort bereits eingetragen sind. Ein Klick auf die Schaltfläche *Wählen* baut die Verbindung auf.

Die aktive Internet-Verbindung wird durch ein Symbol in der Taskleiste angezeigt. Ein Doppelklick auf dieses Symbol zeigt den aktuellen Verbindungsstatus. Ein Rechtsklick auf das Symbol öffnet ein Kontextmenü, in dem die Verbindung getrennt werden kann.

**Bild 11.16:** Dialogfenster zum Aufbau der Internet-Verbindung

## Internet-by-Call

Für Gelegenheits-Surfer oder zum Testen einer Verbindung können Sie auch ein Internet-by-Call-Angebot nutzen. Unsere Tabelle zeigt einige Anbieter mit Anwahlnummer und Zugangsdaten. Alle aufgelisteten Anbieter unterstützen die Einwahl per Modem oder ISDN.

| Anbieter | Einwahlnr | Benutzername | Passwort |
|---|---|---|---|
| 1click2surf | 019193195 | 1click2surf | 1click2surf |
| Arcor | 01920782 | arcor | internet |
| avego | 019351903 | avego | online |
| freenet | 019231760 | freenet | freenet |
| meOme | 019285520 | meome | meome |
| MSN | 0193670 | msn@easysurfer-power.de | msn |
| Tele 2 | 0193685 | TagAktiv | TagAktiv |

**Tab. 11.1:** Einwahldaten bekannter Internet-by-Call-Provider

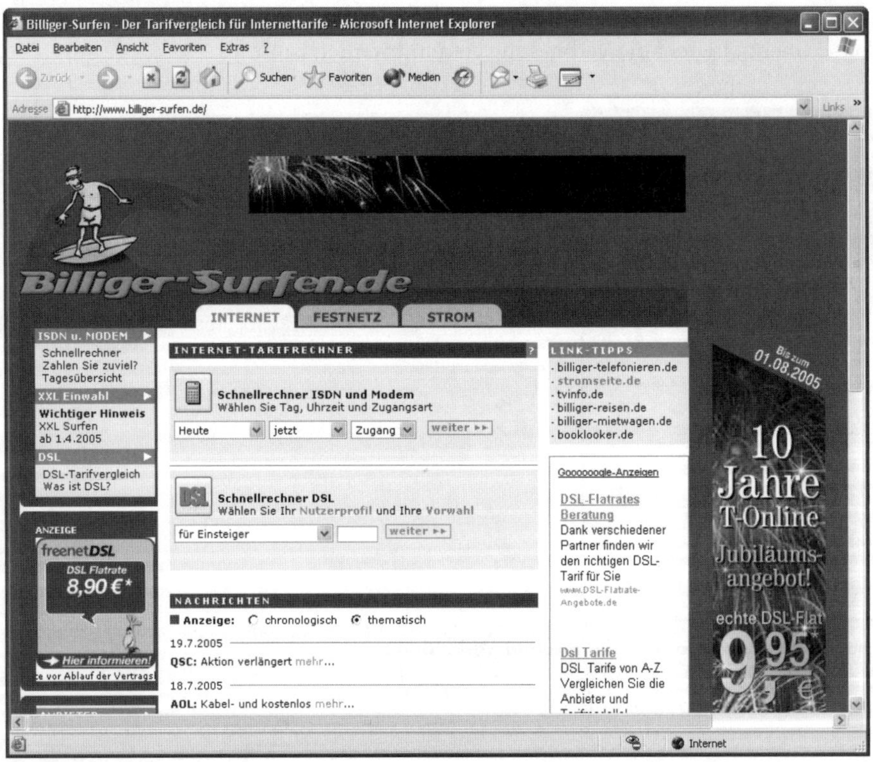


**Bild 11.17:** Günstige Internet-by-Call-Anbieter bei `www.billiger-surfen.de`

Im Gegensatz zu festen Verträgen verwenden Internet-by-Call-Anbieter für alle Benutzer denselben Benutzernamen und dasselbe Passwort.

Die Anbieter in der Tabelle bieten werktags tagsüber günstige Internet-Zugänge. Nachts und an Wochenenden sind teilweise andere Anbieter billiger. Umfassende Übersichten über Internet-by-Call-Anbieter und deren aktuelle Tarife finden Sie bei `www.billiger-surfen.de` und `www.teltarif.de`.

### ▲ Automatische Wahl des günstigsten Anbieters

Anstatt die Tarife der günstigsten Internet-by-Call-Anbieter täglich von Webseiten selbst herauszusuchen können Sie auch Programme verwenden, die automatisch den billigsten Anbieter wählen. Die bekanntesten derartigen Programme sind Oleco (`www.oleco.de`) und der SmartSurfer von web.de. Am Beispiel des SmartSurfers zeigen wir die Konfiguration einer automatischen Provider-Auswahl.

1. Laden Sie bei `www.smartsurfer.web.de` das Programm SmartSurfer kostenlos herunter, und starten Sie dann die Datei `smartinstall_30.exe`.

2. Nach der Installation wählen Sie den Standardmodus, bei dem nur wenig weitere Fragen zu beantworten sind.

Nur beim ersten Start müssen Sie das Modem oder die ISDN-Karte auswählen, über die die Verbindung ins Internet hergestellt werden soll. Falls Sie bei einer Telefonanlage für eine Amtsleitung eine Ziffer vorwählen müssen, geben Sie diese ebenfalls an. Diese Einstellungen werden für spätere Verbindungen gespeichert.

3. Wenn Sie bei `freemail.web.de` eine E-Mail-Adresse haben, können Sie den SmartSurfer so konfigurieren, dass diese E-Mails bei der Einwahl automatisch abgefragt werden. Geben Sie dazu Ihren Benutzernamen und Ihr Passwort für den E-Mail Zugang im nächsten Dialog an. Haben Sie keine web.de- E-Mail-Adresse, oder wollen Sie die Mails nicht bei jeder Einwahl automatisch abfragen, übergehen Sie diesen Schritt einfach.

Der SmartSurfer verfügt über einen integrierten Geschwindigkeitstest für Internet-Provider. Dieser kann automatisch bei jeder Einwahl oder bei der ersten Einwahl an jedem Tag aktiviert werden.

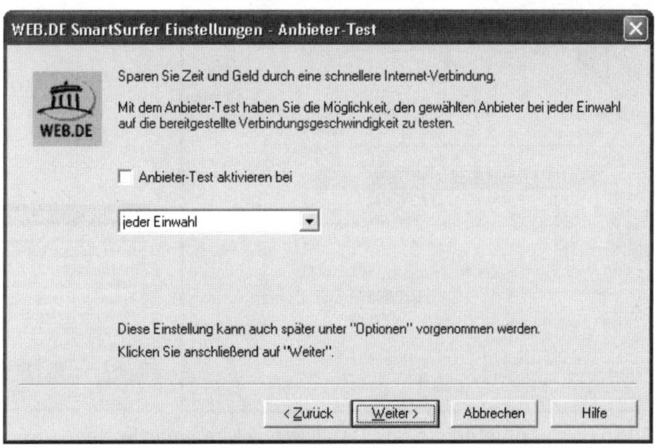


**Bild 11.18:** Automatischen Anbieter-Test aktivieren

4 Haben Sie bereits DFÜ-Verbindungen in Windows XP erstellt, können diese in den SmartSurfer übernommen werden. Dazu wird eine Liste angezeigt, in der Sie die gewünschten Verbindungen auswählen können. Internet-by-Call-Anbieter ohne Anmeldung, die Sie bereits manuell konfiguriert hatten, werden automatisch erkannt.

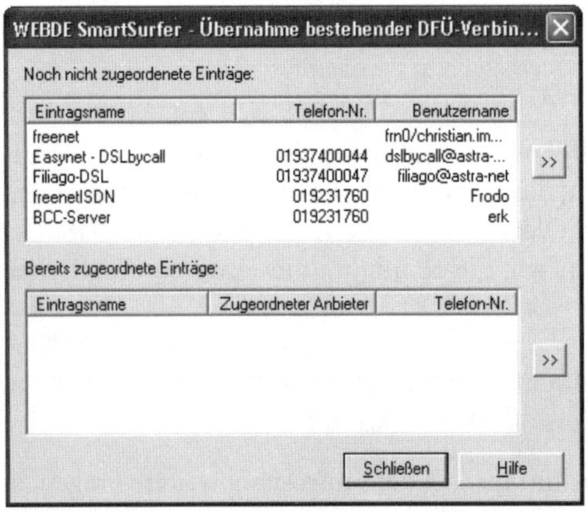


**Bild 11.19:** Bereits konfigurierte Verbindungen in den SmartSurfer übernehmen

Bei späteren Programmstarts sind diese Konfigurationseinstellungen nicht mehr erforderlich.

5 Der SmartSurfer zeigt danach eine Liste der günstigsten Anbieter an. Genaue Informationen zu den Tarifen erhalten Sie, wenn Sie einen Anbieter markieren und auf *Details* klicken. Anbieter ohne Grundgebühr und Mindestnutzung werden mit einem grünen Telefonsymbol markiert, Anbieter mit Grundgebühr oder Mindestnutzung mit einem roten Symbol. Dabei verwaltet der SmartSurfer automatisch Freistunden und warnt Sie beim Tarifzeitenwechsel eines Anbieters.

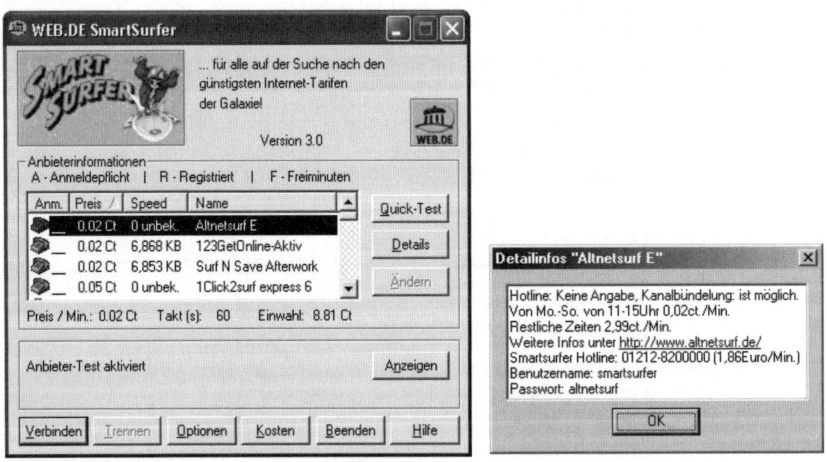


**Bild 11.20:** Anbieterliste und Detailanzeige im SmartSurfer

6 In dieser Liste steht der günstigste Anbieter standardmäßig ganz oben und ist auch gleich ausgewählt. Sie müssen nur noch auf *Verbinden* klicken, und schon wird die Verbindung hergestellt. Das SmartSurfer-Fenster wird zu einem kleinen gelben Symbol neben der Uhr in der Taskleiste minimiert.

In dieser Liste steht der günstigste Anbieter standardmäßig ganz oben und ist auch gleich ausgewählt. Sie müssen nur noch auf *Verbinden* klicken, und schon wird die Verbindung hergestellt. Das SmartSurfer-Fenster wird zu einem kleinen gelben Symbol neben der Uhr in der Taskleiste minimiert.

**Info** Die niedrigen Preise gelten aber immer nur für 3 – 4 Stunden, dann wird es richtig teuer. Deshalb lohnt sich ein Klick auf *Details.* Dort wird die genaue Tarifstruktur angezeigt. Der SmartSurfer warnt Sie selbstständig, wenn ein billiger Tarif möglich wird. Beachten Sie aber die Einwahlgebühren. Wenn Sie voraussichtlich weniger als 30 Minuten online sein wollen, dann lohnt sich der höhere Minutenpreis bei Anbietern ohne Einwahlgebühr.

### ▲ Die Flatrate Steckdose

Tappen Sie bei den billigen Einwahltarifen nicht in die Kostenfalle. Wenn kein Datentransfer stattfinden, weil Sie z. B. in einer Internet-Seite nur lesen und die Daten bereits im Cache liegen, wird von vielen Anbietern die Verbindung getrennt, »um Kosten zu sparen«. Bei einer Neuanmeldung sind dann wieder Einwahlgebühren fällig. Hier hilft die *Flatrate Steckdose.* Sie löst in Abständen einen kurzen Datenverkehr aus und überlistet so die automatische Trennung.

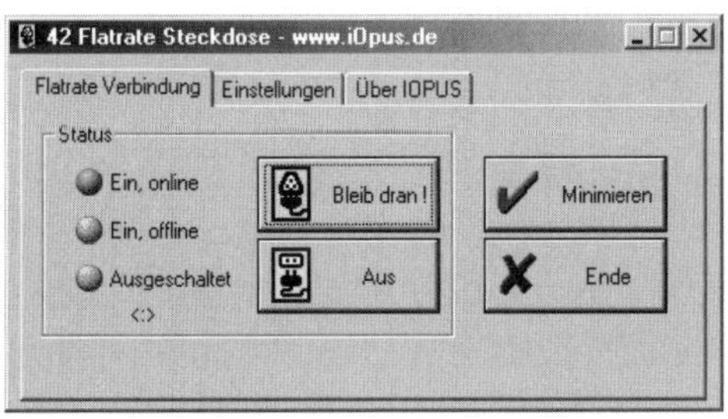


**Bild 11.21:** Flatrate Steckdose von `www.iopus.de`

## Kanalbündelung mit ISDN

ISDN bietet die Möglichkeit, beide Kanäle gleichzeitig zu verwenden und damit anstatt 64 KBit/s die doppelte Übertragungsrate, also 128 KBit/s zu verwenden. Voraussetzung dafür ist, dass der Provider diese Technik unterstützt.

**Hinweis** Bei der Kanalbündelung fallen für jeden Kanal die normalen Internet-Kosten an. Das Surfen auf zwei Kanälen ist also doppelt so teuer.

Der *Assistent für neue Internet-Verbindungen* schaltet, wenn möglich, automatisch die Kanalbündelung ein. Um Kosten zu sparen und während des Surfens noch telefonieren zu können, empfiehlt es sich in den meisten Fällen, diese Kanalbündelung wieder auszuschalten.

Klicken Sie dazu mit der rechten Maustaste auf die DFÜ-Verbindung, für die die Kanalbündelung konfiguriert werden soll. Wählen Sie im Kontextmenü die Option *Eigenschaften.*

ISDN-Karten erscheinen in der Liste als zwei Geräte. Aktivieren Sie immer beide Geräte. Schalten Sie auch immer den Schalter *Alle Geräte wählen dieselbe Nummer* ein.

Schalten Sie auf die Registerkarte *Optionen* um, und wählen Sie dort aus der Liste *Mehrere Geräte* die Option *Nur das erste verfügbare Gerät wählen.* Mit dieser Methode wird eine normale Einkanalverbindung aufgebaut.

**Bild 11.22:** Eigenschaften einer Internet-Verbindung

**Bild 11.23:** Eigenschaften einer Internet-Verbindung

Möchten Sie die Kanalbündelung nutzen, wählen Sie die Option *Alle Geräte wählen.*

## Automatischer Verbindungsauf- und abbau

Für alle, die oft ins Internet gehen, ist es auf Dauer sehr lästig, jede Verbindung manuell auf- und wieder abbauen zu müssen. Viel einfacher ist es, wenn der Browser automatisch dafür sorgt, dass eine Internet-Verbindung aufgebaut wird.

Starten Sie dazu in der Systemsteuerung das Modul *Internetoptionen*. Wählen Sie dort auf der Registerkarte *Verbindungen* die Verbindung, die automatisch gewählt werden soll.

Schalten Sie danach den Schalter *Immer Standardverbindung wählen* ein, und klicken Sie anschließend auf die Schaltfläche *Als Standard*, solange die gewünschte Verbindung markiert ist. Speichern Sie die Einstellungen mit *OK*.

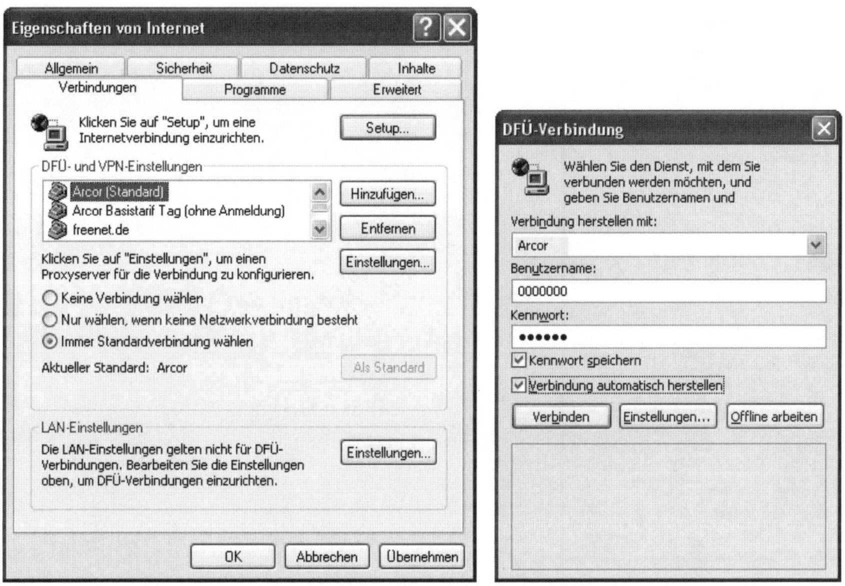


**Bild 11.24:** Auswahl einer Standardverbindung – automatische Anwahl

Wenn Sie das nächste Mal im Browser eine Internet-Adresse eingeben, erscheint automatisch das Dialogfeld *DFÜ-Verbindung*. Schalten Sie hier den Schalter *Verbindung automatisch herstellen* ein, und klicken Sie dann auf *Verbinden*.

Beim nächsten Start eines Webbrowsers wird automatisch ohne weitere Nachfrage diese Verbindung gewählt.

**Achtung** Bedenken Sie, dass viele Programme versuchen, sich selbstständig ins Internet zu wählen, um zum Beispiel Benutzerdaten an die jeweiligen Hersteller zu übermitteln. Auch diese Programme können den automatischen Verbindungsaufbau nutzen. Aktivieren Sie sicherheitshalber immer die Windows-Firewall.

### ▲ Verbindung automatisch trennen

Denken Sie bei automatisch aufgebauten Verbindungen daran, diese bei Nichtbenutzung auch wieder zu trennen, sonst kommt es auf Dauer zu hohen Internet-Kosten.

Bei jeder Internet-Verbindung lassen sich Zeiten für die automatische Trennung einstellen.

Klicken Sie mit der rechten Maustaste in der Liste der Netzwerkverbindungen auf die gewünschte Verbindung, und wählen Sie im Kontextmenü *Eigenschaften* oder links unter Netzwerkaufgaben die Option *Einstellungen dieser Verbindung ändern* aus.

Auf der Registerkarte *Optionen* können Sie im Listenfeld *Leerlaufzeit, nach der aufgelegt wird* festlegen, nach welcher Inaktivitätszeit die Verbindung automatisch getrennt werden soll.

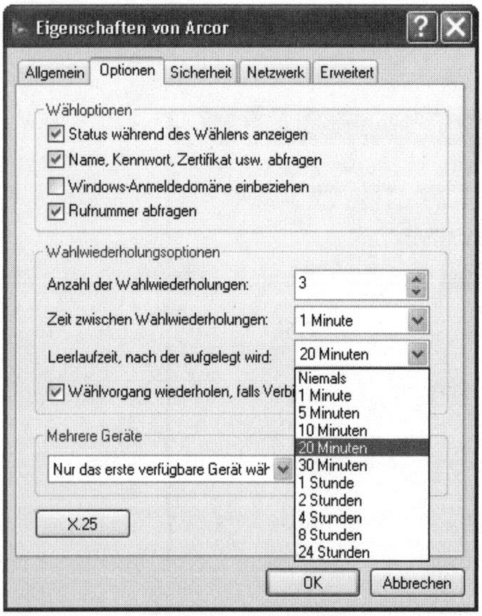


**Bild 11.25:** Einstellungen für automatische Trennung nach einer Leerlaufzeit

## 11.3 Router-Konfiguration zum Internet-Zugang im Netzwerk

Die einfachste Methode, mehrere Computer aus einem Netzwerk ins Internet zu bringen, ist ein Router. Solche Router waren bis vor ein paar Jahren teuer und mühsam zu konfigurieren. In letzter Zeit bekommt man oft bei der Beantragung eines DSL-Anschlusses einen Router kostenlos mit dazu.

Diese Router erfüllen in kleinen Netzwerken gleichzeitig die Funktion des zentralen Hubs, an dem alle Netzwerkkabel zusammenlaufen. Viele aktuelle Router bieten neben zwei bis acht Anschlüssen für Netzwerkkabel noch die Möglichkeit, weitere PCs drahtlos per WLAN in das Netzwerk einzubinden.

Die Konfiguration jedes Routers läuft etwas anders, sodass wir hier keine Musterlösung anbieten können. Anhand eines bekannten und weit verbreiteten Routers für kleine private Netzwerke, D-Link DI-614+, zeigen wir die wichtigsten Konfigurationsschritte.

Fast alle modernen Router bieten eine HTML-Oberfläche zur Konfiguration, sodass keine Kommandozeilenbefehle mehr notwendig sind.

Starten Sie die Konfiguration, indem Sie in einem Browserfenster die IP-Adresse des Routers eingeben. In der Grundeinstellung haben die meisten Router im lokalen Netzwerk die Adresse *192.168.0.1*.

**Bild 11.26:** Anmeldung am Router

Sehen Sie im Zweifelsfall im Handbuch Ihres Routers nach. Unter dieser Adresse befindet sich das Hauptmenü zur Konfiguration, das allerdings nur autorisierten Benutzern zugänglich ist. Deshalb erscheint zuerst ein Dialogfeld zur Eingabe eines Benutzernamens und Passwortes.

Benutzernamen und Standardpasswort finden Sie in der Dokumentation zu Ihrem Router. Viele Router verwenden als Vorgabe den Benutzernamen *admin* ohne Passwort. Dieses Passwort sollten Sie baldmöglichst ändern.

Nach erfolgreicher Anmeldung wird eine HTML-Seite zur Konfiguration gezeigt. Diese ist bei den meisten Routern in verschiedene Bereiche aufgeteilt:

- **LAN** – Konfiguration des lokalen Netzwerks.
- **DHCP** – Automatische Vergabe von IP-Adressen.
- **Wireless (WLAN)** – Einstellungen und Sicherheit für WLAN.
- **WAN** – Konfiguration des Internet-Zugangs.

Für ein einfaches Home-Netzwerk mit weniger als 256 Computern sollte die Router-Adresse *192.168.0.1* und die Netzmaske *255.255.255.0* verwendet werden, was bei fast allen Routern die Standardeinstellung ist.

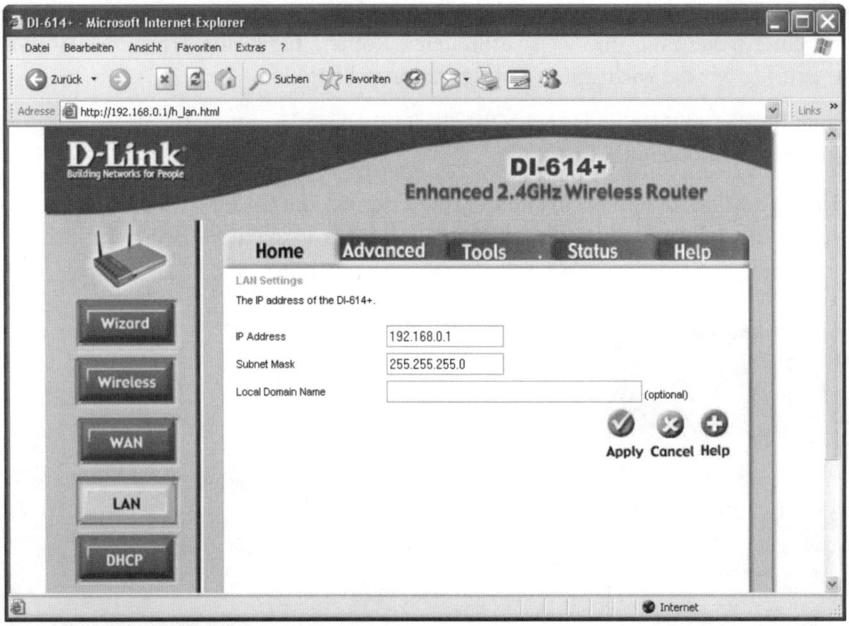


**Bild 11.27:** Konfiguration eines Routers

## Passwort festlegen

Eine der ersten Einstellungen, die Sie auf dem Router vornehmen sollten, ist das Passwort für den Administrator zu ändern. Einige Router bieten zusätzlich noch einen Benutzerzugang, der aus Sicherheitsgründen ebenfalls mit einem Passwort geschützt werden sollte.

**Achtung** Um zu verhindern, dass sich jemand von außerhalb an Ihrem Router zu schaffen macht, sollten Sie das *Remote-Management* in jedem Fall deaktivieren.

Wer unbedingt von außerhalb des eigenen Netzwerks seinen Router administrieren will, sollte zumindest den Zugriff auf eine IP-Adresse oder einen Adressenbereich begrenzen und einen Port einstellen. Dann sind Zugriffe nicht mehr über den Standard-http-Port 80 möglich. Es reicht also nicht, nur die Router-Adresse im Browser des entfernten Computers anzugeben (siehe Bild 11.28).

## Systemzeit auf dem Router einstellen

Viele Router haben eine eigene Systemuhr, um Protokolle mit entsprechenden Zeitmarken zu versehen. In der Standardeinstellung laufen fast alle Router-Uhren nach UTC oder einer amerikanischen Zeitzone. Wählen Sie also die hierzulande gültige Zeitzone *GMT+1* aus, und stellen Sie die richtige Uhrzeit ein. Manche Router können die Zeit auch automatisch nach einem NTP-Server abgleichen.

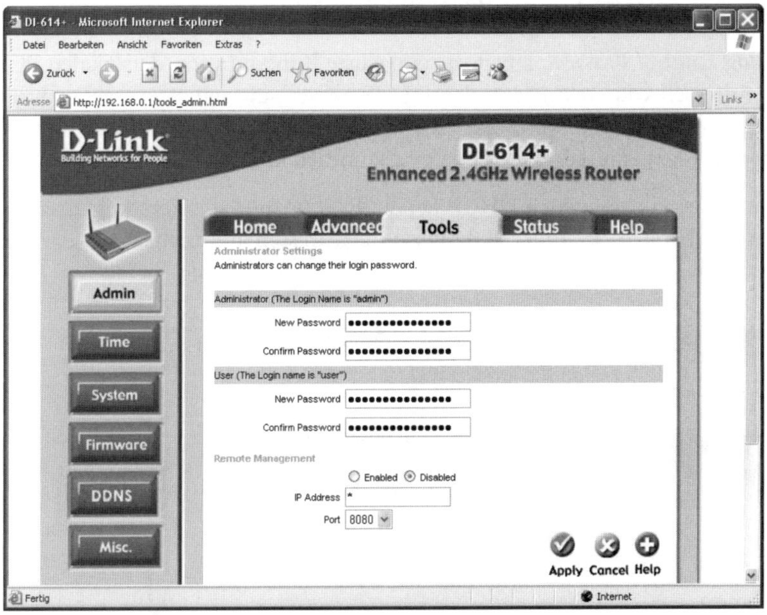


**Bild 11.28:** Passwort für Administrator und Benutzer

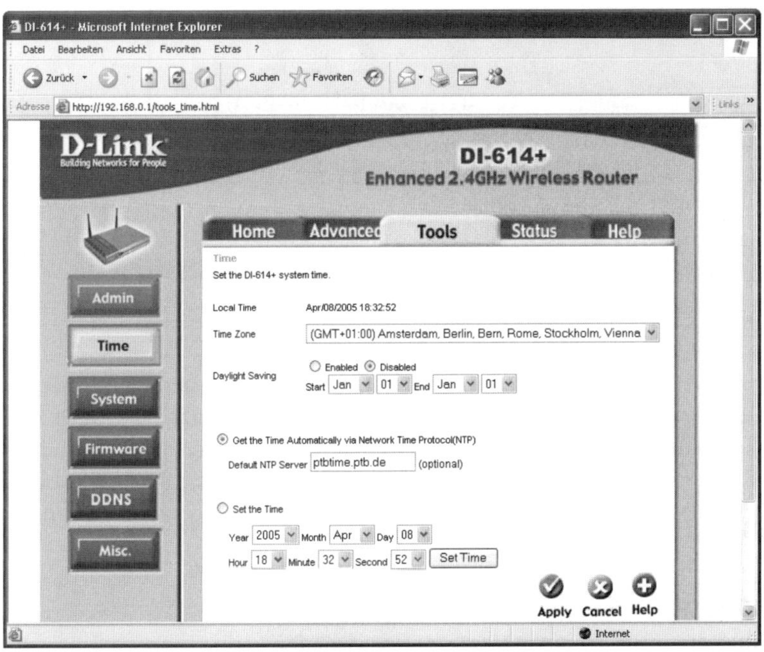


**Bild 11.29:** Uhrzeit im Router einstellen

## DHCP: IP-Adressen automatisch vergeben

DHCP, das *Dynamic Host Control Protocol*, bietet die einfachste Konfiguration der lokalen PCs im Netz, indem die IP-Adressen von einem zentralen DHCP-Server automatisch vergeben werden. Man braucht also nicht auf jedem Computer eine eigene IP-Adresse festzulegen und sich auch nicht darum zu sorgen, dass eine Adresse doppelt vorkommen könnte.

Die meisten Router beinhalten einen eigenen DHCP-Server. Er muss nur aktiviert werden. Stellen Sie außerdem den Adressbereich ein, innerhalb dessen die Adressen automatisch ausgewählt werden.

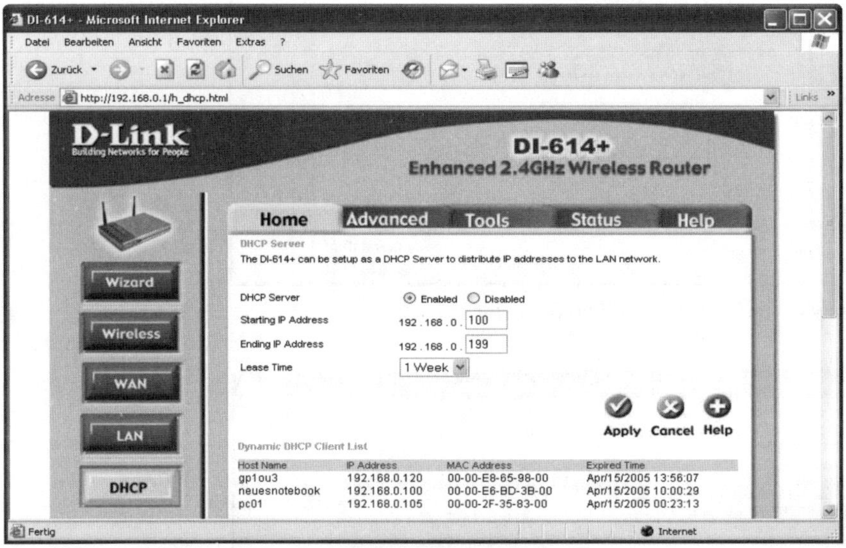


**Bild 11.30:** Konfiguration des DHCP-Servers im Router

Üblicherweise zeigen die Router in einer Liste an, welche IP-Adressen per DHCP an welche Computer im Netzwerk aktuell vergeben sind.

**Achtung** Verwenden Sie im selben Netzwerk auch Computer mit festen IP-Adressen, wählen Sie diese außerhalb des Bereichs, den der DHCP-Server benutzt. So kann es zu keinen Adresskonflikten kommen. Fast alle DHCP-Server in Routern verwenden die Netzmaske *255.255.255.0* und den IP-Adressbereich *192.168.0.x*. Wenn Sie im selben Netzwerk manuell IP-Adressen vergeben, muss dieselbe Netzmaske benutzt werden.

## Internet-Zugang konfigurieren

Nachdem die lokalen Netzwerkeinstellungen eingerichtet sind, muss der Router noch für den Internet-Zugang konfiguriert werden.

Die meisten Router bieten verschiedene Protokolle für DSL-Verbindungen an. Fast alle Internet-Provider in Deutschland nutzen das *PPPoE* (*Point to Point Protocol over Ethernet*) mit automatisch vergebenen IP-Adressen.

Sie müssen also nur noch den Benutzernamen und das Passwort, die Sie von Ihrem Provider für den Internet-Zugang bekommen haben, auf dem Router eintragen, damit dieser bei Bedarf automatisch die Verbindung aufbauen kann.

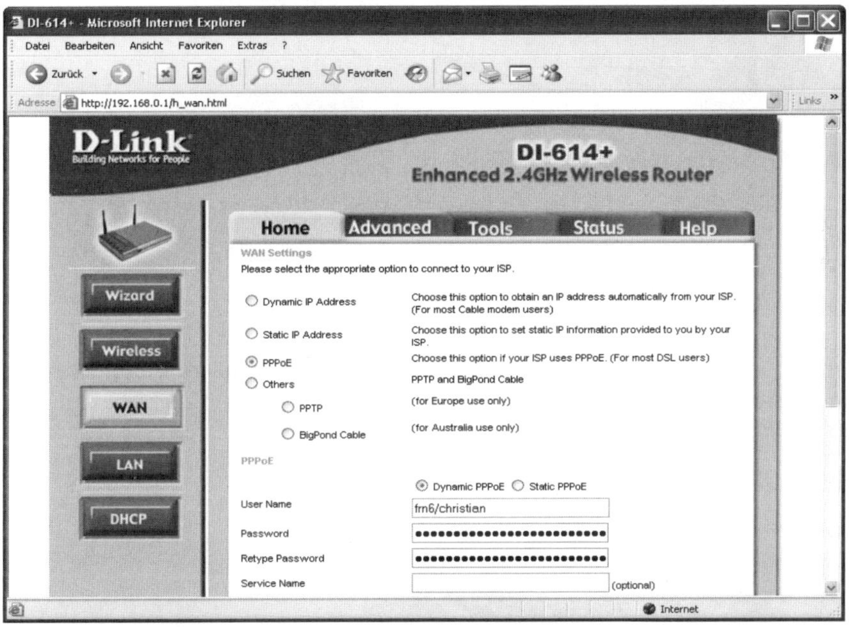


**Bild 11.31:** Eingabe der Internet-Zugangsdaten

## 11.4 WLAN

Wer keine Kabel verlegen möchte, oder wer sich zum Beispiel mit einem Notebook frei im Haus bewegen möchte, kann seine Computer auch drahtlos miteinander vernetzen. Dabei ist Wireless-LAN, kurz *WLAN*, nicht eine Art Internet-Zugang, wie dies die großen Provider werbewirksam propagieren, sondern eine drahtlose Verbindung in ein lokales Netzwerk.

Über diese Netzwerkverbindung kann man auch ins Internet gehen, sie kann aber genauso zum Zugriff auf andere Rechner verwendet werden, die über Netzwerkkabel verbunden sind.

Zentraler Punkt eines WLANs ist ein Router oder Access-Point. Der Router übernimmt die Koordination des lokalen Netzwerks und stellt gleichzeitig einen Internet-Zugang zur Verfügung. Dabei können an die meisten WLAN-Router vier PCs per Kabel und theoretisch bis zu 250 weitere drahtlos angeschlossen werden. In der Praxis liegt die Zahl anschließbarer WLAN-PCs aufgrund der Bandbreite deutlich darunter.

**Bild 11.32:** Typischer WLAN-Router (Foto: D-Link)

Ein Access-Point hat im Gegensatz dazu keine eigene Internettechnik, sondern ist nur eine Sende- und Empfangsstation, die per Netzwerkkabel an einem Router oder Hub angeschlossen ist.

**Bild 11.33:** WLAN-Karte für Notebooks (Foto: D-Link)

In jedem PC, der drahtlos mit dem Netzwerk verbunden werden soll, ist eine WLAN-Karte erforderlich. Diese Karten gibt es für PCI, PC-Card oder USB-Anschluss. Besonders bei Notebooks ist WLAN sehr verbreitet. Viele Notebooks haben diese Funktechnik bereits eingebaut. Anstatt der Steckbuchse für ein Netzwerkkabel haben WLAN-Karten eine kleine Antenne.

WLAN-Karten werden unter Windows XP automatisch erkannt. Wenn nötig wird man beim Einstecken der Karte aufgefordert, einen Treiber zu installieren.

## Sicherheitseinstellungen für WLAN

Früher hieß es, dass sich Computerviren nicht wie Grippeviren durch die Luft verbreiten. Seitdem es WLAN gibt, ist eine derartige unbemerkte Infektion durchaus möglich geworden.

Nicht nur deshalb sollten Sie verhindern, dass Fremde von der Strasse aus oder die Nachbarn Zugang zu Ihrem drahtlosen Netzwerk bekommen. Die genauen Einstellmöglichkeiten sind bei jedem Router etwas anders. Firewalls helfen hier wenig, da sich der Access Point zum WLAN innerhalb der Firewall befindet.

Folgende Sicherheitshinweise sollten Sie in jedem Fall beachten:

- Verändern Sie das Standard-Passwort zur Routerkonfiguration. Damit verhindern Sie, dass sich ein Fremder an der Konfiguration des Routers zu schaffen macht und zum Beispiel die Internetzugangsdaten ausliest.
- Schalten Sie den Router ab, wenn Sie ihn längere Zeit nicht benutzen. Dies spart nicht nur Strom, sondern verringert auch das Risiko eines unbemerkten Angriffs.
- Richten Sie den Router nach den lokalen Gegebenheiten aus. Für eine Etagenwohnung ist ein Router mit Zusatzantenne und mehreren hundert Metern Reichweite völlig überdimensioniert und stellt ein hohes Sicherheitsrisiko dar. In großen Büros verwendet man sinnvollerweise mehrere kleine Access Points, anstelle eines großen, um das Netzwerk an die lokalen Ausbreitungsbedingungen besser anzupassen.
- Verändern Sie bevor Sie die erste WLAN-Verbindung mit einem PC aufbauen, die SSID (Service Set Identifier) des Routers. Unter dieser Zeichenfolge wird der Router identifiziert. Normalerweise hat jeder Router die SSID *default* und jede WLAN-Karte sucht standardmäßig auch nach dieser SSID. Schalten Sie, wenn möglich, die Funktion aus, mit der der Router seine SSID drahtlos sendet. Dann muss bei jeder WLAN-Karte diese SSID von Hand eingetragen werden, um eine Verbindung aufzubauen und kann nicht automatisch gesucht werden.

## Verschlüsselung

Bei drahtlosen Netzwerken ist die Verschlüsselung besonders wichtig, da man im Gegensatz zu einem kabelgebundenen Netzwerk nicht merkt, wenn sich ein fremder Computer unautorisiert mit dem Netzwerk verbindet.

Aktivieren Sie, wenn möglich die WEP-Verschlüsselung. Dazu muss am Router und auf jedem PC einmalig ein Schlüssel eingegeben werden, der auf allen Geräten gleich ist. Geräte ohne diesen Schlüssel haben keinen Zugang zum WLAN.

**Achtung** Immer wieder veröffentlichen Computerzeitschriften Workshops zum Knacken solcher WEP-Schlüssel. Das Knacken eines Schlüssels ist aber immer noch deutlich aufwendiger, als das unberechtigte Eindringen in ein unverschlüsseltes Netzwerk. Wenn die verwendete Hardware WEP-Verschlüsselung unterstützt, sollte man diese auch nutzen.

WPA 2 *(Wi-Fi Protected Access 2)* ist eine Weiterentwicklung der WEP-Verschlüsselung. Diese bietet zusätzlichen Schutz durch dynamische Schlüssel. Nach der Initialisierung mit dem Schlüssel kommt ein Session-Key zum Einsatz.

Die meisten aktuellen WLAN-Router unterstützen alternativ zu WEP auch WPA 2. Wenn der Router WPA 2 bietet, sollten Sie dies auch aktivieren.

Noch bessere Sicherheit erreichen Sie, wenn Sie den Zugang zum Netz auf bestimmte MAC-Adressen begrenzen. Diese MAC-Adresse ist eine weltweit eindeutige Kennung jeder Netzwerkkarte und ist bei vielen WLAN-Karten auf einem Aufkleber aufgedruckt. Allerdings bieten nicht alle Router die Möglichkeit, den Zugang auf bestimmte MAC-Adressen zu beschränken.

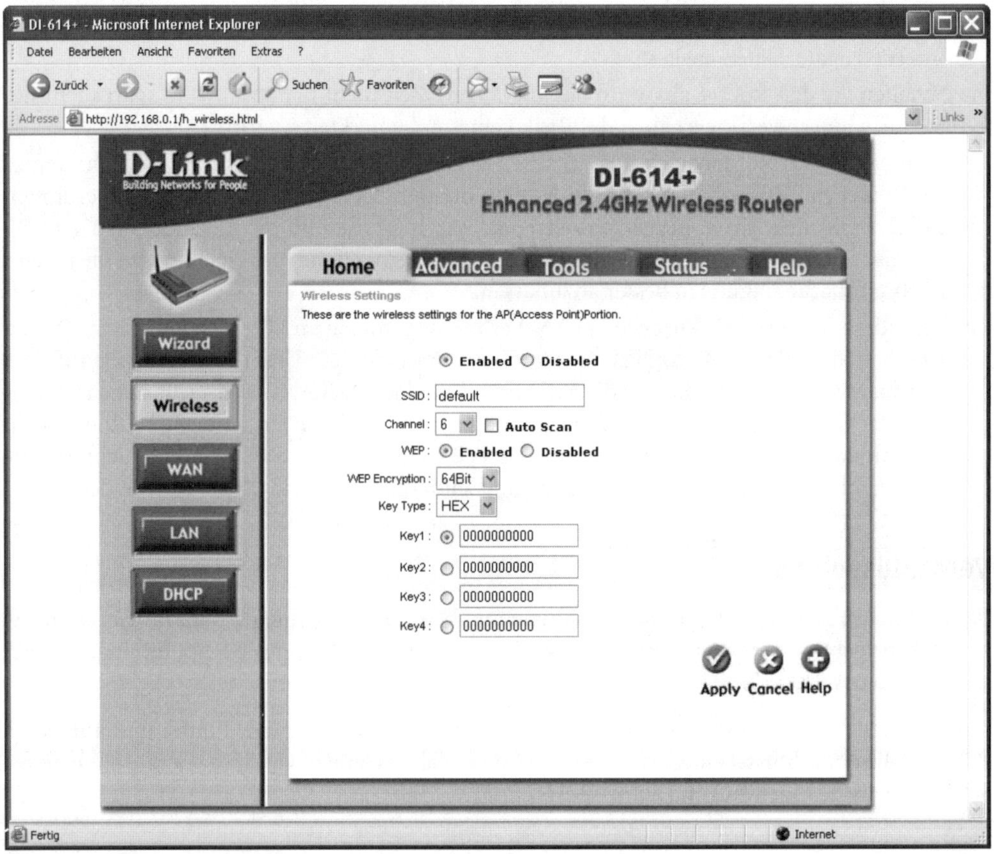


**Bild 11.34:** Sicherheitseinstellungen auf einem WLAN-Router

In jedem Fall sollten Sie regelmäßig die Statusanzeige des Routers überprüfen. Hier wird angezeigt, welche WLAN-Clients sich am Router angemeldet haben. Tauchen hier unbekannte Adressen auf, sollten Sie dringend Ihre Sicherheitseinstellungen anpassen.

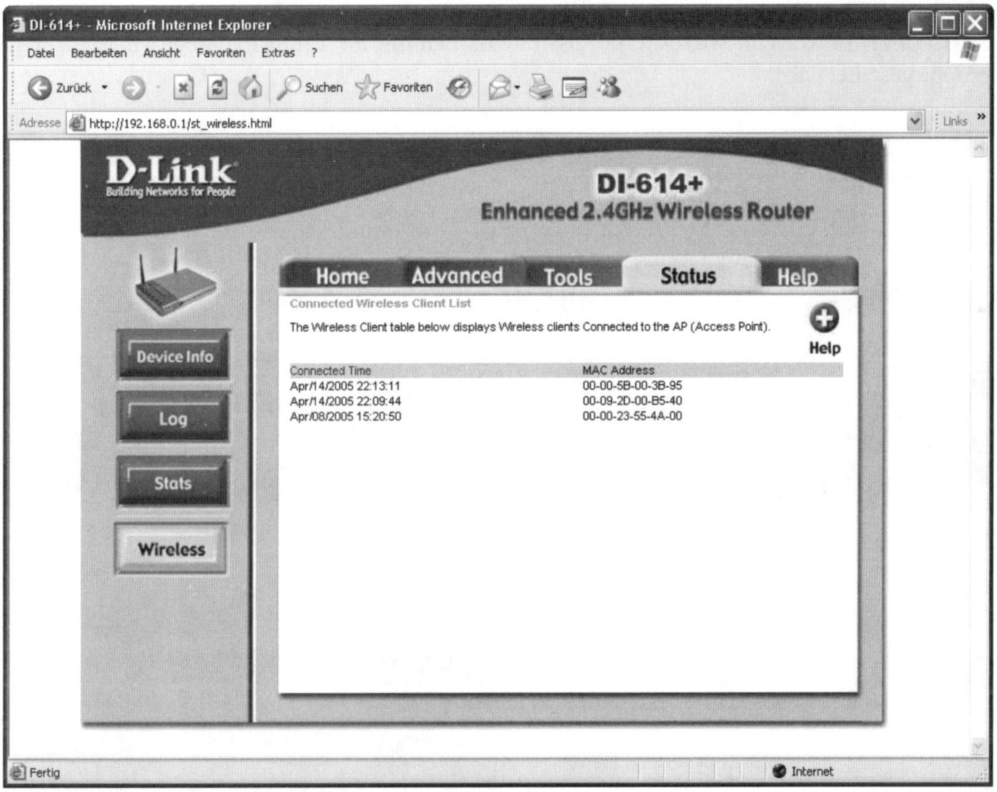


**Bild 11.35:** Protokoll der WLAN-Anmeldungen am Router

# 11.5 Der Internet Explorer

Der Internet Explorer ist der Webbrowser, der bei Windows XP mitgeliefert wird. Technologisch gehört er sicher zu den schlechteren Browsern, ist trotzdem aber sehr weit verbreitet, da viele Anwender sich nicht mit externer Software auseinandersetzen wollen, sondern einfach den vorinstallierten Browser nutzen.

**Bild 11.36:** Der Internet Explorer in der Taskleiste

Ein Klick auf das **e**-Symbol im Schnellstartbereich der Taskleiste startet den Internet Explorer. Jetzt müssen Sie nur noch die Adresse der gewünschten Web-Seite in die Adresszeile unterhalb der Symbolleiste im oberen Bereich des Browserfensters eingeben.

Standardmäßig startet der Internet Explorer mit der deutschsprachigen Web-Seite von msn, einer Portalseite, die von Microsoft in Zusammenarbeit mit der Tomorrow-Focus-Zeitschriftengruppe gestaltet wird.

**Bild 11.37:** Die Startseite von msn Deutschland

Mit dem Menüpunkt *Extras/Internetoptionen* können Sie jederzeit eine andere Seite als Startseite definieren. Geben Sie die entsprechende Adresse einfach im Feld *Startseite* auf der Registerkarte *Allgemein* ein.

Haben Sie eine besonders interessante Seite gefunden, die Sie jedes Mal als Startseite verwenden wollen, müssen Sie die Adresse auch nicht abtippen. Surfen Sie einfach auf diese Seite, rufen Sie dann den Menüpunkt *Extras/Internetoptionen* auf und klicken auf *Aktuelle Seite*. Die Seite, die gerade im Browserfenster angezeigt wird, wird als neue Startseite übernommen.

**Bild 11.38:** Auswahl einer Startseite

## Schriftgröße einstellen

Viele Web-Seiten könnten deutlich mehr Informationen zeigen, wenn sie eine kleinere Schriftart für die Texte verwenden würden. Andere Seiten verwenden so kleine Schriftarten, dass sie nur auf alten, grob-pixeligen Monitoren erkennbar sind. Bei den heute üblichen hohen Auflösungen bräuchte man eine Lupe.

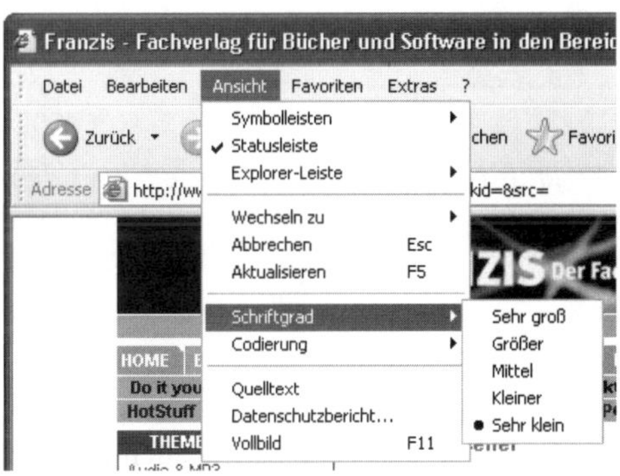


**Bild 11.39:** Auswahl der Schriftgröße für das Browserfenster

Im Menü *Ansicht/Schriftgrad* finden Sie fünf verschiedene Größeneinstellungen für die Schrift im Browserfenster. Diese Einstellungen wirken sich aber nur aus, wenn die Schriftgröße nicht durch das Seitenlayout festgelegt ist.

## Zuletzt besuchte Seiten wiederfinden

Waren Sie vorhin, gestern, oder letzte vergangene Woche auf einer interessanten Seite, kennen aber die Adresse nicht mehr?

In solchen Fällen hilft die *Verlaufsanzeige* im Internet Explorer weiter.

Ein Klick auf die Schaltfläche *Verlauf* in der Symbolleiste blendet links vom eigentlichen Browserfenster eine Liste der Web-Seiten ein, die an bestimmten Tagen besucht wurden.

Klicken Sie auf einen Namen, erhalten Sie eine Auflistung aller einzelnen Seiten innerhalb dieser Web-Seite. Auf diese Weise kann man sehr leicht wieder zu einer bestimmten Seite surfen, auch wenn die Adresse nicht mehr im Kopf ist.

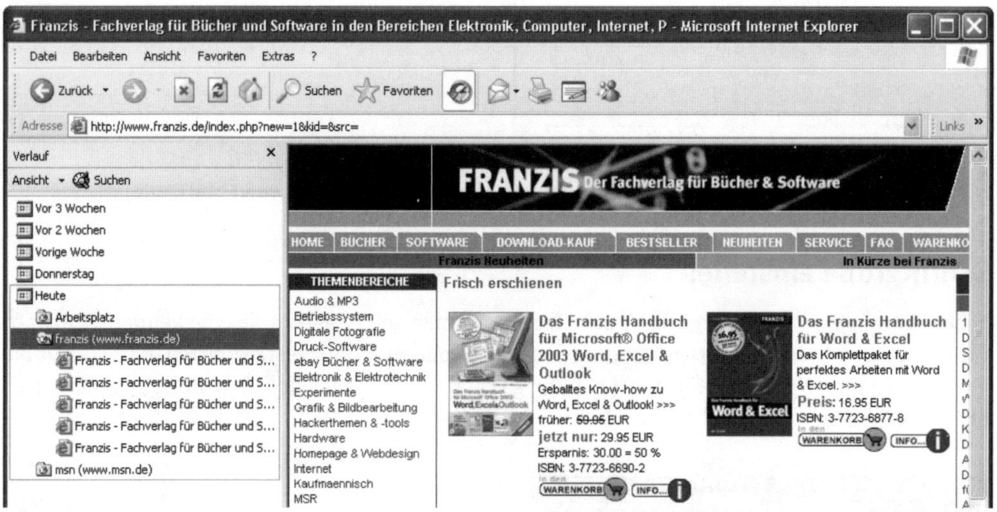


**Bild 11.40:** Verlaufsanzeige im Internet Explorer

Ein Klick auf die Schaltfläche *Ansicht* oberhalb der *Verlaufsliste* blendet ein Menü ein, mit dem die Liste außer nach Datum auch nach Domainnamen, Anzahl der Zugriffe oder exakt chronologisch für den heutigen Tag sortiert werden kann.

### ▲ Sicherheitsrisiko Verlaufsliste

Die *Verlaufsliste* bietet jedem, der an den Computer kommt, freien Einblick auf alle Seiten, die zuletzt von Ihnen besucht wurden. Wer das nicht möchte, kann die Verlaufsliste auch löschen. Allerdings findet man dann die früher besuchten Seiten auch nicht mehr, wenn man den Namen nicht mehr präsent hat.

Wählen Sie zum Löschen der *Verlaufsliste* die Menüfolge *Extras/Internetoptionen*. Klicken Sie dort auf der Registerkarte *Allgemein* auf die Schaltfläche *Verlauf leeren*.

Im Abschnitt »Internet Explorer-Surfspuren verwischen« auf Seite 409 finden Sie Hinweise auf weitere Spuren, die der Internet Explorer beim Surfen hinterlässt und wie Sie diese direkt in der Windows-Registry beseitigen können.

## Beliebte Adressen als Favoriten speichern

Internet-Adressen sind oft schwer zu merken, deshalb bieten alle Webbrowser die Möglichkeit an, Adressen wie Lesezeichen zu speichern, um sie später mit einem Klick wiederaufrufen zu können.

Blenden Sie dazu mit der Schaltfläche *Favoriten* in der Symbolleiste die *Favoritenansicht* links im Browserfenster ein.

Surfen Sie jetzt auf die Web-Seite, die als Favorit eingetragen werden soll, und klicken Sie oben in der *Favoritenliste* auf die Schaltfläche *Hinzufügen*.

Geben Sie im Dialogfeld einen leicht zu merkenden Namen ein, unter dem die Seite in den Favoriten erscheinen soll. Als Vorgabe ist der Name, der im Fenstertitel des Internet Explorer erscheint, eingetragen.

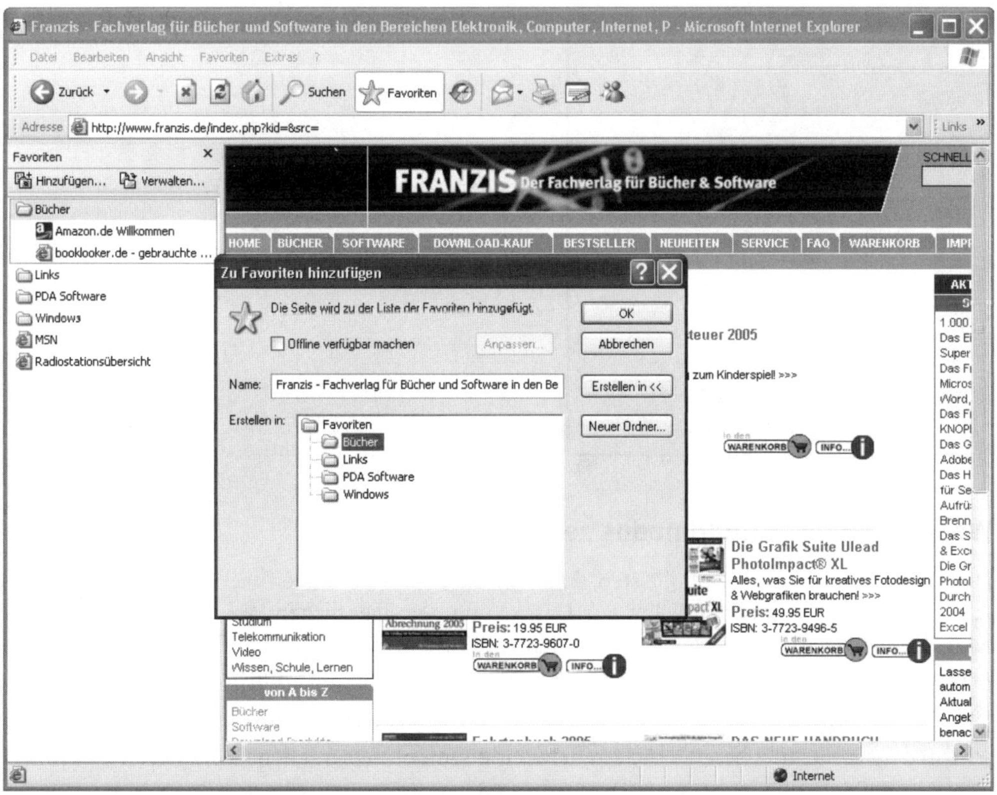


**Bild 11.41:** Neuen Favoriten hinzufügen

Um eine bessere Übersicht zu erhalten, können Sie im unteren Fenster einen Favoriten-Ordner auswählen, in dem der neue Eintrag erscheinen soll oder auch mit der Schaltfläche *Neuer Ordner* einen neuen Favoriten-Ordner anlegen.

**Tipp** Noch schneller geht es, wenn man das e-Logo aus der Adresszeile einfach mit gedrückter Maustaste auf einen Ordner in der Favoriten-Anzeige zieht.

### ▲ Favoriten ändern

Viele Web-Seiten ändern sich sehr schnell. So kann es passieren, dass ein Favorit nicht mehr funktioniert, weil sich die Struktur einer Seite geändert hat. Wenn Sie mit der rechten Maustaste auf einen Favoriten klicken und im Kontextmenü *Eigenschaften* wählen, öffnet sich ein Dialogfeld, das die genaue Adresse zeigt. Hier können Sie bei Bedarf diese Adresse ändern.

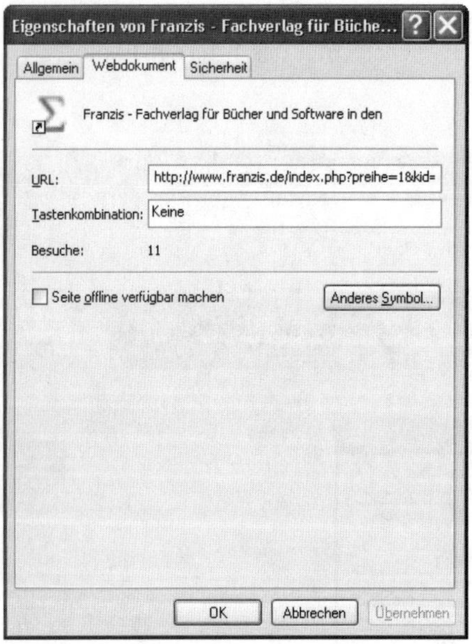


**Bild 11.42:** Favoriten nachtäglich ändern

## Web-Seiten im Vollbildmodus zeigen

Die Fensterränder und Symbolleisten des Internet Explorers fressen viel Platz auf dem Bildschirm, den man manchmal lieber zur Darstellung der eigentlichen Web-Seite zur Verfügung hätte. Zu Präsentationszwecken oder auf kleinen Bildschirmen können Sie Web-Seiten im Internet Explorer auch ohne Symbolleisten und Fensterränder bildschirmfüllend anzeigen.

Drücken Sie dazu im Internet Explorer die Taste F11. Die Web-Seite wird auf dem ganzen Bildschirm dargestellt, am oberen Rand erscheint eine Symbolleiste mit den wichtigsten Funktionen.

**Bild 11.43:** Die Franzis-Web-Seite im Internet Explorer (Vollbildmodus)

**Tipp** Klicken Sie mit der rechten Maustaste auf diese Symbolleiste, und wählen Sie im Kontextmenü die Option *Automatisch im Hintergrund*. Damit verschwindet die Symbolleiste und taucht automatisch wieder auf, wenn man mit der Maus an den oberen Bildrand fährt. Der Menüpunkt *Adressleiste* blendet ein Feld zur Eingabe von Internet-Adressen in diese Symbolleiste ein.

Im Vollbildmodus steht zur Navigation über die rechte Maustaste ein Kontextmenü zur Verfügung, das unterschiedliche Menüpunkte zeigt, je nachdem ob man mit der Maus über der Symbolleiste, über einem leeren Bereich einer Web-Seite, über einem Link oder über einer Grafik steht.

Außerdem können Sie folgende Tastenkombinationen zur Navigation verwenden:

| Tastenkombination | Aktion |
|---|---|
| Strg + A | Alles im aktuellen Frame auswählen. |
| Strg + B | Favoriten verwalten. |
| Strg + C | In Zwischenablage kopieren. |
| Strg + F | Suchen. |
| Strg + H | Blendet die Verlaufsliste ein. |
| Strg + O | Seite öffnen. |
| Strg + P | Drucken. |
| Strg + V | Einfügen (bei Formularen). |
| Strg + X | Ausschneiden (bei Formularen). |
| Alt + ← | Zurück. |
| Alt + → | Vorwärts. |

**Tab. 11.2:** Navigationstasten im Internet Explorer (Vollbildmodus)

| Tastenkombination | Aktion |
|---|---|
| Alt+F4 | Fenster schließen. |
| F5 | Aktualisieren. |
| F11 | Schaltet auf die normale Darstellung zurück. |

**Tab. 11.2:** Navigationstasten im Internet Explorer (Vollbildmodus) (Forts.)

## Der Popup-Blocker im Internet Explorer

Die Beschreibungssprache der Internet-Seiten, HTML, bietet die Möglichkeit, Links in neuen Browserfenstern zu öffnen. Per Javascript können sogar automatisch neue Fenster in beliebiger Größe auf dem Bildschirm eingeblendet werden. Diese Techniken, die eigentlich als nützliche Präsentationsmöglichkeiten entwickelt wurden, werden von Werbetreibenden immer mehr missbraucht. Aufpoppende Browserfenster nerven mehr, als sie nutzen. Auf einigen Web-Seiten kann man gar nicht schnell genug klicken, um alle Fenster wieder zu schließen, bevor sich neue öffnen.

Bei früheren Popup-Blockern für den Internet Explorer konnte man Popups nur generell ein- und ausschalten, was zum Beispiel bei einigen Download-Servern oder Online-Bildergalerien sehr umständlich war, die standardmäßig Popup-Fenster benutzen. Der neue Popup-Blocker aus dem Service Pack 2 übernimmt das Konzept von Mozilla, der eine eigene Liste führt, auf welchen Seiten Popups zugelassen werden.

Standardmäßig werden alle Popups blockiert, die ein neues Internet Explorer Fenster öffnen wollen, ohne dass der Benutzer auf einen Link geklickt hat. Dies gilt allerdings nicht für Flash-Popups und animierte Werbung, die über den Bildschirm schwebt.

Immer, wenn ein Popup blockiert wurde, erscheint eine Meldung unterhalb der Adresszeile im Internet Explorer.

Auch auf der msn-Web-Seite, die standardmäßig als Startseite im Internet Explorer angezeigt wird, gibt es ein Popup, das der Popup-Blocker bemerkt und blockiert.

Beim ersten Popup erscheint zusätzlich ein Hinweisfenster zu der Informationsleiste des Popup-Blockers, das Sie mit einem Schalter aber auch dauerhaft abschalten können.

Dasselbe Symbol mit dem durchgestrichenen roten Kreis, das in der Informationsleiste links oben erscheint, ist auch unten rechts in der Statusleiste zu sehen. Ein Klick auf dieses Symbol oder auf den Meldungsbalken blendet ein kleines Menü ein, in dem das Popup-Fenster angezeigt werden kann. Dies gilt dann nur für dieses eine Mal.

Möchten Sie auf dieser Internet-Seite Popups generell zulassen, wählen Sie hier die Option *Popups von dieser Seite immer zulassen*. Die aktuelle Web-Seite wird dann automatisch in die Liste der Seiten mit erlaubten Popups aufgenommen.

Auch diese Einstellung muss nicht endgültig sein. Über den Menüpunkt *Einstellungen/Weitere Einstellungen* haben Sie jederzeit Zugriff auf diese Liste, können neue Seiten aufnehmen oder die Freigabe für bestehende Einträge wieder entfernen, sodass auch diese keine Popups mehr zulassen.

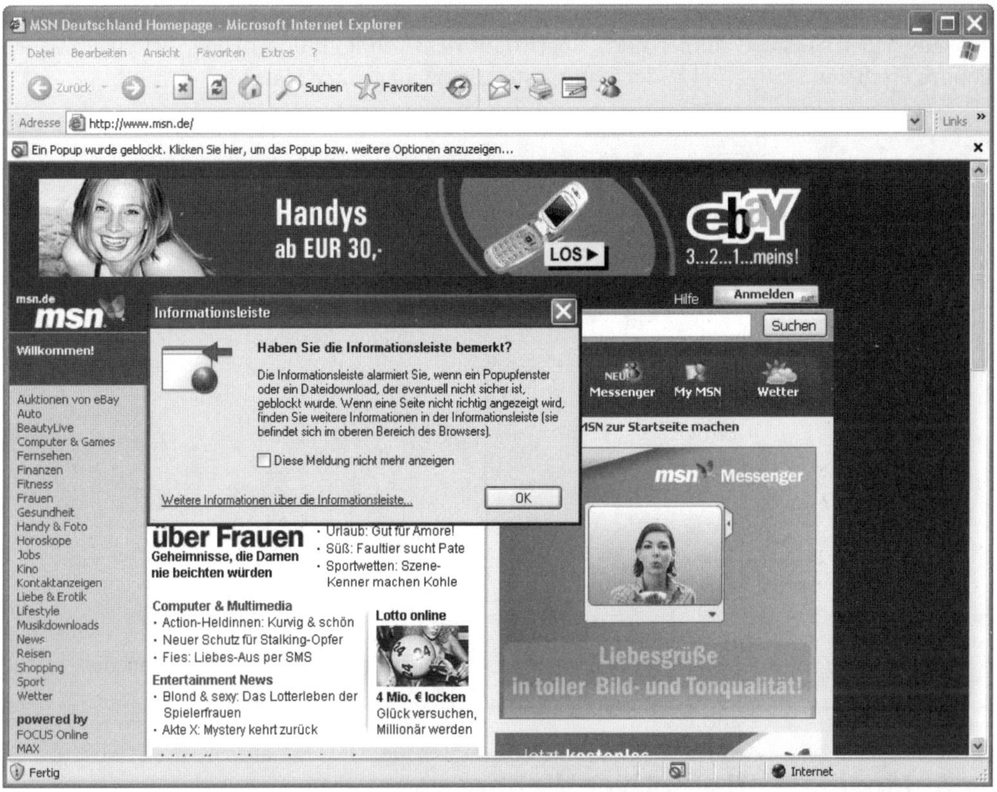


**Bild 11.44:** Informationsleiste und Hinweisfenster des Popup-Blockers

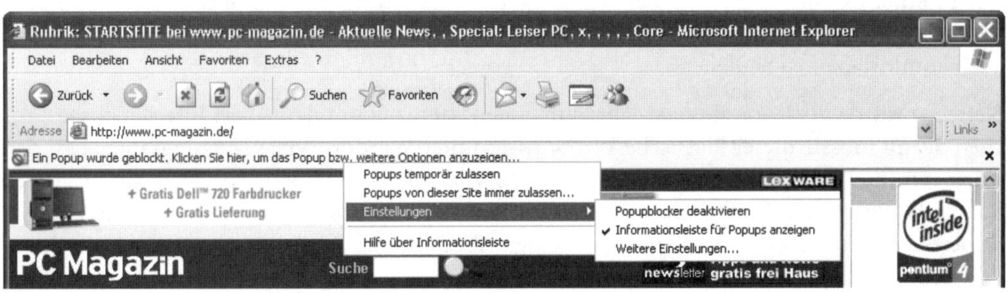


**Bild 11.45:** Menü des Popup-Blockers

Die Ausnahme, dass ein Popup zugelassen wird, gilt auch nur, wenn dieses Popup vom selben Server geladen wird wie die eigentliche Web-Seite. Damit erspart man sich viel überflüssige Werbung, deren Popups von anderen Servern wie `adtech.de` oder `affili.net` geladen werden.

Wenn Sie nach einer gewissen Gewöhnungsphase der Sound des Popup-Blockers und auch die zeitliche Verzögerung, mit der die Meldungszeile eingeblendet wird, nervt, schalten Sie die beiden Schalter in den Popup-Blocker-Einstellungen einfach aus. Ein blockiertes Popup wird weiterhin dezent durch das Symbol in der Statusleiste des Internet Explorer-Fensters angezeigt. Von hier aus haben Sie auch immer noch Zugriff auf den Konfigurationsdialog. Bei zugelassenen Popups erscheint das Symbol in der Statusleiste mit einem grünen Häkchen.

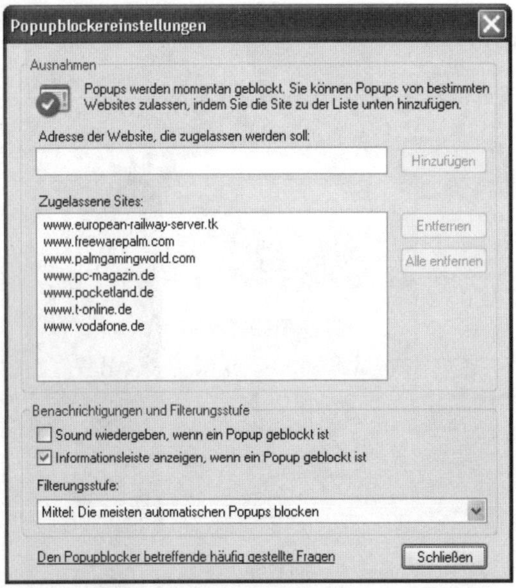


**Bild 11.46:** Liste der Web-Seiten, die Popups anzeigen dürfen

## 11.6 Mozilla – alternativer Webbrowser

Der Internet Explorer wird zwar bei Windows XP mitgeliefert, was aber noch lange nicht heißt, dass man ihn auch zwingend verwenden muss. Andere Browser sind sicherer, schneller und oft auch komfortabler zu bedienen.

Netscape wurde noch vor ein paar Jahren in einem Atemzug mit dem Wort Internet ausgesprochen. Dann musste dieser klassische Webbrowser unter Windows viele Nutzungsanteile an den Microsoft Internet Explorer abgeben. Seitdem Mozilla, die Basis-Engine von Netscape, als Open Source-Software veröffentlicht wurde, verschieben sich die Anteile wieder leicht. Die aktuelle Sicherheitsdiskussion bringt Mozilla und seinen Abkömmling Firefox wieder auf die Windows-PCs sicherheitsbewusster Anwender zurück.

*Mozilla* enthält außer dem eigentlichen Browser auch einen kombinierten E-Mail/Newsreader, einen HTML-Editor und weitere Zusatzkomponenten. *Firefox* besteht dagegen nur aus dem Browser. Kommende Versionen der kompletten Mozilla-Suite werden unter dem Namen *SeaMonkey* erscheinen. *Mozilla* wird in Zukunft dann als Name des gesamten Projektes verwendet.

Die Bedienung des Mozilla-Browsers funktioniert genauso intuitiv wie bei anderen Browsern.

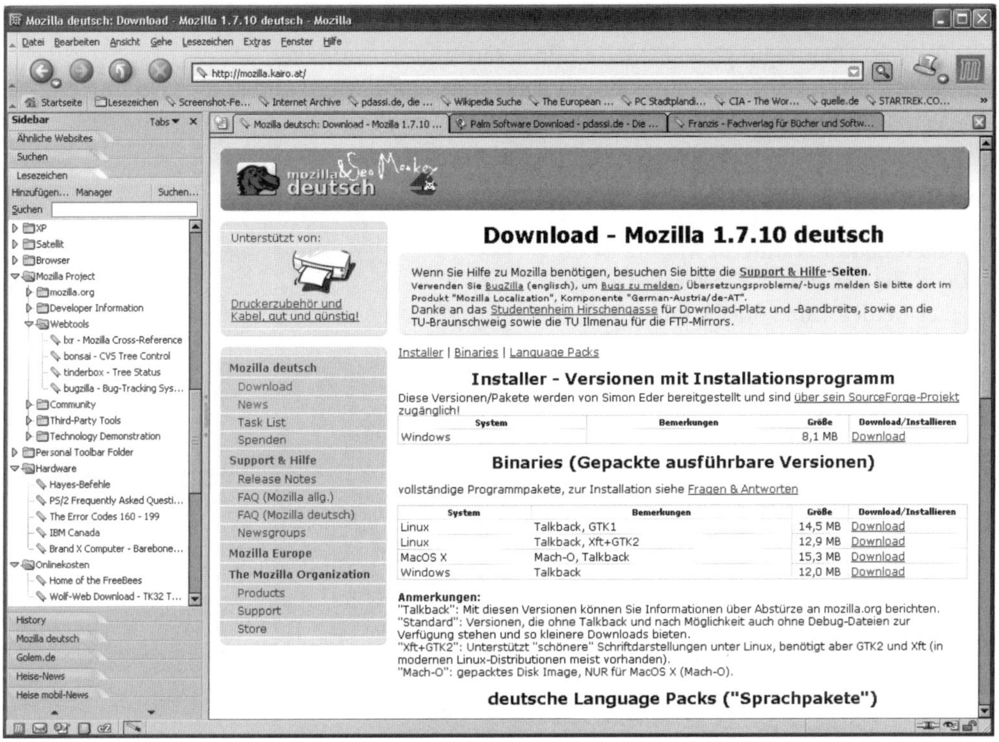


**Bild 11.47:** Der Mozilla-Browser

## Vorteile von Mozilla gegenüber anderen Browsern

- Unterstützung aller W3C-Standards, nicht nur der von Microsoft definierten.
- Tabbed Browsing zur Darstellung mehrerer Web-Seiten in einem Fenster.
- Popup-Blocker zum Unterdrücken störender Werbefenster.
- Hohe Sicherheit.
- Sidebar für Favoritenverwaltung, History, Suchmaschinen oder spezielle Content-Angebote.
- Übersichtliche Bookmark-Verwaltung im Standard-HTML-Format mit Suchfunktion.
- Automatische Aktualisierungsabfrage für Bookmarks.
- Durchschaubarer Kennwortmanager.
- Integrierter Download-Manager.
- Offene Plugin-Schnittstelle.
- Volle Übereinstimmung mit dem JavaScript-Standard, wohingegen zum Beispiel der Internet Explorer viele Elemente nicht unterstützt oder nicht regelgerecht interpretiert.
- Profile für verschiedene E-Mail-Adressen oder Proxy-Einstellungen. Innerhalb eines Profils werden die Favoriten, die Startseite, E-Mails, Newsgroups, die Browsersprache sowie Programm- und Proxyparameter gespeichert.

- JavaScript-Schutz für E-Mails.
- Einfache Übertragung von E-Mail-Ordnern auf andere Computer.
- Import von E-Mails und Adressbüchern aus anderen Browsern und Mail-Programmen.
- Umfangreiche Filter- und Suchfunktionen im E-Mail-Programm.

## Die Sidebar in Mozilla

Ein interessantes Feature in Mozilla ist die *Sidebar*, die am linken Fensterrand eingeschaltet werden kann. Hier können Sie auf mehreren, untereinander angeordneten Registerkarten verschiedene, häufig verwendete Funktionen zum schnellen Zugriff ablegen. Die Sidebar wird mit der Taste F9 ein- und ausgeblendet.

Standardmäßig finden Sie hier zum Beispiel die *Favoritenverwaltung*, die *History* der zuletzt besuchten Seiten und ein *Suchformular* für bekannte Suchmaschinen wie Google, dmoz und andere.

Außerdem liefern spezielle Contentanbieter eigene Sidebars, die über deren Web-Seiten oder über die Netscape-Sidebarverzeichnisse `channels.netscape.com/ns/browsers/sidebar.jsp` und `dmoz.org/Netscape/Sidebar` installiert werden können.

Interessante Sidebars sind zum Beispiel die Newsticker von Heise und Golem, die in diesem Format angeboten werden.

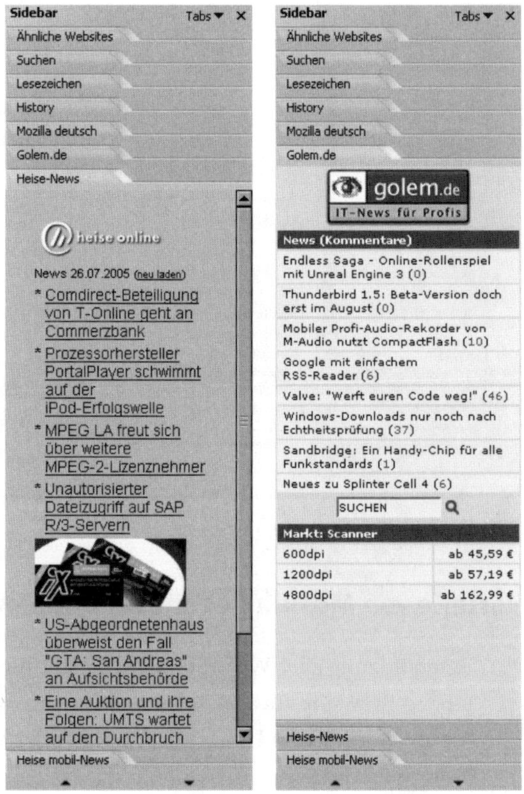


**Bild 11.48:** Aktuelle News in Mozilla-*Sidebars*

## Suche in Mozilla

Eine weitere wichtige Sidebar, die standardmäßig aktiv ist, ist das *Suchformular*, das verschiedene Suchmaschinen aufrufen kann. Die Ergebnisse können kombiniert im Hauptfenster angezeigt werden. Solange Suchergebnisse vorhanden sind, werden diese auch in der *Suchen*-Sidebar in neuen Browserfenstern angezeigt, sodass man dort direkt auf die Suchergebnisse klicken kann, ohne die Liste zu verlieren.

Sind Suchergebnisse vorhanden, wird die *Suchen*-Sidebar automatisch eingeblendet. Die Funktion muss in den Einstellungen unter *Navigator/Internet-Suche* aktiviert sein. Im selben Dialog kann man auch die Standard-Suchmaschine wählen, die verwendet werden soll.

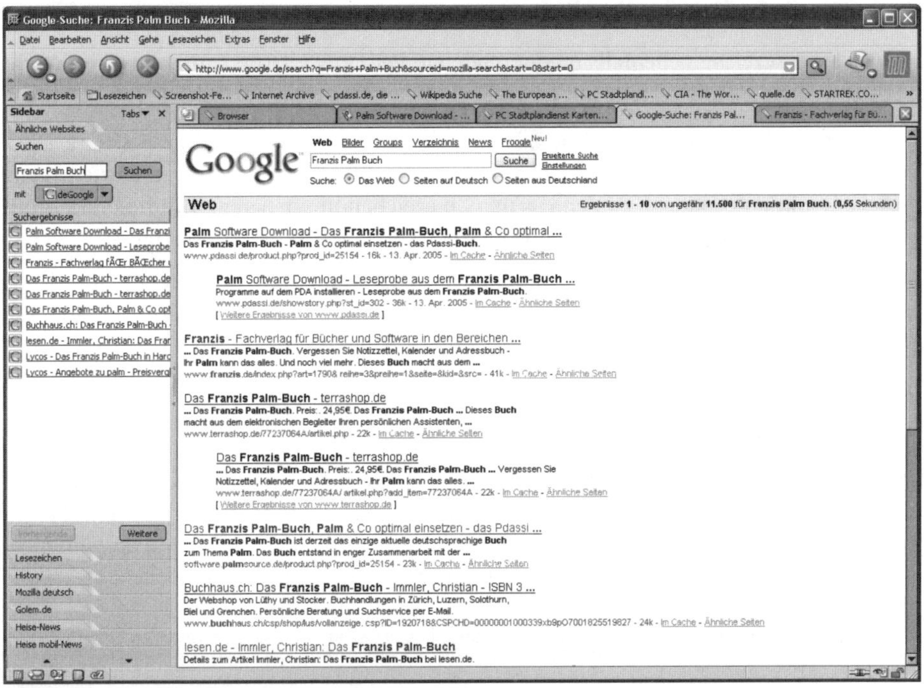


**Bild 11.49:** Suchergebnisse in Mozilla

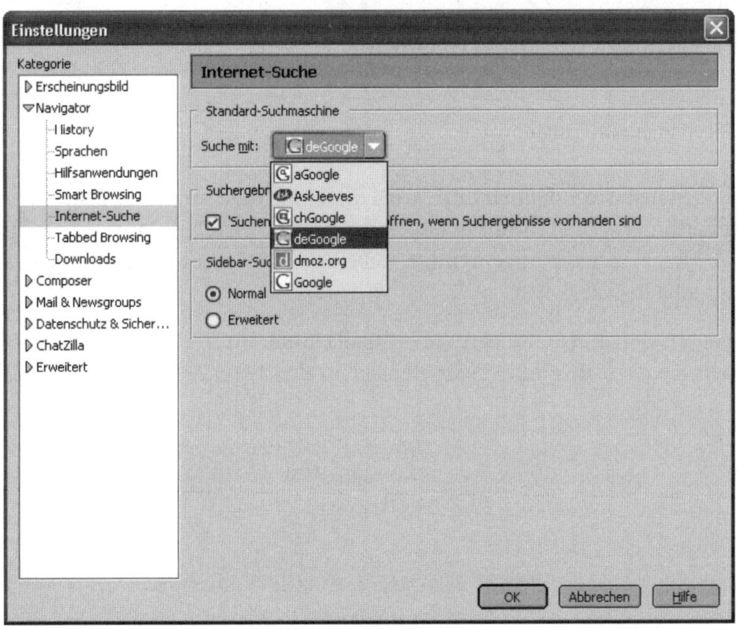


**Bild 11.50:** Sucheinstellungen in Mozilla

## Lesezeichen – Favoriten in Mozilla

Mozilla verwaltet Lesezeichen ebenfalls in einer Sidebar. Per Drag& Drop kann man die aktuelle Internet-Adresse aus der Browserzeile auf einen Lesezeichenordner in der Sidebar ziehen.

Alle Lesezeichen werden automatisch als lokale Web-Seite `bookmarks.html` gespeichert. Diese Seite kann einfach im Internet oder im lokalen Netz veröffentlicht werden. Außerdem kann Mozilla solche Bookmark-Dateien zu den eigenen Lesezeichen importieren. Mit dieser Methode können Sie Ihre Lesezeichen sehr einfach von einem PC auf einen anderen übertragen.

Mit einem speziellen Suchformular, das mit der Tastenkombination [Strg]+[F] aufgerufen wird, können Sie innerhalb größerer Lesezeichensammlungen oder auch auf anderen Web-Seiten nach Stichwörtern suchen.

## Tabbed Browsing

Beim Recherchieren oder Vergleichen von Angeboten hat man oft mehrere Browserfenster gleichzeitig geöffnet. Dabei geht die Übersicht auf dem Bildschirm sehr schnell verloren, besonders, wenn man daneben auch noch andere Programme geöffnet hat. Mozilla kann deshalb mehrere Web-Seiten auf verschiedenen Registerkarten innerhalb eines Fensters darstellen.

**Bild 11.51:** Mehrere Web-Seiten in einem Fenster

Klicken Sie mit der mittleren Maustaste auf einen Link, wird dieser auf einer neuen Registerkarte geöffnet. Die Tastenkombination [Strg]+[T] öffnet eine leere Registerkarte, um dort eine neue Web-Seite anzuzeigen. Das kleine kreuzförmige Symbol neben den Registerkarten am rechten Fensterrand schließt die aktuelle Registerkarte.

Diese Einstellungen können in den Einstellungen von Mozilla unter *Bearbeiten/Einstellungen* angepasst werden. Wechseln Sie dazu im linken Seitenfenster in den Bereich *Navigator/Tabbed Browsing*.

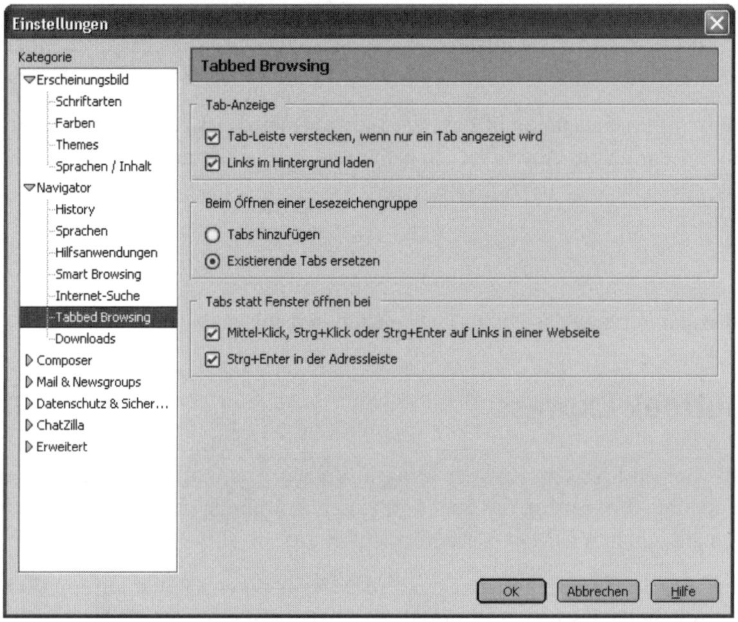


**Bild 11.52:** Einstellungen für *Tabbed Browsing*

## Der Popup-Blocker in Mozilla

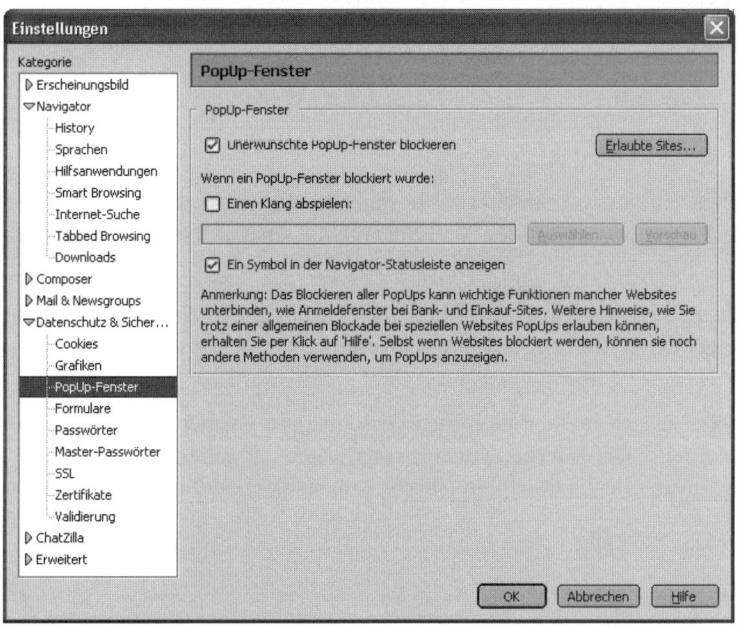


**Bild 11.53:** Einstellungen zum Popup-Blocker

Mozilla kann verhindern, dass Web-Seiten automatisch Fenster öffnen oder andere lästige Browseraktivitäten verursachen, ohne dass der Benutzer dies explizit wünscht. Die entsprechenden Einstellungen finden Sie unter *Datenschutz & Sicherheit* im Konfigurationsdialog.

Versucht eine Web-Seite, ein Popup-Fenster zu öffnen, das blockiert wird, erscheint unten rechts im Rand des Mozilla-Fensters ein gelbes Ausrufezeichen-Symbol. Ein Klick darauf ermöglicht, bei Bedarf Popups für diese spezielle Seite freizugeben.

**Bild 11.54:** Anzeige des Popup-Blockers unten rechts im Mozilla-Fenster

## 11.7 E-Mail mit Outlook Express

Windows XP liefert für E-Mail und Newsgroups ein Programm namens Outlook Express mit, nicht unbedingt das beste E-Mail-Programm, das aber von vielen Anwendern benutzt wird, weil es vorinstalliert ist. Für den alltäglichen E-Mail-Verkehr reicht es aus.

Outlook Express kann über das Startmenü aufgerufen werden. Win-dows XP legt automatisch einen Menüpunkt im oberen Bereich des neuen Windows XP-Startmenüs an.

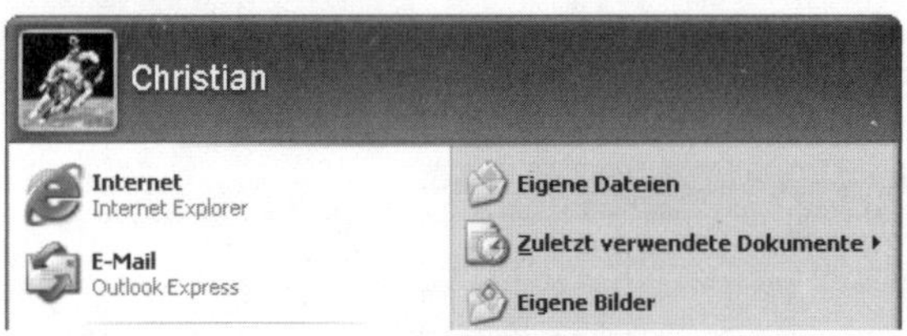


**Bild 11.55:** Outlook Express im Startmenü

Bevor man die erste Mail schreibt, muss man ein so genanntes Konto einrichten. Dieses enthält die eigene E-Mail-Adresse, Zugangsdaten für den Mail-Server und verschiedene weitere Einstellungen.

Im ersten Schritt des *Assistenten* geben Sie Ihren wirklichen Namen oder den Namen Ihrer Firma an, so wie er beim Empfänger der E-Mail angezeigt werden soll.

**Achtung** Wundern Sie sich nicht, dass in den Dialogfeldern *Assistent für den Internetzugang* angezeigt wird. Der Internet-Zugang ist natürlich schon längst konfiguriert und wird auch nicht verändert. Dies ist ein Übersetzungsfehler in der deutschen Windows XP Version.

Im nächsten Schritt geben Sie dann Ihre E-Mail-Adresse an.

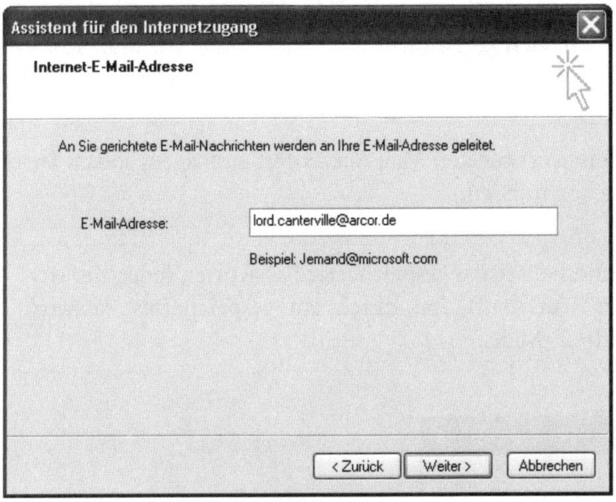


**Bild 11.56:** Eingabe der E-Mail-Adresse für ein neues Mail-Konto

Im nächsten Schritt tragen Sie die Server-Adressen des POP3- und SMTP-Servers ein. Diese erhalten Sie von Ihrem Provider. Outlook Express unterstützt für den Posteingang POP3- und IMAP-Server.

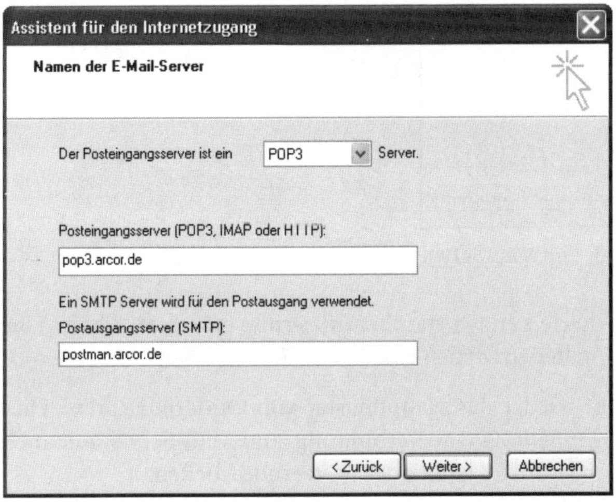


**Bild 11.57:** Zugangsdaten für den Mail-Server in Outlook Express

**Achtung** IMAP ist ein weiteres Protokoll zum Zugriff auf einen Mail-Server. Im Unterschied zu POP3 verbleibt auf dem IMAP-Server eine zentrale Datenbank der E-Mails. Hier wird gespeichert, welche Mails bereits auf den lokalen Computer heruntergeladen wurden. So können Sie von einem anderen Standort aus leichter auf Ihre Mails zugreifen, auch wenn Sie diese bereits einmal heruntergeladen haben. Bei langsamen Internet-Verbindungen sollten Sie aber lieber die POP3-Variante benutzen. Hier kann ein IMAP Zugriff sehr lange dauern.

Im nächsten Schritt fragt der *Assistent* nach einem Kontonamen. Auch hier ist wieder ein Übersetzungsfehler in Outlook Express zu sehen. Gefragt ist nicht der lokale Name des Mail-Kontos, sondern der Benutzername für den Zugriff auf den Server. Bei den meisten Providern ist dies der Teil der E-Mail-Adresse vor dem @-Zeichen.

Im selben Dialog können Sie auch das Passwort für den Mail-Server fest eintragen, sodass Sie es nicht bei jeder E-Mail-Abfrage neu eingeben müssen.

**Achtung** Bedenken Sie das Sicherheitsrisiko gespeicherter Passwörter. Jeder, der sich unbefugt Zugriff zu Ihrem PC verschafft, hat durch ein gespeichertes Passwort automatisch auch Zugriff auf Ihre E-Mails.

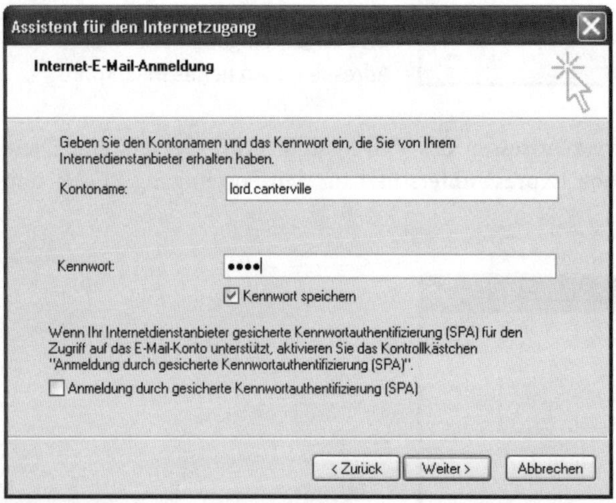


**Bild 11.58:** Benutzername und Passwort für den Mail-Server

Wenn der Posteingangs-Server eine gesicherte Kennwortauthentifizierung erfordert, schalten Sie in diesem Dialog den entsprechenden Schalter zusätzlich ein.

Nach Abschluss des *Assistenten* erscheint wieder das Hauptfenster von Outlook Express. Hier können Sie mit der Schaltfläche *Senden/Empfangen* eine Verbindung zum Mail-Server aufbauen und dort lagernde E-Mails abholen, um sie lokal zu lesen oder weiterzubearbeiten.

**Achtung** Bevor Sie eine neue E-Mail schreiben, sollten Sie noch sicher stellen, ob der Postausgangs-Server Ihres Providers eine Authentifizierung erfordert. Ist dies der Fall, wählen Sie im Dialogfeld *Extras/Konten* das E-Mail-Konto aus und klicken dort auf *Eigenschaften*. Dort können Sie auf der Registerkarte *Server* die Authentifizierung für den Postausgangs-Server einstellen.

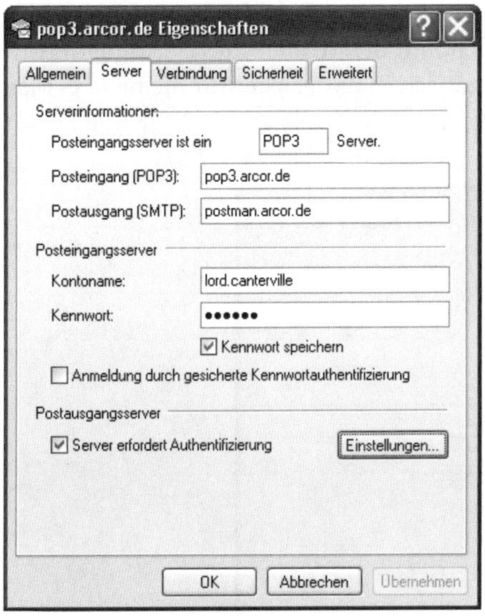


**Bild 11.59:** Server-Einstellungen für ein E-Mail-Konto in Outlook Express

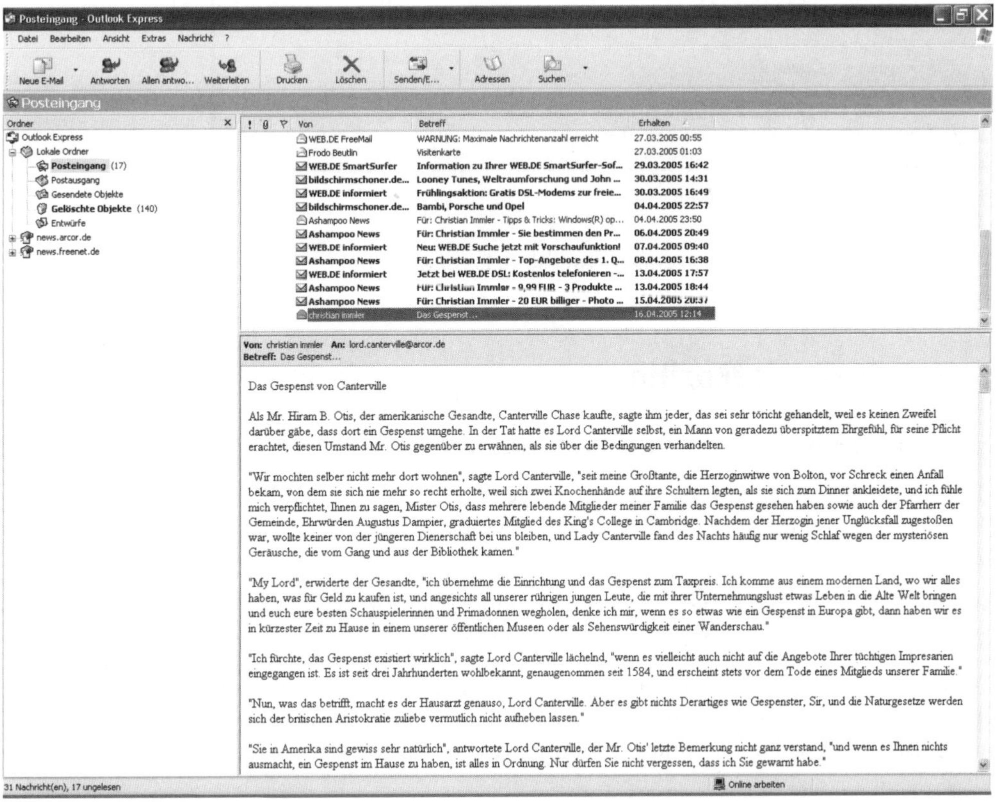


**Bild 11.60:** E-Mails in Outlook Express

Mit der Schaltfläche *Neue E-Mail* schreiben Sie eine neue Mail, *Antworten* beantwortet eine eingegangene Mail. Beide Funktionen sind prinzipiell gleich, mit dem Unterschied, dass beim Antworten der Text der beantworteten Mail als Zitat automatisch in das Fenster für die neue E-Mail übernommen wird.

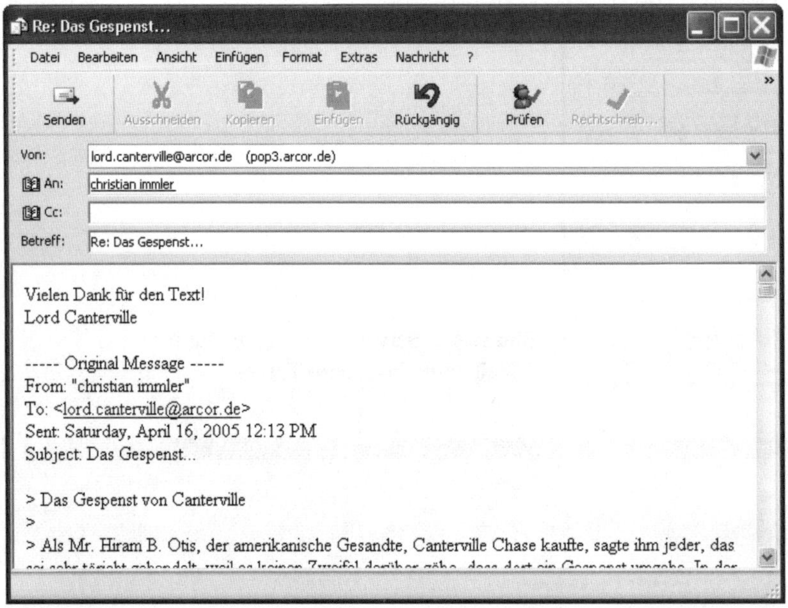


**Bild 11.61:** Antwort auf eine Mail

Wenn mehrere E-Mail-Konten eingerichtet sind, kann man im Listenfeld *Von:* auswählen, welche Adresse als Absender übertragen werden soll.

## 11.8 E-Mail mit Mozilla

Mozilla liefert neben dem Browser ein vollwertiges und sehr komfortables E-Mail-Programm mit.

Beim ersten Programmaufruf wird ein Assistent gestartet, mit dem E-Mail- und Newsgroup-Accounts eingerichtet werden können. Mozilla kann mehrere E-Mail- und Newsgroup-Accounts parallel verwalten.

Weitere Accounts können Sie über den Menüpunkt *Bearbeiten/Mail & Newsgroup-Account-Einstellungen* anlegen. Klicken Sie hier auf die Schaltfläche *Account hinzufügen*.

Wählen Sie beim Start des Assistenten die Option *E-Mail-Account*. Im zweiten Schritt geben Sie Ihren wirklichen Namen oder den Namen Ihrer Firma an, so wie er beim Empfänger der E-Mail angezeigt werden soll. In das untere Feld tragen Sie Ihre E-Mail-Adresse ein.

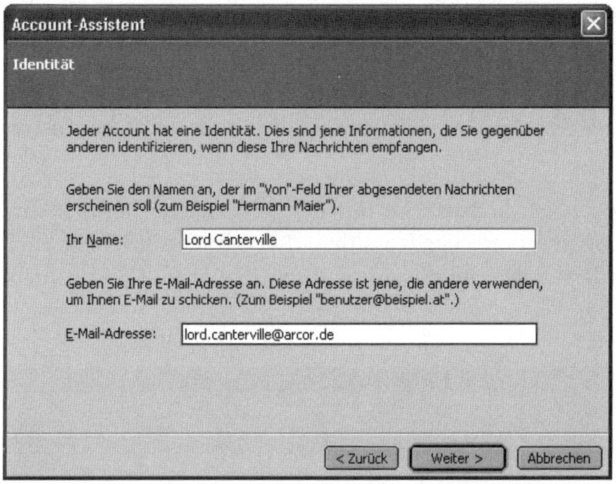


**Bild 11.62:** Neues E-Mail-Konto in Mozilla anlegen

Im nächsten Schritt tragen Sie die Server-Adressen des POP3- und SMTP-Servers ein. Übernehmen Sie diese aus Ihrem bisherigen E-Mail-Programm, oder suchen Sie sie auf der Web-Seite Ihres Anbieters. Alternativ zu POP3- unterstützt Mozilla auch IMAP-Server.

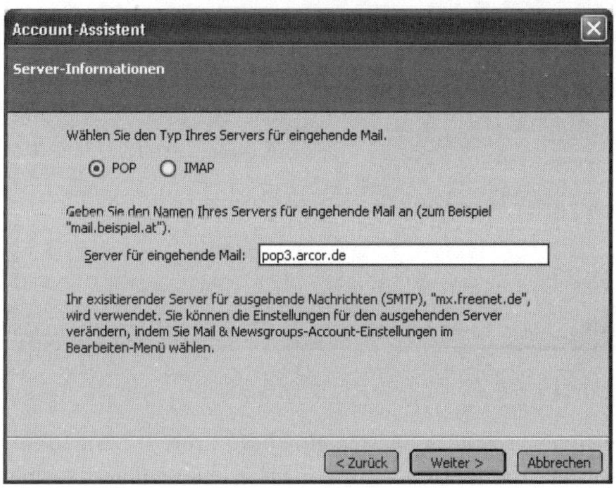


**Bild 11.63:** Einstellungen für den Mail-Server

Danach müssen Sie noch den Benutzernamen eingeben, den Sie zum Zugriff auf den Mail-Server benötigen. Bei vielen Anbietern ist dies entweder die komplette E-Mail-Adresse oder der Teil vor dem @. Einige Anbieter verwenden aber auch ganz eigene Benutzernamen. Lesen Sie im Zweifelsfall in der Dokumentation Ihres Anbieters nach.

Der folgende Dialog *Account-Name* fragt nach einem Namen, unter dem dieser E-Mail-Account in einer Liste mehrerer Accounts eingetragen wird. Als Namen bieten sich die E-Mail-Adresse oder Bezeichnungen wie »Privat«, »Büro« oder ähnliche an.

Zum Schluss wird noch eine Übersicht der eingetragenen Daten angezeigt und, wenn Sie auf *Fertigstellen* klicken, der Account generiert.

Nachdem der E-Mail-Account eingerichtet ist, können Sie mit der Schaltfläche *Abrufen* Ihre E-Mails vom Server abholen und lesen. Beim ersten Zugriff auf den Mail-Server werden Sie nach dem Passwort gefragt. Dieses kann hier fest eingetragen werden, sodass Sie es in Zukunft nicht jedes Mal neu eintippen müssen.

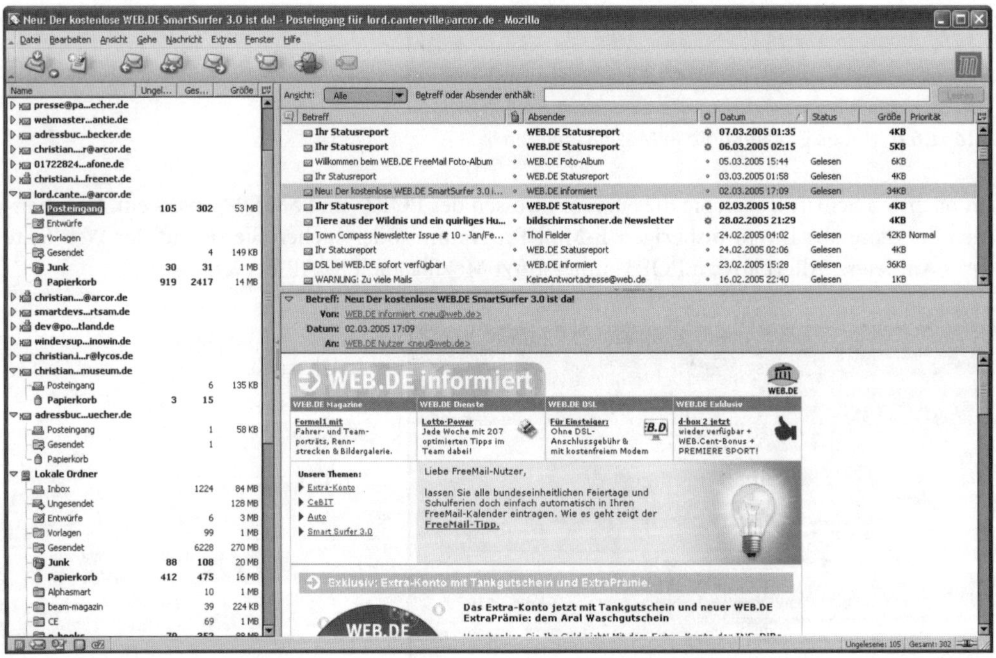


**Bild 11.64:** E-Mails in Mozilla

Haben Sie sehr viele E-Mails, hilft die Suchzeile oben im Fenster, eine bestimmte E-Mail zu finden. Unter *Extras/Nachrichten suchen* können Sie nach bestimmten Kriterien detailliert suchen und auch Unterordner durchsuchen. Solche legen Sie mit einem Rechtsklick auf den E-Mail-Account im linken Fenster an. Per Drag&Drop oder mit automatischen Filtern können eingehende Mails in die Ordner verschoben werden.

Über den Menüpunkt *Bearbeiten/Mail & Newsgroup Account Einstellungen* können Sie die Server-Einstellungen und das automatische, zeitgesteuerte Abholen von E-Mails detailliert für jeden Account gesondert konfigurieren.

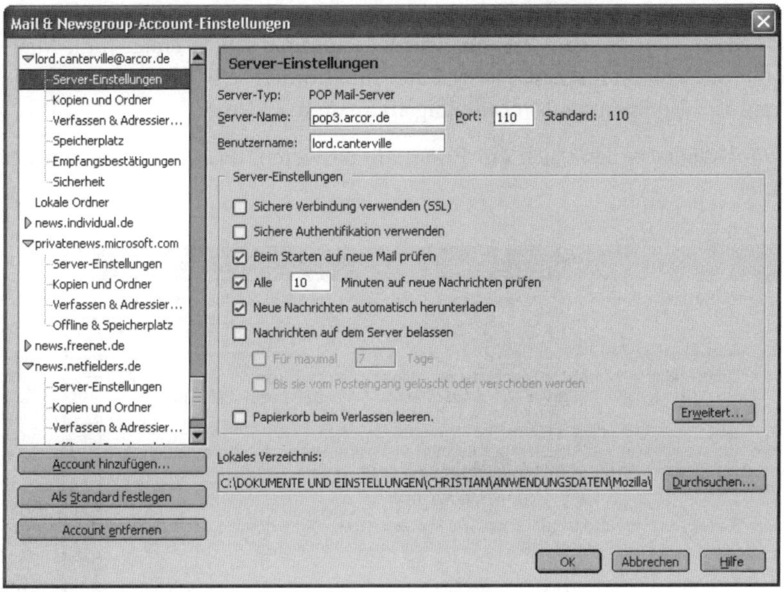


**Bild 11.65:** Server-Einstellungen für den Mail-Server

## Der Spamfilter in Mozilla

Wer nicht täglich diverse Viagra-Derivate oder gefälschte Rolex-Uhren kaufen möchte, verbringt einen erheblichen Teil seiner Online-Zeit mit dem Löschen überflüssiger E-Mails. Auf großen Mail-Servern sind bis zu 85% aller E-Mails Spam, also unerwünschte Werbung.

Mozilla verfügt über einen intelligenten lernfähigen Spamfilter, der automatisch solche Werbemails identifiziert.

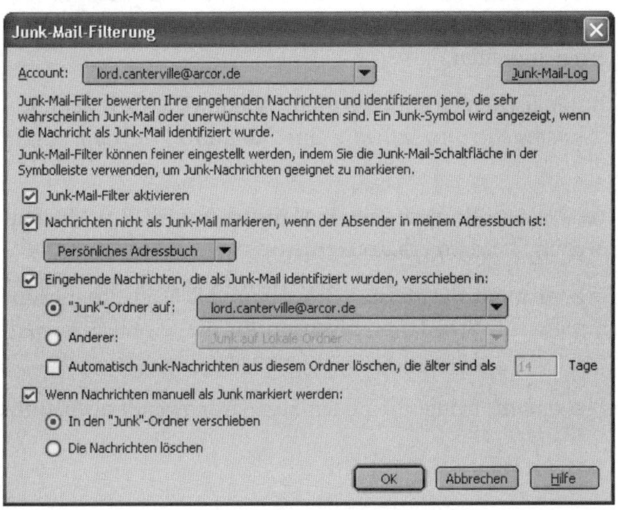


**Bild 11.66:** Konfiguration des Spamfilters

Über den Menüpunkt *Extras/Junk-Mail-Filter* können Sie den Spamfilter in Mozilla konfigurieren. Damit lassen sich Mails, die als Spam erkannt wurden, automatisch in einen Junk-Mail-Ordner verschieben oder auch direkt löschen. Dieser Filter funktioniert sehr gut, wenn er einige Zeit trainiert wird, wenn Sie also Spammails regelmäßig als Spam markieren.

Mit der Schaltfläche *Junk-Mail-Log* lässt sich ein Protokoll aktivieren, das die Aktivitäten des Spam-Filters aufzeichnet.

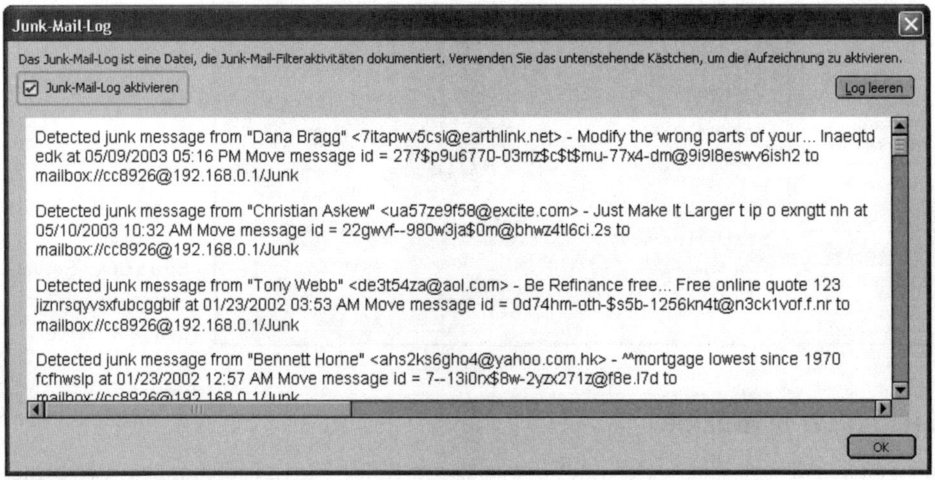


**Bild 11.67:** Das Junk-Mail-Log

## 11.9 Programmzugriff und Standards

Wer anstatt des Internet Explorers einen besseren Browser und anstatt Outlook Express ein besseres E-Mail-Programm benutzt, möchte diese Komponenten überall da verwenden, wo Betriebssystemfunktionen auf das Internet zugreifen.

Eher aus kartellrechtlichen als aus technologischen Gründen enthält Windows XP seit dem Service Pack 1 im Startmenü und in der *Systemsteuerung/Software* eine Funktion *Programmzugriff und -standards.*

An dieser Stelle können der aktuell verwendete Browser, ein E-Mail-Programm, ein Medienplayer und ein Messenger zum systemweiten Standard erklärt werden.

Wirklich neu ist diese Funktion allerdings nicht, da die meisten Browser und E-Mail-Programme eigene Funktionen enthalten, um sich selbst zur Standardapplikation für die jeweilige Anwendung zu machen.

Die Einstellung *Programmzugriffe und -standards* bringt die neuen Standardanwendungen automatisch auch ins Startmenü.

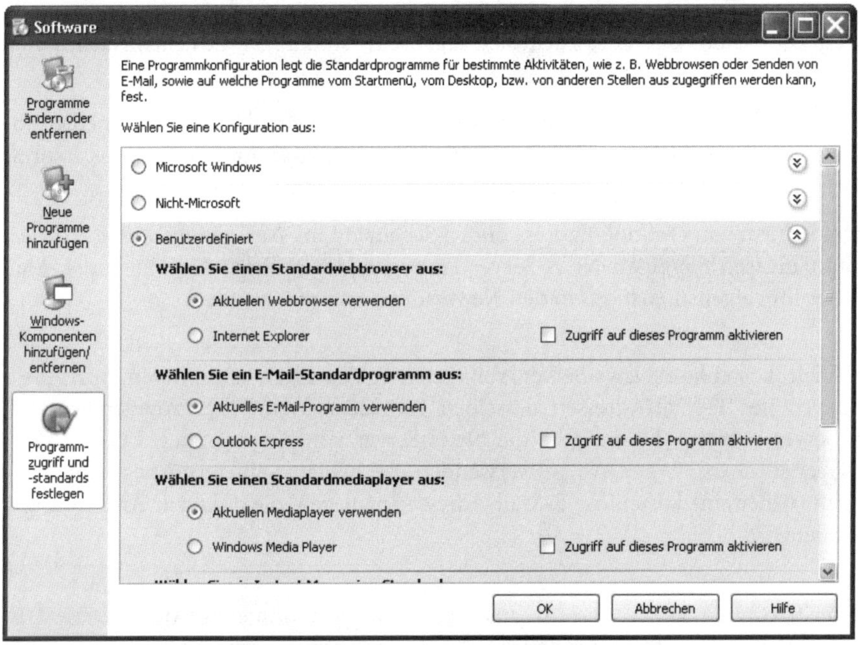


**Bild 11.68:** Programmzugriff und -standards in der *Systemsteuerung*

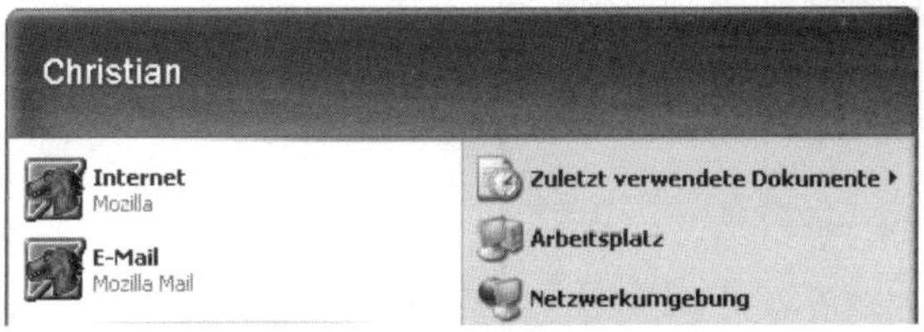


**Bild 11.69:** Mozilla-Browser und Mozilla-E-Mail im Startmenü

## 11.10 Usenet und Newsgroups

Jeden Tag schreiben Menschen auf der ganzen Welt etwa 400.000 Nachrichten, Kommentare und Meinungen in tausenden von Newsgroups im Usenet.

Newsgroups heben sämtliche politischen und kulturellen Grenzen auf und spiegeln die ursprüngliche Idee des Internets als einer weltweiten Kommunikationsplattform wieder. Dagegen sind WWW-Seiten nichts anderes als moderne Prospekte und Flugblätter, E-Mails nur eine schnellere und preiswertere Form der Post. Da Newsgroups plattformunabhängig und weltweit einheitlich strukturiert sind, haben sie deutlich größeren Zulauf und meist auch qualifiziertere Besucher als Foren auf einzelnen Web-Seiten, die irgendein Hobby-Webmaster nach Gutdünken gestaltet, moderiert und auch zensiert.

Das Usenet besteht aus zahlreichen verschiedenen News-Servern, die bei den größeren Internet-Providern stehen. Diese News-Server spiegeln sich gegenseitig ständig die aktuellen Nachrichten in den Newsgroups.

Zum Lesen und Schreiben von Nachrichten in Newsgroups braucht man ein geeignetes Programm, einen so genannten Newsreader. Die meisten E-Mail Programme,wie Outlook Express oder Mozilla beinhalten Newsreader-Funktionen.

Auf dem Startbildschirm von Outlook Express finden Sie einen Link *Newsgroups-Konto erstellen*. Beim ersten Start müssen Sie einen News-Server eintragen, sowie Ihren Namen und E-Mail Adresse, unter der Ihre eigenen Postings in den Newsgroups erscheinen sollen.

**Tipp** Viele kostenlose News-Server von Internet-Providern akzeptieren nur Anmeldungen mit E-Mail-Adressen desselben Providers. Wenn Ihr Provider keinen News-Server anbietet, können Sie die News-Server von Arcor (`news.arcor.de`) oder Freenet (`news.freenet.de`) verwenden. Bei beiden Anbietern ist es erforderlich, sich vorher eine kostenlose E-Mail-Adresse anzulegen, die dann zur Anmeldung verwendet wird.

Im nächsten Schritt können Sie Newsgroups auswählen, die Sie abonnieren wollen. Diese Auswahl lässt sich natürlich jederzeit beliebig ändern.

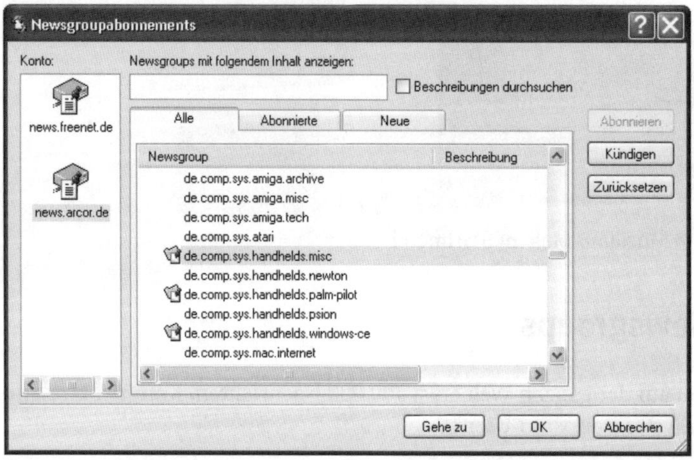


**Bild 11.70:** Newsgroups in Outlook Express abonnieren

Die Namensstruktur der Newsgroups ist überall gleich, sodass die Nachrichten sofort zu finden sind. Allerdings spiegeln nicht alle Server auch alle Newsgroups. Dies kann Vor- und Nachteile haben: Newsgroups, die nur lokal oder national interessant sind, müssen nicht weltweit gespiegelt werden. Das verringert das Nachrichtenaufkommen und erhöht die Übersichtlichkeit auf den News-Servern. Allerdings gibt dieses System Server-Betreibern die Möglichkeit, bestimmte Newsgroups aus moralischen, politischen oder religiösen Motiven heraus nicht zu veröffentlichen und so eine gewisse Zensur auszuüben. Die in letzter Zeit in den Markt drängenden kostenpflichtigen Newsanbieter üben zunehmend Druck auf Provider aus, das kostenlose News-

Angebot einzuschränken. Allerdings betrifft dies im Wesentlichen Newsgroups, die Bilder und Dateien übermitteln sowie solche aus der Kategorie `alt.sex.*`. Das Angebot an themenorientierten Support-Newsgroups steht bei fast allen Providern kostenlos zur Verfügung.

**Info** Die Anzahl aller Newsgroups weltweit wird zwischen 20.000 und 80.000 angegeben. Allerdings gibt es viele Newsgroups, die auf Grund von Fehlern angelegt wurden und keine Inhalte enthalten. Schlecht gepflegte News-Server speichern solche Newsgroups und zählen sie mit, weshalb es hier zu sehr hohen Zahlen kommt. Gut gepflegte News-Server enthalten nur Newsgroups, die nach den Richtlinien der jeweiligen Hierarchie angemeldet wurden. Die meisten öffentlichen News-Server enthalten auch keine Gruppen zu eindeutig illegalen Themen.

Die abonnierten Newsgroups werden ähnlich wie in einem E-Mail Programm angezeigt. Allerdings werden die Nachrichten nicht chronologisch geordnet, sondern gemäß ihres Diskussionsverlaufes – auch *Thread* genannt.

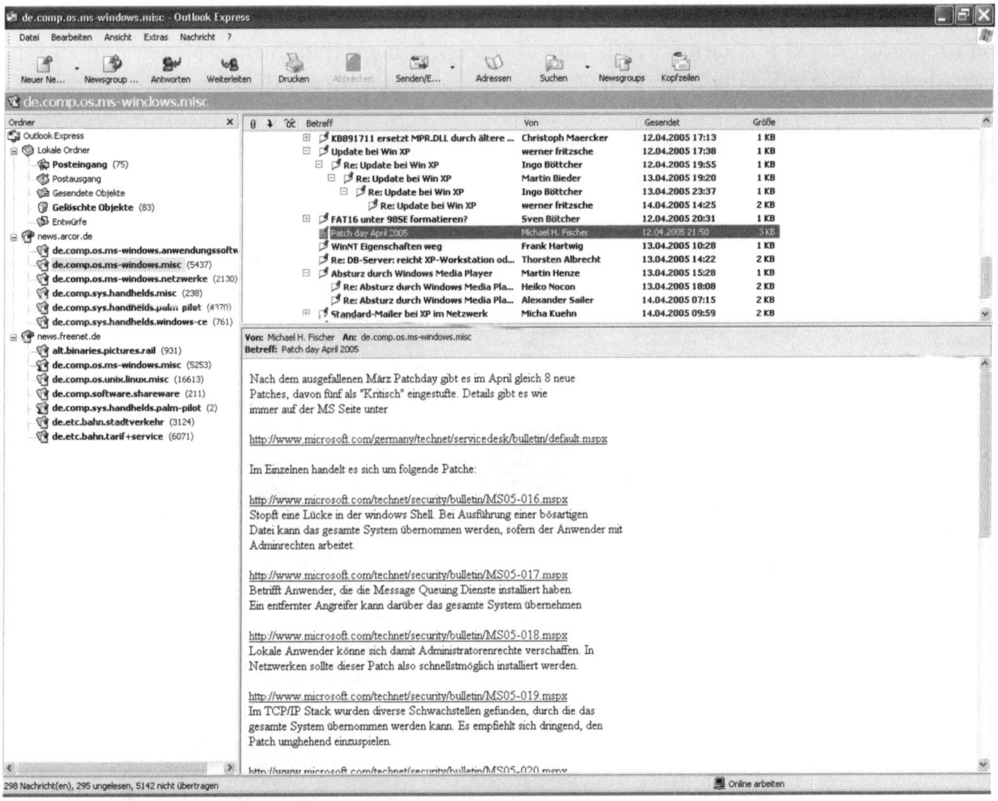

**Bild 11.71:** Newsgroup in Outlook Express

Hier können Sie auch selbst Nachrichten schreiben oder beantworten.

## Netiquette

Anders als in belanglosen Web-Foren gilt in Newsgroups immer noch ein zivilisierter Umgangston, die so genannte Netiquette.

**Info** Seien Sie freundlich und ehrlich, verzichten Sie auf das »Sie«. Achten Sie auf Rechtschreibung und Grammatik. Jedes Posting ist eine Art Visitenkarte. Tippfehler in Massen, wie sie in WWW-Foren immer mehr zunehmen, sind nicht »cool«, sondern eine Zumutung für alle, die diesen Text lesen müssen. Für absichtliche Streitereien und Beleidigungen sind die Newsgroups `alt.flame` und `de.alt.flame` vorgesehen. Für sinnloses Gelaber verwendet man die Newsgroup `de.alt.dummschwatz` – und auch nur diese.

## Newsgroups mit Bildern und Daten

Newsgroups mit dem Wort `binaries` im Titel können auch zur Veröffentlichung von Bildern, Programmen und jeder Art von Binärdateien verwendet werden.

Bilder werden direkt im Nachrichtenfenster angezeigt. Um ein Bild in einer Newsgroup zu veröffentlichen, hängen Sie dieses einfach wie einen Dateianhang an eine E-Mail-Nachricht an.

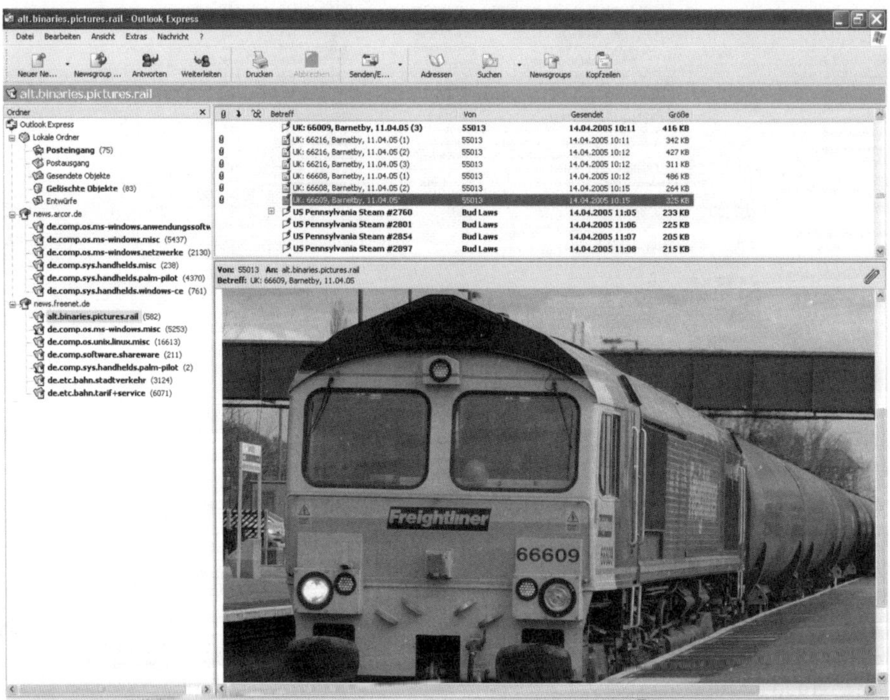


**Bild 11.72:** Newsgroup mit Bildern

Viele Provider bieten auf ihren Newsservern wegen des hohen Datenvolumens und der großen Gefahr illegaler Inhalte keine Newsgroups mit Binärinhalten an. In solchen Fällen gibt es als Alternative den kostenlosen Webdienst `www.usenet-replayer.com`. Hier kann man in Newsgroups gezielt nach Binärdaten bestimmter Formate suchen lassen und diese anzeigen oder herunterladen. Bilder werden in übersichtlichen Thumbnail-Galerien auf der Seite dargestellt. Ein Klick auf einen Thumbnail stellt das Bild in voller Größe dar.

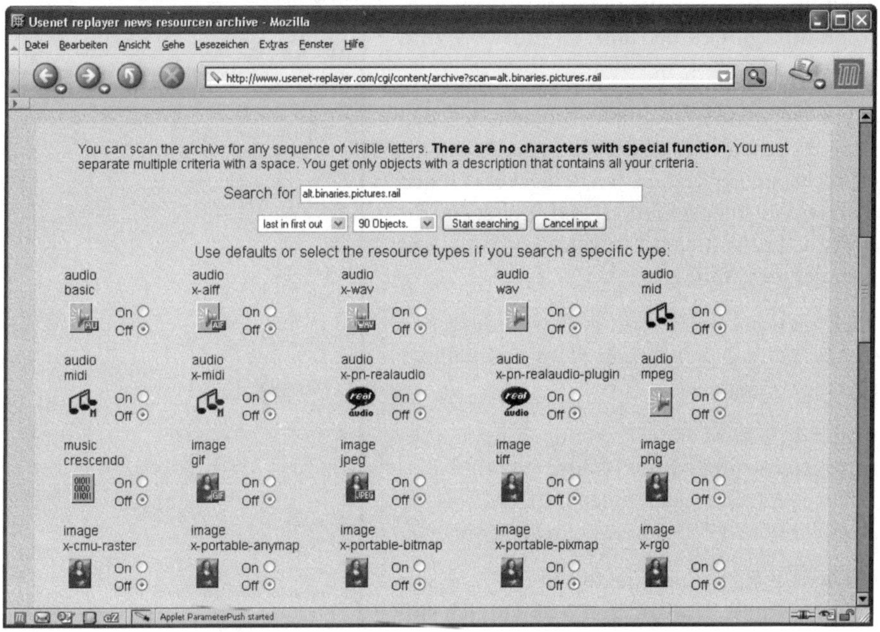


**Bild 11.73:** Webbasierte Bildersuche in einer Newsgroup

## 11.11 Internet-Telefonie

Telefonieren über das Internet wird immer beliebter. Solange man von Computer zu Computer telefoniert, kostet es nicht einmal etwas.

Hardware-seitig sind nur eine Soundkarte und ein Headset (Kopfhörer mit Mikrofon) sowie ein DSL-Anschluss erforderlich. Andere Techniken wie ISDN oder Modem bringen nicht die nötige Geschwindigkeit zur Datenübertragung von Sprache.

Viele Anbieter liefern mittlerweile kostenlose Software zum Telefonieren im Internet. Alle profitieren sie davon, dass man damit vom PC auch ins Festnetz telefonieren kann, wobei aber Kosten anfallen. Durchschnittlich werden je nach Anbieter etwa 1 Cent pro Minute für Gespräche ins deutsche Festnetz berechnet.

**Info** Bei Internet-Telefongesprächen werden die Gesprächsdaten über die DSL-Leitung nach dem Voice-over-IP Verfahren verschickt, das heißt, es wird Datenvolumen verbraucht. Bei optimaler Sprachqualität (unkomprimiert) werden pro Gesprächsminute ca. 1,2 MB benötigt, bei maximaler Datenkompression ca. 300 KB/Min.

Die am weitesten verbreitete Software zur Internet-Telefonie ist Skype mit über 100 Millionen Downloads aus aller Welt. Das Programm gibt es bei `www.skype.com` zum kostenlosen Download.

Bevor Sie Skype verwenden können, müssen Sie sich selbst einen Namen geben, unter dem Sie in den Kontaktlisten der Gesprächspartner auftauchen. Umgekehrt fügen Sie die Skype-Namen aller Freunde und Kollegen zur Kontaktliste hinzu. Anhand verschiedener Symbole sieht man sofort, wer gerade online ist.

Ein Doppelklick auf den Namen stellt die Verbindung her. Auch Konferenzschaltungen mehrerer Skype-Teilnehmer sind möglich.

Skype bietet zusätzlich eine Chat-Funktion, die auch während des Telefonierens nützlich sein kann, um zum Beispiel eine Internet-Adresse oder einen kurzen Text zu übertragen. Das vermeidet Tippfehler beim Gegenüber.

Zusätzlich ermöglicht Skype die direkte Übertragung von Dateien von einem Nutzer zum anderen, was deutlich einfacher und schneller als ein Versand per E-Mail oder FTP ist.

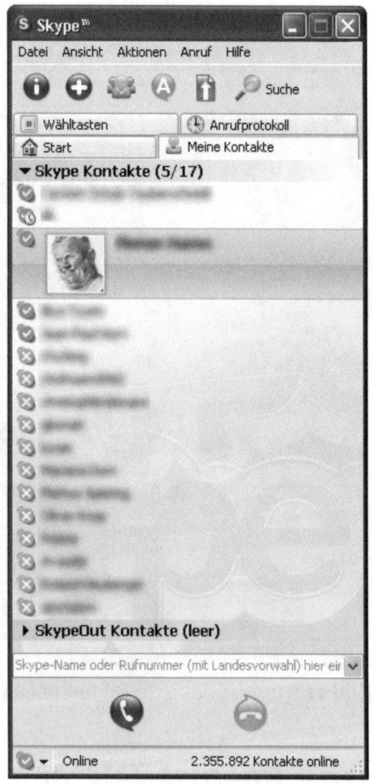


**Bild 11.74:** Die Kontaktliste in Skype

## 11.12 Firewall

Eine Firewall schützt den eigenen Computer vor Gefahren aus dem Internet indem nicht autorisierte Datenübertragungen blockiert werden. Windows XP enthält seit dem Service Pack 2 standardmäßig eine Firewall.

**Info** Firewall heißt übersetzt nicht etwa »Feuerwand« oder »Feuerwall«, wie manche schlecht informierte Web-Seiten schreiben, sondern »Brandschutzmauer«. Sie dient dazu, einen privaten Bereich, hier einen Computer oder ein Netzwerk, vor Gefahren von außen zu schützen. Microsoft spricht im Service Pack 2 konsequent von »der Firewall«, im deutschsprachigen Raum hat sich aber der feminine Artikel eingebürgert.

Die Firewall in Windows XP ist nichts grundlegend Neues. Seit der ersten Windows XP-Version ist eine Firewall vorhanden. Nur warum hat niemand diese Firewall benutzt? Nach einem Whitepaper von Microsoft lag das daran, dass sie für den Anwender zu schwer zu finden war.

Gesagt, getan! Seit dem XP Service Pack 2 ist die Firewall nicht mehr auf einer der hinteren Registerkarten für jede Internet-Verbindung getrennt zu konfigurieren, sondern liegt jetzt an auffälliger Stelle ganz am Ende der *Systemsteuerung* und gilt nun für alle Verbindungen gleichzeitig. Außerdem können die Einstellungen der Windows Firewall über das neue *Sicherheitscenter* aufgerufen werden.

**Info** Im Gegensatz zur alten Internet-Verbindungs-Firewall früherer Windows XP-Versionen ist die neue Firewall standardmäßig immer aktiv.

Über die Option *Windows-Firewall* in der Systemsteuerung oder über die gleichnamige Schaltfläche im *Sicherheitscenter* kommt man in einen Konfigurationsdialog für die Firewall. Wer eine externe Firewall-Lösung verwendet, kann hier die Windows Firewall deaktivieren. Alle anderen Anwender sollten sie aktiv lassen. Die Firewall wurde wesentlich verbessert, sodass es außer der Verwendung einer externen Alternative keinen Grund mehr gibt, sie abzuschalten.

**Bild 11.75:** Der Konfigurationsdialog der Windows Firewall

## Firewall-Regeln

Bemerkt die Firewall, dass ein neues Programm Daten aus dem Internet empfängt, wird dieser Datenverkehr automatisch blockiert und eine Meldung angezeigt. Microsoft-Programme und alle gängigen Webbrowser (Firefox, Mozilla oder Opera) sind automatisch für Internet-Zugriffe freigegeben. Alle anderen Programme sind standardmäßig solange gesperrt, bis man sie manuell für die Internet-Nutzung freigibt. Dies gilt übrigens auch für den extrem sicherheitskritischen Windows Messenger, der als einzige vorinstallierte Windows-Komponente eine eigene Erlaubnis für die Firewall benötigt.

Das bedeutet aber auch, dass nach einer Installation des Service Packs 2 zunächst viele Programme, die einen Internet-Zugang benötigen, nicht funktionieren. Diese müssen alle erst in der Firewall freigegeben werden.

**Achtung** Nach der Service Pack 2-Installation werden Sie zahlreiche Programme finden, die einen Internet-Zugang haben wollen, ohne dass Sie davon wussten. In vielen Fällen handelt es sich dabei um werbefinanzierte Software, die Spyware-Komponenten enthält, oder um nicht registrierte Shareware, die den Entwicklern heimlich mitteilt, auf welchen Computern sie läuft. Überlegen Sie sich also gut, welchem Programm Sie den Internet-Zugang freischalten und welchem lieber nicht.

Wenn ein Programm versucht, Daten aus dem Internet zu holen, erscheint eine Sicherheitswarnung.

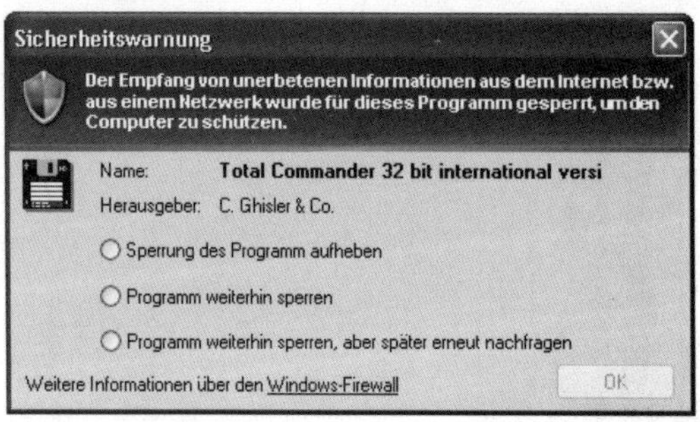


**Bild 11.76:** Sicherheitswarnung der Firewall

In diesem Dialog können Sie dieses Programm generell freigeben, weiterhin komplett sperren, ohne dass Nachfragen erscheinen, oder bei jedem neuen Kommunikationsversuch wieder diese Meldung einblenden lassen. Bei gesperrten Programmen erscheinen zukünftig keine Meldungen mehr, der Internet-Verkehr dieser Programme wird automatisch unterbunden.

Ein freigegebenes Programm wird im Konfigurationsdialog der Firewall auf der Registerkarte *Ausnahmen* als Ausnahme eingetragen.

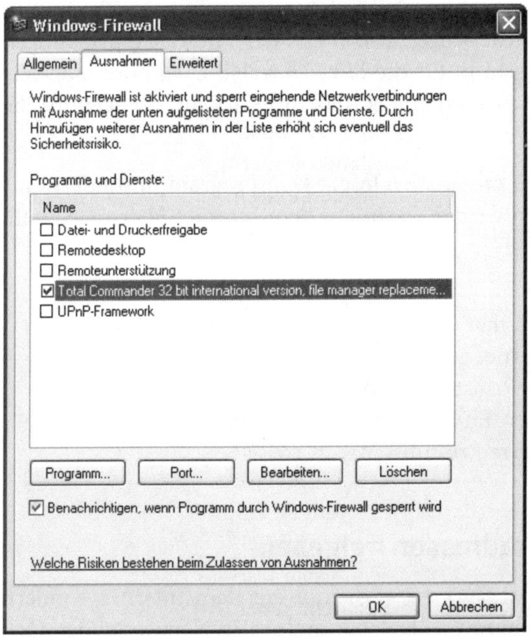


**Bild 11.77:** Anzeige der Firewall-Ausnahmen

In diesem Dialog können Sie auch später jederzeit ein ehemals freigegebenes Programm wieder sperren. Schalten Sie bei dieser Gelegenheit auch gleich den Remote-Desktop und die Remote-Unterstützung ab, das sind beliebte Einfallstore für Hackerangriffe.

Mit der Schaltfläche *Programm* können Firewall-Regeln für weitere Programme hinzugefügt werden, ohne dass man diese Programme starten muss.

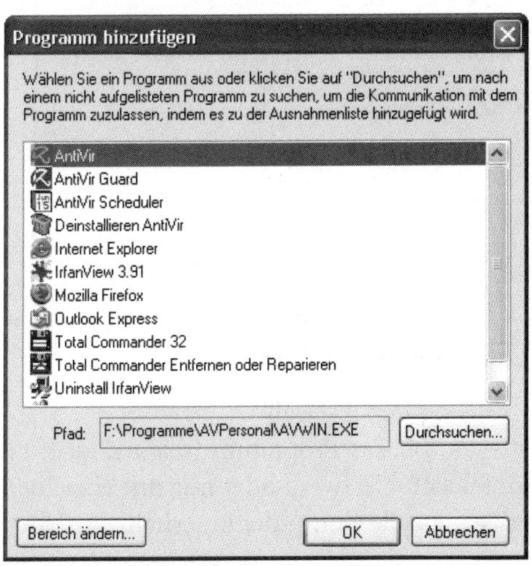


**Bild 11.78:** Auswahl eines Programms für eine neue Firewall-Regel

In der Liste sind alle installierten Programme aufgeführt. Wählen Sie das gewünschte Programm aus, und bestätigen Sie mit *OK*. Auf der Registerkarte *Ausnahmen* der Firewall-Einstellungen erscheint die neue Regel. Hier kann das Programm für die Firewall freigegeben oder blockiert werden. Programme, die nicht in der Liste erscheinen, findet man mit Klick auf die Schaltfläche *Durchsuchen*.

Die Schaltfläche *Löschen* auf der Registerkarte *Ausnahmen* löscht kein Programm, sondern nur die betreffende Regel. Wenn dieses Programm wieder Daten aus dem Internet übertragen will, erscheint erneut die Abfrage der Firewall.

**Tipp** Wenn Sie von einem Notebook mal über das eigene Netzwerk, mal über einen öffentlichen WLAN-Hotspot ins Internet gehen, können Sie mit Klick auf den Schalter *Keine Ausnahmen zulassen* auf der Registerkarte *Allgemein* ganz einfach alle auf der Registerkarte *Ausnahmen* eingestellten Firewall-Regeln auf einmal ignorieren, ohne die Programme jedes Mal einzeln sperren zu müssen.

## Programme für bestimmte Netzwerkadressen freigeben

Die Firewall blockiert sämtlichen TCP/IP-Datenverkehr, nicht nur aus dem Internet, sondern auch aus dem lokalen Netzwerk. Einige Programme sollen aber im lokalen Netzwerk oder auch mit bestimmten anderen Computern kommunizieren können, ohne einen komplett freien Internet-Zugang zu haben.

Ein Klick auf die Schaltfläche *Bearbeiten* auf der Registerkarte *Ausnahmen* in den Firewall-Einstellungen öffnet ein Dialogfeld, das den Dateinamen und Pfad des markierten Programms zeigt.

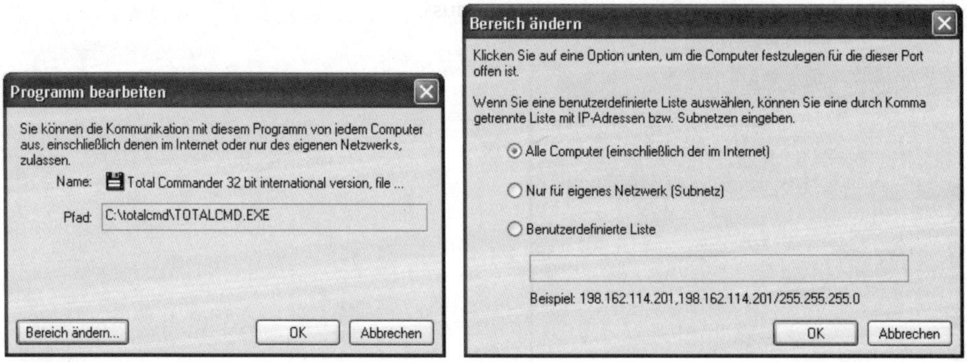


**Bild 11.79:** Firewall-Regeln einstellen

Mit der Schaltfläche *Bereich ändern* können Sie festlegen, ob das Programm freien Zugriff zu allen Computern im Internet haben soll, bzw. nur im lokalen Netzwerk oder nur mit einzelnen Computern kommunizieren darf. Als lokales Netzwerk gelten alle Computer innerhalb desselben Subnetzes.

Die Windows-Datei- und Druckerfreigabe ist auf diese Weise standardmäßig nur für das lokale Netzwerk freigeschaltet. Diese Einstellung sollten Sie auch aus Sicherheitsgründen nie ändern, da Angreifer sonst direkt auf die Daten Ihrer Festplatte zugreifen könnten.

## 11.13 Das Dialer-Problem

Das Prinzip der gefürchteten Dialer ist einfach: Über ein installiertes Modem oder ISDN-Karte wird eine Verbindung zu einer kostenpflichtigen 0190- oder 0900-Nummer aufgebaut und von dort weiter ins Internet, sodass man normal surfen kann, nur eben zu deutlich erhöhten Preisen. Der Betreiber der Nummer kassiert über die Telefonrechnung anonym für den so genannten »Mehrwertdienst«.

**Achtung** Dialer funktionieren nur über Wählverbindungen per ISDN oder Modem. DSL-Nutzer sind vor Dialern (bis jetzt) sicher. Dialer können aber auch Modems nutzen, die normalerweise nur zum Faxen gebraucht werden. Hier ist also trotzdem Vorsicht geboten.

In vielen Fällen beendet ein Dialer unbemerkt eine normale Internet-Verbindung, wählt sich über eine teure Nummer ein und führt die Verbindung dann zu erheblich höheren Kosten weiter.

**Hinweis** Bei jedem Telekom-Anschluss kann man auf Antrag alle Rufnummern, die mit 0190 oder 0193 beginnen, sperren lassen. Wählen Sie über eine Telefonanlage ins Internet, sollten Sie in dieser Anlage die Nummern 0190, 0900 und 0137 sperren. Ein Nachteil dieses Verfahrens ist, dass dann Call-by-Call-Telefonanbieter, deren Vorwahl mit 01900 beginnt, auch nicht mehr verwendet werden können. Die Rufnummern 0900 und 0137 können Sie aber in jedem Fall sperren.

Überprüfen Sie regelmäßig den Ordner `Netzwerkverbindungen` auf veränderte Einträge. Besonders wichtig ist die tatsächlich anzuwählende Nummer, die nur in den Wählregeln angezeigt wird. Die Nummer, die in den *Eigenschaften* einer Internet-Verbindung steht, kann über Wählregeln von einem Dialer modifiziert werden (siehe Abbildung 11.88).

Da sich niemand einen derartigen Dialer absichtlich installiert, verwenden die Anbieter diverse Tricks, diese Anwahlprogramme auf die Computer ihrer Opfer zu bringen. Da die ursprünglich beliebte Methode, dem ahnungslosen Computernutzer ein »kostenloses Internet-Zugangs-Tool« oder einen »Beschleuniger« per E-Mail oder Download-Link anzubieten heute kaum noch funktioniert (es fällt einfach keiner mehr darauf herein), werden die Dialer jetzt unbemerkt installiert.

Die Anbieter nutzen dazu die Schwachstelle ActiveX des Internet Explorers. Anwender anderer Browser sind weitgehend vor Dialern sicher. ActiveX ermöglicht das Ausführen von Programmen nur durch den Besuch einer Web-Seite oder durch das Lesen einer HTML-Mail, ohne dass irgendeine Interaktion mit dem Benutzer notwendig ist.

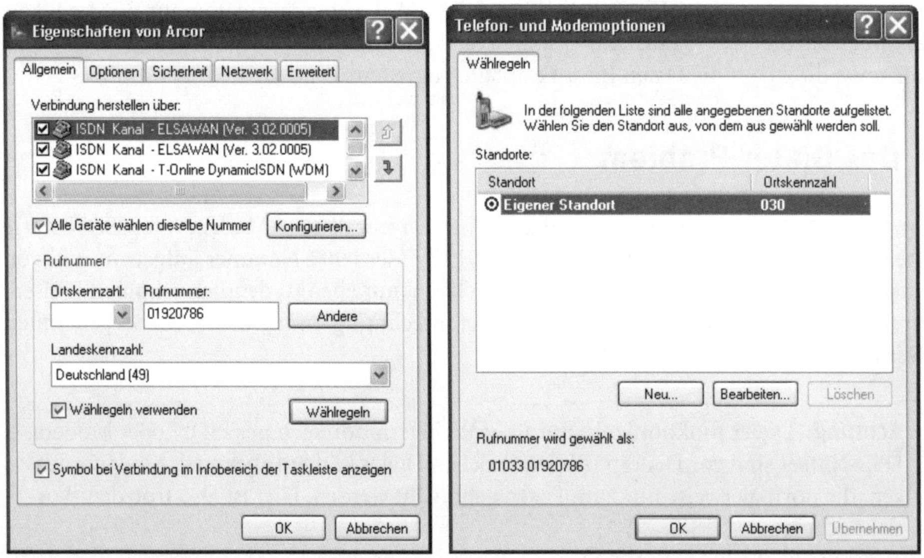


**Bild 11.80:** Nummer einer Internet-Verbindung in den *Eigenschaften* und in den *Wählregeln*

Wenn Sie also nicht schon längst auf einen besseren Browser umgestiegen sind, sollten Sie im Internet Explorer zumindest das ActiveX blockieren.

Starten Sie dazu in der *Systemsteuerung* das Modul *Internetoptionen*. Selektieren Sie dort auf der Registerkarte *Sicherheit* die Webinhaltszone *Internet*.

Klicken Sie hier auf *Stufe anpassen*. Setzen Sie im nächsten Dialog in dieser *Webinhaltszone* alle ActiveX-Einstellungen auf *Deaktivieren*. Setzen Sie auch alle Einstellungen unter *Scripting* auf *Deaktivieren*. Speichern Sie die Einstellungen mit *OK*, und starten Sie den Internet Explorer neu.

**Bild 11.81:** Die *Sicherheitszonen* des Internet Explorers in der *Systemsteuerung*

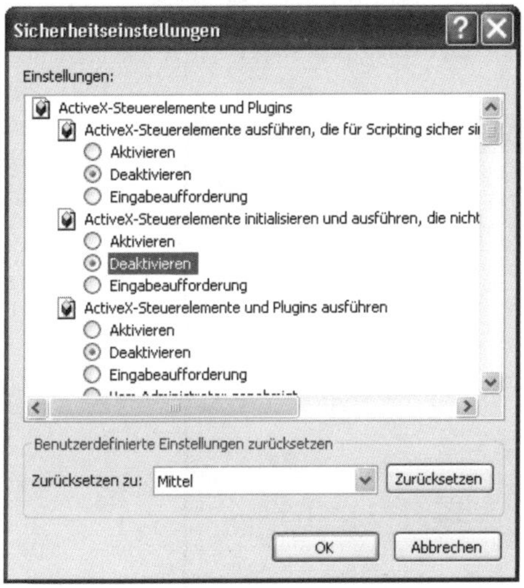


**Bild 11.82:** ActiveX-Einstellungen sicherheitshalber deaktivieren

## Dialerschutz mit dem web.de-SmartSurfer

Der SmartSurfer von web.de bietet einen wirksamen Dialerschutz, den Sie in jedem Fall aktivieren sollten, wenn Sie per Internet-by-Call und Modem oder ISDN ins Internet gehen.

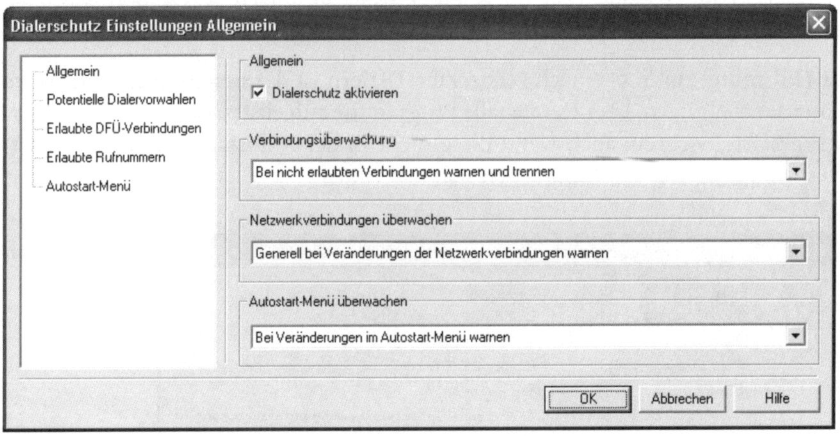


**Bild 11.83:** Einstellungen zum Dialerschutz im web.de-SmartSurfer

Die Option *Bei nicht erlaubten Verbindungen warnen und trennen* trennt automatisch Netzwerkverbindungen zu Rufnummern, die nicht explizit erlaubt wurden.

Im Bereich *Potentielle Dialervorwahlen* sollten Sie regelmäßig neu entdeckte Vorwahlen für Auslands-Dialer eintragen. Wahrscheinlich werden Sie nie absichtlich mit Ihrem Modem eine Verbindung auf Inseln in der Südsee aufbauen wollen. Dialer tun dies aber sehr gerne. Die bekannten Vorwahlen für so genannte Mehrwertdienste sind bereits vorkonfiguriert.

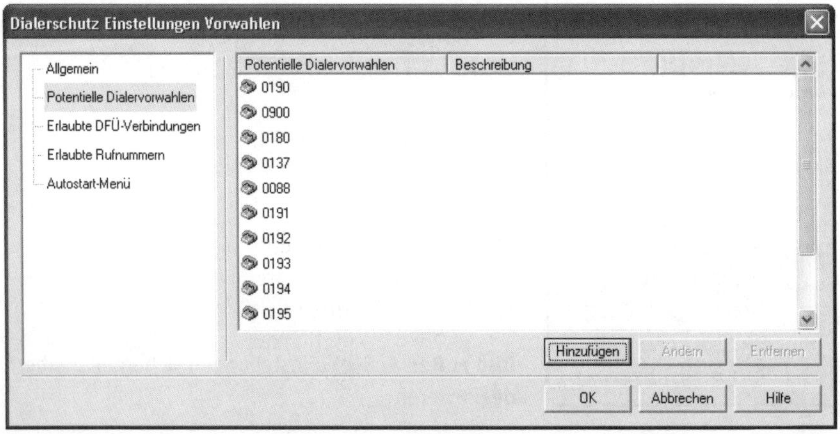


**Bild 11.84:** Potentielle Dialer-Vorwahlen eintragen

Im Bereich *Erlaubte Rufnummern* können Sie spezielle Rufnummern zulassen, die eigentlich anhand ihrer Vorwahl vom Dialer-Schutz blockiert werden. Auf diese Weise wird es möglich, trotz Dialer-Schutz kostengünstige Call-by-Call-Anbieter, deren Vorwahl mit `01900`, beginnt zum Faxen oder zur Datenübertragung per ISDN-Filetransfer zu nutzen, was andernfalls auch blockiert würde.

Ein interessantes Hilfsmittel zur Suche nach versteckten Dialern ist der Bereich *Autostart-Menü* in den Dialerschutz-Einstellungen. Hier werden alle Programme aufgelistet, die beim Computerstart automatisch gestartet werden, auch wenn diese nicht in der Autostart-Gruppe des Startmenüs auftauchen. Einige versteckte Dialer lassen sich hier finden.

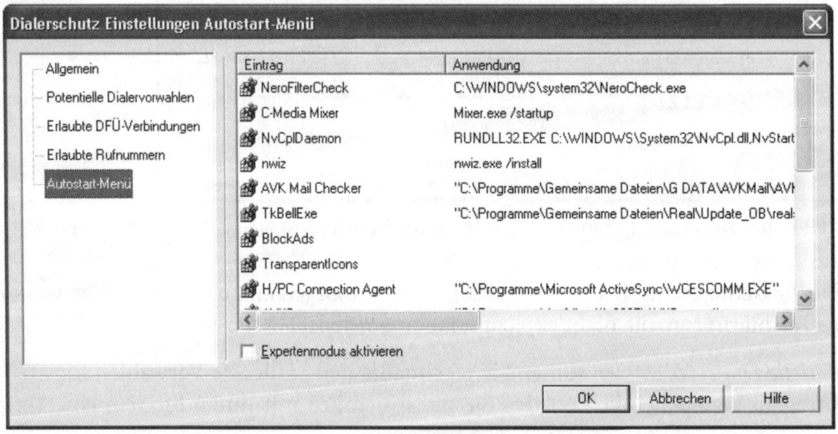


**Bild 11.85:** Potentielle Dialer-Vorwahlen eintragen

Im Expertenmodus können Sie solche Einträge auch beseitigen. Dabei ist allerdings Vorsicht geboten. Viele Autostart-Einträge werden vom System wirklich gebraucht und lassen sich nach dem Löschen nicht mehr wiederherstellen.

## 11.14 Spyware – Risikofaktor Microsoft

Zahlreiche Freeware-Programme, aber auch Windows XP-Systemkomponenten schicken regelmäßig, ohne dass der Benutzer etwas davon merkt, persönliche Daten an Microsoft oder die jeweiligen Software-Hersteller.

xp-AntiSpy ist ein einfaches Freeware-Tool, das unter einer grafischen Oberfläche verschiedene Systemeinstellungen vornimmt, um Verbindungen zu Microsoft zu unterbinden. Alle dieser Einstellungen lassen sich auch mit Windows XP-Bordmitteln oder direkt in der *Registry* vornehmen, nur eben nicht so übersichtlich. xp-AntiSpy bietet auch eine Möglichkeit, den aktuellen Systemstatus der einzelnen Optionen nur zu überprüfen und den Benutzer so auf Sicherheitsrisiken aufmerksam zu machen.

Laden Sie das Programm xp-AntiSpy bei `www.xp-antispy.org` herunter, und starten Sie die `EXE`-Datei aus dem Archiv.

xp-AntiSpy bietet im Menü *Profile* verschiedene Sicherheitsprofile an, die sich darin unterscheiden, welche der zahlreichen »Phone Home«-Funktionen abgeschaltet werden können.

xp-AntiSpy zeigt mit grünen Häckchen die Einstellungen an, die bereits sicher eingestellt sind. Rote Ausrufezeichen kennzeichnen Einstellungen, die für das entsprechende Profil als unsicher gelten. Diese können von xp-AntiSpy automatisch gesetzt werden.

Stürzt Windows XP oder auch nur ein einzelnes Programm ab, versendet die systeminterne Fehlerberichterstattung einen Bericht an Microsoft, der Informationen zu den abgestürzten Tasks sowie einen kompletten Speicherauszug zum Absturzzeitpunkt enthält. Im Speicherauszug sind immer auch deutliche Spuren aller geöffneten Dateien zu finden. Wollen Sie diese wirklich veröffentlichen? Deshalb sollten Sie die Fehlerberichterstattung ausschalten.

Setzen Sie den Parameter *RegDone* auf *1*, was dem System eine erfolgte Registrierung vorgaukelt, die allerdings nicht mit der Produktaktivierung zu verwechseln ist.

**Hinweis** Die Synchronisierung der Systemzeit mit einem Zeit-Server im Internet ist zwar bequem, überträgt aber auch undokumentierte Daten an einen Server von Microsoft oder der US-Regierung. Möchten Sie das verhindern, können Sie diese Funktion in xp-AntiSpy abschalten. Sinnvoller ist es, die Zeitsynchronisation eingeschaltet zu lassen, aber im Menü *Spezial/Timeserver festlegen* einen anderen Zeit-Server auszuwählen, zum Beispiel den Server der Physikalisch Technischen Bundesanstalt `ptbtime1.ptb.de`, der die amtliche mitteleuropäische Zeit sendet.

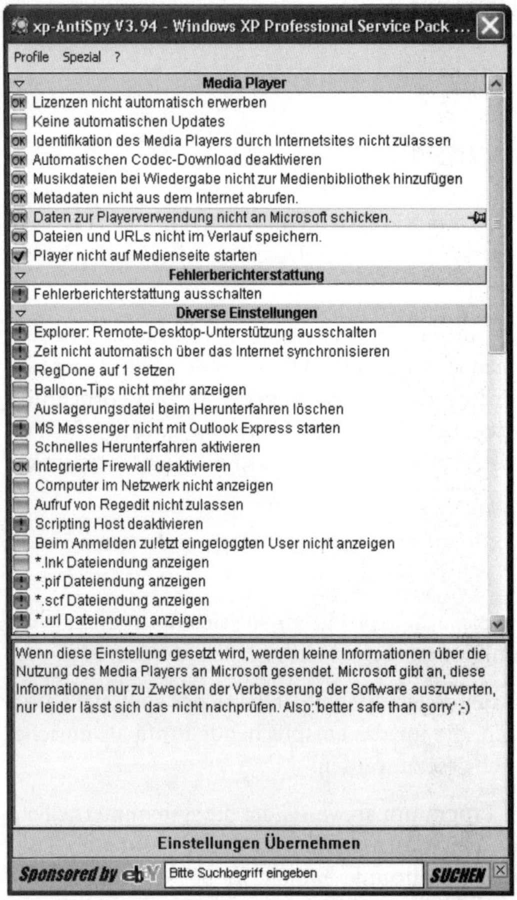


**Bild 11.86:** xp-AntiSpy in Aktion

Der Internet Explorer neigt dazu, selbstständig Informationen zu verteilen, ohne dass der Benutzer dies wirklich wünscht. Wenn Sie nicht schon längst aus Sicherheitsgründen auf einen anderen Browser umgestiegen sind, sollten Sie dem Internet Explorer zumindest einige der automatischen Benachrichtigungen abgewöhnen. Deaktivieren Sie hier die *Überprüfung der Updates* und die *integrierte Windows-Authentifizierung.*

Kapitel 12

# Netzwerke


12.1 Netzwerktechnik .............................. 346
12.2 Windows-Konfiguration ...................... 350
12.3 Netzwerkumgebung und Freigaben .............. 360
12.4 Netzwerkdrucker .............................. 363
12.5 Remote-Unterstützung – gegenseitige Hilfe im Netzwerk .................................... 365

Netzwerke gibt es heute in jedem Büro. Auch immer mehr private Anwender nutzen diese Technik, um mehrere Rechner zu verbinden, etwa, um von mehreren Räumen aus ins Internet zu gehen, oder um einen Drucker gemeinsam zu verwenden.

Windows XP liefert alle notwendigen Software-Komponenten mit, um ein Netzwerk zu betreiben, sodass in kleinen Netzen kein eigenes Netzwerkbetriebssystem notwendig ist. In großen, Server-basierten Netzen braucht man zusätzlich den Microsoft Windows-Server oder Novell Netware.

## 12.1 Netzwerktechnik

Früher war Netzwerk-Hardware grundsätzlich sehr teuer. Dies hatte einerseits prinzipielle Gründe (»Wer ein Netzwerk haben will, der muss es sich auch leisten können…«), lag aber auch an den geringen Stückzahlen verkaufter Netzwerkkomponenten.

Diese Zeiten sind lange vorbei. Heute bekommt man Netzwerkkarten bereits für 10 Euro. Der notwendige Hub, ein zentraler Verteiler, an dem alle Rechner angeschlossen werden, kostet mindestens das doppelte. Aktive Switches sind in letzter Zeit nur noch unwesentlich teurer als Hubs.

Ein wichtiges Kriterium, das Sie von Anfang an bei der Planung eines Netzwerks beachten müssen, ist der Typ der zu verwendenden Kabel. Hier gibt es zwei vorherrschende Typen, Twisted Pair und Koax, wobei letzteres heute schon zum »alten Eisen« zählt, aber für Bastler bei eBay sehr günstig zu bekommen ist. Der Unterschied liegt außer im Kabel auch im topologischen Aufbau des Netzes. Netzwerke aus Koax-Kabeln bilden einen langen Strang, wogegen Twisted Pair-Kabel sternförmig verlegt werden.

### Koax-Kabel

Früher wurde in fast allen Netzwerken das Koaxialkabel RG58, auch Thin Ethernet oder 10Base2 genannt, verwendet, das auch im UKW-Sprechfunk verbreitet ist. Dieses Kabel ist nicht zu verwechseln mit dem Antennenkabel für Fernseher, das zwar ähnlich aussieht, aber einen anderen Innenwiderstand hat. Ein Netzwerkkabel benötigt einen HF-Innenwiderstand von 50 Ohm. Diese Koaxialkabel werden mit BNC-Steckern zu einem langen Kabelstrang verbunden. An der Verbindung zweier Kabelsegmente an jedem Computer sitzt ein T-Stück, dessen kurzes Ende direkt auf die Netzwerkkarte des Rechners gesteckt wird. Auf diese Weise hängen alle Rechner hintereinander an einem Kabel. Am ersten und letzten T-Stück wird der Kabelstrang mit 50 Ohm-Endwiderständen terminiert. So ein Strang darf insgesamt maximal 170 Meter lang sein und bis zu 30 Rechner versorgen.

Ein Nachteil dieses Verbindungstyps ist, dass eine mechanische Beschädigung eines Kabels oder eines Steckers gleich das ganze Netzwerk lahm legt. Ein weiterer Nachteil ist die relativ mühsame Erweiterung des Netzes, wenn der neue Rechner nicht gerade an ein Ende des Stranges kommt. Der Kabelstrang muss an einer Stelle geöffnet und eine neue Schleife zum zusätzlichen Rechner gelegt werden.

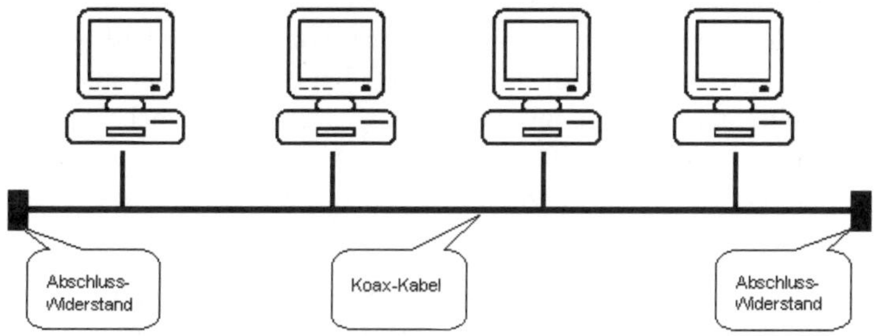


**Bild 12.1:** Netzwerktopologie mit Koax-Kabel

Zum Basteln oder Ausprobieren ist dieses System mit ein paar ausgedienten Netzwerkkarten aus einem inzwischen umgerüsteten Büronetzwerk sicher eine preiswerte, einfache Lösung. Wer ein Netzwerk fest installieren und längerfristig betreiben will, sollte aber besser in ein Twisted Pair-System investieren.

## Twisted Pair-Kabel

Fast alle modernen Netzwerke laufen mit Twisted-Pair-Technik, so benannt, weil die Adern in den Kabeln paarweise miteinander verdrillt sind. Twisted Pair-Kabel, auch 10BaseT genannt, sind achtadrige Kabel mit RJ45-Western-Steckern. Diese entsprechen dem Stecksystem von ISDN. Allerdings sollten Netzwerkkabel abgeschirmte Stecker verwenden, was bei ISDN nicht nötig ist.

Die Kabel werden nicht als langer Strang, sondern sternförmig von einem zentralen Hub aus, also einem aktiven Sternverteiler, verlegt. Jeder Rechner ist somit unabhängig von den anderen angeschlossen. Beim Ausfall eines Kabels fällt nur ein Rechner aus. Außerdem ist hier das Netz leichter erweiterbar, da nur ein Kabel vom neuen Rechner zum Hub gelegt werden muss. Fällt dieser Hub allerdings aus, kann das ganze Netzwerk nicht mehr benutzt werden.

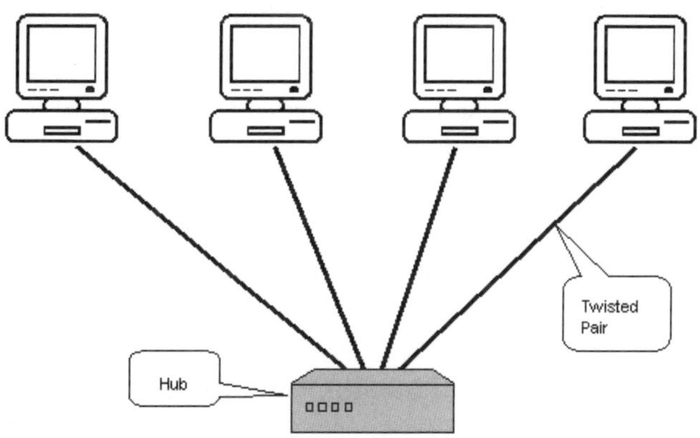


**Bild 12.2:** Netzwerktopologie mit Twisted Pair-Kabel

An solche Hubs können üblicherweise vier bis 24 Rechner angeschlossen werden. Reicht das nicht, lassen sich auch mehrere Hubs miteinander verbinden. Dazu können diese kaskadierend hintereinander geschaltet werden. Die insgesamt für das Netzwerk benötigten Kabel sind durch die Stern-Topologie meistens länger als bei einer Bus-Verkabelung mit Koax-Kabel. Ein Kabel zwischen Hub und einem Rechner darf maximal 100 Meter lang sein. Die RJ45-Stecker können, wie BNC-Stecker auch, nur mit Spezialwerkzeug auf die Kabel gepresst werden. Deshalb werden hier in den meisten Fällen vorkonfektionierte Kabel verwendet.

Twisted Pair-Kabel sind wesentlich empfindlicher gegen elektromagnetische Störungen von außen als Koax-Kabel. Im unmittelbaren Einflussbereich von Sendeanlagen oder schweren Elektromotoren müssen diese Kabel besonders abgeschirmt werden. Im Gegensatz dazu sind Koaxialkabel nahezu unempfindlich gegen Einflüsse von außen. Dazu kommt die Anfälligkeit der Twisted Pair-Kabel gegen innere hochfrequente Störungen. Diese entstehen dadurch, dass in großen Netzwerken mehrere Twisted Pair-Kabel zu einem vieladrigen Kabelstrang zusammengefasst werden und sich dann gegenseitig stören. Bei hochwertigen Kabeln, in denen die Adernpaare einzeln gegeneinander abgeschirmt sind, treten kaum Probleme auf.

**Hinweis** Besteht das Netz nur aus zwei Computern, können diese auch direkt mit einem Twisted Pair-Kabel ohne Hub verbunden werden. Allerdings müssen in diesem Kabel die Adern gegenüber der Standardbelegung gekreuzt sein. Solche Cross-Link-Kabel gibt es im Computerhandel fertig in gängigen Längen, sodass Sie sich um die Belegung der Stecker nicht kümmern müssen.

## Netzwerkkarten

Jeder Rechner, der an das Netzwerk angeschlossen werden soll, muss eine Netzwerkkarte haben. Diese Netzwerkkarten müssen Sie in jedem Fall nach dem verwendeten Kabeltyp auswählen. Karten, die beide Kabeltypen unterstützen, sind meistens teurer als solche mit nur einem Anschluss. Heutige Netzwerkkarten verwenden normalerweise den PCI-Bus. Für Notebooks gibt es auch PCMCIA- (PC-Card-) Netzwerkkarten oder externe Netzwerkadapter für den USB-Port. Innerhalb eines Netzwerks können problemlos Netzwerkkarten unterschiedlicher Hersteller eingesetzt werden. Inkompatibilitäten gibt es hier nicht.

Viele neue Computer und Notebooks haben bereits eine Netzwerkkarte mit Twisted-Pair-Anschluss auf dem Motherboard. Diese ist für den DSL-Anschluss vorgesehen, der dieselbe Technik verwendet, sie kann aber auch für ein lokales Netzwerk eingesetzt werden.

Die meisten Netzwerkkarten sind heute Plug&Play-fähig, müssen nur eingebaut werden und werden dann automatisch erkannt. Nur ältere ISA-Karten verwenden noch Jumper, mit denen der Karte ein Interrupt und eine I/O-Adresse zugewiesen wird.

**Achtung** Mit der Installation des Service Pack 2 werden zahlreiche ISA-Netzwerkkarten nicht mehr unterstützt.

**Bild 12.3:** 10/100 MBit/s-Netzwerkkarte für PCI-Steckplätze (Foto: D-Link)

## Hub, Switch oder Router?

Ein **Hub** ist ein aktiver, zentraler Verteiler, an dem alle einzelnen Computer sternförmig angeschlossen sind. Reicht ein Hub nicht aus, können mehrere hintereinander geschaltet werden. Jeder Hub benötigt eine Stromversorgung, die wegen des minimalen Stromverbrauchs meistens über ein einfaches Steckernetzteil läuft. Ein Hub sendet den gesamten Netzwerkverkehr an alle Stationen im Netz, sodass sich die einzelnen Rechner die zur Verfügung stehende Bandbreite teilen müssen.

Ein **Switch** ist die intelligente Form des Hubs. Hier werden an jeden angeschlossenen Rechner nur die Datenpakete weitergeleitet, die wirklich für diesen Rechner bestimmt sind. Diese Identifikation läuft über die MAC-Adressen der Netzwerkkarten. Dadurch steht jedem Computer eine größere Bandbreite im Netzwerk zur Verfügung.

Ein **Router** bietet vergleichbare Funktionen wie ein Hub, stellt aber zusätzlich für das ganze Netzwerk einen Internet-Zugang zur Verfügung und muss dazu das Übertragungsmedium wechseln, zum Beispiel von Netzwerkkabeln auf DSL. Viele Provider verschenken inzwischen solche Router bei der Beantragung eines DSL-Anschlusses. Sonst kosten sie um 100 Euro. Router für ISDN-Anschlüsse sind deutlich teurer.

**Bild 12.4:** DSL-Router mit integriertem 7-Port-Netzwerkswitch (Foto: D-Link)

## 12.2 Windows-Konfiguration

Ein Netzwerk ist, besonders wenn man vorgefertigte Kabel benutzt, schnell zusammengesteckt. Falsch machen kann man eigentlich nichts. Der größte Aufwand ist der Einbau der Netzwerkkarten in die Rechner. Falls Sie noch Koax-Kabel benutzen, achten Sie auf den korrekten Anschluss der beiden Abschlusswiderstände an den Kabelenden.

Die Netzwerkkarten werden fast immer automatisch erkannt, jetzt muss das Netz aber noch konfiguriert werden.

### Automatische Konfiguration mit dem Assistenten

Befindet sich der Computer in einem lokalen Netzwerk, wird automatisch eine Netzwerkverbindung in Windows XP angelegt. Dazu startet der *Netzwerkinstallations-Assistent.*

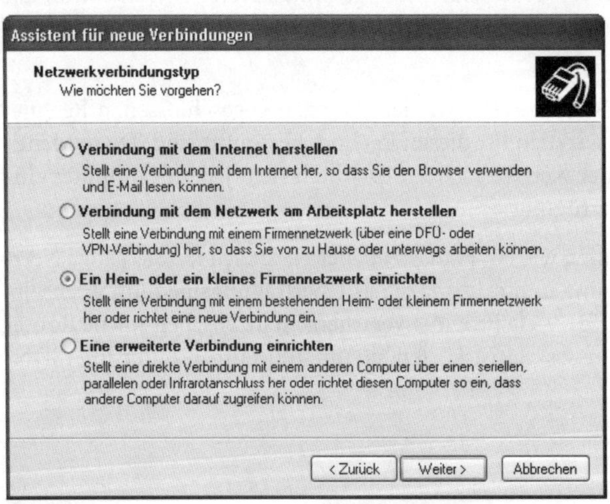


**Bild 12.5:** Auswahl eines *Verbindungstyps*

Nach dem Bestätigen des ersten, belanglosen Dialogfeldes müssen Sie einen *Netzwerkverbindungstyp* auswählen. Um den Computer in ein vorhandenes Netzwerk zu integrieren, wählen Sie die Option *Ein Heim- oder kleines Firmennetzwerk einrichten* (s. Bild 12.6).

Nach Abschluss dieses *Assistenten* startet automatisch ein weiterer *Assistent*, der versucht, einen Internet-Zugang zu konfigurieren. In den meisten Fällen werden Sie bereits einen Internet-Zugang im Netzwerk haben, über einen anderen Computer oder über einen Router. Wählen Sie also hier die zweite Verbindungsmethode im *Assistenten*.

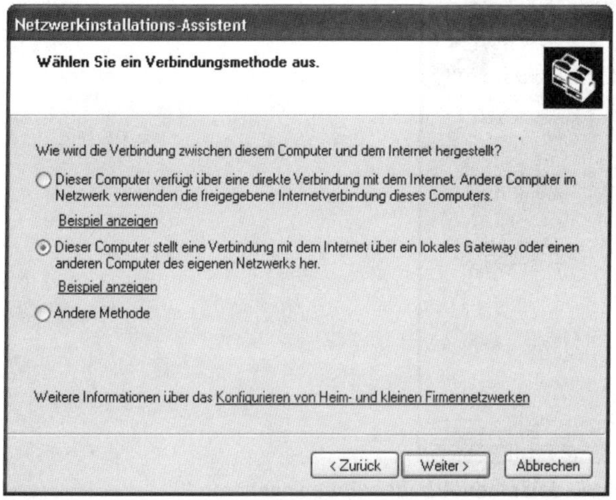


**Bild 12.6:** Auswahl der *Verbindungsmethode* zum Internet

Selbst wenn Sie nicht vorhaben, mit diesem Computer ins Internet zu gehen, müssen Sie diesen *Assistenten* komplett durchlaufen, da wichtige Informationen, wie Computername und Arbeitsgruppe, erst später abgefragt werden.

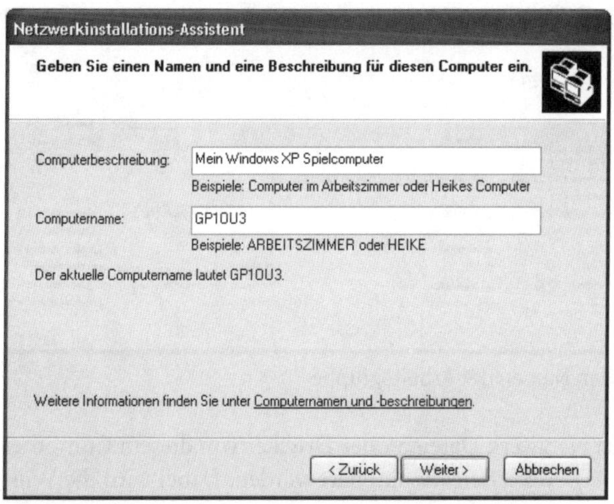


**Bild 12.7:** Jeder Computer muss einen Namen haben

Geben Sie im nächsten Dialogfeld dem Computer einen Namen. Diese Namen müssen im lokalen Netzwerk eindeutig sein und dürfen nur aus Buchstaben und Ziffern bestehen, Sonderzeichen und Leerzeichen sind nicht erlaubt. Der Name wird zur Identifikation des Computers im Netzwerk verwendet. Im Feld *Computerbeschreibung* können Sie irgendeinen Text eingeben.

Geben Sie im nächsten Schritt den Namen der verwendeten *Arbeitsgruppe* an. Alle Computer im Netzwerk sollten hier denselben Namen verwenden.

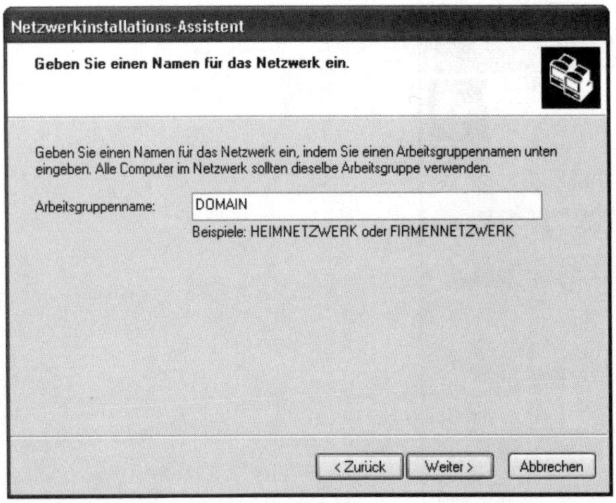


**Bild 12.8:** Alle Computer im Netzwerk sollten derselben *Arbeitsgruppe* angehören

Wenn Sie den ersten Computer in einem Netzwerk einrichten, können Sie sich einen Arbeitsgruppennamen ausdenken. Bei weiteren Computern verwenden Sie immer denselben Namen, Sie finden ihn auf einem Computer, der bereits im Netzwerk ist, und zwar dort im Explorer unter `Netzwerkumgebung/Gesamtes Netzwerk/Microsoft Windows Netzwerk`.

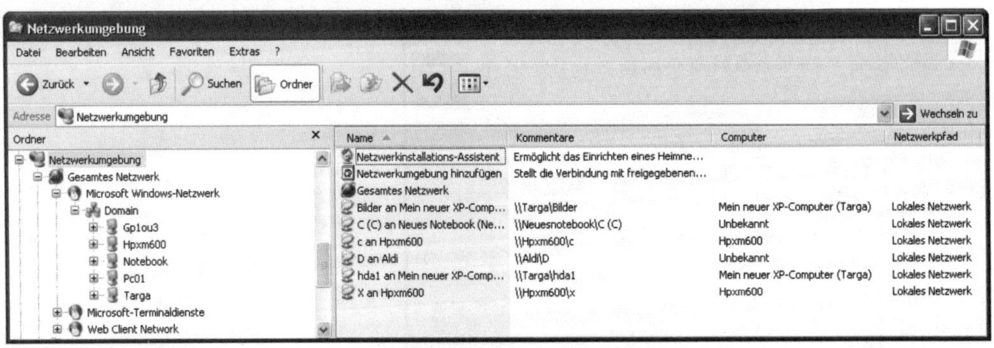


**Bild 12.9:** Die *Netzwerkumgebung* zeigt den Namen der Arbeitsgruppe

Damit andere Benutzer aus dem lokalen Netzwerk Dateien oder Drucker von diesem Computer verwenden können, muss die *Datei- und Druckerfreigabe* aktiviert werden. Dabei wird die Windows Firewall, die seit dem Service Pack 2 standardmäßig aktiv ist, so konfiguriert, dass die *Datei- und Druckerfreigabe* im Netzwerk verwendet werden kann.

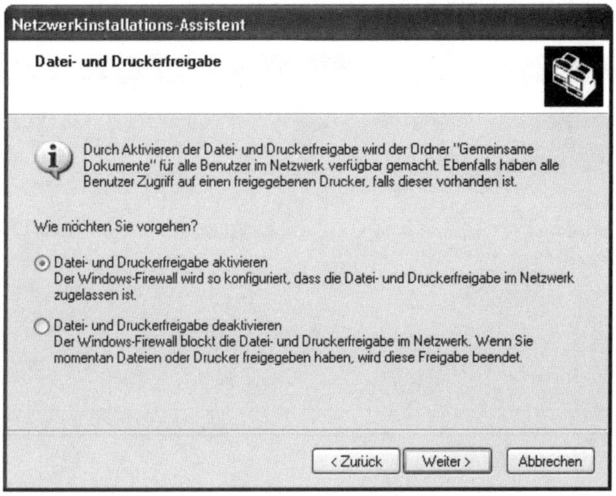


**Bild 12.10:** Aktivieren der *Datei- und Druckerfreigabe*

Im letzten Schritt können Sie noch eine Konfigurationsdiskette anlegen, um den *Netzwerkassistenten* auf anderen Computern auszuführen. Wenn das Netzwerk bereits läuft und nur der Computer, an dem Sie gerade sitzen, in das Netzwerk integriert werden sollte, müssen Sie keine derartige Diskette erstellen.

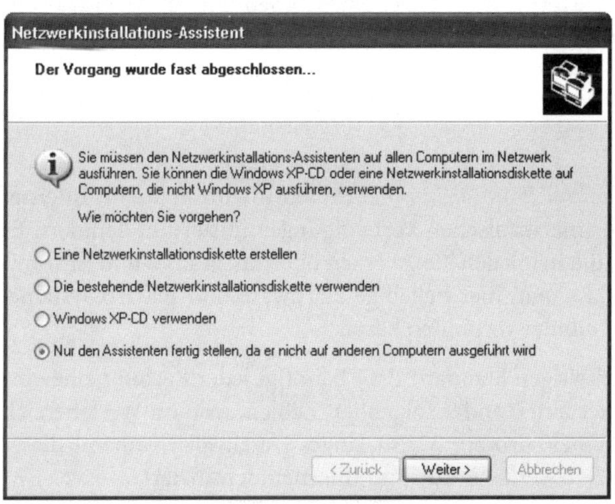


**Bild 12.11:** Anlegen einer *Netzwerkinstallationsdiskette*

Wird das Netzwerk auf diese Weise konfiguriert, wird automatisch das TCP/IP-Protokoll installiert.

## Manuelle Konfiguration

Wenn der *Assistent* nicht automatisch startet, ist die Netzwerkverbindung wahrscheinlich bereits konfiguriert. Sie erscheint in der *Systemsteuerung/Netzwerkverbindungen.*

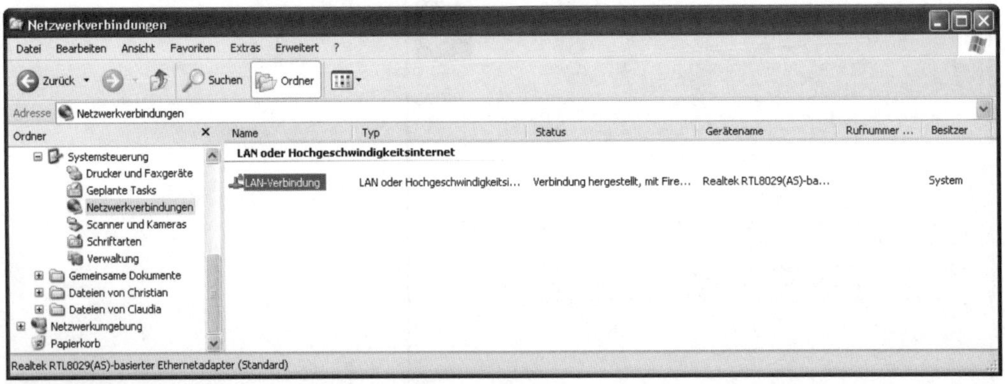

**Bild 12.12:** Die *Netzwerkverbindung* in der *Systemsteuerung*

Wenn hier keine Verbindung eingetragen ist, können Sie über den Menüpunkt *Datei/Neue Verbindung* eine Verbindung erstellen. Klicken Sie mit der rechten Maustaste auf diese Verbindung, und wählen Sie im Kontextmenü *Eigenschaften.*

Überprüfen Sie, dass hier der *Client für Microsoft Netzwerke* und die *Datei- und Druckerfreigabe* eingeschaltet sind.

Windows XP verwendet standardmäßig das TCP/IP-Protokoll zur Datenübertragung. In gemischten Netzwerken mit älteren Windows-Versionen können auch andere Protokolle benutzt werden.

## TCP/IP

Das TCP/IP-Protokoll (*Transmission Control Protocol/Internet Protocol*) wird heute im Internet verwendet und wurde bereits 1983 vom amerikanischen Verteidigungsministerium definiert. Es enthält daher Sicherheitsmechanismen, die in lokalen Netzwerken überflüssig sind, und ist somit relativ langsam, hat aber den Vorteil, dass man hier beliebige Hardware und Betriebssysteme, zum Beispiel Windows und Linux, miteinander verbinden kann.

Für das TCP/IP-Protokoll nach dem derzeitigen Standard IPv4 benötigt jeder Rechner eine eindeutige IP-Adresse. Diese besteht aus vier aufeinander folgenden Zahlen, jede im Wertebereich zwischen 0 und 255. Zusammen ergibt sich also ein 32 Bit-langes Datenwort. Anhand dieser Adresse wird der Computer im lokalen Netzwerk wie auch im Internet identifiziert.

Die IP-Adressen sind in jedem gesendeten Datenpaket enthalten. Daran erkennt jeder Rechner, welche Datenpakete für ihn bestimmt sind und welche ignoriert werden können.

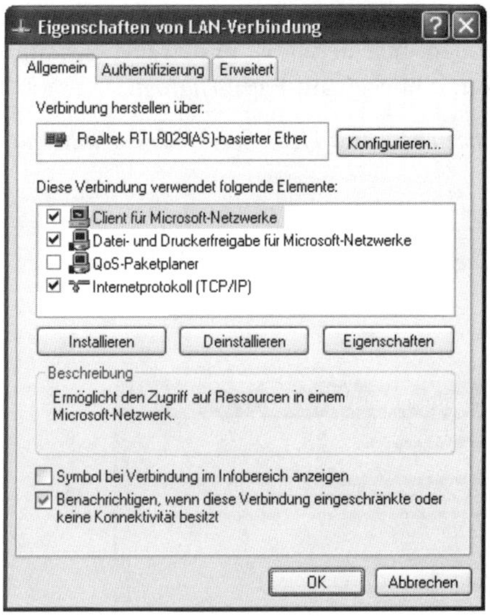


**Bild 12.13:** Die *Eigenschaften* der neuen *Netzwerkverbindung*

Diese IP-Adressen können entweder fest eingestellt oder von einem DHCP-Server im Netzwerk automatisch vergeben werden. Die meisten Router enthalten bereits standardmäßig einen solchen DHCP-Server. Im Internet werden diese IP-Adressen nach dem DNS (*Domain Name System*) in leichter zu merkende Domainnamen umgesetzt.

Im Internet werden IP-Adressen zur eindeutigen Identifikation von Servern, Routern und auch einzelnen Rechnern verwendet. Innerhalb lokaler Netzwerke, die einen (wenn auch nur zeitweiligen) Zugang zum Internet haben, dürfen also **auf keinen Fall** wahllos irgendwelche IP-Adressen verwendet werden.

Für lokale Netzwerke gibt es deshalb eigene, weltweit festgelegte Adressräume. Hier unterscheidet man zwischen Class A, Class B und Class C. Die Klassen legen im Wesentlichen fest, wie viele Computer in einem Netzwerk sein können und wie viele logische Netzwerke im jeweiligen Adressraum möglich sind.

Üblicherweise verwendet man in privaten Netzwerken die Class C-Adressen: 192.168.0.0 – 192.168.255.254. Diese privaten IP-Adressen werden von keinem Internet-Router verarbeitet, können also problemlos in lokalen Netzen eingesetzt werden. Die Adresse 192.168.0.0 gilt dabei als Broadcast-Adresse, die alle Rechner anspricht. Der Router verwendet üblicherweise die Adresse 192.168.0.1. Die Adressen der einzelnen Computer beginnen dann bei 192.168.0.2.

Es gibt zwei Möglichkeiten, den einzelnen Computern im Netzwerk IP-Adressen zuzuweisen:

### ▲ Dynamische IP-Adressen

Am Einfachsten lässt man einen DHCP-Server im Netzwerk die Adressen automatisch vergeben. Die meisten Netzwerkrouter haben eine derartige Funktion integriert. Sie müssen sich dann um nichts weiter kümmern, der DHCP-Server erledigt automatisch die Vergabe der IP-Adressen im ganzen Netzwerk.

Diese Einstellung wird von Windows XP auch automatisch vorgegeben. Wenn statische Adressen eingestellt sind und Sie auf dynamische umschalten wollen, markieren Sie in den *Eigenschaften der Netzwerkverbindung* das *Internetprotokoll (TCP/IP)* und klicken auf *Eigenschaften*.

Schalten Sie hier die Optionen *IP-Adresse automatisch beziehen* und *DNS-Serveradresse automatisch beziehen* ein.

**Hinweis** Sinnvollerweise verwendet man entweder im ganzen Netzwerk dynamische oder statische Adressen.

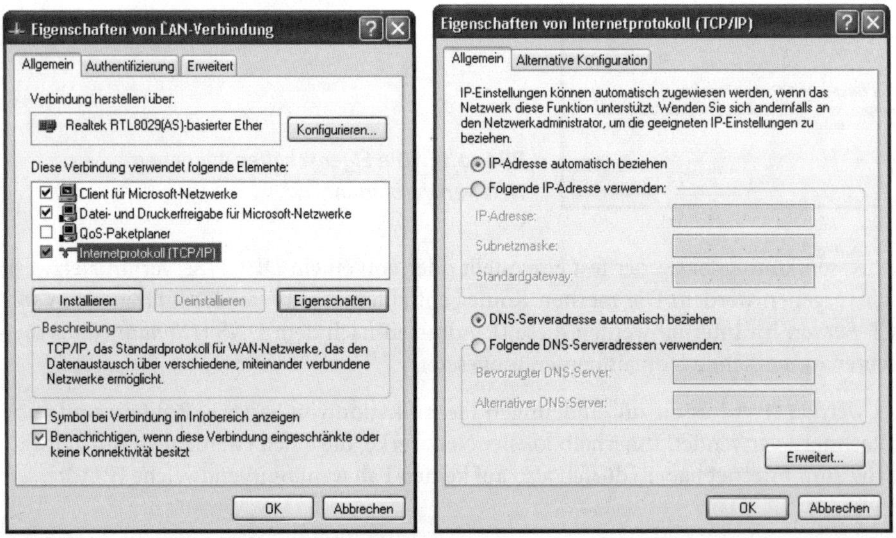


**Bild 12.14:** Einstellen einer dynamischen IP-Adresse

Möchten Sie wissen, welche IP-Adresse Ihr Computer gerade hat, öffnen Sie ein *Eingabeaufforderung*-Fenster und geben dort den Befehl `ipconfig` ein.

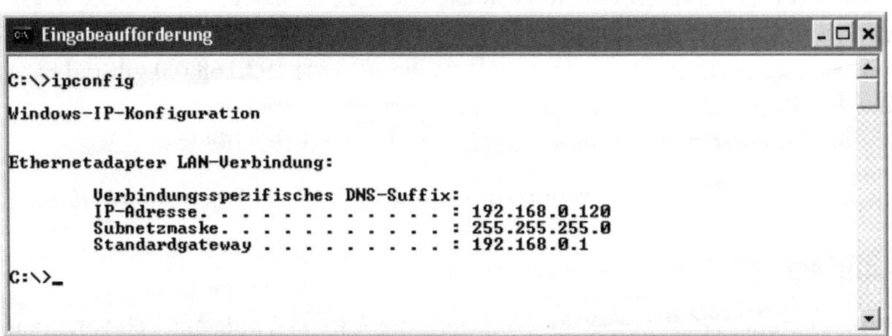


**Bild 12.15:** Anzeige der aktuellen IP-Adresskonfiguration

Die aktuelle IP-Adresse, Subnetzmaske und Standardgateway werden angezeigt, unabhängig davon, ob die Daten statisch oder dynamisch festgelegt wurden.

### ▲ Statische IP-Adressen

Statische IP-Adressen werden einem Computer manuell zugewiesen. Dabei muss man darauf achten, dass jede Adresse im Netzwerk nur einmal vorkommt.

Markieren Sie in den *Eigenschaften der Netzwerkverbindung* das *Internetprotokoll (TCP/IP)*, und klicken Sie auf *Eigenschaften*.

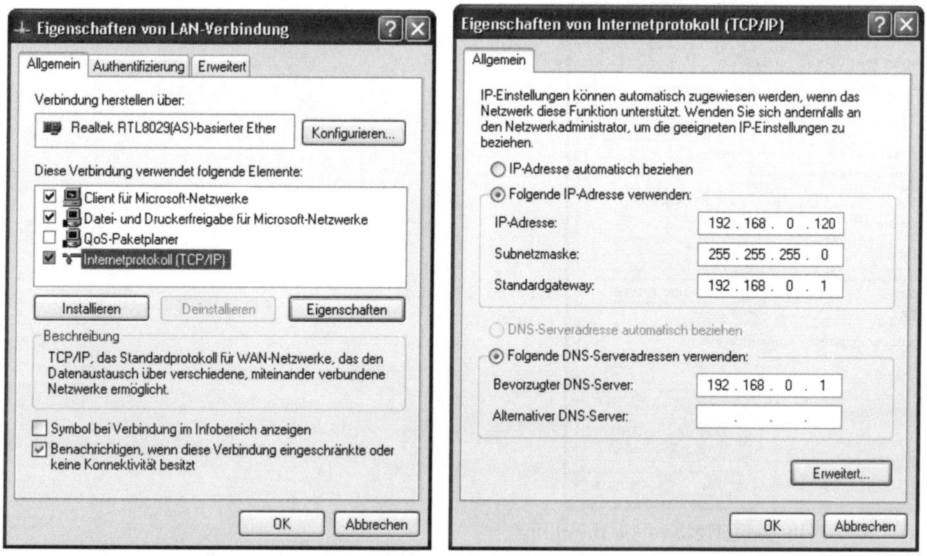


**Bild 12.16:** Einstellen einer statischen IP-Adresse

Schalten Sie hier die Option *Folgende IP-Adresse verwenden* ein, und geben Sie dann im Feld *IP-Adresse* die Adresse ein, die der Computer verwenden soll. Die Subnetzmaske ist bei kleinen privaten Netzen, die den Adressraum 192.168.0. verwenden, immer 255.255.255.0.

Im Feld *Standardgateway* geben Sie die Adresse des Computers ein, über den der Internet-Zugang läuft; wenn Sie einen Router verwenden, die Adresse dieses Routers.

Dieselbe Router-Adresse verwenden Sie auch im Feld *Bevorzugter DNS-Server.* Wenn Ihr Internet-Zugangscomputer nicht als DNS-Server funktioniert, was Sie am einfachsten daran sehen, dass zwar eine Internet-Verbindung aufgebaut wird, im Browser eingegebene Adressen aber nicht gefunden werden, geben Sie anstelle der Router-Adresse die Adresse des DNS-Servers Ihres Internet-Providers ein.

## NetBEUI zur Kommunikation mit alten Rechnern nachinstallieren

Frühere Windows- und DOS-Netzwerke verwendeten das NetBEUI-Protokoll. Microsoft stellte vor einigen Jahren das standardmäßig installierte Netzwerkprotokoll auf TCP/IP um. Damit Computer im Netzwerk miteinander kommunizieren können, müssen sie dasselbe Netzwerkprotokoll verwenden. Das bedeutet aber nicht zwingend, dass Sie auf älteren Computern das langsamere TCP/IP-Protokoll einsetzen müssen. Man kann auch auf Windows XP-Computern zusätzlich das ältere NetBEUI-Protokoll nachinstallieren.

1. Klicken Sie in *Systemsteuerung/Netzwerkverbindungen* mit der rechten Maustaste auf die LAN-Verbindung, und wählen Sie im Kontextmenü *Eigenschaften*.

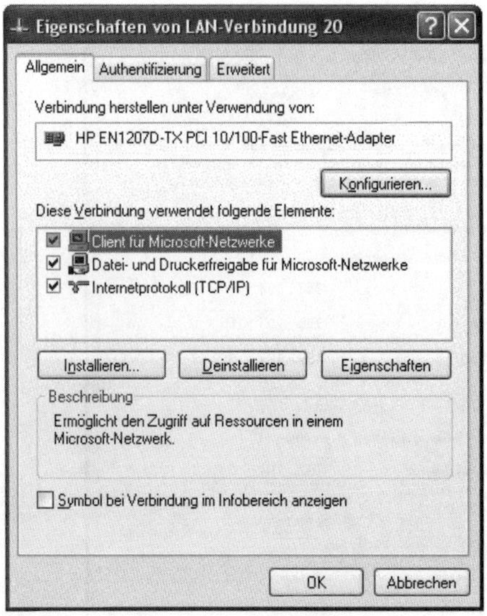


**Bild 12.17:** Protokolle einer Netzwerkverbindung

2. Klicken Sie auf *Installieren,* und wählen Sie im nächsten Dialog die Option *Protokoll.* Klicken Sie dann auf *Hinzufügen.*

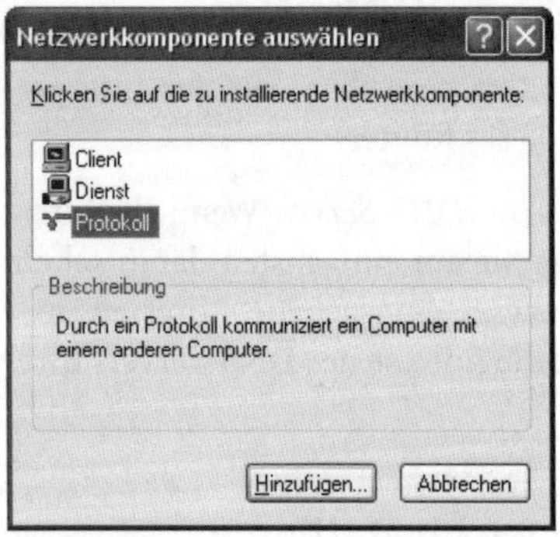


**Bild 12.18:** Auswahl einer neuen Netzwerkkomponente

3 Im nächsten Dialog müssen Sie das gewünschte Netzwerkprotokoll auswählen. Klicken Sie hier auf den Button *Datenträger*, und legen Sie die Windows XP-Original-CD ein. Im Verzeichnis `\Valueadd\msft\net\netbeui` finden Sie auf dieser CD die Datei `NETNBF.INF`. Installieren Sie diese Datei, und bestätigen Sie die folgenden Dialoge mit *OK*.

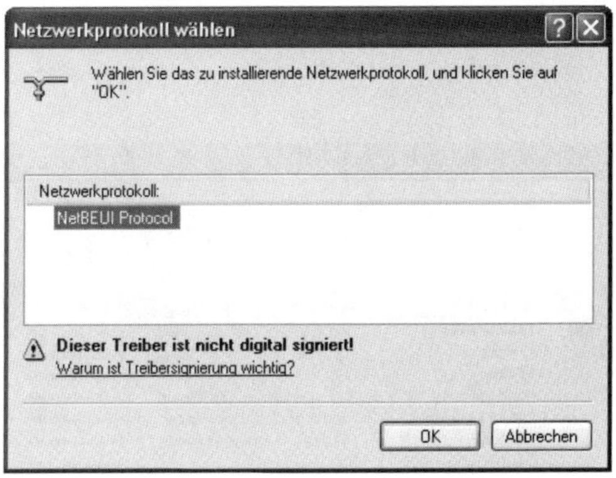


**Bild 12.19:** Auswahl des neu zu installierenden Protokolls

4 Im Dialog *Eigenschaften von LAN-Verbindung* erscheint jetzt das NetBEUI-Protokoll. Achten Sie darauf, dass es auch eingeschaltet ist.

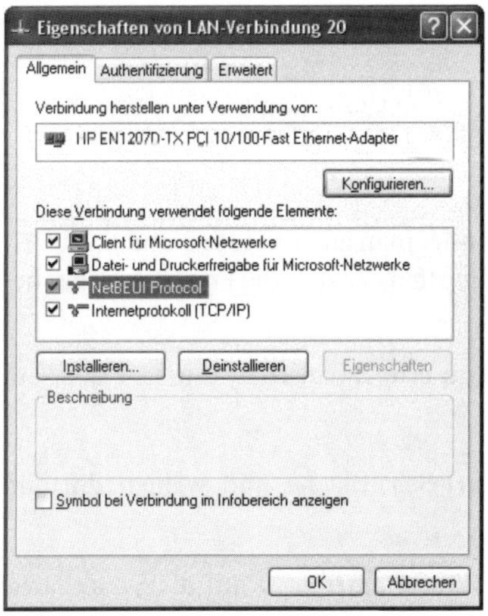


**Bild 12.20:** Das installierte NetBEUI-Protokoll

## 12.3 Netzwerkumgebung und Freigaben

Ein anderer Computer im Netz kann auf den eigenen Windows-PC nur zugreifen, wenn dort Freigaben existieren. Jedes Laufwerk, das im Netzwerk verwendet werden kann, muss explizit freigegeben werden.

Gehen Sie im Windows Explorer auf die *Netzwerkumgebung*. Hier werden alle Netzwerkfreigaben angezeigt, die im Netz gefunden wurden.

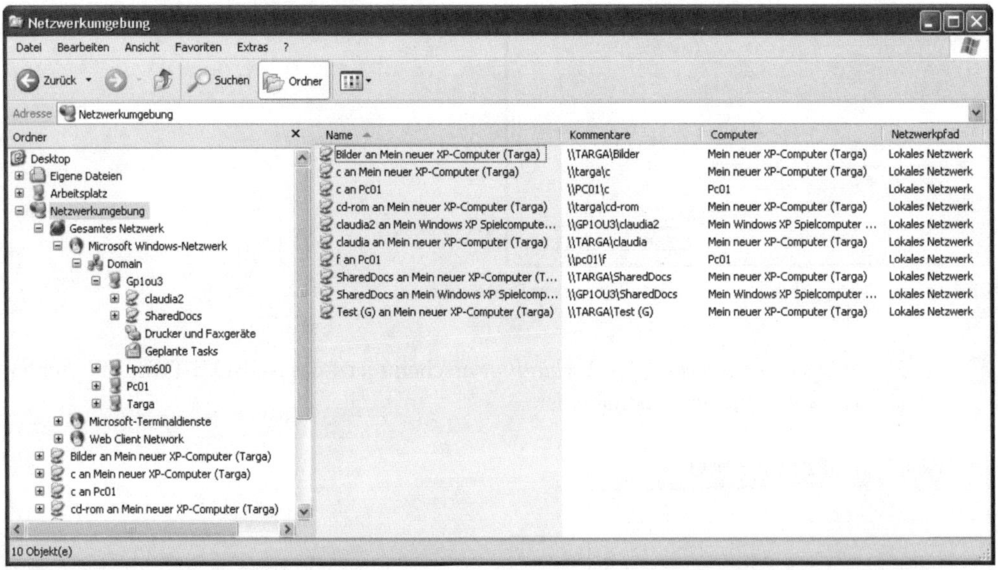


**Bild 12.21:** Die Netzwerkumgebung

In der Baumstruktur im linken Teilfenster des Explorers findet man alle Freigaben und auch freigegebene Drucker nach Computernamen geordnet. Im Hauptfenster sind die Freigaben alphabetisch nach Freigabenamen geordnet.

Die *Netzwerkumgebung* ist auch direkt über das Startmenü erreichbar, dazu muss sie aber am Anfang einmal dort eingetragen werden.

1. Klicken Sie mit der rechten Maustaste auf die *Start*-Schaltfläche und wählen dort im Kontextmenü *Eigenschaften*.
2. Klicken Sie im Dialogfeld *Eigenschaften von Taskleiste und Startmenü* auf die Schaltfläche *Anpassen*.
3. Schalten Sie auf der Registerkarte *Erweitert* den Schalter *Netzwerkumgebung* ein, und verlassen Sie beide Dialogfelder mit *OK*.

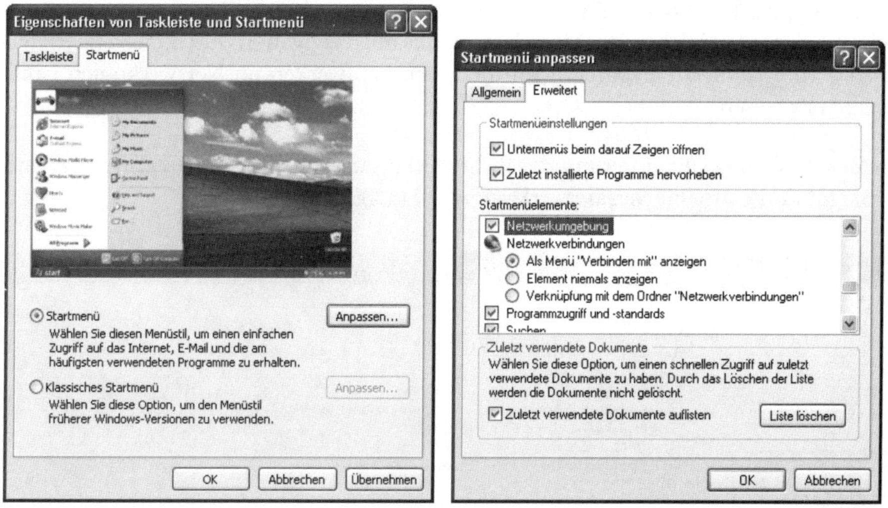


**Bild 12.22:** Die *Netzwerkumgebung* ins Startmenü bringen

In der rechten Spalte des Startmenüs erscheint jetzt eine Verknüpfung, die die *Netzwerkumgebung* mit dem blauen Aufgabenbereich links anzeigt.

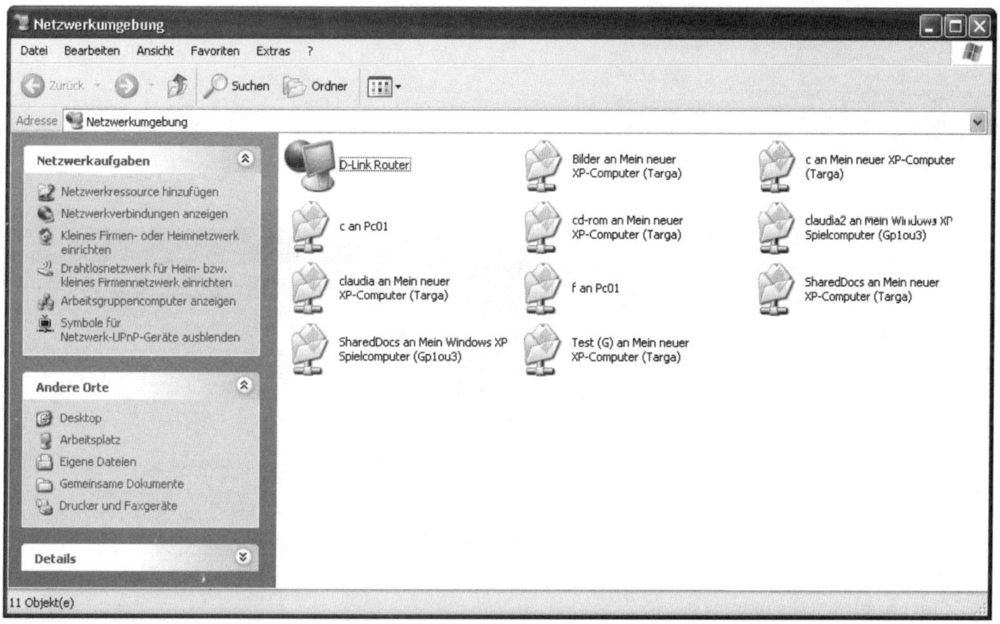


**Bild 12.23:** Die *Netzwerkumgebung* mit Aufgabenbereich

Im Aufgabenbereich können Sie mit dem Link *Arbeitsgruppencomputer anzeigen* eine Liste aller Computer der eigenen Arbeitsgruppe sehen.

Über die *Netzwerkumgebung* kann man auf freigegebene Verzeichnisse im Netzwerk genauso zugreifen wie auf lokale Verzeichnisse. Um sich die mühsame Navigation durch die verzweigten Äste der *Netzwerkumgebung* zu ersparen, kann man den Laufwerken im Netzwerk auch Laufwerksbuchstaben zuweisen.

1. Klicken Sie im Windows Explorer mit der rechten Maustaste auf eine *Netzwerkfreigabe*, und wählen Sie im Kontextmenü *Netzlaufwerk verbinden* (s. Bild 12.24).

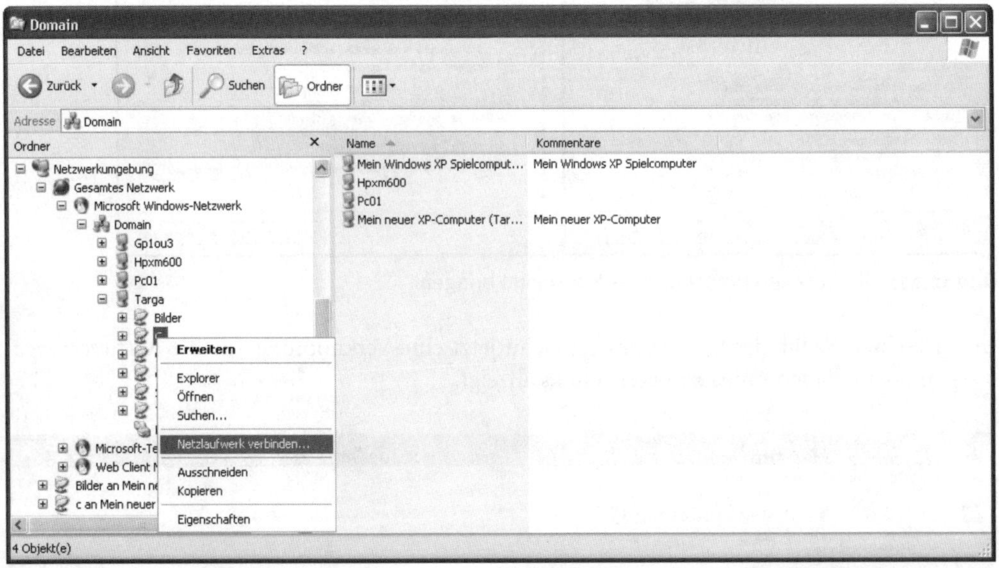


**Bild 12.24:** Netzlaufwerk verbinden

2. Wählen Sie im Dialog in Bild 12.25 einen Laufwerksbuchstaben, unter dem das Netzwerkverzeichnis erscheinen soll. Die Liste markiert die Laufwerksbuchstaben, die bereits von vorhandenen Laufwerken belegt sind. Verwenden Sie einen freien Buchstaben.

3. Schalten Sie den Schalter *Verbindung bei Anmeldung wiederherstellen* ein, wird der Laufwerksbuchstabe automatisch beim nächsten Windows-Start auch wieder zugewiesen.

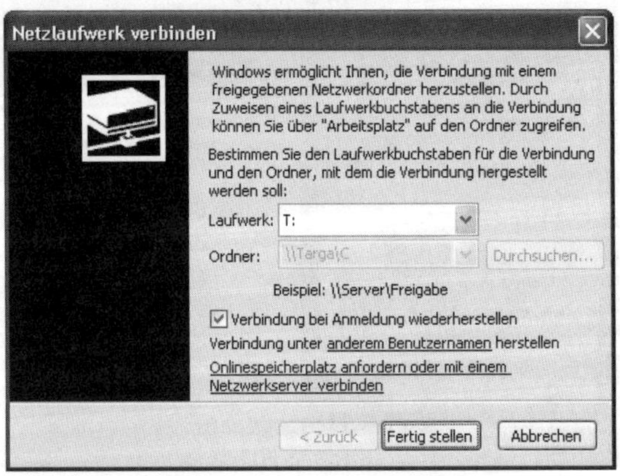


**Bild 12.25:** Laufwerksbuchstaben für das Netzlaufwerk festlegen

4. Das neue Netzwerklaufwerk erscheint bei den anderen Laufwerken im Windows Explorer unter *Arbeitsplatz* in alphabetischer Reihenfolge der Laufwerksbuchstaben.

## Eigene Freigaben anlegen

Der *Netzwerkinstallationsassistent* von Windows XP gibt standardmäßig unter dem Freigabenamen *SharedDocs* das Verzeichnis `\Dokumente und Einstellungen\All Users\Dokumente` im Netzwerk frei.

Sie können aber auch weitere Verzeichnisse oder ganze Laufwerke zusätzlich im Netzwerk freigeben:

1. Klicken Sie dazu mit der rechten Maustaste im Explorer auf den Laufwerksbuchstaben des freizugebenden Laufwerks oder auf den Verzeichnisnamen, und wählen Sie im Kontextmenü *Freigabe und Sicherheit.*

2. Schalten Sie im Bereich *Netzwerkfreigabe und -sicherheit* den Schalter *Diesen Ordner im Netzwerk freigeben* ein.

3. Geben Sie im Feld *Freigabename* einen Namen für die Freigabe an, so wie er auf den anderen Computern im Netzwerk zu sehen sein soll. Dies kann der Laufwerksbuchstabe oder auch ein beliebiger anderer Name sein.

4. Je nachdem, ob Sie von anderen PCs über das Netzwerk auf diesem PC Daten nur lesen oder auch schreiben wollen, müssen Sie die entsprechenden Rechte für das freigegebene Laufwerk vergeben. Die Windows XP Home Edition unterstützt keine detaillierte Freigabe von Rechten. Sie können aber mit dem Schalter *Netzwerkbenutzer dürfen Dateien verändern* anderen Benutzern im Netzwerk Schreibrechte auf das freigegebene Verzeichnis gewähren oder nicht.

**Bild 12.26:** Laufwerk im Netzwerk freigeben

Die Windows Firewall wird beim Aktivieren von Freigaben automatisch so eingestellt, dass andere Benutzer innerhalb des lokalen Netzwerks die Freigaben nutzen können.

## 12.4 Netzwerkdrucker

Windows XP vereinfacht das Drucken im Netzwerk deutlich gegenüber früheren Windows-Versionen. Freigegebene Drucker auf anderen Computern im Netzwerk werden automatisch erkannt und in der *Systemsteuerung/Drucker und Faxgeräte* eingetragen. Sie können dann wie lokale Drucker verwendet werden.

Bevor allerdings ein anderer Benutzer einen eigenen Drucker über das Netzwerk benutzen kann, muss dieser Drucker freigegeben werden.

1. Klicken Sie mit der rechten Maustaste in der *Systemsteuerung/Drucker und Faxgeräte* auf den Drucker, der freigegeben werden soll, und wählen Sie im Kontextmenü *Freigabe*.

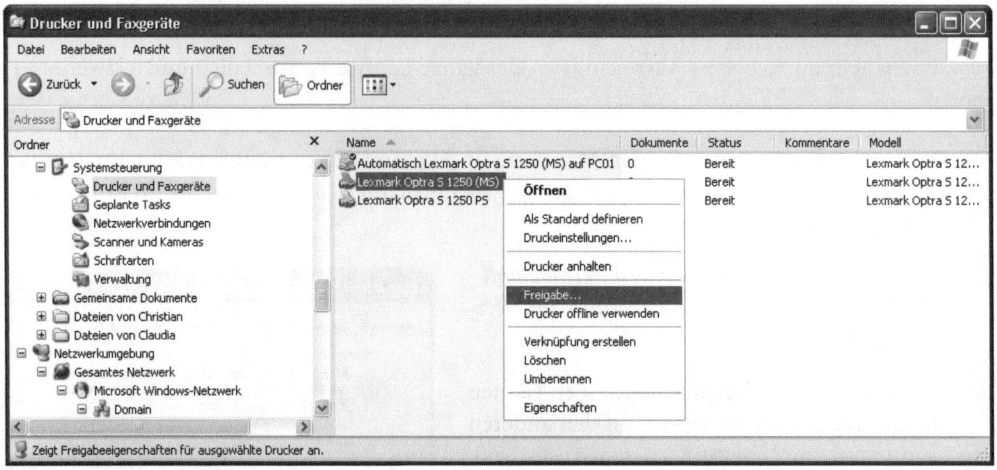


**Bild 12.27:** Drucker für das Netzwerk freigeben

2. Aktivieren Sie in den *Eigenschaften* des Druckers die Option *Drucker freigeben*, und geben Sie einen Freigabenamen ein. Dieser sollte aus Kompatibilitätsgründen höchstens aus acht Buchstaben bestehen und keine Leerzeichen enthalten. Nur so können Benutzer älterer Windows-Versionen über das Netzwerk auf diesem Drucker drucken.

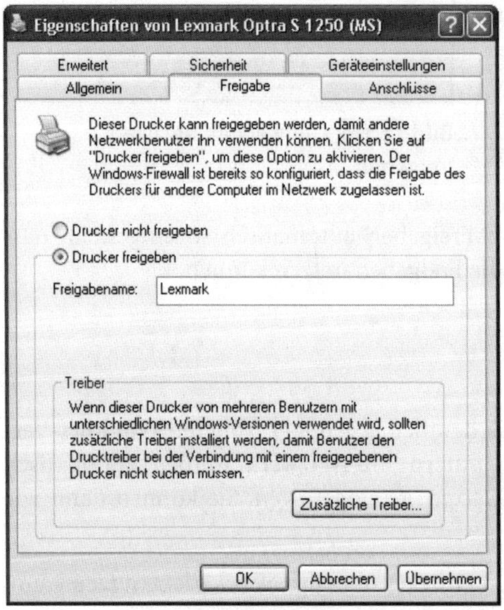


**Bild 12.28:** Auswahl eines Freigabenamens

3 Um Benutzern älterer Windows-Versionen die Verwendung dieses Druckers im Netz zu erleichtern, sollten Sie zusätzlich Treiber für alle anderen Windows-Versionen installieren, die im Netzwerk verwendet werden. Klicken Sie dazu auf die Schaltfläche *Zusätzliche Treiber* und wählen dort die entsprechenden Windows-Versionen aus. Wenn Windows XP die Treiber nicht mitliefert, müssen Sie jetzt die CD des Druckerherstellers einlegen.

**Bild 12.29:** Installation zusätzlicher Druckertreiber für ältere Windows-Versionen

**Hinweis** Windows 95/98/ME und Windows NT/2000 werden noch relativ häufig in Netzwerken eingesetzt. Die 64-Bit-Version von Windows XP ist langsam im Kommen, Windows NT für Alpha-Prozessoren ist so selten, dass es sich kaum lohnt, die Druckertreiber zu installieren.

4 Wenn Sie alle Dialoge mit *OK* bestätigen, steht der Drucker anderen Benutzern im Netzwerk zur Verfügung.

## 12.5 Remote-Unterstützung – gegenseitige Hilfe im Netzwerk

Wenn man sich auch nur ein bisschen besser mit Windows auskennt als andere, wird man immer wieder um Hilfe gefragt. Am Telefon ist das oft sehr schwierig, weil man nicht sieht, was der andere gerade vor sich auf dem Bildschirm hat und weil auch die genaue Bezeichnung der diversen Menüpunkte und Optionen nicht immer im Gedächtnis parat ist.

Windows XP bietet mehrere Methoden der Fernsteuerung, mit denen ein Computer über das Netzwerk von einem anderen bedient werden kann. Diese Methoden unterscheiden sich vor allem dadurch, welcher der beiden Benutzer was auf seinem Bildschirm sieht.

Der Standardweg geht über den Menüpunkt *Alle Programme/Zubehör/Kommunikation/Remotedesktopverbindung* im Startmenü. Diese Methode hat allerdings den Nachteil, dass nur der aus der Ferne angemeldete Benutzer arbeiten kann, der, der direkt vor dem ferngesteuerten Computer sitzt, sieht davon nichts.

Wir zeigen im folgenden Abschnitt eine Methode, mit der beide Benutzer gemeinsam auf einem Computer arbeiten können und denselben Desktop sehen.

Gehen wir vom üblichen Szenario aus: Ein Benutzer, nennen wir ihn »Schüler«, braucht Hilfe an seinem PC und ruft deshalb den »Lehrer« an; dieser möchte über das Netzwerk oder das Internet den PC des Schülers steuern. Nachdem sich beide telefonisch verständigt und ihre Computer eingeschaltet haben, gehen sie folgendermaßen vor:

1. Der Schüler muss dem Lehrer eine Einladung zur Unterstützung schicken. Dazu startet er das *Hilfe- und Supportcenter* von Windows XP über das Startmenü. Dort klickt er in der oberen Leiste auf den Button *Support* (s. Bild 12.29).

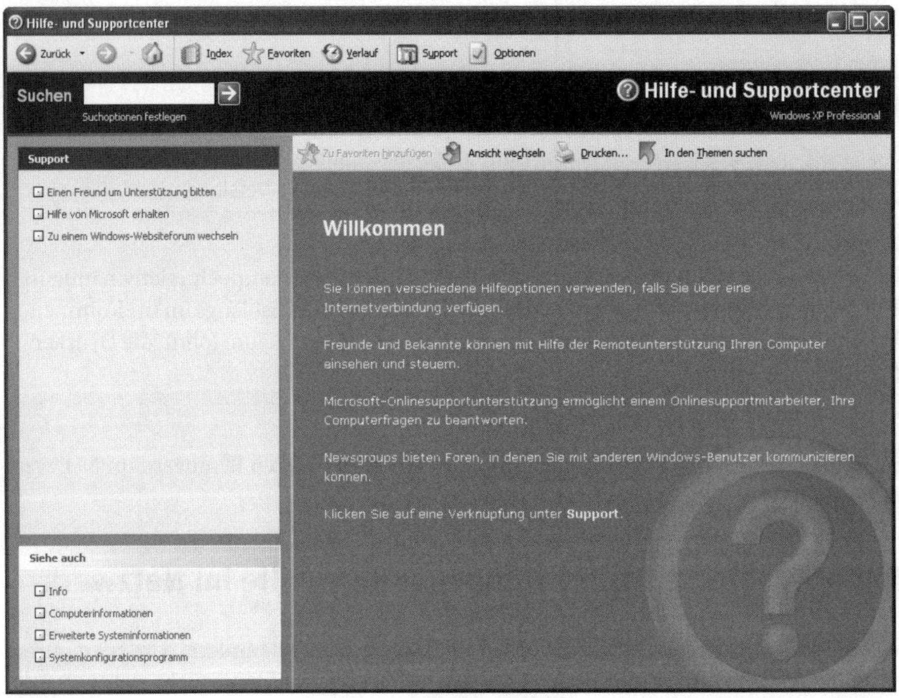


**Bild 12.30:** Die Support-Seite im Hilfe- und Supportcenter

2. Jetzt klickt der Schüler links unter *Support* auf *Einen Freund um Unterstützung bitten* und danach im großen Fenster auf *Jemanden einladen, Ihnen zu helfen* (s. Bild 12.30).

3. Danach werden drei Möglichkeiten angeboten, wie der Schüler mit dem Lehrer in Kontakt treten kann: *Messenger, E-Mail* oder eine einfache *Einladungsdatei*. Bei Messenger und E-Mail kommt es häufig zu Kompatibilitätsproblemen. Am einfachsten ist daher die dritte Option, *Einladungsdatei* (s. Bild 12.32).

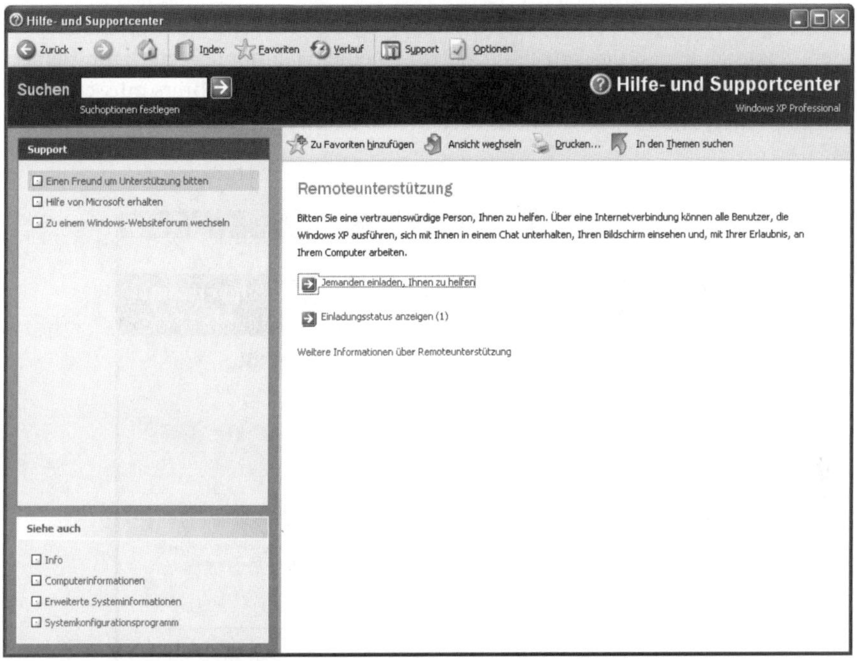


**Bild 12.31:** Auswahl der Unterstützungsart

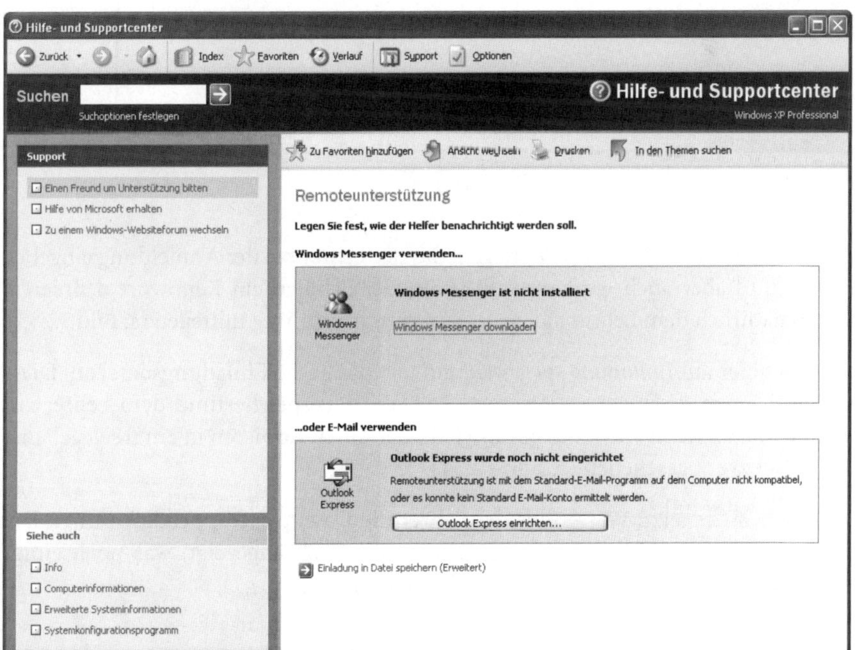


**Bild 12.32:** Auswahl, wie die Einladung verschickt werden soll

4 Nun wird festgelegt, wie lange die Einladung gelten soll. Dies ist ein Sicherheitsmechanismus, der verhindert, dass sich jemand unberechtigt Zutritt zu einem Computer verschafft. Bemessen Sie die Zeit ruhig großzügig. Bei der tatsächlichen Anmeldung des Lehrers müssen Sie als Schüler noch ein weiteres Mal zustimmen. Es besteht also kaum eine Gefahr des Missbrauchs (s. Bild 12.33).

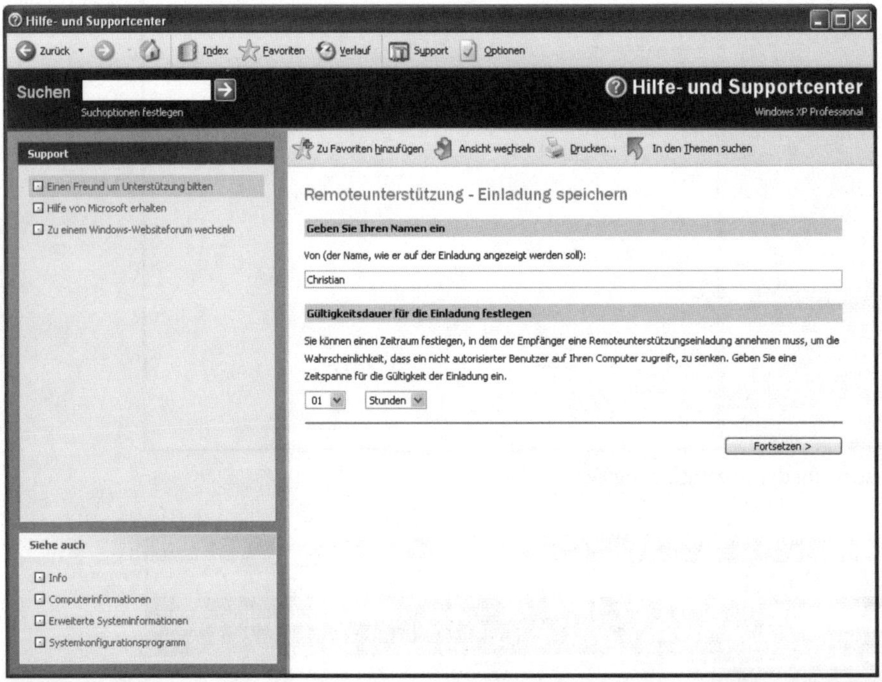


**Bild 12.33:** Gültigkeitsdauer für die Einladung festlegen

5 Danach können Sie noch ein Kennwort festlegen, das der Lehrer bei der Anmeldung eingeben muss, Sie können es aber auch weglassen. Falls Sie, der Schüler, ein Kennwort definieren, müssen Sie dies natürlich dem Lehrer am besten auf getrenntem Weg mitteilen (s. Bild 12.33).

6 Jetzt klickt der Schüler auf *Einladung speichern* und legt damit die Einladungsdatei an. Diese wird unter dem Namen `RAInvitation.msrcincident` gespeichertund dem Lehrer zur Verfügung gestellt. Dies kann entweder per E-Mail oder durch Kopieren in ein freigegebenes Verzeichnis im Netzwerk geschehen (s. Bild 12.34).

7 Für den Schüler heißt es jetzt: Warten bis der Lehrer die Datei per Doppelklick öffnet. Der Lehrer bekommt dann eine Remote-Unterstützungseinladung angezeigt, was noch einige Sekunden nach dem Doppelklick auf die Datei dauern kann.

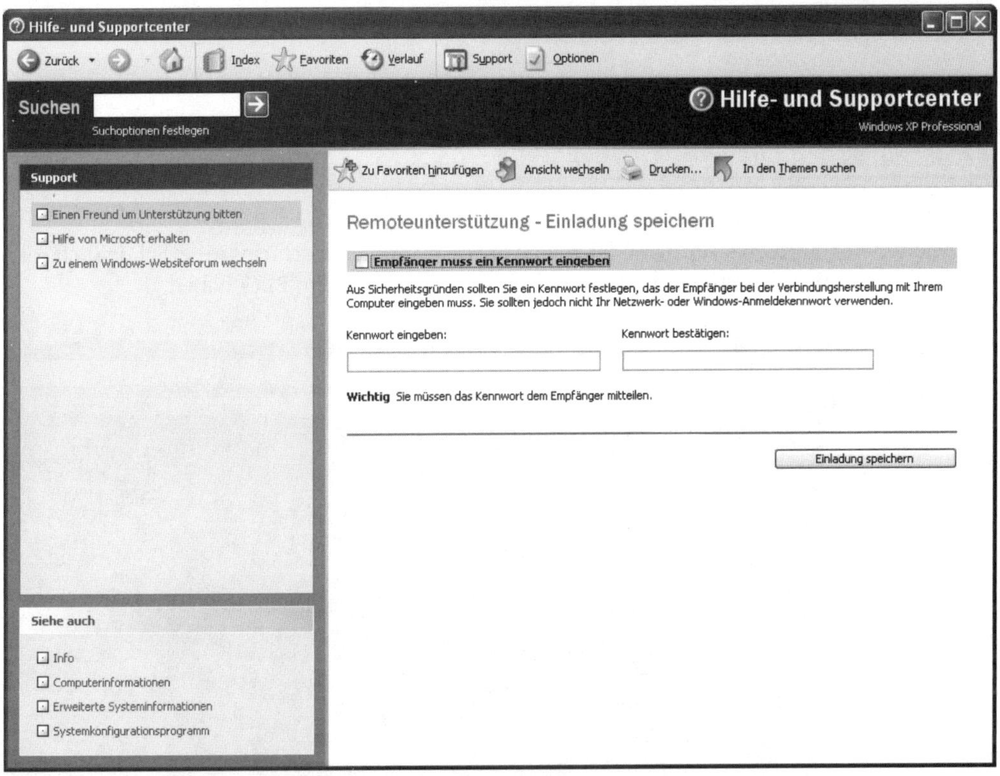


**Bild 12.34:** Soll zur Anmeldung ein Kennwort benutzt werden?

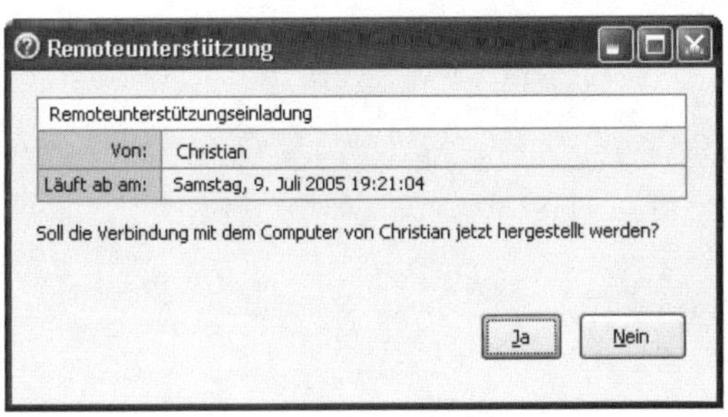


**Bild 12.35:** Die Remote-Unterstützungseinladung beim Lehrer

8 Nachdem der Lehrer in dieser Einladung auf *Ja* geklickt hat, bekommt er ein Fenster angezeigt, das in vielen Fällen viel zu klein ist.

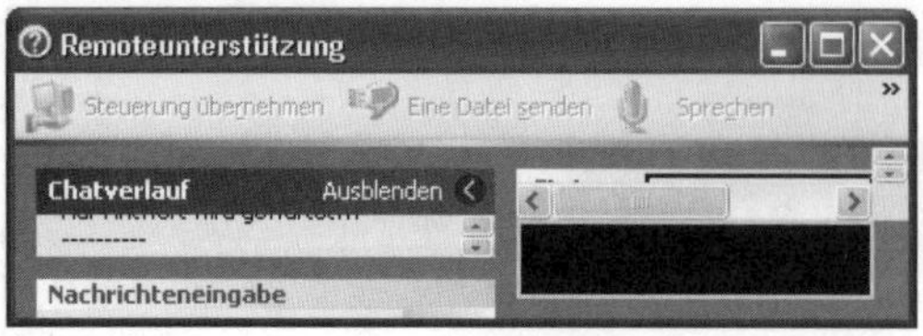


**Bild 12.36:** Das Fenster für die Remote-Unterstützung im ursprünglichen Zustand

9. Maximieren Sie dieses Fenster, oder ziehen Sie es auf volle Bildschirmgröße. Schließlich sollten Sie hier als Lehrer den gesamten Bildschirm des Schülers im Blick haben.

**Bild 12.37:** Das Fenster für die Remote-Unterstützung auf volle Bildschirmgröße vergrößert

10. Auf dem Computer des Schülers erscheint jetzt eine weitere Meldung, in der er die Anmeldung des Lehrers zulassen muss.

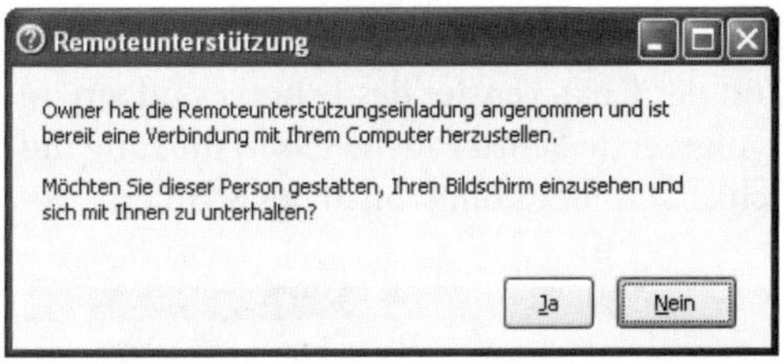


**Bild 12.38:** Der Schüler muss dem Lehrer erlauben, sich anzumelden

⑪ Nachdem der Schüler auf *Ja* geklickt hat, wird ihm ein Fenster zur Steuerung der Remoteverbindung angezeigt. Ab jetzt sieht der Lehrer den Bildschirm des Schülers. Über das Feld *Nachrichteneingabe* können nun beide miteinander chatten.

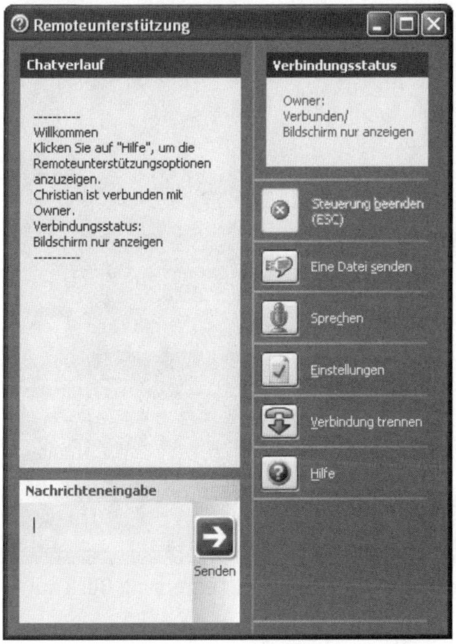


**Bild 12.39:** Das Fenster zur Steuerung der Remote-Unterstützung auf dem Computer des Schülers

⑫ Alle Aktivitäten des Schülers kann der Lehrer auf seinem Bildschirm mitverfolgen, er kann aber noch nicht eingreifen.Über den Button *Eine Datei senden* kann der Schüler dem Lehrer eine Datei schicken. Der Lehrer hat denselben Button ganz oben in seinem Remote-Unterstützungsfenster.

⑬ Mit dem Button *Sprechen* können sich beide unterhalten – vorausgesetzt, beide haben ein Headset oder Mikrofon plus Lautsprecher angeschlossen. Mit dem Button *Einstellungen* lassen sich die Audio-Einstellungen für die Verbindung konfigurieren. Bedenken Sie dabei aber, dass eine Audio-Verbindung relativ viel Bandbreite benötigt, wodurch die Fernsteuerung träger wird. Besser chattet man miteinander.

⑭ Der Lehrer sieht auf seinem Computer innerhalb des Fensters *Remoteunterstützung* jetzt den Bildschirm des Schülers. Die Steuerelemente und das Chat-Fenster des Lehrers sind am linken und oberen Bildschirmrand zu sehen. Das angezeigte Fenster *Remoteunterstützung* mitten auf dem Bildschirm befindet sich in Wirklichkeit auf dem Bildschirm des Schülers.

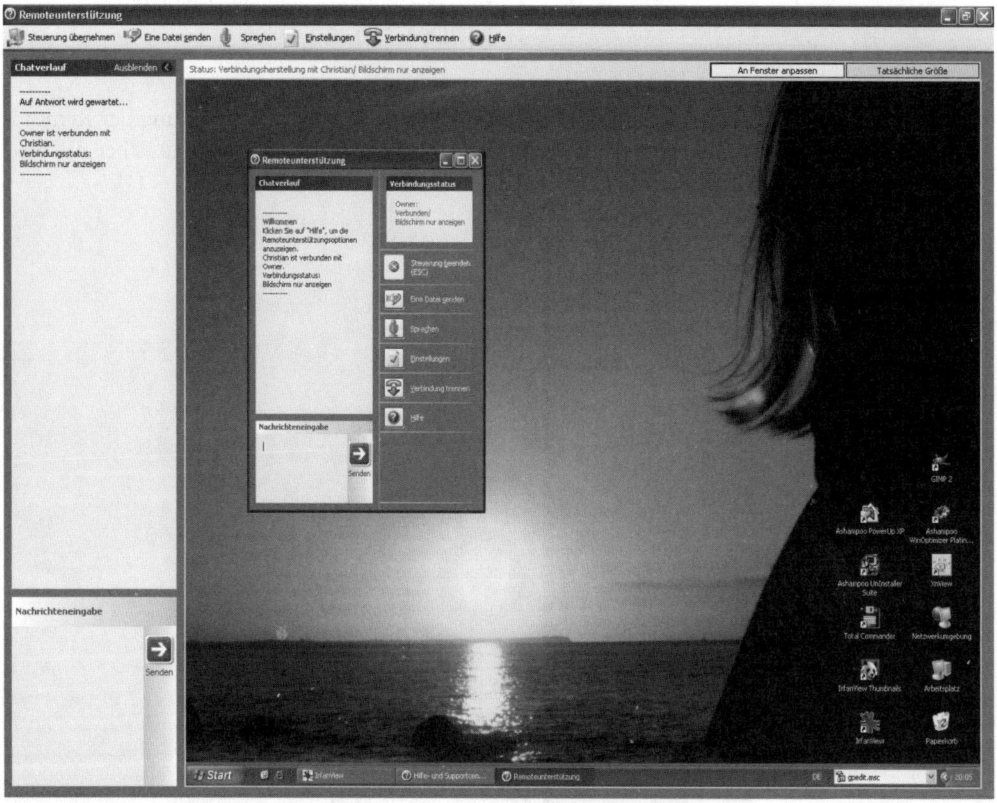


**Bild 12.40:** Das Fenster für die Remote-Unterstützung auf dem Bildschirm des Lehrers mit Blick auf den Schülerbildschirm

⑮ Mit den Buttons oben rechts kann der Lehrer die Größe des dargestellten Bildes beeinflussen. Im Modus *An Fenster anpassen* sieht er immer den gesamten Bildschirm des Schülers, je nach Auflösung aber etwas verkleinert. Im Modus *Tatsächliche Größe* sieht er den Schülerbildschirm in Originalgröße. Dies ist nur dann sinnvoll, wenn der Schüler eine geringere Auflösung verwendet, da beim Lehrer ein Teil des Bildschirms für die Bedienungselemente der Remote-Unterstützung verloren geht.

⑯ Oftmals hilft es beim Erklären, wenn der Lehrer direkt auf dem Bildschirm des Schülers arbeiten kann und der Schüler nur zusehen braucht. Klicken Sie dazu als Lehrer oben links auf den Button *Steuerung übernehmen*.

17 Der Schüler bekommt daraufhin eine Meldung angezeigt, in der er dem Lehrer erlauben muss, seinen Computer zu steuern.

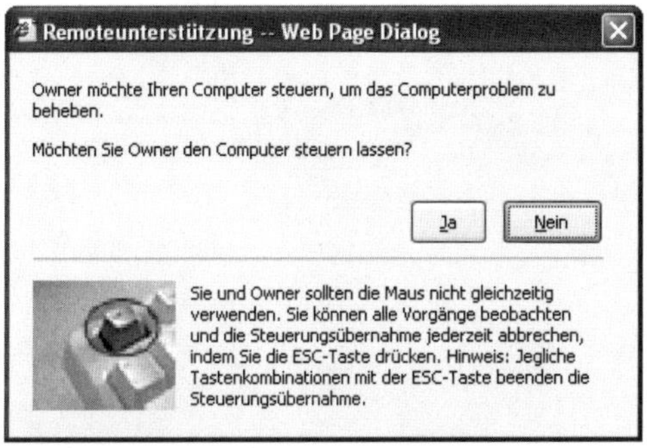


**Bild 12.41:** Der Schüler muss dem Lehrer genehmigen, dass dieser die Steuerung übernimmt

18 Nachdem der Schüler auf *Ja* geklickt hat, können beide gleichzeitig die Maus bewegen und Tastatureingaben vornehmen. Der Lehrer erhält dazu auch noch eine Bestätigungsmeldung.

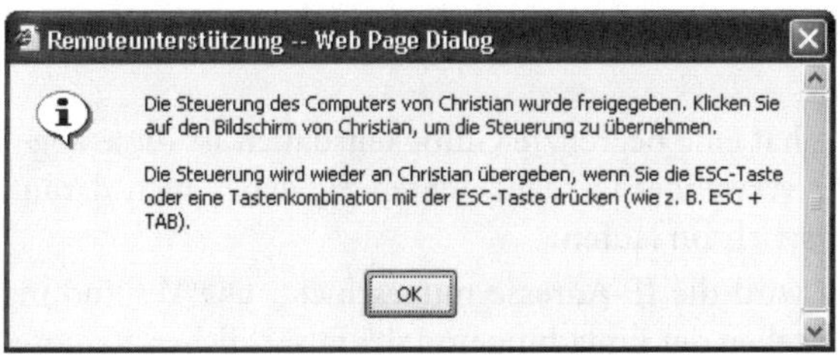


**Bild 12.42:** Auch der Lehrer muss bestätigen, dass er die Steuerung übernimmt

19 Beide haben jederzeit die Möglichkeit, mit der Taste [Esc] die Steuerung zu unterbrechen. Die Remotedesktop-Verbindung bleibt dabei bestehen. Der Lehrer kann den Bildschirm des Schülers weiterhin sehen, aber nicht mehr fernsteuern.

20 Der Button *Verbindung trennen* trennt die Remote-Unterstützung endgültig. Um sie erneut aufzubauen, ist wieder eine Einladung erforderlich.

## Wenn es nicht funktioniert

Wenn die Remote-Unterstützung auf dem beschriebenen Weg nicht funktioniert, kann dies verschiedene Ursachen haben. Lesen Sie die folgende Liste genau durch, wir haben dort die häufigsten Probleme zusammengestellt.

- **Remote-Unterstützung deaktiviert** – In der *Systemsteuerung/System* müssen auf der Registerkarte *Remote* die beiden Schalter *Remoteunterstützung* und *Remotedesktop* eingeschaltet sein.

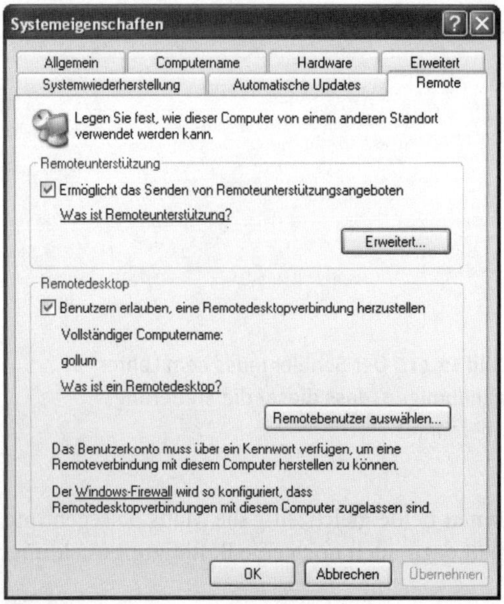


**Bild 12.43:** Hier muss die Remote-Unterstützung .aktiviert sein

- **Einladung abgelaufen** – Jede Einladung hat eine begrenzte Gültigkeitsdauer. Ist diese abgelaufen, kann die Einladung nicht mehr verwendet werden. Achten Sie dabei auch darauf, dass die Systemuhren beider Computer synchron laufen.
- **Falsche IP-Adresse** – In der Einladung wird die IP-Adresse mitgeschickt. Die Verbindung zum Internet darf also zwischen dem Erstellen der Einladung und der tatsächlichen Remote-Unterstützung nicht getrennt werden, da die meisten Provider bei einer erneuten Anmeldung eine neue IP-Adresse vergeben.
- **Sicherheitsrichtlinie** – Wählen Sie auf dem Schüler-Computer in der *Systemsteuerung/Verwaltung* die Option *Lokale Sicherheitsrichtlinie*. Suchen Sie dort in der Liste unter *Lokale Richtlinien/Sicherheitsoptionen* die Richtlinie *Konten: Lokale Kontenverwendung von leeren Kennwörtern auf Konsolenanmeldung beschränken*. Klicken Sie doppelt auf diese Richtlinie, und setzen Sie sie auf *Deaktiviert*.
- **Dienst nicht gestartet** – In der *Systemsteuerung/Verwaltung/Dienste* dürfen die Dienste *Netmeeting-Remotedesktop-Freigabe* und *Terminaldienste* nicht deaktiviert sein.
- **Firewall** – In der Windows-Firewall und, falls eine Firewall im Router aktiv ist, auch dort, muss der Port 3389 für den Remotedesktop freigegeben sein.

Kapitel 13

# Die Registry

13.1 Windows schlank und schnell .................... 383
13.2 Optische Effekte in der Registry ................. 393
13.3 Neue Funktionen in die Benutzeroberfläche integrieren ..................................... 402
13.4 Sicherheitsfunktionen in der Registry ............ 408

Nicht alles lässt sich in Windows XP über die *Systemsteuerung* und andere Konfigurationsoptionen einstellen. Einige versteckte Funktionen können nur manuell in der Registry, oder Systemregistrierung genannt, geändert werden.

Windows XP liefert für den direkten Zugriff auf die Registry das Tool *REGEDIT* mit. Damit können Sie unmittelbar Einträge in der Registry bearbeiten, löschen und hinzufügen.

Zum Schutz vor unsachgemäßer Anwendung taucht der Registrierungs-Editor in keinem Standard-Menü von Windows XP auf. Er kann nur über *Start/Ausführen* (Tastenkombination [⊞]+[R]) aufgerufen werden.

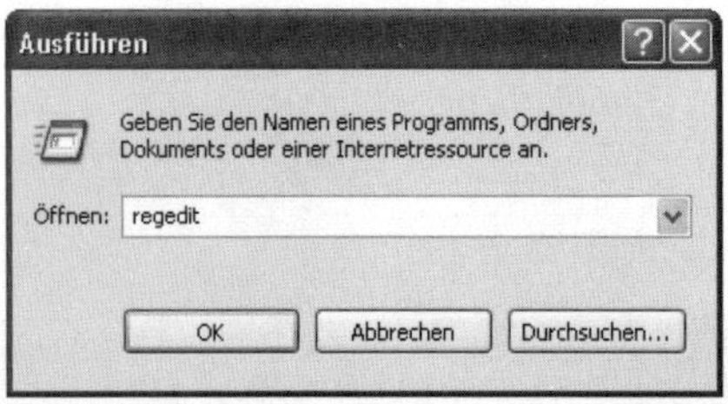


**Bild 13.1:** Aufruf des *Registrierungs-Editors* über *Start/Ausführen*

Nach einer Verwendung erscheint der Registrierungs-Editor auch nicht unter den zuletzt benutzten Programmen im Startmenü. Natürlich können Sie das Programm auch mit der Funktion *An Startmenü anheften* dort fixieren.

In älteren Windows-Versionen gab es noch zwei Registrierungseditoren, *REGEDIT* und *REGEDT-32*. Die Funktionalität beider Programme wurde unter Windows XP in einem Programm *REGEDIT* zusammengefasst.

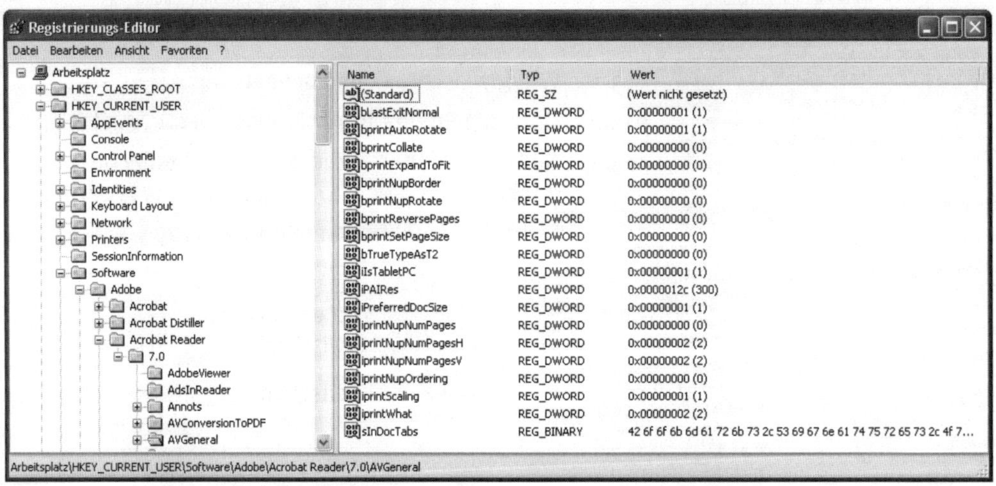


**Bild 13.2:** Der *Registrierungs-Editor*

**Achtung** Vorsicht bei der Verwendung des *Registrierungs-Editors*. Änderungen in der Registry können Windows XP in einen instabilen oder nicht mehr lauffähigen Zustand versetzen. Überlegen Sie sich genau, was Sie tun, und beachten Sie die Hinweise zum Sichern von *Registry*-Zweigen. Im *Registrierungs-Editor* gibt es keine Zurück-Funktion.

Die *Registry* ist eine hierarchisch aufgebaute Datenbank und sieht im *Registrierungs-Editor* auf den ersten Blick aus wie eine Verzeichnisstruktur im Windows Explorer.

In den einzelnen Zweigen, die im linken Teilfenster dargestellt sind, befinden sich so genannte Schlüssel, die einen oder mehrere Parameter enthalten können. In der obersten Ebene der Registry erscheinen fünf Hauptschlüssel, in denen die Daten eingeordnet sind. Drei davon sind nur Abkürzungen auf Unterstrukturen, sodass sich die Registry auf zwei eigentliche Schlüssel beschränkt.

| Hauptschlüssel | Inhalt |
|---|---|
| HKEY_LOCAL_MACHINE | Windows- und Programmeinstellungen, die allgemein gelten. |
| HKEY_USERS | Benutzereinstellungen für jeden Benutzer und Vorgaben, die für neu angelegte Benutzer gelten. |
| HKEY_CLASSES_ROOT | Abkürzung für: HKEY_LOCAL_MACHINE\Software\Classes. |
| HKEY_CURRENT_USER | Abkürzung für: HKEY_USERS\»aktueller Benutzername«. |
| HKEY_CURRENT_CONFIG | Abkürzung für: HKEY_LOCAL_MACHINE\SYSTEM\CurrentControlSet\Hardware Profiles\Current. |

**Tab. 13.1:** Hauptschlüssel in der Registry

Bei den Parametern gibt es verschiedene Typen zur Speicherung von Zahlenwerten, Zeichenfolgen oder Binärdaten (s. Tab. 13.2).

| Bezeichnung | Datentyp | Inhalt |
|---|---|---|
| REG_SZ | Zeichenfolge. | Beliebige Zeichenfolge, kurzer Text, Verzeichnispfad. |
| REG_BINARY | Binärwert. | Binäre Daten beliebiger Struktur. |
| REG_DWORD | DWORD-Wert. | Ganzzahl zwischen 0 und 4.294.967.295 dezimal bzw. zwischen 0 und FFFFFFFF hex. |
| REG_MULTI_SZ | Mehrteilige Zeichenfolge. | Mehrere Zeichenketten in einem Registry-Eintrag. |

**Tab. 13.2:** Datentypen in der Registry

| Bezeichnung | Datentyp | Inhalt |
|---|---|---|
| REG_EXPAND_SZ | Erweiterbare Zeichenfolge. | Zeichenkette mit erweiterter Überprüfung: Enthält sie den Namen einer Umgebungsvariable, wird diese durch ihren aktuellen Inhalt ersetzt. |
| REG_FULL_RESOURCE _DESCRIPTOR | Kann mit REGEDIT nicht angelegt werden. | Folge verschachtelter Arrays, in der eine Ressourcen-Liste für eine Hardware-Komponente oder einen Treiber gespeichert wird. |

**Tab. 13.2:** Datentypen in der Registry (Forts.)

Bevor Sie eine kritische Änderung an der *Registry* vornehmen, sollten Sie den betreffenden *Registry*-Zweig sichern. Klicken Sie dazu mit der rechten Maustaste auf den Schlüssel, und wählen Sie im Kontextmenü *Exportieren*. Achten Sie darauf, dass im unteren Teil der Dialogbox die Option *Ausgewählte Teilstruktur* aktiv ist.

Hier wird immer ein ganzer *Registry*-Zweig exportiert, nicht nur ein einzelner Schlüssel. Die auf diese Weise erstellte REG-Datei enthält im ASCII-Format den exportierten Schlüssel einschließlich aller untergeordneten Schlüssel.

**Bild 13.3:** Registry-Zweig exportieren

Diese REG-Dateien können mit einem Doppelklick im Windows Explorer wieder in die *Registry* importiert werden. Dabei werden nur die in der REG-Datei vorhandenen Werte in der *Registry* überschrieben. Werte, die in der REG-Datei fehlen, aber in der *Registry* vorhanden sind, bleiben erhalten.

**Auf der Buch-CD** Zu den Registry-Tipps in diesem Kapitel finden Sie auf der CD REG-Dateien, die Sie direkt per Doppelklick importieren können. Damit sparen Sie sich die manuelle Eingabe im Registrierungs-Editor. Bei einigen Tipps, die benutzerspezifische Angaben benötigen, bleibt Ihnen allerdings nichts anderes übrig, als sie von Hand einzugeben.

## ▲ Wichtige Schlüssel leichter merken

Die Registry hat einen großen Nachteil: Sie ist unübersichtlich. Kaum jemand kann sich die Namen von Registry-Schlüsseln merken, zumal es oftmals unter verschiedenen Zweigen auch noch gleichnamige Schlüssel gibt. Die Favoriten-Funktion des Registrierungs-Editors hilft dem Gedächtnis nach.

1. Hangeln Sie sich im Registrierungs-Editor bis zum gewünschten Schlüssel durch, und wählen Sie im Menü *Favoriten/Zu Favoriten hinzufügen.*
2. Vergeben Sie einen aussagekräftigen Namen anstelle des standardmäßig eingetragenen Namens des Registry-Zweigs.
3. Der Registrierungs-Editor setzt ein Lesezeichen, das jederzeit über das *Favoriten*-Menü wieder aufgerufen werden kann. Der eingegebene Name gilt natürlich nur für das Lesezeichen, die eigentlichen Namen der Registry-Schlüssel werden nicht verändert.

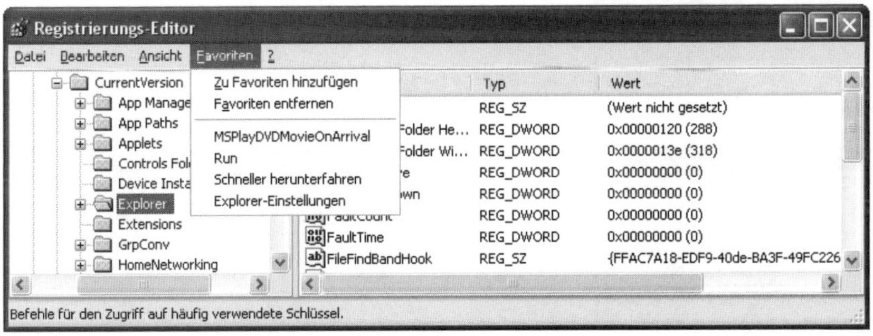


**Bild 13.4:** Favoriten im Registrierungs-Editor

Diese Favoriten werden übrigens auch in der Registry gespeichert. Jeder Benutzer kann eigene Favoriten verwenden. Diese liegen unter HKEY_CURRENT_USER\Software\Microsoft\Windows\CurrentVersion\Applets\Regedit\Favorites.

### ▲ Schneller mit der Tastatur

Der Scrollbalken scheint eines der wichtigsten Instrumente im Registrierungs-Editor zu sein. Anstatt endlos zu schieben, kann man sich auch sehr schnell per Tastatur bewegen. Dazu braucht man nur die vier Pfeiltasten, die sich bequem mit zwei Fingen bedienen lassen. Die Pfeile nach oben und unten blättern für Sie in der Baumansicht. Dabei bleibt der Status der einzelnen Zweige erhalten. Der Pfeil nach rechts klappt den markierten Zweig auf, der Pfeil nach links blättert automatisch zum nächsten übergeordneten Zweig; beim zweiten Druck auf die Taste wird der Zweig dann geschlossen.

### ▲ Registry gegen ungewollte Veränderungen sperren

Registry-Einträge müssen selbst im normalen Betrieb ständig geändert werden. An manchen Stellen der Registry möchte man aber doch vor einer Veränderung sicher sein.

Einen wirkungsvollen Schutz bietet die *Benutzerverwaltung* von Windows XP. Jedes Programm hat nur die Rechte des Benutzers, der es ausführt. Für den Alltagsbetrieb und besonders zum Internet-Surfen sollte man nie als Administrator, sondern immer als Benutzer mit eingeschränkten Rechten angemeldet sein. Zum Arbeiten an der Registry brauchen Sie aber Administratorenrechte.

Nehmen Sie jetzt als Administrator den anderen Benutzern Berechtigungen auf bestimmte Registry-Zweige weg, kann auch kein Programm, das von diesen Benutzern gestartet wird, an den betreffenden Schlüsseln herumpfuschen. Für jeden einzelnen Registry-Zweig können Sie einzelnen Benutzern Berechtigungen geben oder wegnehmen, ob sie diesen Zweig lesen oder bearbeiten dürfen.

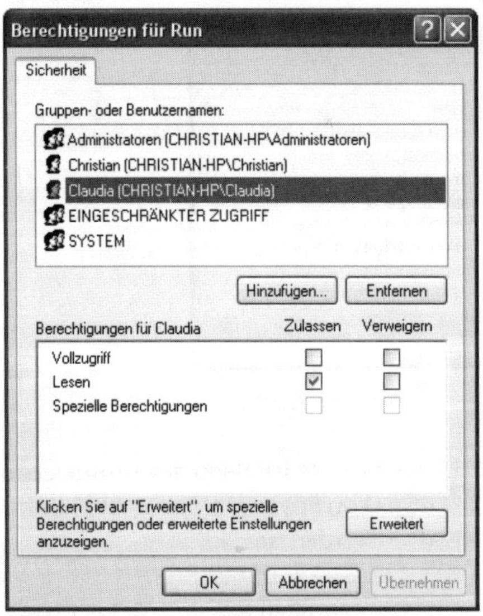


**Bild 13.5:** Berechtigungen für einen Registry-Schlüssel im Registrierungs-Editor

1. Markieren Sie im Registry-Editor den gewünschten Zweig, und wählen Sie dann im Menü *Bearbeiten/Berechtigungen*.
2. Es erscheint die aus der Benutzerverwaltung bekannte Dialogbox. Wählen Sie im oberen Bereich den gewünschten Benutzer.
3. Im unteren Bereich können Sie jetzt den *Vollzugriff* einschließlich *Bearbeiten* und *Löschen* dieses Zweiges verbieten und nur reines Lesen der vorhandenen Einträge zulassen.

### ▲ Registry-Zugriff komplett sperren

Möchten Sie verhindern, dass ein Benutzer in der Registry herumspielt, können Sie `REGEDIT` und auch alle anderen Tools, die direkt auf die Registry zugreifen, sperren.

**Vorsicht** Verwenden Sie diesen Registry-Tipp nie, wenn Sie nur einen Benutzer auf dem PC angelegt haben. Sie sperren sich dann selbst aus und haben keine Möglichkeit mehr, die Registry zu bearbeiten. Auf den nächsten Seiten finden Sie eine Möglichkeit, so eine Sperre trotzdem zu knacken.

Ohne Administratorenrechte kann ein Benutzer in der Registry manuell zwar nichts verändern, aber immerhin die Registry auslesen. Dieser Tipp sperrt alle derartigen Programme, sodass der Benutzer unabhängig von seinen Administratorenrechten in der Registry auch nichts lesen kann.

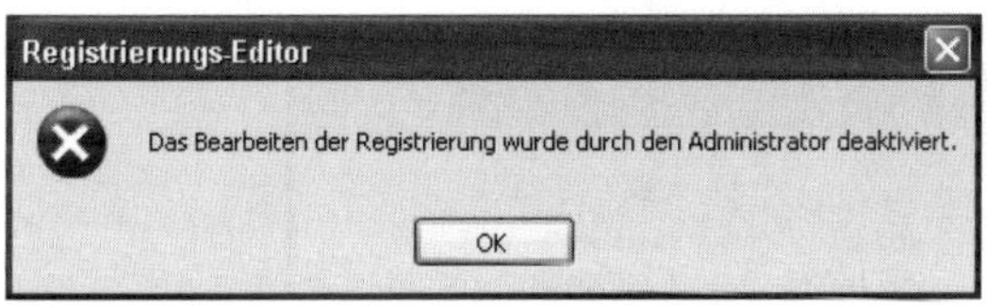


**Bild 13.6:** Meldung beim Versuch, die Registry zu bearbeiten, wenn dies vom Administrator verhindert wurde

Man könnte auch einfach die Datei `REGEDIT.EXE` in ein Verzeichnis verschieben, auf das andere Benutzer keinen Zugriff haben. Das schützt aber nicht vor der Verwendung anderer Registry-Tools und auch nicht davor, dass das Programm `REGEDIT` von einer Diskette oder einem Wechselmedium aus aufgerufen wird.

Um einem Benutzer den Registry-Zugriff zu verwehren, gehen Sie folgendermaßen vor. Sie müssen hierzu als Administrator angemeldet sein:

1. Windows XP schreibt die Benutzernamen nicht im Klartext in die Registry, deshalb müssen Sie den Benutzer, für den der Registry-Zugriff gesperrt werden soll, erst suchen. Unter `HKEY_LOCAL_MACHINE\SOFTWARE\Microsoft\Windows NT\CurrentVersion\ProfileList` finden Sie verschiedene Unterschlüssel `S-1-5...` und eine längere Zahlenkom-

bination. Wenn Sie diese im linken Fenster von REGEDIT durchblättern, finden Sie rechts unter ProfileImagePath relativ einfach den Benutzernamen.

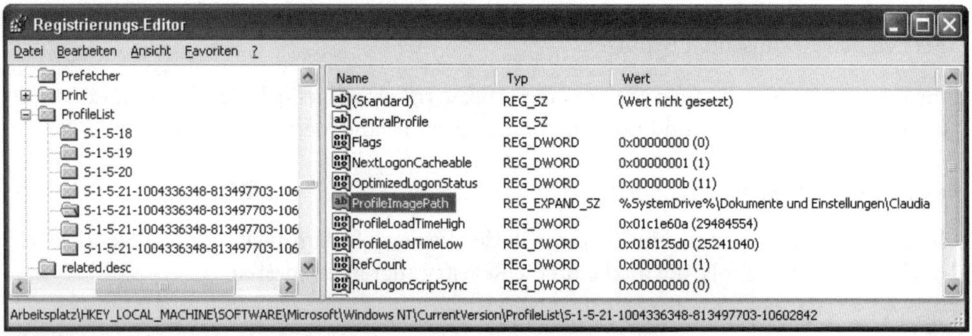


**Bild 13.7:** Benutzernamen in der Registry finden

2. Merken Sie sich die so gefundene Benutzer-ID des gesuchten Benutzers. Im Normalfall unterscheiden sich die Benutzer-IDs nur in den letzten Ziffern. Wechseln Sie jetzt in den Registry-Schlüssel HKEY_USERS\<Benutzer-ID>\Software\Microsoft\Windows\CurrentVersion\Policies, und legen Sie dort einen neuen Unterschlüssel System an.

3. Legen Sie in diesem Schlüssel einen DWORD-Wert DisableRegistryTools an, und geben Sie ihm den Wert 1.

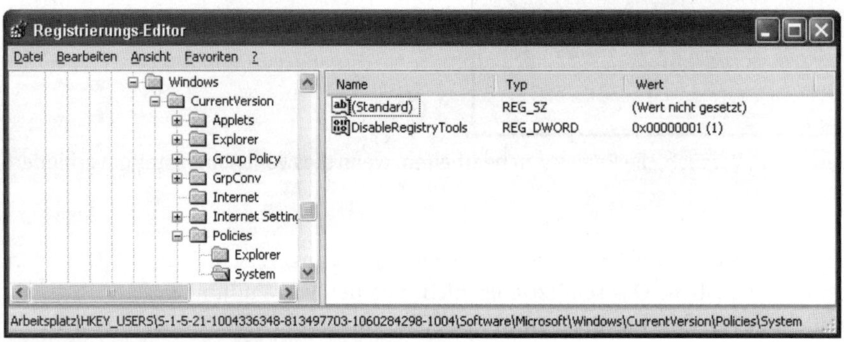


**Bild 13.8:** Der neue Registry-Eintrag zum Sperren des Registry-Zugriffs

4. Wenn sich der Benutzer jetzt wieder anmeldet, hat er keine Möglichkeit, REGEDIT oder einen anderen Registry-Editor aufzurufen. Erst, wenn der Administrator den Parameter DisableRegistryTools wieder auf 0 setzt, sind Registry-Tools wieder erlaubt.

### ▲ Registry-Sperre knacken

Aber auch dieser Schutz wirkt nicht hundertprozentig, da ein auf diese Weise gesperrter Benutzer immer noch die Möglichkeit hat, eine REG-Datei zu importieren und damit den entscheidenden

Parameter zurückzusetzen. Dies ist auch die Notlösung für den Fall, dass man sich selbst den Zugriff auf die Registry sperrt.

**Auf der Buch-CD** Auch zu diesem Registry-Tipp finden Sie auf der CD eine REG-Datei, die Sie direkt per Doppelklick importieren können. Die Datei `DisableRegistryTools-0.reg` setzt die Sperre zurück. Diese REG-Datei ist durch die Verwendung von `HKEY_CURRENT_USER` allgemein gehalten, so dass man sie für sich selbst jederzeit unabhängig von der Benutzer-ID einsetzen kann.

Nach dem Importieren dieser `REG`-Datei muss man sich als Benutzer abmelden und wieder neu anmelden, um Zugriff auf die Registry zu erhalten.

# 13.1 Windows schlank und schnell

Mit ein paar *Registry*-Hacks schalten Sie überflüssige Gimmicks ab und machen Windows XP deutlich schlanker und schneller.

## Startmenü ohne Verzögerung

Standardmäßig werden die Untermenüs des Startmenüs beim Darüberfahren mit der Maus verzögert eingeblendet. Diese Verzögerung können Sie abschalten, sodass die Menüs so schnell wie möglich erscheinen.

Setzen Sie dazu den Parameter `MenuShowDelay` im Registry-Schlüssel `HKEY_CURRENT_USER\Control Panel\Desktop` auf `0`. Möchten Sie wieder eine Verzögerung haben, weisen Sie dem Wert `MenuShowDelay` eine entsprechende Zahl in Millisekunden zu.

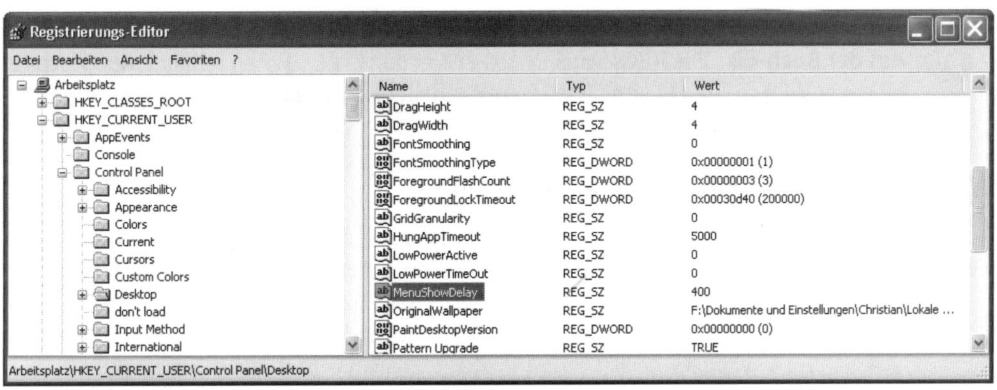


**Bild 13.9:** *Registry*-Schlüssel für die Verzögerungszeit der Menüs

Derselbe Wert beeinflusst auch die Verzögerung beim Aufklappen von Kontextmenüs im Windows Explorer. Diese werden gleichzeitig mit dem Startmenü gebremst oder beschleunigt.

## Sprechblasen abschalten

Einige Windows-Programme, wie auch integrierte Systemkomponenten blenden oberhalb der Taskleiste Tipps in Sprechblasen ein. Diese können am Anfang interessant, auf Dauer aber auch lästig sein.

Um die Sprechblasen abzuschalten, legen Sie unter `HKEY_CURRENT_USER\Software\Microsoft\Windows\CurrentVersion\Explorer\Advanced` einen neuen DWORD-Wert an. Geben Sie diesem den Namen `EnableBalloonTips`, und belassen Sie den eingestellten Wert auf `0`.

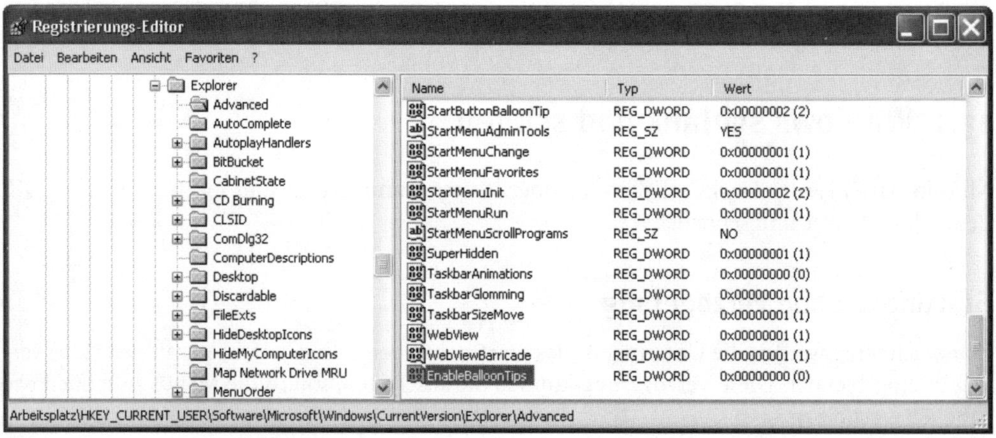


**Bild 13.10:** *Registry*-Schlüssel zum Abschalten der Sprechblasen

Möchten Sie die Sprechblasen wieder einschalten, löschen Sie diesen Parameter oder geben ihm den Wert `1`.

**Auf der Buch-CD** Die REG-Datei `EnableBalloonTips-0.reg` schaltet die Sprechblasen aus, `EnableBalloonTips-1.reg` schaltet sie wieder ein.

## Warnung bei voller Festplatte abschalten

Auf der Taskleiste erscheint eine Sprechblasen-Warnung, wenn auf einer Festplatte nur noch weniger als 200 MB freier Platz ist. Wenn Sie diese Warnung nervt, können Sie sie deaktivieren.

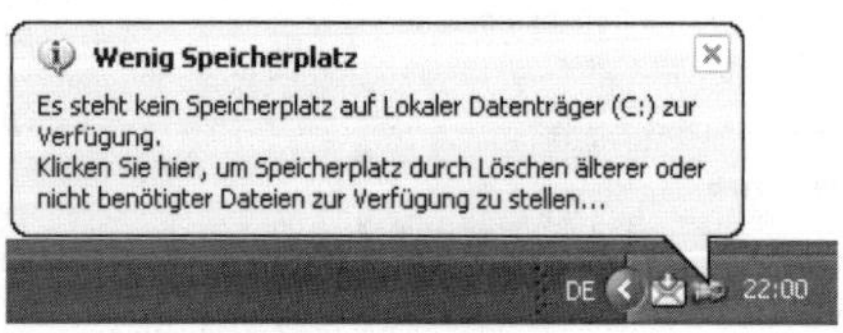


**Bild 13.11:** Warnung bei voller Festplatte

Legen Sie dazu im Registry-Zweig HKEY_CURRENT_USER\Software\Microsoft\Windows\CurrentVersion\Policies\Explorer einen neuen DWORD-Parameter mit Namen NoLowDiskSpaceChecks an, und setzen Sie diesen auf den Wert 1.

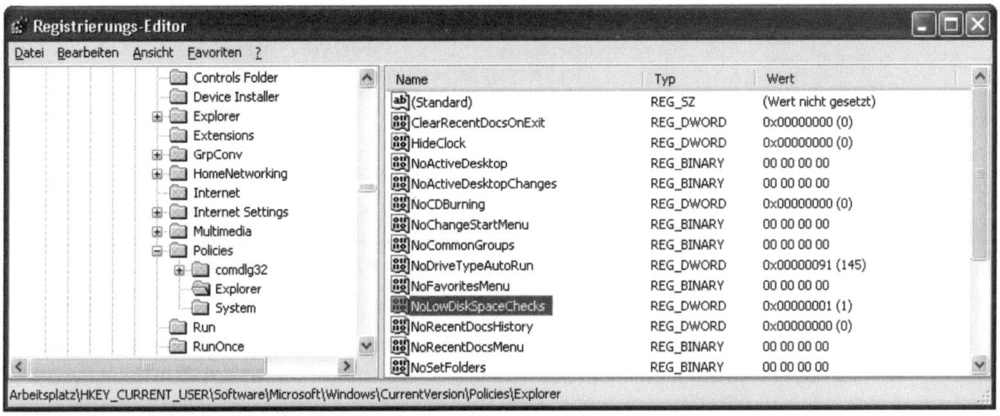


**Bild 13.12:** Registry-Schlüssel zum Abschalten der Warnung bei voller Festplatte

## AutoPlay deaktivieren und anpassen

Die AutoPlay-Funktion startet bestimmte Anwendungen beim Einlegen einer CD-ROM, DVD oder einer Speicherkarte in einen Kartenleser, was besonders bei Kartenlesern sehr lästig sein kann.

Im Registry-Wert NoDriveTypeAutoRun im Schlüssel HKEY_CURRENT_USER\Software\Microsoft\Windows\CurrentVersion\Policies\Explorer können Sie die AutoPlay-Funktion für bestimmte Laufwerkstypen deaktivieren. Der Wert ergibt sich durch Addition von speziellen Bit-Codes auf den Standardwert 91.

| Deaktivierte Laufwerke | Bit-Code | | | | | | | | Zusätzl. Hex | Gesamt Hex |
|---|---|---|---|---|---|---|---|---|---|---|
| Standard (keine deaktivierten Laufwerke). | x | | | x | | | | x | 00 | 91 |
| CD und DVD. | x | | x | x | | | | x | 20 | B1 |
| Wechselmedien, Smartmedia, SD, MMC. | x | | | x | | x | | x | 04 | 95 |
| Alle Typen. | x | | x | x | | x | | x | 24 | B5 |

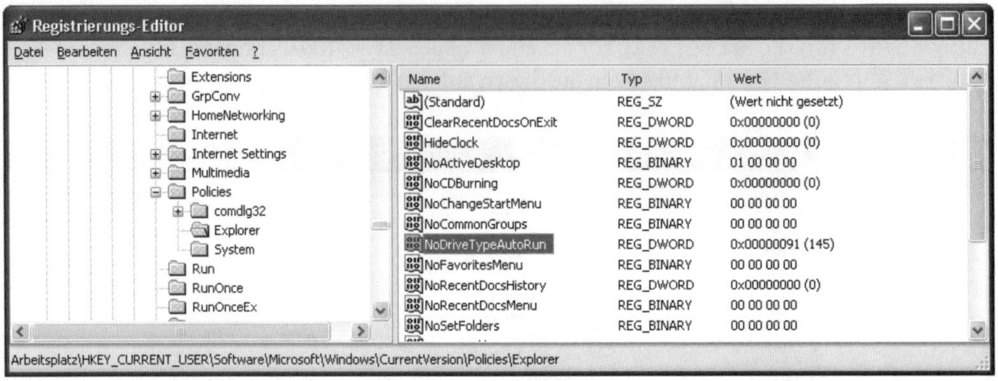


**Bild 13.13:** Registry-Schlüssel zum Deaktivieren des AutoPlays für bestimmte Laufwerkstypen

**Auf CD** Die REG-Datei `NoDriveTypeAutoRun-91.reg` setzt den Parameter wieder auf den ursprünglichen Zustand zurück und aktiviert damit das AutoPlay für alle Laufwerkstypen. `NoDriveTypeAutoRun-B5.reg` deaktiviert AutoPlay für alle Laufwerkstypen.

## Klassische Suche aus Windows 9x auch in Windows XP verwenden

Die Suchfunktion des Windows Explorers wurde in Windows XP um einige Funktionen erweitert, aber auch unübersichtlicher gestaltet. Wer lieber mit dem alten Suchformular arbeitet, kann dies in der Registry umstellen.

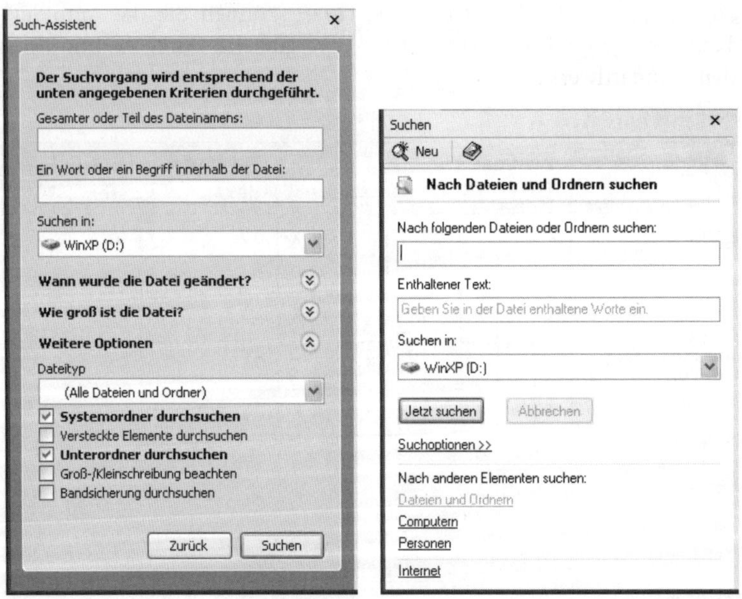


**Bild 13.14:** Neues und altes Suchformular im Windows Explorer

Legen Sie in der Registry, falls noch nicht vorhanden, unter HKEY_CURRENT_USER\Software\Microsoft\Windows\CurrentVersion\Explorer\CabinetState einen neuen REG_SZ-Parameter Use Search Asst an. Geben Sie diesem Parameter den Wert no, um die klassische Suche zu verwenden. Der Wert yes schaltet wieder auf den Suchassistenten um.

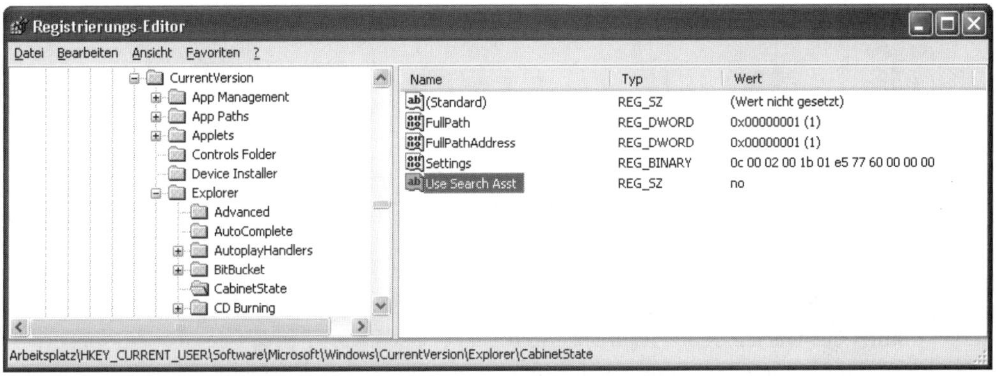


**Bild 13.15:** Registry-Schlüssel zum Deaktivieren des Suchassistenten

Die englische Version von Windows XP sendet alle Suchanfragen aus dem neuen Suchassistenten über das Internet an Microsoft, auch wenn nur auf lokalen Laufwerken gesucht wurde. Dies ist in jedem Fall ein Grund, die klassische Suchfunktion zu verwenden. In der deutschen Windows XP Version konnte eine derartige Spyware-Funktion bis jetzt nicht nachgewiesen werden.

**Auf CD** Die REG-Datei UseSearchAsst-no.reg schaltet auf die klassische Suche um. Die REG-Datei UseSearchAsst-yes.reg setzt den Parameter wieder auf den ursprünglichen Zustand zurück und aktiviert damit den neuen Suchassistenten.

## Kein Warten beim Herunterfahren

Windows XP wartet beim Herunterfahren 20 Sekunden auf Dienste, die sich nicht sofort beenden lassen. Diese Wartezeit ist nicht zwingend notwendig und lässt sich mit einem kleinen Eingriff in die Registry deutlich verkürzen.

Setzen Sie im *Registry*-Zweig HKEY_LOCAL_MACHINE\System\CurrentControlSet\Control den Wert WaitToKillServiceTimeout auf 1 anstelle des Vorgabewertes 20000. Dieser Wert gibt die Wartezeit in Millisekunden an. Sollte es zu Fehlermeldungen kommen, weil einige Dienste sich beim Herunterfahren »überschlagen«, setzen Sie WaitToKillServiceTimeout auf 500, was einer halben Sekunde Wartezeit entspricht.

Gehen Sie danach auf den Zweig HKEY_CURRENT_USER\Control Panel\Desktop, und setzen Sie dort den Parameter AutoEndTasks auf 1.

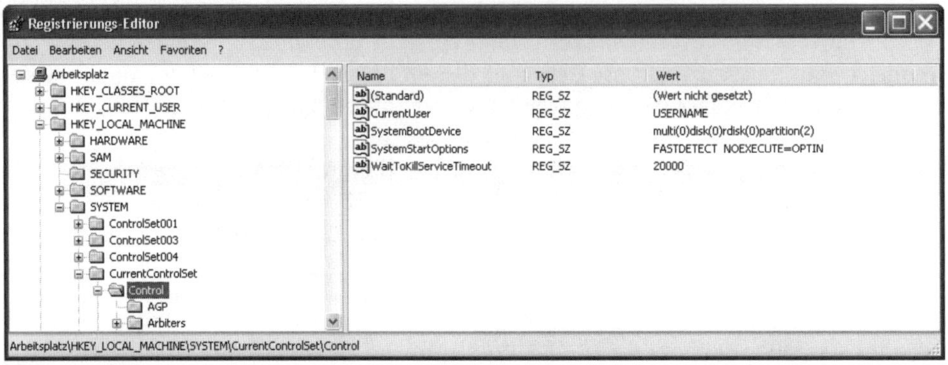

**Bild 13.16:** Wartezeit beim Herunterfahren

**Auf der Buch-CD** Die REG-Datei `WaitToKillServiceTimeout-500.reg` verkürzt das Warten beim Herunterfahren, `WaitToKillServiceTimeout-20000.reg` setzt die beiden Parameter wieder auf den ursprünglichen Zustand.

## ▲ Undokumentierter PowerDown-Schalter

Wenn Windows XP einen Computer nicht vollständig herunterfährt, lässt sich dieses Problem in vielen Fällen mit einem undokumentierten Schalter in der Registry beheben.

Gehen Sie im Registry-Editor auf den Zweig `HKEY_LOCAL_MACHINE\Software\Microsoft\Windows NT\CurrentVersion\Winlogon`. Setzen Sie dort den Parameter `PowerdownAfterShutdown` von `0` auf `1`.

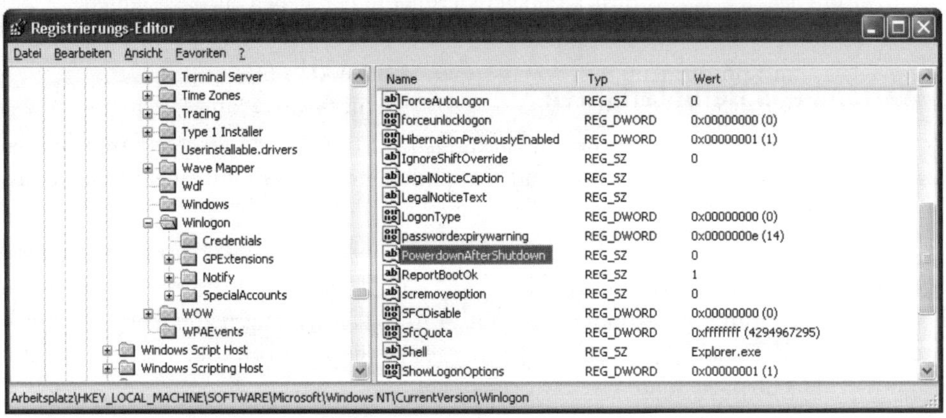

**Bild 13.17:** Wenn der Computer nicht herunterfährt ...

**Auf der Buch-CD** Die REG-Datei `PowerDownAfterShutdown-1.reg` setzt den Schalter zum automatischen Herunterfahren, `PowerDownAfterShutdown-0.reg` setzt ihn wieder auf den ursprünglichen Zustand zurück.

Nur Computer, die das ACPI Advanced Configuration and Power Interface verwenden, können beim Herunterfahren automatisch ausgeschaltet werden. Ob ein Computer mit ACPI läuft, sehen Sie am einfachsten im *Gerätemanager*. Unterhalb von *Computer* steht dort ein Eintrag *ACPI-PC* oder *Standard-PC*.

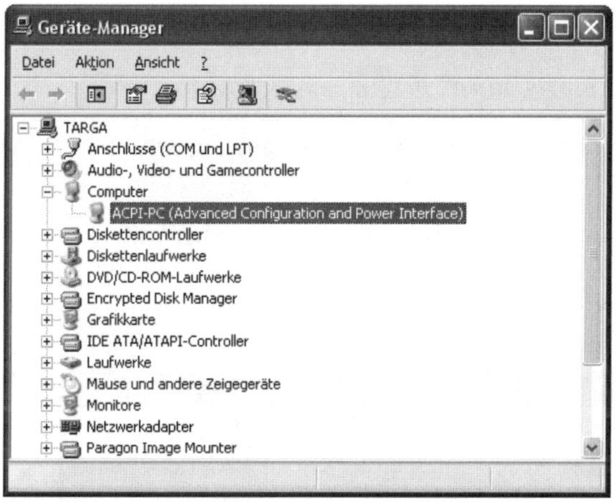


**Bild 13.18:** Computertyp im Gerätemanager

## Überflüssige Standarddateitypen im Kontextmenü *Neu* beseitigen

Windows XP legt im Kontextmenü *Neu* von Explorer und Desktop fünf verschiedene Einträge selbstständig an. Zusätzlich installierte Programme können hier weitere Einträge einbinden.

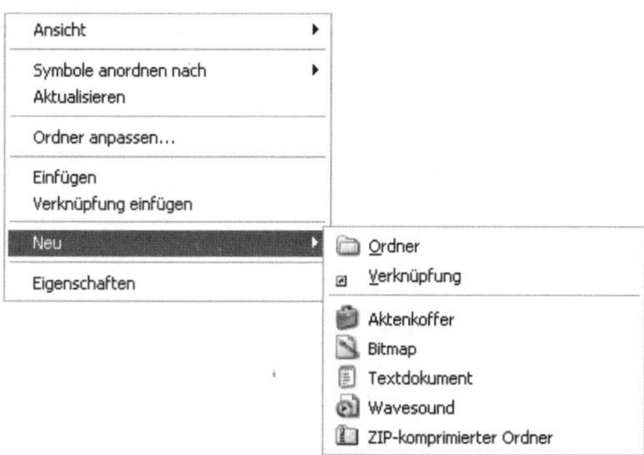


**Bild 13.19:** Das Standardkontextmenü auf dem Desktop

Bei Bedarf können Sie die Standardeinträge deaktivieren, um eine bessere Übersicht zu erhalten. Dazu müssen Schlüssel in der Registry umbenannt werden. Die Tabelle zeigt die Schlüssel für die verschiedenen Menüeinträge an.

| Menüpunkt | Registry-Schlüssel |
|---|---|
| Aktenkoffer | HKEY_CLASSES_ROOT\.bfc |
| Bitmap | HKEY_CLASSES_ROOT\.bmp |
| Textdokument | HKEY_CLASSES_ROOT\.txt |
| Wavesound | HKEY_CLASSES_ROOT\.wav |
| ZIP-komprimierter Ordner | HKEY_CLASSES_ROOT\.zip\CompressedFolder |

**Tab. 13.3:** Registry-Schlüssel zum Aktivieren und Deaktivieren von Kontextmenüpunkten

Benennen Sie zum Deaktivieren eines Menüpunktes jeweils den entsprechenden Unterschlüssel `ShellNew` in `ShellNew-` um. Um einen Menüeintrag nachträglich wieder zu aktivieren, benennen Sie den Schlüssel wieder zurück.

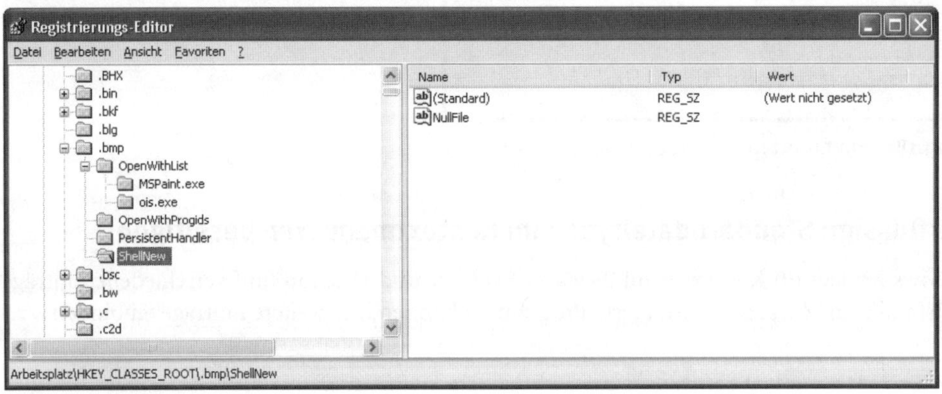


**Bild 13.20:** Das Standardkontextmenü für .bmp-Dateien auf dem Desktop

## Installationsleichen in der Systemsteuerung/Software beseitigen

Das Modul *Software* in der Systemsteuerung zeigt eine Liste aller Programme an, die von der Windows Uninstall-Funktion deinstalliert werden können. Diese Liste setzt sich aus den Registry-Einträgen unter `HKEY_LOCAL_MACHINE\Software\Microsoft\Windows\CurrentVersion\Uninstall` zusammen. Dort wird für jedes Programm ein Kurzname, diverse Installationsdaten und ein UninstallString gespeichert.

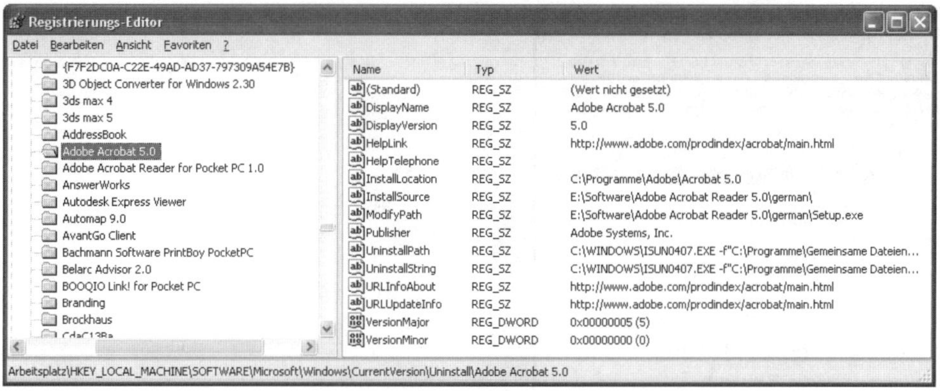


**Bild 13.21:** Uninstall-Einträge installierter Programme

Löscht man ein Programm von der Festplatte, ohne es sauber zu deinstallieren oder schlägt die Deinstallation fehl, bleiben diese Uninstall-Einträge in der Registry und die entsprechenden Zeilen in der *Systemsteuerung/Software* stehen. Bei einem Deinstallationsversuch erscheint eine Fehlermeldung.

Löschen Sie von nicht mehr vorhandenen Programmen den entsprechenden Uninstall-Schlüssel aus der Registry, verschwindet auch der Eintrag in der *Systemsteuerung/Software.*

### ▲ Das Windows Installer Clean Up Tool

Für die Programme, die mit dem Microsoft Windows Installer installiert wurden, liefert Windows sogar ein spezielles Tool mit, um die Datenbank des Windows Installers zu bereinigen und fehlerhafte Einträge nicht mehr vorhandener Programme zu löschen.

Leider wird dieses überaus nützliche Programm standardmäßig nicht mit installiert und ist auf der Original-Windows XP-CD auch nur schwer zu finden.

Im Verzeichnis `\support\tools` der Windows XP-CD befindet sich eine Datei `support.cab`. In diesem komprimierten Archiv liegt unter anderem die Datei `msicuu.exe`. Entpacken Sie diese aus dem Archiv in ein beliebiges Verzeichnis und starten Sie sie.

Dieses Programm funktioniert nur, wenn man mit Administratorenrechten angemeldet ist. In einer Dialogbox werden alle Programme angezeigt, zu denen sich zur Zeit Einträge in der Datenbank des Windows Installers befinden. Die meisten dieser Programme sind wirklich installiert und werden wahrscheinlich auch verwendet. Überlegen Sie sich also genau, welche Einträge Sie hier tatsächlich löschen können. Ein Löschen eines Eintrags aus der Datenbank des Windows Installers bewirkt, dass ein Programm neu installiert werden kann, als ob es zuvor nie installiert worden wäre.

Sicherheitshalber werden alle Aktionen des *Windows Installer Clean Up Tools* in einer Protokolldatei `\Dokumente und Einstellungen\Benutzername\Lokale Einstellungen\Temp\MSICUU.LOG` dokumentiert.

**Bild 13.22:** Das Windows Installer Clean Up Tool

## TCP/IP optimieren

Windows XP konfiguriert den Internet-Zugang weitgehend automatisch. Je nach Verbindungsart lässt sich hier aber manuell noch einiges optimieren.

Das TCP/IP-Protokoll teilt alle übertragenen Daten automatisch in Datenpakete auf, um bei Störungen die Datenmenge, die ein weiteres Mal übertragen werden muss, zu reduzieren. Die Größe wird durch den MTU-Wert (*Maximum Transmission Unit* = maximal in einem Block übertragene Datenmenge) festgelegt, der bei der Verbindung ausgehandelt wird. Die Verbindungsknoten der Breitbandnetze arbeiten mit einer MTU von 1492 Byte.

1. In der Registry finden Sie unter `HKEY_LOCAL_MACHINE\SYSTEM\CurrentControlSet\Services\Class\NetTrans` mehrere durchnummerierte Unterschlüssel. In jedem davon gibt es einen Wert `MaxMTU`. Setzen Sie diese Werte bei Analog- oder ISDN-Verbindungen auf `576`, bei DSL auf `1492`.

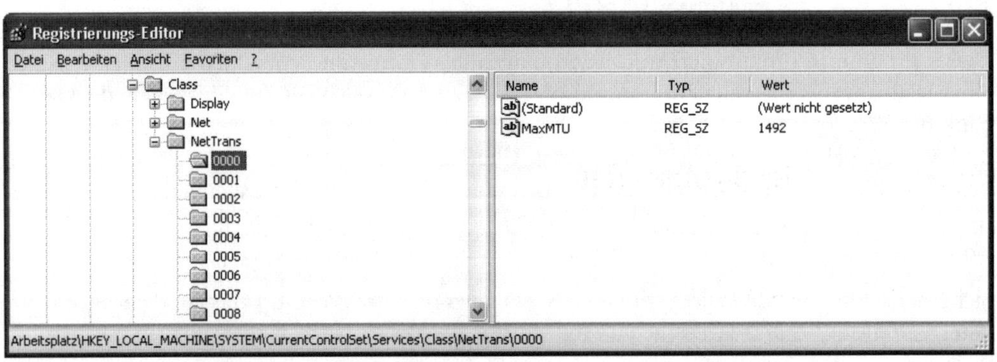


**Bild 13.23:** MaxMTU-Einstellungen in der Registry

2. Setzen Sie dann noch den Wert `DefaultRcvWindow` im Zweig `HKEY_LOCAL_MACHINE\SYSTEM\CurrentControlSet\Services\VxD\MSTCP` bei DSL auf `32767`, bei ISDN auf `4288` und bei analogen Modems auf `2144`.

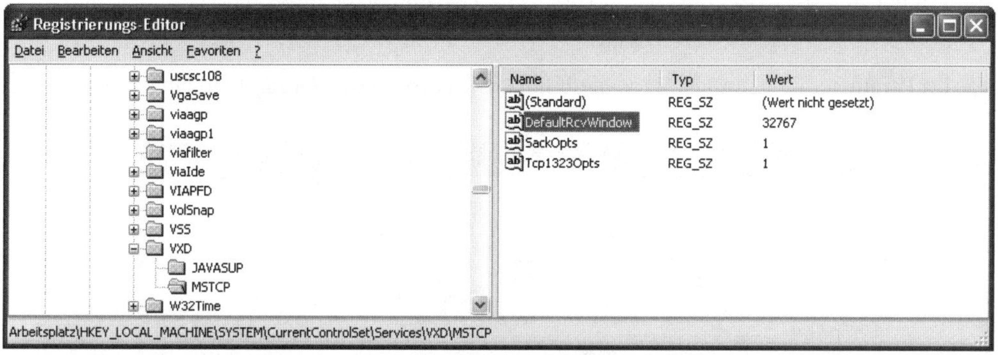


**Bild 13.24:** DefaultRcvWindow-Einstellungen in der Registry

3. Setzen Sie außerdem im selben Schlüssel den Wert `Tcp1323Opts` auf `1`. Dieser Parameter aktiviert die Skalierungsoptionen, womit es erst möglich wird, für das TCP Receive Window mehr als 16 KByte zu verwenden.

4. Legen Sie bei ISDN- oder Modemverbindungen zusätzlich in diesem Schlüssel noch einen neuen REG_SZ-Parameter mit Namen `DefaultTTL` an. Geben Sie diesem bei ISDN den Wert `64` und bei Modemverbindungen den Wert `128`.

**Auf CD** Auf der CD im Buch finden Sie drei REG-Dateien `DSL.reg`, `ISDN.reg` und `Modem.reg`, die alle beschriebenen Parameter für die jeweiligen Verbindungsarten optimieren.

## 13.2 Optische Effekte in der Registry

Die Optik von Windows lässt sich an vielen Stellen durch Registry-Tricks noch viel umfassender ändern, als es die Systemsteuerung zulässt.

### Hintergrundbilder positionieren

Hintergrundbilder lassen sich mit der *Systemsteuerung/Anzeige* nur flächenfüllend, zentriert oder gekachelt darstellen. Mit zwei zusätzlichen Einträgen in der Registry können sie beliebig auf dem Bildschirm angeordnet werden.

1. Legen Sie dazu im Schlüssel HKEY_CURRENT_USER\Control Panel\Desktop zwei neue Zeichenfolgen an: WallPaperOriginX und WallPaperOriginY. Hier wird die Position des Bildes in Pixeln als Abstand zur linken oberen Ecke eingestellt.

2. Zusätzlich muss der Parameter TileWallpaper auf 0 gesetzt werden, damit das Bild nicht gekachelt wird.

3. Im Parameter Wallpaper muss die Bilddatei inklusive komplettem Pfad eingetragen sein.

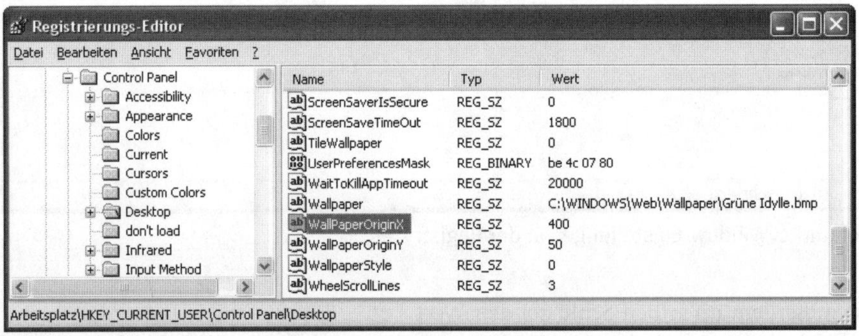


**Bild 13.25:** Hintergrundbild an beliebige Stelle positionieren

## Windows-Version auf dem Desktop anzeigen

In der rechten unteren Ecke können Sie sich die Windows-Version einschließlich Build-Nummer anzeigen lassen. Bei mehreren Monitoren zeigten frühere Windows-Versionen auch eine Monitor-Information an. Windows XP macht das nicht mehr.

**Bild 13.26:** Anzeige der Windows-Version auf dem Desktop

Setzen Sie im Registry-Zweig HKEY_CURRENT_USER\Control Panel\Desktop den Parameter PaintDesktopVersion auf 00000001. Nach der nächsten Windows-Anmeldung wird die Versionsnummer auf dem Desktop angezeigt.

Solange Active-Desktop-Elemente aktiv sind, kann die Windows-Version nicht angezeigt werden.

**Auf der Buch-CD** Die REG-Datei PaintDesktopVersion-1.reg zeigt die Versionsnummer auf dem Desktop an, PaintDesktopVersion-0.reg blendet diese Anzeige wieder aus.

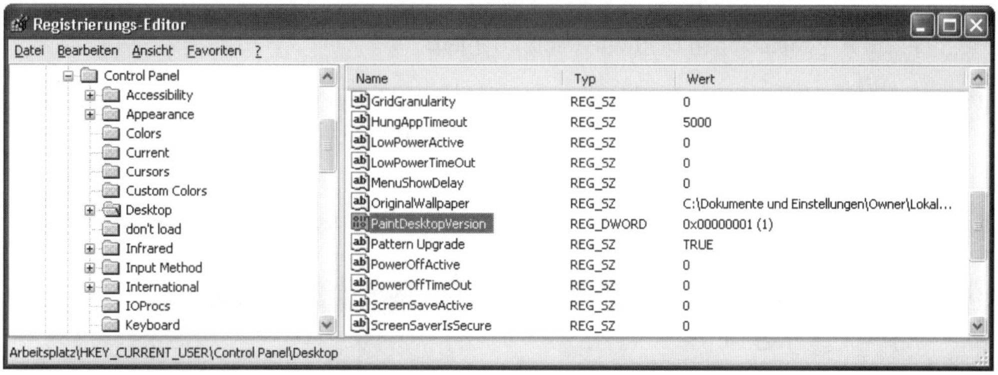


**Bild 13.27:** Anzeige der Windows-Version auf dem Desktop einschalten

## Verknüpfungen ohne »Verknüpfung mit«

Stört es Sie auch, dass Windows XP in Startmenüs und bei Desktop-Verknüpfungen immer *Verknüpfung mit…* schreibt? Mit einer kleinen Änderung in der Registry können Sie das verhindern.

1. Im Schlüssel `HKEY_CURRENT_USER\Software\Microsoft\Windows\CurrentVersion\Explorer` finden Sie einen Wert `link`, der standardmäßig auf `18 00 00 00`, `1A 00 00 00` oder `1E 00 00 00` gesetzt ist.

2. Setzen Sie diesen Wert auf `00 00 00 00`, dann wird eine Verknüpfung nur noch genauso wie die verknüpfte Datei benannt.

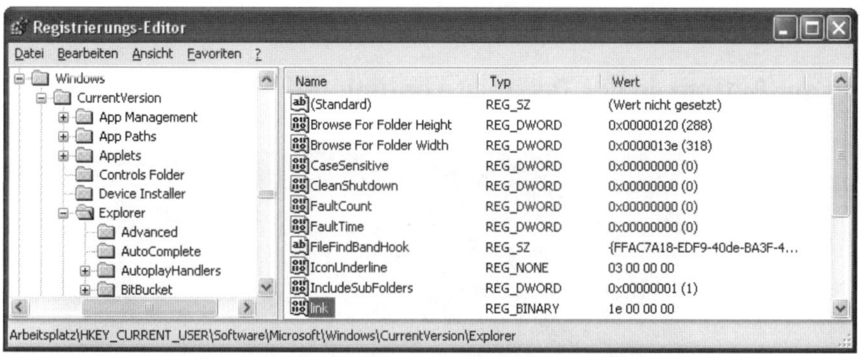


**Bild 13.28:** Dieser Eintrag ist für den Text »Verknüpfung mit…« verantwortlich

## Startmenü scrollen

Stehen im klassischen Startmenü sehr viele Programme, passt es nicht mehr auf den Bildschirm. Windows 95 und NT4 zeigten in so einem Fall das Startmenü in mehreren Spalten an, Windows

98/ME und 2000 scrollten das Startmenü nach oben oder unten. Windows XP bietet hier die Möglichkeit, zwischen beiden Methoden auszuwählen.

1 Das Scrollen im XP-Startmenü wird über den Parameter `Start_ScrollPrograms` im Registry-Zweig `HKEY_CURRENT_USER\Software\Microsoft\Windows\CurrentVersion\Explorer\Advanced` gesteuert.

2 Steht dieser Parameter auf 1, scrollt das Startmenü, bei 2 wird es in Spalten angezeigt.

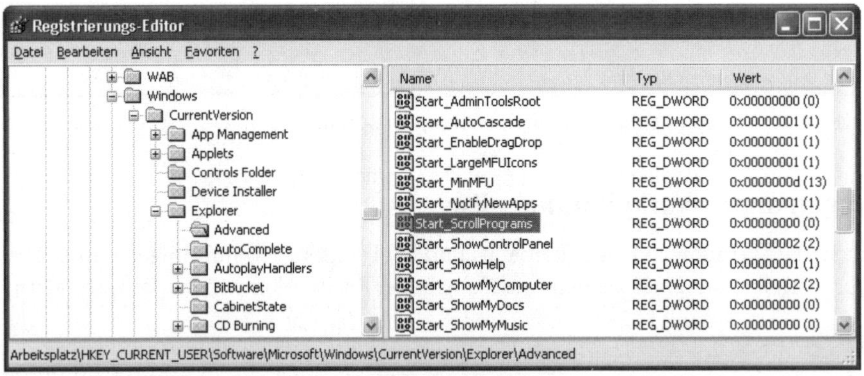


**Bild 13.29:** Startmenü scrollen oder in Spalten anzeigen

**Auf der Buch-CD** Die REG-Datei `Start_ScrollPrograms-0.reg` zeigt das Startmenü *Alle Programme* in Spalten an, `Start_ScrollPrograms-1.reg` scrollt dieses Menü.

## Gruppierung der Buttons in der Taskleiste optimieren

**Bild 13.30:** Gruppierung in der Taskleiste

Die Gruppierung von Fenstern in der Taskleiste, die dasselbe Programm geöffnet hat, fördert die Übersichtlichkeit. In der Registry lässt sich einstellen, wann und wie Windows XP die Fenster gruppieren soll.

Legen Sie dazu im Registry-Zweig `HKEY_CURRENT_USER\Software\Microsoft\Windows\CurrentVersion\Explorer\Advanced` einen neuen DWORD-Parameter mit Namen `TaskbarGroupSize` an. Dieser legt das Gruppierungsverhalten fest. Tragen Sie entsprechend der Tabelle den gewünschten Wert ein.

| TaskbarGroupSize | Gruppierungsverhalten |
|---|---|
| 0 | Zuerst die Applikation gruppieren, die am wenigsten benutzt wird. |
| 1 | Zuerst die Applikation mit den meisten Fenstern gruppieren. |
| 2...n | Alle Applikationen gruppieren, die mindestens ein Fenster haben. |

**Tab. 13.4:** Optionen zur Gruppierung der Buttons in der Taskleiste

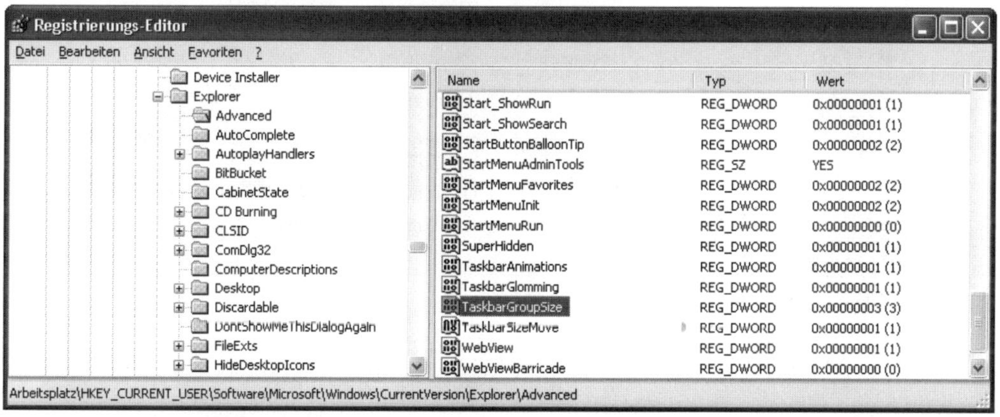


**Bild 13.31:** Eintrag zur Gruppierung in der Taskleiste in der Registry

Der Standardwert ist 3. Es werden also automatisch alle Programmfenster gruppiert, wenn ein Programm mindestens drei Fenster geöffnet hat.

**Auf der Buch-CD** Die REG-Datei `TaskbarGroupSize-0.reg` gruppiert zuerst die Applikation, die am wenigsten benutzt, `TaskbarGroupSize-1.reg` gruppiert zuerst die Applikation mit den meisten Fenstern, `TaskbarGroupSize-3.reg` setzt diesen Parameter auf den Standardwert zurück.

## Miniaturansichten im Explorer optimieren

Lässt man im Explorer ein Verzeichnis mit Bildern im Modus Miniaturansicht anzeigen, werden automatisch kleine Vorschaubilder, so genannte Thumbnails generiert und in der Datenbank `THUMBS.DB` im selben Verzeichnis abgelegt.

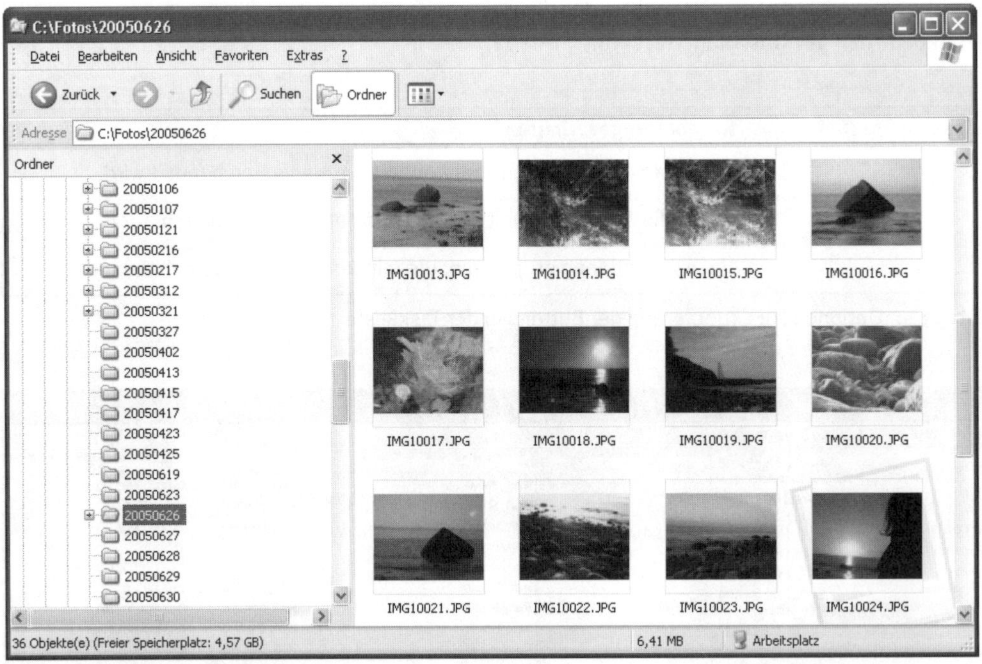


**Bild 13.32:** Miniaturansichten im Explorer

Die Größe und Bildqualität dieser Thumbnails lassen sich im Schlüssel `HKEY_CURRENT_USER\Software\Microsoft\Windows\CurrentVersion\Explorer` einstellen.

`ThumbnailQuality` ist der Wert für die Bildqualität. Dieser entspricht dem JPEG-Kompressionsfaktor in Prozent, umgerechnet in das Hexadezimalsystem, also einem Wert zwischen `00` und `64`.

`ThumbnailSize` ist der Wert für die Bildgröße in Pixeln, ebenfalls umgerechnet in das Hexadezimalsystem.

Änderungen gelten nur für neu angelegte Thumbnails und nicht für die bereits vorhandenen. Die Vorgaben entsprechen einer Bildqualität von 90% und einer Größe von 96 Pixeln. Diese Werte können Sie mit `ThumbnailQuality = 90` (dezimal) und `ThumbnailSize = 96` (dezimal) wiederherstellen.

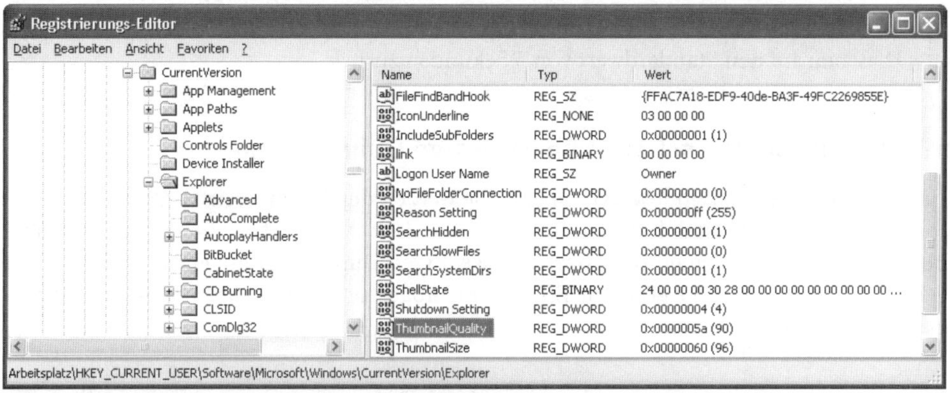


**Bild 13.33:** Thumbnail-Einstellungen in der Registry

**Auf der Buch-CD** Die REG-Datei `Thumbnail.reg` setzt die beiden Parameter wieder auf den ursprünglichen Zustand.

## Geschwindigkeit der Diaschau

Die Diaschau-Funktion aus der Windows Bild- und Faxanzeige zeigt die Bilder in einem Intervall von fünf Sekunden an und bietet auch keine Möglichkeit, diese Geschwindigkeit zu verändern.

Dieses Zeitintervall steht zwar standardmäßig nicht in der Registry, kann aber durch einen neuen Parameter beliebig festgelegt werden.

1. Legen Sie dazu im Schlüssel `HKEY_CURRENT_USER\Software\Microsoft\Windows\CurrentVersion\Explorer\ShellImageView` einen neuen DWORD-Wert mit Namen `Timeout` an.

2. Geben Sie im Modus *Dezimal* das gewünschte Zeitintervall in Millisekunden an. Um die Geschwindigkeit auf den Standardwert von fünf Sekunden zurückzusetzen, löschen Sie den neuen Parameter, oder tragen Sie dezimal `5000` ein.

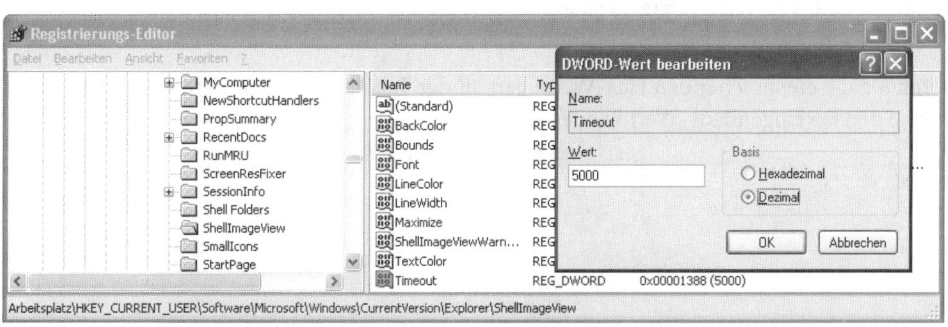


**Bild 13.34:** Geschwindigkeit der Diaschau in der Registry

**Auf der Buch-CD** Die REG-Datei `Timeout-5000.reg` setzt das Zeitintervall für die Diaschau auf den Standardwert von 5 Sekunden zurück.

## UserPreferencesMask schaltet überflüssige Gimmicks ab

Viele grafische Effekte der Windows XP-Oberfläche werden durch den Registry-Wert `UserPreferencesMask` im Schlüssel `HKEY_CURRENT_USER\Control Panel\Desktop` bestimmt. Hierbei handelt es sich um einen Binärwert aus zwei Bytes. Durch Addition einzelner Bits in den ersten beiden Bytes können Sie grafische Effekte hinzufügen und durch Subtraktion der entsprechenden Werte auch wieder abschalten.

| Effekt | Bitwerte erstes Byte | | | | | | | | Bitwerte zweites Byte | | | | | | | | Hex erstes Byte | Hex zweites Byte |
|---|---|---|---|---|---|---|---|---|---|---|---|---|---|---|---|---|---|---|
| | 8 | 4 | 2 | 1 | 8 | 4 | 2 | 1 | 8 | 4 | 2 | 1 | 8 | 4 | 2 | 1 | | |
| Menü Animation | | | | | | | x | | | | | | | | | | 02 | 00 |
| Combo Box Animation | | | | | | x | | | | | | | | | | | 04 | 00 |
| List Box Animation | | | | | x | | | | | | | | | | | | 08 | 00 |
| Menü Fading | | | | | | | | | | | | | | | x | | 00 | 02 |
| Menü Selection Fading | | | | | | | | | | | | | | x | | | 00 | 04 |
| Tooltip-Animation | | | | | | | | | | | | | x | | | | 00 | 08 |
| Tooltip-Fade | | | | | | | | | | | | x | | | | | 00 | 10 |

**Tab. 13.5:** Bit-Codes für UserPreferencesMask

Addieren Sie die entsprechenden Hex-Werte gemäß der Tabelle. Um einen Effekt auszuschalten, ziehen Sie den jeweiligen Hex-Wert wieder ab.

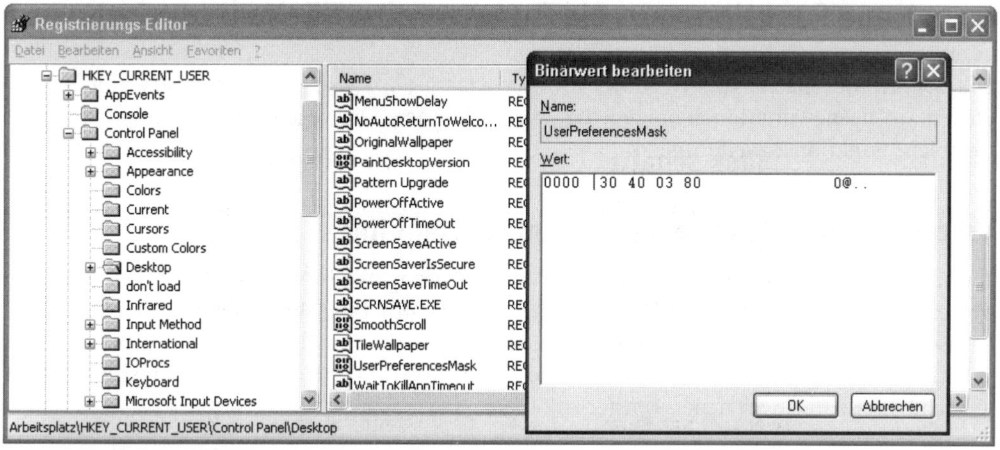


**Bild 13.35:** Bearbeiten eines Bit-Codes in der Registry

## Cursor-Blinkrate

Windows XP legt die Blinkrate des Textcursors global für alle Programme fest. Der Cursor blinkt um so schneller, je kleiner der Wert `CursorBlinkRate` im Registry-Zweig `HKEY_CURRENT_USER\Control Panel\Desktop` ist. Der Standardwert liegt bei `530`.

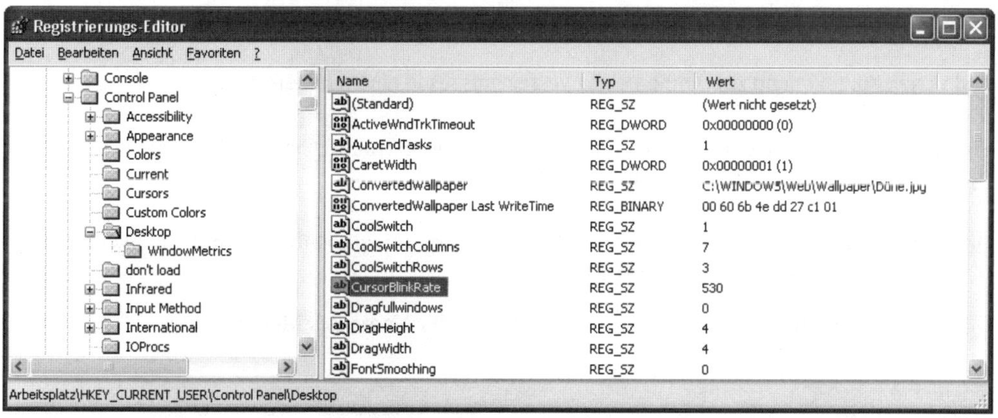


**Bild 13.36:** Einstellen der Cursor-Blinkrate in der Registry

**Auf CD** Die REG-Datei `CursorBlinkRate-530.reg` setzt den Wert für die Cursor-Blinkrate auf den Standardwert von 530 zurück.

## 13.3 Neue Funktionen in die Benutzeroberfläche integrieren

Die Benutzeroberfläche von Windows XP ist vielfältig anpassbar. In der Registry gibt es viele Stellen, wo eigene Funktionen hinzugefügt werden können. Die folgenden Tipps zeigen Beispiele für solche Funktionserweiterungen.

### Verzeichnis oder Laufwerk in neuem Fenster öffnen

Im Windows Explorer lässt sich über `Extras/Ordneroptionen` einstellen, ob neu geöffnete Verzeichnisse im selben oder in einem neuen Fenster geöffnet werden sollen. In den meisten Fällen ist die Variante im selben Fenster öffnen sinnvoller. Für manche Zwecke wäre es aber doch praktisch, eine Möglichkeit zu haben, ein bestimmtes Verzeichnis über das Kontextmenü auch ausnahmsweise in einem neuen Fenster zu öffnen.

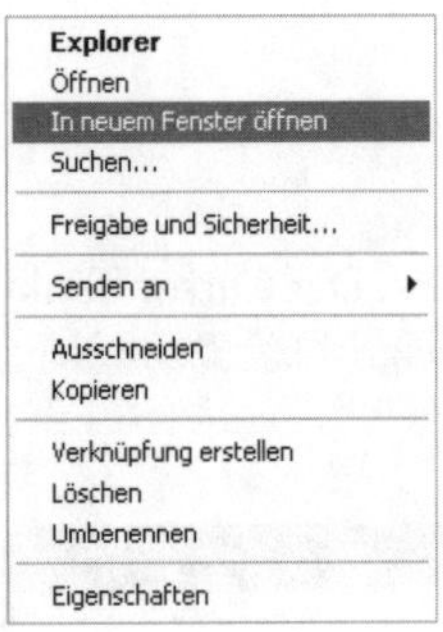


**Bild 13.37:** Kontextmenü zum Öffnen eines Verzeichnisses in einem neuen Fenster

Einige Registry-Einträge machen das möglich. Das Kontextmenü für ein Verzeichnis steht in der Registry unter `HKEY_CLASSES_ROOT\Directory\shell`.

1. Hier müssen Sie für einen neuen Menüpunkt einen neuen Schlüssel mit beliebigem Namen anlegen, in unserem Beispiel `Fenster`.
2. In diesem Schlüssel steht im Wert `(Standard)` der Name des Menüpunktes.

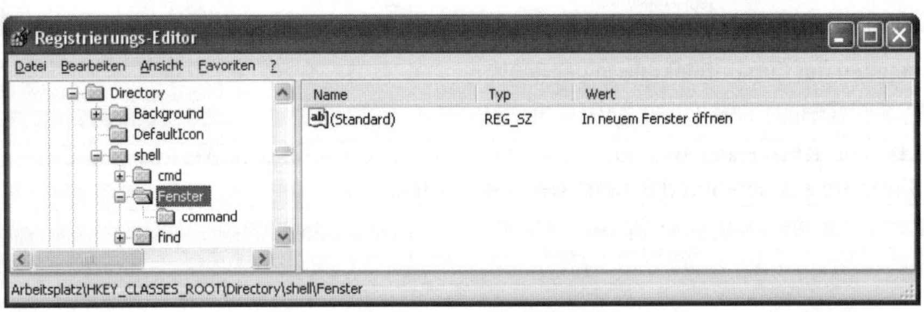


**Bild 13.38:** Der neue Kontextmenüpunkt in der Registry...

3 Jetzt brauchen Sie noch den untergeordneten Schlüssel `command`. Hier steht der Befehl, der vom neuen Menüpunkt aufgerufen wird.

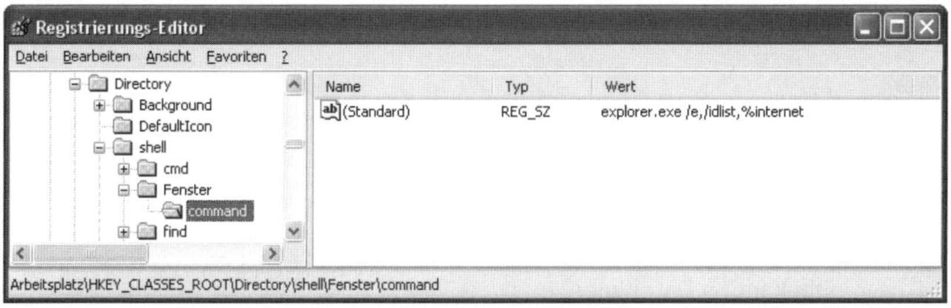


**Bild 13.39:** ...und der Befehl, der dadurch ausgeführt wird

### ▲ Dasselbe auch für Laufwerke

Der beschriebene neue Menüpunkt erscheint nur im Kontextmenü von Verzeichnissen. Damit auch Laufwerke in neuen Explorer-Fenstern geöffnet werden können, müssen Sie unter `HKEY_CLASSES_ROOT\Drive\shell` dieselben Einträge noch einmal anlegen.

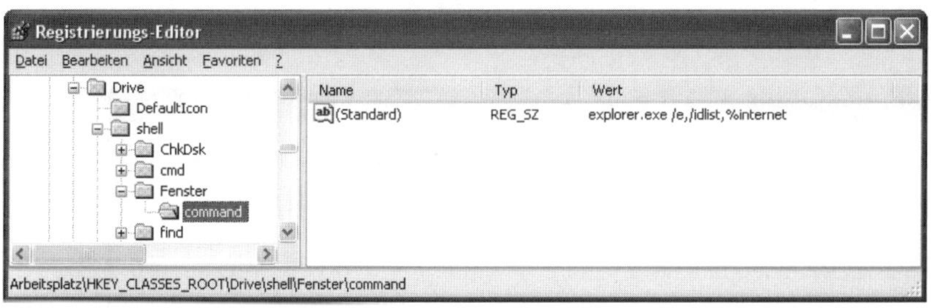


**Bild 13.40:** Dieser Eintrag ermöglicht, Laufwerke in eigenen Explorer-Fenstern zu öffnen

**Auf der Buch-CD** Die Datei `shell.reg` setzt alle Parameter, um diese Kontextmenüeinträge für Verzeichnisse und Laufwerke einzufügen. Da sich mit reg-Dateien keine Schlüssel aus der Registry löschen lassen, müssen Sie die Einträge manuell entfernen, wenn Sie sie nicht mehr verwenden wollen.

## Unbekannte Dateien mit dem Editor öffnen

Dateien, deren Endung nicht in Windows XP registriert ist, lassen sich nur mühsam anzeigen. Dabei verwenden zum Beispiel viele *readme*-Dateien von Shareware-Programmen die Dateiendungen `.1st` oder `.diz`. Dahinter verbergen sich reine Textdateien. Viele unbekannte Dateiarten, wie unter anderem Protokolle und Konfigurationsdateien, liegen in reinem ASCII-Format vor und ließen sich mit einem einfachen Texteditor problemlos anzeigen.

Mit zwei neuen Einträgen in der Registry zeigt Windows XP in den Kontextmenüs unbekannter Dateien automatisch einen Eintrag *Bearbeiten* an, der die Datei im Notepad-Editor öffnet.

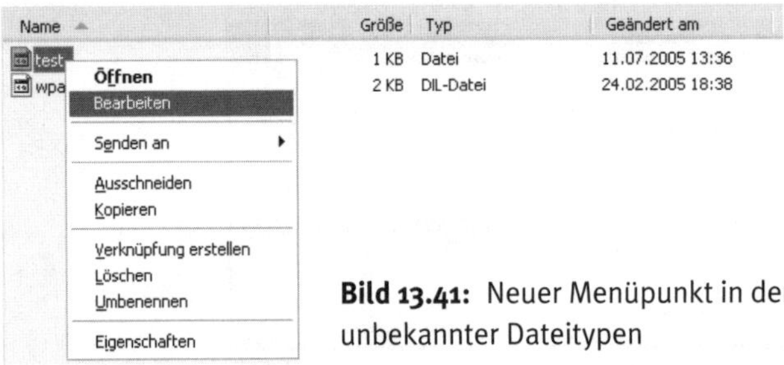


**Bild 13.41:** Neuer Menüpunkt in den Kontextmenüs unbekannter Dateitypen

1. Legen Sie mit `REGEDIT` unter `HKEY_CLASSES_ROOT\Unknown\shell` einen neuen Schlüssel mit Namen `Edit` an.
2. Weisen Sie hier dem Parameter `(Standard)` die Zeichenkette `Bearbeiten` zu.
3. Legen Sie unterhalb dieses Schlüssels einen weiteren Schlüssel mit Namen `command` an.
4. Weisen Sie hier dem Parameter `(Standard)` die Zeichenkette `notepad.exe %1` zu.

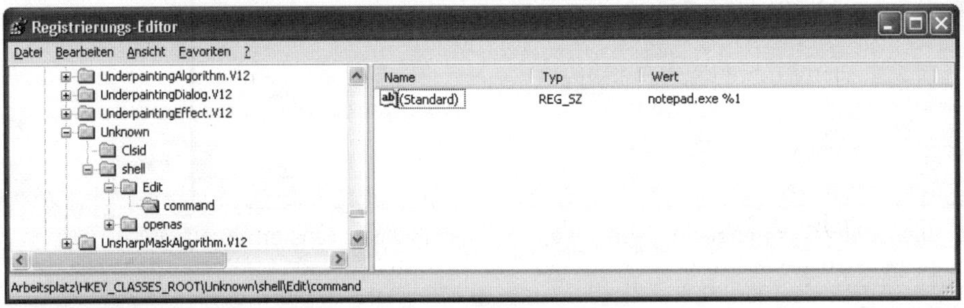


**Bild 13.42:** Die neuen Schlüssel für den neuen Menüpunkt

Wenn Sie lieber einen anderen Editor verwenden, können Sie natürlich auch diesen hier eingeben.

**Auf der Buch-CD** Die REG-Datei `Edit.reg` trägt den neuen Menüpunkt in die Kontextmenüs unbekannter Dateitypen ein.

## Anwendungen bei Meldungen nicht mehr in den Vordergrund bringen

Mit einer Einstellung in der Registry können Sie verhindern, dass eine Applikation im Hintergrund bei einer Systemmeldung selbstständig dem aktuellen Fenster den Fokus wegnimmt, sich also automatisch in den Vordergrund bringt. Das kann zum Beispiel beim Schreiben längerer

Texte sehr lästig sein, wenn man auf einmal ins falsche Fenster tippt oder die Eingaben gar nicht angenommen werden, weil eine Meldung wegzuklicken ist.

Statt das Fenster mit der Meldung in den Vordergrund zu bringen, kann man das Taskleistensymbol dieser Applikation orange blinken lassen.

Setzen Sie dazu in der Registry unter `HKEY_CURRENT_USER\Control Panel\Desktop` den Parameter `ForegroundLockTimeout` auf `0` (s. Bild 13.43).

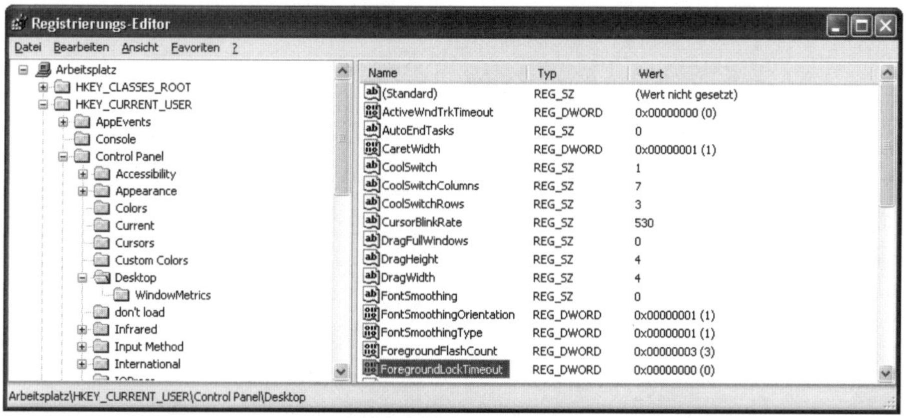


**Bild 13.43:** ForegroundLockTimeout in der Registry

Wie oft das Taskleistensymbol der Applikation blinken soll, können Sie mit dem Registry-Wert `ForegroundFlashCount` im selben Schlüssel festlegen. Setzen Sie diesen Wert auf `0`, blinkt das Taskleistensymbol solange, bis man darauf klickt.

**Auf der Buch-CD** Die REG-Datei `ForegroundLockTimeout-0.reg` verhindert, dass sich ein Programm in den Vordergrund drängt, `ForegroundLockTimeout-1.reg` setzt den Parameter wieder zurück. Die Datei `ForegroundFlashCount-0.reg` schaltet auf dauerhaftes Blinken um.

## Google-Suchmaschine statt MSN im Internet Explorer eintragen

Standardmäßig sucht der Internet Explorer mit dem *Suchen*-Button über die Microsoft MSN-Suchmaschine. Diese findet nicht immer die besten Ergebnisse. Im Gegensatz zu anderen Browsern wie Mozilla oder Opera bietet der Internet Explorer keine Möglichkeit, benutzerdefinierte Panels im Seitenfenster automatisch zu installieren. Mit einem Eingriff in die Registry ist es trotzdem möglich, hier ein anderes Suchformular einzutragen.

1. Springen Sie im Registry-Editor auf den Schlüssel `HKEY_CURRENT_USER\Software\Microsoft\Internet Explorer\Main`. Ändern Sie dort den Wert des Parameters `Search Page` auf `http://www.google.de`.

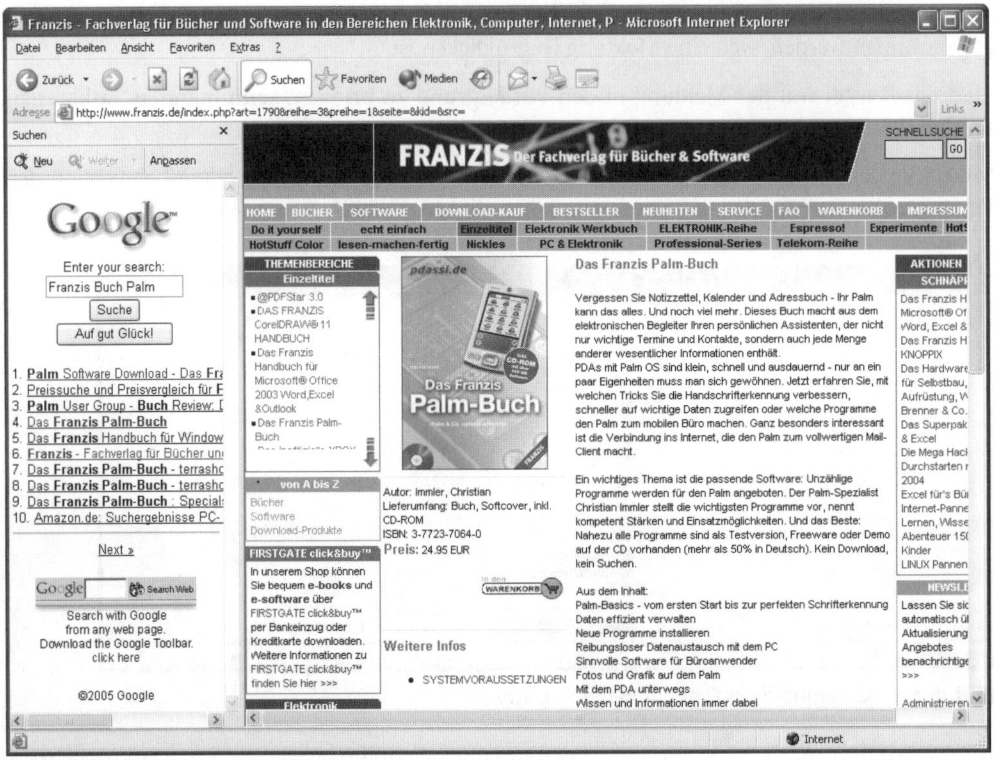


**Bild 13.44:** Google-Suchformular im Internet Explorer

2. Ändern Sie auf dieselbe Weise den Wert des Parameters `Search Bar` auf `http://www.google.de/ie`.

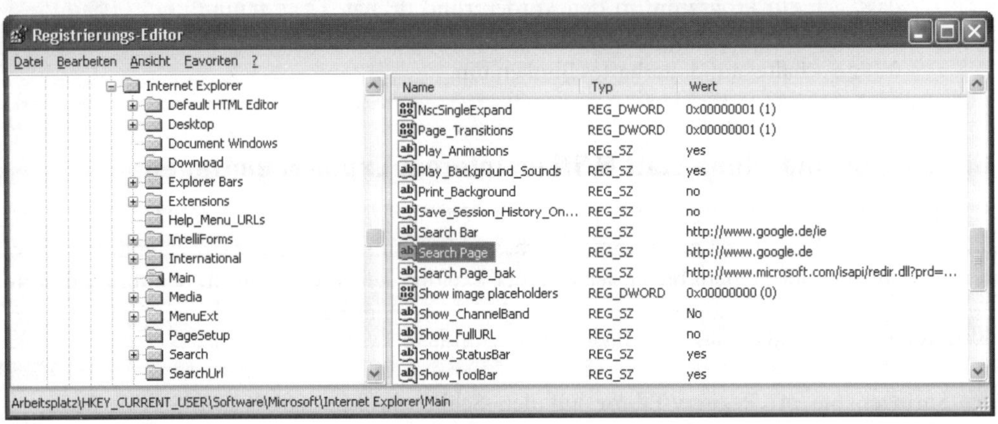


**Bild 13.45:** Einträge zur Google-Suche in der Registry

3 Springen Sie dann auf den Schlüssel HKEY_CURRENT_USER\Software\Microsoft\Internet Explorer\SearchURL. Ändern Sie dort den Wert des Parameters (Standard) auf http://www.google.de/keyword/%s, und tragen Sie im Parameter provider die Zeichenfolge gogl ein.

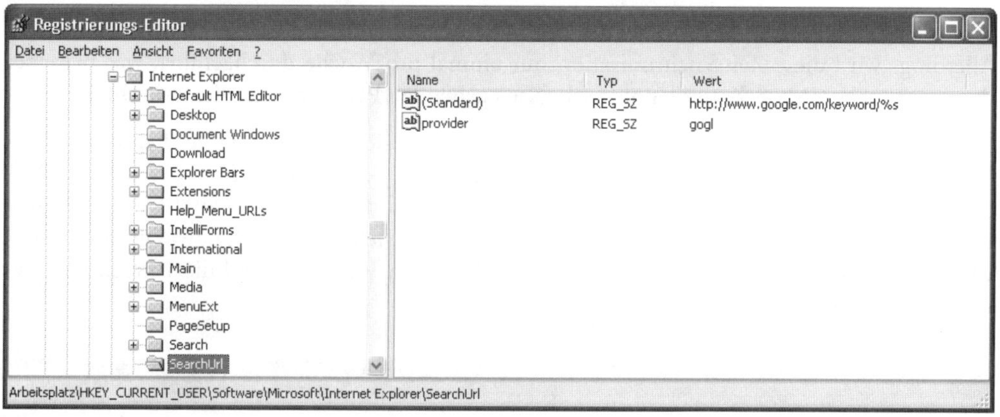


**Bild 13.46:** Weitere Einträge zur Google-Suche in der Registry

4 Springen Sie zum Schluss noch auf den Schlüssel HKEY_CURRENT_USER\Software\Microsoft\Internet Explorer\Search. Fügen Sie hier eine neue Zeichenfolge mit Namen SearchAssistant ein, und geben Sie dieser den Wert http://www.google.de/ie.

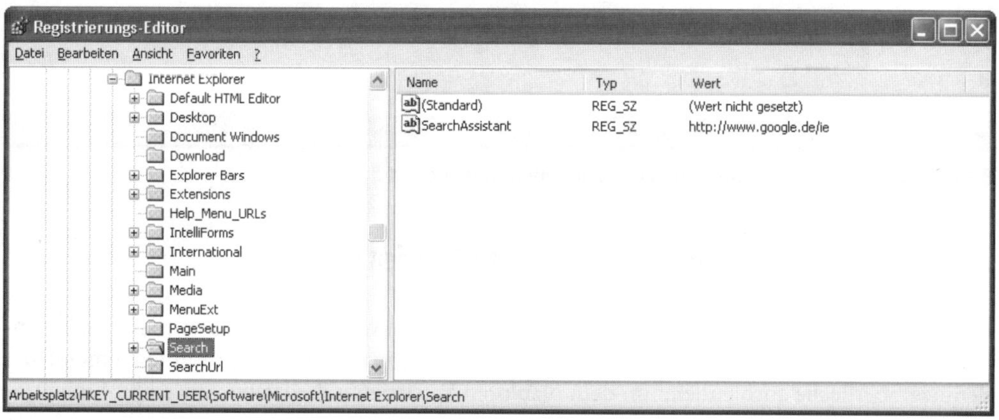


**Bild 13.47:** Die letzten Einträge zur Google-Suche in der Registry

Beim nächsten Start des Internet Explorers erscheint im Seitenfenster ein Google-Suchfeld anstelle des MSN-Suchfeldes.

**Auf der Buch-CD** Die REG-Datei `Google.reg` trägt die Einträge für das Google-Suchfeld automatisch in die Registry ein.

### Intervall der automatischen Zeitsynchronisation

Windows XP kann über das Internet die Zeit mit einem öffentlichen Zeitserver synchronisieren. Allerdings wird diese Zeitsynchronisation nur einmal pro Woche durchgeführt, was bei einer durch schwache CMOS-Batterie notorisch falsch gehenden PC-Uhr nicht viel weiterhilft.

Das Intervall der automatischen Zeitsynchronisation lässt sich allerdings in der Registry einstellen. Der Parameter `SpecialPollInterval` im Registry-Schlüssel `HKEY_LOCAL_MACHINE\System\CurrentControlSet\Services\W32Time\TimeProviders\NtpClient` enthält das Aktualisierungsintervall in Sekunden. Standardmäßig steht hier `604800`, was genau 7 Tagen entspricht. Geben Sie im Modus *Dezimal* einen kleineren Wert ein, wird die Uhrzeit entsprechend öfter abgeglichen.

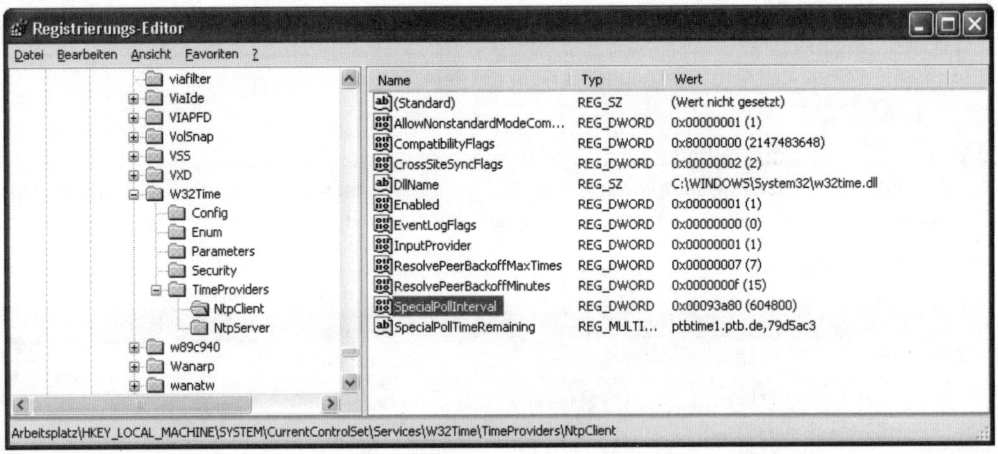


**Bild 13.48:** Intervall der automatischen Zeitsynchronisation in der Registry

## 13.4 Sicherheitsfunktionen in der Registry

Mit speziellen Tricks in der Registry lässt sich die Sicherheit von Windows XP verbessern. Besonders auf öffentlich zugänglichen Computern können Administratoren bestimmte Elemente der Benutzeroberfläche ausblenden, um dem planlosen Spieltrieb unbedarfter Anwender Einhalt zu gebieten.

Auch einige der Kontaktaufnahmen zu Microsoft lassen sich in der Registry unterbinden.

## Spionagefunktionen im Internet Explorer unterbinden

Der Internet Explorer neigt dazu, selbstständig Informationen zu verteilen, ohne dass der Benutzer dies wirklich wünscht. Wenn Sie nicht aus Sicherheitsgründen schon auf einen anderen Browser umgestiegen sind, sollten Sie dem Internet Explorer zumindest seine automatischen Benachrichtigungen abgewöhnen:

1. Der Internet Explorer 6 sucht automatisch im Internet nach Updates und sendet dazu Daten der aktuell installierten Version. Setzen Sie, um das zu verhindern, den DWORD-Wert `NoUpdateCheck` im Registry-Schlüssel `HKEY_CURRENT_USER\Software\Microsoft\Internet Explorer\Main` auf `1`.

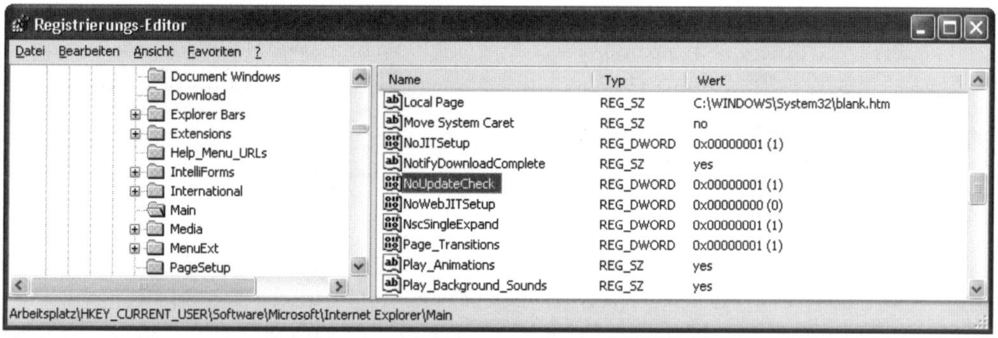


**Bild 13.49:** Automatische Update-Prüfung im Internet Explorer abschalten

2. In diesem Zusammenhang können Sie auch verhindern, dass geplante Windows-Updates vom Internet Explorer automatisch gesucht und ausgeführt werden. Setzen Sie dazu den DWORD-Wert `NoScheduledUpdates` im Registry-Schlüssel `HKEY_CURRENT_USER\Software\Microsoft\Windows\CurrentVersion\Webcheck` auf `1`.

**Hinweis** Bedenken Sie, dass durch diese Einstellungen die Funktionalität der automatischen Windows-Updates eingeschränkt wird, was zu Sicherheitsproblemen führen kann.

## Internet Explorer-Surfspuren verwischen

Der Internet Explorer hinterlässt auf der lokalen Festplatte deutliche Spuren, an denen man die besuchten Webseiten nachverfolgen kann. Wer hier etwas zu verbergen hat, sollte diese Spuren regelmäßig bereinigen.

Verlauf und Cookies lassen sich über die *Systemsteuerung/Internetoptionen* löschen, der Internet Explorer hinterlässt aber noch weitere Spuren in der Registry.

Alle URLs, die Sie direkt in die Adresszeile des Internet Explorers eingetippt haben, und die dann über die Drop-Down-Liste der Adresszeile erneut angewählt werden können, werden in der Registry gesondert gespeichert. Unter HKEY_CURRENT_USER\Software\Microsoft\Internet Explorer\TypedURLs finden Sie eine lange Liste. Diese Einträge sollten Sie alle von Zeit zu Zeit löschen.

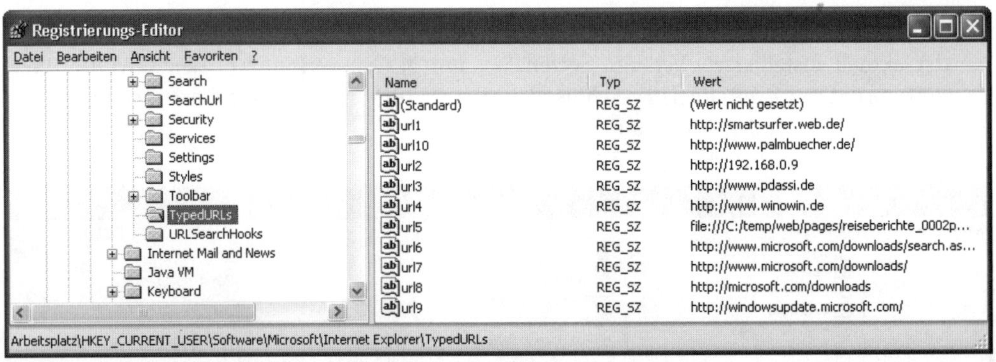


**Bild 13.50:** Eingetippte Internet-Adressen in der Registry

In der Registry finden Sie unter HKEY_CURRENT_USER\Software\Microsoft\RAS Autodial\Addresses Einträge aller Webseiten, die über eine automatische Anwahl angewählt wurden. Diese Einträge sollten ebenfalls entfernt werden. Der Hauptschlüssel Addresses muss dabei in jedem Fall bestehen bleiben.

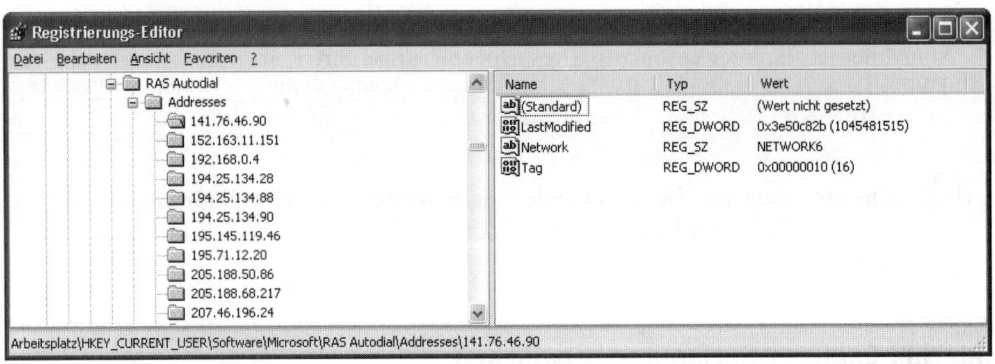


**Bild 13.51:** RAS-AutoDial-Einträge in der Registry

## Surf-Gewohnheiten nicht mehr protokollieren

Die Funktion *Extras/Verwandte Links anzeigen* im Internet Explorer verwendet das Programm *Alexa*, um aus einer großen Datenbank andere Seiten mit ähnlichen Themen im Seitenfenster des Internet Explorers anzuzeigen.

**Bild 13.52:** Verwandte Links mit Alexa anzeigen

Was von manchen Benutzern als praktisch angesehen wird, ist eine groß angelegte SpyWare-Kampagne zur Erforschung des Surf-Verhaltens der Internet Explorer-Benutzer. Möchten Sie nicht, dass Ihre Aktivitäten im Internet auf diese Weise protokolliert werden, können Sie das Alexa-Tool deaktivieren.

Löschen Sie dazu den Registry Schlüssel `HKEY_LOCAL_MACHINE\SOFTWARE\Microsoft\Internet Explorer\Extensions\{c95fe080-8f5d-11d2-a20b-00aa003c157a}` einschließlich aller Einträge. Exportieren Sie diesen Schlüssel vorher in eine Datei, falls Sie später das Alexa-Tool doch wieder aktivieren wollen.

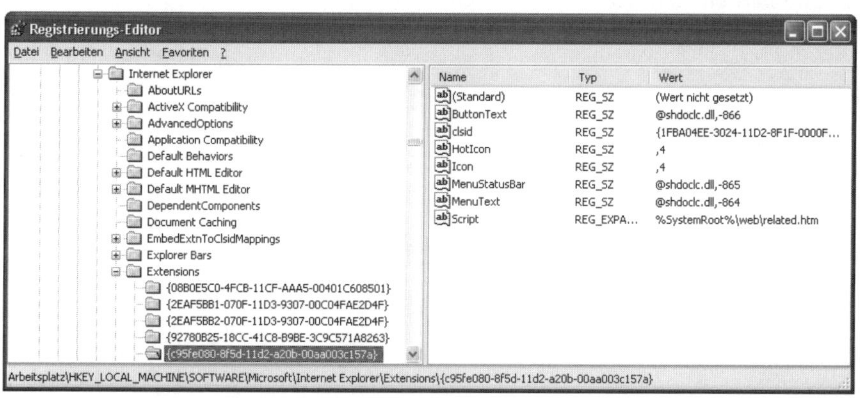


**Bild 13.53:** Die Registry-Einträge für Alexa

## Messenger in Outlook Express stoppen

Der Windows-Messenger meldet sich ständig bei Microsoft, um Daten zu übermitteln. Selbst wenn er für den Normalgebrauch deaktiviert ist, taucht er bei jedem Start von Outlook Express wieder auf. Das normale Deaktivieren reicht für Outlook Express nicht aus. Hier müssen Sie noch einen Eintrag in der Registry vornehmen.

1. Gehen Sie im Registry-Editor auf den Zweig `HKEY_LOCAL_MACHINE\Software\Microsoft\Outlook Express`. Erstellen Sie dort mit dem Kontextmenüpunkt *Neu/DWORD-Wert* einen neuen Parameter mit Namen `Hide Messenger`, und geben Sie diesem den Wert `2`.

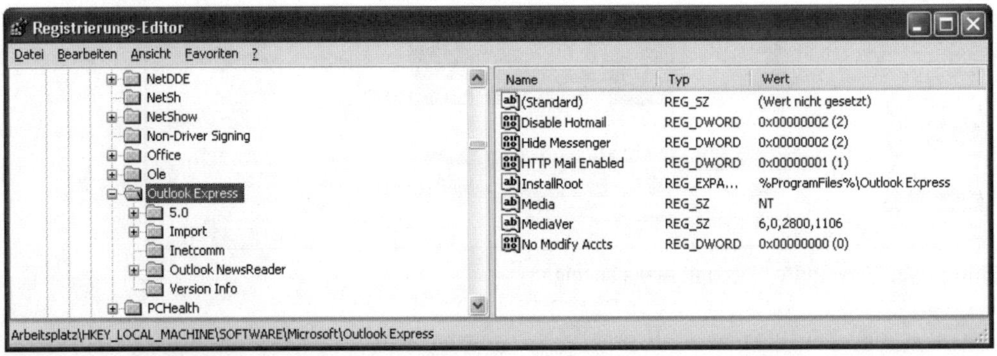


**Bild 13.54:** Messenger auch für Outlook Express abschalten

2. Starten Sie danach Outlook Express neu. Der Messenger wird nicht mehr aktiviert.

**Auf der Buch-CD** Die REG-Datei `HideMessenger-2.reg` setzt diesen Parameter, so dass der Messenger in Outlook Express nicht mehr gestartet wird. `HideMessenger-0.reg` setzt ihn wieder zurück. Danach wird der Messenger in Outlook Express wieder automatisch gestartet

Kapitel 14

# Windows XP Media Center Edition 2005


14.1 Die Installation ... 414
14.2 Das Media Center ... 424
14.3 Der neue Windows Media Player 10 ... 460
14.4 Digital Rights Management ... 466
14.5 Windows-Digitalmedienerweiterungen ... 470
14.6 Nützliche Zusatz-Software für Windows XP Media Center Edition ... 477
14.7 Media Portal – kostenlose Alternative auf der Buch-CD ... 486
14.8 CyberLink PowerCinema ... 500
14.9 TVoon Media Center ... 506

Windows XP Media Center Edition 2005 ist eine spezielle Version von Windows XP für Media Center PCs, also Computer mit integrierter Multimedia-Hardware zum Fernsehen und Abspielen von Videos und Musik.

Windows XP Media Center Edition basiert auf Windows XP Professional und wurde am Anfang nur vorinstalliert auf bestimmten Computern geliefert. Mittlerweile sind so genannte »System Builder Versionen« von Windows XP Media Center Edition auch im Handel frei erhältlich, sodass sich jeder seinen eigenen Media Center-PC zusammenstellen kann.

## 14.1 Die Installation

Sollte auf Ihrem PC noch keine Windows XP Media Center Edition installiert sein, müssen Sie die Installation mit CDs selbst vornehmen. Windows XP Media Center Edition wird auf zwei CDs ausgeliefert.

**Wichtiger Hinweis zur Installation** Windows XP Media Center Edition kann nicht als Update über eine vorhandene Windows XP Version installiert werden. Sie müssen immer neu installieren oder parallel zum bestehenden Windows XP in einer eigenen Partition.

### Hardware-Voraussetzungen

Die Hardware-Voraussetzungen für Windows XP Media Center Edition entsprechen denen für Windows XP mit Service Pack 2. Allerdings empfiehlt Microsoft eine Festplatte von mindestens 100 GB Größe.

Zur Verwendung aller Media Center-Funktionen sind zusätzliche Hardware-Komponenten erforderlich:

- Media Center-kompatible TV-Karte (leider sind bei weitem nicht alle gängigen TV-Karten kompatibel, standardmäßig unterstützt Windows XP Media Center Edition keine DVB-S-Karten);
- Video-/Fernsehausgang zum Anschluss eines Fernsehers;
- Digitaler Audio-Ausgang zum Anschluss einer HIFi-Anlage;
- DVD-Brenner;
- Infrarot-Sensor und Fernbedienung (auch hier werden bis jetzt nur einige wenige Geräte unterstützt).

Eine Übersicht kompatibler Hardware finden Sie in der Microsoft-Kompatibilitätsliste bei: `www.microsoft.com/windowsxp/mediacenter/partners/dfw/partnerlisting.mspx`. Windows XP Media Center Edition läuft natürlich auch ohne TV-Karte und ohne Fernbedienung. Die entsprechenden Funktionen stehen dann nur nicht zur Verfügung.

## Verlauf der Installation

Die Installation läuft ähnlich wie bei den anderen Windows XP-Versionen ab. Nachdem Sie den Computer mit der ersten der beiden Windows XP Media Center Edition-CDs gebootet haben, startet automatisch das Setup. Hier müssen Sie zunächst auswählen, auf welcher Festplatte und welcher Partition installiert werden soll. Ein Update einer bestehenden Windows XP-Installation ist nicht möglich. Es ist aber durchaus möglich, Windows XP Media Center Edition in einer zweiten Partition parallel zu einem bestehenden Windows zu installieren. Es wird automatisch ein Bootmenü angelegt, in dem man zwischen den verschiedenen installierten Betriebssystemen wählen kann.

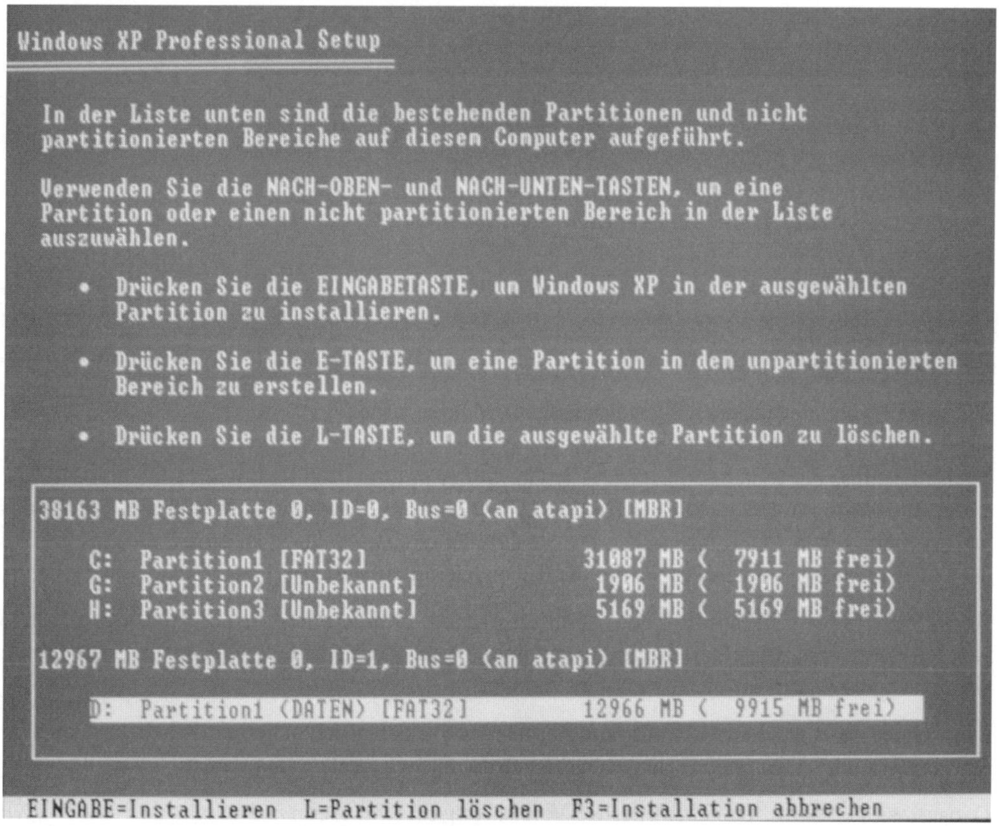


**Bild 14.1:** Auswahl der Partition für die Installation

**Hinweis zur korrekten Produktbezeichnung** Im Installationsverlauf ist, wie auch auf diesem Bildschirm, immer wieder von Windows XP Professional und Windows XP Media Center Edition die Rede. Dies sind nur Kontinuitätsfehler, gemeint ist immer Windows XP Media Center Edition.

Nachdem Sie die Partition ausgewählt haben, startet die langwierige Installation. Im Verlauf der Installation müssen Sie einmal den Product-Key eingeben, der auf der Verpackung der Windows XP Media Center Edition-CDs mitgeliefert wurde.

Später erscheinen noch zwei Abfragen, bei denen andere CDs eingelegt werden müssen. Die Texte dieser Dialoge sind etwas verwirrend, da sie sich von den auf den CDs aufgedruckten Bezeichnungen unterscheiden:

- **Windows XP Professional CD 2** meint die CD **Windows XP Media Center Edition CD 2.**
- **Windows XP Professional Service Pack 2-CD** meint die **CD Windows XP Media Center Edition CD 1.**

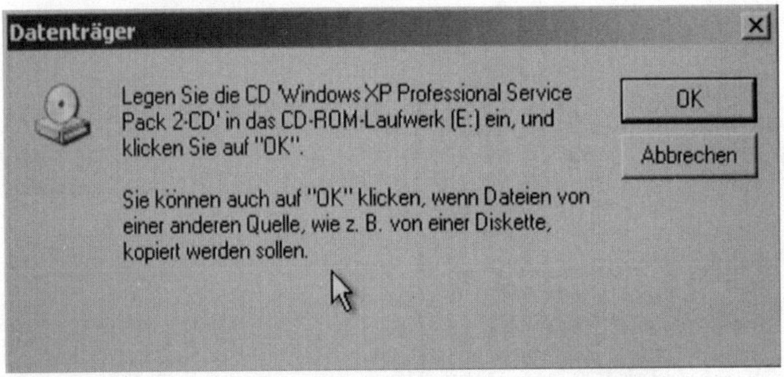


**Bild 14.2:** Nicht durch falsche CD-Bezeichnungen verwirren lassen

Nach Abschluss der Installation startet der Computer automatisch neu. Folgen Sie hier NICHT der Aufforderung auf dem Bildschirm, die `Leertaste` zu drücken. In diesem Fall würde das Setup erneut von der CD starten. Warten Sie einfach ein paar Sekunden, bis der Computer von der Festplatte bootet, oder nehmen Sie die CD aus dem Laufwerk.

Wenn Sie Windows XP Media Center Edition parallel zu einem bestehenden Windows installiert haben, erscheint jetzt ein Bootmenü, in dem Sie das gewünschte Betriebssystem auswählen können.

Beim ersten Start erscheint die aus dem Service Pack 2 bekannte Sicherheitsmeldung: *Schützen Sie den Computer.* Hier sollten Sie gleich die automatischen Updates aktivieren.

Danach wird überprüft, ob eine Internet-Verbindung besteht. Wenn ja, können Sie Windows XP Media Center Edition direkt online aktivieren.

Nachdem Sie einen Namen für den Standardbenutzer angegeben haben, zeigt sich der Windows-Desktop in der neuen Optik der Windows XP Media Center Edition. Das Hintergrundbild sowie die Gestaltung der Fensterränder, Startmenü und Taskleiste sieht etwas moderner aus als beim Standard-Windows XP (siehe Bild 14.3).

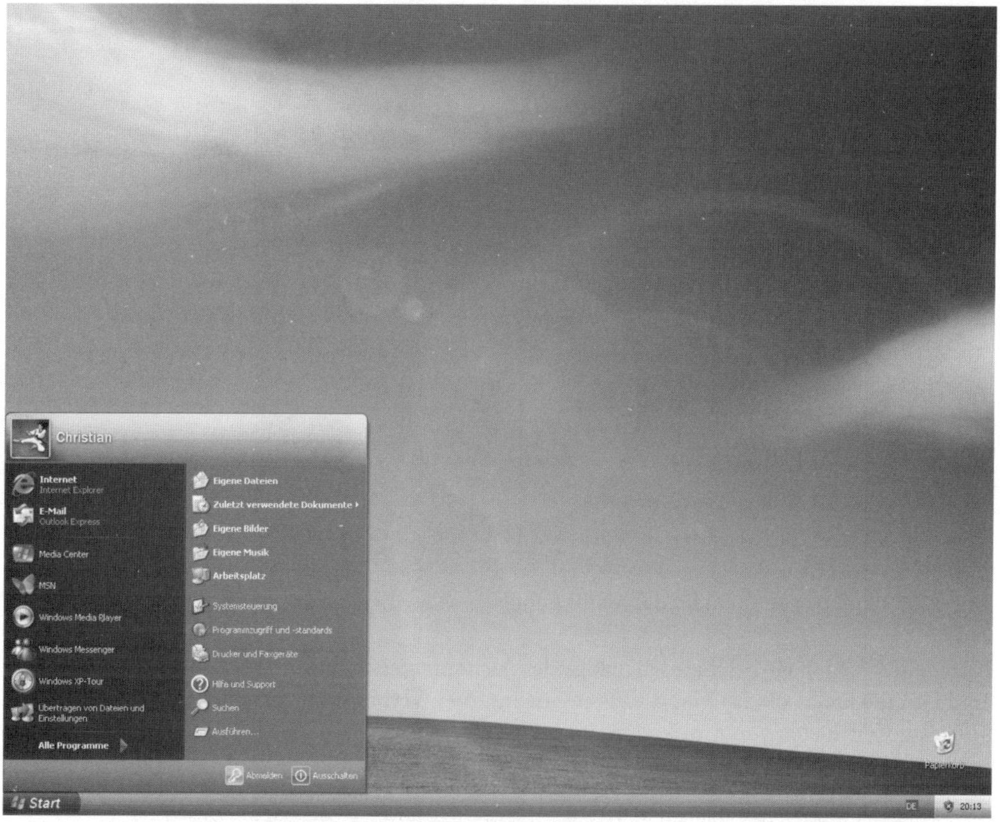


**Bild 14.3:** Der Desktop der Windows XP Media Center Edition

## Media Center Setup Assistent

Nach der Installation des Betriebssystems ist noch ein spezielles Setup für das Media Center erforderlich. Wählen Sie dazu im Startmenü die Option *Media Center*. Automatisch startet ein Assistent.

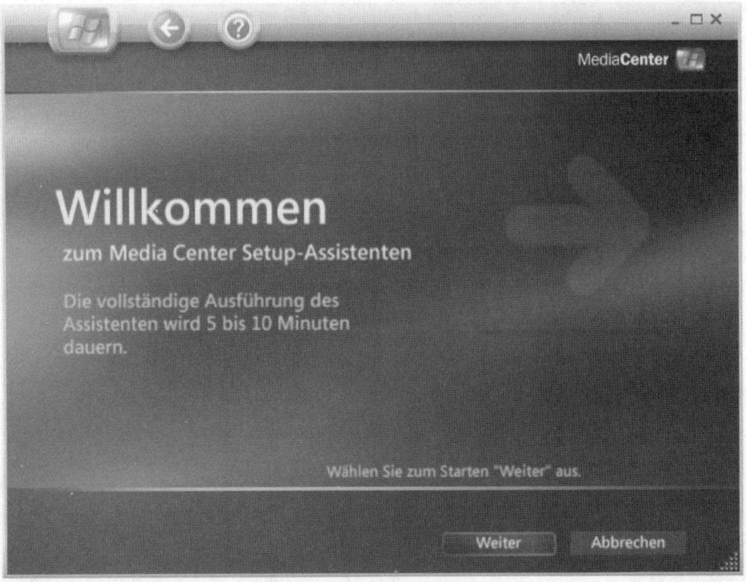


**Bild 14.4:** Der Setup-Assitent für das Media Center

Nachdem Sie ein paar belanglose Dialoge des Assitenten einfach mit *Weiter* beantwortet haben, erscheint die Frage, ob das Media Center eine Internet-Verbindung herstellen darf, um die Titelbilder und Titellisten von Musik-CDs anzuzeigen.

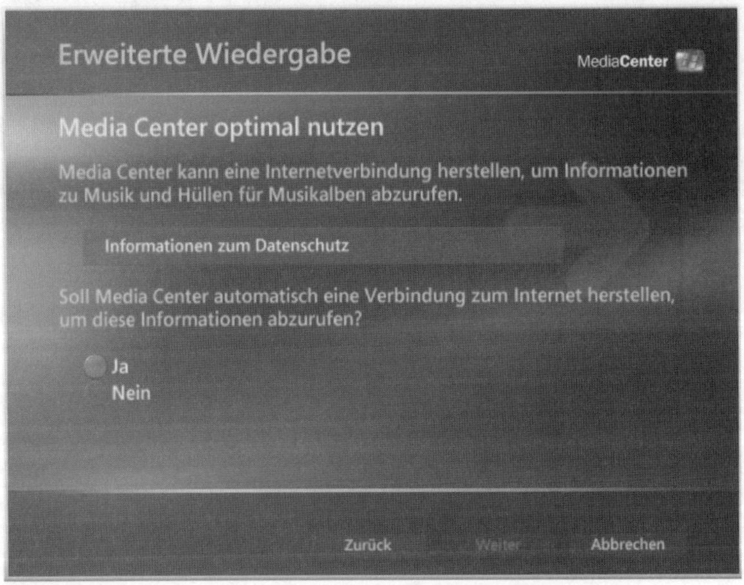


**Bild 14.5:** Internet-Verbindung zur Anzeige von Albumtitelbildern

Die Albumtitelbilder werden bei der Anzeige nicht lokal gespeichert, sondern stehen nur zur Verfügung, wenn eine Internet-Verbindung besteht. Denken Sie daran, dass wenn Sie keine Flatrate haben, jedes Mal Kosten entstehen, um ein Albumtitelbild anzuzeigen.

Lesen Sie in diesem Zusammenhang die *Informationen zum Datenschutz*. Hier steht, welche Informationen Microsoft bei diesen Online-Verbindungen sammelt und dass diese unter anderem an Firmen zum Versand von Werbematerial weitergegeben werden.

**Anzeige der Datenträgerschutzinformationen** Sie können sich die Datenschutzinformationen auch später jederzeit im Browser anzeigen lassen. Allerdings funktioniert es nicht, den angegebenen Link in die Browserzeile zu kopieren. Es wird dann nur die Fehlermeldung *The page cannot be found* angezeigt. Wenn Sie allerdings nach dem Kopieren die Zeichenfolge `%20` löschen, die in der Browserzeile dreimal vorkommt, kommen Sie zu den Datenschutzbestimmungen für Windows XP Media Center Edition.

Im nächsten Schritt müssen Sie angeben, ob Sie eine ständige Internet-Verbindung haben. Bei DSL ist das die beste Wahl, solange Sie nicht einen zeitabhängigen Wenignutzer-Tarif haben. Bei einer ständigen Internet-Verbindung kann das Media Center Informationen zum TV-Programm dauernd aktuell anzeigen. Andernfalls müssen diese Programmdaten manuell heruntergeladen werden.

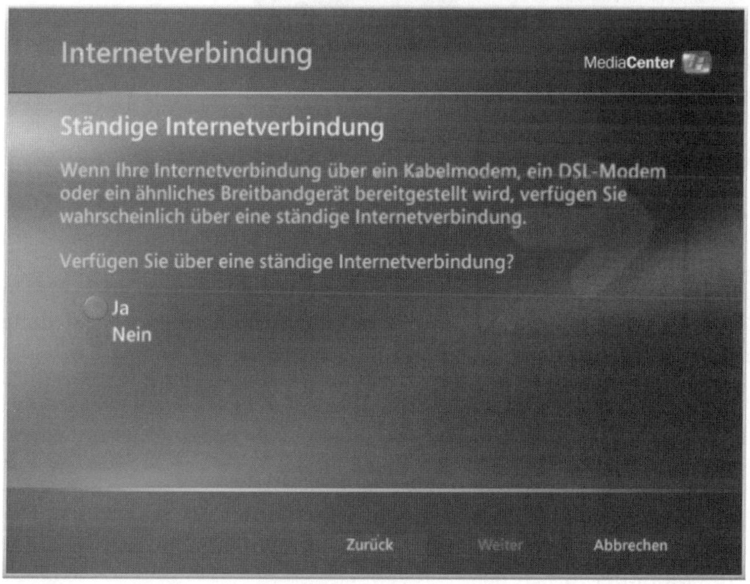


**Bild 14.6:** Abfrage nach ständiger Internet-Verbindung

Bei einer ständigen Internet-Verbindung kann anschließend ein Verbindungstest durchgeführt werden, der aber nicht nötig ist, wenn Sie über diese Verbindung schon einmal im Internet waren und wissen, dass sie funktioniert.

Nach diesen unbedingt notwendigen Konfigurationschritten können Sie optional noch den Bildschirm und die Lautsprecher konfigurieren.

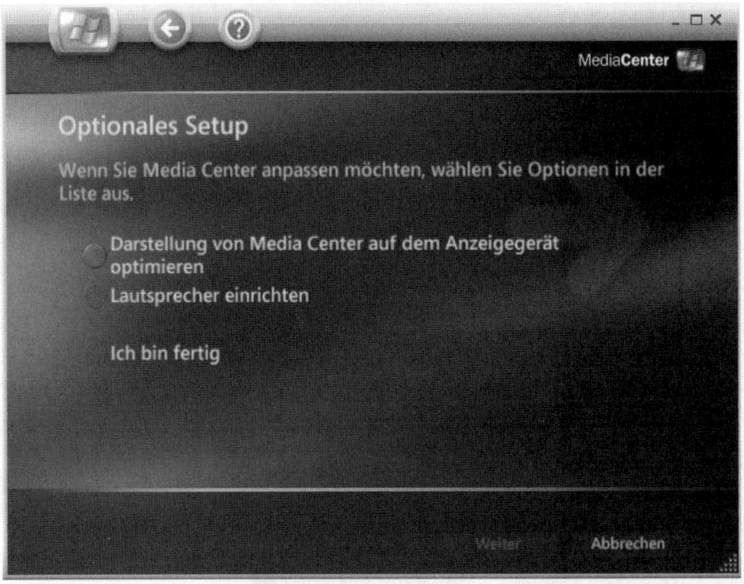


**Bild 14.7:** Optionale Konfiguration von Bildschirm und Lautsprecher

### ▲ Bildschirmkonfiguration

Die Bildschirmkonfiguration ist immer dann wichtig, wenn mehrere Anzeigegeräte angeschlossen sind, zum Beispiel ein normaler Monitor und ein Fernseher.

Wählen Sie hier den Bildschirm aus, der als primäre Anzeige für Windows verwendet werden soll. Meistens ist dies der Computermonitor. Der sekundäre Bildschirm kann zur Darstellung von Videos und Fernsehen verwendet werden (siehe Bild 14.8).

Im nächsten Schritt müssen Sie wählen, wie dieser primäre Monitor angeschlossen ist. Computermonitore sind meistens mit einem DVI- oder VGA-Kabel angeschlossen, Fernseher mit einem Composite- oder S-Video-Kabel.

Danach zeigt der Assistent weitere Konfigurationsschritte zur Optimierung der Bildqualität. Dabei handelt es sich aber nur um erklärende Texte. Die wirkliche Konfiguration müssen Sie direkt an den Bedienelementen des Monitors vornehmen.

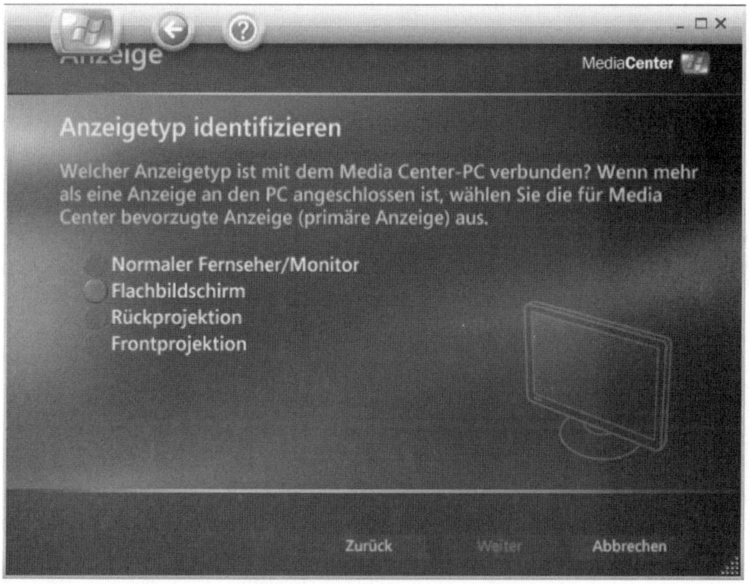


**Bild 14.8:** Auswahl des primären Monitors

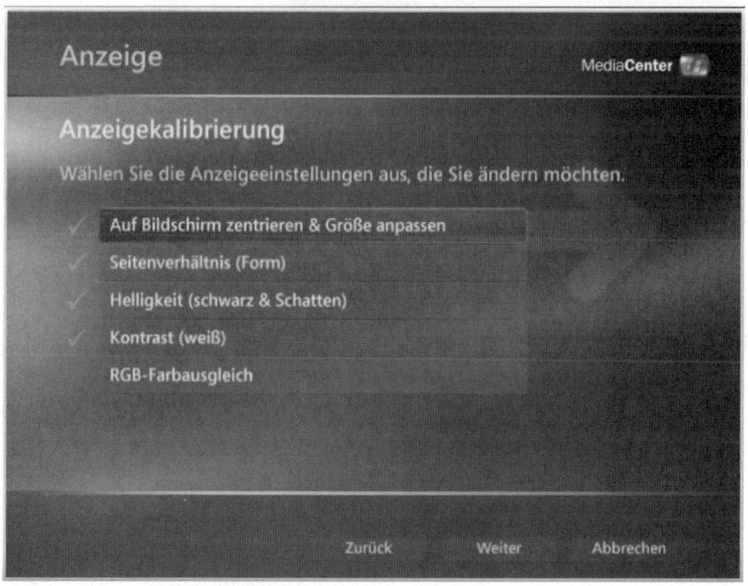


**Bild 14.9:** Kalibrierung der Bildschirmanzeige

Danach können Sie noch die Lautsprecher konfigurieren. Wählen Sie aus, welche Art von Lautsprechern Sie verwenden. Bedenken Sie dabei, dass nur bestimmte Sound-Karten *5.1-Surround* und *7.1-Surround* unterstützen.

Zum Schluss hören Sie noch Test-Sounds aus jedem Lautsprecher, danach ist die Konfiguration abgeschlossen.

Sollten Sie nichts hören, überprüfen Sie im *Gerätemanager* die Konfiguration der Sound-Karte. Windows XP Media Center Edition erkennt nicht alle Sound-Karten automatisch richtig. Wird die Sound-Karte hier als fehlerhaftes Gerät mit einem gelben Ausrufezeichen angezeigt, klicken Sie mit der rechten Maustaste darauf und wählen im Kontextmenü *Treiber aktualisieren*.

## Windows Media Player Installation

Die Windows XP Media Center Edition enthält bereits standardmäßig den neuen Windows Media Player 10. Bevor dieser Windows Media Player genutzt werden kann, muss er noch eigens installiert werden. Dies erfolgt beim ersten Aufruf des Windows Media Players und ist nur deshalb erforderlich, weil der Benutzer bestimmte Datenschutzoptionen einstellen muss, die ohne explizite Zustimmung nicht mit dem Recht auf Datenschutz vereinbar wären.

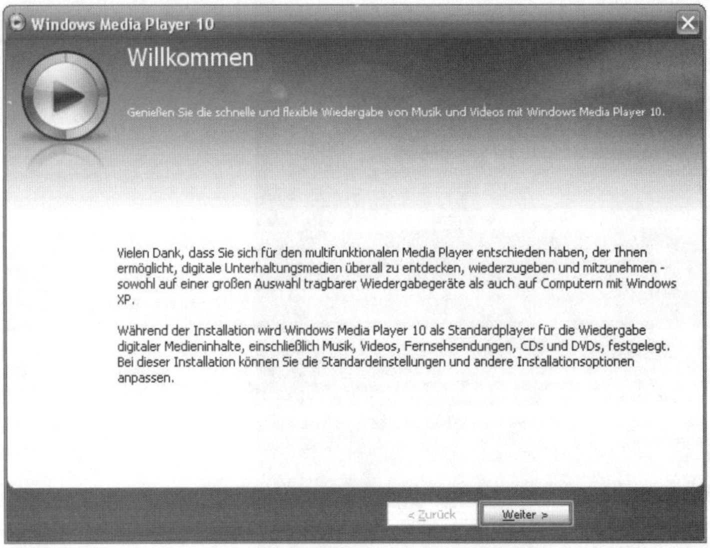


**Bild 14.10:** Start der Windows Media Player-Installation

Wichtig bei der Installation ist, dass Sie sich die Datenschutzoptioen genau ansehen. Bedenken Sie dabei, dass bei der Anzeige von Medieninformationen Daten über die gerade abgespielte CD an einen Onlineshop oder an Microsoft gesendet werden, unabhängig davon, ob es sich um eine Original-CD oder eine Kopie handelt.

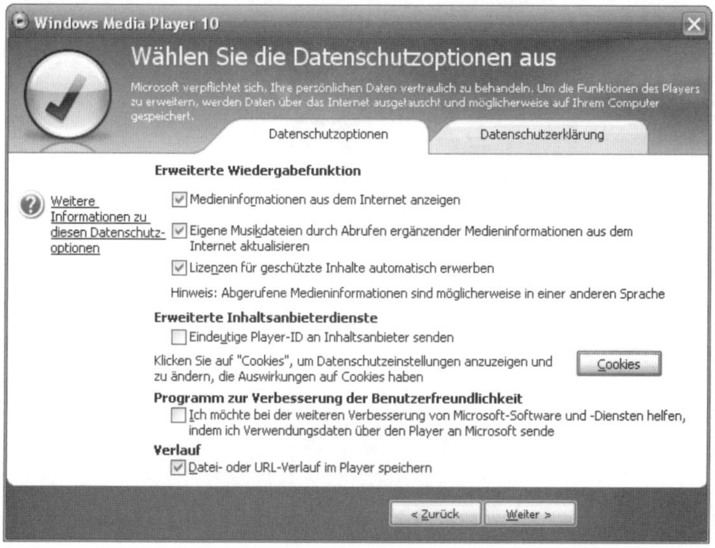


**Bild 14.11:** Datenschutzoptionen für den Windows Media Player 10

Ausführliche Informationen über die einzelnen Datenschutzoptionen finden Sie über den Link *Weitere Informationen* links in diesem Dialogfeld.

In jedem Fall sollten Sie die beiden Schalter *Erweiterte Inhaltsanbieterdienste* und *Programm zur Verbesserung der Benutzerfreundlichkeit* ausschalten. Diese beiden Schalter schränken die Funktionalität des Windows Media Players nicht ein. Bei den anderen Schaltern, die in Bezug auf Datenschutz ebenfalls bedenklich sind, müssen Sie beim Ausschalten auf bestimmte Funktionen verzichten.

- **Erweiterte Inhaltsanbieterdienste** sendet eine eindeutige ID Ihres Computers an den jeweiligen Anbieter der Medien. Über diese ID ist das Nutzungsverhalten und alle abgespielten Medien jederzeit nachvollziehbar.
- **Programm zur Verbesserung der Benutzerfreundlichkeit** informiert Microsoft über die Verwendung des Windows Media Players und die abgespielten Medien.

Im nächsten Schritt können Sie auswählen, welche Dateitypen standardmäßig dem Windows Media Player zugewiesen werden. Solange Sie keinen anderen Medienplayer verwenden, schalten Sie am besten alle angegebenen Dateiformate ein.

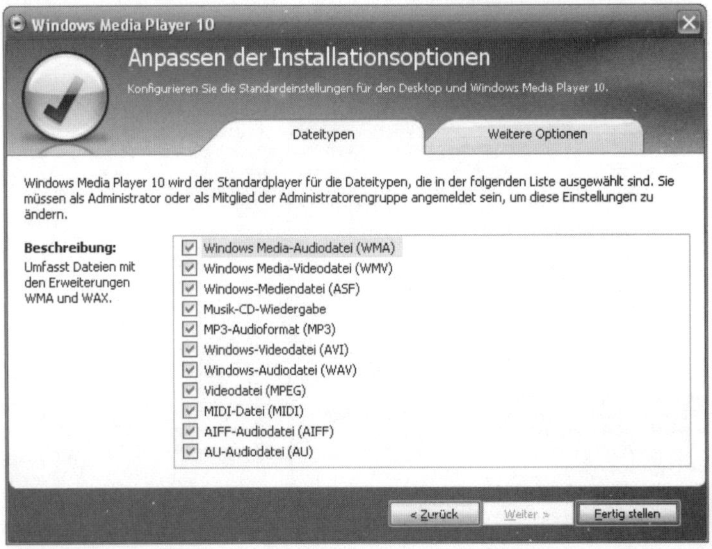


**Bild 14.12:** Auswahl der Dateitypen für den Windows Media Player 10

Diese Schalter bewirken nur, dass eine Datei aus dem Explorer per Doppelklick automatisch mit dem Windows Media Player abgespielt wird. Dateien, die hier nicht ausgewählt wurden, können natürlich trotzdem im Windows Media Player geöffnet und abgespielt werden.

Nach dieser Auswahl wird der Windows Media Player 10 automatisch konfiguriert und gestartet.

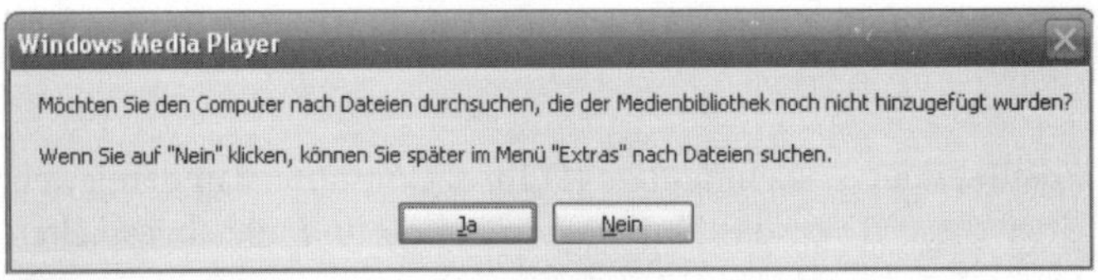


**Bild 14.13:** Meldung beim ersten Start des Windows Media Players 10

## 14.2 Das Media Center

Das eigentliche Media Center, die zentrale Komponente zur Darstellung digitaler Medien, wird innerhalb der Windows XP Media Center Edition wie jedes andere Programm über das Startmenü aufgerufen.

Das Media Center-Programmfenster hat eine Auflösung, die sich auch auf Fernsehern darstellen lässt. Es kann also entweder als kleines Fenster innerhalb des Windows-Bildschirms oder formatfüllend auf dem PC-Monitor oder einem Fernseher laufen.

Die Fensterdarstellung bietet sich an, wenn man auf dem PC arbeitet und nur nebenbei Medien anhören oder Bilder betrachten möchte.

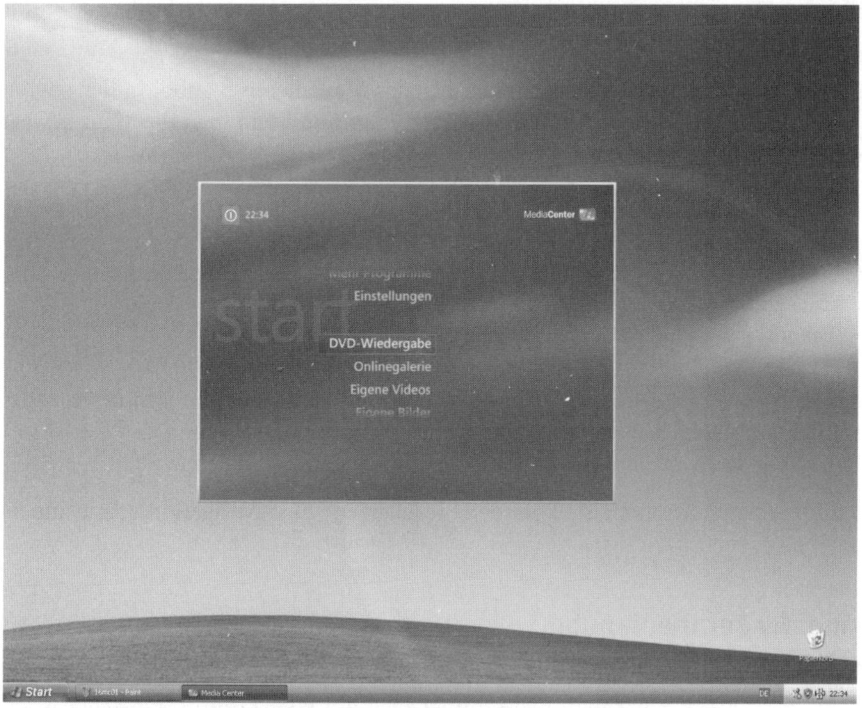


**Bild 14.14:** Media Center als Fenster in Windows XP

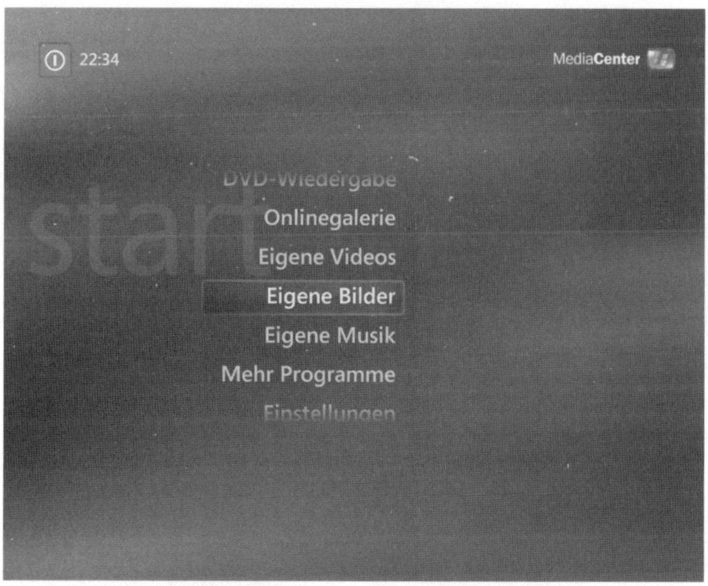


**Bild 14.15:** Media Center formatfüllend auf einem Fernseher

Die formatfüllende Variante empfiehlt sich, wenn man in großem Abstand vor dem Monitor sitzt und den Computer ausschließlich zur Medienwiedergabe verwendet.

Zwischen den beiden Darstellungen schaltet man über das Maximieren-Symbol in der oberen rechten Ecke um. Die Symbolleiste erscheint im Media Center nur, wenn man die Maus bewegt und an den oberen Fensterrand fährt.

**Bild 14.16:** Die Symbolleiste im Media Center

Die Bedienung des Media Centers erfolgt ganz Windows-untypisch über ein sich bewegendes Menü. Innerhalb dieses Menüs kann man mit der Maus, mit dem Mausrad, mit den Cursortasten oder mit der Windows XP Media Center Edition-Fernbedienung navigieren.

Mit dem Pfeil in der oberen Symbolleiste kommen Sie jederzeit einen Navigationsschritt innerhalb des Media Centers zurück.

## Steuerung mit der Fernbedienung

Media Center-PCs sollen vor allem abseits vom Arbeitsplatz als Unterhaltungsgeräte im Wohnzimmer eingesetzt werden. Hier hat man nicht immer Platz für eine Tastatur. Einfacher ist es, eine Fernbedienung zu verwenden, wie man sie von Fernsehern und anderen Unterhaltungsgeräten her kennt.

**Bild 14.17:** Die Media Center-Fernbedienung (Foto: Microsoft)

**Media Center-Anwendung per Fernbedienung starten** Die Fernbedienung funktioniert nur innerhalb der Media Center-Anwendung und kann nicht für andere Programme wie zum Beispiel den Windows Explorer verwendet werden. Allerdings besitzen die Fernbedienungen eine spezielle Taste, um die Media Center-Anwendung zu starten. Wird der PC also ausschließlich für Media Center verwendet, ist zum Start des Programms keine Maus oder Tastaur notwendig.

Windows XP Media Center Edition unterstützt nur spezielle Infrarot-Fernbedienungen. Die meisten frei programmierbaren Fernbedienungen oder die Funk-Fernbedienungen, die bei TV-Karten und Multimedia-Software von Drittanbietern mitgeliefert werden, werden nicht unterstützt.

**Sichtkontakt zwischen Fernbedienung und Empfänger** Bei einer Infrarot-Fernbedienung muss immer Sichtkontakt zwischen der Fernbedienung und dem Empfänger am PC bestehen. Aktuelle Media Center-PCs haben den Infrarotempfänger in der Frontblende eingebaut. Es gibt aber auch externe Infrarotempfänger, die am USB-Port angeschlossen werden. Verwenden Sie hier den USB-Port an der Gehäusevorderseite, oder legen Sie den Anschluss mit einem Verlängerungskabel so nach vorne, dass er für die Fernbedienung zu sehen ist.

Die Tasten der Fernbedienung gliedern sich in vier wichtige Gruppen (je nach Hersteller der Fernbedienung können diese Tasten anders angeordnet sein oder andere Symbole tragen):

- **Tasten zur Steuerung der Medienwiedergabe.** Diese Tasten steuern das Abspielen von Videos, Musik oder Bilderserien. Sie funktionieren genauso, wie man es von typischen Unterhaltungsgeräten kennt.

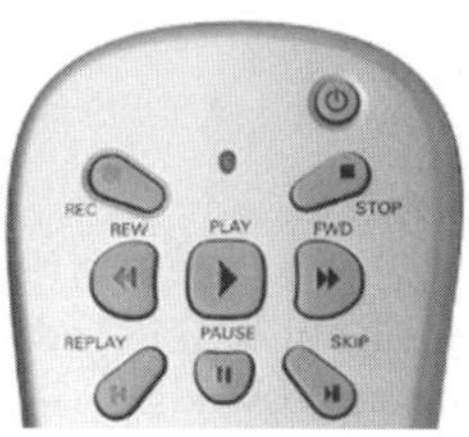


**Bild 14.18:** Tasten zur Steuerung der Medienwiedergabe

- **Cursortasten** zur Navigation innerhalb der Menüs. Diese Tasten bewegen die Markierung des aktiven Menüpunktes. In langen Menüs wird dabei automatisch auch der Bildschirm gescrollt. Die [OK]-Taste aktiviert den ausgewählten Menüpunkt.

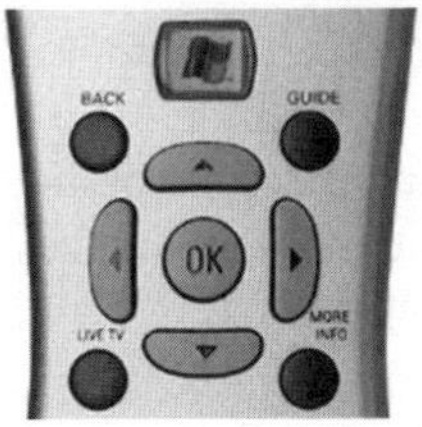


**Bild 14.19:** Die Cursortasten auf der Fernbedienung

Die große grüne Taste startet die Media Center-Anwendung aus Windows XP heraus.

- **Aufruf der Media Center-Module, Kanalauswahl und Lautstärkeregelung**. Mit diesen Tasten können Sie die Programmodule TV, DVD, Musik und andere direkt aufrufen, ohne sich durch die Menüs hangeln zu müssen.

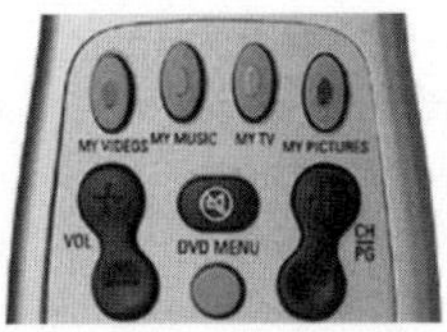


**Bild 14.20:** Die Tasten für Media Center-Module, Kanalauswahl und Lautstärkeregelung

- **Zifferntasten.** Diese Tasten werden zur Eingabe von Zahlen und Texten innerhalb des Media Centers verwendet. Um einen Buchstaben einzugeben, muss die entsprechende Taste, ähnlich wie auf einem Handy, mehrfach gedrückt werden.

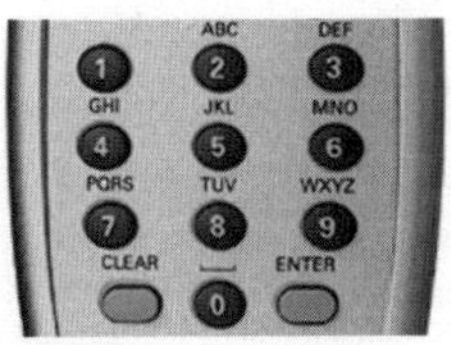


**Bild 14.21:** Die Zifferntasten auf der Fernbedienung

## Musik hören

Windows XP Media Center Edition kann auch dazu verwendet werden, Musik auf dem PC oder über eine Stereoanlage zu hören, wenn diese an der Soundkarte des PCs angeschlossen ist.

Die Musik kann von Audio-CDs kommen oder als Datei im MP3- oder WMA-Format von der Festplatte.

**Kopiergeschützte Audio-CDs** Bestimmte kopiergeschützte Musik-CDs können von Windows XP Media Center Edition nicht abgespielt werden.

Wählen Sie im Media Center den Menüpunkt *Eigene Musik*. Allerdings wird hier im Gegensatz zu üblichen Windows-Anwendungen eine andere Art der Dateiverwaltung verwendet.

Zuerst müssen wie in den anderen Media Center-Modulen auch die Verzeichnisse hinzugefügt werden, in denen Musikdateien liegen. Standardmäßig werden nur Musikdateien in den Verzeichnissen `\Dokumente und Einstellungen\Benutzername\Eigene Dateien\Eigene Musik` und `\Dokumente und Einstellungen\All Users\Dokumente\Eigene Musik` angezeigt. Bei der Installation liefert Windows XP Media Center Edition in diesen Verzeichnissen bereits Beispielmusik mit. Befindet sich eine Audio-CD im Laufwerk, wird diese ebenfalls angezeigt.

**Bild 14.22:** Musik im Media Center

**Anzeige zusätzlich gespeicherter Titel** Media Center zeigt zusätzlich die in der Medienbibliothek des Windows Media Players gespeicherten Titel an. Dies hat zwar den Vorteil, dass Sie keine zweite Bibliothek Ihrer Musik anlegen müssen, dafür kann es aber passieren, dass Musikdateien angezeigt werden, die in Wirklichkeit auf dem Computer nicht mehr vorhanden sind, weil sie zwar gelöscht, aber nicht aus der Medienbibliothek entfernt wurden.

Die Musik wird nach Alben verwaltet, wobei bei bestehender Internet-Verbindung auch das Albumcover und Informationen zu den Titeln heruntergeladen und angezeigt werden können. Diese Informationen stehen allerdings nicht für alle Musik-CDs zur Verfügung.

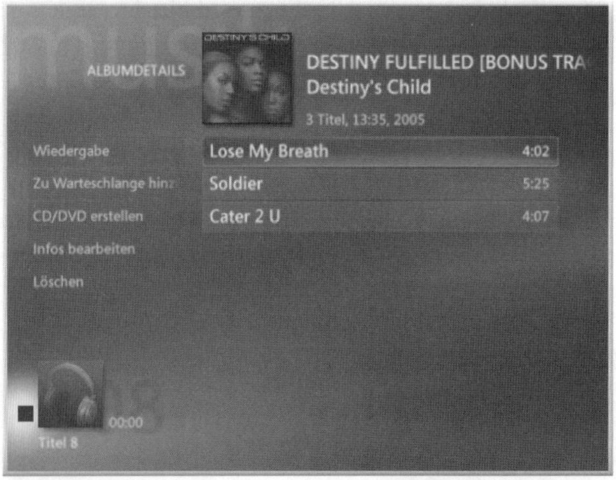


**Bild 14.23:** Liste der Titel eines Albums

Wählen Sie einen Titel aus, zeigt Media Center detaillierte Informationen zu diesem Titel an. Der Button *Wiedergabe* oder die `Play`-Taste auf der Fernbedienung spielen den Titel ab, danach folgen automatisch die weiteren Titel des Albums.

**Bild 14.24:** Titel abspielen

Am unteren Bildschirmrand befinden sich Buttons zur Steuerung der Wiedergabe. Diese können mit der Maus bedient werden. Nach einigen Sekunden Inaktivität blenden sie sich automatisch aus. Sowie man die Maus bewegt, kommen sie wieder ins Bild. Mit einer beliebigen Taste auf der Tastatur können die Steuerelemente auch sofort ausgeblendet werden. Wenn Sie eine Tastatur mit Multimediatasten verwenden, können Sie über diese Tasten die Wiedergabe im Media Center ebenfalls steuern.

Außerdem lässt sich die Wiedergabe mit der Fernbedienung steuern. Hier sind die Buttons nicht zu sehen.

Während die Musik läuft, können Sie im Media Center weiter herumklicken und sich andere Bildschirme ansehen und weitere Titel aussuchen. Der zur Zeit laufende Titel wird unten links angezeigt, die Musik läuft weiter, bis sie angehalten wird oder man einen neuen Titel wählt. Aus einem anderen Media Center-Bildschirm können Sie durch Anklicken des Titels unten links jederzeit leicht zum gerade laufenden Titel zurückspringen.

Mit den Funktionen *Mix* und *Wiederholen* können Sie die Reihenfolge der Titel zufällig ändern und das Abspielen endlos wiederholen, anstatt am Ende des Albums anzuhalten.

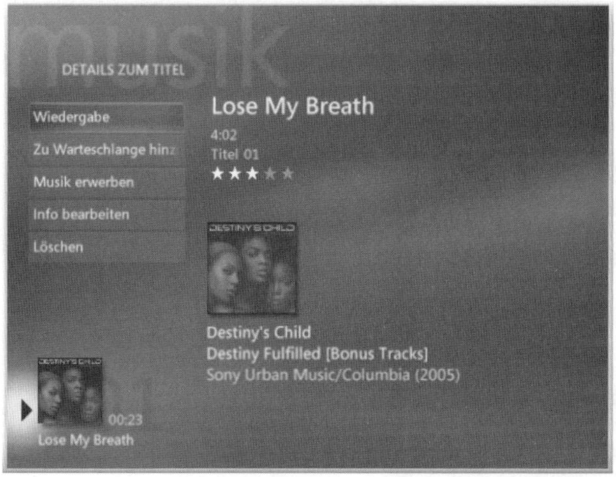


**Bild 14.25:** Detailinfos zu einem Titel

Die wichtigsten Funktionen zu einzelnen Musiktiteln können auch über ein spezielles Kontextmenü aufgerufen werden. Dies erscheint, wenn man mit der rechten Maustaste auf einen Titel klickt.

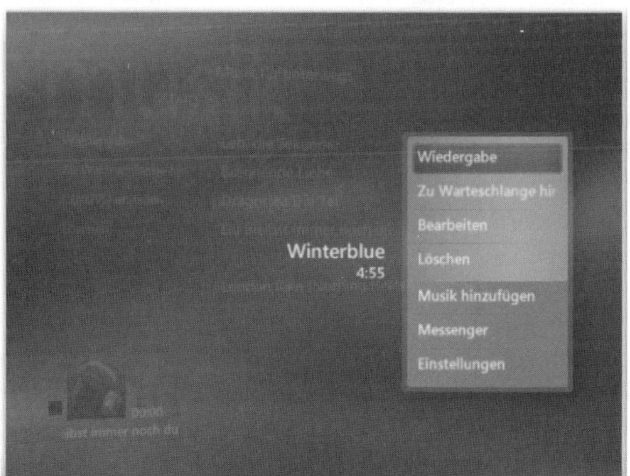


**Bild 14.26:** Kontextmenü zu einem Titel

Die Musik läuft auch weiter, wenn Sie das Media Center in den Hintergrund schalten und ein anderes Windows-Programm starten.

### ▲ Medieninformationen aus dem Internet

Viele aktuelle Musik-CDs enthalten bereits die Namen der einzelnen Titel in einer für CD-Player und Media Center lesbaren Form. Weitere Medieninformationen und das Titelbild können beim Abspielen der CD automatisch aus dem Internet heruntergeladen werden.

Dazu muss eine Internet-Verbindung verfügbar sein, die entweder permanent läuft oder jederzeit automatisch aufgebaut werden kann. Zusätzlich muss im Media Center unter *Einstellungen/ Allgemein/Automatischer Download: Optionen* der Schalter *Medieninformationen für CDs, DVDs und Spielfilme aus dem Internet abrufen* eingeschaltet sein.

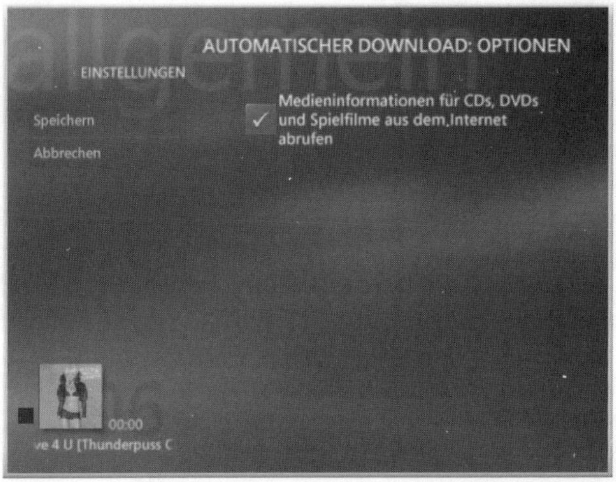


**Bild 14.27:** Optionen zum Download von Medieninformationen

**Achtung: Titelinformationen an Microsoft** Beachten Sie, dass bei aktiviertem Download der Medieninformationen die Titel jeder Musikdatei, jeder Audio-CD und jedes Films, der im Media Center läuft, zusammen mit einer eindeutigen ID Ihres Computers an Microsoft übertragen werden. Dies gilt auch für kopierte Dateien, nicht nur für Originale.

### ▲ Visualisierungen

Während die Musik läuft, muss man sich nicht die ganze Zeit das Albumtitelbild ansehen, man kann sich auch von so genannten Visualisierungen, farbigen Effekten auf dem Bildschirm, unterhalten lassen.

Klicken Sie dazu, wenn die Musik läuft, auf *Visualisierung*. Die Anzeige verschwindet und auf dem Bildschirm erscheint eine bunte, zufällig ausgewählte Visualisierung. Mit den Pfeiltasten auf der Tastatur oder auf der Fernbedienung können Sie zu einer anderen Visualisierung wechseln.

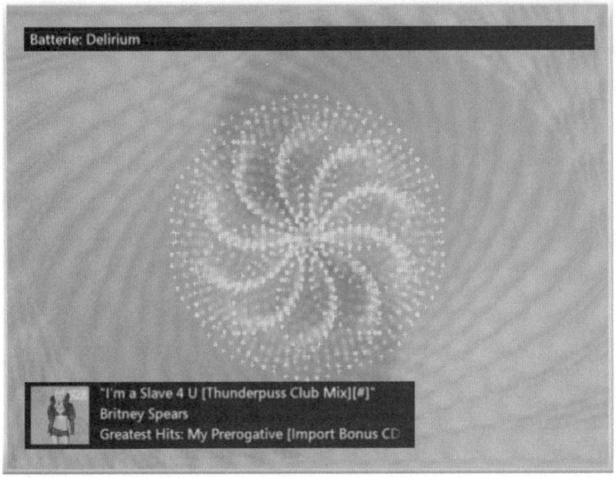


**Bild 14.28:** Optionen zum Download von Medieninformationen

Am Anfang eines Titels und kurz vor dem Ende werden unten in einem kleinen Fenster die Medieninformationen und das Albumcover angezeigt. Um aus einer Visualisierung wieder zurückzukommen, klicken Sie einfach in den Bildschirm.

Das Verhalten der Visualisierungen kann in den Einstellungen des Media Centers unter *Musik* verändert werden.

Mit dem Menüpunkt *Visualisierungen* wählen Sie alle die Visualisierungen aus, die bei der automatischen Auswahl verwendet werden sollen.

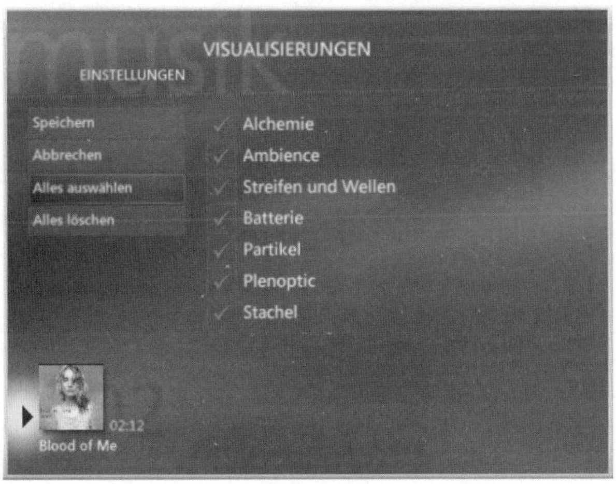


**Bild 14.29:** Auswahl der Visualisierungen

In den *Visualisierungsoptionen* legen Sie fest, ob Titelinformationen angezeigt werden sollen, wenn eine Visualisierung läuft.

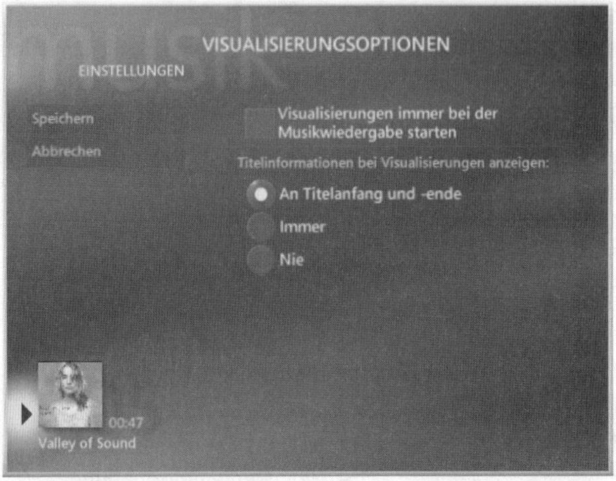


**Bild 14.30:** Visualisierungsoptionen

### ▲ Audio-CDs automatisch mit Media Center abspielen

Möchten Sie Audio-CDs immer mit dem Media Center abspielen, können Sie dieses als Standardanwendung einrichten. Legen Sie eine Audio-CD ein, solange die Media Center-Anwendung nicht läuft. Nach kurzer Zeit erscheint ein Auswahldialog, mit welchem Programm die CD abgespielt werden soll.

**Bild 14.31:** Auswahl der Standardanwendung zum Abspielen von Audio-CDs

Schalten Sie hier den Schalter *Immer die ausgewählte Aktion durchführen* ein, wählen *Audio-CD wiedergeben mit Media Center,* und klicken Sie auf *OK*. Wenn Sie das nächste Mal eine Audio-CD einlegen, startet automatisch das Media Center.

Um diese Einstellung wieder rückgängig zu machen und eine andere Audio-CD-Abspiel-Software zu nutzen, klicken Sie im Windows Explorer mit der rechten Maustaste auf das CD-Laufwerk und wählen im Kontextmenü *Eigenschaften*.

Schalten Sie im nächsten Dialog auf die Registerkarte *AutoPlay*, und wählen Sie im Listenfeld oben die Option *Musik-CD*. Wählen Sie danach unten die Aktion, die in Zukunft ausgeführt werden soll oder *Eingabeaufforderung, um Aktion auszuwählen*, wenn jedes Mal beim Einlegen einer Audio-CD der Auswahldialog erscheinen soll.

### ▲ Audio-CDs auf Festplatte archivieren

Mit dem Media Center können Sie auf einfache Weise Musik-CDs auf die Festplatte kopieren und so die Musik auch hören, ohne die CD einlegen zu müssen. Auf diese Weise können Sie Playlisten zusammenstellen, die aus Titeln mehrerer CDs bestehen.

Während eine Audio-CD läuft, können Sie mit dem Button *CD kopieren* die Daten auf die Festplatte übertragen. Dieses Kopieren geht deutlich schneller als das Abspielen. Während ein Titel läuft, kann also bereits der übernächste kopiert sein.

- Ein Equalizer-Symbol in der Titelliste zeigt den gerade abgespielten Titel an.
- Ein animiertes CD-Symbol zeigt den Titel, der gerade kopiert wird, an.
- Häckchen zeigen alle Titel, die schon kopiert sind, an.

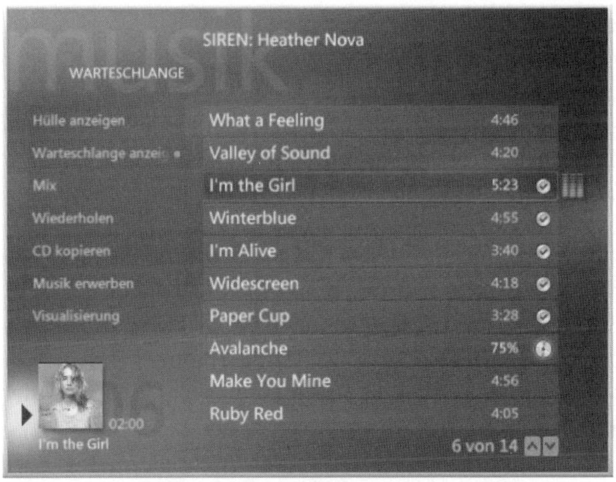


**Bild 14.32:** Kopieren einer Audio-CD auf die Festplatte

Standardmäßig werden die Musikdateien im WMA-Format in Unterverzeichnissen von `\Dokumente und Einstellungen\Benutzername\Eigene Dateien\Eigene Musik` abgelegt. Das Media Center selbst bietet keine Möglichkeit, diese Einstellung zu ändern. Es werden die Einstellungen des Windows Media Players übernommen. Um diese zu ändern, starten Sie den Windows Media Player und öffnen im Menü `Extras` das Dialogfeld `Optionen`.

Auf der Registerkarte *Musik kopieren* wählen Sie das Verzeichnis, wo die kopierte Musik gespeichert werden soll, sowie das Datenformat aus.

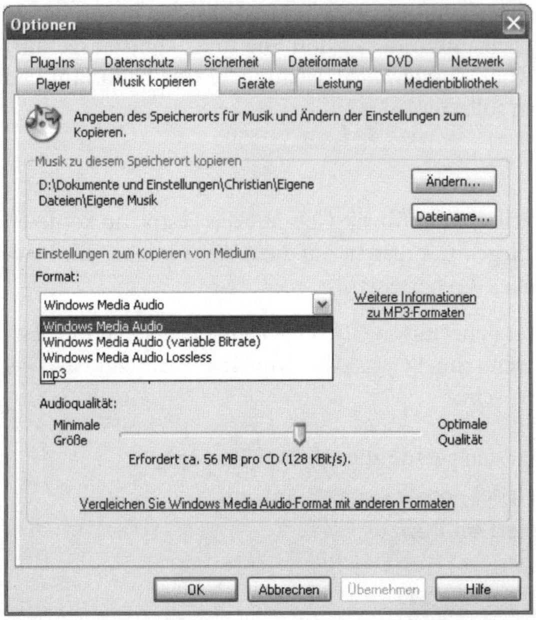


**Bild 14.33:** Einstellungen zum Kopieren von Audio-CDs auf die Festplatte

Bei der Datenkomprimierung hängt die Qualität von der Größe der Datei ab. Bei höheren Kompressionsraten, also kleineren Dateigrößen, werden die für das menschliche Ohr kaum hörbaren extrem hohen und extrem tiefen Töne ausgeblendet.

- **MP3** ist das Standardformat für Musik, das auch auf allen Nicht-Windows-Systemen verwendet werden kann. Tragbare MP3-Player können oftmals nur dieses Format abspielen.
- **Windows Media Audio** (WMA) ist ein von Microsoft eingeführtes Musikformat mit vergleichbarer Kompressionsrate und Qualität wie MP3. WMA-Dateien können mit einem digitalen Rechte-Management versehen werden, sodass sie sich nicht beliebig kopieren oder auf anderen Geräten abspielen lassen.
- **Windows Media Audio (variable Bitrate)** ist eine Erweiterung des WMA-Formates. Hier wird die Bitrate der Komprimierung der Musik angepasst, sodass zum Beispiel leise Stellen eine höhere Qualität erhalten, damit keine Informationen verloren gehen. Zur Zeit verwenden nur wenige Abspielgeräte dieses Dateiformat.
- **Windows Media Audio lossless** ist eine andere Erweiterung des WMA-Formates. Hier wird ohne Verlust komprimiert, die Dateien sind dafür deutlich größer (etwa 5-mal so groß wie eine MP3-Datei guter Qualität). Zurzeit verwenden nur wenige Abspielgeräte dieses Dateiformat.

In diesem Einstelldialog können Sie über den Button *Dateiname* auch festlegen, aus welchen Informationen sich die automatisch generierten Dateinamen der kopierten Dateien zusammensetzen sollen.

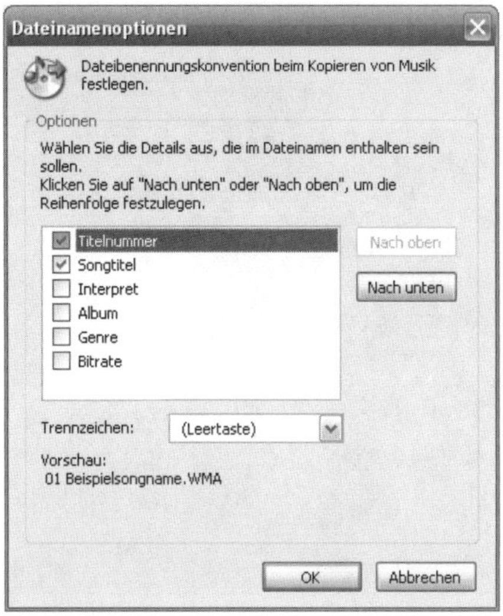


**Bild 14.34:** Einstellungen für die Dateinamen beim Kopieren von Audio-CDs auf die Festplatte

Solange Sie die Musik nur innerhalb des Media Centers hören, sind die eigentlichen Dateinamen nicht wichtig. Das Media Center zeigt die Titelinformationen an, die in der Datei gespeichert sind und nicht die Dateinamen.

### ▲ Titelinformationen bearbeiten

Leider werden die Medieninformationen und auch die Titel von Alben nicht immer richtig eingetragen. Dies gilt besonders für Sampler und Musik-CDs, die Zeitschriften beiliegen. Hier sind manchmal die Titel unvollständig oder der Albumname stimmt nicht. In solchen Fällen können auch keine gültigen Medieninformationen aus dem Internet heruntergeladen werden.

**Bild 14.35:** Falsche Titelinformationen bei einer auf die Festplatte kopierten CD

Media Center bietet die Möglichkeit, bei den archivierten Titeln fehlerhafte Daten zu korrigieren.

Klicken Sie während ein Titel läuft auf *Infos bearbeiten*. Hier können Sie den Namen des Titels und des Interpreten verändern und auch eine Bewertung abgeben.

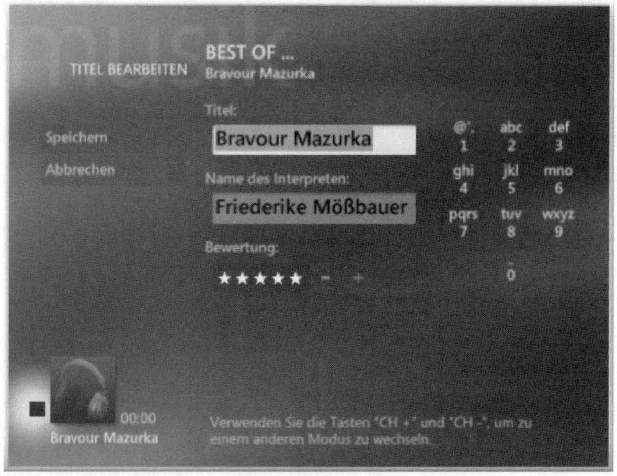


**Bild 14.36:** Falsche Titelinformationen korrigieren

Wenn Sie das Media Center mit der Fernbedienung steuern, können Sie die Titel über die Zifferntasten eingeben. Je nach Buchstabe muss eine Zifferntaste mehrfach gedrückt werden. Mit den Tasten [CH+] und [CH-] kann das Tastenfeld zwischen Kleinbuchstaben, Großbuchstaben und Sonderzeichen umgeschaltet werden.

Auf dieselbeWeise können Sie aus der Albumansicht auch den Albumtitel und Interpreten ändern, wenn diese falsch oder gar nicht erkannt wurden.

### ▲ Musik löschen

Möchten Sie Musikdateien löschen, sollten Sie dies direkt im Media Center vornehmen. In der Titelansicht kann der gewählte Titel mit der Option *Löschen* gelöscht werden. Dabei wird er automatisch auch aus der Medienbibliothek entfernt. Auf dieselbe Weise können Sie in der Albumansicht ein ganzes Album löschen.

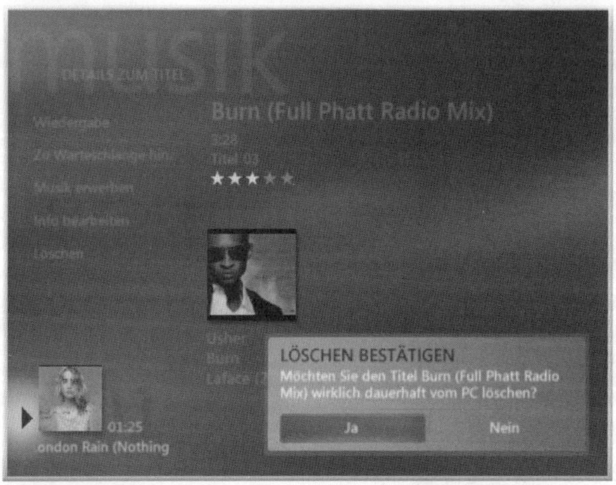


**Bild 14.37:** Musiktitel im Media Center löschen

Löschen Sie eine Musikdatei mit dem Windows Explorer, bleibt der entsprechende Eintrag in der Medienbibliothek stehen, obwohl die Datei nicht mehr existiert.

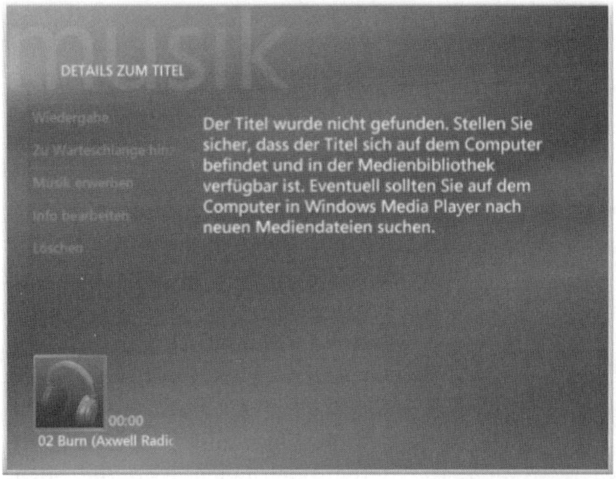


**Bild 14.38:** Anzeige bei einem Musiktitel, der außerhalb des Media Centers gelöscht wurde

Media Center führt aber regelmäßig automatische Datenbankkorrekturen durch, sodass solche Einträge nach einiger Zeit selbstständig gelöscht werden.

### ▲ Musik auswählen und Wiedergabelisten verwenden

Im Hauptfenster von *Eigene Musik* werden standardmäßig alle Alben angezeigt. Mit den Buttons im linken Bildschirmbereich können Sie diese Anzeige auch auf alphabetische Listen aller Titel oder Interpreten umschalten.

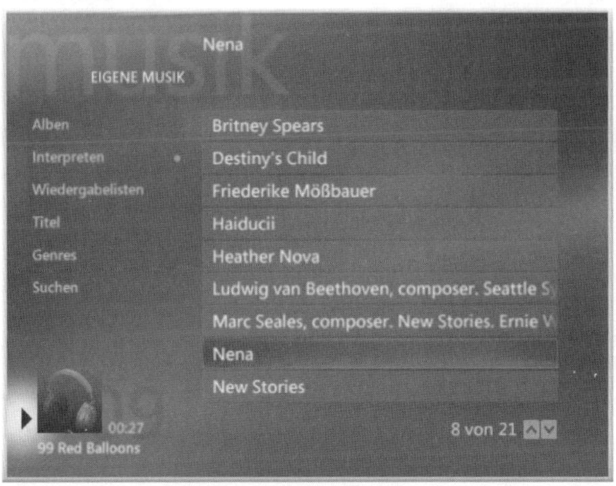


**Bild 14.39:** Liste aller Interpreten

In der Interpretenliste und in der Sortierung nach Genres können Sie auf einen Eintrag klicken und erhalten dann eine weitere Auswahl. Titel, denen keine Titelinformationen zugeordnet sind, erscheinen in der Titelliste als *Titel* mit einer Nummer, in der Interpretenliste stehen diese unter *Verschiedene Interpreten.*

**Titel per Kurztaste anwählen** In allen Listen können Sie durch Drücken von Buchstabentasten sehr schnell zu Titeln springen, die mit diesen Buchstaben beginnen.

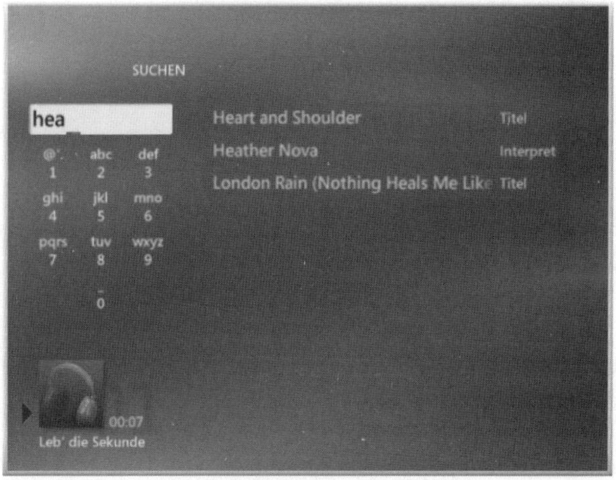


**Bild 14.40:** Suche in der Medienbibliothek

**Bild 14.41:** Die Warteschlange

Im Modus *Suchen* können Sie per Tastatur oder Fernbedienung Titel und Interpreten suchen. Geben Sie einfach ein paar Buchstaben ein, werden automatisch Titel und Interpreten gesucht, in deren Namen die angegebene Buchstabenkombination vorkommt. Mit jedem weiteren Buchstaben wird die Suche weiter eingegrenzt.

Möchten Sie mehrere Musiktitel nacheinander abspielen, klicken Sie anstatt auf *Wiedergabe* auf *Zur Warteschlange hinzufügen.* Diese Warteschlange ist eine temporäre Wiedergabeliste, in der Sie mit den Tasten der Fernbedienung oder den Steuerungssymbolen am unteren Bildschirmrand vor- und zurückblättern können. Diese Warteschlange wird solange abgespielt, bis Sie einen Titel im Modus *Wiedergabe* oder eine Audio-CD abspielen.

Sie können sich die Warteschlange jederzeit anzeigen lassen, indem Sie unten links auf den gerade laufenden Titel klicken und danach auf *Warteschlange anzeigen.*

Im Modus *Warteschlange bearbeiten* können Sie die Reihenfolge der Titel in der Warteschlange ändern oder einzelne Titel aus der Warteschlange entfernen.

Möchten Sie zu bestimmten Anlässen passende Musik vorsortiert verfügbar haben, zum Beispiel für unterwegs, zum Frühstück oder für Partys, können Sie im Media Center Wiedergabelisten erstellen, die ausgewählte Titel in bestimmter Reihenfolge enthalten.

Erstellen Sie dazu eine Warteschlange, und klicken Sie dann im Modus *Warteschlange bearbeiten* auf *Als Liste speichern*. Jetzt können Sie über die Tastatur oder die Fernbedienung einen Namen für diese Liste eingeben.

Alle Wiedergabelisten werden unter *Eigene Musik* im Modus *Wiedergabelisten* angezeigt. Zusätzlich zu den selbst erstellten Wiedergabelisten legt Media Center nach bestimmten Kriterien auch automatische Listen an.

**Bild 14.41:** Die Warteschlange bearbeiten

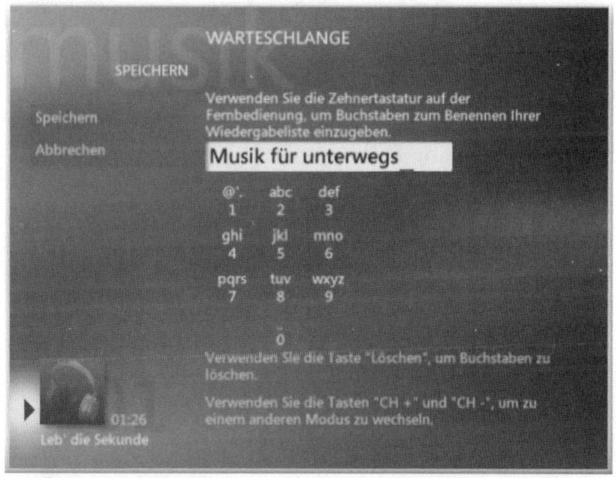


**Bild 14.43:** Die Warteschlange als Wiedergabelisten speichern

**Bearbeitung von Wiedergabelisten** Media Center verwendet dieselben Wiedergabelisten und dieselbe Medienbibliothek wie der Windows Media Player. Wiedergabelisten, die Sie im Windows Media Player erstellt haben, erscheinen automatisch auch im Media Center. Der Windows Media Player bietet gegenüber dem Media Center deutlich erweiterte Möglichkeiten zur Bearbeitung von Wiedergabelisten.

### ▲ Audio-CDs erstellen

Media Center enthält eine eigene Brennfunktion für Audio-CDs. Stellen Sie eine Wiedergabeliste zusammen, und legen Sie einen Rohling in den Brenner. Klicken Sie dann auf *CD/DVD erstellen.*

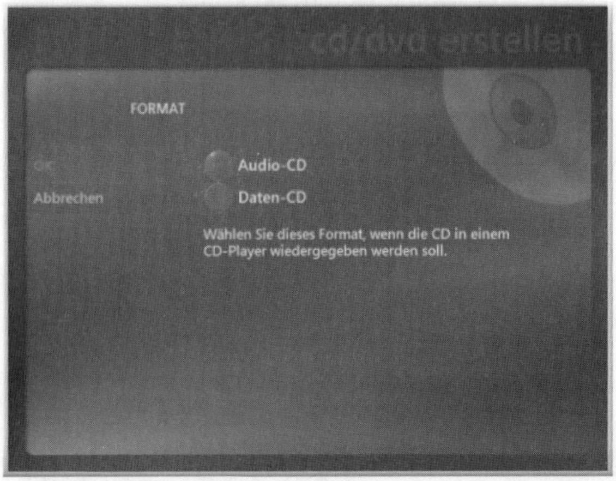


**Bild 14.42:** Auswahl des CD-Formats

Wählen Sie aus, ob Sie eine Audio-CD oder eine Daten-CD brennen wollen. Die Musik-Dateien werden bei Audio-CDs automatisch in Audio-Tracks konvertiert, sodass die CD auch in normalen CD-Playern abgespielt werden kann.

Das Brennprogramm im Media Center zeigt jetzt an, wie viel Platz noch auf der CD frei ist und bietet die Möglichkeit, einen Namen für die CD anzugeben. Diesen Namen können Sie auch, wie alle Texteingaben im Media Center, mit den Zifferntasten der Fernbedienung eingeben.

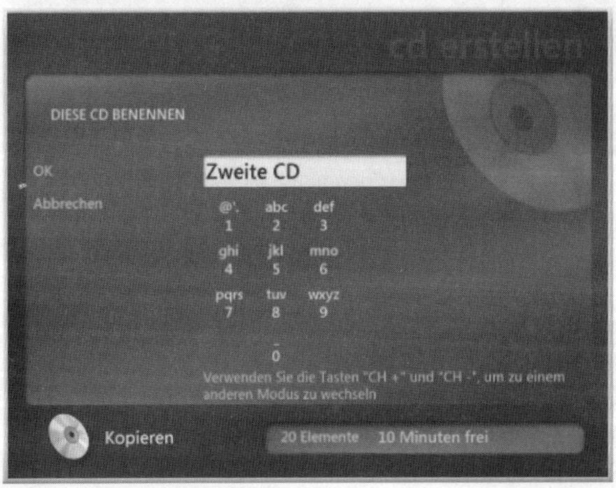


**Bild 14.43:** Namen für die CD eingeben

Im nächsten Fenster können Sie noch die Reihenfolge der Titel auf der CD festlegen oder, wenn noch Platz ist, weitere Titel hinzufügen.

Nach einer weiteren Bestätigung wird die CD gebrannt. Dieser Brennvorgang kann auch im Hintergrund laufen. Klicken Sie dazu auf *OK*, können Sie andere Funktionen des Media Centers benutzen, während die CD gebrannt wird.

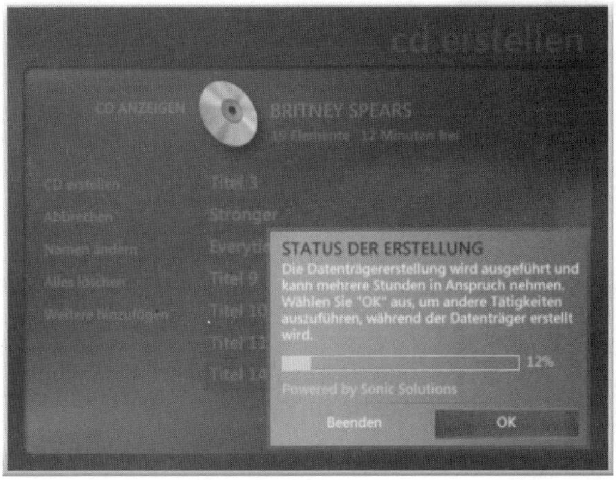


**Bild 14.44:** CD brennen

## ▲ Musik mit portablen MP3-Playern synchronisieren

Digitale Musik unterwegs zu hören wird immer beliebter. Portable MP3-Player haben längst die alten tragbaren Kassettenrecorder und CD-Spieler abgelöst. Mittlerweile können fast alle PDAs und Handys MP3-Dateien und teilweise auch WMA-Dateien abspielen.

Windows XP Media Center Edition kann Musikdateien mit tragbaren Medienplayern synchronisieren, wenn diese als Laufwerk erkannt werden oder eine Media Center kompatible Softwareschnittstelle verwenden. Zur Verwendung in PDAs und Handys akzeptiert das Media Center auch Speicherkarten im Kartenleser.

Wählen Sie im Hauptmenü des Media Centers den Menüpunkt *Mehr Programme*.

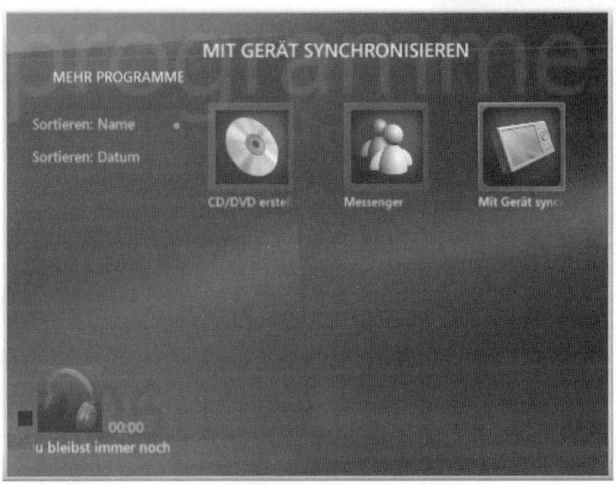


**Bild 14.45:** Musik mit tragbaren Geräten synchronisieren

Wählen Sie hier *Mit Gerät synchronisieren*. Daraufhin wird der auf dem mobilen Gerät verfügbare Speicherplatz angezeigt, sowie eine Auswahl von Wiedergabelisten.

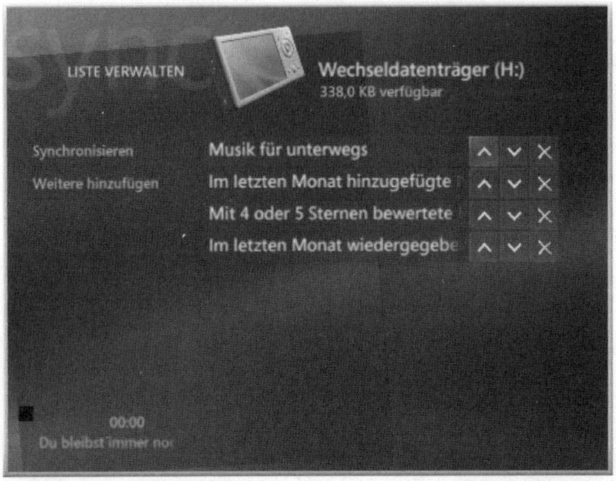


**Bild 14.46:** Auswahl einer Wiedergabeliste zur Synchronisation mit tragbaren Geräten

Hier können Sie die Reihenfolge und damit die Priorität ändern. Reicht die Speicherkapazität des mobilen Gerätes nicht aus, werden die weiter unten in der Liste stehenden Elemente weggelassen.

Über den Button *Weitere hinzufügen* können Sie weitere Wiedergabelisten mit Musik zur Synchronisation hinzufügen.

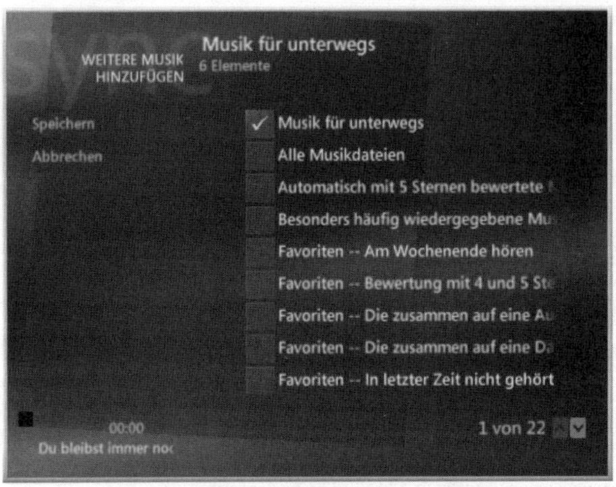


**Bild 14.47:** Hinzufügen von Wiedergabelisten zur Synchronisation mit tragbaren Geräten

Bei der Synchronisation mit Speicherkarten oder USB-Sticks sowie Medienabspielgeräten, die außer Musik auch andere Medien verarbeiten können, können Sie auch Bilderserien oder Videos zur Synchronisation hinzufügen.

Klicken Sie anschließend auf *Synchronisieren*. Jetzt wird der Übertragungsvorgang gestartet, der je nach Datenmenge einige Zeit dauern kann.

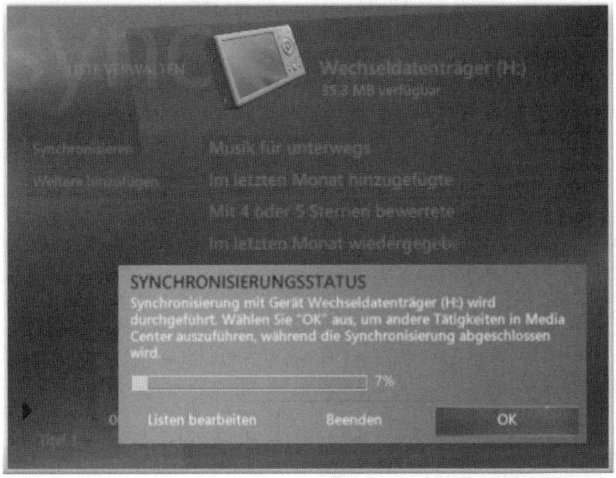


**Bild 14.48:** Synchronisation mit tragbaren Geräten

Konnten wegen begrenztem Speicherplatz nicht alle Titel übertragen werden, können Sie sich am Ende die Synchronisierungsergebnisse anzeigen lassen. Diese zeigen an, welche Wiedergabelisten vollständig oder nur teilweise übertragen wurden. Ein Klick auf eine der Listen zeigt zu jedem Titel, ob er übertragen wurde oder nicht.

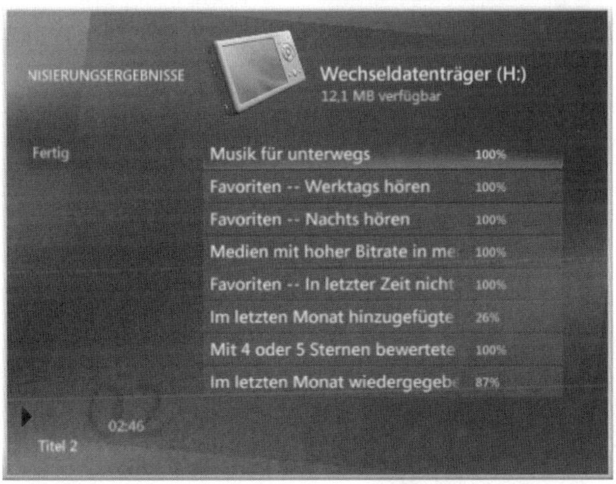


**Bild 14.49:** Ergebnis der Synchronisation

## DVDs abspielen

Windows XP Media Center Edition kann DVDs abspielen, allerdings liefert Microsoft die notwendigen Decoder aus lizenzrechtlichen Gründen nicht mit Windows XP Media Center Edition mit. Üblicherweise bekommen Sie diese mit der Software Ihres DVD-Laufwerks. Diese Software ist bei neuen PCs meistens vorinstalliert. Bei einer Neuinstallation muss die DVD-Software ebenfalls neu installiert werden.

Leider sind nicht alle bei DVD-Laufwerken mitgelieferten Decoder auch zu Windows XP Media Center Edition kompatibel. Ältere Versionen laufen oftmals im Windows Media Player, nicht aber im Media Center. Bei fehlerhaften DVD-Decodern reicht es nicht, wie in der Fehlermeldung angegeben, den Computer neu zu starten, es muss eine passende Decoder-Software installiert werden.

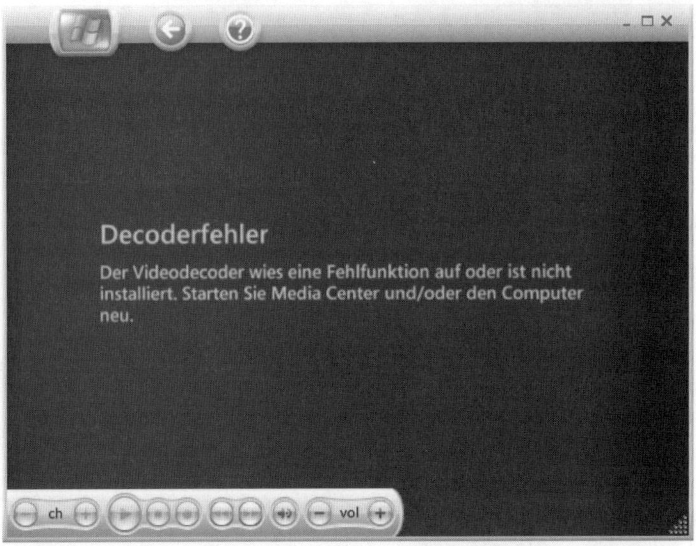


**Bild 14.50:** Fehlermeldung bei nicht installierter DVD-Decodierungssoftware

Eine Übersicht kompatibler DVD-Decoder finden Sie in der Microsoft Kompatibilitätsliste bei: `www.microsoft.com/windowsxp/mediacenter/partners/dfw/partnerlisting.mspx`.

Wenn eine DVD-Decodersoftware installiert ist, wählen Sie im Hauptmenü des Media Centers den Menüpunkt *DVD-Wiedergabe*. Ist eine DVD eingelegt, startet die Wiedergabe automatisch.

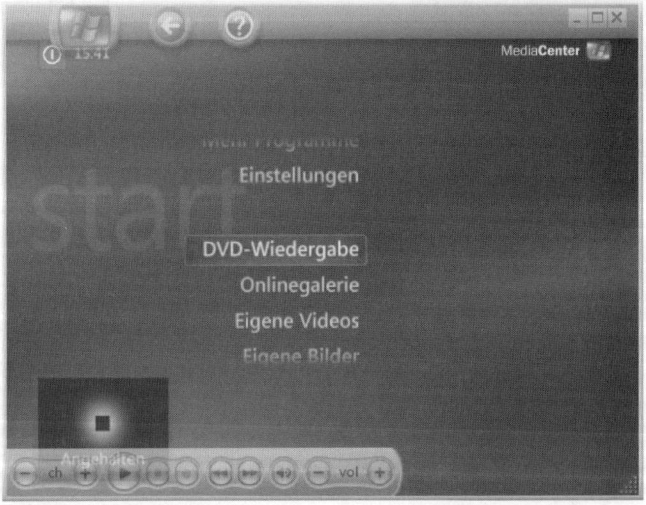


**Bild 14.51:** DVD-Wiedergabe im Media Center

Auch beim Abspielen von DVDs können die Tasten der Fernbedienung genutzt werden oder man blendet sich mit der Maus die Steuerelemente am unteren Bildschirmrand ein.

**VCDs und SVCDs abspielen** Media Center erkennt nur DVDs, keine VCDs oder SVCDs. Die Dateien auf diesen CDs können Sie aber wie Videos im Bereich *Eigene Videos* abspielen.

### ▲ DVDs automatisch mit Media Center abspielen

Möchten Sie DVDs immer mit dem Media Center abspielen, können Sie dieses als Standardanwendung einrichten. Legen Sie eine DVD ein, solange die Media Center Anwendung nicht läuft. Nach kurzer Zeit erscheint ein Auswahldialog, mit welchem Programm die DVD abgespielt werden soll.

**Bild 14.52:** Auswahl der Standardanwendung zum Abspielen von DVDs

Schalten Sie hier den Schalter *Immer die ausgewählte Aktion durchführen* ein und wählen *DVD wiedergeben mit Media Center* und klicken auf *OK*. Wenn Sie das nächste Mal eine DVD einlegen, startet automatisch das Media Center.

Um diese Einstellung wieder rückgängig zu machen und eine andere DVD-Abspielsoftware zu nutzen, klicken Sie im Windows Explorer mit der rechten Maustaste auf das DVD-Laufwerk und wählen im Kontextmenü *Eigenschaften*.

**Bild 14.53:** Kontextmenü eines DVD-Laufwerks

Schalten Sie im nächsten Dialog auf die Registerkarte *AutoPlay* und wählen im Listenfeld oben die Option *DVD-Film*. Wählen Sie danach unten die Aktion, die in Zukunft ausgeführt werden soll oder *Eingabeaufforderung, um Aktion auszuwählen*, wenn jedes Mal beim Einlegen einer DVD der Auswahldialog erscheinen soll.

**Bild 14.54:** Auswahl einer anderen Standardanwendung zum Abspielen von DVDs

## ▲ DVD-Einstellungen

Standardmäßig zeigt Media Center DVD-Filme ohne Untertitel in der Standardsprache an. Wenn Sie fremdsprachige DVDs abspielen und dabei die deutschen Untertitel sehen möchten, können Sie das Standardverhalten umschalten. Wählen Sie dazu im Hauptmenü der Media Center Anwendung die Option *Einstellungen.*

**Bild 14.55:** Einstellungen im Media Center

Es erscheint ein weiteres Menü. Wählen Sie hier die Option *DVD.* In einem weiteren Untermenü können Sie zwischen verschiedenen Einstellungskategorien wählen.

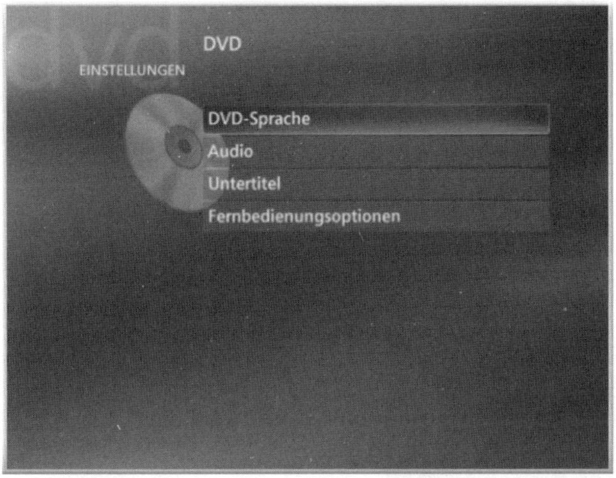


**Bild 14.56:** DVD-Einstellungen im Media Center

- Das Menü *DVD-Sprache* enthält Einstellungen für Untertitel, Audiotitel und die Sprache der Menüs.
- Der Menüpunkt *Audio* ermöglicht die Einstellung von Stereoton oder Dolby-Surround. Allerdings ist dieser Einstelldialog nicht fürs Media Center optimiert, sondern ein normaler Windows-Dialog, was auch bedeutet, dass er nicht mit der Fernbedienung bedient werden kann.
- Im Menüpunkt *Untertitel* legen Sie fest, welche Untertitel gezeigt werden sollen und ob diese bei ausgeschaltetem Ton automatisch dargestellt werden.
- Der Menüpunkt Fernbedienungsoptionen steuert das Verhalten der Tasten *Überspringen* und *Wiederholen* auf der Fernbedienung. Diese Einstellung betrifft nur das Abspielen von DVDs und hat keinen Einfluss auf die Wiedergabe von Bilderserien oder Musik.

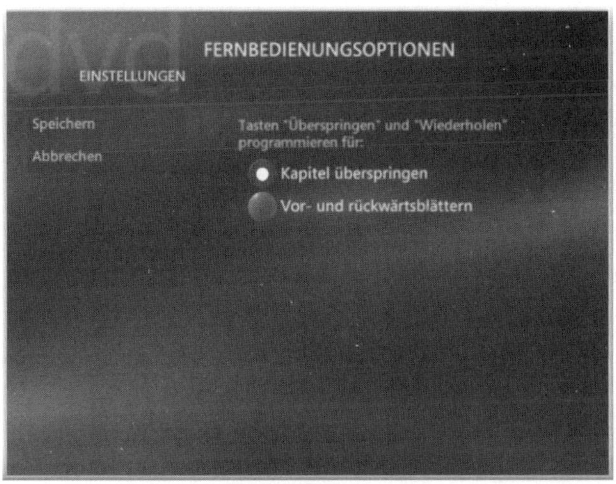


**Bild 14.57:** Einstellungen für die Fernbedienung beim Abspielen von DVDs

## Videos abspielen

Das Media Center spielt nicht nur Videos von DVDs sondern auch direkt von der Festplatte ab.

Wenn Sie im Hauptmenü des Media Center die Option *Eigene Videos* wählen, wird in den meisten Fällen eine Meldung *Es wurden keine Videos gefunden...* erscheinen.

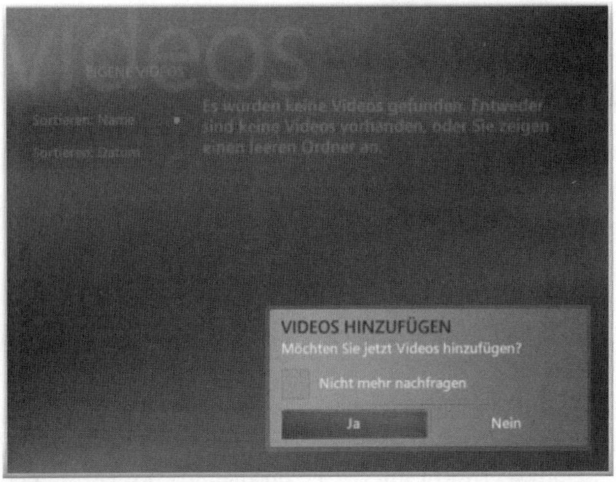


**Bild 14.58:** Meldung beim Abspielen von Videos

Media Center sucht Videos standardmäßig nur in den Verzeichnisen `\Dokumente und Einstellungen\Benutzername\Eigene Dateien\Eigene Videos` und `\Dokumente und Einstellungen\All Users\Dokumente\Eigene Videos`.

Anstatt alle Videos jetzt in eines dieser Verzeichnisse zu kopieren, können Sie die Meldung auch mit *Ja* bestätigen. Wählen Sie dann im nächsten Dialog die Option *Ordner hinzufügen*.

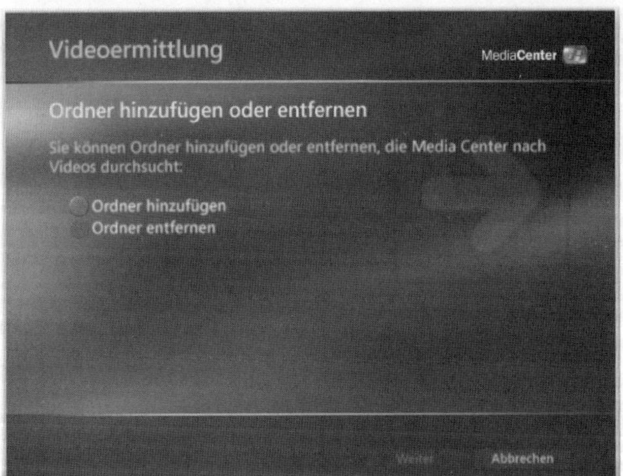


**Bild 14.59:** Ordner zum Abspielen von Videos hinzufügen

Auf dieselbe Weise können Sie später hinzugefügte Ordner auch wieder aus der Liste der angezeigten Ordner entfernen. Die Ordner selbst werden dabei natürlich nicht gelöscht.

Im nächsten Schritt müssen Sie noch festlegen, ob Sie die Ordner auf lokalen Laufwerken oder im Netzwerk suchen wollen. Jetzt erscheint eine Liste aller lokalen Verzeichnisse, in der Sie das gewünschte Verzeichnis markieren können.

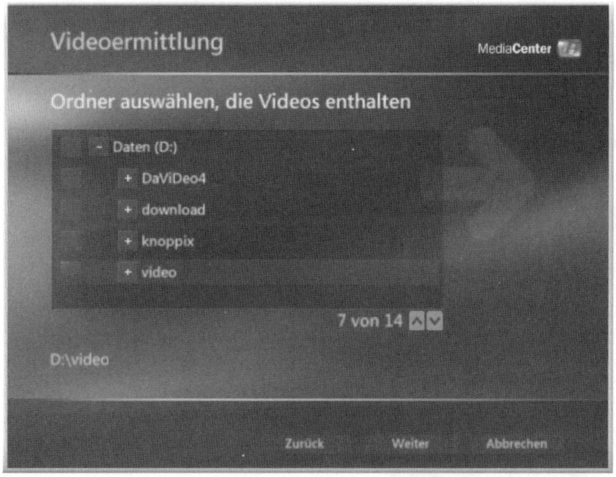


**Bild 14.60:** Ordner auswählen

Markierte Ordner und ihre Unterverzeichnisse werden automatisch in die Liste der Videos hinzugefügt und sind dann im Menü zu sehen.

**Bild 14.61:** Liste der Videos

Diese Liste kann nach Namen oder Datum sortiert werden. Durch Anklicken können Sie ein Video abspielen.

Beim Abspielen des Videos werden wie beim Abspielen von DVDs am unteren Bildschirmrand Steuerelemente eingeblendet. Sie können das Abspielen aber auch mit der Fernbedienung steuern. Beachten Sie dabei, dass der schnelle Vor- und Rücklauf nicht von allen Videoformaten unterstützt wird.

## Eigene Fotosammlungen

Mit Windows XP Media Center Edition können Sie Sammlungen von Fotos als Diaschau auf dem Fernseher oder Computermonitor ansehen.

Auch hier werden am Anfang nur ein paar Beispielbilder gefunden, Sie müssen die Verzeichnisse, in denen sich Ihre Bilder befinden, erst noch im Media Center hinzufügen.

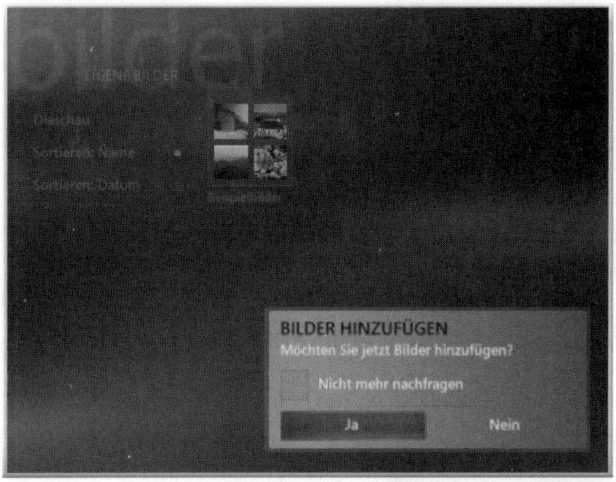


**Bild 14.62:** Verzeichnisse für Bilder hinzufügen

Das Hinzufügen von Bilderverzeichnissen funktioniert genauso wie das Hinzufügen von Video-Verzeichnissen. Standardmäßig werden nur Bilder in den Verzeichnissen `\Dokumente und Einstellungen\Benutzername\Eigene Dateien\Eigene Bilder` und `\Dokumente und Einstellungen\All Users\Dokumente\Eigene Bilder` angezeigt.

Die Bilderverzeichnisse erscheinen als Karteikartensymbole im Media Center. In jedem Verzeichnis werden die ersten vier Bilder verkleinert dargestellt, sodass man einen ersten Überblick über den Inhalt des Verzeichnisses bekommt.

Ein Klick auf *Diaschau* startet eine automatisch ablaufende Diaschau aller Fotos im markierten Verzeichnis. Die Diaschau können Sie mit den Steuerelementen am unteren Bildschirmrand oder mit der Fernbedienung steuern.

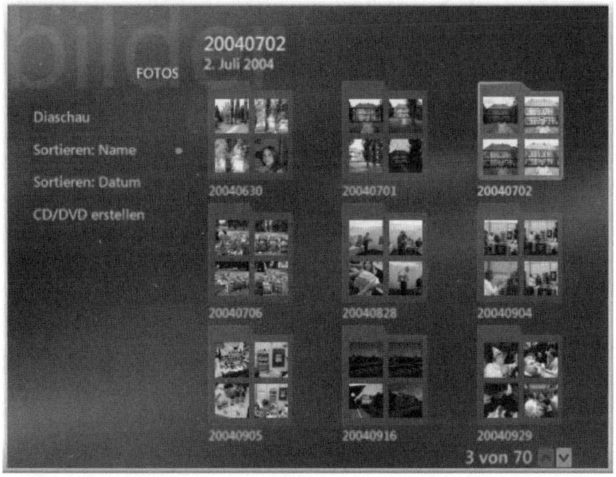


**Bild 14.63:** Bilderverzeichnisse im Media Center

Läuft gerade Musik, kann diese im Hintergrund der Diaschau als Untermalung weiterlaufen.

Wenn Sie Bilder in Ruhe betrachten wollen und die ewigen Bewegungen nur stören, können Sie diese abschalten, sodass die Diaschau zwar von einem zum nächsten Bild umschaltet, die einzelnen Bilder aber ruhig stehen lässt.

Wählen Sie dazu im Hauptmenü des Media Centers *Einstellungen/Bilder*. Hier können Sie den *Übergangstyp* auf *Keine* setzen und auch die Zeit einstellen, wie lange ein Bild dargestellt wird. Diese Zeit wird hier verwirrenderweise als *Übergangszeit* bezeichnet, dabei gibt sie nicht die Zeitdauer eines Übergangs an, sondern die Zeit, wie lange jedes einzelne Bild zu sehen ist.

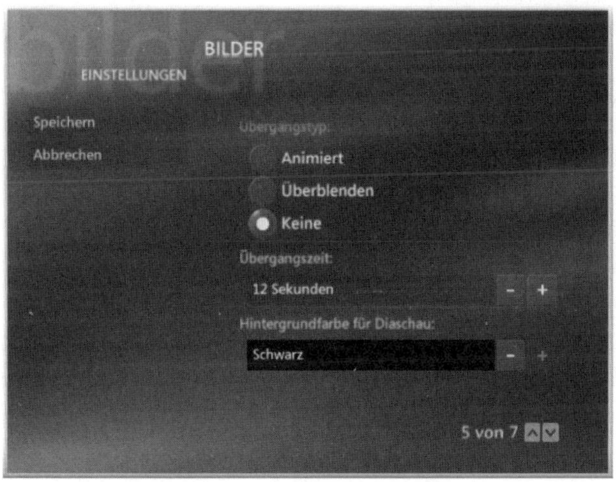


**Bild 14.64:** Einstellungen für Bilderserien

Die Hintergrundfarbe ist wichtig, wenn Bilder unterschiedlicher Größe angezeigt werden. Bei kleinen Bildern erscheint üblicherweise ein schwarzer Rand. Sie können diese Farbe zwar ändern, die Wirkung der Bilder ist aber bei einem schwarzen Hintergrund am besten.

**Diaschau auf DVD brennen** Die Funktion *CD/DVD erstellen* steht im Media Center auch im Modus *Bilder* zur Verfügung. Hier können Sie eine Diaschau auf DVD brennen, sodass sie mit einem normalen DVD-Player auf dem Fernseher abspielbar ist.

## Konfigurationseinstellungen

Das Media Center verwendet standardmäßig Einstellungen, die auch in Windows gelten. Da die Windows XP Media Center Edition aber auch für Computer geeignet sein soll, die weitestgehend nur per Fernbedienung gesteuert und nur fürs Media Center genutzt werden, sind wichtige Konfigurationseinstelungen auch innerhalb der Media Center-Anwendung über den Menüpunkt *Einstellungen/Allgemein* möglich.

### ▲ Internet-Verbindung

Im Untermenü *Media Center Setup* können Sie den Typ der Internet-Verbindung angeben, die das Media Center verwenden soll. Allerdings besteht hier nur die Auswahl zwischen einer ständigen Internet-Verbindung und einer Verbindung, die bei Bedarf aufgebaut werden muss. Die Verbindung selbst muss in Windows XP konfiguriert sein und wird vom Media Center nur mit genutzt. Die Konfiguration einer neuen Internet-Verbindung ist innerhalb des Media Centers nicht möglich.

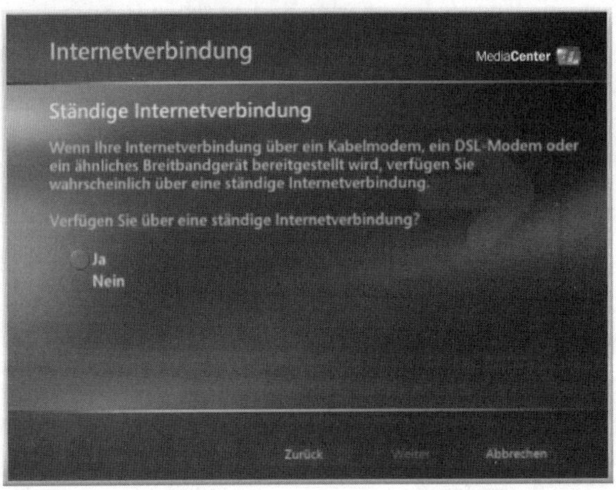


**Bild 14.65:** Typ der Internet-Verbindung

### ▲ Software-Version

Bei Kompatibilitätsproblemen mit bestimmten Treibern oder Software-Problemen ist es wichtig, die genaue Versionsnummer zu kennen. Der Menüpunkt *Info/Softwareversion* zeigt die Versionsnummer wesentlich detaillierter an als die bekannte Anzeige aus der Windows XP *Systemsteuerung/System*.

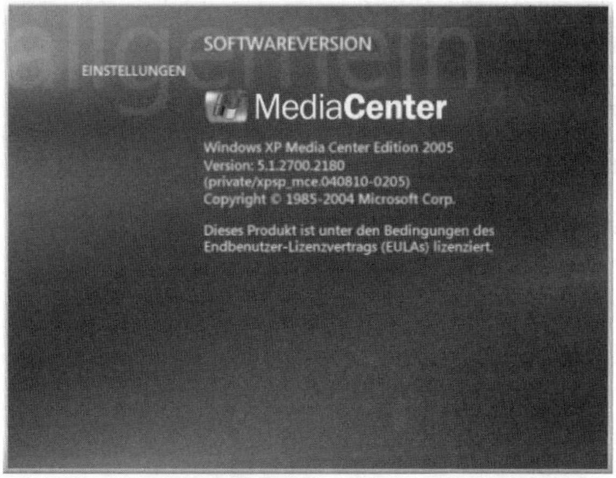


**Bild 14.66:** Software-version des Media Centers

## ▲ Nicht benötigte Menüpunkte ausblenden

Wenn Sie auf einem Media Center PC bestimmte Komponenten nicht benötigen, weil zum Beispiel keine Fernsehkarte oder kein Radiotuner eingebaut ist, können Sie diese Module aus dem Media Center-Hauptmenü ausblenden.

Wählen Sie dazu in der Windows XP-Systemsteuerung das Modul *Software* und dort die Option *Programmzugriff und Standards festlegen*. Wählen Sie hier die Konfiguration *Benutzerdefiniert* und scrollen nach unten.

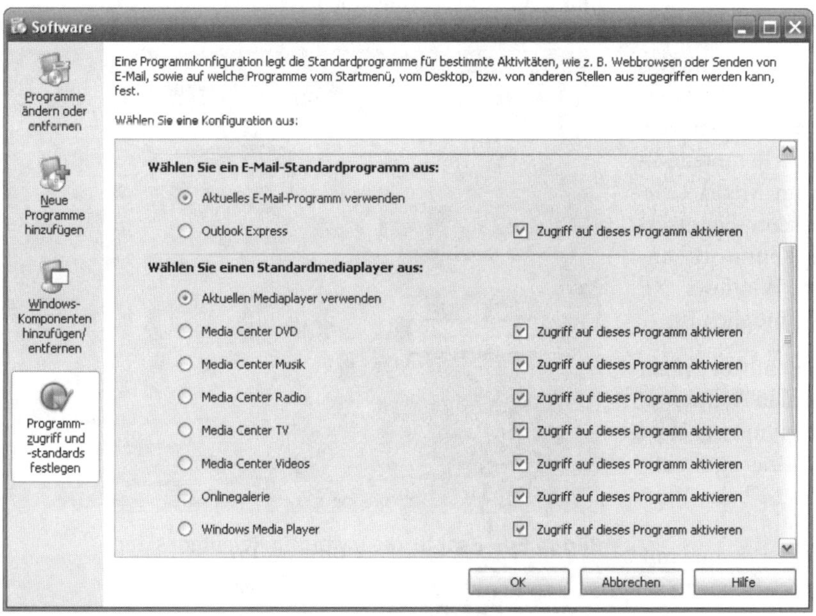


**Bild 14.67:** Konfiguration des Media Center-Hauptmenüs in der Systemsteuerung

Wenn Sie im Bereich *Wählen Sie einen Standardmedienplayer aus* einzelne Schalter *Zugriff auf dieses Programm aktivieren* ausschalten, werden die entsprechenden Module im Hauptmenü des Media Centers ausgeblendet.

## Remotedesktop im Media Center

Auch im Media Center können Sie eine Remotedesktop-Verbindung nutzen, um den Media Center-PC aus der Ferne zu steuern.

1. Wählen Sie dazu im Menü des Media Centers unter Einstellungen/Allgemein/Media Center Setup den Menüpunkt Remotedesktop einrichten aus.

2. Im ersten Schritt müssen Sie die Option *Ja* wählen, damit der Remotedesktop eingerichtet werden kann.

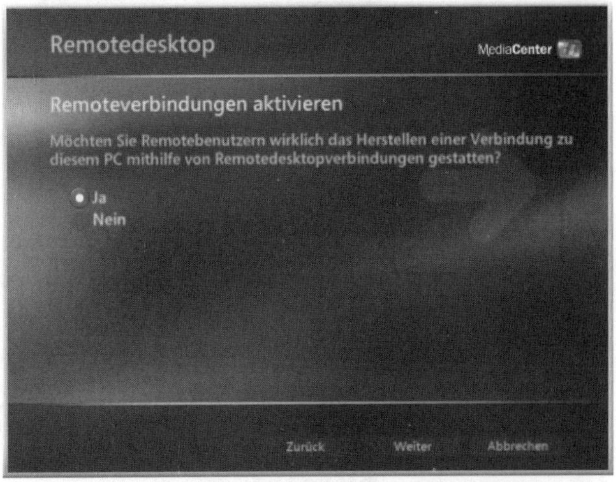


**Bild 14.68:** Remotedesktop im Media Center einrichten

3. Im nächsten Schritt müssen Sie für das aktuelle Windows-Benutzerkonto ein Kennwort eingeben. Der Remotedesktop-Assistent im Media Center akzeptiert keine Benutzerkonten ohne Kennwort, obwohl dies in Windows XP standardmäßig möglich ist.

Damit Sie dieses Kennwort nicht auch bei jeder lokalen Windows-Anmeldung eingeben müssen, bietet Media Center eine automatische Kennworteingabe beim Windows-Start an.

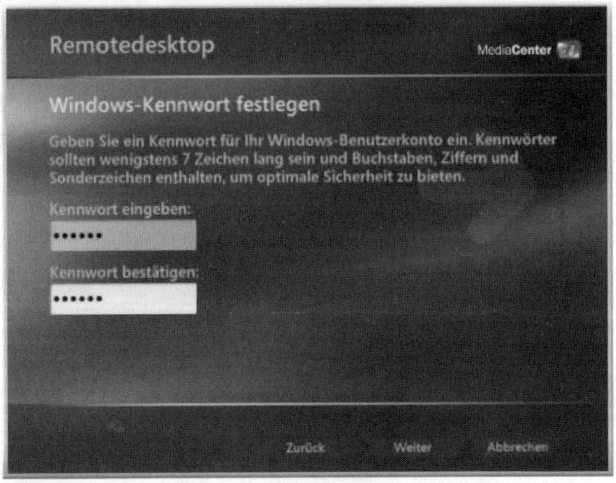


**Bild 14.69:** Benutzerkennwort für Remotedesktop

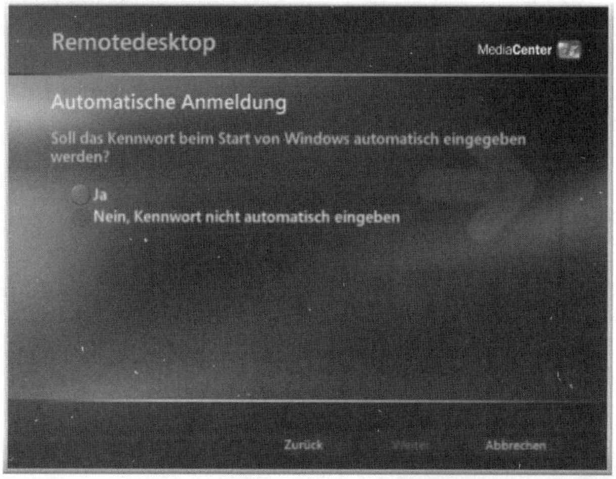


**Bild 14.70:** Benutzerkennwort bei lokaler Anmeldung automatisch eingeben

4 Danach können Sie sich von einem anderen Windows XP-Computer über den Menüpunkt *Alle Programme/Zubehör/Kommunikation/Remotedesktopverbindung* auf dem Media Center-PC anmelden, auch wenn auf dem anderen PC keine Windows XP Media Center Edition läuft. Auf diese Weise können Sie Musik, Bilder und Videos vom Media Center-PC auch auf anderen PCs im Netzwerk nutzen.

**Bild 14.71:** Remotedesktop-Anmeldung von einem anderen PC

Während der Remoteverbindung ist die Musik nur auf dem Remote-PC zu hören, nicht auf dem Media Center-PC.

Der Media Center PC schaltet sich bei einer Remoteverbindung automatisch auf den Anmeldebildschirm und kann, solange die Verbindung besteht, lokal nicht genutzt werden. Meldet man sich lokal an, wird die Remoteverbindung automatisch getrennt.

## Onlinegalerie

Die Onlinegalerie ist eine Erweiterung des Media Centers, mit der Internet-Inhalte ins Wohnzimmer auf den Fernseher gebracht werden sollen. Zurzeit befinden sich hier im Wesentlichen Anbieter kostenpflichtiger Musik und Videos, wie zum Beispiel T-Online Vision sowie ein Shopping-Portal von Otto. Das Angebot soll aber in Zukunft mit weiteren Partnern ausgebaut werden.

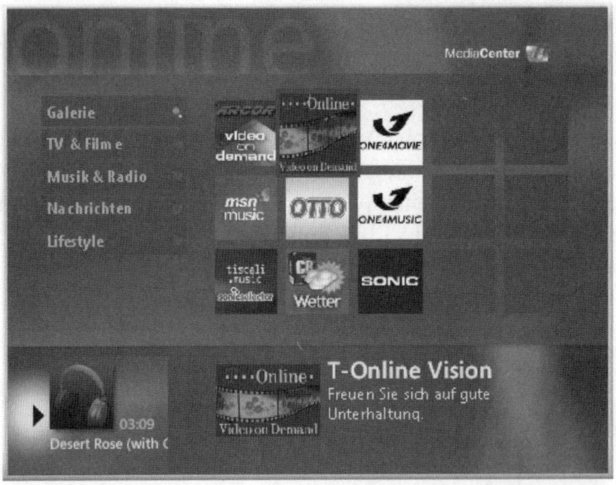


**Bild 14.72:** Startseite der Onlinegalerie

Wählen Sie hier einen Anbieter aus, wird automatisch eine Internet-Verbindung aufgebaut und die Inhalte dieses Anbieters angezeigt. Diese Seiten sind meistens auf die Größe eines Fernsehbildschirms optimiert, sodass sie in einem normalen Media Center-Fenster auf dem PC nicht immer gut aussehen.

Ein interessantes und kostenloses Angebot in der Onlinegalerie ist der Wetterbericht. Hier müssen Sie zunächst einen oder mehrere Standorte angeben, die als Cookie lokal gespeichert werden. Später können Sie jederzeit sich zu diesen Standorten den aktuellen Wetterbericht anzeigen lassen.

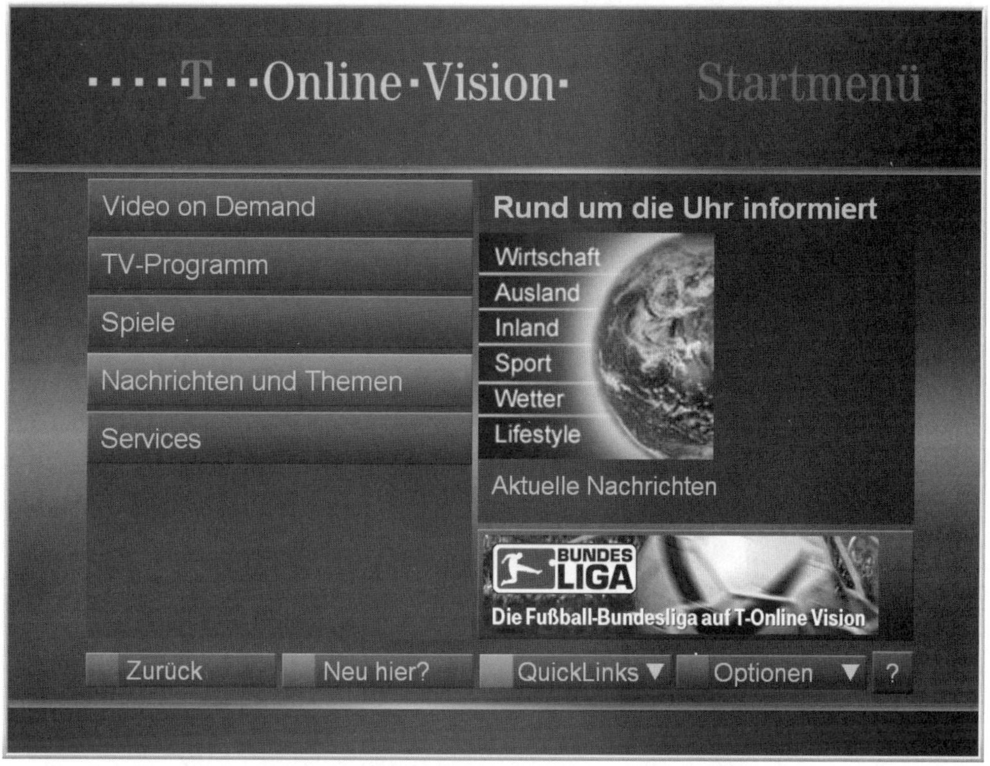


**Bild 14.73:** Startseite von T-Online Vision im Media Center

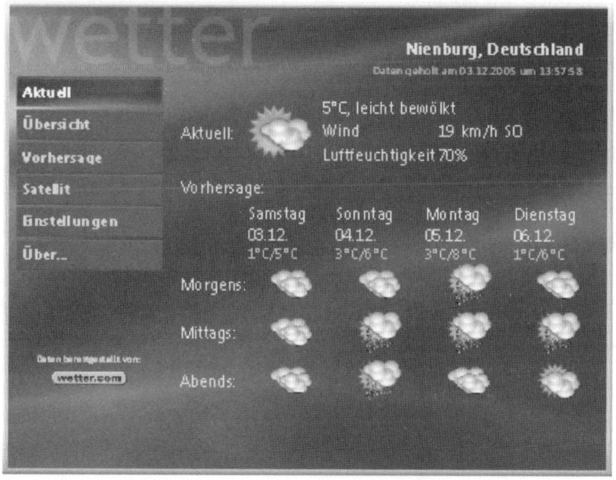


**Bild 14.74:** Der Wetterbericht im Media Center

Der Wetterbericht bietet auch eine große Auswahl aktueller Satellitenbilder unterschiedlicher Regionen der Erde.

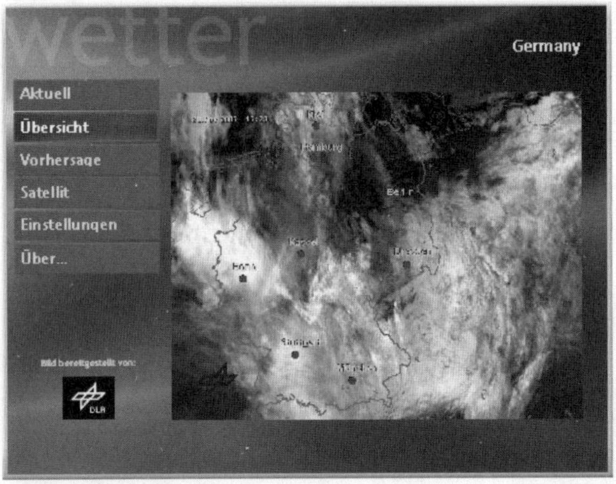


**Bild 14.75:** Satellitenbild im Media Center

## 14.3 Der neue Windows Media Player 10

Microsoft bietet über die Windows Update-Webseite bereits die nächste Version des Windows Media Players zum Download an. Der Windows Media Player 10 kann mit Windows XP Media Center Edition und auch mit dem »normalen« Windows XP verwendet werden. In der Windows XP Media Center Edition ist er standardmäßig integriert.

Diese Version 10 sieht nicht nur völlig anders aus, sie enthält auch ein paar neue Funktionen:

- Unterstützung von DRM (*Digital Rights Management*) und Online-Musikshops;
- Datensynchronisation mit mobilen MP3-Playern, Pocket PCs und Handys;
- MP3-Erstellung wieder möglich.

Die gesamte Oberfläche des Windows Media Players 10 macht einen etwas aufgeräumteren Eindruck als in den vorangegangenen Versionen. Dieser Übersichtlichkeit fiel jedoch auch leider das Windows-typische *Datei*-Menü zum Opfer, das jetzt nur noch erscheint, wenn man es mit der Tastenkombination `Strg` + `M` explizit einblendet.

Die Umschaltung zwischen den verschiedenen Darstellungsseiten erfolgt im Windows Media Player 10 nicht mehr am linken Fensterrand, sondern oben über großformatige Buttons. Die Bedienelemente zum Abspielen von Musik und Filmen sind weiterhin ganz unten angeordnet.

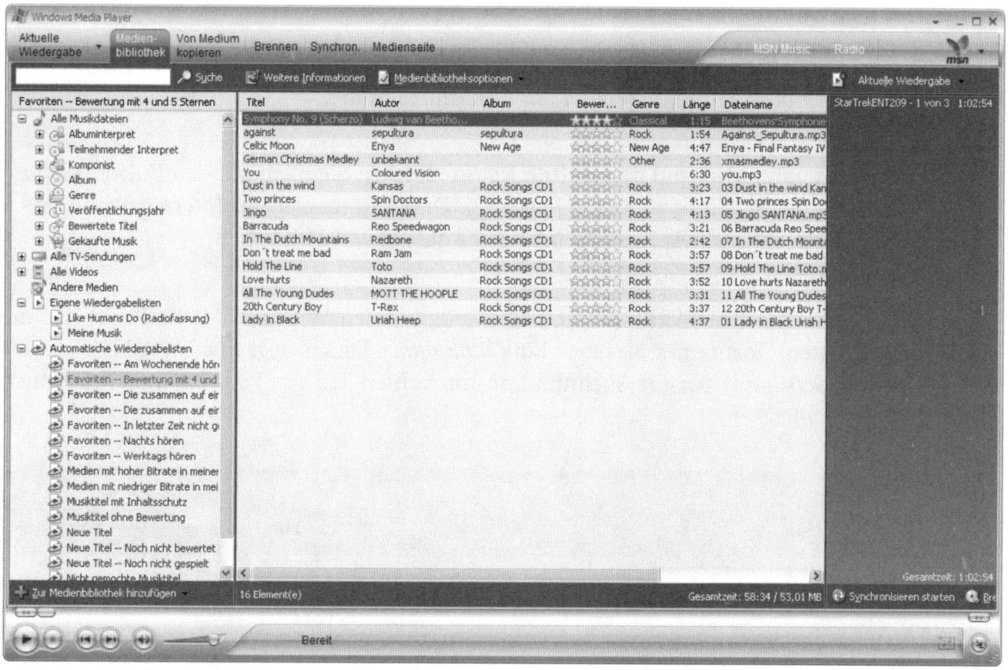

**Bild 14.76:** Der neue Windows Media Player 10

**Ausblick auf Windows Vista** Die Ausblendung des *Datei*-Menüs ist der erste Schritt, die Benutzer dazu zu überreden, ihre digitalen Medien über Playlisten und Medienbibliotheken anstatt mit einfachen Betriebssystemfunktionen zu verwalten.

Die Verwaltung von Wiedergabelisten nach bestimmten Kriterien und deren automatische Synchronisation ist bereits ein Ausblick auf *Windows Vista*, den Nachfolger von Windows XP. Hier können für alle Dateiarten virtuelle Ordner angelegt werden, in denen Dateien nach bestimmten Kriterien unabhängig von der wirklichen Lage in der Verzeichnisstruktur sortiert sind. Solche Ordner werden sich in Netzwerken oder mit mobilen Geräten automatisch synchronisieren lassen. So braucht man sich zum Beispiel nicht mehr selbst darum zu kümmern, dass man auf dem Notebook aktuelle Versionen der Daten vom Desktop-PC hat.

## Internet-Radio

Der Windows Media Player 10 unterstützt wie die Vorgängerversion das Hören von Internet-Radiosendern, nur ist diese Funktion nicht mehr so leicht zu finden.

**Vorsicht beim Klick auf den Button *Radio*** Klicken Sie nicht auf den Button *Radio* oben rechts im Windows Media Player 10. Dieser führt nicht zu Internet-Radiosendern, sondern zu einem kostenpflichtigen Angebot von MSN.

Zu echten Internet-Radiosendern kommen Sie, wenn Sie den Windows Media Player auf die *Medienseite* schalten. Dort finden Sie einen Link *Radiotuner.* Dieser zeigt eine kurze Liste von Internet-Radiosendern an. Über die Suchfunktion im rechten Teil des Fensters finden Sie noch deutlich mehr Sender.

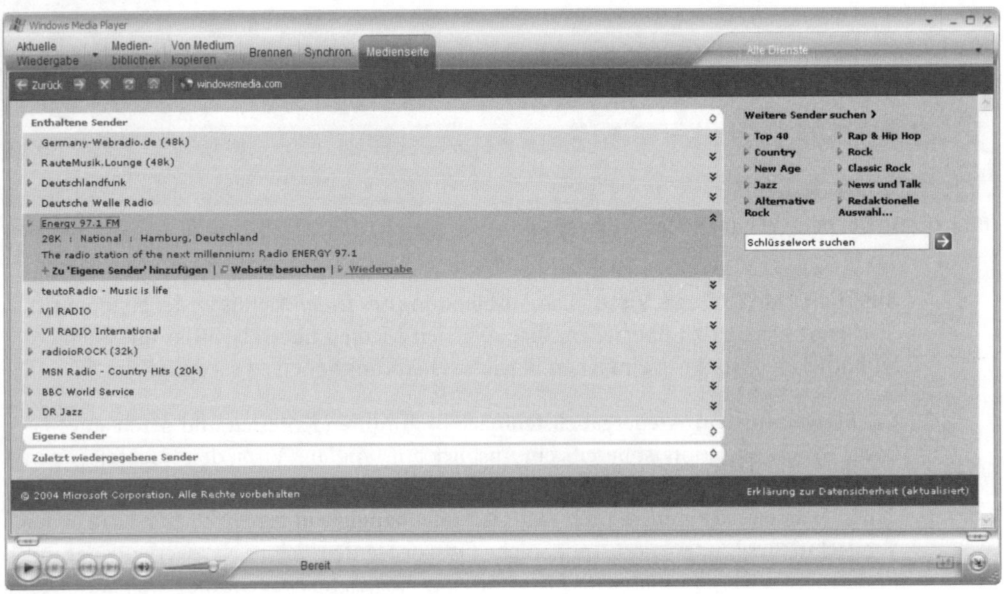


**Bild 14.77:** Internet-Radio im Windows Media Player 10

**Vorsicht beim Internet-Radiohören** Beim Internet-Radiohören fällt in kurzer Zeit ein sehr hohes Datenvolumen an. Nutzen Sie diese Funktion also nur, wenn Sie eine Flatrate ohne Volumenberechnung haben.

## Online-Musikshops

Der Windows Media Player 10 unterstützt jetzt den kommerziellen Download von Musik aus Online-Shops. Dazu wurden DRM-Techniken integriert, die das Vervielfältigen der heruntergeladenen Musik begrenzen.

Oben rechts neben dem MSN-Logo befindet sich ein kleines dreieckiges Symbol. Dieses öffnet eine Liste mit einigen vorinstallierten Online-Shops. Es werden auch andere Shops unterstützt. Bei diesen wird der Windows Media Player automatisch aufgerufen, wenn man auf der Webseite des Shops den entsprechenden Link anklickt.

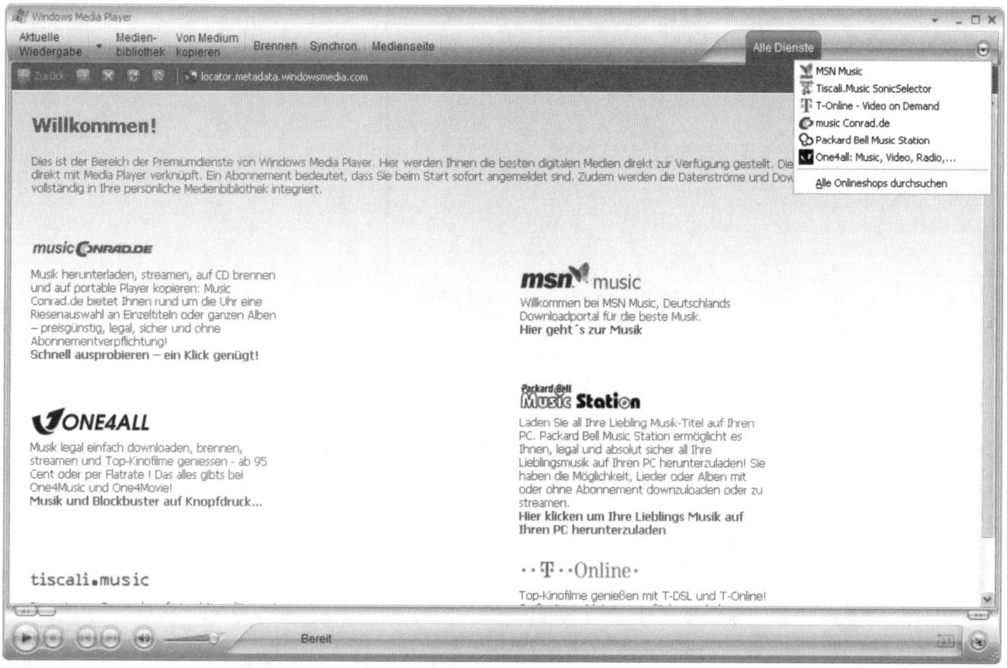


**Bild 14.78:** Online-Musikshops im Windows Media Player 10

## Datensynchronisation mit tragbaren Geräten

Musste man früher die gewünschten Musikdateien noch manuell auf tragbare MP3-Player kopieren, bietet der Windows Media Player 10 nun eine Option, dies automatisch zu erledigen.

Für diese Synchronisation werden zahlreiche bekannte MP3-Player mit USB-Anschluss sowie Pocket PCs und Smartphones mit dem Windows Mobile-Betriebssystem unterstützt. Mit dem speziellen Plugin *Pocket Tunes* (`www.pdassi.de/12188`) kann der Windows Media Player 10 auch Musikdateien mit Palm OS-PDAs synchronisieren.

Schalten Sie zur Datenübertragung den Windows Media Player auf die Darstellung *Synchronisieren*. Beim ersten Anschließen eines tragbaren Medienplayers oder beim Einstecken einer Speicherkarte in den Kartenleser erscheint eine Abfrage, ob die Synchronisation in Zukunft automatisch erfolgen soll. Die Einstellungen können Sie später jederzeit ändern.

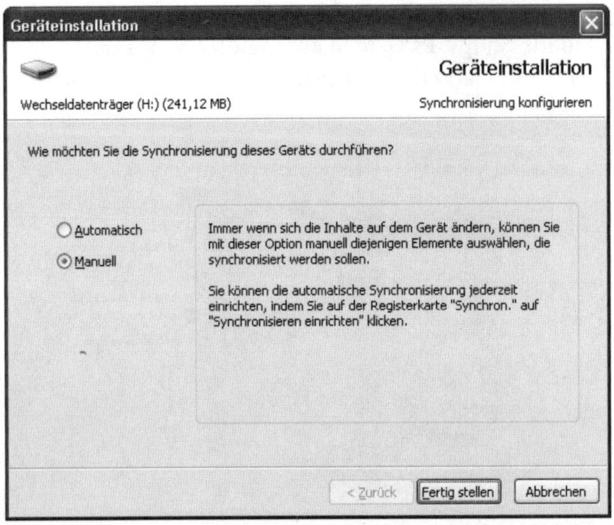


**Bild 14.79:** Abfrage zur automatischen Synchronisation von Musik

Im Synchronisationsfenster können Sie dann links eine Synchronisationsliste aus den gewünschten Titeln zusammenstellen und rechts das Verzeichnis auf dem mobilen Gerät auswählen, falls dieses Verzeichnisse unterstützt.

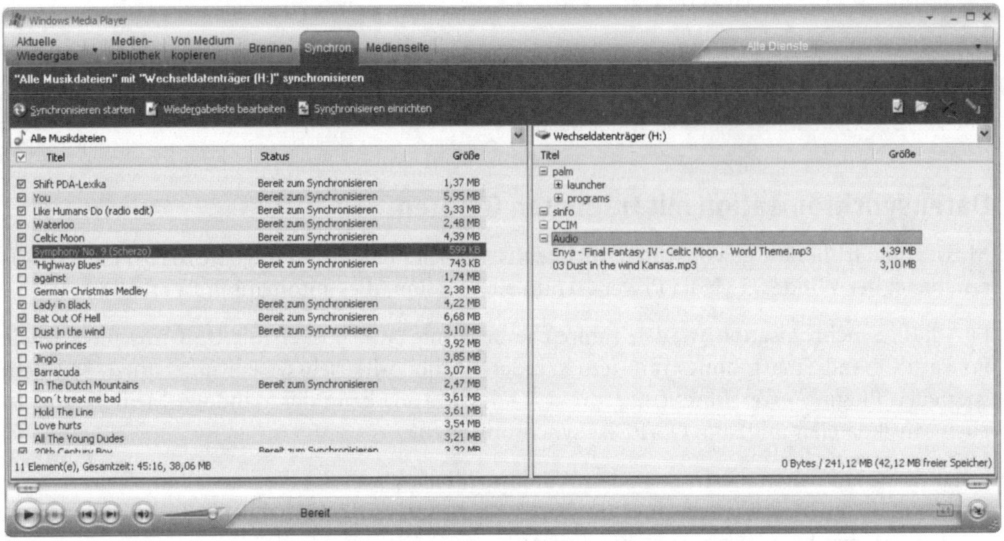


**Bild 14.80:** Synchronisation von Musik mit einem mobilen Gerät oder Wechseldatenträger

Nachdem Sie alle Titel zur Synchronisation ausgewählt haben, können Sie die Übertragung mit dem Button *Synchronisation starten* starten. Je nach Gerätetyp, Datenmenge und Dateiformat kann dies einige Zeit dauern.

Im Modus *Automatische Synchronisation* wählt man nur aus, welche Wiedergabelisten synchronisiert werden sollen.

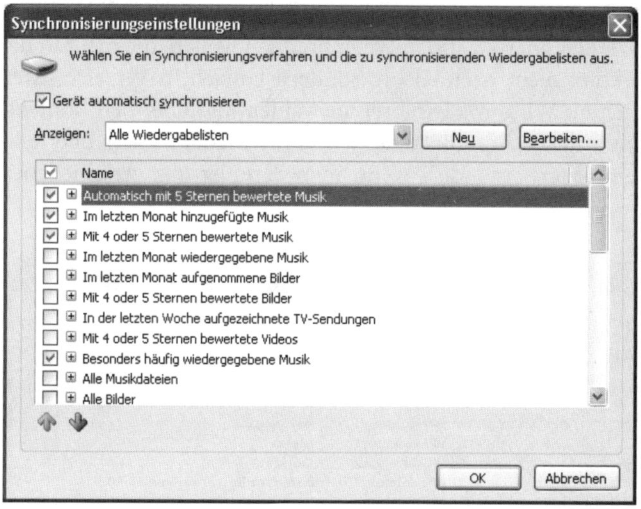


**Bild 14.81:** Konfiguration der automatischen Synchronisation von Musik

Jedes Mal, wenn das Gerät später wieder angeschlossen wird, und der Windows Media Player im Modus *Synchronisation* läuft, werden die Wiedergabelisten verglichen. Neue Musiktitel in einer der markierten Wiedergabelisten werden automatisch übertragen.

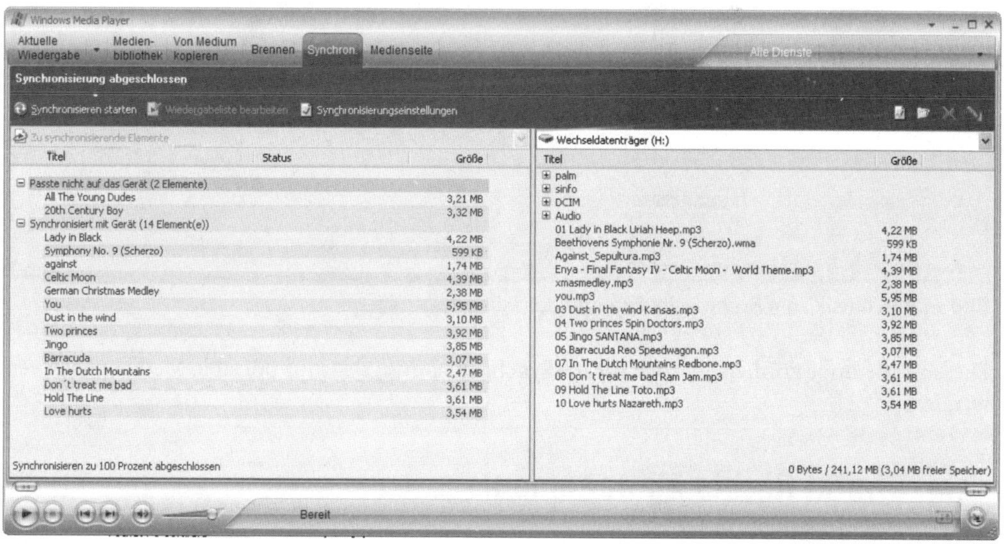


**Bild 14.82:** Automatische Synchronisation von Musik mit einem mobilen Gerät oder Wechseldatenträger

### Audio-CDs brennen

Ähnlich zur Synchronisierungsliste verwaltet der Windows Media Player 10 auch eine Brennliste. Diese wird zum Brennen von Audio-CDs für Stereoanlagen und tragbare CD-Player verwendet.

Wenn Sie Musik von anderen Laufwerken oder Wechselmedien brennen wollen, die nicht in der Medienbibliothek steht, oder Musiktitel nicht nach Alben, sondern einfach in Verzeichnissen sortiert haben, können Sie diese auch im Windows Explorer auswählen und über den Kontextmenüpunkt *Zur Brennliste hinzufügen* in die Brennliste des Windows Media Players übernehmen. Diese Methode ist oftmals einfacher, besonders wenn man Sampler aus verschiedenen Alben zusammenstellen möchte.

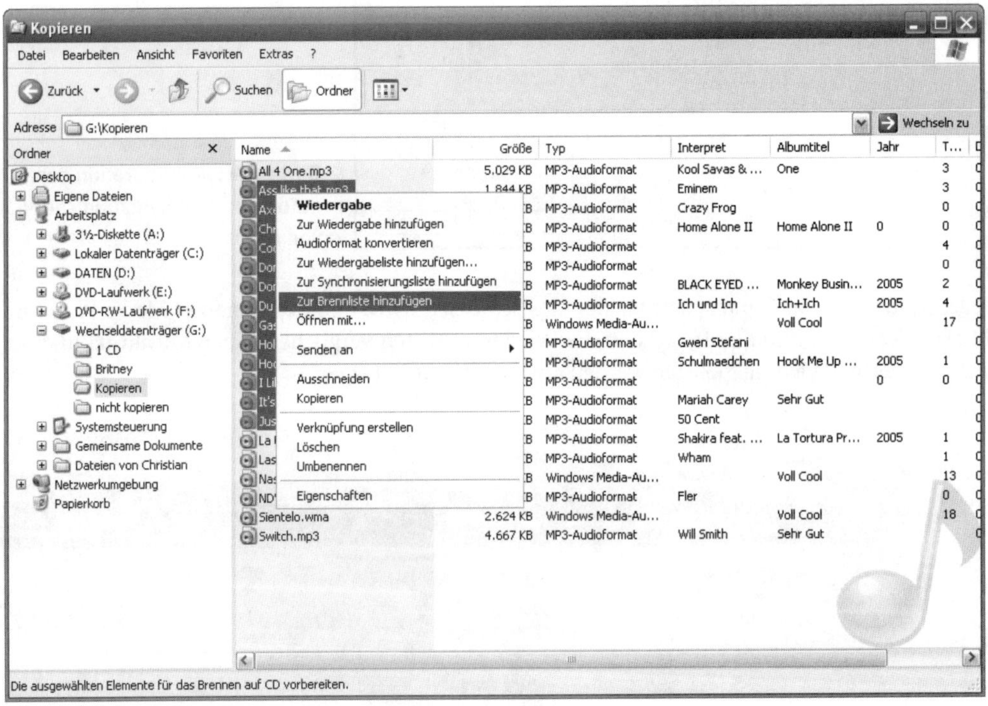


**Bild 14.83:** Musik zum Brennen im Explorer auswählen

Dieselbe Methode können Sie auch für die Synchronisierungsliste für portable Medienplayer verwenden.

## 14.4 Digital Rights Management

In letzter Zeit werden immer mehr Computer nur noch als Multimedia-Unterhaltungsmaschinen eingesetzt. Dieser von der Hardware-Industrie gut geplante Trend machte ganz neue Zielgruppen zu Computerkäufern. Leute, die niemals davon geträumt hätten, einen eigenen Computer zu besitzen, haben auf einmal mit DVD- und Audio-Technik hochgerüstete PCs im Wohnzimmer stehen. Dieser Kundenkreis investiert lieber in Hardware als in die eigentlichen Multimedia-Inhalte, die nach landläufiger Meinung dann nicht mehr in Plattenläden zu kaufen, sondern im Internet kostenlos erhältlich sind.

Bis jetzt ist jedes Musikstück auf dem Computer nichts anderes als eine normale Datei, die verschoben, kopiert und umbenannt oder mit bestimmten Programmen zum Abspielen geöffnet werden kann. Das soll sich mit dem Digital Rights Management (*DRM*) ändern. Die ersten Schritte sind bereits im Media Player zu sehen, wo das Kopieren von Audio-Tracks und die gesamte Verwaltung der Medienbibliotheken ganz und gar nicht konform zur bekannten Datei- und Verzeichnisstruktur von Windows abläuft. Warum gibt es beim Rippen keinen normalen *Speichern unter*-Dialog, und warum wird beim Bearbeiten von Medienbibliotheken ständig eine Internet-Verbindung aufgebaut?

Der Sinn und Zweck von DRM ist es, dass der Rechteinhaber eines Musikstücks seine Rechte uneingeschränkt wahrnehmen, also auch dem Kunden vorschreiben kann, wann, wo und wie oft er das Stück anhören darf. Aber auch jetzt schon erwirbt man mit dem Kauf einer Musik-CD kein Eigentum, sondern nur ein Nutzungsrecht. Eigentum würde auch das Recht auf beliebige Weitergabe und Veränderung implizieren.

DRM geht vom Prinzip aus, dass alles verboten ist, was nicht ausdrücklich erlaubt ist. Jeder Computer, wie auch jedes andere Abspielgerät, stellt grundsätzlich eine feindliche Umgebung dar, die das Musikstück bedroht. Der Computer muss sich also vom DRM-Lizenz-Server für jedes Abspielen eine Erlaubnis einholen. Dazu erstellen die Musik-Labels auf diesem Lizenz-Server Richtlinien, wie oft, in welchem Zeitraum und auf welchen Geräten DRM-geschützte Dateien abgespielt und unter welchen Bedingungen sie kopiert werden dürfen. Außerdem gibt es eine schwarze Liste mit Anwendungen, die als »nicht sicher« gelten und deshalb »sicherheitshalber« auf dem Computer des Anwenders deaktiviert werden müssen. Dazu können in Zukunft zum Beispiel alternative Media Player gehören, die DRM-Informationen ignorieren oder Programme wie *Virtual Audio Cable*, die Audio-Datenströme auf dem PC direkt abfangen und unverschlüsselt speichern, egal von welchem Programm sie stammen.

Sie halten diese Vorgehensweise für verwerflich oder gesetzeswidrig? Im Lizenzvertrag des Media Player-Sicherheitsupdates 320920 und des Windows Media Player 10 stimmen Sie ausdrücklich zu, dass Microsoft ungefragt Software auf Ihrem Computer installieren darf, die das Abspielen oder Kopieren DRM-geschützter Inhalte einschränken kann.

Zum Schutz vor unerwünschten Folgen des Digital Rights Managements sollten Sie in jedem Fall die Einstellung zum automatischen Erweben von Lizenzen für bestimmte Mediendateien deaktivieren. Auch sollten Sie, wenn Ihnen Ihre Privatsphäre lieb ist, die Option *Eindeutige Player-ID an Inhaltsanbieter senden* nicht zulassen. Diese Identifikation besteht nämlich darin, dass der Media Player eine weltweit eindeutige Kennung, die so genannte *GUID (Global Universal Identification)* an jede Webseite, die sich dafür interessiert, sendet. Nach Angaben von Microsoft verwendet der Server diesen eindeutigen Bezeichner nur zum Überwachen Ihrer Verbindung. Dazu könnte aber auch beim Aufbau einer Verbindung eine zufällige Kennung generiert werden. Interessant ist nämlich, dass diese eindeutige Identifikation auch jedes Mal gesendet wird, wenn man eine Playliste bearbeitet.

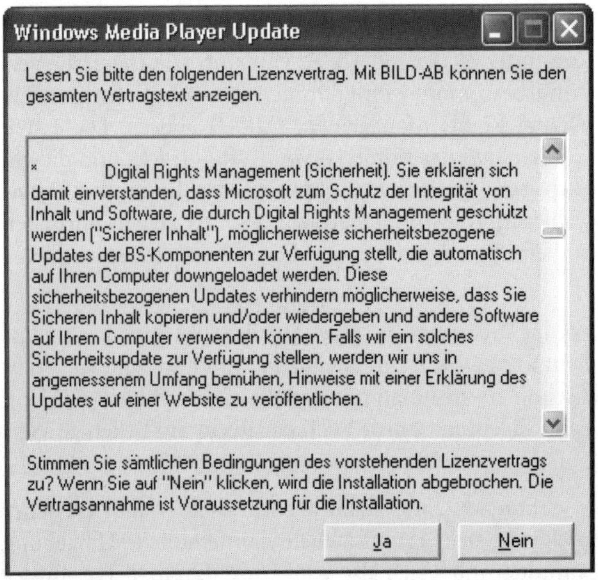


**Bild 14.84:** Ausschnitt aus dem Lizenzvertrag zum Windows Media Player Update 320920

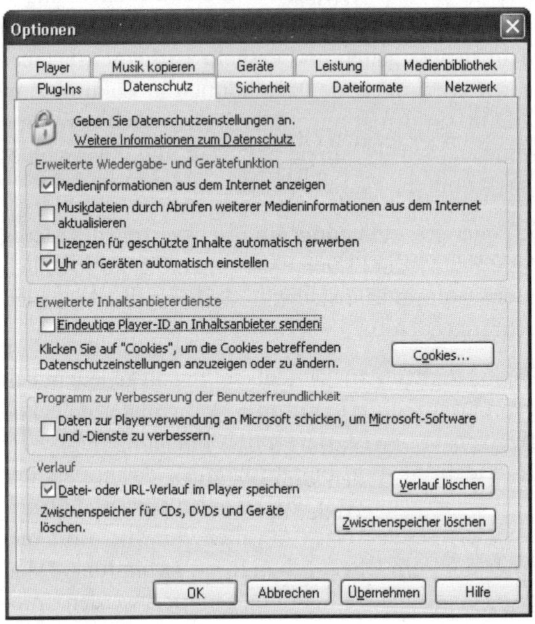


**Bild 14.85:** Die eindeutige Player-ID sollte lieber nicht verschickt werden

Ebenso hat die scheinbar nützliche Funktion *Codecs automatisch downloaden* ihre Tücken. Ein automatisch heruntergeladener Codec zum Abspielen eines bestimmten Mediendateiformates kann eine bereits installierte Version ungefragt überschreiben. So enthielten die Vorab-Versionen von Windows XP einen MP3-Codec, der MP3-Dateien abspielen und erstellen konnte. Der MP3-Codec aus der Windows XP-Verkaufsversion hat keine Funktion zum Erstellen von MP3-Dateien mehr. Seit dem Windows Media Player 10 ist das Erstellen von MP3-Dateien wieder möglich.

Auf diese Weise kann Microsoft, um das Digital Rights Management durchzusetzen, die Codecs bewusst verändern und damit die Funktionalität Ihrer installierten Multimedia-Programme einschränken, wenn Sie den automatischen Codec-Download zulassen.

Jedes Mal, wenn man eine Musik-CD einlegt, versucht der Media Player, sich ins Internet zu wählen und den CD-Identifier, eine eindeutige Kennung der CD, zusammen mit der GUID des Media Players an Microsoft zu senden. Damit versucht man einerseits, spezielle Musikvorlieben der Benutzer zu protokollieren, andererseits ist diese Vorgehensweise ein großer Feldversuch für zukünftige noch weiterreichende Methoden des Digital Rights Managements. Nach den Angaben in der Microsoft-Datenschutzrichtlinie enthält die Player-ID zwar keine persönlichen Informationen, die IP-Adresse und die Seriennummer des Betriebssystems werden aber mit übertragen, was eine eindeutige persönliche Identifizierung wieder möglich macht. Um dies vorläufig zu verhindern, sollten Sie vor dem Einlegen einer CD in den Media Player immer die Option *Datei/Offline arbeiten* einschalten.

Die Durchsetzung des Digital Rights Managements wird sicher noch einige Zeit an mangelnder Akzeptanz der Musikkonsumenten scheitern. Die bekannte Webseite `cryptome.org` berichtete bereits von einem gewissen »Beale Screamer«, der ein Programm anbietet, das DRM-geschützte Dateien entsperrt.

**Die Zukunft: Vista und Palladium** Hinter der bunten Oberfläche des Windows XP-Nachfolgers Vista sieht es ziemlich Schwarz-Weiß aus. Vista wird das erste Betriebssystem sein, das die Palladium-Technik von Microsoft unterstützt. Hier entscheidet ein spezieller Hardware-Chip, welche Daten wie verwendet werden können. Dieser so genannte TCPA-Chip (*Trusted Computer Platform Alliance* – `www.trustedcomputing.org`) ist auch als Fritz-Chip bekannt, nach dem amerikanischen Senator Fritz Hollings, der Digital Rights Management zwangsweise für alle elektronischen Unterhaltungsgeräte einführen will.

In der ersten Phase soll dieser Chip auf dem Motherboard liegen, später direkt in den Prozessor integriert werden. Er entscheidet, welche Software laufen darf und welche Daten wann und wie oft kopiert oder abgespielt werden können. Was der TCPA-Chip nicht ausdrücklich zulässt, funktioniert auch nicht. Weder Betriebssystem noch Software haben eine Chance, daran vorbeizukommen.

Microsofts Ziel der Palladium Initiative ist nach Werbeaussagen der Schutz vor unzertifizierter Software und Viren. Allerdings stehen alle großen Konzerne der Unterhaltungsindustrie der Trusted Computer Platform Alliance sehr nahe, sodass die wirklichen Ziele sicher ganz woanders liegen. Palladium entscheidet, welche Filme und welche Musik abgespielt und kopiert werden können. Programme, die das DRM Software-mäßig umgehen oder in den Augen der Hollywood-Manager lizenzrechtlich bedenklich sind, werden einfach nicht zugelassen. Nebenbei schafft sich Microsoft eine Monopolstellung, da sie alleine entscheiden, welche Programme laufen dürfen und welche nicht – und diese Entscheidung erfolgt für die Software-Hersteller bestimmt nicht kostenlos.

Aus Kompatibilitätsgründen zu anderen Betriebssystemen und älteren Hardware-Komponenten wird es einen 'Untrusted' Modus geben, in dem der TCPA-Chip deaktiviert ist, vergleichbar mit dem Abschalten der Prozessor-Seriennummer im BIOS. Allerdings werden damit Programme wie der Windows Media Player aus Vista ebenfalls deaktiviert.

Palladium hat seinen Namen übrigens vom chemischen Element 46Pd, das dafür bekannt ist, dass es Wasserstoff in hoher Reinheit aus einem allgemeinen Gasgemisch herausfiltert. Das verbreitetste Isotop Pd-107 ist mit einer Halbwertszeit von 6,5 Millionen Jahren ausgesprochen beständig, wogegen das Radio-Nuklid Pd-118 bereits nach 3,5 Sekunden zur Hälfte zerfallen ist. Bleibt abzuwarten, wie lange sich die gleichnamige Technik auf dem Markt hält.

## 14.5 Windows-Digitalmedienerweiterungen

Windows-Digitalmedienerweiterungen sind Zusatzprogramme in der Windows XP Media Center Edition, die im normalen Windows-Modus und nicht innerhalb des Media Centers laufen, aber gerade für den Umgang mit Multimedia-Inhalten interessant sind.

Diese Programme sind im Startmenü unter *Alle Programme/Windows-Digitalmedienerweiterungen* zu finden.

### Windows Audiokonverter

Mit dem *Windows Audiokonverter* lassen sich größere Mengen von MP3- oder WMA-Dateien in andere Formate konvertieren. Als Ausgabeformate werden alle die Formate angeboten, die auch der Windows Media Player unterstützt. Standardmäßig sind das MP3, WMA, WMA (variable Bitrate) und WMA Lossless. Außerdem kann die Komprimierungsrate und damit die Dateigröße eingestellt werden.

Im ersten Schritt wählen Sie einzelne Dateien oder ein ganzes Verzeichnis aus, das konvertiert werden soll. Dabei können Sie festlegen, welche Dateiformate konvertiert werden sollen.

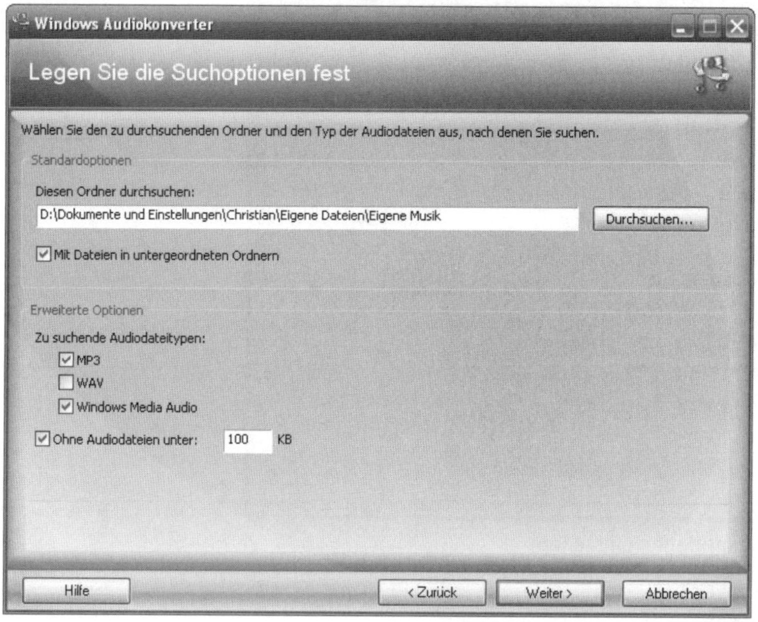


**Bild 14.86:** Auswahl der Dateien zur Konvertierung

Hier können Sie Dateien unterhalb einer bestimmten Mindestgröße automatisch überspringen. Diese enthalten meistens nur Signal- oder Hinweistöne, also keine wirkliche Musik.

Nach dieser Vorauswahl wird die Liste aller Musikdateien angezeigt, die den Kriterien entsprechen. Hier können Sie jetzt einzelne Dateien noch aus der Auswahl entfernen, bevor die eigentliche Konvertierung startet.

Im nächsten Schritt legen Sie das Format fest, in das die Dateien konvertiert werden sollen. Hier können Sie auch dasselbe Dateiformat wie bei den ursprünglichen Dateien wählen und nur die Qualität verringern, um zum Beispiel zum Mitnehmen auf dem Handy kleinere Dateien zu erhalten. Eine nachträgliche Qualitätsverbesserung einer mit geringerer Qualität aufgenommenen Datei ist natürlich nicht möglich.

Die konvertierten Dateien können automatisch in die Medienbibliothek übernommen werden.

Im nächsten Dialog wird eine Liste aller zu konvertierenden Dateien angezeigt. Nachdem die Konvertierung gestartet wurde, ist in diesem Fenster auch der aktuelle Fortschritt der Konvertierung zu sehen, der bei einer größeren Anzahl von Dateien etliche Minuten bis Stunden dauern kann.

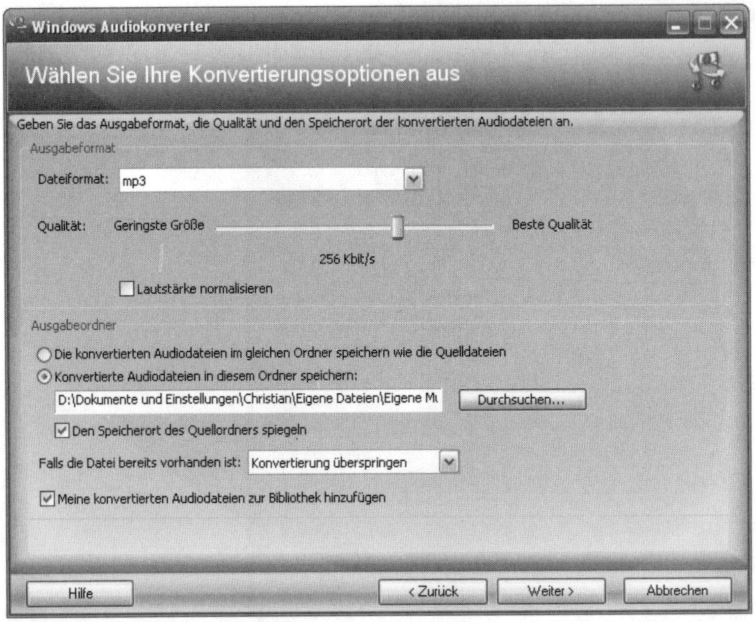


**Bild 14.87:** Konvertierungsoptionen einstellen

## Windows CD-Etiketten

Das Programm *Windows CD-Etiketten* bietet eine einfache Möglichkeit, CD-Etiketten und auch Einleger für CD- und DVD-Hüllen zu drucken.

**Vorsicht bei der Verwendung von CD-Aufklebern** Aufkleber auf CDs können sehr leicht zu Beschädigungen des CD-ROM-Laufwerks führen!

Wählen Sie im ersten Schritt eine Wiedergabeliste, aus der die CD erstellt wurde oder eine CD, die im Laufwerk liegt, wenn diese kopiert wurde. Das Programm liest die Titelinformationen aus der Wiedergabeliste oder von dieser CD.

Im nächsten Schritt wählen Sie das Format des zu druckenden Papiers aus. Hier werden zahlreiche Standardformate führender Hersteller zur Auswahl angeboten.

Nach der Auswahl des Formats folgt die Gestaltung der Einleger. Hier gibt Windows eine Vorlage an. Sie können die einzelnen Texte und Schriftarten noch verändern und Hintergrundbilder auswählen. Ein Vorschaufenster zeigt das aktuelle Aussehen verkleinert oder in Originalgröße an.

Wenn alles Ihren Vorstellungen entspricht, brauchen Sie nur noch das passende Papier in den Drucker zu legen und können dann im nächsten Schritt das fertige Ergebnis drucken.

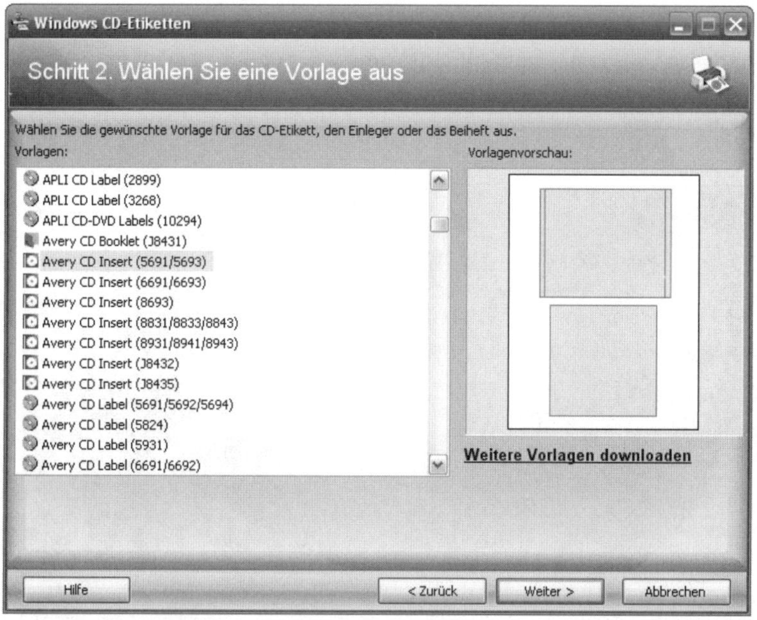


**Bild 14.88:** Auswahl eines Etikettenformates

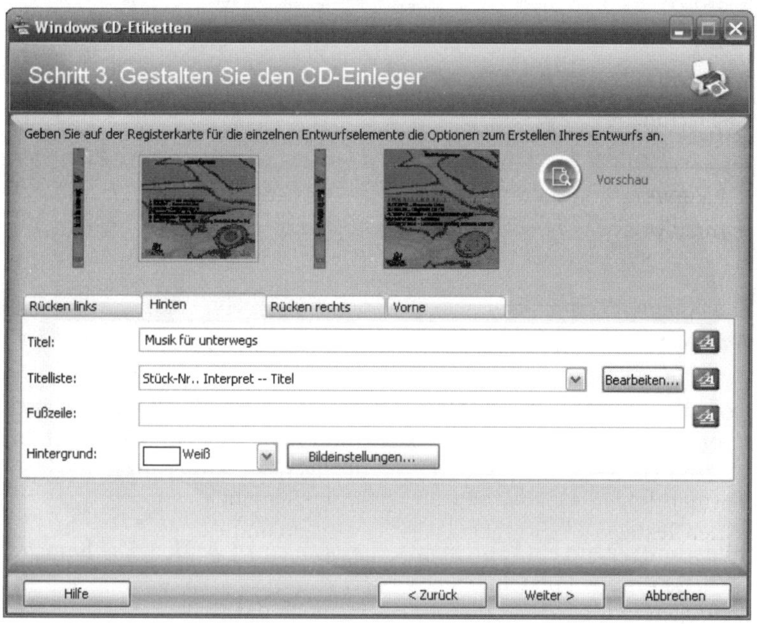


**Bild 14.89:** Gestaltung der Einleger

## Windows Partymodus

Der *Windows Partymodus* ist ein spezieller Vollbildmodus für den Windows Media Player und bietet unabhängig von der Media Center-Anwendung eine weitere animierte Oberfläche zum Abspielen von Wiedergabelisten.

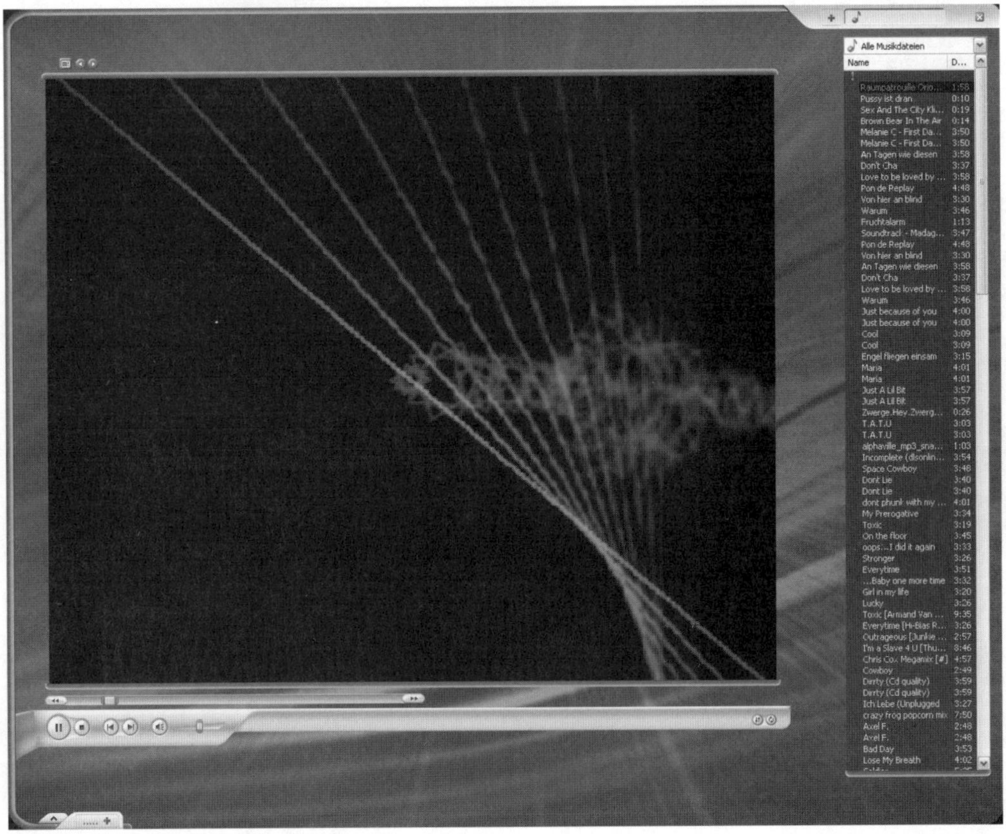


**Bild 14.90:** Der *Windows Partymodus*

Im Partymodus können Wiedergabelisten ausgewählt und automatisch abgespielt werden. Auch Anhalten, Überspringen von Titeln oder eine Wiederholung sind möglich. Der Windows-Bildschirm wird ausgeblendet, und der Media Player läuft mit zufälligen Visualisierungen in einem besonderen Vollbildmodus.

Im unteren Bereich des Bildschirms kann ein Laufschrifttext eingeblendet werden. Die Besucher können hier auch ihre eigenen Kommentare schreiben.

**Steuerung im Partymodus** Im Partymodus können die Tastenkombinationen des Windows Media Players und die Fernbedienung des Media Centers benutzt werden.

Im Steuerungsprogramm für den Partymodus legen Sie fest, ob die Benutzer Zugriff auf die Medienbibliothek haben dürfen. Hier können Sie den Computer auch vor Missbrauch schützen, indem er beim Beenden des Partymodus automatisch auf den Anmeldebildschirm springt. Auf diese Weise verhindern Sie, dass Besucher das Programm beenden und andere Anwendungen auf dem Computer starten.

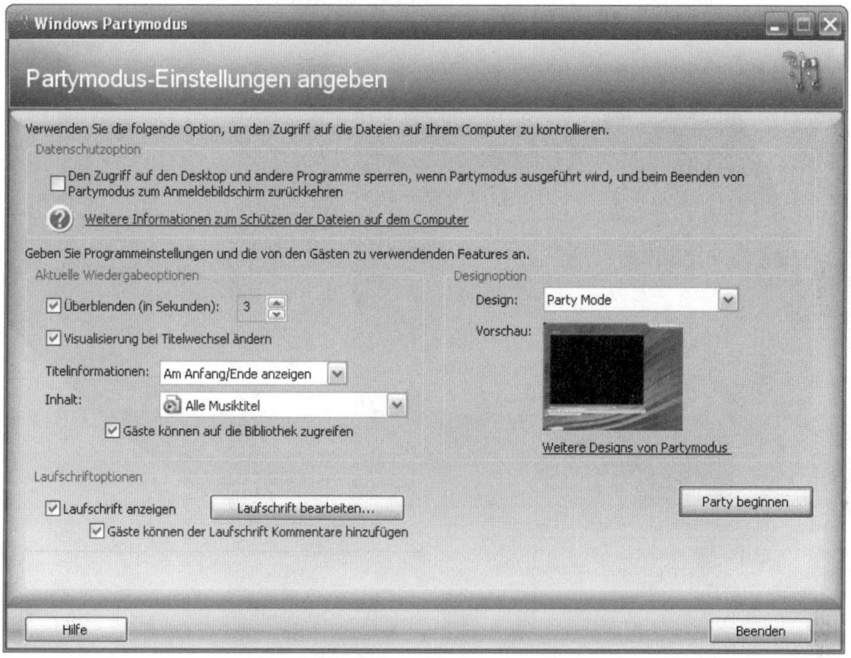


**Bild 14.91:** Steuerungsprogramm für den Windows Partymodus

Der Partymodus sperrt alle Tastenkombinationen, die andere Programme starten können, wenn der Schalter *Datenschutzoption* eingeschaltet ist. Benutzer können dann auch nicht per Maus oder Startmenü in ein anderes Programm wechseln. Im Einzelnen sind das folgende Tastenkombinationen:

- Alt + ↵
- Alt + Esc
- Alt + Leertaste
- Alt + ↹
- Strg + Esc
- ⊞ + Buchstabe außer ⊞ + L
- Funktionstasten
- Multimedia-Steuerungstasten auf Multimediatastaturen und Natural Keyboards

Die unterschiedlichen Visualisierungen des Partymodus bieten teilweise noch weitere Funktionen, wie zum Beispiel den Wiedergabelisteneditor oder einen Equalizer an.

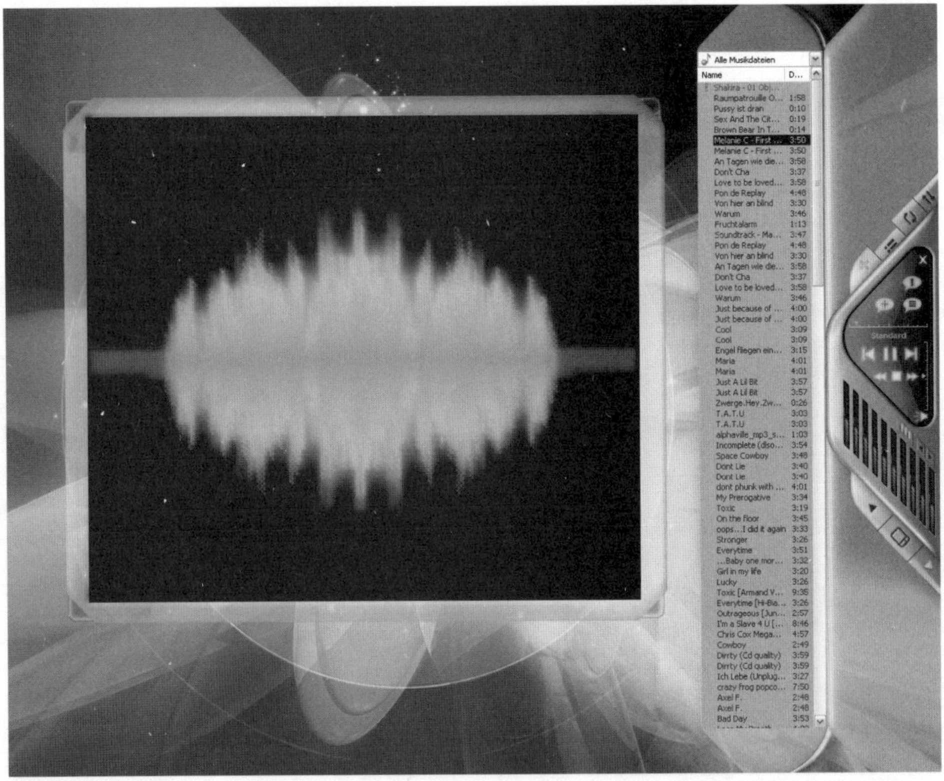


**Bild 14.92:** *Windows Partymodus* mit anderem Design

## Windows Tänzer

Der *Windows Tänzer* ist wahrscheinlich eines der überflüssigsten Windows-Programme, die je von Microsoft veröffentlicht wurden.

**Bild 14.93:** *Windows Tänzer* (oder Tänzerin) auf der Taskleiste

Das Programm blendet eine tanzende Figur auf der Taskleiste ein, wenn Musik läuft. Zur Konfiguration erscheint im Symbolbereich neben der Uhr ein kleines Icon, das einen Konfigurationsdialog öffnet, in dem das Verhalten des Tänzers eingestellt werden kann. Über einen speziellen Link kann man von der Microsoft-Webseite weitere Tänzer herunterladen.

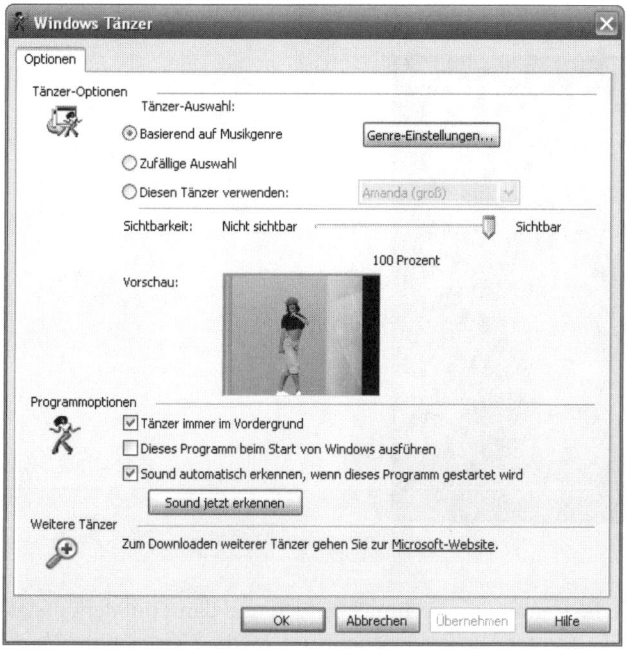


**Bild 14.94:** *Windows Tänzer* konfigurieren

Der Windows Tänzer funktioniert nur auf dem Windows Desktop und nicht im Vollbildmodus des Media Centers. Allerdings kann das Programm auch nur in der Windows XP Media Center Edition verwendet werden, es läuft nicht im »normalen« Windows XP.

## 14.6 Nützliche Zusatz-Software für Windows XP Media Center Edition

Bereits in der kurzen Zeit, in der die Windows XP Media Center Edition auf dem Markt ist, haben Microsoft und andere Software-Hersteller interessante Zusatzprogramme entwickelt, die die Funktionalität erweitern.

Einige der Microsoft-Zusatz-Tools zum Media Center können nur nach einer Überprüfung auf Original-Software heruntergeladen werden. Die Webseite installiert dazu ein ActiveX-Steuerelement, das online überprüft, ob auf dem eigenen Computer eine rechtmäßig lizensierte Original-Windows-Version läuft.

## PowerToy Media Center-Wecker

Der *Media Center-Wecker* ist ein Plugin für das Media Center, mit dem Sie sich zu einer bestimmten Zeit mit Musik wecken lassen können oder automatisch für eine bestimmte Zeit zum Einschlafen Musik laufen lassen können. Außerdem wird eine große Digitaluhr auf dem Bildschirm angezeigt.

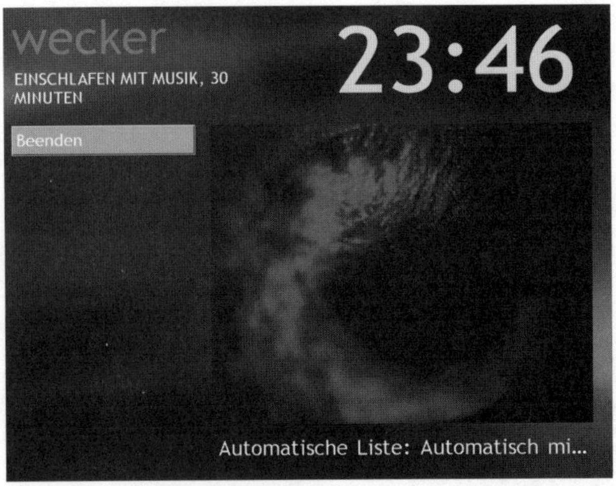


**Bild 14.95:** Media Center-Wecker

Vor der Installation sollten Sie die Media Center-Anwendung beenden und dann mit dem installierten Wecker neu starten. Der Media Center-Wecker erscheint im Media Center unter *Mehr Programme*. Der Wecker läuft nur im Vollbildmodus.

**Kostenlose Media Center PowerToys** Microsoft bietet den Wecker und weitere Media Center PowerToys kostenlos zum Download an, teilweise in mehreren Sprachen. Weitere Informationen zum Download und den Downloadlink finden Sie auf der Buch-CD im Bereich *Media Center Software*.

## Playlist Editor

Eine wichtige Funktion wurde bei der Entwicklung des Media Centers offenbar vergessen: Wiedergabelisten lassen sich zwar erstellen, aber nicht verändern. Dazu muss man aus dem Media Center in den Windows Media Player wechseln, sodass ein Bearbeiten der Wiedergabelisten am Fernseher nur mit der Fernbedienung nicht möglich ist.

Das Zusatztool *Playlist Editor*, das nur in Englisch verfügbar ist, behebt dieses Problem. Mit diesem Programm kann man im Vollbildmodus mit der Fernbedienung Titel zu einer Wiedergabeliste hinzufügen, entfernen oder die Reihenfolge umstellen.

**Bild 14.96:** Media Center Playlist Editor

## Media Center Solitaire

Gerade die einfachen Spiele sind die erfolgreichsten. Jeder Windows-Anwender kennt das Kartenspiel *Solitaire*, das seit vielen Windows-Versionen immer wieder mitgeliefert wird.

Das *Media Center Solitaire* ist eine Neuauflage dieses Spiels für den Vollbildmodus im Media Center. Es lässt sich außer mit der Maus auch bequem mit der Tastatur oder der Fernbedienung steuern.

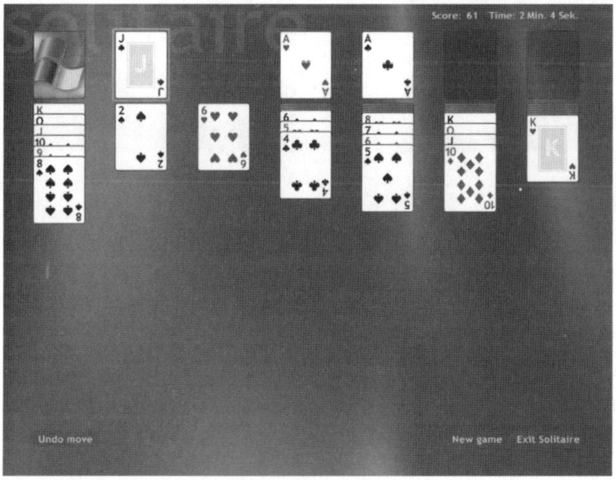


**Bild 14.97:** Media Center Solitaire

## Tweak MCE

Im Media Center gibt es zahlreiche Einstellungen, an die man als Benutzer normalerweise nicht herankommt. Sie sind nur für Entwickler oder über die Registry zugänglich. *Tweak MCE* bietet Möglichkeiten, das Media Center detaillierter zu konfigurieren, als dies mit Standardwerkzeugen möglich ist.

**NET Framework 1.1 installieren** Vor der Installation dieses PowerToys muss das .NET Framework 1.1 installiert werden. Das Installationsprogramm bietet eine Möglichkeit, diese zusätzlichen Laufzeitkomponenten herunterzuladen. Dieser Link führt auf die Microsoft-Entwicklerseite. Laden Sie hier die Version 1.1 herunter, und gehen Sie nicht wie empfohlen auf die Windows-Update-Seite `update.microsoft.com`. Dort bekommen Sie nur die Version 2.0, mit der *Tweak MCE* nicht läuft. Der Download ist etwa 22 MB groß.

Nach der Installation des .NET Frameworks 1.1 können Sie *Tweak MCE* installieren. Die Bedienung erfolgt über die Computertastatur, Maus oder Fernbedienung.

Das Programm ist zur Zeit nur in Englisch erhältlich. Die wichtigsten Einstellungen werden im folgenden Abschnitt erklärt.

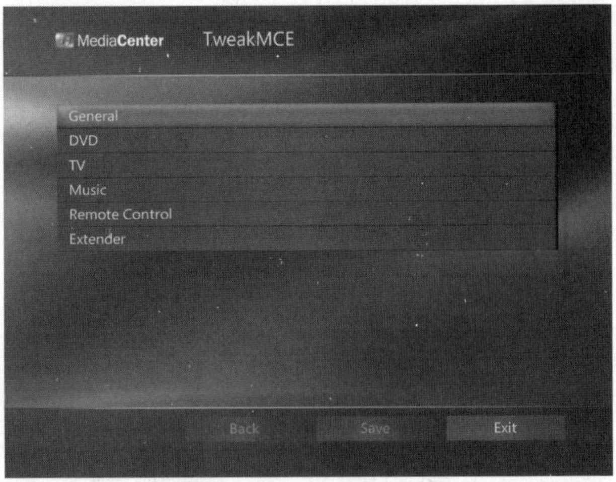


**Bild 14.98:** Tweak MCE

### ▲ General

- **Display Wireless Passwords** – Hier legen Sie fest, ob das Passwort zur Anmeldung an einem WLAN bei der Eingabe sichtbar angezeigt oder versteckt werden soll.
- **Overscan Adjustments** – Overscan bezeichnet Bereiche an den Bildschirmrändern, die nicht auf jedem Bildschirm zu sehen sind. So kann es passieren, dass auf manchen Fernsehern nicht die komplette Media Center-Oberfläche erkennbar ist. Mit den *Overscan Adjustments*-Einstellungen können Sie die Steuerelemente des Media Centers von den Bildrändern ein Stück nach innen verschieben, sodass sie in jedem Fall zu sehen sind.

### ▲ DVD

- **Autostart Enhanced DVD Content** – Einige DVDs enthalten spezielle Bonus-Inhalte fürs Media Center. Hier legen Sie fest, ob diese Bonusinhalte beim Einlegen einer DVD automatisch gestartet werden sollen.
- **DVD Notification Timeout** – Hier wird die Zeit angegeben (in Millisekunden), wie lange die Meldung auf dem Bildschirm bleiben soll, wenn eine DVD eingelegt wurde.

### ▲ TV

- **Skip Forward Intervall** – Zeit in Millisekunden, die ein Druck auf die Vorlauftaste vorspringt.
- **Skip Back Intervall** – Zeit in Millisekunden, die ein Druck auf die Rücklauftaste zurückspringt.
- **Storage Location for Recorded TV** – Laufwerk und Verzeichnis, in dem die aufgezeichneten Fernsehsendungen gespeichert werden.
- **Watched Folders For Recorded TV** – Wenn Sie TV-Sendungen in verschiedenen Verzeichnissen aufnehmen, können Sie diese hier alle angeben. In den hier eingetragenen Verzeichnissen sucht die Media Center-Anwendung nach aufgezeichneten TV-Sendungen.
- **Notification Before A Recording Starts** – Wenn eine Fernsehsendung läuft, erscheint eine Meldung, bevor automatisch der Sender gewechselt wird, um eine vorprogrammierte Sendung aufzuzeichnen. Hier können Sie einstellen, wie lange vor dem Umschalten diese Meldung erscheinen soll.
- **More Info Panel Timeout** – Legt fest, wie lange die Information *More Info* beim Betrachten von DVDs oder Fernsehsendungen eingeblendet werden soll.
- **Seek Bar Timeout** – Legt fest, wie lange der Suchbalken beim Betrachten von DVDs oder Fernsehsendungen eingeblendet werden soll.
- **Seek Bar REW/FWD Timeout** – Legt fest, wie lange der Suchbalken beim Betrachten von DVDs oder Fernsehsendungen eingeblendet werden soll, nachdem vom schnellen Vor- oder Rücklauf auf das normale Abspielen umgeschaltet wurde.
- **Seek Bar Slow Motion Timeout** – Legt fest, wie lange der Suchbalken beim Betrachten von DVDs oder Fernsehsendungen eingeblendet werden soll, wenn ein Video im Zeitlupenmodus läuft.

### ▲ Music

- **Display My Music As Last Viewed** – Hier legen Sie fest, ob der Bildschirm *Eigene Musik* beim nächsten Aufruf genauso, wie beim letzten Verlassen dargestellt werden soll oder immer in der Standardeinstellung.
- **Show Add To Queue Notification** – Standardmäßig wird oben rechts eine Benachrichtigung eingeblendet, wenn neue Musik zur Warteschlange hinzugefügt wurde. Diese Benachrichtigung können Sie hier deaktivieren.

### ▲ Remote Control

- **Enable Universal Remote Control** – Wenn Sie eine Fernbedienung verwenden, die nicht von Microsoft geliefert wurde, wird diese in den meisten Fällen mit Windows XP Media Center Edition nicht laufen. Diese Funktion ermöglicht den Betrieb vieler Universalfernbedienungen auch im Media Center. Nach dem Aktivieren einer Universalfernbedienung muss der Computer neu gestartet werden.
- **Set Remote Control ID** – Beim Betrieb mit Universalfernbedienungen oder bei mehreren Geräten, die in unmittelbarer Nähe stehen und auf Infrarot-Signale reagieren, kann es zu Störungen kommen. Manchmal antwortet das falsche Gerät auf eine Fernbedienung. In solchen Fällen müssen Sie dem Media Center-PC eine eindeutige ID einer Fernbedienung zuweisen. Drücken Sie dazu die Taste [DVD Menü] auf der Ferndedienung, halten Sie diese fest, und drücken Sie gleichzeitig eine der Zifferntasten [1] ... [8]. Geben Sie anschließend dieselbe Ziffer auf dem Bildschirm ein, und starten Sie den Media Center-PC neu.

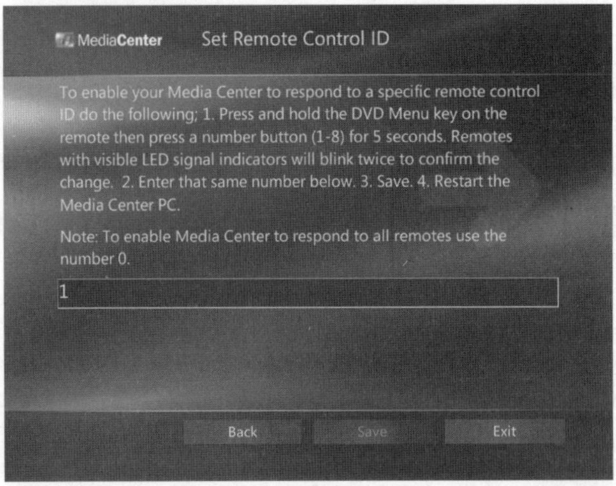


**Bild 14.99:** ID für Fernbedienung eingeben

### ▲ Extender

Ein *Extender* ist eine externe Box, die über ein Netzwerk an den Media Center-PC angeschlossen wird. An diese Box kann wiederum ein Fernseher angeschlossen werden. Auf diese Weise lassen sich die Funktionen des Media Centers in einem anderen Raum nutzen als dort, wo der PC steht. Die Signale der Fernbedienung werden ebenfalls über den Extender zurück zum PC übertragen.

Im *Tweak MCE* Modul *Extender* lassen sich die Funktionen eines solchen Extenders konfigurieren.

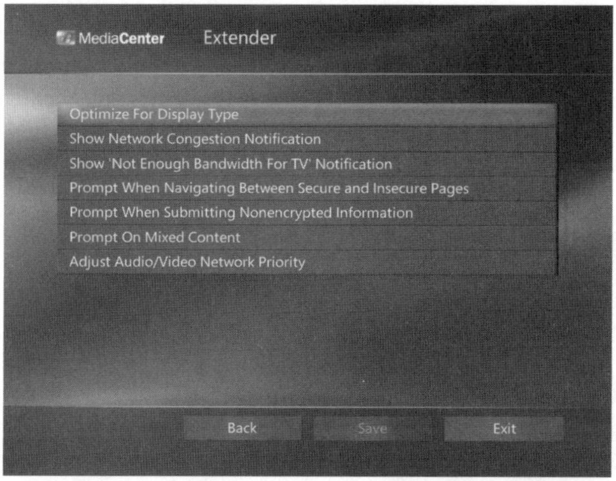


**Bild 14.100:** Konfiguration eines *Media Center Extenders*

## mceAuction

*mceAuction* ist ein kostenloses Programm, um eBay per Fernbedienung im Media Center zu steuern. Es unterstützt alle wichtigen Funktionen von ebay, die Suche nach Artikeln, Blättern in Kategorien sowie Bieten und Kaufen.

Es lassen sich mehrere Benutzer einrichten, die dann auch auf ihre jeweiligen »mein eBay«-Seiten zugreifen können.

*mceAuction* unterstützt neben ebay.de auch die wichtigsten eBay-Portale in anderen Sprachen.

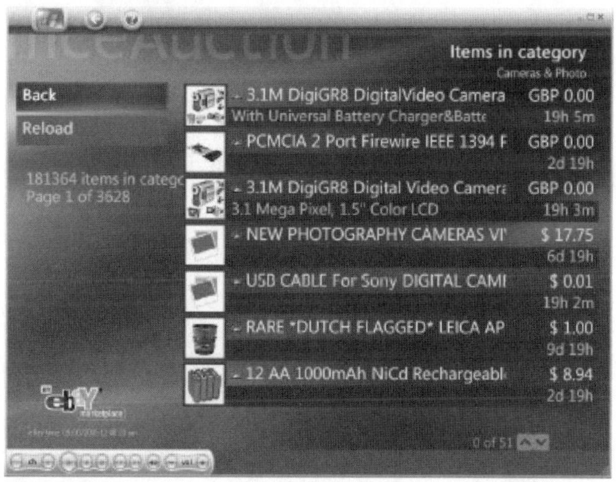


**Bild 14.101:** Mit dem Media Center bei eBay einkaufen

**Auf der Buch-CD** Sie finden das Programm *mceAuction* im Bereich *Media Center-Software* auf der CD zum Buch.

## mcePhone for Skype

*Skype* ist die beliebteste und am weitesten verbreitete Software für Internet-Telefonie. Mit dem Zusatztool *mcePhone for Skype* kann Skype jetzt auch per Fernbedienung aus dem Media Center genutzt werden.

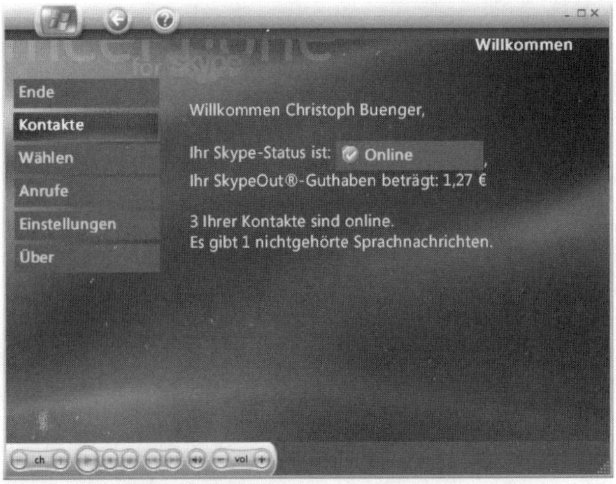


**Bild 14.102:** Mit dem Media Center *Skype* nutzen

Kommt ein Anruf herein, wird dieser automatisch auch bei einem laufenden Film auf dem Bildschirm signalisiert und kann direkt mit der Fernbedienung angenommen werden.

**Bild 14.103:** Skype-Kontaktliste im Media Center

Auch die Skype-Kontaktliste, die Anruflisten und die Skype-Out-Telefoniefunktion für Anrufe ins Festnetz lassen sich innerhalb des Media Centers verwenden.

**Auf der Buch-CD** Sie finden das Programm *mcePhone* im Bereich *Media Center-Software* auf der CD zum Buch.

## mceContacts

*mceContacts* ist eine komfortable Adressverwaltung im Media Center. Zu jeder Person können Telefonnummern, Adresse, E-Mail, Notizen und ein Foto abgelegt werden. Die Adressen lassen sich nach unterschiedlichen Kriterien sortieren.

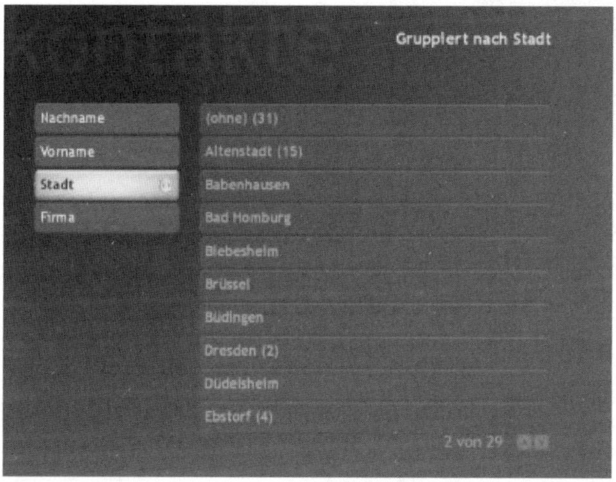


**Bild 14.104:** Adressverwaltung im Media Center

Wenn gleichzeitig *mcePhone for Skype* installiert ist, können Sie die Personen aus *mceContacts* direkt per Skype anrufen.

Mit dem Programm wird ein *KontaktManager* mitgeliefert. Dabei handelt es sich um eine normale Windows-Anwendung zur Bearbeitung der Adressdaten. Hier können Adressbücher aus Skype oder Microsoft Outlook direkt importiert werden.

**Auf der Buch-CD** Auf der CD zum Buch finden Sie im Bereich *Media Center-Software* eine Testversion von *mceContacts*. Weitere Informationen zum Bezug der Vollversion finden Sie ebenfalls auf der CD.

### Media Center Sudoku

*Sudoku*, das japanische Zahlenrätsel, entwickelte sich in kürzester Zeit zum Kultspiel auch in Europa. Zahlreiche Webseiten und Tageszeitungen bieten mittlerweile täglich Sudoku-Aufgaben an. Das Spiel ist als Software für alle gängigen Betriebssysteme vom PC bis zum Handy lieferbar.

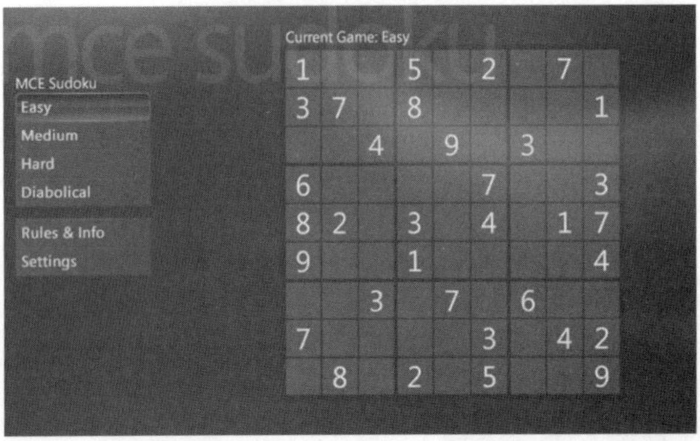


**Bild 14.105:** *Sudoku* auf dem Media Center

*Media Center Sudoku* bringt dieses Spiel jetzt auf den Media Center-PC. Es lässt sich komplett mit der Fernbedienung steuern, sodass keine Maus oder Tastatur notwendig ist. Weitere Informationen zu diesem Programm finden Sie bei: `www.mediacenterware.com`.

## 14.7 Media Portal – kostenlose Alternative auf der Buch-CD

Windows XP Media Center Edition hat sehr hohe Hardware-Anforderungen und läuft zum Beispiel bei weitem nicht mit jeder TV-Karte. Außerdem muss zur Installation das komplette Betriebssystem ersetzt werden. Mittlerweile sind aber verschiedene Media Center-Alternativen auf den Markt gekommen, die wie jede andere Software auf einem vorhandenen Windows-System installiert werden können und vergleichbare Funktionalitäten bieten.

*Media Portal* ist eine Opensource-Software, für die mittlerweile zahlreiche Erweiterungen angeboten werden. Das Programm kann wie Windows XP Media Center Edition als Fenster auf dem Windows-Bildschirm oder im Vollbildmodus laufen. Es lässt sich ebenfalls über Tastatur, Maus und Fernbedienung steuern.

**Auf der Buch-CD** Sie finden das Programm *Media Portal* im Bereich *Media Center-Software* auf der CD zum Buch.

Die Oberfläche von *Media Portal* ähnelt dem Media Center sehr stark. Wie dort gibt es auch hier ein Hauptmenü mit verschiedenen Bereichen für Musik, Videos, Fotos, TV, Radio, Wetterbericht und andere.

Beim ersten Start muss ein Setup-Assistent durchlaufen werden, in dem verschiedene Einstellungen, die Region und Sprache abgefragt werden. Alle Einstellungen lassen sich später beliebig ändern.

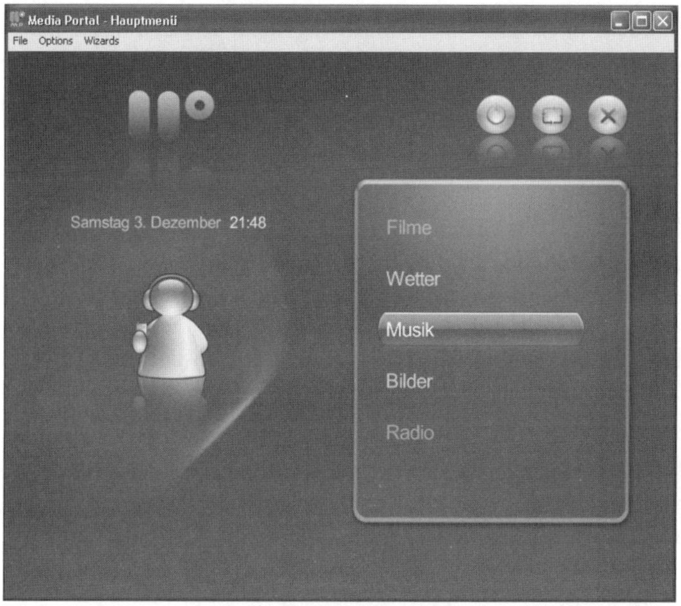


**Bild 14.106:** Das Hauptmenü im Media Portal

Wenn Sie mit der Maus an den oberen Bildschirmrand fahren, wird automatisch eine Buttonleiste zur Wiedergabesteuerung eingeblendet.

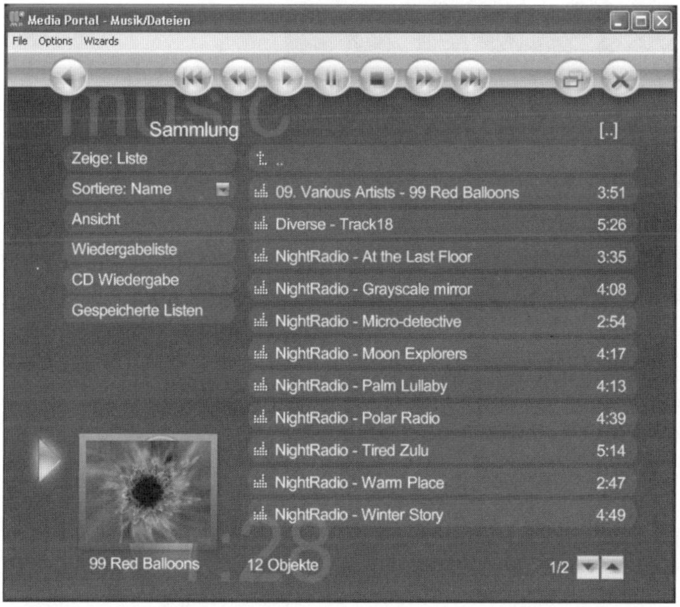


**Bild 14.107:** Buttons zur Wiedergabesteuerung im Media Portal

**Zurück zum letzten Bildschirm** Klicken Sie einfach in einem leeren Bildschirmbereich auf die rechte Maustaste, oder verwenden Sie die Fernbedienung, um zum letzten Bildschirm zurückzukommen. Hierfür brauchen Sie nicht unbedingt die Buttonleiste.

## Musik mit dem Media Portal anhören

Die einzelnen Programmmodule des Media Portals müssen vor ihrer ersten Verwendung konfiguriert werden. Das Programm liefert dazu komfortable Assistenten mit, die über das Menü *Wizards* zu erreichen sind. Im Bereich *Musik* müssen Sie festlegen, welchen Medienplayer das Media Portal im Hintergrund verwenden soll, welche Dateiformate als Musikdateien erkannt werden sollen und in welchen Verzeichnissen nach Musik gesucht werden soll. Zum Schluss wird die Musikdatenbank mit allen Musikdateien aus den gewählten Verzeichnissen angelegt.

Im Bereich *Musik* zeigt das *Media Portal* eine Liste aller gespeicherten Titel an. Diese lässt sich über den Button *Zeige* in verschiedenen Arten darstellen. Der Button *Sortiere* bietet verschiedene Sortiermöglichkeiten nach Name, Datum, Größe, Track, Zeit, Titel, Album oder Dateiname.

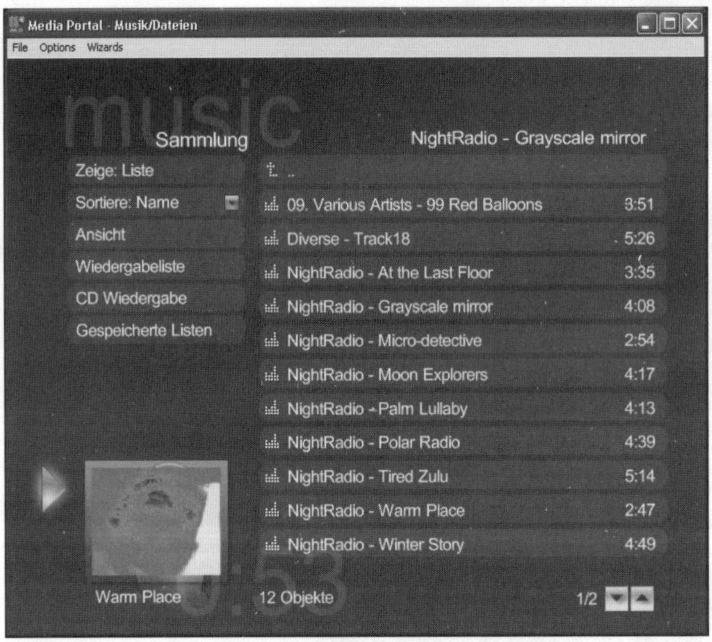


**Bild 14.108:** Musik im Media Portal

Unten links wird ähnlich wie in der Windows XP Media Center Edition der zurzeit laufende Titel angezeigt, mit einer kleinen Visualisierung und der Spielzeit.

Durch konsequente Unterstützung beider Maustasten können Sie im Media Portal einfach auf einen anderen Titel klicken und diesen dann abspielen.

Mit dem Button *Ansicht* lässt sich die Ansicht nach Genres, Alben, Interpreten oder Jahren gruppieren. Besonders interessant ist hier auch die Liste der Top100, die automatisch immer die am häufigsten abgespielten Medien enthält. Weiterhin gibt es hier eine Favoritenliste, die Sie selbst verwalten können.

**Bild 14.109:** Verschiedene Ansichten für Musik im Media Portal

Wenn Sie mit der rechten Maustaste auf einen Titel klicken, erscheint ein Menü, in dem Sie Medieninformationen und ein Cover aus dem Internet herunterladen, den Titel bewerten und zu den Favoriten oder der Wiedergabeliste hinzufügen können (siehe Bild 14.110).

Besonders zu erwähnen ist der Menüpunkt *Datei Menü*. Hier kann man aus dem Media Portal Verzeichnisse anlegen, Dateien löschen oder umbenennen (siehe Bild 14.111).

Die Bildschirmtastatur kann per Tastatur, Maus oder Fernbedienung bedient werden.

Das Abspielen von Audio-CDs und Wiedergabelisten erfolgt nach demselben Prinzip. Alle Titel einer eingelegten CD werden automatisch als Wiedergabeliste angezeigt. In den Wiedergabelisten kann man jederzeit von einem Titel zu einem anderen springen oder die Titel als *Partymix* permanent in zufälliger Reihenfolge abspielen lassen.

**Bild 14.110:** Menü für Aktionen zu einem Musiktitel

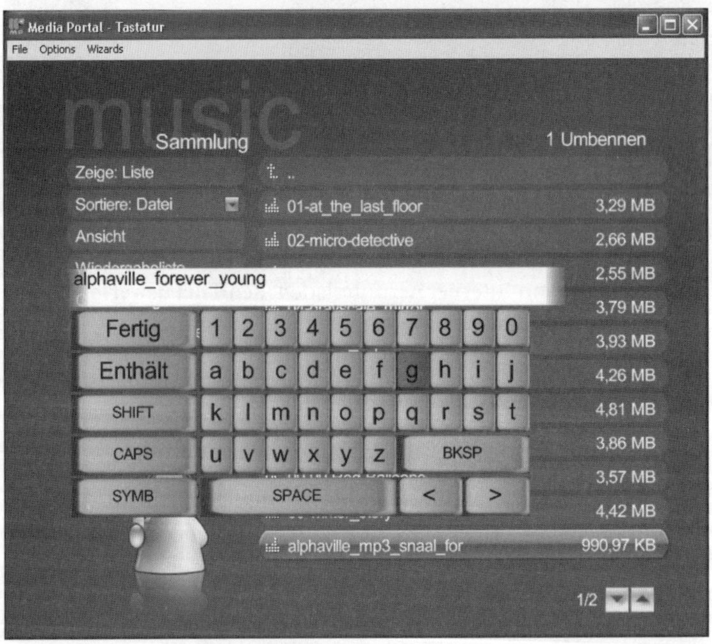


**Bild 14.111:** Musikdatei umbenennen

## DVDs und Videos abspielen

DVDs können beim Einlegen automatisch gestartet werden. Das Media Portal zeigt eine Meldung, die nur bestätigt werden muss.

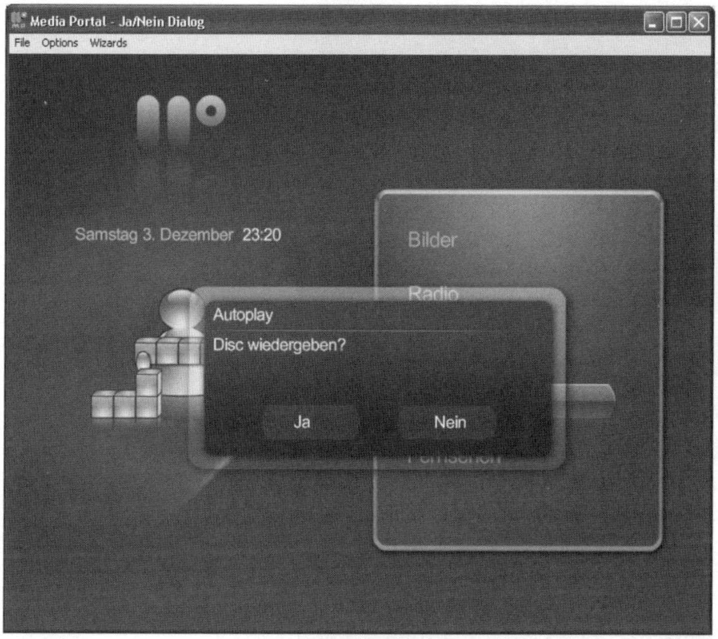


**Bild 14.112:** Meldung beim Einlegen einer DVD

Während die DVD läuft, kann mit der rechten Maustaste ein Menü mit speziellen Optionen eingeblendet werden.

Videos können im Modul *Filme* wie Musikdateien im Modul *Musik* in Medienbibliotheken und Wiedergabelisten verwaltet werden. Auch hier kann am oberen Bildschirmrand eine Leiste mit Steuerungssymbolen eingeblendet werden.

Eine eingelegte DVD erscheint automatisch in der Sammlung der Filme. Auch SVCDs können im Media Portal wie andere Videos abgespielt werden.

Vor der ersten Verwendung sollten Sie auch hier mit den Assistenten *Wizards/DVD* und *Wizards/Movies* die zu verwendenden Audio- und Video-Codecs konfigurieren und die Verzeichnisse festlegen, in denen das Media Portal nach Videos suchen soll.

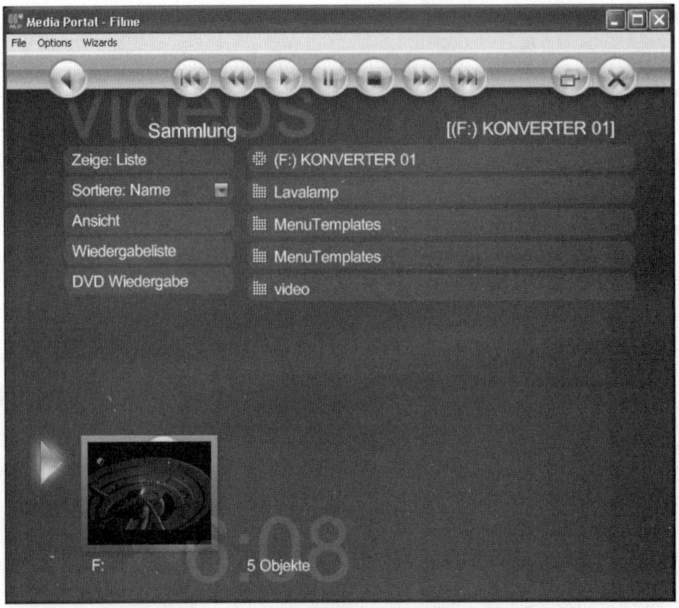


**Bild 14.113:** Filme im Media Portal

## Radio und Fernsehen

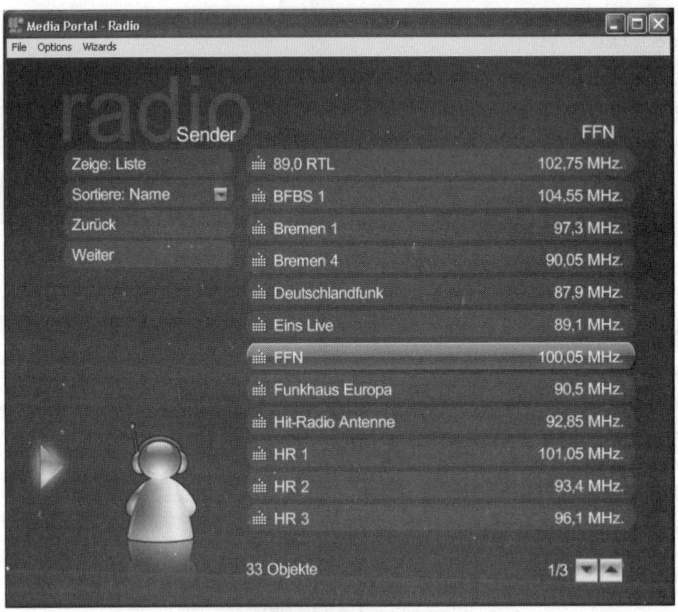


**Bild 14.114:** Radio im Media Portal

Wenn Sie eine Radio- oder TV-Karte eingebaut haben, können Sie mit dem Media Portal auch Radiohören und Fernsehen. Nach einem Suchlauf wird eine Liste aller verfügbaren Sender angezeigt.

Vor der ersten Benutzung wählen Sie Ihre Region aus, damit der Suchlauf die verfügbaren Sender finden kann. Dieser Suchlauf kann einige Minuten dauern.

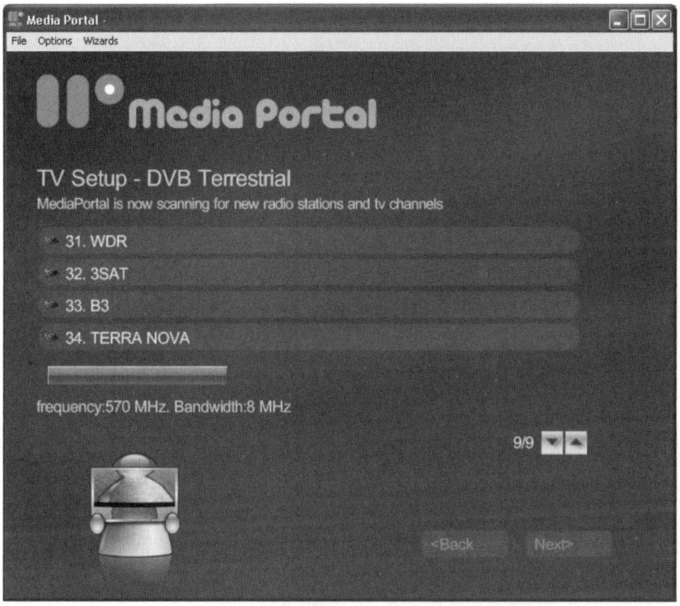


**Bild 14.115:** Suchlauf für Fernsehsender im Media Portal

Beim Fernsehen kann vom Fenstermodus in den Vollbildmodus umgeschaltet werden. Hier lässt sich ein Anzeigefeld mit Informationen zur Sendung und Tasten für Aufnahme und Timeshift über das Fernsehbild einblenden.

**Bild 14.116:** Fernsehen im Media Portal

## Fotos betrachten

Media Portal kann dazu verwendet werden, Bilderserien auf dem Bildschirm zu betrachten. Dabei können Sie entweder mit Fernbedienung oder Tastatur durch die Fotoalben navigieren oder eine Diaschau automatisch anzeigen lassen.

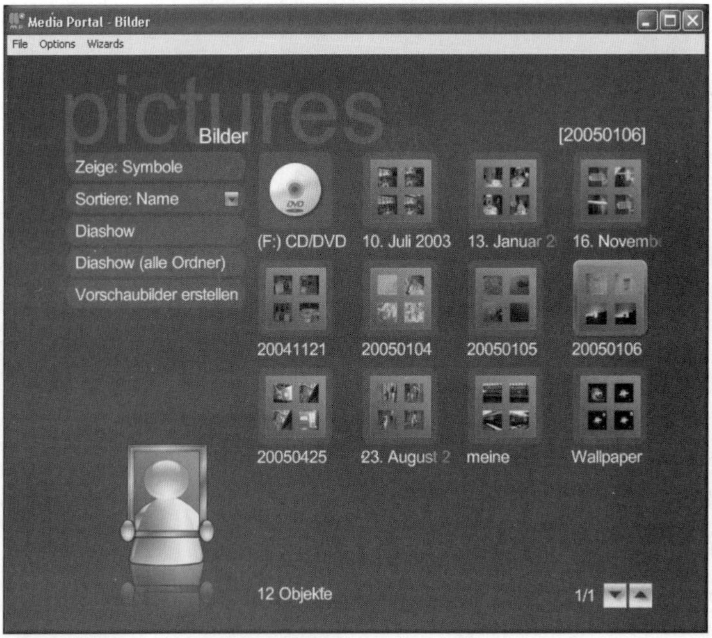


**Bild 14.117:** Bilder im Media Portal

Vor der ersten Verwendung dieses Bildbetrachters sollten Sie den Assistenten *Wizards/Pictures* laufen lassen. Hier werden die Einstellungen für die Diaschau sowie die Verzeichnisse und Dateitypen festgelegt, die das Media Portal verwenden soll.

Im Modul *Bilder* empfiehlt sich die Ansicht *Zeige: Symbole*. Hier sehen Sie Vorschaubilder zu jedem Verzeichnis. In einem Verzeichnis werden Vorschauen der einzelnen Bilder angezeigt (siehe Bild 14.118).

Im Ansichtsmodus *Zeige: Vorschau* können Sie durch die Bildersammlung navigieren und sehen immer ein Bild in einem größeren Fenster. Ein Klick auf ein Bild zeigt dieses in jedem Ansichtsmodus als Vollbild auf dem Bildschirm an.

Senkrechte Bilder können mit dem Button *Drehen* passend auf den Bildschirm gedreht werden.

Ein Rechtsklick auf ein Bild öffnet ein Menü mit Sonderfunktionen. Hier können Sie Bilder löschen und umbenennen sowie auch ausführliche Bildinformationen anzeigen, die die Kamera beim Fotografieren als EXIF-Daten in die Datei geschrieben hat.

**Bild 14.118:** Bildvorschau im Media Portal

**Bild 14.119:** Bildinformationen aus EXIF-Daten

Wenn Sie Ihre Bilder als automatisch ablaufende Diaschau betrachten, können Sie wählen, ob nur die Bilder des aktuellen Verzeichnisses oder alle Verzeichnisse, die im Media Portal für Bilder eingetragen sind, verwendet werden sollen.

**Diaschau steuern** Wenn Sie während der Diaschau mit der linken Maustaste ins Bild klicken, wird sofort das nächste Bild angezeigt. Ein Klick mit der rechten Maustaste öffnet ein Menü mit Bildfunktionen. Hier können Sie die Diaschau auch beenden.

## Wetterbericht

*Media Portal* kann jederzeit einen aktuellen Wetterbericht mit Vorhersage für vier Tage und Satellitenbild anzeigen. Dazu müssen Sie zuerst mit der Taste F2 die Media Portal-Konfiguration aufrufen und dort unter *Weather* eine oder mehrere Städte auswählen, von denen der Wetterbericht angezeigt werden soll. Zu jeder Stadt können Sie auch noch URLs zu Satellitenbildern oder Wetterkameras angeben, die später im Wetterbericht automatisch eingeblendet werden können.

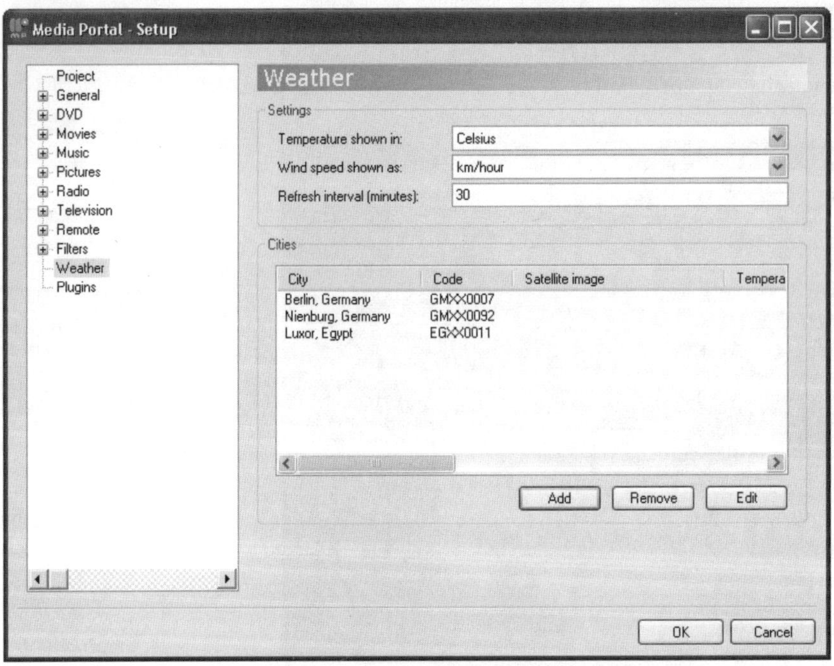


**Bild 14.120:** Konfiguration für Wetterdaten

Diese Konfiguration ist nur einmal oder wenn Sie neue Städte wählen möchten nötig. Im Media Portal wählen Sie einfach die Option *Wetter*. Die aktuellen Wetterdaten werden automatisch aus dem Internet heruntergeladen. Mit dem Button *Stadt wählen* können Sie eine Stadt aus der zuvor konfigurierten Liste auswählen.

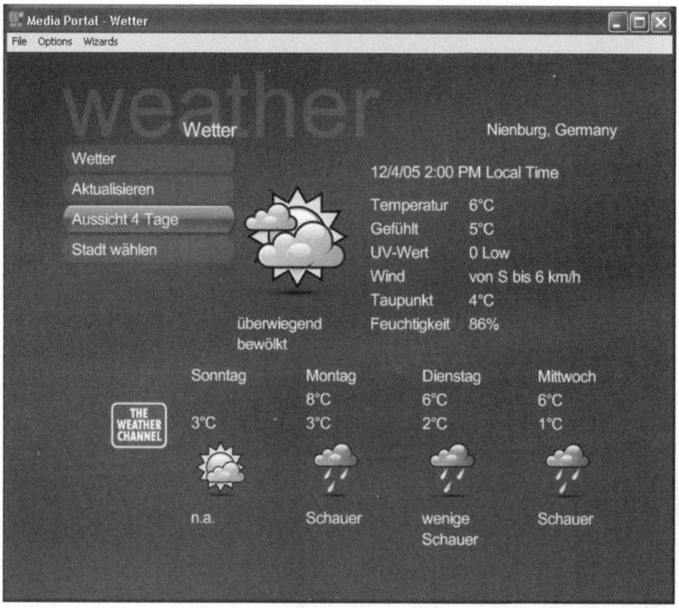


**Bild 14.121:** Wetterbericht im Media Portal

## Spiele

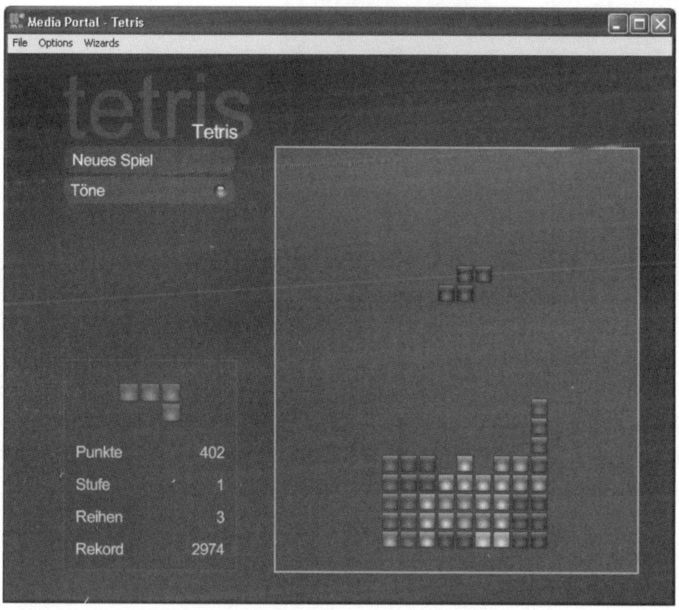


**Bild 14.122:** *Tetris* im Media Portal

Media Portal enthält das Spiel *Tetris* in einer Version, die per Tastatur oder Fernbedienung gespielt werden kann.

Weitere Spiele sind über Plugins erhältlich. Das Angebot an Zusatz-Software, die im Media Portal integriert werden kann, nimmt ständig zu. Eine Übersicht finden Sie auf der Webseite des Projektes: `mediaportal.sourceforge.net`.

## Konfigurationseinstellungen

Das Modul *Einstellungen* bietet alle wichtigen Einstellungen in einer Darstellung, die auch auf dem Fernseher per Fernbedienung zu steuern ist. Von hier aus können Sie auch den Setup-Assistenten starten, der alle wichtigen Einstellungen abfragt und automatisch einen Sendersuchlauf startet.

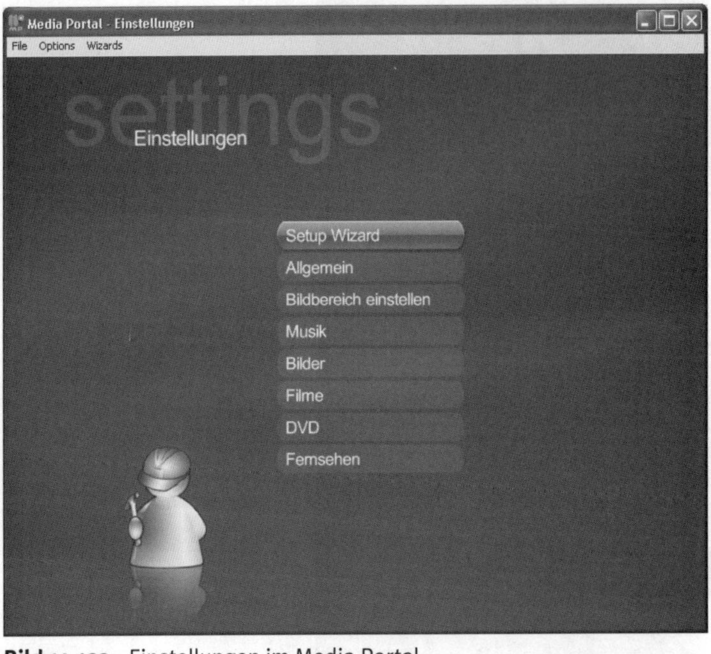


**Bild 14.123:** Einstellungen im Media Portal

Die Taste F2 öffnet den Media Portal-Konfigurationsdialog, in dem Sie zahlreiche weitere sehr detaillierte Einstellungen zu allen Modulen des Media Portals vornehmen können. Hier sind unter anderem auch die Einstellungen der Assistenten zu finden und verschiedene Skins, um das Aussehen des Media Portals zu verändern.

Unter *Plugins* finden Sie eine Liste installierter und verfügbarer Plugins. Von hier aus können Sie direkt weitere Plugins in das Media Portal einbinden.

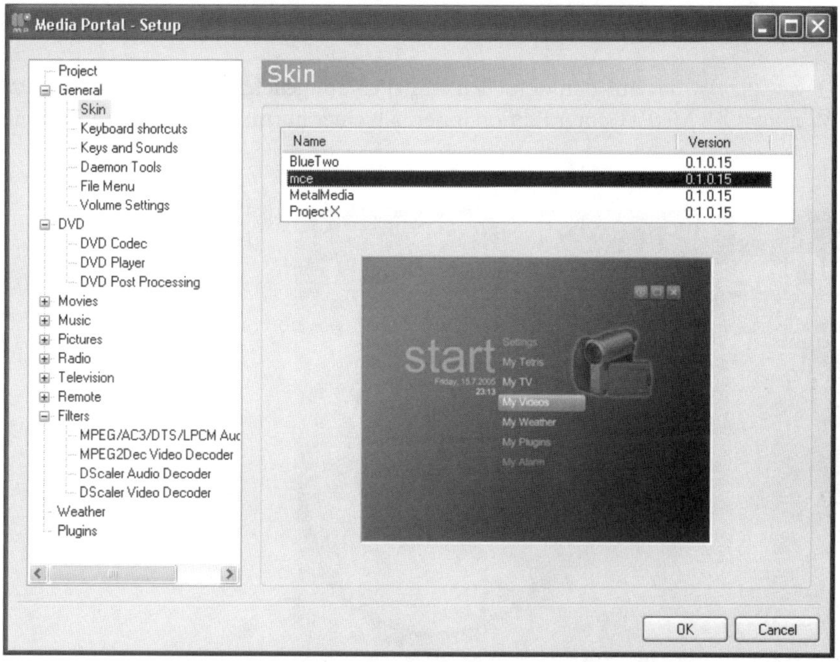


**Bild 14.124:** Konfiguration für das Media Portal

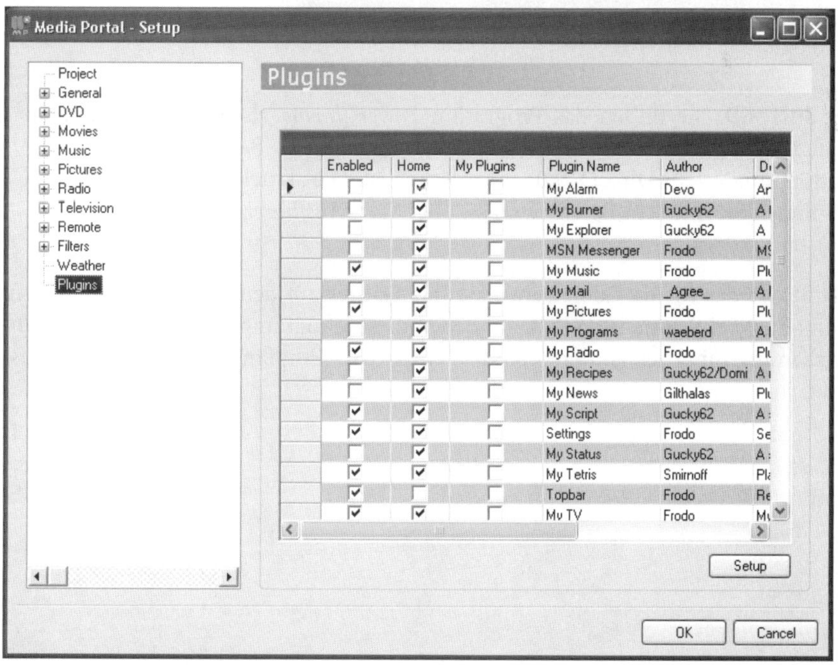


**Bild 14.125:** Plugin-Konfiguration im Media Portal

## 14.8 CyberLink PowerCinema

Das *CyberLink PowerCinema*, das auf den aktuellen Aldi-PCs mitgeliefert wird, bietet ähnliche Funktionen wie Windows XP Media Center Edition innerhalb einer normalen Windows XP Home Edition.

**Bild 14.126:** Startbildschirm von *PowerCinema*

**Auf der Buch-CD** Sie finden das Programm *PowerCinema* als 30-Tage-Testversion im Bereich *Media Center-Software* auf der CD zum Buch. Beachten Sie, dass zur Installation mindestens DirectX 9.0b erforderlich ist. Die aktuell installierte DirectX-Version finden Sie mit dem Befehl `DXDIAG` über *Start/Ausführen.*

PowerCinema läuft wie das Media Center entweder als Fenster auf dem Windows-Bildschirm oder im Vollbildmodus. Bei den meisten PCs, auf denen dieses Programm vorinstalliert ist, wird eine Funkfernbedienung mitgeliefert, deren Signale ein kleiner Empfänger am USB-Anschluss des PCs auswertet.

Außer mit der Fernbedienung kann das Programm auch per Tastatur und Maus bedient werden. PowerCinema bietet nahezu die gleiche Funktionalität wie Media Center, einige Details wurden etwas anders umgesetzt als beim Vorbild.

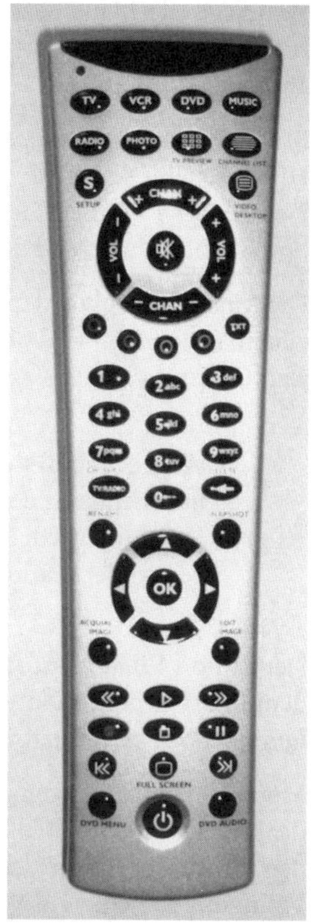


Bild 14.127: Die Fernbedienung von PowerCinema

PowerCinema startet mit einem Hauptmenü. Von hier aus können die einzelnen Module aufgerufen werden. Man navigiert mit den Pfeiltasten auf der Fernbedienung oder mit der Maus durch die Menüs. In langen Listen kann man mit dem Mausrad scrollen. Bewegt man die Maus, wird oben eine Symbolleiste eingeblendet, mit der man auf den letzten Bildschirm oder das Hauptmenü zurückschalten sowie zwischen Fenstermodus und Vollbild wechseln kann.

**Bild 14.128:** Die obere Steuerungsleiste in PowerCinema

## Musik mit PowerCinema hören

Im Modul *Musik* können Sie Ihre eigene Musiksammlung verwalten und anhören. Beim Einlegen einer Audio-CD wird dieses Modul automatisch gestartet und aus dem Internet eine Titelliste der CD heruntergeladen.

**Bild 14.129:** Titelliste einer Audio-CD in PowerCinema

Wenn Sie die Maus bewegen, erscheint am unteren Fensterrand eine Buttonleiste mit Steuerungssymbolen. Außerdem können Sie die Wiedergabe auch mit der Fernbedienung oder den Tasten einer Multimedia-Tastatur steuern.

Mit dem Button *CD Rippen* können Sie die Lieder von der CD als Dateien auf dem PC speichern. Hier erscheint eine Liste, in der Sie einzelne Titel oder alle auswählen können. Über den Button *Einstellungen* können Sie vorher noch die Qualität der Musikdateien festlegen. Leider spielt PowerCinema während des Rippens die Musik nicht weiter ab.

Die Musikdateien werden in einer Medienbibliothek abgelegt, die im Modul *Musik* von PowerCinema angezeigt wird und nach verschiedenen Kriterien, Album, Interpret oder Genre sortiert werden kann.

**Wiedergabelisten aus dem Windows Media Player verwenden** PowerCinema arbeitet eng mit dem Windows Media Player zusammen. Die Wiedergabelisten aus dem Windows Media Player werden in PowerCinema angezeigt und können auch direkt verwendet werden.

Der Button *Visualisierung* blendet die Liste aus und zeigt dafür eine animierte Visualisierung auf dem Bildschirm an. Die Visualisierung wird zufällig ausgewählt, Sie können aber in den *Einstellungen* auch eine Visualisierung vorgeben.

Möchten Sie Ihre Lieblingsmusik hören, klicken Sie einfach auf *Zuletzt verwendet*. Hier werden die kürzlich abgespielten Musikdateien angezeigt und können gleich noch einmal angehört werden. Musik von CDs erscheint nicht in dieser Liste, nur Titel, die jederzeit auf der Festplatte zur Verfügung stehen.

Im Gegensatz zum Media Center können Sie in PowerCinema sehr einfach auch Musikdateien aus beliebigen Verzeichnissen oder Laufwerken auf dem Computer abspielen. Über den Button *Weitere Ordner* haben Sie Zugriff auf die komplette Verzeichnisstruktur aller Laufwerke.

Wenn Sie mehr als zwei Lautsprecher verwenden, sollten Sie im Modul *Einstellungen* unter *Audioeinstellungen* Ihre Lautsprecherumgebung und den Ausgabemodus einstellen.

**Bild 14.130:** Musik in anderen Verzeichnissen abspielen

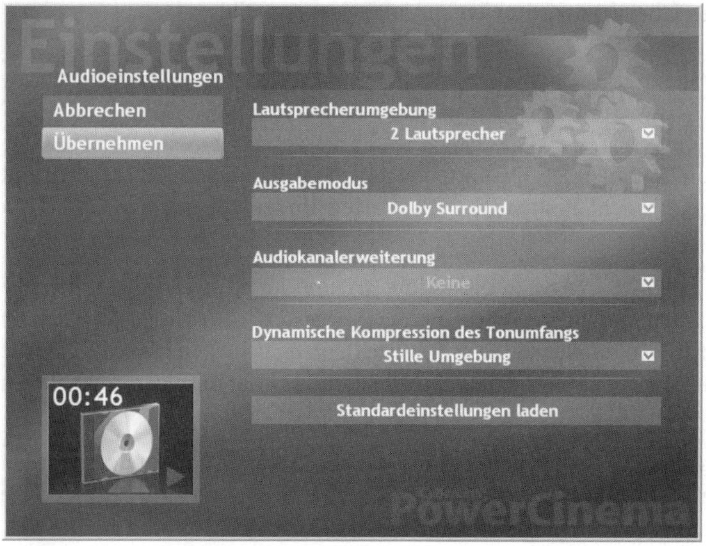


**Bild 14.131:** *Audioeinstellungen* in PowerCinema

## DVDs und Videos abspielen

PowerCinema enthält zwei Module zum Betrachten von Videos. *Filme* spielt DVDs ab, *Video* zeigt Videodateien von der Festplatte an, wie zum Beispiel aufgenommene Fernsehsendungen.

Beim Abspielen von DVDs wird die Leiste mit den Wiedergabefunktionen um zusätzliche Buttons erweitert. Einige Funktionen sind nur verfügbar, wenn die DVD die entsprechenden Inhalte bietet.

**Bild 14.132:** Steuerungssymbole beim Abspielen einer DVD in PowerCinema

- **Hauptmenü** zeigt das Menü einer DVD (wenn vorhanden).
- **Untertitel** schaltet zwischen verschiedenen Untertitelsprachen um (wenn vorhanden).
- **Sprache** schaltet zwischen verschiedenen Sprachen für die Audio-Ausgabe um (wenn vorhanden).
- **Schnappschuss** erstellt einen Screenshot des aktuellen Bildes. Dieser wird im Bilderalbum von PowerCinema abgelegt und kann im Modul *Bilder* angezeigt werden.
- **Kamerawinkel** schaltet zwischen verschiedenen Kamerawinkeln um (wenn vorhanden).

Im Modul *Videos* können Sie Videos von der Festplatte ansehen. Hier gibt es ähnlich wie bei Musik ein Verzeichnis namens *Meine Videos*. Sie haben aber die Möglichkeit, auch Videos aus beliebigen anderen Verzeichnissen abzuspielen. Auch bei Videos gibt es eine Liste der zuletzt verwendeten Filme. Zur besseren Übersicht wird zu jedem Video das erste Bild als kleines Vorschaubild angezeigt.

## Radio und Fernsehen

Wenn im PC eine kompatible Radio- oder TV-Karte eingebaut ist, können Sie diese auch mit PowerCinema nutzen. Eine Übersicht kompatibler TV-Karten finden Sie auf der CyberLink Webseite `www.cyberlink.de`.

Im Hauptmenü von PowerCinema finden Sie zwei Module, *TV* und *Radio*. Bei beiden sollten Sie zuerst den Sendersuchlauf starten, um die Kanalliste mit den Sendern zu füllen, die in der Region zu empfangen sind. Zum Fernsehen müssen Sie in den Einstellungen auch noch eine EPG-Quelle (Electronic Programm Guide) angeben, von der das aktuelle Fernsehprogramm heruntergeladen werden soll.

Die Auswahl der Sender erfolgt am einfachsten mit der Fernbedienung. Radiosender werden beim Suchlauf nur mit ihrer Frequenz angezeigt. Über den Button *Sender verwalten* können Sie anstelle der Frequenz auch einen Namen eingeben.

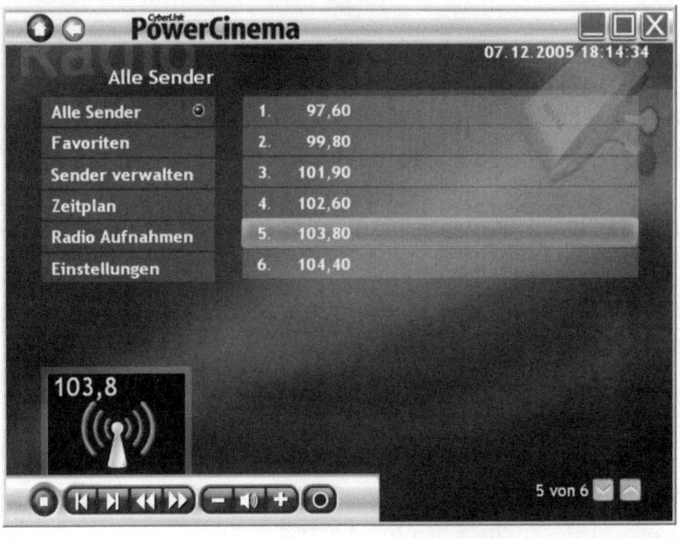


**Bild 14.133:** Liste der Radiosender in PowerCinema

Das Radioprogramm kann im Hintergrund weiterlaufen, wenn andere Windows-Programme oder die Bildbetrachtungs- und Diaschau-Funktionen von PowerCinema verwendet werden.

## Fotos betrachten

CyberLink bietet Präsentationsmöglichkeiten für eigene Fotosammlungen. Im Modul *Bilder* können Sie automatisch ablaufende Diaschauen zeigen oder mit der Fernbedienung durch beliebige Verzeichnisse blättern und Bilder betrachten.

**Bild 14.134:** Bildersammlung in PowerCinema

Wählen Sie einfach ein Bild aus, danach können Sie mit der Fernbedienung oder über die Symbolleiste zwischen den Bildern in diesem Verzeichnis hin- und herblättern. Die Bilder werden zuerst formatfüllend angezeigt. Die Symbolleiste in der Bildansicht enthält zusätzliche Buttons zum Zoomen innerhalb des Bildes.

**Bild 14.135:** Symbolleiste in der Bildanzeige

Sie können auch mit den Tasten [Channel +] und [Channel -] der Fernbedienung im Bild zoomen und mit den Pfeiltasten den angezeigten Bildausschnitt verschieben.

Möchten Sie eine automatische Diaschau aller Bilder eines Verzeichnisses sehen, stellen Sie zuvor in den Einstellungen die Anzeigedauer und die Art des Übergangs zwischen zwei Bildern ein.

PowerCinema bietet ein paar einfache Korrekturfunktionen für Bilder. Der Button *Bearbeiten* öffnet ein neues Menü. Wählen Sie zuerst das gewünschte Bild aus und dann eine der Bearbeitungsfunktionen.

**Bild 14.136:** Funktionen zur Bildkorrektur

Alle Korrekturfunktionen funktionieren mit nur einem Klick. Weitere Einstellungen sind nicht möglich. Nach der Korrektur muss das Bild gespeichert werden.

- **Drehen** dreht das Bild um 90°.
- **Auto fix** korrigiert die Kontrast- und Helligkeitswerte schlecht belichteter Bilder.
- **Rote Augen entfernen** entfernt mit einem automatischen Algorithmus die leuchtend roten Augen, die bei Aufnahmen mit Blitz entstehen

## 14.9 TVoon Media Center

*TVoon* ist eine weitere Software mit dem Funktionsumfang eines Media Centers. Auch hier können Sie Fernsehen, Radio (auch Internet-Radio) hören sowie Videos und Bildersammlungen ansehen.

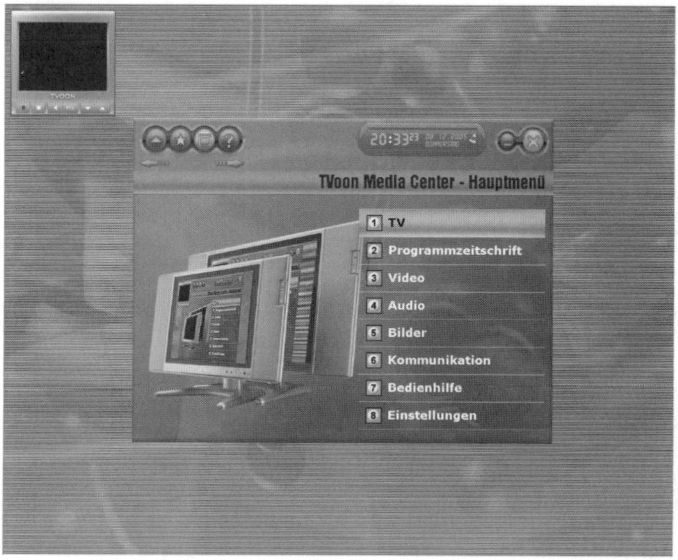


**Bild 14.137:** Hauptmenü von *TVoon*

Das Programm läuft mit allen gängigen analogen Fernsehkarten sowie mit einigen DVB-S-Karten, kann aber auch ohne Fernsehkarte betrieben werden. Die Bedienung erfolgt über Maus, Tastatur oder Fernbedienung. TVoon lässt sich auch über Sprachkommandos steuern und antwortet dem Benutzer dann auch per Sprachausgabe.

TVoon verfügt über eine komfortable Einbindung von Internet-Funktionen. So kann man direkt aus dem Programm heraus einen Browser starten, E-Mails lesen und schreiben oder auch chatten.

Eine besonders interessante Funktion in TVoon ist der integrierte Werbeblocker. Dieser funktioniert mit dem System, das früher unter den Namen »Fernsehfee« oder »Tivion« bekannt war und kann nicht nur für die Aufnahme von TV-Sendungen, sondern auch live verwendet werden. So können Sie in Werbepausen ins Internet gehen oder andere Programme ansehen. Am Ende der Werbeunterbrechung wird automatisch auf den zuvor eingestellten Sender zurückgeschaltet.

Im elektronischen Programmführer werden die Sender automatisch nach den Vorlieben des Nutzers sortiert. Kommt ein persönliches Highlight im Fernsehen, kann das TVoon Media Center so programmiert werden, dass es automatisch den entsprechenden Sender startet. Detaillierte Klassifizierungsfunktionen ermöglichen die automatische Aufnahme von Sendungen, ohne dass man die genauen Sendetermine kennen muss.

**Bild 14.138:** Elektronischer Programmführer in *TVoon*

# Kapitel 15

# Windows Mobile


15.1 Windows auf dem Pocket PC .................... 511
15.2 Windows auf dem Handy ....................... 513
15.3 Datenaustausch mit dem PC .................... 515
15.4 Programme auf dem mobilen Gerät installieren .... 518
15.5 Pocket PC als Fernbedienung für das Media Center . 520
15.6 Die wichtigsten Tools für den Pocket PC ........... 522

Windows Mobile ist die Windows-Version für ganz kleine Geräte, PDAs und Handys. Um dem Benutzer die Bedienung zu erleichtern, wurden möglichst viele Elemente der vertrauten Windows XP-Oberfläche in die mobilen Versionen übernommen.

Windows Mobile wird in zwei Varianten ausgeliefert: Windows Mobile für Pocket PCs und Windows Mobile für Smartphones. Die wichtigsten Unterschiede sind die Bildschirmgröße und die Art der Bedienung. Pocket PCs haben einen drucksensitiven Bildschirm, der mit einem Stift bedient werden kann und teilweise auch eine alphanumerische Tastatur. Smartphones lassen sich nur mit der Handytastatur und einer Navigationstaste steuern.

**Bild 15.1:** Links: PocketPC T-Mobile MDA compact mit Langenscheidt Französisch-Wörterbuch – rechts: Smartphone T-Mobile SDA

**Info** Viele Pocket PCs werden heute auch zum Telefonieren verwendet, wie zum Beispiel die Geräte der MDA-Serie von T-Mobile, die VPA-Serie bei Vodafone oder die XDA bei O2. In der Werbung taucht hier oft auch der Begriff Smartphone auf, der in diesem Fall nicht mit dem Betriebssystem verwechselt werden darf. Auch die meisten der in Supermarktketten angebotenen Auto-Navigationssysteme sind in Wirklichkeit vollwertige Pocket PCs.

Beide mobilen Windows-Versionen können mit dem PC über eine Kabelverbindung, Infrarot oder Bluetooth Daten austauschen.

Anders als bei PCs muss auf mobilen Geräten das Betriebssystem nicht installiert und nach jedem Einschalten neu gebootet werden. Hier befindet es sich im ROM und steht beim Einschalten sofort zur Verfügung. PDAs und Smartphones werden auch eigentlich nicht ausgeschaltet, der Ausschalter schaltet nur den Bildschirm ab, um Strom zu sparen. Nur bei einem Reset wird das Betriebssystem neu gebootet.

## 15.1 Windows auf dem Pocket PC

Was auf einem PC der Desktop ist, ist auf dem Pocket PC der Heute-Bildschirm. Hier werden aktuelle Termine und eingegangene Nachrichten angezeigt. Dieser Bildschirm ist frei konfigurierbar, sodass jeder Benutzer die Informationen, die er im Alltag am häufigsten braucht, jederzeit zur Verfügung hat.

Über Themen lässt sich das Aussehen des Heute-Bildschirms und das Hintergrundbild dem persönlichen Geschmack anpassen. PlugIns installieren zusätzliche Funktionen auf dem Heute-Bildschirm.

**Bild 15.2:** Heute-Bildschirm und Startmenü mit unterschiedlichen Bildschirmthemen

Im Unterschied zum Desktop-Windows ist die Statusleiste auf Pocket PCs oben und die Menüleiste der Programme unten. Links oben in der Ecke ist ein Windows-Logo zu sehen. Tippt man mit dem Stift darauf, erscheint das Startmenü. Hier werden einige wichtige Programme standardmäßig immer angezeigt, alle anderen Programme finden Sie unter dem Menüpunkt *Programme*. Die zuletzt verwendeten Anwendungen erscheinen mit ihren Symbolen ganz oben im Startmenü direkt unter dem Windows-Logo.

**Bild 15.3:** Das Fenster *Programme* und der Kalender auf dem Pocket PC

Die wichtigsten Anwendungen auf mobilen Geräten sind der *Kalender* und das *Adressbuch*, die hier fest im Betriebssystem integriert sind. Mit jedem Pocket PC wird eine Desktop-Version von Outlook mitgeliefert, mit der die Kalender- und Adressdaten abgeglichen bzw. synchronisiert werden können.

Zur Eingabe von Texten auf dem Pocket PC wird üblicherweise eine Tastatur auf dem Bildschirm eingeblendet, man kann aber auch die Transcriber-Software verwenden, eine Handschrifterkennung, die bei Windows Mobile mitgeliefert wird. Mit dem Symbol unten rechts schaltet man zwischen den verschiedenen Eingabemethoden um.

**Bild 15.4:** Termineingabe mit der Bildschirmtastaur – Transcriber zur Handschrifterkennung

Einige Pocket PCs verfügen sogar über eingebaute Tastaturen, die aus dem Gerät herausgeklappt oder geschoben werden.

## 15.2 Windows auf dem Handy

Die Smartphone Edition von Windows Mobile wurde speziell für moderne Handys entwickelt und unterscheidet sich noch mehr als die Pocket PC-Version vom bekannten Windows XP. Hier ist der Bildschirm noch kleiner, und die Bedienung erfolgt ausschließlich über die Handytasten, einen drucksensitiven Bildschirm gibt es hier nicht.

**Bild 15.5:** Zwei bekannte Windows Mobile-Smartphones: T-Mobile SDA-music und i-mate SP3

**Info** Im Herbst 2005 sind die ersten Smartphones mit QVGA-Bildschirm (240x320 Pixel) auf den Markt gekommen. Die Bildschirme sind dabei in ihren Abmessungen nicht größer, sondern nur höher aufgelöst. Die Bedienung erfolgt weiterhin nur per Tastatur.

Neben den 12 Standardtasten der Handytastatur, die auch zur Buchstabeneingabe verwendet werden, hat jedes Smartphone noch einige Sondertasten:

- **Navigationstaste** – Bewegt den Cursor in allen vier Richtungen. Ein Druck auf die Taste wählt die gerade markierte Option aus.
- **Zwei Menütasten links und rechts** – Wählen die beiden in der unteren Bildschirmzeile gezeigten Menüs aus.
- **Pfeil zurück** – Springt immer zum letzten Bildschirm zurück.
- **Haus** – Kehrt zum Heute-Bildschirm zurück, der alle wichtigen Informationen, das Startmenü (unten links) und die zuletzt verwendeten Programme (oben) anzeigt.

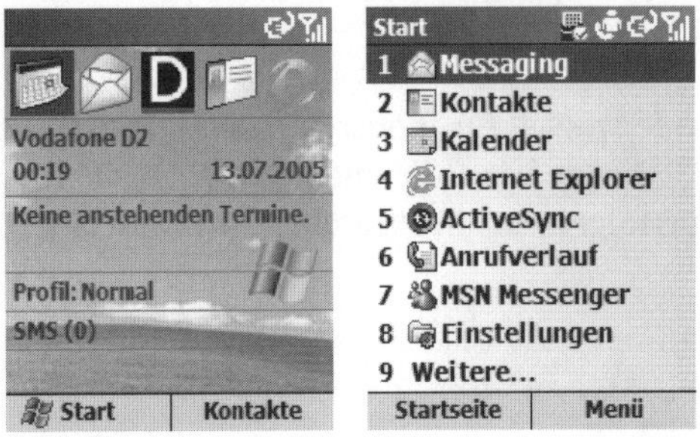


**Bild 15.6:** Heute-Bildschirm und Startmenü auf einem Smartphone

Das Startmenü lässt sich entweder mit der Navigationstaste steuern oder, was in den meisten Fällen schneller geht, mit der Zahlentastatur. Jeder Menüpunkt hat dazu eine Ziffer. Dies gilt auch in fast allen anderen Menüs auf Smartphones.

Auch auf Smartphones gibt es einen Kalender und ein Adressbuch, die mit dem PC synchronisiert werden. Die Personen aus dem Adressbuch kann man direkt anrufen oder ihnen E-Mails und SMS schicken.

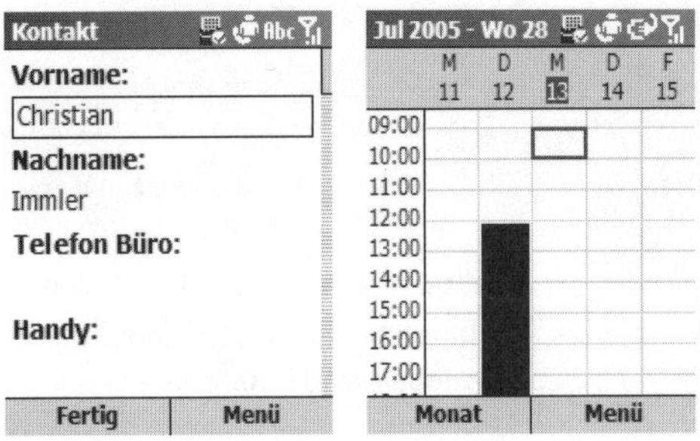


**Bild 15.7:** Adressbuch und Kalender auf einem Smartphone

Zur Texteingabe bieten Smartphones zwei Modi an, wie die Buchstaben auf der Handytastatur verwendet werden:

- **Multipress** – Jede Taste muss so oft gedrückt werden, wie die Position des Buchstaben auf der Tastatur angibt, für ein C dreimal die [2], für ein S viermal die [7].
- **T9** – Wörter werden automatisch anhand der eingegebenen Buchstaben erkannt. Hier muss jede Taste nur einmal gedrückt werden. Allerdings muss die richtige Sprache eingestellt werden; Eigennamen und seltene Fachbegriffe werden nicht erkannt, müssen also manuell korrigiert werden.

# 15.3 Datenaustausch mit dem PC

Der Datenaustausch mit dem PC und die Installation von Software läuft bei Pocket PCs und Windows Mobile Smartphones weitgehend gleich ab.

Die Synchronisation der Daten zwischen mobilem Gerät und PC erfolgt über *ActiveSync*, ein spezielles Windows-Programm, das mit jedem Pocket PC oder Smartphone ausgeliefert wird. Sofort beim Einstecken des Gerätes beginnt automatisch die Synchronisation.

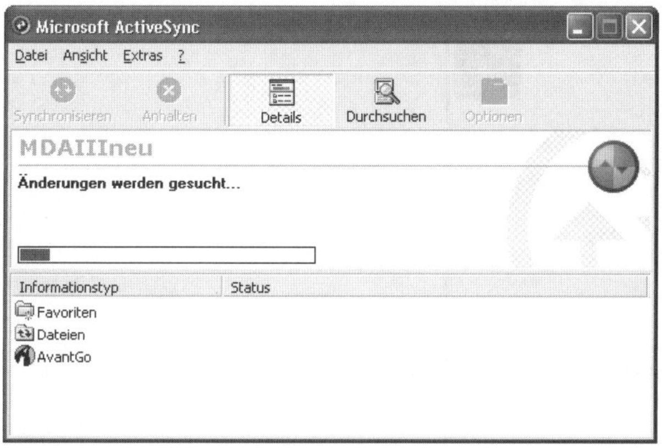


**Bild 15.8:** ActiveSync zur Datensynchronisation mit dem PC

Wird ein mobiles Gerät zum ersten Mal an einen PC angeschlossen, muss eine so genannte *Partnerschaft* angelegt werden. Damit wird der Pocket PC beim Einstecken jedes Mal identifiziert. An einem PC können mehrere Partnerschaften für verschiedene Geräte bestehen.

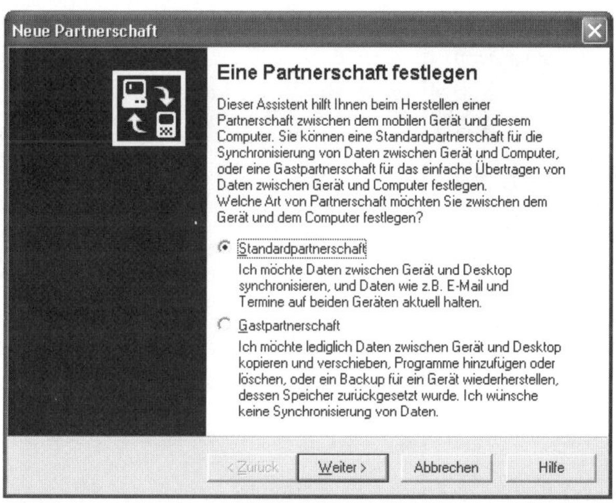


**Bild 15.9:** Der Assistent zum Anlegen einer neuen Partnerschaft

Mit einer Standardpartnerschaft können Daten synchronisiert werden. Um nur schnell auf einem fremden Gerät Software zu installieren, reicht auch eine Gastpartnerschaft. Auf dem PC werden dann keine lokalen Verzeichnisse angelegt. Bei einer Gastpartnerschaft stellt der Assistent auch keine weiteren Fragen.

E-Mails und Termine werden üblicherweise direkt mit dem PC synchronisiert. Soll die Synchronisation in einem Netzwerk mit einem Exchange-Server laufen, muss dies eigens beim Anlegen der Partnerschaft angegeben werden.

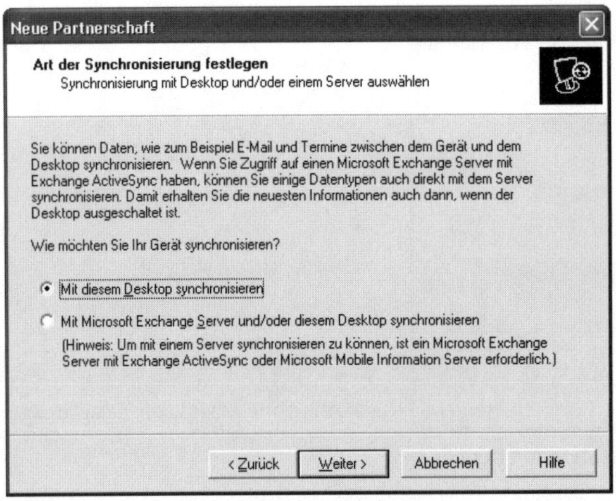


**Bild 15.10:** Synchronisation mit dem lokalen PC oder einem Exchange-Server

Im nächsten Schritt müssen Sie einen eindeutigen Namen angeben, der das Gerät im ActiveSync identifiziert.

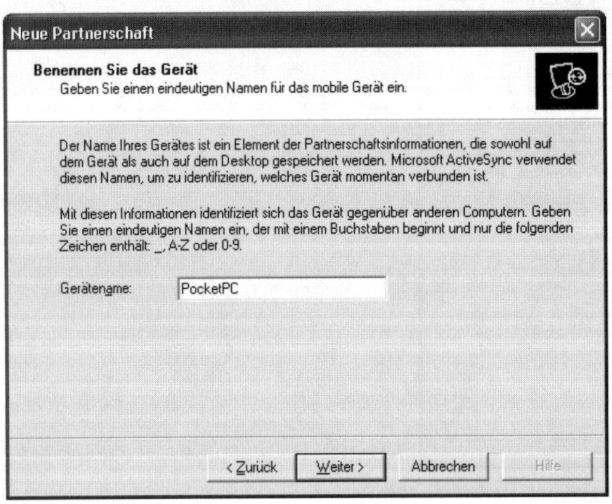


**Bild 15.11:** Jedes mobile Gerät braucht einen eindeutigen Namen

Im letzten, wichtigsten Schritt wählen Sie aus, welche Informationen zwischen mobilem Gerät und PC synchronisiert werden sollen. Die hier angezeigten Komponenten hängen vom Gerätetyp und den installierten Programmen ab.

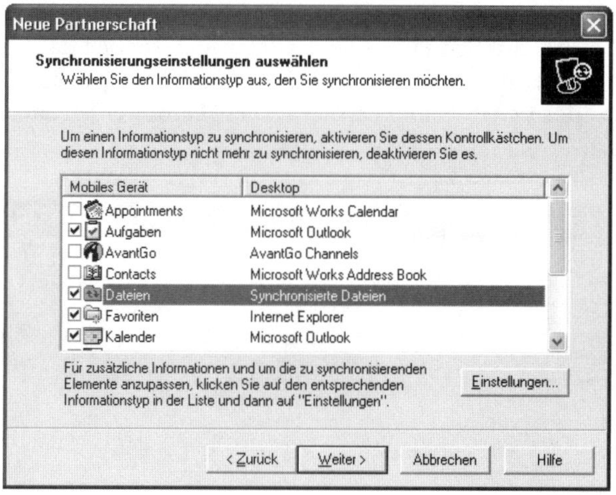


**Bild 15.12:** Auswahl der zu synchronisierenden Daten

Besonders wichtig ist hier, dass Sie die Option *Dateien* einschalten, die standardmäßig ausgeschaltet ist.

Pocket PCs und Smartphones werden unter Windows direkt in die Baumstruktur des Explorers eingebunden. Auf diese Weise kann man auch Dateien auf das mobile Gerät kopieren.

Auf dem Pocket PC gibt es einen eigenen Datei-Explorer und eine Windows-ähnliche Verzeichnisstruktur. Da keine Laufwerksbuchstaben existieren, ist die Speicherkarte als Verzeichnis in die Struktur eingebunden. Mit dem Explorer kann man bequem Dateien zwischen Hauptspeicher und Karte verschieben.

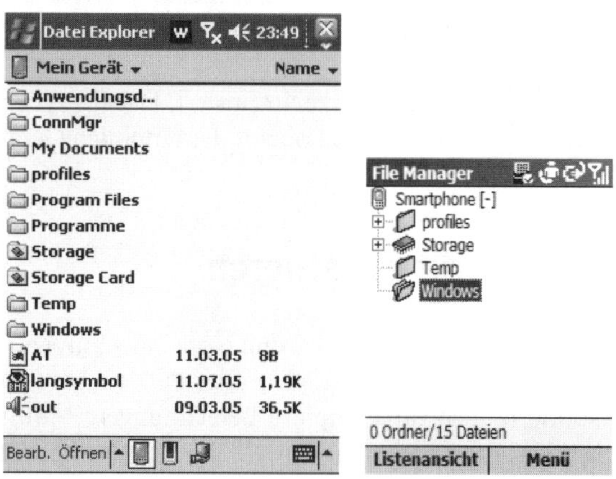


**Bild 15.13:** Der Datei-Explorer auf einem Pocket PC und auf einem Smartphone

Eine besondere Bedeutung innerhalb dieser Verzeichnisstruktur hat das Verzeichnis `My Documents`. Mit dem Schalter *Dateien* in Active Sync auf dem PC kann der gesamte Inhalt dieses Verzeichnisses einschließlich aller Unterverzeichnisse ständig mit dem PC abgeglichen werden. Dazu wird automatisch unterhalb von `Eigene Dateien` ein Verzeichnis angelegt. Dateien, die man in dieses Verzeichnis kopiert, werden automatisch auf den Pocket PC übertragen, umgekehrt kommt auch jede unterwegs bearbeitete Datei zurück auf den PC, ohne dass man sich speziell darum kümmern muss. Besonders nützlich ist diese Funktion für Pocket PCs mit eingebauter Kamera, die neue Fotos im Verzeichnis `My Documents\My Pictures` ablegen. Diese Fotos werden dann ebenfalls automatisch auf den PC kopiert.

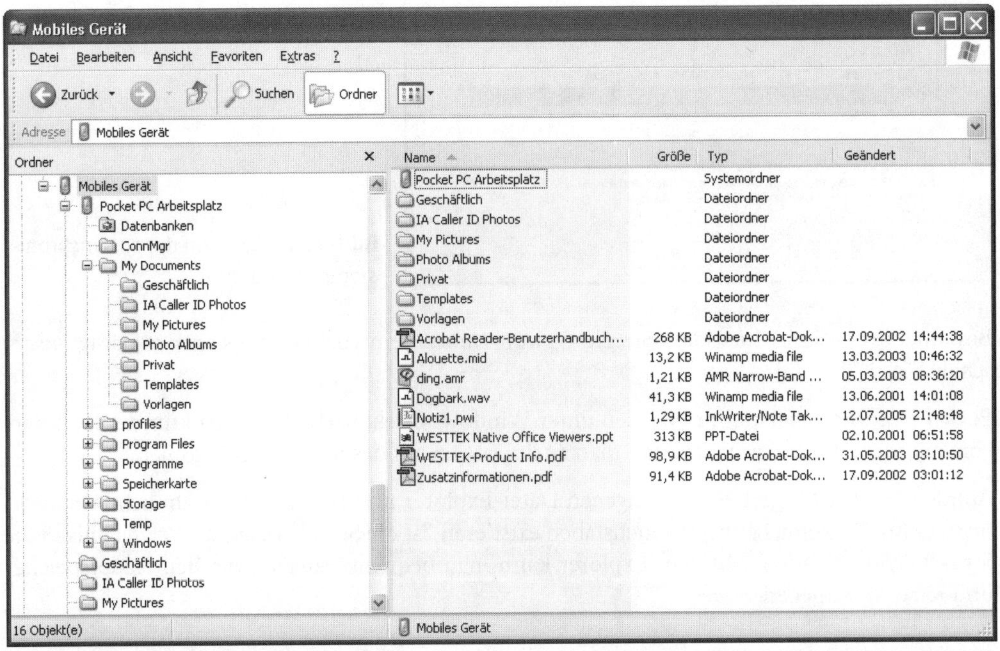


**Bild 15.14:** Ein Pocket PC in der Verzeichnisstruktur des Windows Explorers

Termine, Adressen und E-Mails werden automatisch mit Outlook synchronisiert. Dabei werden immer die letzten Änderungen auf beiden Seiten übernommen, egal ob auf dem mobilen Gerät oder auf dem PC etwas geändert wurde.

## 15.4 Programme auf dem mobilen Gerät installieren

Die ersten PDAs boten kaum mehr als ein Adressbuch, Terminkalender und Notizblock. Im Laufe der Zeit sind die Geräte so leistungsfähig geworden wie ein zehn Jahre alter PC und können nicht mehr nur als simpler Datenspeicher, sondern auch für komplexe Berechnungen, Multimedia-Anwendungen und Spiele eingesetzt werden. Zwar haben moderne PDAs standardmäßig immer noch die gleichen Funktionen wie in der Anfangszeit der Kleinstcomputer. Im Laufe der Jahre hat sich aber ein breites Software-Angebot entwickelt, das diesen Geräten erst zu ihrem wirklichen Erfolg verhalf.

Die meisten Windows Mobile-Programme bestehen wie Windows-Anwendungen nicht nur aus einer einzigen Datei, die nur auf das Gerät kopiert werden muss. Fast jede mobile Anwendung kommt mit einer Setup-Routine, die man auf dem PC startet und die dann die entsprechenden Dateien auf den Pocket PC oder das Smartphone überträgt – und dabei leider auch, wie die meisten Windows-Installationsroutinen, überflüssige Dateileichen auf dem PC zurücklässt. Windows Mobile-Programme verwenden auch keine eigene Dateiendung, sondern enden auch auf `.exe`, obwohl sie auf dem PC nicht laufen – was häufig zur Verwirrung beiträgt.

1. Starten Sie die `.exe`-Datei auf dem PC, und folgen Sie den Anweisungen des Assistenten. Bei manchen Programmen müssen noch Registrierungsschlüssel eingegeben werden. Ist die Anwendung sehr groß, wie zum Beispiel bei Lexika oder Stadtplänen, haben Sie in den meisten Fällen die Möglichkeit, direkt auf die Speicherkarte des PocketPCs zu installieren.

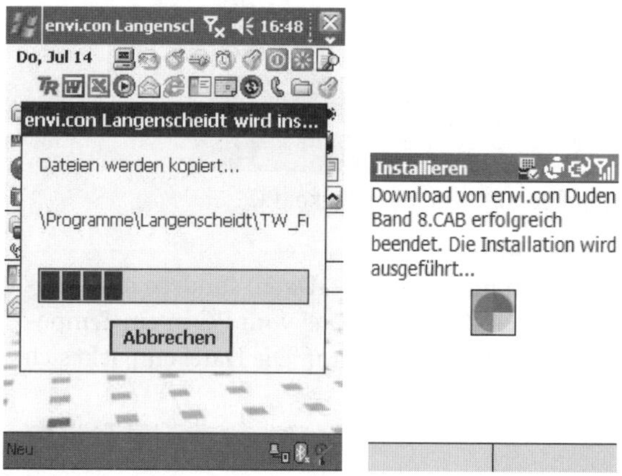


**Bild 15.15:** Installation auf dem Pocket PC (Langenscheidt Taschenwörterbuch) und auf dem Smartphone (Duden)

Bei einigen Anwendungen erscheinen auch noch Meldungen auf dem Pocket PC-Bildschirm, die bestätigt werden müssen.

2. Über den Menüpunkt *Extras/Software* in ActiveSync auf dem PC können Sie sich eine Übersicht der installierten Anwendungen auf dem Pocket PC anzeigen lassen. Von hier aus können Sie auch Programme wieder deinstallieren.

Auf dem Pocket PC finden Sie die Liste aller installierten Programme unter *Einstellungen/System/Programme entfernen*. Hier können Sie ebenfalls Programme wieder deinstallieren.

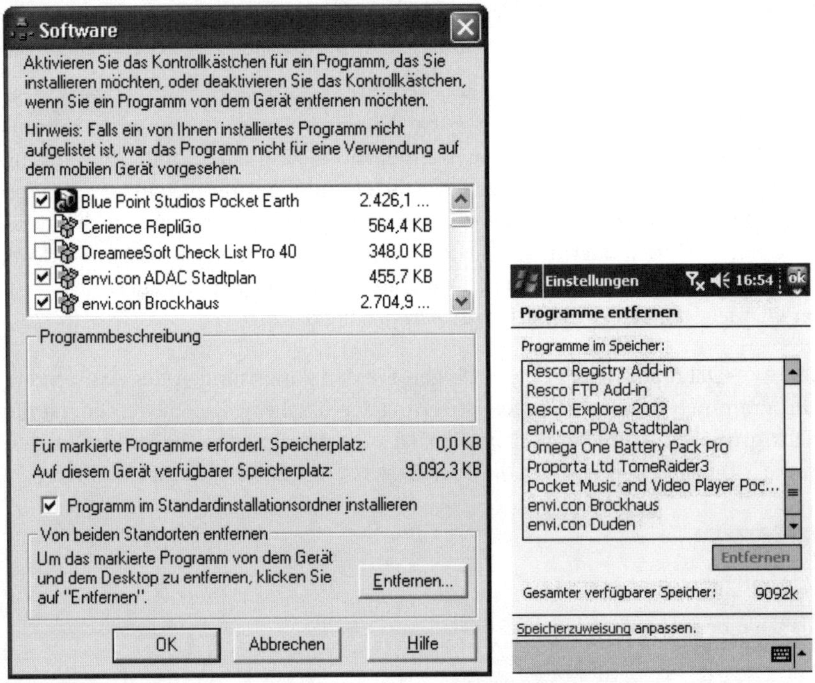


**Bild 15.16:** Übersicht über installierte Software auf dem PC und dem Pocket PC

**Info** Einige Pocket PC-Programme werden nicht als `.exe`-Datei, sondern als `.cab`-Datei geliefert. Kopieren Sie in solchen Fällen die `.cab`-Datei vom PC in ein Temporärverzeichnis auf dem Pocket PC, und tippen Sie dort darauf. Die Datei entpackt sich und installiert das Programm.

## 15.5 Pocket PC als Fernbedienung für das Media Center

Moderne Pocket PCs mit WLAN oder Bluetooth können als Fernbedienung für das Media Center verwendet werden. Mit der Software *Rudeo Control* werden alle Funktionen der Media Center-Fernbedienung auf dem Pocket PC simuliert.

Im Gegensatz zu klassischen Infrarot-Fernbedienungen braucht WLAN keine Sichtverbindung und kann deutlich größere Entfernungen überbrücken.

Außer der Fernbedienung, die auf dem Touchscreen des Pocket PCs abgebildet wird, kann auch die aktuelle Wiedergabeliste angezeigt und bearbeitet werden. So haben Sie immer im Blick, welche Musik gerade läuft und können das Abspielen auch steuern.

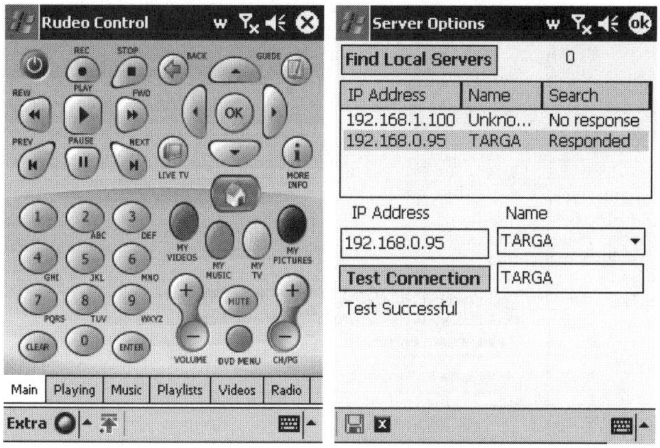


**Bild 15.17:** Rudeo Control auf dem Pocket PC

Auf dem PC wird ein Server-Modul installiert, das die Verbindungen verwaltet. Nachdem auch die Pocket PC-Komponente installiert ist, müssen Sie dort den verwendeten Server suchen und eine Verbindung herstellen. Auf dem PC wird die IP-Adresse angezeigt. Auf dem Pocket PC müssen Sie diese Adresse als Server eintragen. Der verwendete PC braucht dazu keine eigene WLAN-Antenne, ein WLAN-Router im Netzwerk reicht völlig aus.

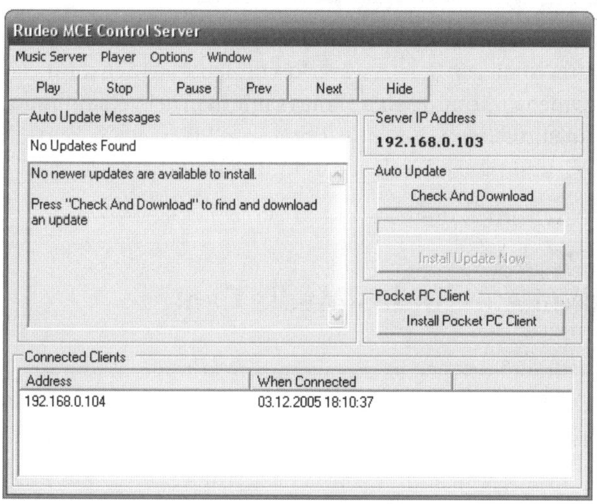


**Bild 15.18:** Das Servermodul auf dem PC

Danach können Sie das Media Center bequem vom Pocket PC aus steuern. Die Auswahlmöglichkeiten für Musik sind sogar komfortabler als direkt im Media Center. So lassen sich problemlos Wiedergabelisten bearbeiten oder eine Auswahl von Titeln zu den abzuspielenden Titeln hinzufügen oder die Auswahl durch eine neue ersetzen.

**Bild 15.19:** Rudeo Control auf dem Pocket PC

**Auf der Buch-CD** Auf der CD zum Buch finden Sie im Bereich *Windows-Mobile-Software* eine Testversion von *Rudeo Windows XP MCE Control.* Weitere Informationen zum Bezug der Vollversion finden Sie bei `www.pocketland.de/16768`.

## 15.6 Die wichtigsten Tools für den Pocket PC

Pocket PCs haben längst ihr Image als teures Manager-Spielzeug verloren. Heute werden die meisten Geräte entweder über Mobilfunkprovider als komfortable Handys mit Internet verkauft oder im Supermarkt als Navigationssystem für Autofahrer.

**Bild 15.20:** Stadtplan Hamburg (PDA Stadtplandienst) und Brockhaus auf dem Pocket PC

Dementsprechend gehören Telefon- und Internet-Programme sowie Landkarten zu den bekanntesten Anwendungen für Pocket PCs. Seit die Speicherkarten immer größer werden, werden auch Lexika für unterwegs immer beliebter. Der Brockhaus in 15 Bänden, der in gedruckter Form ein ganzes Bücherregalfach füllt und etwa 40 kg wiegt, passt heute auf eine 256 MB-Speicherkarte, und diese wird trotz der Datenfülle kein einziges Gramm schwerer. Unter einer übersichtlichen und intuitiv bedienbaren Oberfläche lassen sich alle 140.000 Begriffserklärungen des Lexikonklassikers und etwa 8.000 Bilder anzeigen. Eine Volltextsuche im gesamten Datenbestand, interaktive Querverweise und eine Liste der zuletzt gesuchten Begriffe sind nur einige der Funktionen, die ein konventionelles gedrucktes Lexikon nicht bieten kann.

Bei den Wörterbüchern von Langenscheidt und im Duden Fremdwörterbuch kann der Pocket PC schwierige Begriffe sogar vorlesen, eine Funktion, die Wörterbüchern aus Papier ebenfalls fehlt.

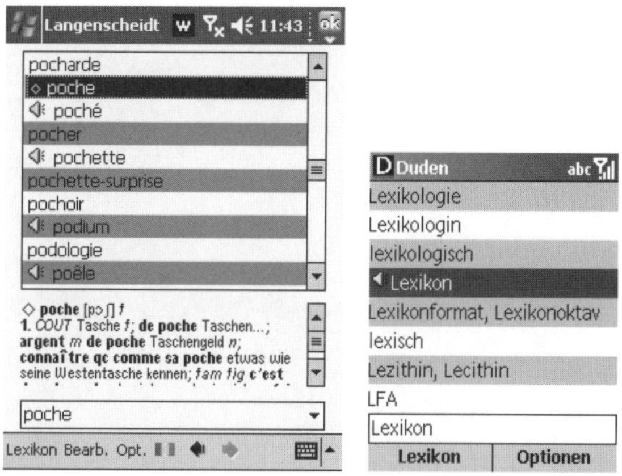


**Bild 15.21:** Langenscheidt Taschenwörterbuch Französisch auf dem Pocket PC und Duden auf dem Smartphone (beide mit Sprachausgabe)

Kleine tragbare MP3-Player werden immer beliebter – mit der passenden Software lassen sich Smartphones und Pocket PCs nicht nur zum Musik hören verwenden, man kann unterwegs sogar Filme sehen, die mit speziellen Komprimierungsprogrammen vorher auf dem PC auf die Bildschirmgröße der mobilen Geräte gebracht wurden.

**Auf der Buch-CD** Eine große Auswahl an Software für Pocket PCs und Smartphones finden Sie im Internet bei `www.pocketland.de` oder bei Microsoft unter `www.windows-mobile-software.de`. Eine kleine Auswahl davon finden Sie auch auf der CD im Buch.

Anhang A

# Tastenkombinationen


A.1 Daten retten mit Notfall-Linux von der CD ......... 526
A.2 Nützliche Software auf der CD .................... 534
A.3 Nützliche Tastenkombinationen für Windows XP ... 541

Zu diesem Buch gehört eine CD mit zahlreichen nützlichen Tools für den Windows-Alltag. Legen Sie die CD unter Windows ein, öffnet sich automatisch ein Browser-Fenster, in dem eine lokale HTML-Seite mit den Inhalten der CD angezeigt wird. Sollte nachdem Sie die CD eingelegt haben nichts passieren, weil zum Beispiel die AutoPlay-Einstellungen auf Ihrem Computer anders konfiguriert sind, öffnen Sie die Datei `index.htm` aus dem Hauptverzeichnis der CD in Ihrem Browser.

## A.1 Daten retten mit Notfall-Linux von der CD

Die CD-ROM im Buch ist bootfähig und enthält als Betriebssystem zur Datenrettung die Linux-Distribution INSERT (*Inside Security Rescue Toolkit*). Dabei handelt es sich um ein vollständiges Linux, das nicht installiert werden muss, sondern als Live-Version einschließlich aller Applikationen direkt von der CD läuft.

INSERT wird im Internet bei `www.insert.cd` als kostenloses ISO-Image zum Brennen auf eine Visitenkarten-CD angeboten. In Zusammenarbeit mit dem Hersteller liefern wir auf der Buch-CDCD eine spezielle Edition, die etwas größer ist, also nicht mehr auf eine Visitenkarten-CD passen würde, dafür aber den bekannten Firefox-Browser enthält.

### INSERT starten

Booten Sie den Computer im Notfall direkt mit der CD. Dazu muss im BIOS das Booten von CD aktiviert sein. Es erscheint ein Startlogo von INSERT und ein Prompt:

```
boot:
```

Drücken Sie an dieser Stelle die [↵]-Taste. INSERT ist bereits auf deutsche Tastatur voreingestellt, sodass im Gegensatz zu anderen Linux Live-CDs keine Umschaltung per Bootparameter nötig ist. Nach kurzer Zeit startet die grafische Oberfläche und ein Firefox-Fenster.

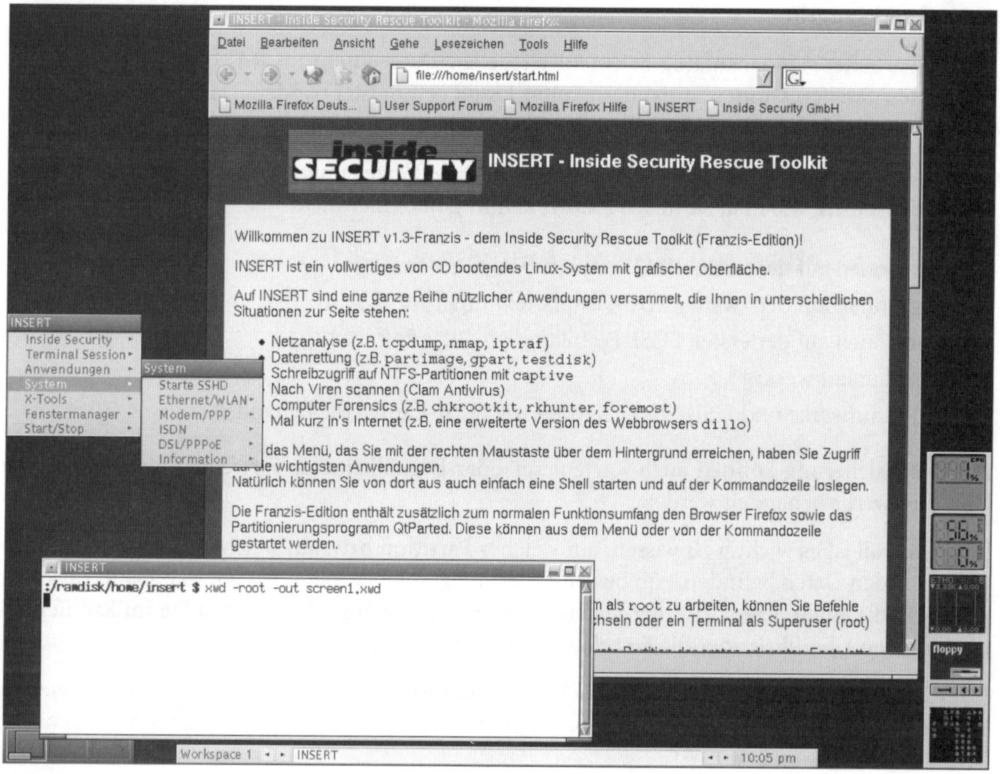


**Bild A.1:** INSERT Mini-Linux mit Firefox, Kommandozeile und Startmenü

Die Bedienung des Systems unterscheidet sich etwas von dem, was man von Windows kennt.

## ▲ Startmenü

Alle Programme sind im Startmenü. verfügbar oder per Kommandozeile zu starten. INSERT verwendet den schlanken Fenstermanager *Fluxbos*. Hier erscheint das Startmenü, wenn man mit der rechten Maustaste auf einen freien Bereich des Desktops klickt. Es ist ähnlich wie bei Windows XP in mehrere Untermenüs gegliedert.

Ein Rechtsklick auf die Titelleiste des Menüs schließt dieses später wieder.

Das INSERT Mini-Linux ist wie Windows XP Multitasking-fähig. Sie können also mehrere Programme in einzelnen Fenstern parallel starten. Die Umschaltung zwischen den Fenstern funktioniert auch wie in Windows XP mit der Tastenkombination [Alt]+[⭾].

### ▲ Laufwerkszugriff

INSERT arbeitet standardmäßig in einem virtuellen Dateisystem im RAM. Bevor Sie auf eine Festplatte zugreifen können, muss diese unter Linux gemountet werden. Dazu ist etwas Grundwissen über das Linux-Verzeichnissystem erforderlich:

Jedes Laufwerk ist wie ein Verzeichnis in eine globale Verzeichnisstruktur eingebunden. Laufwerksbuchstaben, wie man sie aus Windows kennt, gibt es hier nicht.

- Partitionen auf der ersten IDE-Festplatte: `hda1, hda2, ...`
- Partitionen auf der zweiten IDE-Festplatte: `hdb1, hdb2, ...`
- Partitionen auf der ersten SCSI-Festplatte: `sda1, sda2, ...`
- Diskettenlaufwerk: `floppy`
- USB-Laufwerke und USB-Sticks werden wie SCSI-Laufwerke behandelt.

Zur Datensicherung können auch Kartenleser oder Digitalkameras verwendet werden, die wie USB-Laufwerke behandelt werden.

In jedem Fall ist es wichtig zu wissen, auf welcher Partition bzw. auf welchem Laufwerk sich die zu sichernden Daten befinden. Am besten drucken Sie solange Windows XP stabil läuft (also vor dem Notfall) einen Screenshot der Datenträgerverwaltung aus. Dann haben Sie im Zweifelsfall immer einen Überblick über die Festplatten und Partitionen.

Jedes Laufwerk muss unter Linux zunächst gemountet werden. Anschließend kann es wie ein Verzeichnis verwendet werden. Zum Mounten verwenden Sie das mount-Applet unten rechts.

**Bild A.2:** Das mount-Applet in INSERT

Mit den Pfeilen schaltet man von einem Laufwerk auf das nächste, die Schaltfläche links daneben mountet das Laufwerk. Wenn es gemountet ist, erscheint das Symbol in grün.

## Der Dateimanager

Der Dateimanager *Midnight Commander*, ein Klon des bekannten Norton Commanders, ist im Menü unter *Anwendungen/Dateimanager/Midnight Commander* zu finden. Das Programm zeigt in zwei Fenstern zwei beliebige Verzeichnisse an. Je nach persönlichem Geschmack können Sie statt des *Midnight Commanders* auch den Dateimanager *emelFM* verwenden.

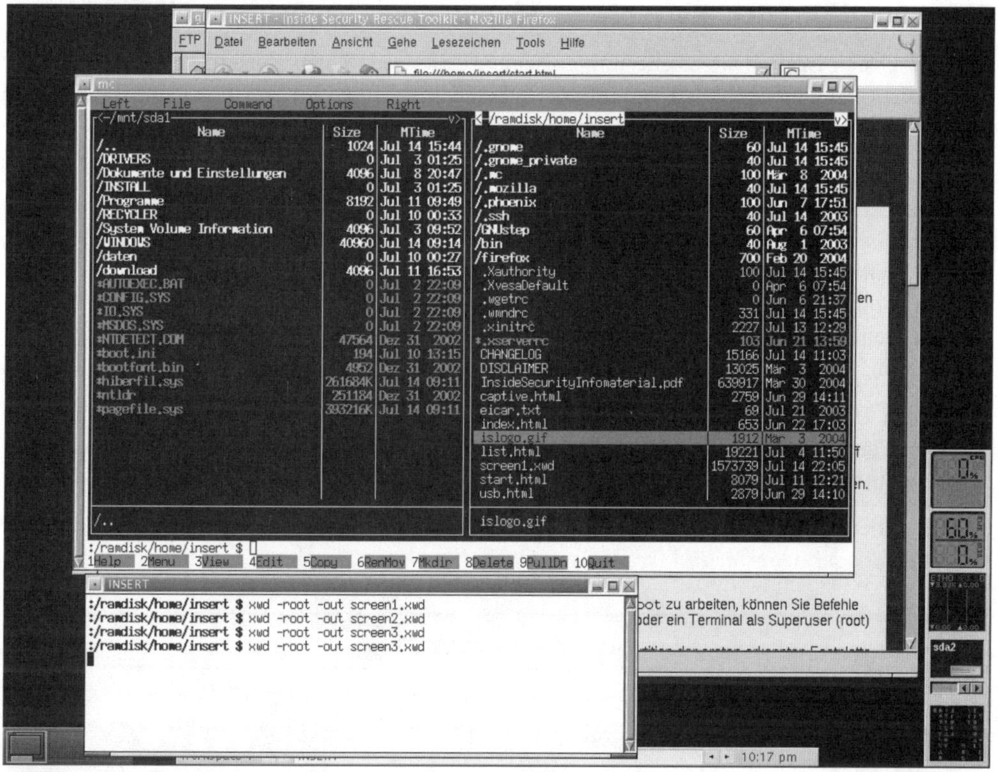


**Bild A.3:** Der Dateimanager Midnight Commander

Die Schaltflächen im unteren Bereich können mit der Maus angeklickt oder auch mit den Funktionstasten mit den entsprechenden Nummern aktiviert werden. Mit der Schaltfläche *Copy* können zum Beispiel eine oder mehrere markierte Dateien in das andere Verzeichnis kopiert werden, *RenMov* benennt Dateien um oder verschiebt sie in andere Verzeichnisse, *Mkdir* legt ein neues Unterverzeichnis im aktuellen Verzeichnis an.

Zur Sicherung der eigenen Daten bietet INSERT mehrere Möglichkeiten:

- Kopieren auf USB-Stick, Speicherkarte oder andere Festplatte/Partition.
- Brennen auf CD.
- Versand per E-Mail.
- Sichern auf einen FTP-Server oder persönlichen Filespace.

**Wichtig** Beachten Sie vor dem Kopieren auf Partitionen oder externe Festplatten, die mit dem NTFS-Dateisystem formatiert sind, die Hinweise im Infotext von INSERT, der nach dem Start in einem Browser-Fenster angezeigt wird. Sie können sich diese Informationen auch jederzeit wieder anzeigen lassen, indem Sie folgende Textzeile in die Adresszeile des Browsers eingeben:

`file:///home/insert/captive.html`

## Daten auf USB-Stick, Kartenleser oder externes Laufwerk kopieren

Am einfachsten ist die Datensicherung auf einen USB-Stick, einen Kartenleser oder, wenn Sie beides nicht zur Verfügung haben, auf eine Digitalkamera oder einen MP3-Player (PDAs und Handys benötigen zur Datenübertragung fast immer eine eigene Software, können also mit der Notfall-CD nicht eingesetzt werden).

Bei diesen USB-Geräten gilt (wie so oft): Je billiger, desto besser! USB-Sticks, die über »Eigenintelligenz« verfügen, zum Beispiel integrierte Passwortschutzsoftware haben, werden von Linux schwerer erkannt als ganz einfache, die einfach nur wie ein Laufwerk funktionieren. Auch Digitalkameras, die für Speicherkarte und RAM verschiedene Laufwerke oder Verzeichnisse verwenden, machen mehr Schwierigkeiten, wenn sie zur Datensicherung missbraucht werden sollen als die ganz einfachen Kameras.

Ist nur ein USB-Laufwerk angeschlossen, wird dies üblicherweise als `sda1` erkannt und kann dann auch gemountet werden. Am besten stecken Sie USB-Sticks schon an den Computer, bevor Sie diesen mit der Notfall-CD booten. Die Erkennung läuft dann sofort automatisch.

Nachdem der USB-Stick gemountet ist, können Sie die gewünschten Daten mit dem *Midnight Commander* oder dem *emelFM* Dateimanager auf `/mnt/sda1` kopieren.

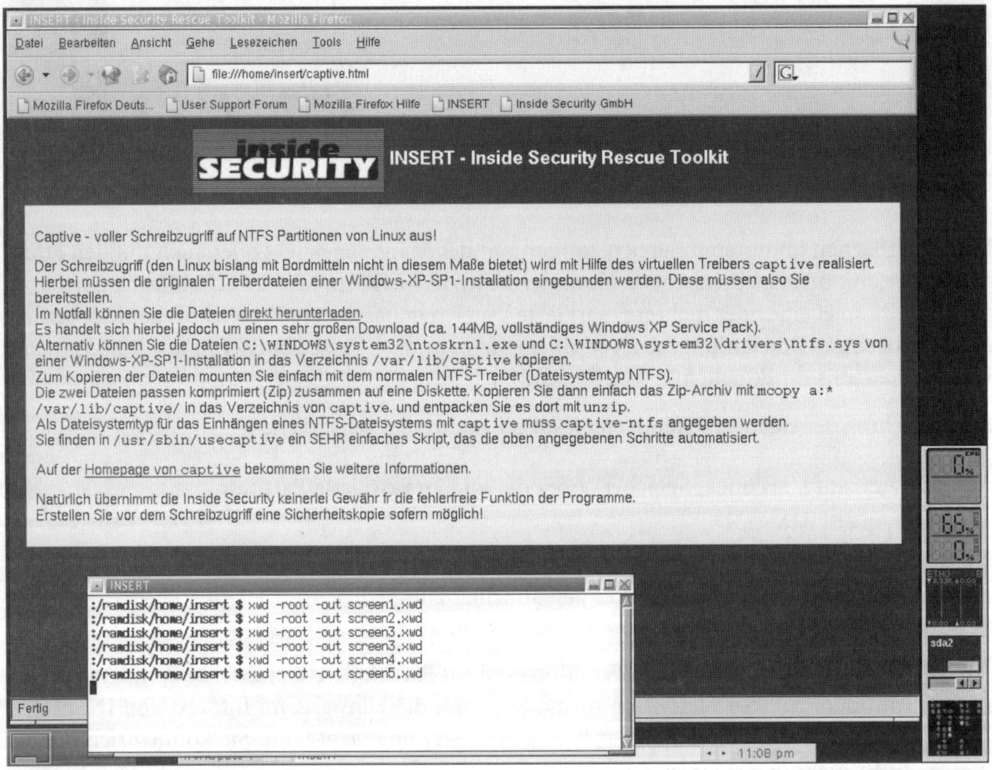


**Bild A.4:** Infos zum Zugriff auf NTFS-Partitionen von INSERT Mini-Linux

## Daten auf CD brennen

Die Notfall-CD enthält ein einfaches Brennprogramm, mit dem Sie Ihre Daten auf einem CD-Rohling sichern können. Sie finden dieses Programm im Menü unter *Anwendungen/Wiederherstellung Sicherung/BashBurn – Brenne CD – Superuser.*

Dieses Brennprogramm, das mit einem simplen Menü über die Zifferntasten gesteuert wird, legt beim ersten Start das Verzeichnis `/var/tmp/burn` an. Kopieren Sie in dieses Verzeichnis mit dem Dateimanager die Daten, die Sie brennen möchten. Dazu können Sie auch den Menüpunkt `10` im Brennprogramm direkt benutzen.

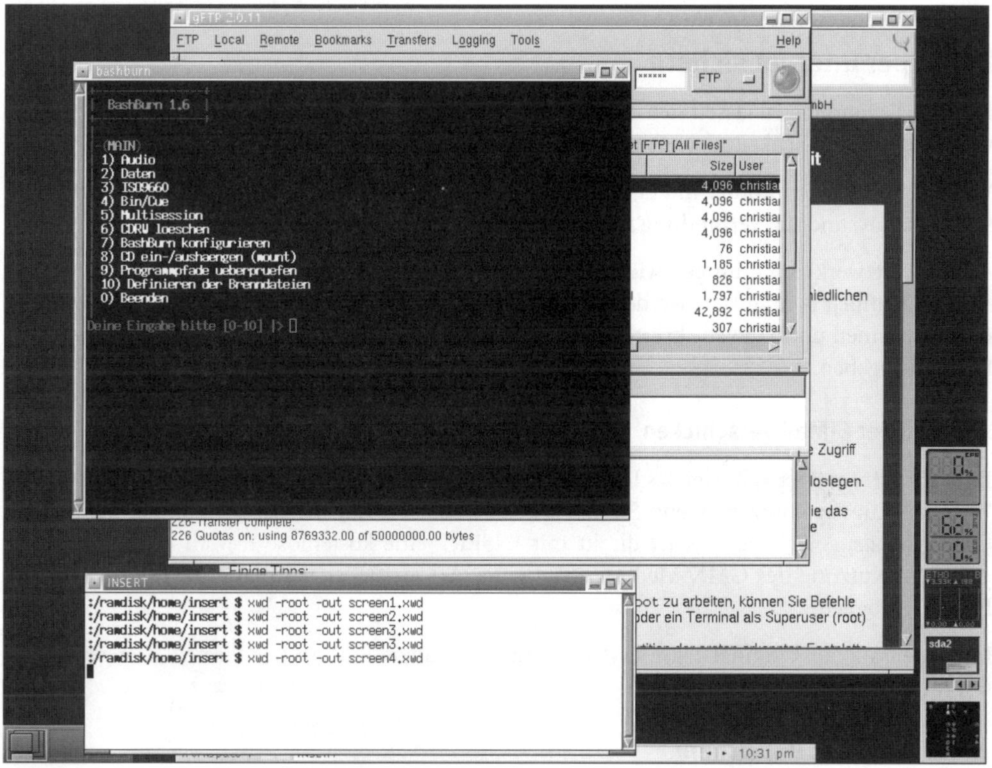


**Bild A.5:** Das Brennprogramm in INSERT

Legen Sie dann einen Rohling in den Brenner, und brennen Sie die Daten mit dem Menüpunkt `2`. Mit dem Menüpunkt `6` können Sie eine CD-RW vor dem Brennen löschen.

**Tipp** Während Sie mit der Notfall-CD arbeiten, können Sie diese nicht aus dem Laufwerk nehmen. Brennen auf CD funktioniert also nur, wenn Sie zusätzlich zu dem Laufwerk, in dem die Notfall-CD liegt, noch einen Brenner zur Verfügung haben. Sie können aber auch die Notfall-CD mit der Bootoption

```
insert toram
```

starten. Dann wird das ganze System in den Arbeitsspeicher kopiert und von dort gestartet. Danach können Sie die CD aus dem Laufwerk nehmen. Voraussetzung sind mindestens 128 MB RAM, was aber jeder Computer, auf dem Windows XP läuft, hat.

## Daten per Internet sichern

Kleinere Datenmengen lassen sich einfach per Internet sichern. Dazu bietet die Notfall-Boot-CD verschiedene Möglichkeiten, Netzwerkverbindungen zu konfigurieren.

Wenn Sie über einen Router mit dem Internet verbunden sind, wird die Netzwerkkarte automatisch erkannt, und die Verbindung funktioniert sofort.

Andere Netzwerkverbindungen wie WLAN, DSL-Verbindung ohne Router, ISDN oder Modem müssen manuell konfiguriert werden. Im Menü *System* finden Sie die entsprechenden Konfigurationsroutinen und Einwahlskripte. Hier müssen Sie dann Ihre Benutzerdaten für die Internet-Einwahl angeben.

### ▲ Daten per E-Mail verschicken

INSERT verfügt über kein eigenes E-Mail-Programm. Sie können aber mit dem Firefox-Browser Webmail-Zugänge nutzen. Wenn Sie noch keinen solchen Zugang haben, können Sie sich bei *GMX*, *web.de*, *Arcor* oder *freenet* direkt mit INSERT eine kostenlose E-Mail-Adresse anlegen. Auch die Nutzung des GMX-Mediacenters, einer Art virtueller Festplatte im Internet, ist mit INSERT möglich.

Im Gegensatz zur Original-INSERT-CD ist in der Franzis-Edition der Firefox-Browser bereits fest integriert.

### ▲ Dateien per FTP speichern

Wenn Sie größere Mengen von Daten sichern wollen, bietet sich ein FTP-Server an. Fast jeder Internetprovider stellt seinen Kunden Webspace für eine eigene Homepage zur Verfügung. Diesen Speicherplatz können Sie natürlich auch zur Datensicherung nutzen. Das einzige, was Sie dazu brauchen, sind die FTP-Zugangsdaten zum Server des Providers, die Sie üblicherweise bei der Anmeldung bekommen.

Haben Sie von Ihrem Internetprovider keinen Webspace bekommen, oder nutzen Sie nur Internet-by-Call-Anbieter, können Sie sich bei `www.arcor.de` oder `www.freenet.de` kostenlos für eine Homepage anmelden, unabhängig davon, welchen Provider Sie für Ihren Internet-Zugang nutzen.

Die Anmeldung können Sie direkt von der Notfall-CD aus mit dem Firefox-Browser durchführen. Sie bekommen dabei sofort die Zugangsadaten für einen FTP-Zugang mitgeteilt. Allerdings ist hier der Speicherplatz auf 50 MB begrenzt, was aber zur Sicherung wichtiger persönlicher Daten oft ausreicht.

Die Notfall-CD enthält im Menü *Anwendungen/Netzwerk* das FTP-Programm *gFTP*. Hier müssen Sie in der oberen Leiste die Zugangsdaten zum Server eintragen, danach können Sie ähnlich wie in einem Dateimanager Daten vom lokalen PC auf den FTP-Server und zurück kopieren.

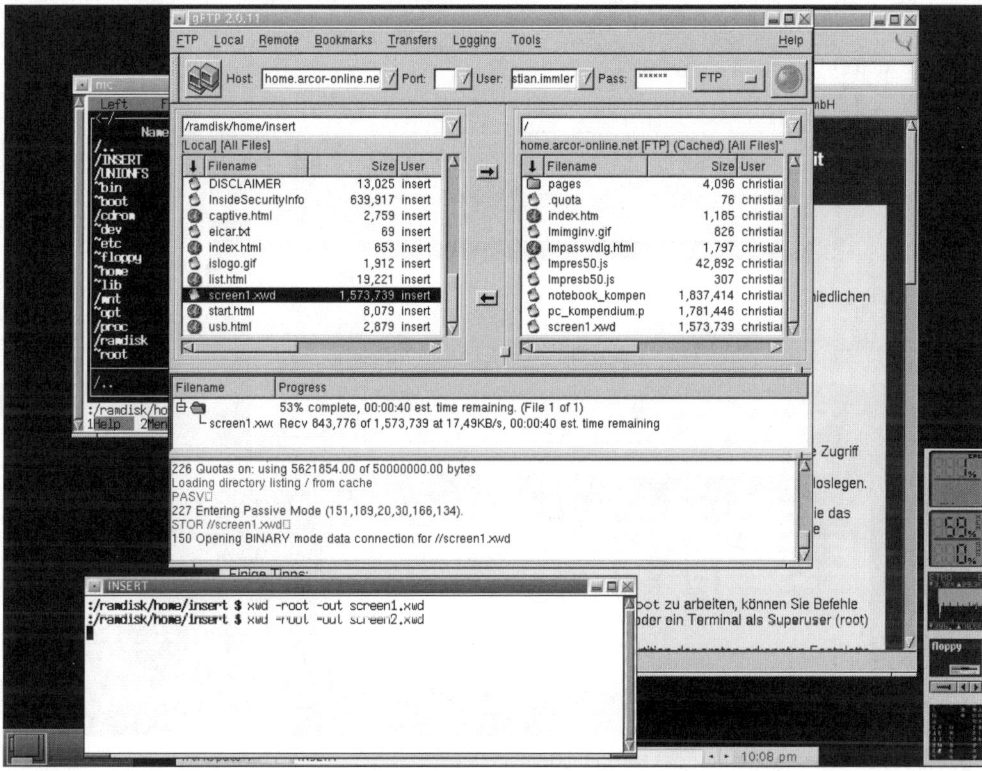


**Bild A.6:** Das FTP-Programm *gFTP* im *INSERT Mini-Linux*

Arbeiten Sie in einem Netzwerk, können Sie auch einen anderen PC als FTP-Server konfigurieren und die Daten direkt auf diesen PC sichern.

## Virenscanner

Die Notfall-CD enthält einen Virenscanner, mit dem man jedes gemountete Laufwerk auf Viren überprüfen kann. Bevor Sie den Virenscanner starten, können Sie wenn Sie einen Internet-Zugang zur Verfügung haben, mit dem Menüpunkt *Anwendungen/Sicherheit/Signaturupdate Virenscanner* die aktuellen Virensignaturen herunterladen und installieren. Die Virensignaturen auf unserer Notfall-CD sind vom September 2005, also neuer als auf der Original INSERT-CD.

Danach starten Sie den Virenscanner über den Menüpunkt *Anwendungen/Sicherheit/Virenscanner GUI avscan*, wählen die zu scannenden Verzeichnisse oder Laufwerke aus und klicken auf *Start*. Die Laufwerke müssen vorher gemountet sein, da sonst auch der Virenscanner keinen Zugriff darauf hat.

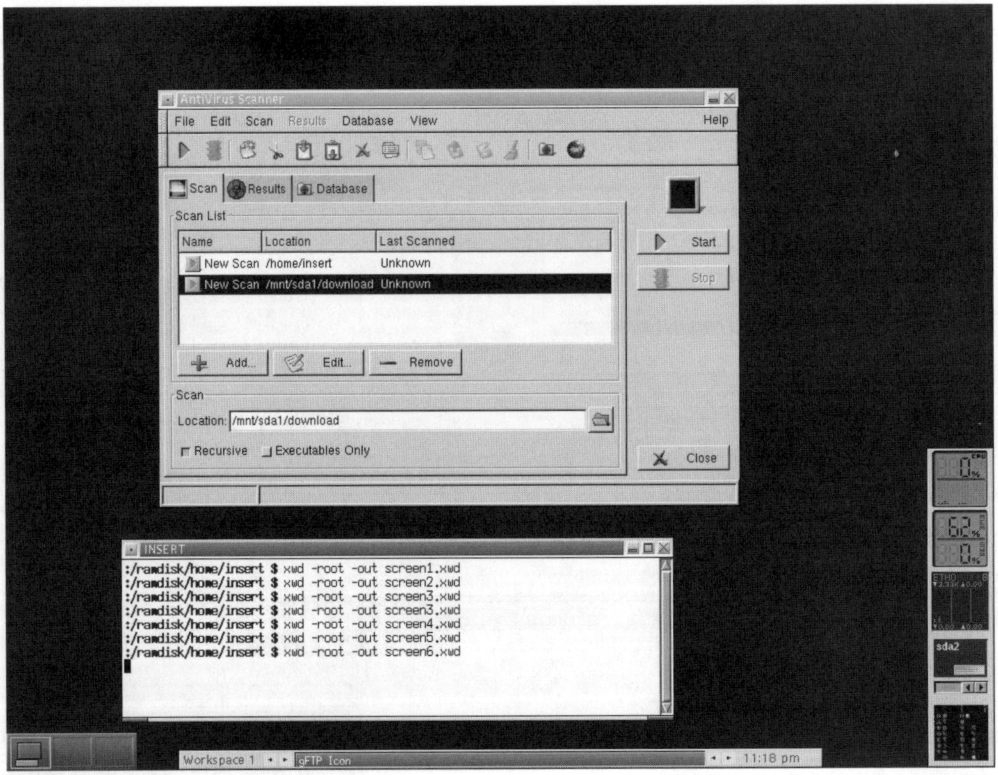


**Bild A.7:** Der Virenscanner auf der Notfall-CD

# A.2 Nützliche Software auf der CD

Auf der Buch-CD befinden sich außer dem Notfallsystem noch nützliche Programme für alltägliche Systemarbeiten in Windows. Einige Anwendungen befinden sich als Vollversion auf der CD. Zur uneingeschränkten Nutzung ist eine kostenlose Registrierung beim Hersteller erforderlich. Wie das genau funktioniert, erklären die Programme bei der Installation. Danach bekommt man eine E-Mail mit einem Schlüssel zur Freischaltung.

Die Freeware-Programme aus der Open Source-CD können Sie jederzeit beliebig frei nutzen.

## Vollversion Ashampoo Burning Studio 2005

*Ashampoo Burning Studio 2005* ist ein Programm zum Brennen von Daten - und Musik-CDs oder CDs. Das Programm überzeugt durch eine sehr übersichtliche Oberfläche, in der Funktionen zum Brennen aller wichtigen CD-Formate leicht zu finden sind – ideal, um schnell einmal eine CD zu brennen, ohne sich durch umständliche Konfigurationsdialoge anderer Brennprogramme zu hangeln.

**Bild A.8:** Ashampoo Burning Studio 2005

Im Hauptmenü wählt man aus, welchen Typ von CD oder CD man erstellen möchte. Dabei sind neben Daten-CDs für PCs auch Audio-CDs für normale CD-Player und MP3-CDs oder DVDs zum Abspielen von Musik in kompatiblen CD- oder DVD-Playern möglich.

Im Datenmodus lassen sich Dateien und Ordner aus beliebigen Verzeichnissen von der Festplatte zu einer CD zusammenstellen. Dabei zeigt das Programm automatisch sofort an, wie voll die CD wird. So kann man für Datensicherungen die Rohlinge optimal ausnutzen.

Anstatt eine Daten-CD sofort zu brennen, kann auch eine vorhandene CD-RW um die neuen Daten ergänzt werden, wenn noch freier Platz darauf ist.

Im Audio-Modus lassen sich diverse Audioformate, unter anderem `mp3`, `ogg` und `wma` , automatisch in Audiotracks konvertieren. Hier wird die Spielzeit ermittelt, um die CDs auch wieder voll auszunutzen. Um Lautstärkeunterschiede auf der fertigen CD zu vermeiden, kann die Lautstärke aller Tracks vor dem Brennen normalisiert werden.

Um eine vorhandene CD oder DVD zu kopieren, brauchen Sie nur wenige Klicks. Das Startfenster von *Ashampoo Burning Studio 2005* bietet für diese häufig benötigte Funktion einen eigenen Button.

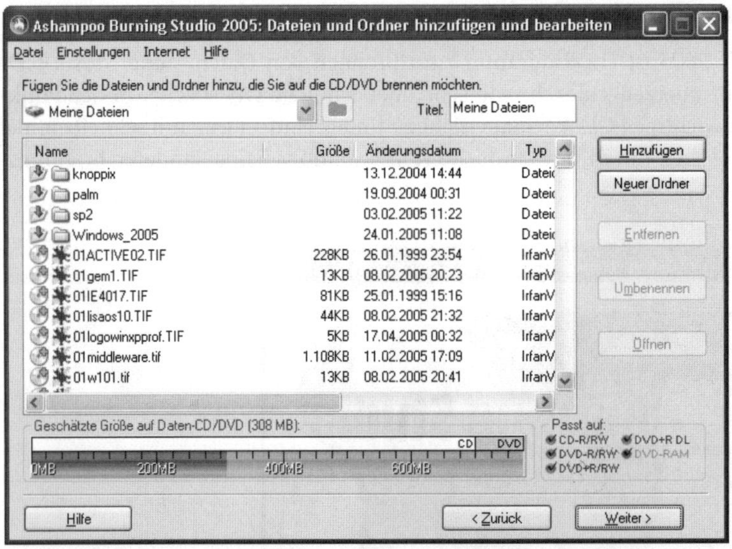


**Bild A.9:** Zusammenstellen einer Daten-CD

## Vollversion Ashampoo Photo Illuminator 2

Der *Ashampoo Photo Illuminator 2* ist ein komfortabler Bildbetrachter mit deutlich mehr Funktionen als der Standard Windows-Bildbetrachter sie bietet.

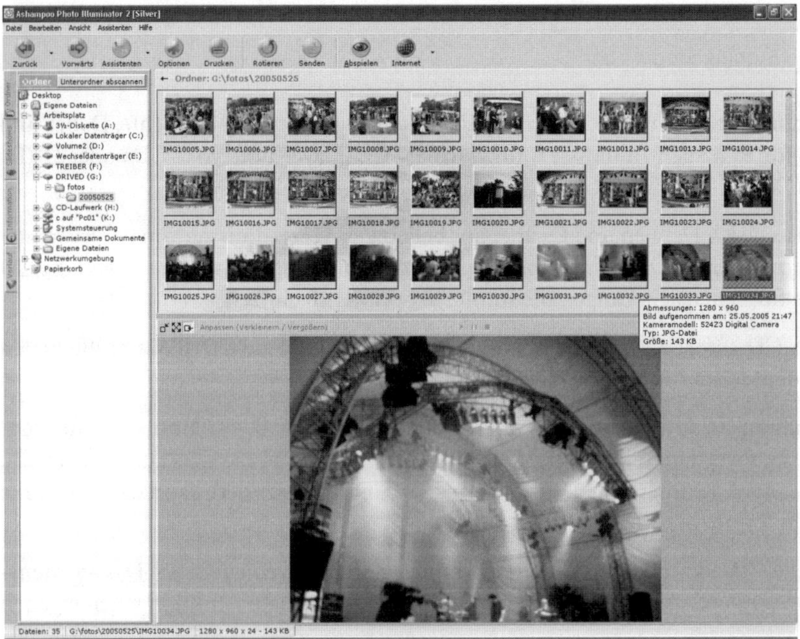


**Bild A.10:** Der Ashampoo Photo Illuminator 2

Im Gegensatz zur Windows Bild- und Faxanzeige lässt sich die Größe der Vorschaubilder beliebig einstellen und jederzeit ändern.

Besonders interessant sind die integrierten Assistenten, mit denen sich automatisch selbstausführende Fotoalben und Foto-CDs, Bildschirmschoner oder Diaschauen aus den eigenen Fotos erstellen lassen. Der Druckassistent druckt Bilderserien entweder einzeln oder als Bilderkatalog mit Übersichtsbildern und Dateinamen auf einer Seite.

Das integrierte Konvertierungsprogramm *ConvertYa!* konvertiert viele Bilder auf einmal in andere Formate oder Größen, um zum Beispiel hochauflösende Digitalfotos für die Präsentation auf Webseiten zu optimieren.

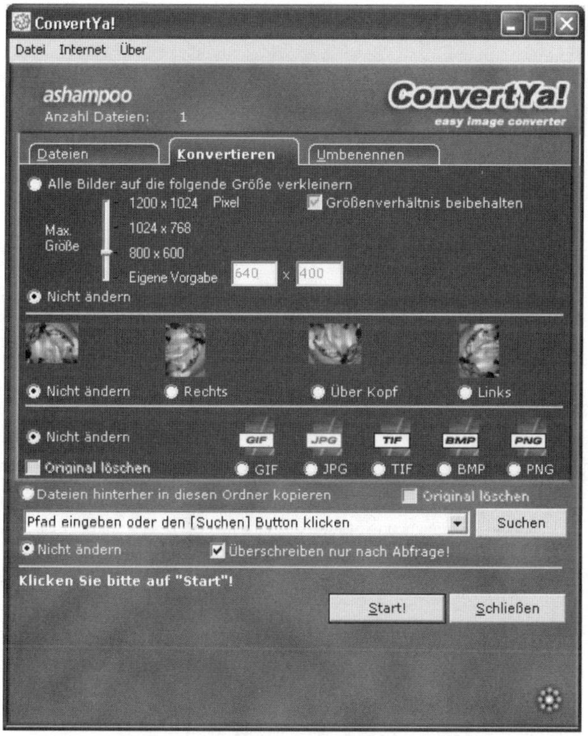


**Bild A.11:** Der integrierte Bildkonverter

Die Bilderserien lassen sich hier auch automatisch nach einem selbstdefinierbaren Nummernschema umbenennen.

### ▲ Bildschirmfotos mit SnapYa!

Zusammen mit dem *Ashampoo Photo Illuminator 2* wird ein kleines Programm *SnapYa!* installiert, mit dem sich Bildschirmfotos von einzelnen Fenstern oder beliebigen rechteckigen Bereichen des Bildschirms erstellen lassen.

Zur Verwendung in Präsentationen oder Programmdokumentationen kann der Mauszeiger im Screenshot mit verschiedenen Effekten hervorgehoben werden.

**Bild A.12:** SnapYa! erstellt Bildschirmfotos

## Vollversion Ashampoo Audio Rip & Burn

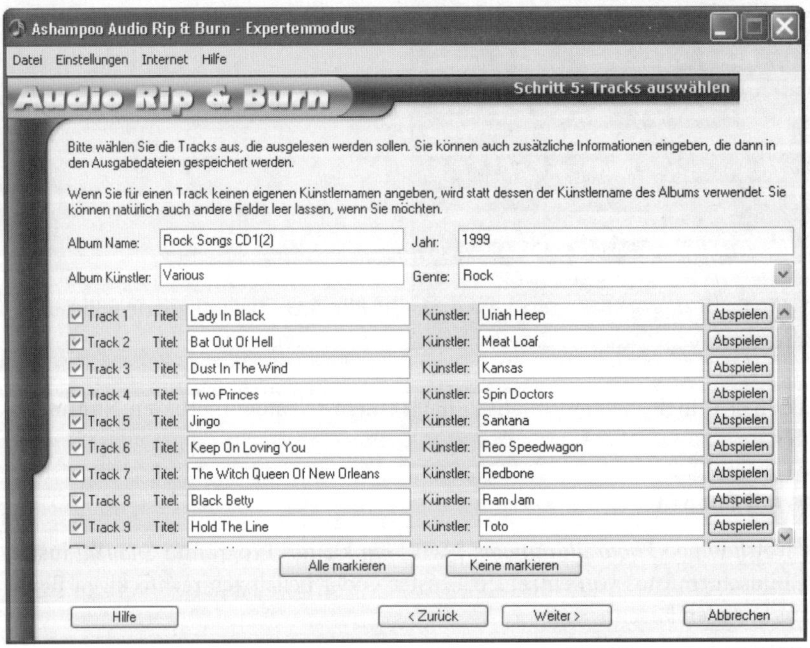


**Bild A.13:** Audio-Dateien konvertieren und als Musik-CD brennen

*Ashampoo Audio Rip & Burn* bietet einfache Möglichkeiten, Audio-Dateien aus Musik-CDs zu erstellen oder umgekehrt aus Audio-Dateien Musik-CDs zu brennen. Dabei lassen sich einzelne Tracks der CD auswählen. Die Titelinformationen können automatisch aus einer Datenbank im Internet abgerufen werden.

## Vollversion Ashampoo MP3 Check & Convert 2

*Ashampoo MP3 Check & Convert 2* ist ein nützliches Werkzeug bei der Arbeit mit Musikdateien. Immer wieder gibt es Probleme mit defekten MP3s, die sich nicht für Audio-CDs konvertieren lassen.

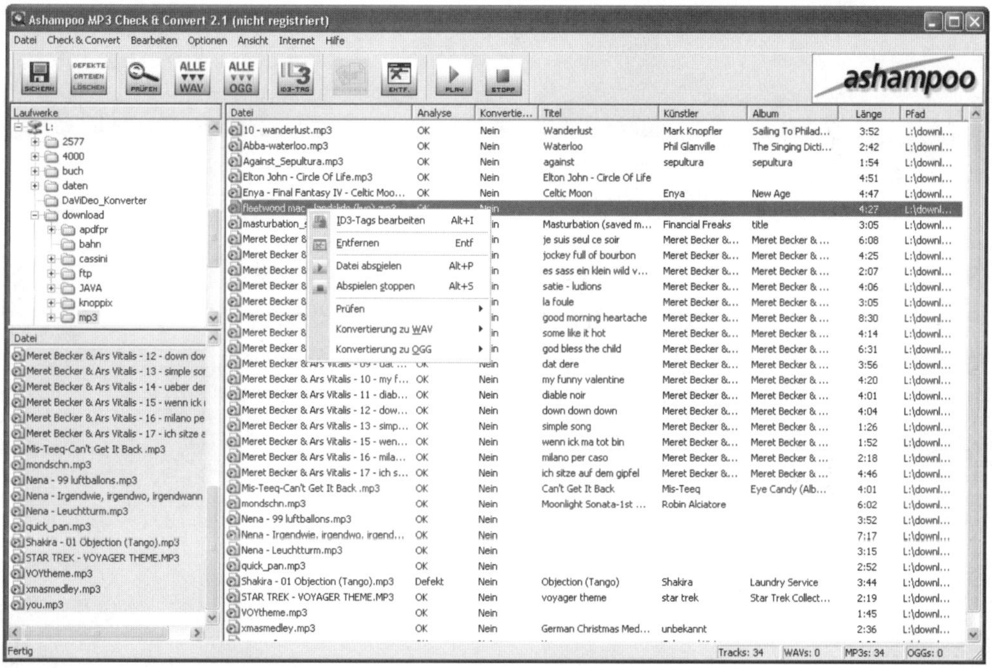

**Bild A.14:** *MP3 Check & convert* prüft und konvertiert Audio-Dateien

Ganze Serien von MP3-Dateien können auf einmal in das moderne OggVorbis-Format konvertiert werden, ein Open Source-Kompressionsalgorithmus, der von immer mehr Programmen und Geräten unterstützt wird.

## Open Source-CD

Die Open Source-CD ist eine umfangreiche Sammlung von quelloffener Software, die ohne Einschränkungen benutzt werden darf. Im Bereich Open Source-Software enthält die CD im Buch eine Auswahl der beliebtesten Programme der Open Source-CD.

**Info** Die komplette Open Source-CD kann bei `www.opensource-cd.de` als ISO-Image zum Selbstbrennen heruntergeladen werden. Falls Sie noch kein Brennprogramm haben: In unserer Auswahl von Open Source-Programmen ist das Programm *jCDWriter* enthalten, mit dem sich unter anderem ISO-Images auf CDs brennen lassen.

In einer übersichtlichen Oberfläche gibt es zu jedem Programm eine Kurzbeschreibung, einen Screenshot und natürlich den Link, um das Programm direkt von der CD zu installieren.

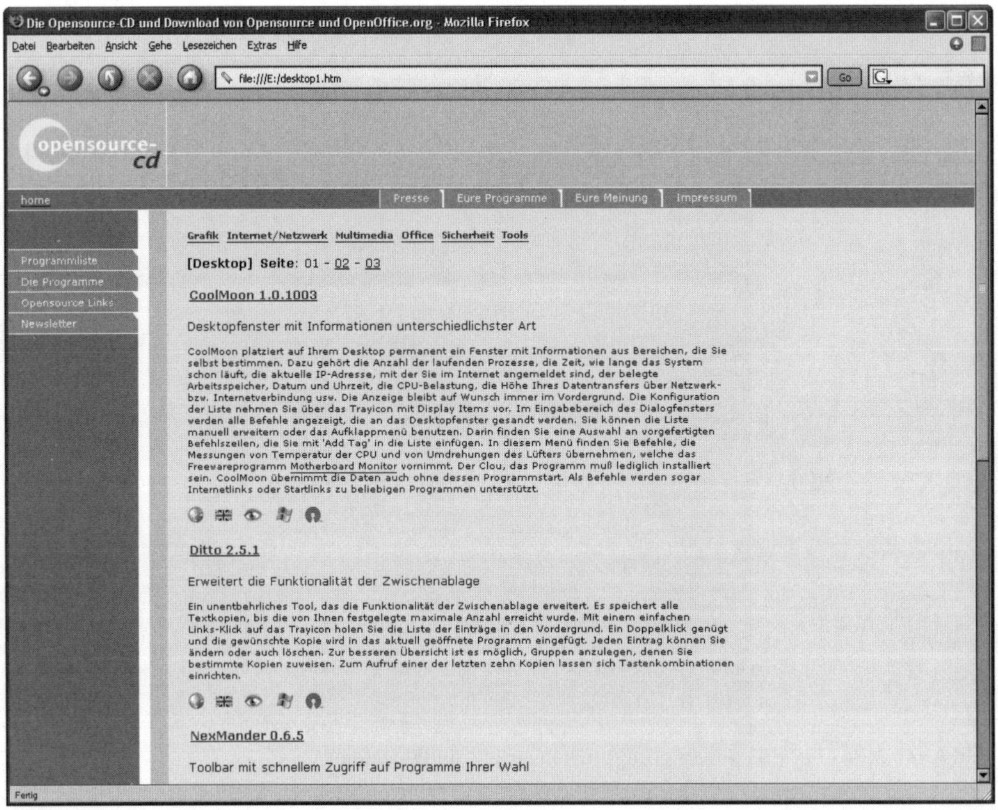


**Bild A.15:** Die Oberfläche der Open Source-CD

Einige der interessantesten Programme der Open Source-CD wurden bereits im Buch erwähnt, darunter die Webbrowser *Mozilla* und *Firefox*, das E-Mail-Programm *Thunderbird*, das Komprimierungsprogramm *7-Zip*, der *VLC-Mediaplayer* oder das Bildbearbeitungsprogramm *GIMP*, das mit seinen zahlreichen Profifunktionen der neue Konkurrent zu Photoshop werden kann.

### Registry-Tipps

Zu den Registry-Tipps in diesem Buch finden Sie auf der CD REG-Dateien, die Sie direkt per Doppelklick importieren können. Damit sparen Sie sich die manuelle Eingabe im Registrierungs-Editor. Außerdem ist diese Methode fehlerfrei. Falsch eingegebene Registry-Parameter können zu erheblichen Instabilitäten im System führen.

Bei einigen Tipps, die benutzerspezifische Angaben benötigen, bleibt Ihnen allerdings nichts anderes übrig, als die Daten von Hand einzugeben.

Lesen Sie, bevor Sie diese Dateien benutzen, unbedingt die Hinweise im Kapitel 13, »Die Registry«.

### Windows Mobile Software

Im Bereich *Windows Mobile Software* finden Sie in Zusammenarbeit mit dem Pocket PC-Softwareportal `pocketland.de` Testversionen empfehlenswerter Anwendungen für Windows Mobile Pocket PCs und Smartphones.

## A.3 Nützliche Tastenkombinationen für Windows XP

In vielen Fällen ist es schneller, statt sich mit der Maus durch Menüs zu hangeln einfach die richtige Taste zu drücken.

### Tastenkombinationen im Internet Explorer

▲ **Tastenkombinationen zum Surfen**

| Tastenkombination | Beschreibung |
| --- | --- |
| F1 | Die Hilfe zu Microsoft Internet Explorer oder in einem Dialogfeld die Kontexthilfe zu einem Element anzeigen |
| F11 | Zwischen Vollbild und Standardansicht des Browserfensters wechseln. |
| ⇆ | Vorwärts durch die Objekte auf einer Webseite, der Adressleiste und der Linkleiste blättern. |
| ⇧ + ⇆ | Rückwärts durch die Objekte auf einer Webseite, der Adressleiste und der Linkleiste blättern. |
| Alt + Pos1 | Zur Startseite wechseln. |
| Alt + - | Zur nächsten Seite wechseln. |
| ← | Zur vorherigen Seite wechseln. |
| ⇧ + F10 | Kontextmenü für einen Hyperlink anzeigen. |
| F6 | Zwischen Frames vorwärts bewegen. |

| Tastenkombination | Beschreibung |
|---|---|
| ⇧+Strg+⭾ | Zwischen Frames rückwärts bewegen. |
| ↑ | Bildlauf in Richtung Dokumentanfang durchführen. |
| ↓ | Bildlauf in Richtung Dokumentende durchführen. |
| Bild ↑ | Bildlauf in Richtung Dokumentanfang in größeren Schritten durchführen. |
| Bild ↓ | Bildlauf in Richtung Dokumentende in größeren Schritten durchführen. |
| Pos1 | Zum Dokumentanfang wechseln. |
| Ende | Zum Dokumentende wechseln. |
| Strg+F | Text auf der aktuellen Seite suchen. |
| F5 | Die aktuelle Seite aktualisieren. |
| Strg+F5 | Die aktuelle Webseite auch dann aktualisieren, wenn die Zeitstempel der Webversion und der lokal gespeicherten Version gleich sind. |
| Esc | Den Download einer Seite abbrechen. |
| Strg+O | Zu einem neuen URL wechseln. |
| Strg+N | Neues Fenster öffnen. |
| Strg+W | Das aktuelle Fenster schließen. |
| Strg+S | Die aktuelle Seite speichern. |
| Strg+P | Aktuelle Seite oder aktiven Frame drucken. |
| ↵ | Markierten Hyperlink aktivieren. |
| Strg+E | Die Suchleiste öffnen. |
| Strg+I | Die Explorerleiste Favoriten öffnen. |
| Strg+H | Die Explorerleiste Verlauf öffnen. |
| Strg+Klicken | Mehrere Ordner in der Explorerleiste Verlauf oder Favoriten öffnen. |

### ▲ Druckvorschau

| Tastenkombination | Beschreibung |
|---|---|
| Alt+D | Die Druckoptionen einstellen und die Seite drucken. |
| Alt+E | Das Papierformat, Kopf- und Fußzeilen, die Seitenausrichtung und die Seitenränder für die aktuelle Seite ändern. |
| Alt+Pos1 | Die erste zu druckende Seite anzeigen. |

| Tastenkombination | Beschreibung |
|---|---|
| Alt + → | Die vorherige zu druckende Seite anzeigen. |
| Alt + A | Die Seitenzahl der anzuzeigenden Seite eingeben. |
| Alt + ¨ | Die nächste zu druckende Seite anzeigen. |
| Alt + Ende | Die letzte zu druckende Seite anzeigen. |
| Alt + - | Verkleinern |
| Alt + + | Vergrößern |
| Alt + Z | Eine Liste mit Prozentzahlen zur Vergrößerung/Verkleinerung anzeigen. |
| Alt + F | Angeben, wie Frames gedruckt werden sollen. Diese Option ist nur dann verfügbar, wenn Sie eine Webseite drucken, in der Frames verwendet werden. |
| Alt + C | Die Seitenansicht schließen. |

## ▲ Adressleiste

| Tastenkombination | Beschreibung |
|---|---|
| Alt + S | Text in der Adressleiste markieren. |
| F4 | Eine Liste mit bereits eingegebenen Adressen anzeigen. |
| Strg + ¨ | Die Einfügemarke in der Adressleiste nach links bis zur nächsten logischen Unterbrechung in der Adresse (. oder /) verschieben. |
| Strg + → | Die Einfügemarke in der Adressleiste nach rechts bis zur nächsten logischen Unterbrechung in der Adresse (. oder /) verschieben. |
| Strg + ↵ | »http://www.« am Anfang und ».com« am Ende des in der Adressleiste eingegebenen Textes einfügen. |
| ↑ | Vorwärts durch die Liste der Vorschläge von AutoVervollständigen blättern. |
| ↓ | Rückwärts durch die Liste der Vorschläge von AutoVervollständigen blättern. |

### ▲ Favoriten

| Tastenkombination | Beschreibung |
|---|---|
| Strg + D | Die aktuelle Seite zu Ihren Favoriten hinzufügen. |
| Strg + B | Das Dialogfeld Favoriten verwalten öffnen. |
| Alt + ↑ | Den markierten Ordner bzw. das markierte Favoritenobjekt im Dialogfeld Favoriten verwalten um eine Ebene nach oben bewegen. |
| Alt + ↓ | Den markierten Ordner bzw. das markierte Favoritenobjekt im Dialogfeld Favoriten verwalten um eine Ebene nach unten bewegen. |

### ▲ Bearbeiten

| Tastenkombination | Beschreibung |
|---|---|
| Strg + X | Die ausgewählten Objekte entfernen und in die Zwischenablage kopieren. |
| Strg + C | Die ausgewählten Objekte in die Zwischenablage kopieren. |
| Strg + V | Den Inhalt der Zwischenablage am ausgewählten Ort einfügen. |
| Strg + A | Alle Objekte auf der aktuellen Webseite auswählen. |

## Tastenkombinationen zur Steuerung des Windows Media Players

### ▲ Wiedergabesteuerung

| Tastenkombination | Beschreibung |
|---|---|
| Strg + P | Play / Pause |
| Strg + S | Stop |
| Strg + B | Wiedergabe des vorigen Eintrags |
| Strg + F | Wiedergabe des nächsten Eintrags |
| Strg + ⇧ + B | Rücklauf bei Videos und DVD |
| Strg + ⇧ + F | Vorlauf bei Videos und DVD |
| F8 | Ton aus (Mute) |
| F9 | Lautstärke leiser |
| F10 | Lautstärke lauter |

### ▲ Medienbibliothek

| Tastenkombination | Beschreibung |
|---|---|
| Alt+N | Neue Wiedergabeliste erstellen |
| Alt+U | Objekt zur Wiedergabeliste hinzufügen |
| Alt+S | Medienbibliothek durchsuchen |
| Alt+M | Details zu einem Objekt anzeigen |
| Alt+Z | Zur Ansicht Medienbibliothek zurückkehren |

### ▲ Von CD kopieren

| Tastenkombination | Beschreibung |
|---|---|
| Alt+M | Titel kopieren |
| Alt+K | Kopiervorgang beenden |
| Alt+F | Abrufen der Namen von Albumtiteln |
| Alt+N | Ausblenden der Namen von Albumtiteln |
| Alt+S | Albumdetails anzeigen |
| Alt+U | Albumdetails ausblenden |

### ▲ Kopieren auf

| Tastenkombination | Beschreibung |
|---|---|
| Alt+M | Dateien kopieren |
| Alt+C | Kopiervorgang abbrechen |
| Entf | Ausgewähltes Element löschen |
| ↑ | Zum vorigen Listeneintrag zurückgehen |
| ↓ | Zum nächsten Listeneintrag weitergehen |
| F5 | Informationen aktualisieren |

### ▲ Tastenkombinationen für Designauswahl und Kontextmenü Design

| Tastenkombination | Beschreibung |
|---|---|
| Alt + B | Design anwenden |
| Alt + T | Designs downloaden |
| Entf | Ausgewähltes Element löschen |
| ⇧ + F10 | Anzeigen des Design-Kontextmenüs |
| ↑ ↓ ↵ | Navigation im Kontextmenü |
| Esc | Kontextmenü schließen |
| Strg + O | Datei öffnen |
| Strg + U | Dateipfad oder URL angeben |
| Strg + H | Zufällige Wiedergabe der Wiedergabeliste |
| Strg + T | Wiedergabeliste wiederholen |
| Strg + P | Play / Pause |
| Strg + S | Stop |
| Strg + B | Wiedergabe des vorigen Eintrags |
| Strg + F | Wiedergabe des nächsten Eintrags |
| F8 | Ton aus (Mute) |
| F9 | Lautstärke leiser |
| F10 | Lautstärke lauter |
| Strg + 1 | Wechseln zum Vollmodus |
| F1 | Hilfe anzeigen |

### ▲ Tastenkombinationen für Befehle aus den Menüs

| Tastenkombination | Beschreibung |
|---|---|
| Alt + D | Menü **Datei** anzeigen |
| Strg + O | Datei öffnen |
| Strg + U | Dateipfad oder URL angeben |
| Strg + W | Wiedergabe beenden, Datei schließen |

| Tastenkombination | Beschreibung |
|---|---|
| Alt + F4 | Windows Media Player beenden |
| Alt + A | Menü **Ansicht** anzeigen |
| Strg + 1 | Wechseln zum Vollmodus |
| Strg + 2 | Wechseln zum Designmodus |
| Strg + M | Anzeigen der Menüleiste im Vollmodus |
| Strg + I | Screenshot eines Bildes bei DVD-Wiedergabe |
| Alt + ↵ | Video oder DVD im Vollbildmodus anzeigen |
| Alt + 1 | Zoomfaktor 50% |
| Alt + 2 | Zoomfaktor 100% |
| Alt + 3 | Zoomfaktor 200% |
| Alt + W | Menü **Wiedergabe** anzeigen |
| Strg + P | Play / Pause |
| Strg + S | Stop |
| Strg + B | Wiedergabe des vorigen Eintrags |
| Strg + F | Wiedergabe des nächsten Eintrags |
| Strg + ⇧ + B | Rücklauf bei Videos und DVD |
| Strg + ⇧ + F | Vorlauf bei Videos und DVD |
| Strg + H | Zufällige Wiedergabe der Wiedergabeliste |
| Strg + T | Wiedergabeliste wiederholen |
| F8 | Ton aus (Mute) |
| F9 | Lautstärke leiser |
| F10 | Lautstärke lauter |
| Strg + E | CD oder DVD auswerfen (funktioniert nur, wenn nur ein einziges CD-Laufwerk vorhanden ist) |
| Alt + E | Menü **Extras** anzeigen |
| F3 | Nach Medien suchen |
| Alt + ⇧ + ? | Menü **?** anzeigen |
| F1 | Hilfe anzeigen |

**▲ Tastenkombinationen für das Menü im Anchorfenster im Designmodus**

| Tastenkombination | Beschreibung |
|---|---|
| Alt + F6 | Anzeigen des Menüs für das Anchorfenster im Designmodus |
| Strg + 1 | Wechseln zum Vollmodus |
| Strg + O | Datei öffnen |
| Strg + U | Dateipfad oder URL angeben |

## Tastenkombinationen für Outlook Express

**▲ Hauptfenster**

| Tastenkombination | Beschreibung |
|---|---|
| F1 | Öffnen der Hilfethemen |
| Strg + A | Auswählen aller Nachrichten |
| Strg + P | Drucken der ausgewählten Nachricht |
| Strg + M | Senden und Empfangen von E-Mail-Nachrichten |
| Entf | Löschen einer E-Mail-Nachricht |
| Strg + N | Öffnen oder Bereitstellen einer neuen Nachricht |
| Strg + ⇧ + B | Öffnen des Adressbuchs |
| Strg + R | Antworten an den Verfasser der Nachricht |
| Strg + F | Weiterleiten einer Nachricht |
| Strg + ⇧ + R | Antwort an alle |
| Strg + I | Wechseln zum Posteingang |
| Strg + . | Wechseln zur nächsten Nachricht in der Liste |
| Strg + , | Wechseln zur vorherigen Nachricht in der Liste |
| Alt + ↵ | Anzeigen der Eigenschaften einer ausgewählten Nachricht |
| F5 | Aktualisieren von Newsnachrichten und Kopfdaten |
| Strg + U | Wechseln zur nächsten ungelesenen E-Mail-Nachricht |
| Strg + ⇧ + U | Wechseln zum nächsten ungelesenen Newsdiskussionsfaden |
| Strg + Y | Wechseln zu einem Ordner |

| Tastenkombination | Beschreibung |
|---|---|
| ↵ | Öffnen einer ausgewählten Nachricht |
| Strg + ↵ | Markieren einer Nachricht als gelesen |
| ⇆ | Wechseln zwischen Ordnerliste (wenn aktiviert), Nachrichtenliste, Vorschaufenster und Kontaktliste (wenn aktiviert) |
| Strg + ⇧ + A | Kennzeichnen aller Newsnachrichten als gelesen |
| Strg + W | Wechseln zu einer Newsgroup |
| + | Einblenden einer Newsdiskussion (Anzeigen aller Antworten) |
| - | Ausblenden einer Newsdiskussion (Ausblenden der Antworten) |
| Strg + J | Wechseln zur nächsten ungelesenen Newsgroup bzw. zum nächstem ungelesenen Ordner |
| Strg + ⇧ + M | Downloaden von News zum Lesen im Offlinebetrieb |

## ▲ Nachrichtenfenster

| Tastenkombination | Beschreibung |
|---|---|
| Esc | Schließen einer Nachricht |
| F3 | Suchen von Text |
| Strg + ⇧ + F | Suchen einer Nachricht |
| Strg + ⇆ | Wechseln zwischen den Registerkarten Bearbeiten, Quelltext und Vorschau |
| Strg + K | Überprüfen der Namen |
| F7 | Überprüfen der Rechtschreibung |
| Strg + ⇧ + S | Einfügen einer Signatur |
| Strg + ↵ | Senden (Bereitstellen) einer Nachricht |

# Stichwortverzeichnis


### Numerisch

0190-Nummer *339*
7-Zip *85*

### A

Ablagemappe *274*
Access-Point *301*
ActiveSync *515*
ActiveX *339*
  Einstellungen *340*
Administrator *19, 66, 67, 196, 220*
Adressleiste *51*
Aktenkoffer *88*
Aktivierung *25*
Alexa *410*
Alt-Tab Replacement *128*
Analogmodem *279*
Anmeldung
  Benutzer *222*
Anmerkung *105*
Anordnen *64*
Anschlagverzögerung *156*
Arbeitsplatz *40, 48, 121, 143*
  Symbolleiste *82*
Ashampoo Burning Studio 2005 *535*
ATTRIB *258*
Audio *202*
Audio-CD *208*
  Brennen *216, 442, 466*
  Media Center *434*
  Rippen *435*
Audiokonverter *470*
Audioqualität *212*
Aufgabenliste *57*
Auslagerungsdatei *232*
  SCSI-Platten *233*
Automatische Programminstallation verhindern *340*
Automatische Updates *33, 264, 275*
AutoPlay *121, 145*
  Einstellungen *385*
autorun.inf *121*
Autostart *120*
  Verhindern *121*

### B

Backup *240*
Balloon-Tipps *384*
BATCH *258*
Batteriestand *186*
Baumstruktur *49*
Benutzer *196, 220*
  Anlegen *220*
Benutzername *19*
Benutzerverwaltung *220*
Betriebssystem *12*
Bild- und Faxanzeige *79*
Bildbetrachter *79, 103*
Bilder
  Größe ändern *125*
Bildschirmlupe *122*
Bildschirmschoner *185*
  Diaschau *185*
BIOS
  Bootsequenz *17*
  Druckeranschluss *164*
  Laufwerke *143*
  USB-Maus *157*
Bitmap-Datei *85*
Bootblock *19*
Bootdiskette *17, 24, 153*
Bootmanager *20*
Bootmenü *259*
Bootsequenz *17*
Brennen *148, 535*
Brenner *147*
Brennfunktion *148*
Brenngeschwindigkeit *147*
Brockhaus *523*
Browser
  Internet Explorer *305*
  Mozilla *314*
Brute Force *227*
Buch-CD *526*
Buffer Underrun *149*

### C

Caps Lock *156*
CD *258*
  Brennen *216*
  brennen *535*
  Kopieren *150*
  Rippen *211*
CD brennen *531*
CD im Buch *526*
CD-Aufkleber *150*
CD-Brenner *147*
CD-Etiketten *472*
CD-ROM-Laufwerk *17, 23, 48, 114, 143, 145*
CHKDSK *258*
ClearType *199*
CLS *258*
CompactFlash *152*
Computername *19*
COPY *258*
CPU-Auslastung *195*
Cursor
  Blinkrate *401*
CyberLink PowerCinema *500*

### D

Dateiattribute *67*
Dateidatum *69*
Dateien *50*
  Kopieren *54*
  Mehrere markieren *56*
  Senden an *57*
  Sortieren *62*
  Verschieben *54*
  Verstecken *70*
Dateiformat
  Unbekannt *403*
Dateigröße *68*
Dateimanager *528*
Dateiname *68*
Dateitypen *80*
Datensicherung *240, 530*
  Wiederherstellen *248*
Datenträgerbereinigung *235*
  Dateien komprimieren *237*

Offline-Dateien *237*
Offline-Web-Seiten *236*
Papierkorb *236*
Temporäre Dateien *237*
Temporäre Offline-Dateien *237*
Temporary Internet Files *236*
Übertragene Programmdateien *236*
Datenträgerverwaltung *144*
Datum *43, 100, 180*
Datumsangaben *69*
Defragmentierung *237*
Deinstallationsprogramm *117*
Deinstallieren *116*
DEL *258*
Designs *183*
Desktop *36, 44*
Aussehen *182*
Design *183*
DHCP *355*
Router-Konfiguration *300*
Server *355*
Dialer *339*
Diaschau *105, 107, 452*
auf DVD *454*
Geschwindigkeit *399*
Media Portal *494*
Dienste *271*
Wiederherstellungskonsole *259*
Digital Rights Management *211, 466*
Digitalkamera *150, 152*
DIR *258*
DISABLE *258*
Diskette *17, 49, 57, 150*
5,25-Zoll *153*
Disketteninstallation *23*
Diskettenformate *24*
Diskettenlaufwerk *48, 152*
DISKPART *258*
dmoz *316*
DNS-Server *357*
Doppelklick *157*
DOS-Bootdiskette *153*
Drag&Drop *54*
Druckeigenschaften *166*
Drucken *164*
Drucker *163*
Freigeben *364*
Manuell installieren *167*
Netzwerkdrucker *363*
Plug&Play *164*
Testseite *170*
Druckereigenschaften *166*
DSL *279*
Konfiguration *279*
Modem *280*
T-Online-Benutzername *288*
Duden *523*
DVD
Media Center *445*
Media Portal *491*
PowerCinema *503*


### ››› E


eBay *483*
Editor *92*
Effekte
Überflüssige abschalten *400*
Eigene Dateien *40, 66*
Einfügemodus *96*
Eingabeaufforderung
in einem Verzeichnis starten *126*
Eingabegebietsschemaleiste *154*
E-Mail *320*
Account *320, 324*
Empfänger *57*
Mozilla *315, 324*
Outlook Express *320*
ENABLE *258*
EXIF *108*
EXIT *258*
EXPAND *258*
Explorer *48*
Dateien gruppieren *109*
Gruppenansicht *64*
in einem Verzeichnis öffnen *61*
Miniaturansicht *79*
Startparameter *61*
Extender *482*


### ››› F


Favoriten *77, 309*
Verwalten *78*
Fax *171*
Fehlerberichterstattung *275, 343*
Fenster
Ansicht *51*
Fernbedienung *426*
Pocket PC als Fernbedienung nutzen *520*
Tasten *427*
Fernsehen
Media Portal *493*
PowerCinema *504*
Fernsteuerung *365*
Festplatte *48, 49, 143*
Überprüfen *234*
Festplattencontroller *143*
Feststelltaste *156*
Firefox *314*
Firewall *334, 335*
Ausnahmen *336*
Bereich ändern *338*
Regeln *336*
FIXBOOT *258*
FIXMBR *258*
Flachbildschirm *159*
ForegroundLockTimeout *404*
FORMAT *258*
Foto
Betrachten *103*
Diaschau *107*
EXIF-Daten *108*
Fotos betrachten *452*
Media Portal *494*
PowerCinema *504*
Fragmentierung *237*
Fraunhofer-Institut *215*
Freigabe *360*
anlegen *363*
Drucker *364*
Freihandlinie zeichnen *106*
Funkuhr *182*


### ››› G


Gast *19, 66, 220*
Gemeinsame Dokumente *67*
Gemeinsames Verwenden von Daten *228*
Geräte-Manager *140*
Diskettenlaufwerke *153*
Festplatten *143*
Gerätetreiber *132, 137*
Geschützte Verzeichnisse *67*
GIF-Animator *128*
Google *316*
In Internet Explorer integrieren *405*
Grafikkarte *158*
Grafiktreiber *159*

### ››› H


Handy *513*
Software installieren *518*
Hardware *132*
Assistent *137*
Voraussetzungen *17*
Hardware-Voraussetzungen
Media Center *414*
HELP *258*
Herunterfahren *37, 387*
Hintergrundbild *38, 183, 393*
HotPlug *151*
Hub *347, 349*


### ››› I


IBM-PC *12*
IDE *143*
Image Resizer *125*
IMAP *321, 325*
Indexdienst *76*
Infobereich *42*
INSERT *526*
Installation
Kompatibilitätsprüfung *22*
Ohne bootfähiges CD-ROM *23*
Update *21*
Installationsdatei *113*
Installationsdisketten *23*
Installieren *16, 17*
Programme *112*
Internet *278*
Automatischer Verbindungsaufbau *295*
DSL *279*
ISDN *279, 280*
Modem *282*
Telefonie *333*
Verbindung trennen *296*
Zeit *181*
Zugang *278*
Internet Explorer *305*
ActiveX *339*
Favoriten *309*
Lesezeichen *309*
Schaltflächen ausblenden *310*
Schriftgröße *307*
Spionagefunktionen *344, 409*
Startseite *306*
Surfspuren *409*
Tastenkombinationen *541*
Vollbildmodus *310*
Internet-by-Call *290*
Internet-Radio *462*
Internet-Zugang *284*
Router *300*
IP-Adresse *297, 300, 354, 357*
ISDN *279*
Kanal *287*
Kanalbündelung *281, 293*
Konfiguration *280*


### ››› J


Jokerzeichen *73*
Junk-Mail-Filter *327*


### ››› K


Kalender *180*
Kameradaten *109*
Kennwort *224*
Klassische Benutzeroberfläche *189*
Klassisches Startmenü *189*
Klassisches Windows-Design *191*
Koaxialkabel *346*
Kommentar in Faxanzeige *106*
Kompressionsrate *87*
Komprimieren *83*
Alte Dateien *237*
Kontextmenü
In neuem Ordner öffnen *402*
Neu *389*
Unbekannte Dateiformate *403*
Kopierschutz *212*


### ››› L


Laufwerk *49, 143*
Überprüfen *234*
Laufwerksbuchstabe *49*
Lautsprecher *161*
Lautstärkeregler *161, 208*
Lesezeichen
Mozilla *318*
liesmich.txt *114*
Linux *526*
Lizenzschlüssel *114*
Lizenzvertrag *114*
Log-Buch *95*
LOGON *258*
Löschprogramm *118*
Lösch-Schaltfläche *45*


### ››› M


MAC-Adresse, Routerkonfiguration *304*
Mail-Server *321, 325*
MAP *258*
Markieren *94*
Master Boot Record *258*
Maus *157*
mceAuction *483*
mceContacts *485*
mcePhone for Skype *484*
MD *258*
Media Center *414, 424*
Adressverwaltung *485*
Audio-CD *434*
Audio-CD rippen *435*
Bildschirmkonfiguration *420*
Diaschau *452*
DVD *445*
DVD-Einstellungen *448*
Extender *482*
Fernbedienung *426*
Fotos betrachten *452*
Hardware-Voraussetzungen *414*
Installation *415*
Konfiguration *454*
Medieninformationen herunterladen *432*
Musik *428*
Musik kopieren *443*
Onlinegalerie *458*
Remotedesktop *456*
Symbolleiste *426*
Videos abspielen *450*
Visualisierung *432*
Warteschlange *440*
Wetterbericht *458*
Wiedergabeliste *439*
Zusatzprogramme *477*
Media Center Setup Assistent *417*
Media Center-Wecker *478*
Media Player *202*
Media Player Classic *217*
Media Portal *486*

Diaschau *494*
DVD *491*
Fernsehen *493*
Fotos betrachten *494*
Konfiguration *498*
Musik *488*
Radio *493*
Spiele *498*
Wetterbericht *496*
Medienbibliothek *214*
Media Center *429*
Medienwiedergabe
Klassisch *217*
Mehrwertdienst *339*
MemoryStick *151*
Messenger
In Outlook Express stoppen *412*
Messenger, deinstallieren *129*
Micro-Channel *132*
Middleware *13*
Miniaturansicht
Bildgröße einstellen *398*
Modem *279, 283*
Konfiguration *282*
Monitor *158*
MORE *258*
Mozilla *314*
Browser *314*
E-Mail *324*
Lesezeichen *318*
Popup-Blocker *320*
Sidebar *316*
MP3 *211, 215, 436*
Player *216, 275*
MP3-Player *443, 463*
MPLAY32 *217*
MSI-Datei *113*
MSN-Explorer, deinstallieren *129*
MTU *392*
Multimedia *202*
MultiMedia Card *151*
Musik
Konvertieren *470*
Media Center *428*
Media Portal *488*
PowerCinema *501*
Suchen *440*
Musik-CD *146, 208*
Albumdetails *208*
Brennen *216*


### ››› N


Nachrichtendienst *275*
NET USE *258*
NetBEUI *357*
Netiquette *332*
NetMeeting-Remotedesktop-Freigabe *275*
Netscape *314*
Netzwerk
Arbeitsgruppe *352*
Aufgaben *284*
Drucker *363*
Freigabe *360*
Grundlagen *346*
Hardware *346*
Hub *347*
Laufwerksbuchstabe *362*
Twisted Pair *347*
Windows-Konfiguration *350*
Netzwerkkarte *346, 348*
DSL *279*
Netzwerkumgebung *360*
Neuinstallation *16*
Newsgroups *329, 331*
News-Server *330*
Newsticker *316*
Notfall-CD *526*
Notfalldiskette *250*
NTBA *281*
NTFS *18*
Benutzerrechte *229*
Komprimierung *86*
NTP, Router-Konfiguration *298*


### ››› O


Online-Dienste entfernen *129*
Onlinegalerie *458*
Open Command Window Here *126*
Ordner *49*
Kopieren *54*
Verschieben *54*
Outlook Express *320, 330*
Messenger stoppen *412*


### ››› P


Palladium *469*
Papierkorb *45, 65, 236*
Parallelinstallation *16, 20*
Partymodus *474*
Passwort *224*
Richtlinien *226*
Router *298*
Passwortklau *227*
Patches *28*
PC-Lautsprecher *163*
PCMCIA-Modem *283*
PC-Uhr *408*
PDA *510*
Musik aus Windows Media Player übertragen *216*
PDF-Dokumente *174*
Pfad *49*
Plain Old Telephone System *279*
Playlist Editor *478*
Plug&Play *132*
Netzwerkkarte *348*
Pocket PC *510*
Datenaustausch *515*
Fernsteuerung für Media Center *520*
Musik übertragen *463*
Software installieren *518*
synchronisieren *515*
Pocket Tunes *463*
POP3 *321, 325*
Popup-Blocker *312*
Mozilla *320*
POTS *279*
Power Calculator *127*
PowerCinema *500*
DVD *503*
Fernsehen *504*
Fotos betrachten *504*
Musik *501*
Radio *504*
PowerDown-Schalter *388*
PowerToys *122*
Taskbar-Magnifier *122*
Virtual Desktop-Manager *124*
Produkt-Key *18*
Programme *92*
Automatisch starten *119*
Deinstallieren *116*
Entfernen *116*
Installieren *112*
Starten *44*
Verknüpfung auf dem Desktop *61*
Programme umschalten *128*

Programmzugriff und -standards *328*
Programmzustand *194*
Prozesse *194*
Prozessor *142*

### ››› R

Radio
Media Portal *493*
PowerCinema *504*
RAM *142*
RD *258*
readme.txt *114*
Rechner *103*
REG-Datei *378*
REGEDIT *376*
Schnellnavigation *380*
Sperren *381*
Registrierung *25, 27, 343*
Registry *117*
Editor *376*
Favoriten *379*
Hauptschlüssel *377*
Schlüssel *377*
Sicherheitsfunktionen *408*
Sperren *380, 381*
Tipps *541*
Tuning *376*
Remotedesktop *365*
Media Center *456*
Remote-Registrierung *275*
Remote-Unterstützung *365*
Fehler *373*
REN *258*
RG58 *346*
RJ45 *347*
Router *349*
Internet-Zugang einrichten *300*
Konfiguration *296*
Passwort *298*
Rückgängig *100*
Rudeo Control *520*
Rufnummernsperre *339*
Ruhezustand *186*

### ››› S

S0-Bus *281*
Scanner *175*
Scanner- und Kamera-Assistent *175*
Schnellstartleiste *41*
Schreibmarke *96*
Schriftarten *101, 196*
Neue installieren *197*
Schriftgrad *196*
Schriftgröße *307*
Schriftschnitt *196*
SCSI *143*
SD-Card *151*
Seriennummer der tragbaren Medien *275*
Service Pack 2 *16, 28*
Firewall *335*
Installation *30*
Lizenzvertrag *32*
Netzwerkkarten *348*
Neuerungen *29*
Popup-Blocker *312*
Systemstart *33*
SET *258*
setup.exe *114*
Sicherheit *220*
Unterschiede zu Windows 9x *220*
Sicherheitscenter *264*
Automatische Updates *260*
Firewall *335*
Warnung zum Virenschutz *268*
Sicherung *240*
Wiederherstellen *248*
Sicherungsassistent *241*
Skype *334, 484*
SmartMedia *151*
Smartphone *510, 513*
Musik übertragen *463*
Software installieren *518*
Social Engineering *227*
Solitaire *479*
Sommerzeit *181*
Sonderzeichen *101*
Sortieren *62*
Soundeffekte *193*
Soundkarte *161*
Soundschema *193*
Spamfilter *327*
Speicherkarte *88, 150, 151*
Speicherverwaltung *195*
Spiele, deinstallieren *129*
Sprechblasen *384*
Spyware *336*
xp-Antispy *343*
SSID *303*
Standardbrowser *328*
Standarddrucker *167*
Standardgateway *357*
Standby *186*
Start-Knopf *37*
Startmenü *39, 44*
Klassisch *189*
Netzwerkumgebung *360*
Programme an Startmenü anheften *39*
Schnellstart *39*
scrollen *395*
Verzögerung *383*
Statusleiste *51, 98*
Suchassistent *111*
Suche
Internet *316*
Klassisch *386*
Mozilla *316*
Optimieren *75*
Optionen *74*
Stichwörter *111*
Suchfunktion *386*
Sudoku *486*
Switch *349*
Symbolleiste *51*
Arbeitsplatz *82*
Erweiterte *106*
SYSOC.INF *129*
System *71*
Systeminformationen *140*
SYSTEMROOT *259*
Systemsteuerung *133*
als Menü anzeigen *135*
Anzeige *158*
Benutzerkonten *221*
Drucker *167*
Drucker und Faxgeräte *363*
Hardware *137*
Internet-Optionen *295, 340*
Maus *157*
Netzwerkverbindungen *284*
Schriftarten *197*
Software *118, 328, 390*
Sounds und Audiogeräte *161*
System *140*
Systemuhr *43, 298*
Systemwerkzeuge *232*
Systemwiederherstellung *254*
Systemzeit *343*

### >>> T


Tabbed Browsing *318*
Tabstopp *101*
Tabulatoren *97*
TAE-Dose *282*
Taschenrechner *103, 127*
Taskbar-Magnifier *122*
Taskleiste *41*
  Gruppierung optimieren *397*
  Infobereich *42*
  Schaltfläche *42*
Task-Manager *194*
Task-Planer *251*
Tastatur *154*
Tastaturnavigation *189*
Tastenkombination *541*
TCP/IP *354, 355*
  Optimieren *392*
TCP/IP-NetBIOS-Hilfsprogramm *275*
TCPA-Chip *469*
Telnet *275*
Textmarker *106*
Textverarbeitung *96*
Thumbnails *398*
  Funktionieren nicht *80*
THUMBS.DB *398*
Titelinformationen bearbeiten *437*
T-Online *288*
T-Online Vision *458*
Trägerfrequenz *283*
Treiber *132, 137*
Trojaner *268*
TrueType-Schrift *196*
Tvoon *506*
TWAIN-Schnittstelle *175*
Tweak MCE *480*
Twisted Pair-Kabel *347*
TYPE *259*


### >>> U


UART-Chip *283*
Uhrenanzeige *43*
Uhrzeit *43, 100, 180*
Unicode *102*
Uninstall-Assistent *118*
unistall *117*
Update *16, 260*
  Installation *21*
USB-Maus *157*
USB-Port *151*
USB-Stick *57, 88, 150, 530*
  MP3-Player *216*
  Verknüpfung auf dem Desktop *60*
Usenet *329*


### >>> V


Vendor-ID *132*
Verknüpfung *59*
  Text »Verknüpfung mit...« *395*
Verlauf *72*
  Internet Explorer *308*
  Sicherheitsrisiko *308*
Verwandte Links *410*
Verzeichnis *49*
Video *202*
Viren *268*
Virenscanner *268, 269*
Virtual Desktop-Manager *124*
Virtueller Speicher *232*
Vista *469*
Visualisierung *432*
Visuelle Effekte *188*
Voice-over-IP *334*
Vollbildmodus *310*
  Navigation *311*


### >>> W


Wählregeln *339*
Webbrowser *199, 305*
Wecker *478*
WEP-Verschlü sselung *303*
Werkzeugleiste *104*
Wetterbericht *458, 496*
Wiedergabeliste *439*
  bearbeiten *478*
Wiederherstellungskonsole *257*
  Befehle *257*
Wiederherstellungspunkt *254*
Windows
  Freigabe *363*
Windows Audiokonverter *470*
Windows CD-Etiketten *472*
Windows Explorer *48*
Windows Firewall *335*
Windows Installer Clean Up Tool *391*
Windows Media *436*
Windows Media Format *211*
Windows Media Player *202*
  Datenschutz *422*
  Designmodus *205*
  Installation in Media Center *422*
  Musik auf tragbare Geräte übertragen *463*
  Musik kopieren *211*
  Partymodus *474*
  Sicherheit *206*
  Tastenkombinationen *204*
Windows Media Player 10 *460*
Windows Messenger
  Firewall *336*
Windows Mobile *510*
Windows Partymodus *474*
Windows Tänzer *476*
Windows Vista *461*
Windows XP
  Beenden *37*
  Installation *17*
  Neuinstallation *18*
  Update-Version *16*
Windows XP Media Center Edition *424*
Windows XP Media Center Edition 2005 *414*
Windows-Digitalmedienerweiterungen *470*
Windows-Einstellungen *180*
Windows-Komponenten, deinstallieren *129*
Windows-Taste *39*
Windows-Tool zum Entfernen bösartiger Software *269*
Windows-Update *33, 260*
Windows-Version anzeigen *394*
Wireless-LAN *301*
Wissenschaftlich (Rechner) *103*
WLAN *279, 301*
  Access-Point *302*
  Sicherheit *303*
WMA *211, 436*
WordPad *96*
  Lineal *97*
WPA 2 *304*


### >>> X


xp-AntiSpy *343*

### >>> Z


Zeichentabelle *101*
Zeit
- Router *298*
- Server *43, 182, 343*

Zeitserver *408*
Zeitsynchronisation *408*
Zeitzone *181*
ZIP
- Archiv *83*
- Datei *113*
- Ordner *84*

Zugriffsrechte *67*
Zwangsaktivierung *25*
Zwischenablage *56, 100*